Processo
Administrativo Fiscal

Processo Administrativo Fiscal

Controle Administrativo do Lançamento Tributário

2018

Sergio André Rocha

PROCESSO ADMINISTRATIVO FISCAL
CONTROLE ADMINISTRATIVO DO LANÇAMENTO TRIBUTÁRIO
© Almedina, 2018

Sergio André Rocha
DIAGRAMAÇÃO: Almedina
DESIGN DE CAPA: FBA
ISBN: 978-858-49-3326-6

Dados Internacionais de Catalogação na Publicação (CIP)
(Câmara Brasileira do Livro, SP, Brasil)

Rocha, Sergio André
Processo administrativo fiscal : controle administrativo do lançamento tributário / Sergio André Rocha. -- São Paulo : Almedina, 2018.

Bibliografia.
ISBN 978-858-49-3326-6

1. Administração tributária 2. Lançamento tributário 3. Processo administrativo fiscal 4. Processo administrativo tributário I. Título.

18-18390   CDU-34:336.2

Índices para catálogo sistemático:

1. Processo administrativo fiscal : Direito tributário 34:336.2

Cibele Maria Dias - Bibliotecária - CRB-8/9427

Este livro segue as regras do novo Acordo Ortográfico da Língua Portuguesa (1990).

Todos os direitos reservados. Nenhuma parte deste livro, protegido por copyright, pode ser reproduzida, armazenada ou transmitida de alguma forma ou por algum meio, seja eletrônico ou mecânico, inclusive fotocópia, gravação ou qualquer sistema de armazenagem de informações, sem a permissão expressa e por escrito da editora.

Julho 2018

EDITORA: Almedina Brasil
Rua José Maria Lisboa, 860, Conj.131 e 132, Jardim Paulista | 01423-001 São Paulo | Brasil
editora@almedina.com.br
www.almedina.com.br

Dedico este livro, como todos os meus esforços, à minha esposa FERNANDA PUGA e nossa linda JULIA, aos meus pais, SERGIO GOMES (IN MEMORIAM) e TEREZINHA ROCHA e ao meu irmão FERNANDO, em agradecimento por sua presença constante em minha vida.

NOTA DO AUTOR

O estudo publicado neste volume pela Editora Almedina foi escrito originalmente nos já distantes anos de 2001 e 2002, tendo sido a base de minha dissertação de mestrado, orientada pelo Professor Aurélio Pitanga Seixas Filho. Durante muitos anos trabalhei incessantemente neste texto, embora já se tenham passado quase dez anos de sua última publicação.

Tendo sido concebido no contexto de uma pesquisa acadêmica, não se trata de uma espécie de guia prático ou manual de processo administrativo, mas sim de um repensar dos fundamentos teóricos e do modelo brasileiro de controle dos atos administrativos de constituição do crédito tributário. O capítulo mais prático do livro, dedicado ao processo administrativo fiscal federal, não fez parte da primeira versão deste trabalho, tendo sido escrito e incluído posteriormente. Nada obstante, mesmo este capítulo não deve ser visto como um roteiro procedimental.

O mesmo ocorreu com o capítulo sobre meios alternativos de solução de controvérsias, tema que vem se tornando cada vez mais popular nos debates sobre resolução de disputas tributárias no Brasil. Considerando nossa preocupação original, o foco desta análise foi mais relacionada à definição de sua possibilidade jurídica do que à apresentação de um modelo prático que pudesse ser por aqui utilizado – até porque, em minha opinião, a utilização da arbitragem tributária no Brasil tem um espaço bastante reduzido.

A atualização deste livro se estendeu até o final do ano de 2016. Com raras exceções, obras publicadas posteriormente não foram consideradas neste estudo. Especificamente no que se refere à legislação citada, sua atualização foi feita até abril de 2018, evitando-se, assim, referências a diplomas normativos superados.

O trabalho de atualização de um livro como o que ora se apresenta não é simples. A passagem do tempo faz com que, por vezes, o autor de hoje não se reconheça no original, não pelas ideias, mas pelo estilo. De outra parte, não é simples acompanhar a evolução legislativa e jurisprudencial de um tema em constante evolução. Espero que a acolhida deste estudo pelos leitores sirva de estímulo para o preparo de edições futuras.

Rio de Janeiro, 22 de abril de 2018

Sergio André Rocha
Professor de Direito Financeiro e Tributário da UERJ
Livre-Docente em Direito Tributário pela USP

APRESENTAÇÃO

O tema do processo administrativo tributário cresceu admiravelmente nos últimos anos, ganhando maturidade teórica e forte arcabouço legislativo. A mudança principal veio com a Constituição de 1988, que assegurou aos litigantes em processo administrativo o contraditório e a ampla defesa, com os meios e recursos a ela inerentes, retirando o processo fiscal dos estreitos limites da apreciação autoritária a que estava relegado e abrindo o caminho para a superação do princípio da supremacia do interesse público, muitas vezes entendido como o interesse da Fazenda. Foi também relevante a virada teórica da doutrina brasileira a partir da década de 90, que aderiu ao método de pensar por princípios, abandonando aos poucos a mentalidade positivista presa às regras jurídicas e ao conceptualismo. A Lei nº 9.784, de 1999, que cuidou do processo administrativo, com grande repercussão sobre a fiscalidade, inaugurou os novos caminhos. As influências da globalização e do direito comparado também se fizeram sentir no Brasil, com a adesão ao processo equitativo, instrumento essencial para a garantia dos direitos do contribuinte. As novas formas de solução de conflitos vão também entrando no processo administrativo tributário, forçando a sua abertura no sentido da defesa ampla dos administrados.

O livro intitulado "Processo Administrativo Fiscal. Controle Administrativo do Lançamento Tributário", de Sérgio André Rocha, reflete bem as novas premissas teóricas, sem descuidar dos aspectos práticos e procedimentais. Dedica alguns capítulos ao exame das questões gerais e principiológicos de maior relevância na atualidade: funções do Estado e procedimentalização na Sociedade de Risco (cap. I); princípios aplicáveis aos processos e procedimentos administrativos, com cuidadoso exame dos que mais repercutem no campo tributário – princípio da moralidade, proteção da confiança, eficiência, praticidade, etc. (cap. IV); noções gerais acerca do lançamento tributário (cap. XIV); meios alternativos de solução de conflitos no direito tributário brasileiro, com a análise da problemática dos conceitos indeterminados e das novas técnicas arbitrais, inclusive a transação (cap. XVII). Preocupa-se também o Autor com os aspectos práticos e a fenomenologia do processo tributário, reservando amplo espaço: às provas (cap. VII); aos efeitos da decisão (cap. VIII); aos recursos (cap. IX); às relações entre o processo administrativo e o judicial (cap. XII); à aplicabilidade da Lei 9.784/99 ao processo administrativo fiscal (cap. XIII); ao panorama do processo administrativo fiscal federal (Decreto 70.235/72). Quanto à bibliografia, é ampla, atualizada, diversificada e com inúmeros livros e artigos de autores estrangeiros, o que permite a sólida fundamentação das ideias desenvolvidas no texto.

O livro, que nasceu como dissertação de mestrado, cresceu e se consolidou nas sucessivas edições, que demonstram a sua aceitação pelos leitores. O Autor prosseguiu diligentemente nos seus estudos acadêmicos e já obteve, sob a minha orientação acadêmica, o grau de doutor em direito pela Universidade Gama Filho.

Rio de Janeiro, setembro/2008

Ricardo Lobo Torres
Professor Titular de Direito Financeiro da UERJ

PREFÁCIO

A atividade administrativa exercida para cobrança do tributo, seja na fase de constituição do crédito tributário pelo lançamento tributário, seja na fase de controle de sua legalidade, foi examinada extensamente por Sergio André Rocha Gomes da Silva, que, para elaborar a sua dissertação de Mestrado, merecidamente tornada pública neste livro, pesquisou vastas literaturas brasileira, americana e européia, produzindo uma monografia de elevado nível e isenta de preconccitos, como se espera de um trabalho científico.

Como orientador da dissertação de Mestrado, tive a oportunidade de acompanhar o seu desenvolvimento, e admirar a seriedade e o empenho que levaram a seu bom resultado.

Dentre os assuntos que merecem ser realçados, está a distinção entre processo e procedimento, em que aponta as variadas opiniões doutrinárias que distinguem a diversidade de regime jurídico, porém não aceita que o processo administrativo tenha como caráter distintivo o seu regime contencioso, próprio do Direito Processual, pois entende que "o processo administrativo é um meio de controle administrativo da legalidade dos atos emanados da Administração e na solução de litígios".

Em seguida, aborda os princípios comuns aos processos e procedimentos administrativos, como os da legalidade, imparcialidade, publicidade, formalismo finalístico, motivação e proporcionalidade ou devido processo legal substantivo.

Já como princípios exclusivos aos processos administrativos entende caber o do devido processo legal, da ampla defesa, do contraditório e do duplo grau de cognição, passando, em seguida, a descrever o processo administrativo no Direito Comparado, apoiado em doutrina da melhor qualidade.

Questões específicas do processo administrativo fiscal como a questão do "solve et repete", das provas, os efeitos da decisão administrativa e os recursos, antecedem o estudo da inexistência e invalidade de atos processuais e das relações entre o processo administrativo e o processo judicial.

A aplicabilidade da Lei nº 9.784-99, que regula o processo administrativo em geral, com o procedimento administrativo fiscal, é examinada corretamente, isto é, como a compatibilidade de uma norma particular, como o é, o procedimento fiscal, com uma regra geral, devendo ser aceito o princípio da especialização em tudo que não contrarie os fundamentos genéricos.

O lançamento tributário e o processo regulatório das impugnações contra sua ilegalidade, que no âmbito federal é regido pelo Decreto nº 70.235-72, são analisados detidamente como preâmbulo para a proposta final da dissertação de Mestrado no sentido de criação de uma agência sob a forma de uma autarquia especial dotada de independência técnica para revisão de atos fiscais, ou, como alternativa, de constituição de uma Justiça Administrativo Fiscal nos moldes da Justiça do Trabalho.

Naturalmente, não cabe ao orientador de um trabalho monográfico impor suas próprias opiniões, pois deve permitir o desenvolvimento livre das conclusões do mestrando, desde que não envolvam erros técnicos inadmissíveis em trabalhos científicos.

O nosso relacionamento acadêmico no decurso de tempo da orientação foi proveitoso para ambos, parecendo-me que nossas divergências não prejudicaram o valor do trabalho do Sergio André, como por exemplo, o princípio do "solve et repete", em que a proporcionalidade de tratamento deve ser invocada, já que, na medida em que inúmeros lançamentos devem ser reformados por sua invalidade, não é menor o número de recursos, cuja única finalidade é procrastinar o pagamento do imposto, com abuso do direito de defesa.

Não é demais lembrar que a relação jurídica envolvendo a autoridade administrativo-fiscal e o contribuinte e terceiros responsáveis por deveres tributários distingue-se da relação jurídica entre pessoas comuns (João x Manoel), em que os deveres jurídicos surgem, ordinariamente, da vontade livre e espontânea das pessoas.

O dever de pagar imposto é um dever de cidadania, antes de o ser decorrente de lei, para sustentar as despesas governamentais, sendo o seu titular, portanto, o Estado, como representante da sociedade, participando a autoridade fiscal da relação jurídico-tributária, simplesmente, como mandatária legal e, por consequência, sem vontade própria e livre para dirigir o procedimento administrativo de fiscalização e cobrança dos tributos.

Não é pertinente, assim, utilizar na relação jurídico-tributária as mesmas regras de direito que regem o comportamento livre das pessoas comuns, já

PREFÁCIO

que a atividade das autoridades governamentais é regulada pelo Direito Administrativo, que atende às peculiaridades próprias do exercício da potestade que a lei lhes concede.

Pelo mesmo motivo, não é pertinente, também, para o controle da legalidade dos atos administrativos, em especial, o lançamento tributário, usar regras próprias do Direito Processual, por inexistir, em tese, litígio ou contencioso entre o Fisco e o contribuinte, pois para ambos a existência e o valor da dívida tributária são decorrentes da lei, cuja vontade deve ser pesquisada imparcialmente por dever de ofício pela autoridade fiscal.

Pertinente, assim, seria distinguir procedimento tributário, série de atos administrativos regidos pelo Direito Administrativo, que regularia não só a emissão do lançamento tributário, como, também, o modo de controlar a sua legalidade, de processo tributário, que envolveria o controle jurisdicional, isto é, as formas contenciosas, regidas pelo Direito Processual, de o contribuinte obter a decisão final sobre a existência ou não de um dever tributário.

Em suma, pelos seus méritos próprios este laborioso ensaio está sendo publicado pela Editora Lumen Juris, permitindo que os estudiosos do Direito Tributário, e, em especial, os interessados no procedimento e processo tributário tomem conhecimento da pesquisa e das questões bem enfrentadas por Sergio André Rocha Gomes da Silva.

Rio de Janeiro, 1º de março de 2004

AURÉLIO PITANGA SEIXAS FILHO

SUMÁRIO

Prefácio 11

Capítulo 1
Funções do Estado e Procedimentalização da Atuação Estatal 23
1.1. Do Estado de Polícia ao Estado de Bem-Estar Social: Procedimentalização da Atuação Estatal 23
1.2. Funções da Procedimentalização das Atividades Estatais 38
    1.2.1. Legitimação da Atividade Administrativa 39
    1.2.2. Garantia dos Direitos dos Administrados 45
    1.2.3. Facilitação do Controle da Administração Pública 46
    1.2.4. Fornecimento de Informações com Benefício do Conteúdo das Decisões ... 48
    1.2.5. Proteção da Eficácia das Decisões 49
    1.2.6. Controle do Mérito dos Atos Administrativos 50
1.3. Procedimentalização e Sociedade de Risco 51
1.4. Síntese Conclusiva 56

Capítulo 2
Distinção Conceitual entre Processo e Procedimento Administrativo 57

Capítulo 3
Princípios Aplicáveis aos Processos e Procedimentos Administrativos 75
3.1. Princípios Comuns aos Processos e Procedimentos Administrativos 81
    3.1.1. Princípio da Legalidade 81
        3.1.1.1. Legalidade, Deslegalização e Delegação Legislativa 87
    3.1.2. Princípio da Impessoalidade 91
    3.1.3. Princípio da Moralidade 95
    3.1.4. Princípio da Proteção da Confiança 103
    3.1.5. Princípio da Publicidade 108

3.1.6. Princípio da Eficiência 109
3.1.7. Princípio da Duração Razoável 115
   3.1.7.1. Duração razoável do processo: Direito, princípio ou ambos? 116
   3.1.7.2. Conteúdo do princípio da duração razoável do processo......................119
   3.1.7.3. Duração razoável do processo e impossibilidade material de um processo sem dilações indevidas: os direitos e seu custo............................ 122
   3.1.7.4. Duração razoável e processo administrativo fiscal 123
   3.1.7.5. Instrumentos para a garantia da duração razoável do processo administrativo fiscal 125
      3.1.7.5.1. Previsão de prazos, com sanção ao servidor no caso de descumprimento e suspensão dos juros de mora 125
      3.1.7.5.2. Instrumentalidade das formas 127
      3.1.7.5.3. Limites de alçada para recurso 127
      3.1.7.5.4. Uniformização dos critérios decisórios e vinculação dos órgãos de aplicação.. 129
      3.1.7.5.5. Reconhecimento do direito do contribuinte 132
      3.1.7.5.6. Prescrição intercorrente no processo administrativo fiscal 133
3.1.8. Princípio do Formalismo Finalístico (Instrumentalidade das Formas)..... 137
3.1.9. Princípio da Praticidade 140
3.1.10. Princípio da Motivação...142
3.1.11. Princípio da Proporcionalidade (Devido Processo Legal Substantivo)..... 145
3.2. Princípios Aplicáveis, com Exclusividade, aos Processos Administrativos...... 155
   3.2.1. Princípio do Devido Processo Legal 156
   3.2.2. Princípio da Ampla Defesa 158
   3.2.3. Princípio do Contraditório 160
   3.2.4. Princípio do Duplo Grau de Cognição.. 162

Capítulo 4
O Processo Administrativo no Direito Comparado 165
4.1. Jurisdição Una e Jurisdição Dupla 166
   4.1.1. O Controle da Legalidade dos Atos Administrativos no Brasil................ 167
   4.1.2. O Controle da Legalidade dos Atos Administrativos na Alemanha 169
   4.1.3. O Controle da Legalidade dos Atos Administrativos em Portugal............ 172
   4.1.4. O Controle da Legalidade dos Atos Administrativos na França 177
   4.1.5. O Controle da Legalidade dos Atos Administrativos na Espanha 183
   4.1.6. O Controle da Legalidade dos Atos Administrativos na Itália 188
4.2. Jurisdição Dupla? 190
4.3. Análise do Sistema Brasileiro de Controle da Legalidade dos Atos Administrativos à Luz dos Modelos Estudados.. 192

Capítulo 5
Solve et Repete 199

Capítulo 6
Da Legitimidade Processual 211

Capítulo 7
Das Provas 215
7.1. Dos Princípios da Verdade Material e do Livre Convencimento Motivado do Julgador 219
    7.1.1. A Verdade Material e o Silêncio da Administração Pública 221
7.2. Ônus da Prova e "Dever de Provar" 224
7.3. Meios de Prova 227
    7.3.1. Depoimento Pessoal 228
    7.3.2. Confissão 229
    7.3.3. Da Prova Testemunhal 230
    7.3.4. Da Prova Documental 230
        7.3.4.1. Do Valor Probatório dos Documentos Elaborados pelos Administrados no Processo Administrativo Fiscal 231
    7.3.5. Da Prova Pericial 233
7.4. Prova Direta e Indireta 234
7.5. Provas Ilícitas 238
    7.5.1. Prova Ilícita e Quebra de Sigilo Bancário pela Administração Fazendária 241
7.6. Prova Emprestada 245

Capítulo 8
A Decisão no Processo Administrativo e Seus Efeitos 251
8.1. Notas Introdutórias 251
8.2. Análise da Possibilidade de a Decisão Administrativa se Fundamentar na Inconstitucionalidade de Ato Normativo 252
8.3. Coisa Julgada Administrativa 262
    8.3.1. Impossibilidade de Questionamento Judicial pela Fazenda de Decisão Administrativa: Insegurança Jurídica e a Desvalorização do Processo Administrativo 269
    8.3.2. Impossibilidade de Questionamento Judicial pela Fazenda de Decisão Administrativa: Da Relação Existente entre a Administração Ativa e a Administração Judicante 271
    8.3.3. Impossibilidade de Questionamento Judicial pela Fazenda de Decisão Administrativa: O Art. 42 do Decreto nº 70.235/72 e a Eficácia da Decisão Final no Processo Administrativo 274

8.3.4. O Princípio da Inafastabilidade da Jurisdição e seu Papel na Presente Discussão 276
8.3.5. Hipóteses de Anulação da Decisão do Órgão Julgador Administrativo: Nulidade Absoluta da Decisão, Identificação de Condutas Criminosas ou em Fraude à Lei 277

Capítulo 9
Dos Recursos 279
9.1. Notas Introdutórias 279
9.2. *Reformatio in Pejus* 281
9.3. Possibilidade de Apresentação de Recurso Hierárquico contra Decisão de Órgão Administrativo de Julgamento como o Conselho Administrativo de Recursos Fiscais 285
9.4. Legitimidade da Previsão de Limites de Alçada para a Interposição de Recursos....292

Capítulo 10
Inexistência e Invalidade dos Atos Processuais 295
10.1. Princípios Regentes da Invalidade dos Atos Processuais............................... 299
    10.1.1. Princípio do Prejuízo 299
    10.1.2. Princípio da Causalidade 300
    10.1.3. Princípio da Convalidação 300
10.2. Dos Atos Inexistentes 301
10.3. Dos Atos Inválidos 306
10.4. Do Sistema de Invalidades da Lei nº 9.784/99... 308

Capítulo 11
Da Norma Processual no Tempo 311

Capítulo 12
Relações entre o Processo Administrativo e o Processo Judicial 315
12.1. A Questão da Concomitância entre o Processo Administrativo e o Judicial......315
    12.1.1. Instância Administrativa de Curso Forçado 321
    12.1.2. A Impetração de Mandado de Segurança Coletivo e seus Efeitos sobre o Processo Administrativo 322
12.2. A Prejudicialidade do Processo Administrativo, Notadamente o Processo Administrativo Fiscal, em Face da Ação Penal 329
12.3. O Mandado de Segurança e os Recursos Administrativos com Efeito Suspensivo 338
12.4. O Novo Código de Processo Civil e o Processo Administrativo Fiscal.......... 340

Capítulo 13
Aplicabilidade da Lei nº 9.784/99 ao Processo Administrativo Fiscal 343

Capítulo 14
Da Constituição do Crédito Tributário 351
14.1. Notas Introdutórias 351
14.2. Lançamento Tributário – Conceito 352
    14.2.1. Crítica 353
    14.2.2. Lançamento Tributário: Um Enfoque Realista 363
    14.2.3. Tributos sem lançamento? 368
    14.2.4. Consequências da constituição do crédito tributário pelo contribuinte... 374
        14.2.4.1. Não cabimento do processo administrativo fiscal nos casos em que o crédito tenha sido constituído pelo contribuinte 374
        14.2.4.2. Inaplicabilidade da multa de ofício 375
        14.2.4.3. Incidência do prazo prescricional 376
        14.2.4.4. Inaplicabilidade da denúncia espontânea 378
        14.2.4.5. Constituição do crédito tributário pelo contribuinte e depósito judicial 381
14.3. Auto de Infração e Lançamento Tributário 382
    14.3.1. Da Inexistência de Sanções Tributárias 383
        14.3.1.1. Critério para a Distinção entre as Diversas Formas de Sanção 383
14.4. Conclusão 388
14.5. Processo Administrativo Fiscal 389

Capítulo 15
Panorama do Processo Administrativo Fiscal Federal 391
15.1. Breve Histórico do Decreto nº 70.235/72 391
15.2. Procedimento e Processo Administrativo Fiscal 392
15.3. Do Procedimento de Fiscalização 396
    15.3.1. Vícios no Termo de Distribuição de Procedimento Fiscal de Fiscalização 397
    15.3.2. Efeitos do Início da Fiscalização 398
    15.3.3. Reabertura de Período já Fiscalizado 401
    15.3.4. Limites à Solicitação de Documentos 402
    15.3.5. Limites ao Acesso do Estabelecimento do Contribuinte 407
15.4. Dos Prazos 407
15.5. Do Auto de Infração e da Notificação de Lançamento 409
15.6. Pedido de Revisão da Legalidade do Ato Administrativo Fiscal – A Impugnação 413
    15.6.1. Impugnação Administrativa e Concentração da Defesa 415
15.7. Comunicação dos Atos Processuais 421

15.8. Competência Decisória 424
15.9. Do Julgamento em Primeira Instância 425
15.10. Do Recurso Voluntário e do Recurso de Ofício 428
15.11. Do Julgamento em Segunda Instância 430
    15.11.1. Histórico do Conselho Administrativos de Recursos Fiscais 431
    15.11.2. Competência do Conselho Administrativo de Recursos Fiscais 432
    15.11.3. A Questão da Composição Paritária 433
    15.11.4. Seleção dos Julgadores do Conselho Administrativo de Recursos Fiscais. 436
    15.11.5. O Polêmico Voto de Qualidade 437
    15.11.6. Indelegabilidade da Competência Decisória 440
    15.11.7. Decisão com Base na Inconstitucionalidade de Lei e Efeitos das Decisões do Supremo Tribunal Federal sobre o Conselho 441
    15.11.8. Embargos de Declaração 444
    15.11.9. Uniformização das Decisões 444
    15.11.10. Pedido de Reconsideração 445
15.12. Do Recurso Especial e do Julgamento pela Câmara Superior de Recursos Fiscais 445
    15.12.1 Do Recurso Especial 446
    15.12.2. Recurso Hierárquico contra Decisão do Conselho Administrativo de Recursos Fiscais 446
    15.12.3. Agravo 448
15.13. Coisa Julgada Administrativa 450
15.14. Das Nulidades 451

Capítulo 16
A Criação de uma Agência como Órgão Administrativo de Decisão no Âmbito do Processo Administrativo Fiscal 455
16.1. Breve Contextualização do Surgimento das Agências Reguladoras no Brasil 455
16.2. A Delegação de Competências Executivas 458
16.3. Processo de Nomeação dos Dirigentes das Agências 459
16.4. A Criação da Agência Federal de Revisão de Atos Fiscais 459

Capítulo 17
Meios Alternativos de Solução de Conflitos no Direito Tributário Brasileiro 469
17.1. Introdução 469
17.2. Sociedade de Risco, Complexidade e Delegação de Competências Liquidatórias aos Contribuintes 470
17.3. A Problemática Envolvendo os Conceitos Indeterminados 475
    17.3.1. Breves Apontamentos sobre os Conceitos Indeterminados 475
    17.3.2. A Interpretação como uma Atividade Criativa 476

17.3.3. Conceitos Jurídicos Indeterminados no Direito Tributário 479
17.4. Conceitos Indeterminados e Litigiosidade Tributária 481
17.5. Meios Alternativos de Solução de Conflitos na Área Fiscal.......................... 483
   17.5.1. Uso de Meios Alternativos para a Solução de Controvérsias em Matéria Tributária e a Suposta Violação dos Princípios da Legalidade, da Indisponibilidade do Crédito Tributário e da Capacidade Contributiva – Uma Abordagem Teórica 484
   17.5.2. Complexidade dos Fatos.. 488
   17.5.3. Problemas Quanto à Utilização de Meios Alternativos no Direito Tributário Brasileiro 489
   17.5.4. O que Mudaria na Realidade Brasileira com a Adoção de tais Métodos Alternativos? 491
   17.5.5. Técnicas Arbitrais no Direito Tributário Pátrio? 492
   17.5.6. A transação no Direito Tributário pátrio 493
17.7. Conclusão 494

Post Scriptum 495
Desafios Presentes e Futuros do Processo Administrativo Fiscal...................... 495
Introdução.. 495
1º Desafio: Redução da Importância Sistêmica do Processo Administrativo. Por uma Justiça Fiscal.. 496
2º Desafio: Composição Paritária e Seleção dos Julgadores 499
3º Desafio: Independência Administrativa..501
4º Desafio: Decisões Definitivas para Ambas as Partes 502
5º Desafio: Reforma e Estabilidade... 507
6º Desafio: Continuidade e Legitimação 508
Conclusão... 510

Referências 511

Capítulo 1

Funções do Estado e Procedimentalização da Atuação Estatal

1.1. Do Estado de Polícia ao Estado de Bem-Estar Social: Procedimentalização da Atuação Estatal

No curso da história recente da humanidade a intervenção estatal nas atividades privadas e, assim, as atribuições conferidas ao Estado desenvolveram-se de forma mais ou menos acentuada, variando entre o intervencionismo exacerbado e o culto à liberdade individual contra os interesses coletivos (corporificados, a partir de determinado momento histórico, na atuação estatal).

Com efeito, durante o século XVIII expandiu-se pela Europa, a partir da Alemanha e da Áustria, o modelo estatal intervencionista que ficou conhecido como Estado de Polícia, no qual o interesse do Estado, que se equiparava à vontade do soberano, prevalecia sobre o individual, buscando-se a garantia da ordem e segurança sociais.[1]

---

[1] Segundo o constitucionalista português J. J. GOMES CANOTILHO, "este **Estado de Polícia**, também chamado 'Estado Administrativo Fiscal Iluminista', 'Estado de absolutismo iluminista', 'Estado de despotismo esclarecido' (século XVIII), cujo paradigma em Portugal terá sido o 'Estado do Marquês de Pombal', apresentava como características fundamentais: (1) afirmação da idéia de soberania concentrada no monarca, com o consequente predomínio do soberano sobre os restantes estamentos; (2) extensão do poder do soberano ao âmbito religioso, reconhecendo-se ao soberano o direito de 'decidir' sobre a religião dos súditos e de exercer a autoridade eclesiástica (*cuius regio eius religio, Dux cliviae est papa in territoris suius*); (3) dirigismo econômico através da adoção de uma política econômica mercantilista; (4) assunção, no plano teórico dos fins do Estado, da promoção da *salus publica* ('bem estar', 'felicidade dos súditos') como uma das missões fundamentais do soberano, que assim deslocava para um lugar menos relevante a célebre 'razão do Estado' (*raison d' Etat*), apontada como a dimensão teleológica básica do chamado 'absolutismo empírico' ('momento

O Estado de Polícia se caracterizava pela restrição das liberdades individuais dos súditos em favor dos interesses dos monarcas absolutos, ditadores das normas de conduta e seus executores.

Em tal modelo estatal prevaleciam como classes dominantes, logicamente abaixo do monarca, o clero e a nobreza, com o prejuízo do Terceiro Estado, grupo heterogênio do qual fazia parte a burguesia, que, embora fosse responsável pelo custeio fiscal do Estado, se via premida em suas possibilidades de ascensão ao poder político e, portanto, limitada em seu desenvolvimento.[2]

---

absolutista' anterior ao 'absolutismo iluminado'). Estas dimensões estruturaram um 'tipo de Estado-providência' ou 'Estado administrativo' caracterizado por uma administração extensa e intensa tendencialmente desvinculada do direito tradicional dos estamentos e da lei superior (constituição) agitada pelo constitucionalismo moderno" (CANOTILHO, J. J. Gomes. *Direito Constitucional*. 3ª ed. Coimbra: Almedina, [199-], p. 87). Sobre o tema ver também: TORRES, Ricardo Lobo. *A Idéia de Liberdade no Estado Patrimonial e no Estado Fiscal*. Rio de Janeiro: Renovar, 1991, p. 52; MERKL, Adolfo. *Teoría General del Derecho Administrativo*. Granada: Editorial Comares, 2004, pp. 89-90; SIMÕES, Mônica Martins Toscano. *O Processo Administrativo e a Invalidação de Atos Viciados*. São Paulo: Malheiros, 2004, p. 19; SCHOUERI, Luís Eduardo. *Direito Tributário*. São Paulo: Saraiva, 2011. p. 19-25.

[2] Vale a pena destacar, com Lenio Luiz Streck e José Luis Bolzan de Morais, que o poder que ainda era negado à burguesia ascendente era o poder político, vez que, na defesa de seus próprios interesses, a monarquia absoluta já havia favorecido o crescimento econômico da classe burguesa. Nas palavras dos citados professores: "É exatamente o contratualista Russeau que exercerá grande influência nos revolucionários franceses que inauguram, em 1789, uma nova fase do Estado Moderno. Com efeito, enquanto instituição centralizada, o Estado, em sua primeira versão absolutista, foi fundamental para os propósitos da burguesia no nascedouro do capitalismo, quando esta, por razões econômicas, 'abriu mão' do poder político, delegando-o ao soberano, concretizando-se *mutatis mutandis* aquilo que Hobbes sustentou no Leviatã. Na virada do Século XVIII, entretanto, essa mesma classe não mais se contentava em ter o poder econômico; queria, sim, agora, tomar para si o poder político, até então privilégio da aristocracia. Como bem lembra Bonavides, a *monarquia absolutista não foi jamais a burguesia politicamente no poder*. A contradição enfeixada pelo poder monárquico absoluto no seu comportamento perante as classes sociais conduz por vezes àquele equívoco de interpretação. A monarquia favoreceu consideravelmente os interesses da burguesia nascente, mormente na área econômica. Já lhe era impossível represá-los. A monarquia absoluta, já sem meios de qualquer ação impeditiva à expansão capitalista da primeira idade do Estado Moderno, entra a estimulá-la com a adoção da política mercantilista, política de reis sequiosos de fundos com que manter a burocracia e os exércitos permanentes, política da qual a aristocracia tirava também sua fatia de participação ociosa, mas sobretudo política, verdadeira, profunda, necessária, dos interesses arraigados da classe mercantil e industrial" (STRECK, Lenio Luiz; MORAIS, José Luis Bolzan de. *Ciência Política e Teoria Geral do Estado*. 3ª ed. Porto Alegre: Livraria do Advogado, 2003, pp. 46-47). Sobre a situação político-econômica da França pré-revolucionária e as aspirações do Terceiro Estado é imprescindível a leitura da obra de Sieyès, *O que é o Terceiro Estado* (SIEYÈS, Emmanuel Joseph. *A Constituinte Burguesa*. 4ª ed. Tradução Norma Azevedo. Rio de Janeiro: Lumen Juris, 2001).

Entre o final do século XVIII e o início do século XX, principalmente a partir das Revoluções Americana e Francesa, desenvolveu-se o modelo econômico liberal-individualista, que já havia se instalado na Inglaterra desde a Revolução Gloriosa de 1688, o qual pretendeu garantir a predominância política da classe econômica burguesa sobre as demais, assim como a sua defesa contra qualquer atuação limitadora-interventiva do Estado (a qual, como visto, prevalecia no momento histórico imediatamente anterior).

Por tal razão, o direito fundamental, sustentáculo desse modelo político-econômico, era o direito à liberdade,[3] o qual se afigurava como um direito praticamente absoluto, oponível a qualquer intervenção estatal considerada indevida.[4]

Nesse sentido, merece menção o entendimento do Professor CARLOS ROBERTO DE SIQUEIRA CASTRO, para quem "o ideário político-liberal, que teve seu apogeu marcadamente nos séculos XVIII e XIX, cometia ao Estado não mais do que encargos modestos, atinentes à segurança coletiva, às relações exteriores e a poucos serviços públicos, deixando, quanto ao mais, que o convívio social seguisse o curso da natureza, na trilha da máxima individualista – *le monde va de lui même*. Simboliza essa pregação de absenteísmo estatal a página famosa de Adam Smith, para quem as ações do governo deveriam cingir-se à proteção da sociedade contra a violência e a invasão externa, ao estabelecimento de uma Justiça adequada à tutela dos indivíduos e, por fim, à consecução de reduzidas obras e serviços públicos cuja exploração, por sua natureza e escassas perspectivas de lucro, não interessasse a ninguém".[5]

Esse entendimento, no sentido de que o Estado deveria se afastar da ingerência dos assuntos privados, abstendo-se de praticar quaisquer atos

---

[3] Cf. MAIHOFER, Werner. Principios de una Democracia en Libertad. In: HESSE, Konrad *et al.* (Orgs.). *Manual de Derecho Constitucional*. 2ª ed. Barcelona: Marcial Pons, 2001, pp. 222-224.

[4] Trazendo à colação o entendimento de PAULO BONAVIDES, "na doutrina do liberalismo, o Estado foi sempre o fantasma que atemorizou o indivíduo. O poder, de que não pode prescindir o ordenamento estatal, aparece, de início, na moderna teoria constitucional como o maior inimigo da liberdade" (BONAVIDES, Paulo. *Do Estado Liberal ao Estado Social*. 7ª ed. São Paulo: Malheiros, 2001, p. 40).

[5] CASTRO, Carlos Roberto de Siqueira. *O Congresso e as Delegações Legislativas*. Rio de Janeiro: Forense, 1989, p. 9. Conforme salienta RICARDO LOBO TORRES: "Os valores do liberalismo e do Estado de Direito, em sua versão originária, apresentavam-se em um sistema fechado, criado pela idéia de liberdade. Este era o valor básico, que representava a própria essência do ser humano e que servia de fundamento da Constituição e da ordem tributária e orçamentária, constituindo a expressão última e tardia do Direito Natural" (*O Orçamento na Constituição*. Rio de Janeiro: Renovar, 1995, p. 86).

considerados atentatórios à liberdade individual, e assim, de intervir nas relações econômico-sociais privadas, encontra-se expresso em STUART MILL, que sustentava que a atividade estatal deveria limitar-se a impedir que uns prejudiquem outros, distribuindo entre os súditos o custo de suas atividades e impondo sanções àqueles que não se comportem de modo a não causar danos a terceiros.[6]

Em perfeita síntese, NORBERTO BOBBIO esclarece que, *"como teoria econômica, o liberalismo é partidário da economia de mercado; como teoria política, é simpatizante do Estado que governe o menos possível ou, como se diz hoje, do Estado mínimo"*.[7]

A valorização da liberdade individual representou a reação da classe burguesa, então dominante, contra a intervenção estatal nas relações privadas, característica do Estado de Polícia, conforme percebido por PLAUTO FARACO DE AZEVEDO.[8]

Com o passar dos anos, o individualismo exacerbado e as condições em que a classe dominante burguesa exercia seu domínio sobre a classe trabalhadora levaram à crise do sistema político econômico-liberal, com a consequente necessidade da intervenção do Estado no âmbito das relações privadas.[9]

---

[6] Cf. MILL, John Stuart. *A Liberdade e o Utilitarismo*. Tradução de Eunice Ostrensky. São Paulo: Martins Fontes, 2000, pp. 116-17.

[7] BOBBIO, Norberto. *El Futuro de la Democracia*. Tradução de José F. Fernandez Santillan. México: Fondo de Cultura Económica, 1986, p. 89. Segundo COTRIM NETO, "depois de séculos da vigência do Absolutismo com que os Príncipes exerciam seus poderes em face da Sociedade, quereria esta um sistema político de teor oposto: **o Governo não deve governar demais**, reclamou ainda no Século XVIII o pensador francês Argenson. E tal reclamo tornou-se o núcleo das idéias chamadas de **liberais**, que fecundaram e comandaram a construção dos regimes políticos do século anterior. Então se queria Estado constitucional; mas um **Governo mínimo**" (COTRIM NETO, A. B. Código de Processo Administrativo – Sua Necessidade no Brasil. *Revista de Direito Público*, São Paulo, nº 80, out.-dez. 1986, p. 35).

[8] Cf. AZEVEDO, Plauto Faraco de. *Direito, Justiça Social e Neoliberalismo*. São Paulo: Revista dos Tribunais, 2000, p. 79.

[9] De acordo com RICARDO LOBO TORRES "a crise do Estado Liberal transparecia do fato de que não conseguia atender às reivindicações sociais, especialmente da classe trabalhadora, nem garantir o pleno funciona mento do mercado. Os ingressos fiscais eram insuficientes para promover o desenvolvimento econômico" (*O Orçamento na Constituição*, 1995, p. 10). CAIO TÁCITO apresenta três causas fundamentais que teriam levado à crise do Estado liberal, quais sejam: a) "o reconhecimento de que determinadas atividades econômicas estão imbuídas, por sua natureza, de um interesse coletivo, afetando, praticamente, em sua exploração, a generalidade do grupo social"; b) "de outra parte, a exploração capitalista de atividades privadas e a competição predatória entre grupos se extrema em abusos lesivos a interesses indefesos e sem a representação eficaz, sensibilizando a opinião pública e inspirando o legislador, o juiz e o administrador na proteção ao economicamente fraco. O aviltamento da mão-de-obra lança as sementes da proteção ao trabalhador e da representação sindical. A política de preços espoliativos, as manipulações da

Surge então o chamado Estado Social, o qual se caracteriza pela intervenção estatal nas relações privadas e no exercício de direitos individuais, assim como por uma atividade paternalista do Estado em relação às classes menos favorecidas, a qual se evidencia pelo desenvolvimento das prestações de previdência e seguridade sociais.[10]

No curso da segunda metade do século XX, contudo, o Estado Social, transformado em Estado de Bem-Estar Social entrou em crise. O assistencialismo social desse modelo foi indicado como responsável pelo crescimento da dívida pública e do déficit orçamentário,[11] dando início à sua contestação e à pregação pelo retorno de um Estado Liberal não-intervencionista.

---

produção e do comércio, as concentrações de capital visando a lucros imoderados ou monopólios de mercado, contrastam com os interesses do público consumidor, conduzindo ao regime de controle de tarifas e preços, à defesa da economia popular e às medidas contra as concentrações de capital"; e c) "finalmente, a expansão dos grupos capitalistas entra em conflito direto com os próprios órgãos do poder político, sobre os quais atua, cuidando de aperfeiçoá-los aos seus interesses econômicos (o poder dentro do poder)" (TÁCITO, Caio. Do Estado Liberal ao Estado de Bem-Estar Social. In: *Temas de Direito Público*: Estudos e Pareceres. Rio de Janeiro: Renovar, 1997, v. 1, p. 378). Ver também: REALE, Miguel. Da Democracia Liberal à Democracia Social. *Revista de Direito Público*, São Paulo, nº 71, jul.-set. 1984, p. 24; GARCÍA-PELAYO, Manuel. *As Transformações do Estado Contemporâneo*. Tradução Agassiz Almeida Filho. Rio de Janeiro: Forense, 2009, p. 3.

[10] Cf. TORRES, Ricardo Lobo, *O Orçamento na Constituição*, 1995, p. 11. JOSÉ AFONSO DA SILVA, com base em PABLO LUCAS VERDÚ e ELÍAS DÍAZ, assevera: "O individualismo e o abstencionismo ou neutralismo do Estado liberal provocaram imensas injustiças, e os movimentos sociais do século passado e deste especialmente, desvelando a insuficiência das liberdades burguesas, permitiram que se tivesse consciência da necessidade da justiça social, conforme nota Lucas Verdú, que acrescenta: 'Mas o Estado de Direito, que já não poderia justificar-se como liberal, necessitou, para enfrentar a maré social, despojar-se de sua neutralidade, integrar, em seu seio, a sociedade, sem renunciar ao primado do Direito. O Estado de Direito, na atualidade, deixou de ser formal, neutro e individualista, para transformar-se em Estado material de Direito, enquanto adota uma dogmática e pretende realizar a justiça social'. Transforma-se em *Estado Social de Direito*, onde o 'qualitativo social refere-se à correção do individualismo clássico liberal pela afirmação dos chamados direitos sociais e realização de objetivos de justiça social'. Caracteriza-se no propósito de compatibilizar, em um mesmo sistema, anota Elías Díaz, dois elementos: o capitalismo, como forma de produção, e a consecução do bem-estar social geral, servindo de base ao neocapitalismo típico do *Welfare State*" (SILVA, José Afonso da. *Curso de Direito Constitucional Positivo*. 19ª ed. São Paulo: Malheiros, 2001, p. 119). Ver, ainda, NOGUEIRA, Alberto. *Os Limites da Legalidade Tributária no Estado Democrático de Direito*: Fisco X Contribuinte na arena jurídica: ataque e defesa. Rio de Janeiro: Renovar, 1999, p. 33; BONAVIDES, Paulo, *Do Estado Liberal ao Estado Social*, 2001, p.186; RIBEIRO, Maria Teresa de Melo. *Princípio da Imparcialidade da Administração Pública*. Coimbra: Almedina, 1996, p. 58; RIBEIRO, Ricardo Lodi. *A Segurança Jurídica do Contribuinte*. Rio de Janeiro: Lumen Juris, 2008, p. 19.

[11] Cf. TORRES, Ricardo Lobo, *O Orçamento na Constituição*, 1995, p. 11; ARAGÃO, Alexandre Santos de. *Direito dos Serviços Públicos*. Rio de Janeiro: Forense, 2007, p. 43. Segundo a Professora

Crítico do Estado de Bem-Estar, FRIEDRICH AUGUST HAYEK salienta que a crise da seguridade social encontra-se vinculada à tentativa de, por intermédio desta, se efetuar uma redistribuição de riquezas, isso a partir de um controle estatal do mercado.[12]

A esta altura é necessário acrescentar que o declínio do Estado de Bem-Estar Social e o surgimento de defensores de um modelo estatal neoliberal não implicaram o desaparecimento do Estado Social. De fato, como assevera RICARDO LOBO TORRES "o modelo do Estado Social não desaparece totalmente. Passa por modificações importantes, com a diminuição do seu tamanho e a restrição ao seu intervencionismo. Deixa-se influenciar pelas idéias do liberalismo social, que não se confundem com as do neoliberalismo ou do protoliberalismo nem, por outro lado, com as da social democracia".[13]

Feita essa breve digressão histórica, nota-se que a intervenção estatal nas relações privadas, e assim no exercício de direitos por parte dos indivíduos, que se encontra diretamente vinculada ao caráter mais ou menos assistencialista adotado pelo Poder Público, variou da pregação por um Estado mínimo (a qual, como visto, há algum tempo voltou a ocupar espaço de destaque no ideário político-econômico ocidental) até a prevalência de um Estado de Bem-Estar Social, intervencionista e paternalista, sendo oportuno observar que, hodiernamente, nenhuma dessas estruturas extremadas prevalece, havendo um Estado, regra geral, presente e participativo nas relações sociais, mas não centralizador das iniciativas econômicas e limitador dos direitos e interesses privados.[14]

MARIA SYLVIA ZANELLA DI PIETRO, "verificou-se um crescimento desmesurado do Estado, que passou a atuar em todos os setores da vida social, com uma ação interventiva que coloca em risco a própria liberdade individual, afeta o princípio da separação de Poderes e conduz à ineficiência na prestação de serviços" (Di PIETRO, Maria Sylvia Zanella. *Parcerias na Administração Pública*. São Paulo: Atlas, 1999, p. 21). É importante ter em mente, aqui, a distinção apresentada por GILBERTO BERCOVICI entre *estado social em sentido estrito* e *estado social em sentido amplo*. O primeiro "é caracterizado pelo amplo sistema de segurança e assistência social". Enquanto o segundo "é o Estado intervencionista" (BERCOVICI, Gilberto. *Desigualdades Regionais, Estado e Constituição*. São Paulo: Max Limonad, 2003, p. 54). Partindo dessa distinção, temos que a crise atingiu o *estado social em sentido estrito*, sendo que o *estado social em sentido amplo* permanece presente hodiernamente.
[12] Cf. HAYEK, Friedrich A. *The Constitution of Liberty*. Chicago: The University of Chicago Press, 1992, pp. 302-303. Ver, ainda: FERNÁNDEZ, Tomás-Ramón. *El Derecho Administrativo al Comienzo de su Tercera Centuria*. Buenos Aires: La Ley, 2002, p. 97.
[13] *O Orçamento na Constituição*, 1995, p. 15.
[14] CAIO TÁCITO alerta para os riscos de um Estado centralizador e limitador dos esforços privados, o qual levaria, paulatinamente, ao retorno do ideário liberal: "Já agora, no cenário dos direitos humanos, desponta a reação contra o risco da presença esmagadora do Estado. A título de servir

Assim, é importante ter em mente que no curso do século XX, com a passagem do Estado Liberal para o Estado Social, independentemente da variação de grau do intervencionismo estatal no âmbito deste último, o Estado assumiu a realização de diversas atividades que antes se encontravam na esfera de atribuições dos indivíduos, tendência esta que pode ser verificada, de forma acentuada, a partir de três acontecimentos específicos, quais sejam, as duas Guerras Mundiais e a Grande Depressão, que as medeou.

Dessa feita, é pertinente transcrever a seguinte passagem do Relatório sobre o Desenvolvimento Mundial, emitido em 1997 pelo Banco Mundial, na qual o crescimento das atribuições estatais restou registrado nos seguintes termos:

> *Assim, o Estado assumiu novos papéis e ampliou as funções que já vinha desempenhando. Em meados do século, a variedade de tarefas executadas pelas instituições públicas incluía não só uma ampla provisão de infra-estrutura e serviços públicos, mas também apoio muito maior aos serviços de educação e saúde. Nos três e meio decênios de 1960 a 1995, os governos dos países industrializados duplicaram de tamanho e grande parte dessa expansão foi provocada por aumentos nas transferências e subsídios.*[15]

ao homem e à coletividade, o Estado ameaça tornar-se opressivo, substituindo a personalidade pela uniformidade. No painel da liberdade acendem-se as luzes de advertência do perigo do autoritarismo emergente. Ao abuso do direito individual ou aos malefícios da concentração econômica, que a lei habilita o Estado a prevenir ou reprimir, sucede-se o abuso da burocracia, perante a qual ficam desarmados tanto as pessoas como os próprios setores da sociedade (...) Assistimos a um progressivo retorno aos fundamentos do liberalismo, sem prejuízo das conquistas da justiça social. Há um sensível espírito de desmassificação da sociedade, uma revolta contra as hierarquias e as burocracias dominantes, a reativação da empresa média dotada de alta dose de sofisticação tecnológica (de que o Vale do Silicone, nos EUA, é um exemplo expressivo e bem-sucedido) ..." (TÁCITO, Caio. Poder de Polícia e Polícia do Poder. In: *Temas de Direito Público*: Estudos e Pareceres. Rio de Janeiro: Renovar, 1997, v. 1, p. 553).

[15] BANCO MUNDIAL. *Relatório Sobre o Desenvolvimento Mundial*: 1997. Whashington: Banco Mundial, 1997, p. 22. Conforme relata ALMIRO COUTO E SILVA, "o Estado contemporâneo exerce as mais variadas atividades. Seus agentes, na qualidade de seus órgãos, julgam conflitos entre os sujeitos de direito, estabelecem as normas que estruturam e organizam o Estado e disciplinam as relações entre indivíduos e o poder público; fixam as grandes linhas das políticas públicas e mantêm relações diplomáticas com agentes de outros países; nomeiam pessoas para cargos públicos; celebram contratos de concessão de bens e serviços públicos ou de locação, como locador ou locatário, expedem certidões e diplomas, enviam mensagens de felicitações, dão informações ao público; constroem vias e logradouros públicos; inutilizam remédios e alimentos impróprios para o consumo; ministram aulas nas escolas e universidades públicas; orientam o trânsito; expedem autorizações e licenças, como as para estabelecer-se quiosque de venda de revistas em via pública, ou as para dirigir veículo automotor, para porte de arma ou ainda para construir um prédio urbano ou para exercer certa atividade ou para fazer funcionar determinada indústria; tratam de enfermos nos hospitaos públicos; realizam campanhas de vacinação; recebem e

É importante observar que o crescimento das atividades estatais trouxe consigo a necessidade de recursos para o seu custeio e assim a transformação dos Estados ocidentais em Estados fiscais, os quais dependem da arrecadação tributária para a consecução de seus fins.[16]

Há, assim, importante relação entre o desenvolvimento da participação estatal na vida das pessoas de Direito Privado com a ampliação das carências arrecadatórias do Poder Público, que passa a ter na arrecadação tributária a fonte de recursos indispensáveis para o custeio de suas atividades. Como destaca JUAN MANUEL BARQUERO ESTEVAN:

> *Faz já alguns anos, em um trabalho que pode ser tido já por um clássico na literatura sobre o Estado social, Ernst Forstoff afirmava que o Estado fiscal ou impositivo constitui o vínculo indispensável de união entre os princípios do Estado de Direito e Estado social, porque somente através das possibilidades de ingerência do Estado impositivo pode-se garantir o desenvolvimento do Estado social, sob uma estrita observância, ao próprio tempo, das formas do Estado de Direito e, concretamente, do respeito do Direito de propriedade. Apontava, assim, a tese de que a configuração do Estado como "impositivo" constitui um pressuposto funcional do Estado social, pois este só pode alcançar seus objetivos recorrendo ao imposto como instrumento financeiro.*[17]

---

efetuam pagamentos; dão pareceres nos expedientes administrativos; realizam procedimentos de licitação e de concurso público, entre muitas outras formas de atuação. [...]" (COUTO E SILVA, Almiro. Notas sobre o Conceito de Ato Administrativo. In: OSÓRIO, Fábio Medina; SOUTO, Marcos Juruena Villela (Coords.). *Direito Administrativo*: Estudos em Homenagem a Diogo de Figueiredo Moreira Neto. Rio de Janeiro: Lumen Juris, 2006, p. 272). Sobre o tema, ver: PEREZ, Marcos Augusto. *A Administração Pública Democrática*: Institutos de Participação Popular na Administração Pública. Belo Horizonte: Fórum, 2004, p. 39; GUEDES, Demian. *Processo Administrativo e Democracia*: Uma Reavaliação da Presunção de Veracidade. Belo Horizonte: Fórum, 2007, pp. 42-43.

[16] JOSÉ CASALTA NABAIS faz interessante análise do Estado Fiscal, ou seja, "do Estado cujas necessidades financeiras são essencialmente cobertas por impostos", dintinguido-o do Estado Patrimonial, cujas receitas são decorrentes da exploração de seu próprio patrimônio ou de rendimentos da atividade empresarial pelo mesmo desenvolvida; e do Estado Tributário, que seria um Estado "predominantemente assente, em termos financeiros, não em tributos unilaterais (impostos), mas em tributos bilaterais (taxas)" (NABAIS, José Casalta. *Por uma Liberdade com Responsabilidade*: Estudos sobre Direitos e Deveres Fundamentais. Coimbra: Coimbra Editora, 2007. pp. 179-189). Para uma análise da gênese e do desenvolvimento do Estado Fiscal, ver: TORRES, Ricardo Lobo. Mutações do Estado Fiscal. In: OSÓRIO, Fábio Medina; SOUTO, Marcos Juruena Villela (Coords.). *Direito Administrativo*: Estudos em Homenagem a Diogo de Figueiredo Moreira Neto. Rio de Janeiro: Lumen Juris, 2006, pp. 1053-1079.

[17] ESTEVAN, Juan Manuel Barquero. *La Función del Tributo en el Estado Democrático de Derecho*. Madrid: Centro de Estudios Constitucionales, 2002, p. 33. Ao comentar o sistema fiscal português, SALDANHA SANCHES traz a seguinte lição: "A evolução do sistema fiscal português nos últimos dez anos, em parte por razões de uma programada reforma destinada a obter justiça fiscal logo

depois de 25 de abril, de forma menos programática e mais imediatista pela necessidade imperiosa de aumentar as receitas com surtos particularmente agudos, mas presente como tendência de fundo em quase todo o período, levou *volentis, nolentis* à concretização inequívoca em Portugal dos contornos básicos do 'Estado Fiscal'.

As suas características revelam-se de forma evidente no fato de os impostos constituírem a mais importante das receitas públicas, de estes marcarem toda a relação existente entre o cidadão e o Estado, de abarcarem mais de um quarto do total do produto nacional bruto e de influírem de forma mais ou menos marcante sobre todas as formas de vida econômica.

Ora, é este peso crescente dos impostos e do seu impacto sobre a atividade econômica das empresas e sobre o rendimento disponível dos cidadãos que torna crescentemente necessária a definição de um corpo de princípios de tributação que tracem com rigor os limites para o poder de tributar do Estado. 'O Estado de direito, enquanto Estado fiscal', escrevia Forsthoff em 1953, 'depende de um pressuposto específico que deve estar contido na constituição: a limitação nítida da soberania fiscal em relação aos direitos fundamentais que tutelam o direito de propriedade'. É precisamente o aumento da pressão fiscal que torna mais urgente a definição de um corpo de regras e princípios para a intromissão do Estado na esfera patrimonial do cidadão" (SANCHES, J. L. Saldanha. *A Segurança Jurídica no Estado Social de Direito*: Conceitos Inde   terminados, Analogia e Reotroactividade no Direito Tributário. Lisboa: Centro de Estudos Fiscais, 1985, pp. 310 e 311). Para o Professor RICARDO LOBO TORRES, "o princípio do Estado Fiscal sinaliza no sentido de que o Estado Democrático de Direito vive de tributos que constituem o preço da liberdade, são cobrados de acordo com os princípios de justiça e de segurança e se distribuem segundo as escolhas orçamentárias fundadas em ponderação de princípios constitucionais" (TORRES, Ricardo Lobo. Mutações do Estado Fiscal. In: OSÓRIO, Fábio Medina; SOUTO, Marcos Juruena Villela (Coords.). *Direito Administrativo*: Estudos em Homenagem a Diogo de Figueiredo Moreira Neto. Rio de Janeiro: Lumen Juris, 2006, p. 1065). Esse também é o entendimento de RAQUEL CAVALCANTI RAMOS MACHADO, como se infere da passagem a seguir transcrita: "O Estado social traz consigo a idéia não só de que o Poder Público deve prestar assistência ao cidadão, mas de que os custos assistenciais devem ser arcados por toda a sociedade. Tanto que, atualmente, quando se menciona o termo cidadania, entende-se que esta deve ser considerada de forma multidimensional, de modo a englobar direitos fundamentais considerados em sua dimensão individual e social, para, assim, tentar superar as 'contradições e perplexidades que cercam a temática da liberdade e da justiça social ... nesta era dos direitos que vai caracterizando a transição do século XX para o XXI'. Seria como se, na idéia de cidadania, estivesse incluído o dever fundamental de pagar tributos, meio através do qual o Estado realizaria os direitos fundamentais considerados em sua dimensão social. No Estado social, portanto, à palavra do cidadão deve-se associar não apenas um conjunto de direitos e garantias, mas também de deveres, sobretudo o dever de ser solidário e pagar tributos" (MACHADO, Raquel Cavalcanti Ramos. *Interesse Público e Direitos do Contribuinte*. São Paulo: Dialética, 2007, p. 57). Vale a pena transcrever, ainda, o seguinte trecho de REGINA HELENA COSTA: "Registre-se que, hodiernamente, sob a ótica do direito tributário, entende-se que *ser cidadão* também é *ser contribuinte*. Isso porque é cidadão quem tem a possibilidade de auferir renda, titularizar patrimônio e realizar consumo, todas manifestações de capacidade contributiva. Em outras palavras: poder contribuir para as despesas do Estado representa um aspecto do exercício da cidadania. E, assim, titularizando o Estado o direito de exigir o pagamento de tributos, cabe ao contribuinte o dever de satisfazer essa obrigação, em prol da sociedade" (COSTA, Regina Helena. *Praticabilidade e Justiça Tributária*: Exiquibilidade de Lei Tributária e Direitos do Contribuinte. São Paulo: Malheiros, 2007, p. 18). Ver também: HOLMES, Stephen; SUNSTEIN, Cass R. *The Cost of*

Por outro lado, a alteração no que tange à participação do Estado na vida social trouxe consigo uma modificação na Função estatal preponderante em cada época histórica.

Com efeito, tendo em vista que o Estado Liberal tinha por finalidade a estabilização e manutenção da classe burguesa no poder, a Função estatal prevalecente nesse período foi a Legislativa, transformando-se o Parlamento no senhor das regras imponíveis à sociedade, principalmente das situações em que se fazia possível a intervenção estatal na esfera privada, com a consequente restrição da liberdade.[18]

A "deificação" da Função Legislativa tinha como propósito evitar os abusos e desmandos cometidos por aqueles que exerciam a Função Executiva àquela época, ou seja, os monarcas. Nessa ordem de idéias, noticia PAULO BONAVIDES que "o liberalismo – expressão da filosofia política triunfante – se domiciliava nos Parlamentos. E produzira também uma técnica de governo que veio a coroar a ascendência notória do Poder Legislativo, ao qual se

---

Rights: Why Liberty Depends on Taxes. New York: W. W. Norton & Company, 1999, p. 15; ROIG, Rafael de Asis. *Deberes y Obligaciones en la Constitución*. Madrid: Centro de Estudios Constitucionales, 1991, p. 401; NABAIS, José Casalta. *O Dever Fundamental de Pagar Impostos*. Coimbra: Almedina, 1998, pp. 185-187; NABAIS, José Casalta. *Por uma Liberdade com Responsabilidade*: Estudos sobre Direitos e Deveres Fundamentais. Coimbra: Coimbra Editora, 2007, pp. 163-196; GODOI, Marciano Seabra de. Tributo e Solidariedade Social. In: GRECO, Marco Aurélio; GODOI, Marciano Seabra de (Coords.). *Solidariedade Social e Tributação*. São Paulo: Dialética, 2005, p. 154. Para um estudo acerca da teoria dos custos dos direitos ver: AMARAL, Gustavo. *Direito, Escassez & Escolha*: Em busca de critérios jurídicos para lidar com a escassez de recursos e as decisões trágicas. Rio de Janeiro: Renovar, 2001; GALDINO, Flávio. *Introdução à Teoria dos Custos dos Direitos*: Direitos não nascem em árvores. Rio de Janeiro: Lumen Juris, 2005.

[18] CASTRO, Carlos Roberto de Siqueira, *O Congresso e as Delegações Legislativas*, 1989, p. 11. Como destaca LENIO STRECK: "O constitucionalismo moderno pode ser visto, em seu nanascedouro, como uma aspiração de uma Constituição escrita, como modo de estabelecer um mecanismo de dominação legal-racional, como oposição à tradição do medievo, onde era predominante o modo de dominação carismática, e ao poder absolutista do rei, próprio da primeira forma de Estado Moderno. Em percuciente resumo, La Quadra demonstra como as primeiras constituições do mundo (com exceção do constitucionalismo americano) tratam de dar resposta ou submeter ao controle o poder do monarca absoluto. As primeiras constituições respondem ao esquema do princípio monárquico, através do qual, frente ao poder absoluto deste o parlamento aparece como um limite à garantia da propriedade e da liberdade dos cidadãos; é compreensível, assim, que esse parlamento, que representa o povo e lhe representa para controlar e limitar o poder do monarca absoluto, não tenha, em princípio, nenhum tipo de limitação. Afinal, não é ele um órgão do estado que deva submeter-se a um mandato superior porque aparece primeiramente como representação do povo que tem por missão defender a liberdade e a propriedade frente ao monarca (*Jurisdição Constitucional e Hermenêutica*: Uma Nova Crítica ao Direito. 2ª ed. Rio de Janeiro: Forense, 2004, p. 97).

cometera o exercício da soberania: o parlamentarismo. Com o governo da maioria parlamentar e da responsabilidade ministerial, ao tempo do Estado liberal, conheceu o Poder Legislativo uma fase áurea, impossível agora de viver ou restaurar em toda a plenitude".[19]

O declínio do Estado Liberal e o consequente crescimento das atribuições estatais modificaram o quadro acima descrito, uma vez que a dinâmica das novas atividades do Estado dependia de uma maior celeridade do agir administrativo, o qual não poderia se ver emperrado pela dependência de deliberações do Parlamento.[20] Nas palavras de GIUSEPPE DE VERGOTTINI:

[19] BONAVIDES, Paulo. O Poder Legislativo no Moderno Estado Social. In: *As Tendências Atuais do Direito Público*: Estudos em Homenagem ao Prof. Afonso Arinos. Rio de Janeiro: Forense, 1976, p. 29. No mesmo sentido: FERREIRA FILHO, Manoel Gonçalves. *A Democracia no Limiar do Século XXI*. São Paulo: Saraiva, 2001, pp. 101-102; GUERRA, Sérgio. *Discricionariedade e Reflexividade*: Uma nova teoria sobre as escolhas administrativas. Belo Horizonte: Editora Fórum, 2008, pp. 41-44.

[20] Cf. BONAVIDES, Paulo, *O Poder Legislativo no Moderno Estado Social*, 1976, p. 37. A seu turno, salienta CARLOS ROBERTO DE SIQUEIRA CASTRO: "Era natural que o Estado intervencionista, hoje universalizado em diferentes matizes ideológicos, trouxesse em seu bojo um novo sentido e estilo de governar, que prima pelo poderio e pela *superpresença* do Poder Executivo, tido como o departamento da soberania melhor vocacionado para o trato dos inúmeros e cambiantes aspectos da vida moderna, consoante descrito sugestivamente por Duverger, em sua *Monarquia Republicana*, e por Schlesinger, em a *Presidência Imperial*. Por outro lado, cresceu e fortaleceu-se a Administração Pública, propalando-se a todas as vozes o *declínio* ou a *crise* do Parlamento, como se ambos não fossem, no fundo, um reflexo da superação do próprio liberalismo burguês" (*O Congresso e as Delegações Legislativas*, 1989, p. 17). De acordo com o magistério de MANUEL GONÇALVES FERREIRA FILHO: "É notório que os Parlamentos não dão conta das 'necessidades' legislativas dos Estados contemporâneos; não conseguem, a tempo e a hora, gerar as leis que os governos reclamam, que os grupos de pressão solicitam. As normas que tradicionalmente pautam o seu trabalho dão – é certo – ensejo a delongas, oportunidade de manobras e retardamentos. Com isso, os projetos se acumulam e atrasam. E esse atraso, na palavra do governo, no murmúrio da opinião pública, é a única exclusiva razão por que os males que sofre o povo não são aliviados.

Nem estão os Parlamentos, por sua própria organização, em condições de desempenhar, lentamente, mas a contento, a função legislativa. O modo de escolha de seus membros torna-os pouco frequentados pela ponderação e pela cultura, mas extremamente sensíveis à demagogia e à advocacia em causa própria. Os interesses não têm dificuldade em encontrar porta-vozes eloquentes, o bem comum nem sempre os acha. Por outro lado, o seu modo de trabalhar também é inadequado às decisões que deve tomar. Como, por exemplo, estabelecer um planejamento por meio do debate parlamentar?

Ora, a incapacidade dos Parlamentos conduz à sua abdicação. Cá e lá, a delegação do Poder Legislativo, ostensiva ou disfarçada, torna-se a regra comum, apesar das proibições constitucionais. A imaginação dos constitucionalistas desvela-se em encontrar caminhos para que o Executivo possa legislar enquanto os magistrados olham para outro lado a fim de não verem as violações à Constituição. Mais ainda, desistindo de remar contra a corrente, Constituições recentes, como a francesa de 1958, a brasileira de 1967, dão ao Executivo verdadeiro poder legislativo autônomo" (FERREIRA FILHO, Manoel Gonçalves. *Do Processo Legislativo*. 5. ed. São Paulo: Saraiva, 2002,

> *O advento da política social pôs em crise a tradicional concepção da separação dos poderes, determinando a passagem do "Estado Legislativo" ao "Estado Administrativo". Segundo a teoria liberal da separação dos poderes, ao Parlamento era atribuída a função de fazer as normas jurídicas gerais e abstratas, enquanto ao Governo cabia a função de seguir a vontade normativa da assembléia representativa. Ao contrário, hoje a lei assume frequentemente um conteúdo especial e concreto, enquanto o Governo, para satisfazer o crescimento da demanda de normas características do Estado Social, tendo muito frequentemente a fazer uso, e em alguns casos o abuso – pensamos no fenômeno do crescimento da decretação de urgência ou dos decretos legislativos integrativos e corretivos – de seus poderes normativos, a fim de deixar óbvia a incapacidade do instrumento legislativo de satisfazer em tempo razoável as exigências de normas (a assim denominada fome de normas). O tempo excessivamente longo do processo legislativo impede o Parlamento de atender com tempestividade às mudanças sociais e requer, portanto, a ampliação dos poderes normativos do Governo.*[21]

Outro aspecto que justifica o declínio da supremacia do Poder Legislativo sobre o Executivo consiste no fato de que, atualmente, também aqueles que chefiam o órgão de cúpula que exerce esta Função estatal são eleitos pelo povo nos mesmos moldes dos membros do Legislativo.[22]

---

pp. 14-15). Sobre o declínio da Função Legislativa ver, ainda: AMARAL, Roberto. Apontamentos para a Reforma Política: A democracia representativa está morta – viva a democracia participativa. *Revista de Informação Legislativa*, Brasília, nº 151, jul.-dez. 2001, pp. 29-65; DALLARI, Dalmo de Abreu. *Elementos de Teoria Geral do Estado*. 24ª ed. São Paulo: Saraiva, 2003, pp. 220-221. Para um exame da preponderância do Poder Executivo, ver: HAURIOU, Maurice. *Principios de Derecho Público y Constitucional*. Tradução Carlos Ruiz del Castillo. Granada: Editorial Comares, 2003, pp. 482-489.

[21] VERGOTTINI, Giuseppe de. A "Delegificação" e a sua Incidência no Sistema de Fontes do Direito. Tradução Fernando Aurélio Zilveti. In: BARROS, Sérgio Resende; ZILVETI, Fernando Aurélio (Coord.). *Direito Constitucional*: Estudos em Homenagem a Manoel Gonçalves Ferreira Filho. São Paulo: Dialética, 1999, p. 167. Ver, também: FERREIRA FILHO, Manoel Gonçalves. *Aspectos do Direito Constitucional Contemporâneo*. São Paulo: Saraiva, 2003, p. 248; NASCIMENTO, Rogério José Bento Soares do. *Abuso do Poder de Legislar*: Controle Judicial da Legislação de Urgência no Brasil e na Itália. Rio de Janeiro: Lumen Juris, 2004, pp. 48-49.

[22] Cf. MEDAUAR, Odete. *Direito Administrativo Moderno*. São Paulo: Revista dos Tribunais, 2001, p. 26. Corrobora esse entendimento o magistério de PONTES DE MIRANDA: "Nas Constituições da Europa, após a Primeira Guerra Mundial, procurou-se reforçar o Poder Executivo como solução nova às relações entre tal Poder e o Legislativo. Democrático, também, hoje, o Executivo, não se trata de **regressão**, mas de **reajustamento**. Rigorosamente, se o povo elegesse um homem para redigir uma lei, seria o mesmo que eleger 20, 200, 2.000: a legislação seria igualmente democrática. Ora, a experiência mostrou que as assembléias se tornaram corpos autônomos, desligados do povo, de modo que a personalidade de um homem não seria separação maior entre a **vontade geral** e a lei do que a entidade transindividual e transpopular das assembléias" (MIRANDA, Pontes de.

O tecnicismo que envolve grande parte das decisões que devem ser tomadas pelo Poder Público também leva ao declínio do Legislativo, uma vez que as Câmaras representativas muitas vezes se vêem impotentes para estabelecer as regras de conduta que devem ser observadas no seio da coletividade.[23] Este cenário leva ao fenômeno da "inflação" legislativa, decorrência da tentativa do Poder Legislativo de através da "produção" de novas leis acompanhar as mudanças sociais.[24]

Por fim, não se pode deixar de mencionar que o fenômeno da globalização, com o crescimento em importância dos tratados internacionais e do Direito Comunitário, assim como o desenvolvimento de uma dogmática que apregoa sua prevalência sobre as normas de direito interno, leva também ao declínio do Poder Legislativo e à valorização do Executivo, Poder responsável pela discussão e elaboração dos tratados, em relação aos quais o Legislativo, no ordenamento jurídico pátrio, aparece apenas como órgão de referendo.[25]

A todos os aspectos antes mencionados soma-se, na experiência republicana brasileira, o caráter autocrático do Poder Executivo, que só recentemente conheceu, de forma contínua, os imperativos da democracia. Como aduzido por SERGIO VICTOR TAMER, em estudo sobre a hipertrofia do Poder Executivo Brasileiro:

Independência e Harmonia dos Poderes. *Revista de Direito Público*, São Paulo, no 20, abr.-jun. 1972, p. 9).

[23] Cf. CLÈVE, Clèmerson Merlin. *Atividade Legislativa do Poder Executivo*. 2ª ed. São Paulo: Revista dos Tribunais, 2000, pp. 52 e 53; SALDANHA, Nelson. *Sociologia do Direito*. 5ª ed. Rio de Janeiro: Renovar, 2003, pp. 182 e 183.

[24] Cf. VERGOTTINI, Giuseppe de. A "Delegificação" e a sua Incidência no Sistema de Fontes do Direito, 1999, p. 167; MARTINES, Temistocle. *Diritto Costituzionale*. 10ª ed. Milano: Giuffrè, 2000, p. 51; ITALIA, Vittorio. *Diritto Costituzionale*. Milano: Giuffrè, 2002, p. 27; FERREIRA FILHO, Manoel Gonçalves, Do Processo Legislativo, 2002, p. 13; CLÈVE, Clèmerson Merlin, *Atividade Legislativa do Poder Executivo*, pp. 54-61; MEDAUAR, Odete. Segurança Jurídica e Confiança Legítima. In: ÁVILA, Humberto (Org.). *Fundamentos do Estado de Direito*: Estudos em Homenagem ao Professor Almiro do Couto e Silva. São Paulo: Malheiros, 2005, p. 118.

[25] Nesse mesmo sentido: RIBEIRO, Ricardo Lodi. *A Segurança Juríica do Contribuinte*. Rio de Janeiro: Lumen Juris, 2008, pp. 71-72. Para um estudo dos debates envolvendo o relacionamento do direito interno com o direito internacional, ver: ROCHA, Sergio André. *Treaty Override no Ordenamento Jurídico Brasileiro*: O Caso das Convenções para Evitar a Dupla Tributação da Renda. São Paulo: Quartier Latin, 2007. Um estudo sobre a interpretação dos tratados internacionais tributários foi feito em: ROCHA, Sergio André. *Interpretação dos Tratados para Evitar a Bitributação da Renda*. 2 ed. São Paulo: Quartier Latin, 2013.

> *Uma breve leitura interpretativa da nossa história republicana poderá nos levar a entender melhor essa hipertrofia, na qual se destacam quatro relevantes questões: a) os vícios do sistema eleitoral; b) o exercício de um presidencialismo imperial; c) o papel do Exército como "poder moderador"; d) o abuso do poder de legislar, via medidas provisórias.*[26]

Diante das razões anteriormente aduzidas, nota-se que, hodiernamente, vive-se um período em que são muitas e variadas as atribuições estatais, acumulando o Estado-Administração as funções de prestação de serviços, regulação e fomento das atividades particulares, podendo, ainda, em determinadas situações e sob certas condições, emitir normas de conduta, regendo a vida em sociedade.

Em face de tão grandiosas atribuições, cresceu, em igual proporção, o aparato estatal necessário para o seu fiel cumprimento, assim como as situações em que os administrados se vêem obrigados a relacionarem-se com os órgãos e agentes do Estado, que passam a interferir diretamente na esfera de interesses dos indivíduos.

O crescimento das atividades da Administração Pública, e o correspondente aumento das relações entre os cidadãos e o Estado,[27] teve como reflexo a procedimentalização[28] da atividade estatal, com maior participação dos

---

[26] TAMER, Sergio Victor. *Fundamentos do Estado Democrático e a Hipertrofia do Executivo no Brasil.* Porto Alegre: Sergio Antonio Fabris Editor, 2002, pp. 168-169.

[27] Conforme destacado no já citado relatório do Banco Mundial, "há um século, um agricultor do Canadá e outro da Costa do Marfim provavelmente teriam pouca ligação com seus governos e nenhuma entre si. O governo afetava as suas vidas apenas na medida em que proporcionava bens públicos, como lei e ordem e infra-estrutura básica, e deles arrecadava impostos.
Hoje, o Estado se expandiu enormemente – e o mundo encolheu. Os descendentes daqueles mesmos fazendeiros mandam seus filhos a escolas mantidas pelo governo, recebem tratamento médico de clínicas públicas, contam com uma série de serviços proporcionados pelo Estado e podem beneficiar-se do controle governamental dos preços das sementes e fertilizantes que compram ou do trigo e do café que vendem. Assim, é provável que estas últimas gerações se preocupem muito mais do que seus antepassados com a eficiência do governo e com os dispositivos de controle de suas decisões" (*Relatório Sobre o Desenvolvimento Mundial*: 1997, 1997, p. 19).

[28] Sobre a procedimentalização administrativa traz-se à colação a seguinte passagem de MARÇAL JUSTEN FILHO: "A procedimentalização consiste na submissão das atividades administrativas à observância de procedimentos como requisito de validade das ações e omissões adotadas. Significa que a função administrativa se materializa em atividade administrativa., que é um conjunto de atos. Esse conjunto de atos deve observar uma sequência predeterminada, que assegure a possibilidade de controle do poder jurídico para realizar os fins de interesse coletivo e a promoção dos direitos fundamentais.
A procedimentalização é uma exigência de cunho formalista. A atuação administrativa tem de materializar-se de modo formal, seguindo uma ordenação lógica destinada a evitar a imposição

administrados na realização (*procedimento administrativo*) e controle (*processo administrativo*) dos atos administrativos.

Com efeito, uma vez que a atuação estatal passou a ter grandiosa importância na vida do homem moderno, este não poderia se quedar alijado da possibilidade de participar ou controlar a tomada de decisão nas hipóteses em que o agir estatal influencie, direta ou indiretamente, em maior ou menor grau, a sua esfera de interesses. A propósito, permite-se transcrever a seguinte lição de CAIO TÁCITO:

> *O Direito Administrativo contemporâneo tende ao abandono da vertente autoritária para valorizar a participação de seus destinatários finais quanto à formação da conduta administrativa.*
>
> *O Direito Administrativo de mão única caminha para modelos de colaboração, acolhidos em modernos textos constitucionais e legais, mediante a perspectiva de iniciativa popular ou de cooperação privada no desempenho das prestações administrativas.*[29]

De forma a viabilizar tal participação do administrado na tomada de algumas decisões da Administração Pública, é que cresce, como dito, o fenômeno da procedimentalização dos atos administrativos, os quais passam a ser precedidos por uma série de outros atos, ou subordinam-se a mecanismos de controle de sua conformidade com as leis, sendo praticados no âmbito de

---

de concepções puramente subjetivas do titular da competência. Essa imposição prevalece ainda quando existe disciplina discricionária da atividade administrativa" (JUSTEN FILHO, Marçal. *Curso de Direito Administrativo*. São Paulo: Saraiva, 2005, p. 215).

[29] TÁCITO, Caio. Direito Administrativo Participativo. *Revista de Direito Administrativo*, Rio de Janeiro, v. 216, jul.-set. 1997, p. 2. Sobre o direito da participação do administrado nos atos da Administração Pública vale a pena, ainda, transcrever o Magistério de ADRIANA DA COSTA RICARDO SCHIER: "O direito de participação do cidadão na esfera administrativa, conforme já referido, apresenta-se em, basicamente, duas dimensões. Uma primeira está direcionada à concretização do princípio do Estado de Direito enquanto a outra é voltada à efetivação do Estado Democrático. Nesta última perspectiva, pode-se afirmar, desde logo, que o direito de participação é o direito que se traduz na possibilidade de intervenção direta ou indireta dp cidadão na gestão administrativa, de caráter consultivo, deliberativo ou fiscalizatório" (SCHIER, Adriana da Costa Ricardo. *A Participação Popular na Administração Pública*: o Direito de Reclamação. Rio de Janeiro: Renovar, 2002, pp. 57-58). No mesmo sentido: DROMI, Roberto. *El Derecho Público en la Hipermodernidad*. Madrid: Hispania Libros, 2005, pp. 274-275; MOREIRA NETO, Diogo de Figueiredo. *Mutações do Direito Administrativo*. 3. ed. Rio de Janeiro: Renovar, 2007, pp. 14-15; GALVÃO, Rodrigo. Devido Processo Legal, Ampla Defesa e Contraditório no Processo Administrativo. *Revista IOB de Direito Administrativo*, São Paulo, n. 21, set. 2007, pp. 131-132.

uma relação jurídica regida por determinados princípios constitucionais e regras jurídicas.[30]

Feitos esses comentários, impõe-se a análise das funções da aludida procedimentalização do atuar da Administração Pública, o que se passa a fazer a seguir.

1.2. Funções da Procedimentalização das Atividades Estatais

ODETE MEDAUAR,[31] em seu estudo sobre a processualidade no Direito Administrativo, elenca diversas finalidades que seriam inerentes à procedimentalização da atuação estatal.

Das finalidades/funções referidas pela citada autora, podem ser destacadas as seguintes: (a) legitimação da atividade administrativa; (b) garantia dos direitos dos administrados; (c) facilitação do controle da Administração Pública; (d) fornecimento de informações, com benefício do conteúdo das decisões; e (e) proteção da eficácia das decisões, acrescentando-se uma sexta finalidade, consistente em (f) viabilizar-se a possibilidade de provocação, pelos administrados, do controle do mérito dos atos administrativos discricionários.

Passa-se, então, à análise de cada uma dessas funções da procedimentalização da realização/controle de algumas das atividades inerentes à Administração Pública, notadamente daquelas que materializam intervenções do Poder Público na esfera de liberdade dos indivíduos.

---

[30] Nessa mesma linha de entendimentos, vale a pena transcrever o magistério do Professor MANOEL DE OLIVEIRA FRANCO SOBRINHO, que faz nítida vinculação entre a importância da procedimentalização da atividade estatal e o crescimento da intervenção administrativa: "Os tempos mudaram e as verdades estruturais sociais também, com a hipertrofia do Poder Executivo, e, portanto, do poder administrativo, tudo isso forçando novas obrigações não só quanto à autotutela do Estado, como em tudo que disser respeito à figura menor do administrado.
Essa expansão em projeção dúplex, para usar de uma expressão não muito apropriada de Alberto Domicheli, resultante possivelmente de um novo direito político, favorece a quase livre ingerência do Estado nas atividades privadas cujo alcance atinge a relação jurídica constitucional...
Eis por que o processo administrativo, em face do poder administrativo, traz o equilíbrio na controvérsia, no conflito de interesses, impondo às partes controversas ou conflitantes um regime característico de respeito enquadrado na ordem jurídica estabelecida" (FRANCO SOBRINHO, Manoel de Oliveira. As Garantias Jurídicas no Processo Administrativo. *Revista dos Tribunais*, São Paulo, nº 448, fev. 1973, pp. 20-21).
[31] MEDAUAR, Odete. *A Processualidade no Direito Administrativo*. São Paulo: Revista dos Tribunais, 1993, pp. 61-69.

1.2.1. Legitimação da Atividade Administrativa

Uma primeira função da procedimentalização da atividade administrativa consiste em atribuir legitimidade às atuações do Estado que produzam efeitos na esfera jurídica das pessoas. Como destaca Patrícia Baptista, com a constitucionalização da Administração Pública, ocorrida após o Segundo Pós-Guerra, "despertou-se para a necessidade de democratizar as práticas da Administração Pública por meio da maior participação dos administrados na vida administrativa. As novas feições da Administração no Estado-providência, de fato, desequilibraram o modelo de organização estatal baseado na separação entre as funções de criação e execução do direito. Diante de uma função administrativa com atribuições e poderes muito superiores aos que foram inicialmente concebidos no Estado liberal, as formas tradicionais de legitimação democrática – restritas à representação política através do parlamento e da Chefia do Executivo – tornaram-se insuficientes. Abriu-se, assim, o espaço para o desenvolvimento da participação administrativa como meio de legitimação próprio da Administração".[32]

De acordo com a corrente lição acerca da democracia, no âmbito de um Estado que se proclame democrático, o Poder Estatal emana do povo, e é exercido pelo povo, em seu proveito (Lincoln).[33] Como salientado por Hans Kelsen, "democracia significa identidade entre governantes e governados, entre sujeito e objeto do poder, governo do povo sobre o povo".[34]

---

[32] BAPTISTA, Patrícia. *Transformações do Direito Administrativo*. Rio de Janeiro: Renovar, 2003, p. 29.
[33] Para José Afonso da Silva "a democracia é um processo de convivência social em que o poder emana do povo, há de ser exercido, direta ou indiretamente, pelo povo e em proveito do povo" (*Curso de Direito Constitucional Positivo*, 2001, p. 130).
[34] KELSEN, Hans. *A Democracia*. Tradução Ivone Castilho Benedetti *et al*. São Paulo: Martins Fontes, 2000, p. 35. Não se pode deixar de registrar que, tendo em conta essas assertivas, ressalta em importância a resposta à pergunta colocada por Friedrich Muller: Quem é o povo? Citando trecho da obra do jurista tedesco: "'O termo democracia' não deriva apenas etimologicamente de 'povo' ('Volks' herrshaften); eles se justificam afirmando que em última instância o povo estaria 'governando'."
Todas as razões do exercício democrático do poder e da violência, todas as razões da crítica da democracia dependem desse ponto de partida.
A explanação, bem como a justificação, movem-se habitualmente no campo das técnicas de representação, de instituições e procedimentos. Só assim o 'povo' entra no campo visual; ou ainda nos momentos nos quais a delimitação (da 'nação', da 'sociedade') está em jogo.
O presente texto indaga: *quem* seria esse povo, que pudesse legitimar democrativamente?... (MULLER, Friedrich. *Quem é o Povo?* A questão Fundamental da Democracia. 3ª ed. São Paulo: Max Limonad, p. 47).

Dessa forma, o exercício do Poder estatal por determinadas pessoas exige que estas possuam legitimidade para tanto, sendo que tal legitimidade somente lhes pode ser deferida pelo próprio povo, destinatário da atuação do Estado.

Uma vez asseverado que em um Estado democrático o poder emana do povo, é exercido pelo povo e para o povo, nota-se que sempre que a Administração Pública vier a intervir no exercício de direitos por parte dos indivíduos, a legitimidade de tal atuação deverá emanar do próprio povo.

Em primeiro plano, tal legitimação advém das normas jurídicas, editadas pelos representantes do povo, atribuindo competência às autoridades administrativas para praticarem determinados atos. Esta, a *legitimação em abstrato do exercício do poder pela Administração Pública*.

Todavia, conforme destaca ODETE MEDAUAR "no âmbito estatal, a imperatividade característica do poder, para não ser unilateral e opressiva, deve encontrar expressão em termos de paridade e imparcialidade, no processo pré-constituído. Daí a importância dos momentos de formação da decisão como legitimação do poder em concreto, pois os dados do problema que emergem no processo permitem saber se a solução é correta ou aceitável e se o poder foi exercido de acordo com as finalidades para as quais foi atribuído".[35]

Nota-se, portanto, que, a par de uma legitimidade abstrata do exercício do poder, o Estado Democrático de Direito demanda uma legitimação concreta, a qual é alcançada por intermédio da procedimentalização de determinadas atuações estatais ou da existência de processos de controle de tais atividades, com a viabilização da participação dos administrados na produção de alguns

---

[35] *A Processualidade no Direito Administrativo*, 1993, p. 65. Na mesma linha é o magistério de WALLACE PAIVA MARTINS JÚNIOR, para quem "a participação na Administração Pública é expressão da insuficiência da lei para legitimação da progressiva intervenção estatal no domínio social e econômico e o contrastante reforço dos meios e mecanismos de garantia dos particulares. Compensa o déficit da 'democraticidade oligárquica' pela superação da natureza impositiva e exclusivamente unilateral das decisões públicas. Essa alteração do exercício do poder ocorre, por exemplo, na autogestão e na co-gestão pela intervenção de norvos sujeitos no processo decisório (*Transparência Administrativa*: Publicidade, motivação e participação popular. São Paulo: Saraiva, 2004, p. 302). Ver, também: MOREIRA NETO, Diogo de Figueiredo. *Mutações do Direito Administrativo*. 3ª ed. Rio de Janeiro: Renovar, 2007, pp. 12-15; MOREIRA, Bernardo Motta. *Controle do Lançamento Tributário pelos Conselhos de Contribuintes*. Rio de Janeiro: Lumen Juris, 2013, pp. 71-83.

atos a serem praticados pelas autoridades administrativas, os quais venham a interferir em sua esfera jurídica.[36]

Não discrepa desse entendimento o magistério de DAVID DUARTE, para quem "a intervenção dos particulares no processo de formação da decisão, orientada no sentido da influência e do condicionamento desse processo, basta, por si só, para propiciar a revisão dos meios de legitimação administrativa

---

[36] Cf. DROMI, Roberto. *El Procedimiento Administrativo*. Buenos Aires: Ediciones Ciudad Argentina, 1996, p. 45; GALLIGAN, D. J. *Due Process and Fair Procedure*. Oxford: Claredon Press, 1996, p. 129; PIERCE JR., Richard J.; SHAPIRO, Sidney A.; VERKUL, Paul R. *Administrative Law and Process*. New York: Foundation Press, 1999, pp. 24-36; BACELLAR FILHO, Romeu Felipe. *Princípios Constitucionais do Processo Administrativo Disciplinar*. São Paulo: Max Limonad, 1998, pp. 130-131; FERRAZ, Sergio. Processo Administrativo e Constituição de 1988. *Revista Trimestral de Direito Público*, São Paulo, nº 1, jan.-mar. 1993, p. 86; MARINONI, Luiz Guilherme. *Novas Linhas do Processo Civil*. São Paulo: Malheiros, 2000, p. 252; JUSTEN FILHO, Marçal, *Curso de Direito Administrativo*, 2005, p. 218; BIGOLIN, Giovani. *Segurança Jurídica*: A Estabilização do Ato Administrativo. Porto Alegre: Livraria do Advogado, 2007, pp. 26-27. João CARLOS SIMÕES GONÇALVES LOUREIRO deixa evidente a insuficiência da legitimação abstrata das atividades administrativas, em passagem que, mesmo longa, merece ser transcrita: "O acréscimo de intervenção do sistema no mundo-da-vida (*lebenswelt*), um fenômeno que Habermas denominou '*colonização*', coloca sérios problemas de legitimação ao subsistema político. A velha arquitetura dos poderes, tão ciosamente construída pelo liberalismo em torno do primado do Parlamento, redutora dos restantes a tarefas de mera execução, esboroa-se, em face do crescimento da autonomia e da complexidade da Administração, à incapacidade de controle parlamentar da máquina administrativa e da crescente compreensão da lei como programa-fim e não como programa-condicional.
A legitimação das decisões administrativas resultante da aplicação do programa legislativo aparece fortemente enfraquecida, perante as crescentes aberturas da normas para uma autônoma tarefa de concretização administrativa. Aliás, a própria lei já não é mais '*raison humaine*' (Montesquieu) como pretendiam os teóricos das Luzes, mas essencialmente *Dezision*; ao mesmo tempo, assiste-se a uma *inflação da lei*', '*motorização do legislativo*', ou '*Normenflut*'. Mas, a desmistificação do princípio da legalidade não implica necessariamente, como pretende Loschak, a mudança de uma racionalidade jurídica para uma racionalidade técnico-econômica.
A densidade de controle judicial cresceu, nalguns casos desproporcionalmente, a ponto de fazer perigar a idéia da Administração como poder independente.
A Administração politiza-se crescentemente, ao assumir um papel autônomo na elaboração e na implementação das políticas públicas, ao mesmo tempo que se vê confrontada com a participação dos cidadãos no interior do próprio procedimento de formação e de tomada de decisões, envolvendo-se num complexo processo de concertação.
É nesse contexto que o procedimento, quer em sentido jurídico, quer na perspectiva da Ciência da Administração ou, de uma forma mais geral, da teoria da decisão, aparece revalorizado como autônomo mecanismo de composição de interesses, de garantia democrática, com funções legitimatórias, como mecanismo de tutela dos cidadãos, como instrumento de racionalização e otimização das decisões, como operador extremamente relevante na realização dos direitos fundamentais" (LOUREIRO, João Carlos Simões Gonçalves. *O Procedimento Administrativo entre a Eficiência e a Garantia dos Particulares*. Coimbra: Coimbra Editora, 1995, pp. 68-69).

e para reequacionar o problema da falta de legitimidade própria da administração pública. A menos intensa recondutibilidade ao povo que se verifica na Administração pública em contraposição ao poder político propicia que o problema da legitimidade tenha sido transferido da titularidade para o exercício e que seja ao nível da legalidade que se encontra o suporte de legitimidade da função administrativa".[37]

A questão relativa à legitimação do exercício do poder pelo processo teve forte influência do ideário de NIKLAS LUHMANN.[38] Como assevera JOÃO MAURÍCIO ADEODATO:

> *O sentido que Luhmann empresta ao termo "legitimidade", transformando-o em "legitimação", é peculiar. A legitimidade passa a ser vista como uma prontidão generalizada para acatar decisões que ainda não foram tomadas, isto é, ainda indeterminadas quanto ao seu conteúdo real e empírico. A legitimidade seria uma "... ilusão funcionalmente necessária, pois se baseia na ficção de que existe possibilidade de decepção rebelde, só que esta não é, de fato, realizada". "Legítimo", passa a significar "de acordo com procedimentos jurídicos prefixados",*

---

[37] DUARTE, David. *Procedimentalização, Participação e Fundamentação*: Para uma Concretização do Princípio da Imparcialidade Administrativa como Parâmetro Decisório. Coimbra: Almedina, 1996, pp. 160-161. Corroborando o entendimento ora exarado, sob o prisma do processo civil, ver: MARINONI, Luiz Guilherme; ARENHART, Sérgio Cruz. *Manual do Processo de Conhecimento*: A Tutela Jurisdicional Através do Processo de Conhecimento. São Paulo: Revista dos Tribunais, 2001, p. 57.

[38] Vale a pena observar que para LUHMANN não deveria, em princípio, ser assumida pela Administração uma função de legitimação, como, por exemplo a adoção de um sistema administrativo de solução de lides, que deveria recair sobre o Judiciário com exclusividade. Transcrevendo literalmente suas palavras: "Essas considerações aproximam-se da proposta de aliviar continuamente das funções legitimadoras a administração e conjuntamente os procedimentos administrativos e concentrar o trabalho administrativo específica e funcionalmente na elaboração de decisões consistentes sob redução da maior complexidade possível. Isso corresponde a uma separação nítida entre política e administração como sistemas parciais diversos da organização política por um lado, entre administração e jurisdição administrativa por outro. A democratização da política como um sistema de certeza de apoio político para o poder legítimo por um lado, a jurisdição totalmente ampliada a divergências de direito público, por outro, constituem aquisições institucionais que, devido ao seu estilo processual, são até mesmo limitadas em seu potencial de complexidade, podendo, porém, assegurar uma grande legitimidade da sua atividade governativa de decisão, nomeadamente através do alargamento dum consenso proporcionado simbolicamente para o sistema político e o seu atual governo, por um lado, e pelo isolamento expressivo de protestos, por outro. Entre estas instituições e, trazido por elas, haveria lugar para um sistema racional muito complexo de elaboração de decisões consistentes, que não precisaria agora se sobrecarregar com preocupações de legitimidade, apoio político ou desejo de cooperação dos interessados."

perdendo definitivamente qualquer conteúdo externo, transcendente, imanente ou que quer que seja. A legitimidade não é, mas processa-se. Por isso é "legitimação".[39]

Note-se que a legitimação procedimental pregada por LUHMANN tem como premissa o compromisso quanto à aceitação, pelos envolvidos no processo, da decisão que ao cabo do mesmo será proferida, seja esta qual for. Nesse viés, é da natureza do processo a incerteza quanto ao seu resultado, o qual, nada obstante, deverá ser aceito pelos interessados aprioristicamente.[40]

A participação e consequente submissão dos interessados à decisão do processo é exatamente a fonte da legitimação desta para interferir na esfera de interesses dos indivíduos.[41]

Nessas circunstâncias, a administração não devia encarar os seus processos como instituição para o alívio da jurisdição administrativa e também não se devia sobrecarregar com esta função suplementar. Este regulamento padrão não precisa excluir que, para determinados tipos de processos de decisão, onde se pode renunciar a uma cooperação funcional diferenciada na descoberta de decisão e onde, por outro lado, se trata de obter consenso, ou então uma determinação das posições ou o isolamento expressivo dos interessados, se procure uma outra solução e se ponha à disposição um tipo especial de processo. Por outras palavras também na administração se pode prever, para casos adequados, um processo com funções legitimadoras. Talvez seja possível reservar para este fim a categoria de 'processo formal', ainda pouco nítida na sua função, pelo menos no Direito alemão. Este gênero de processo não poderia, de qualquer forma, ter a função do último meio para os interessados, tal como é o caso nos Estados Unidos, perante uma garantia legal pouco satisfatória e também não poderia ser válido como modelo próprio processo administrativos, que não poderia progredir em toda a parte..." (LUHMANN, Niklas. *Legitimação pelo Procedimento*. Tradução Maria da Conceição Côrte-Real. Brasília: UNB, 1980, pp. 173-174).

[39] ADEODATO, João Maurício. *Ética e Retórica: Para uma Teoria da Dogmática Jurídica*. São Paulo: Saraiva, 2002, p. 74.

[40] Cf. LUHMANN, Niklas. *Sociologia do Direito*. Tradução de Gustavo Bayer. Rio de Janeiro: Tempo Universitário, 1983, v. I, p. 178.

[41] Cf. LUHMANN, Niklas. *Sociologia do Direito*. Tradução de Gustavo Bayer. Rio de Janeiro: Tempo Universitário, 1983, v. II, pp. 65-66. Nas palavras de CLÁUDIO MASTRANGELO, "de acordo com a doutrina clássica, a formação de vontade da Administração sempre se fez dependente de um sentido finalístico, tendente a concretizar o interesse público subordinado à observância de procedimentos, sob pena de sua invalidade. A moderna tendência do direito administrativo vem agregar a participação popular como decisiva à própria legitimação da ação administrativa. Em realidade, a participação do povo passa a se inbricar no *due process of law*, o qual informa 'a necessidade de seguir um processo ou procedimento justo quando a ação executiva, legislativa ou judicial, tem por objeto os bens, vida, liberdade ou propriedade'. E que, hoje em dia, constitui-se em corolário do Estado Democrático de Direito, exigindo, no dizer de Canotilho, 'procedimento justo e adequado de acesso ao direito e de realização do direito'. Nessa senda, a realização do direito depende da conformação jurídica do procedimento e do processo, cabendo, então, a observância de princípios e regras, que constituem garantias gerais de procedimento e processo. Há, então, as garantias de processo judicial, as garantias de processo penal e, especificamente, as garantias do

Em face das razões jurídicas ora apresentadas, pode-se assinalar que uma primeira função exercida pela procedimentalização das atividades administrativas consiste na *legitimação, em concreto, de tais atividades*, isso a partir da possibilidade de *participação*, na formação ou controle dos atos administrativos, daqueles em cuja esfera jurídica venham tais atos a produzir efeitos.[42] Trazendo à colação o entendimento de CARMEN LÚCIA ANTUNES ROCHA:

> *O processo administrativo democrático não é senão o encontro da segurança jurídica justa. Ele é uma das formas de concretização do princípio da legitimidade do poder, na medida em que se esclarecem e se afirmam os motivos das decisões administrativas. Tais decisões são questionadas e deslindadas no processo administrativo e, nessa sede, o poder, no exercício do qual elas foram adotadas, recebe sua condição legítima própria.*[43]

---

procedimento administrativo. Entre estas, Canotilho arrola o direito de participação do particular, o princípio de audição jurídica, o princípio da informação, o princípio da fundamentação dos atos administrativos onerosos, o princípio da conformação do procedimento segundo os direitos fundamentais e o princípio do arquivo aberto. Recentemente, a Emenda Constitucional nº 45/04 incorporou importante garantia, haja vista o art. 5º, LXVIII, segundo o qual se assegura, em âmbito judicial e administrativo, o direito à duração razoável do processo" (MASTRANGELO, Claudio. *Agências Reguladoras e Participação Pupular*. Porto Alegre: Livraria dos Advogados, 2005, p. 104).

[42] Conforme lecionam ADA PELLEGRINI GRINOVER, CÂNDIDO RANGEL DINAMARCO e ANTÔNIO CARLOS DE ARAÚJO CINTRA, ao analisarem a questão da legitimação no âmbito do processo judicial, "investigações sociológicas e sociopolíticas sobre o processo levaram a doutrina a afirmar que a observância do procedimento constitui fator de legitimação do ato imperativo proferido ao final pelo juiz (provimento jurisdicional, esp. sentença de mérito). Como o juiz não decide sobre negócios seus, mas para outrem, valendo-se do poder estatal e não da autonomia da vontade (poder de auto-regulação de interesses, aplicável aos negócios jurídicos), é compreensível a exigência de legalidade no processo, para que o material preparatório do julgamento final seja recolhido e elaborado segundo regras conhecidas de todos. Essa idéia é uma projeção da garantia constitucional do devido processo legal" (*Teoria Geral do Processo*. 12ª ed. São Paulo: Malheiros, 1996, p. 288). Ver também BOBBIO, Norberto. *Estado, Governo, Sociedade*: Para uma Teoria Geral da Política. 7ª ed. Tradução Marco Aurélio Nogueira. São Paulo: Paz e Terra, 1999, p. 93; MARTINS JÚNIOR, Wallace Paiva, *Transparência Administrativa*.: Publicidade, motivação e participação popular, 2004, p. 23; MOREIRA NETO, Diogo de Figueiredo. Juridicidade, Pluralidade Normativa, Democracia e Controle Social. In: ÁVILA, Humberto (Org.). *Fundamentos do Estado de Direito*: Estudos em Homenagem ao Professor Almiro do Couto e Silva. São Paulo: Malheiros, 2005, p. 109. Em sentido contrário, defendendo que a participação dos administrados no processo administrativo não tem funções legitimadoras, visando, isso sim, resguardar a imparcialidade da Administração, ver: RIBEIRO, Maria Teresa de Melo. *O Princípio da Imparcialidade da Administração Pública*. Coimbra: Almedina, 1996, p. 159; BINENBOJM, Gustavo. *Uma Teoria do Direito Administrativo*. Rio de Janeiro: Renovar, 2006, p. 77.

[43] ROCHA, Carmen Lúcia Antunes. Princípios Constitucionais do Processo Administrativo no Direito Brasileiro. *Revista de Informação Legislativa*, Brasília, nº 136, out.-dez. 1997, p. 7.

1.2.2. Garantia dos Direitos dos Administrados

Uma primeira revolução nas relações entre a Administração Pública e os administrados se deu com o surgimento do ato administrativo, que, na lição de ODETE MEDAUAR, *"configura importante conquista, por inserir entre a vontade da autoridade e um efeito sobre direito dos indivíduos um conjunto de preceitos destinados justamente a disciplinar essa atuação e a prefixar esses efeitos"*.[44]

Atualmente, não bastando os atos administrativos como instrumento de garantia dos administrados, demanda o Estado democrático não só que o agir da Administração se dê por intermédio de atos administrativos conformes com os ditames legais, mas que, em diversas situações, tais atos sejam precedidos ou passíveis de controle por intermédio de um processo administrativo.[45]

Assim, outra função da procedimentalização da atuação administrativa é a tutela e garantia dos direitos das pessoas, a partir da exigência de que todo e qualquer ato administrativo do qual emanem efeitos sobre relações jurídicas "individuais", limitando o exercício de direitos, contem, ou, ao menos, possam contar, uma vez que *voluntária*, com a participação dos administrados, que terão o direito de se manifestar acerca da pretensão estatal (corolário do princípio do devido processo legal),[46] exigindo sua conformidade com as disposições legais.

Essa função da procedimentalização do agir da Administração Pública corresponde a uma visão substancial do processo administrativo, sendo este encarado como uma forma de garantia dos direitos fundamentais dos administrados, os quais poderiam ser afetados por atos praticados de forma abusiva pelas autoridades administrativas.[47]

Destacando a função garantística do processo administrativo, RICARDO LOBO TORRES assevera, comentando o processo administrativo fiscal, que este visa ao *"controle da justa e legal aplicação das normas tributárias aos fatos geradores concretos. É um dos instrumentos para a efetivação da justiça tributária e para a garantia dos direitos fundamentais do contribuinte"*.[48]

---

[44] *Direito Administrativo Moderno*, 2001, p. 158.
[45] Ver: BIGOLIN, Giovani, *Segurança Jurídica*: A Estabilização do Ato Administrativo, 2007, pp. 28-29.
[46] Cf. MEDAUAR, Odete, *A Processualidade no Direito Administrativo*, 1993, p. 62; FERRAZ, Sérgio; DALLARI, Adilson Abreu. *Processo Administrativo*. São Paulo: Malheiros, 2002, p. 25.
[47] Cf. BARACHO, José Alfredo de Oliveira. *Processo Constitucional*. Rio de Janeiro: Forense, 1984, p. 93.
[48] TORRES, Ricardo Lobo. Processo Administrativo Fiscal: Caminhos para o seu Desenvolvimento. *Revista Dialética de Direito Tributário*, São Paulo, nº 46, jul. 1999, p. 78. A eficácia garantística do

Reflexo deste viés garantístico da procedimentalização do agir estatal é a segurança e estabilidade das relações entre a Administração Pública e os administrados.

Como destaca Shirlei Silmara de Freitas Mello, levando em conta entendimento de Romeu Felipe Bacellar Filho, "o regime jurídico administrativo 'favorece a tônica funcional: os agentes estatais exercitam o poder em nome de uma finalidade, desempenham uma função. O procedimento impõe previsibilidade, estabilidade, e exigibilidade'. No âmbito do Direito Administrativo, a segurança jurídica mede-se pelo grau de generalidade e previsibilidade na interpretação e aplicação das normas que disciplinam a atividade dos agentes públicos quando no desempenho da função administrativa".[49]

1.2.3. Facilitação do Controle da Administração Pública

Como se sabe, o administrador público goza de diversos poderes e prerrogativas, os quais se fazem necessários para que o mesmo possa desempenhar suas atividades.

Tais poderes e prerrogativas, conforme percebido por Celso Antônio Bandeira de Mello, configuram uma *função*, ou seja, tratam-se de posições ativas que são exercidas pela autoridade pública com vistas à consecução de fins públicos, ou seja, em benefício de interesses de terceiros. Nas palavras do citado administrativista, "na função o sujeito exercita um poder, porém o faz em proveito alheio, e o exercita não porque acaso queira ou não queira. Exercita-o porque é um *dever*".[50]

---

processo administrativo fiscal fica mais evidente em sistemas como o brasileiro, em que as atividades de liquidação foram delegadas aos contribuintes com a contrapartida da delegação de importantes poderes de fiscalização às autoridades fazendárias, as quais, como é sabido, nem sempre pautam seus comportamentos pelos marcos da legalidade (Cf. DÍAZ, Vocente Oscar. *La Seguridad Jurídica en los Procesos Tributarios*. Depalma: Buenos Aires, 1994, p. 217). Também destacando a função garantística do processo: LOUREIRO, João Carlos Simões Gonçalves, *O Procedimento Administrativo entre a Eficiência e a Garantia dos Particulares*, 1995, p. 92; CRETELLA JÚNIOR, José. *Controle Jurisdicional do Ato Administrativo*. 4ª ed. Rio de Janeiro: Forense, 2001, p. 331.

[49] MELLO, Shirlei Silmara de Freitas. *Tutela Cautelar no Processo Administrativo*. Belo Horizonte: Mandamentos, 2003, pp. 122-123.

[50] MELLO, Celso Antônio Bandeira de. *Discricionariedade e Controle Jurisdicional*. 2ª ed. São Paulo: Malheiros, 2001, p. 14. Ver, também: SANTOS NETO, João Antunes dos. *Da Anulação* Ex Officio *do Ato Administrativo*: Belo Horizonte: Editora Fórum, 2004, pp. 56-58; TABORDA, Maren Guimarães. Função Administrativa e Função de Governo: o "giro do conceito" e a condução política do Estado. In: ÁVILA, Humberto (Org.). *Fundamentos do Estado de Direito*: Estudos em Homenagem ao Professor

Nesse contexto, tem-se que os poderes e prerrogativas gozados pelo Administrador Público não lhe são deferidos para que o mesmo atue em benefício próprio, mas sim para que ele possa melhor desenvolver sua função, ou seja, para que seja possível atender, da melhor forma, aos interesses coletivos, cumprindo os ditames legais.

Dessa forma, tendo em consideração que os poderes e prerrogativas deferidos à Administração Pública o são não para seu próprio benefício (que, de fato, pode ser considerado juridicamente inexistente), mas sim para benefício de terceiros (da coletividade), é razoável que aqueles que são os destinatários da atuação pública possam controlá-la, fiscalizá-la, evitando que as autoridades administrativas abusem dos poderes que lhes foram conferidos.[51]

EDUARDO GARCÍA DE ENTERRÍA destaca que esta função da procedimentalização da atuação administrativa já se encontrava presente em sua origem na França, com o surgimento do Conselho de Estado, o qual *"vai começar a tomar em consideração as denúncias que os cidadãos lhe levavam sobre irregularidades graves cometidas pela administração".*[52]

Em face dessas considerações, tem-se como função da procedimentalização do agir da administração a facilitação de tal controle, isso por intermédio da participação dos administrados na produção de determinados atos administrativos,[53] prevendo-se, ainda, o processo como efetivo instrumento de realização do aludido controle da legalidade dos atos administrativos.

A vinculação dessa função do processo administrativo com a democratização da atuação da Administração Pública foi notada por ODETE MEDAUAR, que, com fulcro no magistério de NORBERTO BOBBIO, esclarece que "tendo em vista que

---

Almiro do Couto e Silva. São Paulo: Malheiros, 2005, pp. 262-269; BOTTALLO, Eduardo. Algumas Reflexões sobre o Processo Administrativo Tributário e os Direitos que lhe cabe assegurar. In: ROCHA, Valdir de Oliveira (Coord.). *Processo Administrativo Fiscal 3º Volume*. São Paulo: Dialética, 1998, p. 55; GRECO, Marco Aurélio. Do Poder à Função. In: FERRAZ, Roberto (Coord). *Princípios e Limites da Tributação 2*. São Paulo: Quartier Latin, 2009, pp. 165-176.

[51] Como assevera ODETE MEDAUAR, "na Administração inserida em Sociedade e Estado caracterizados pela complexidade sociopolítico-econômica e pela multiplicidade de interesses, o procedimento também é meio para que os diversos interesses aflorem antes da tomada de decisões; permite o confronto objetivo e mesmo a coexistência de interesses. Com isso propicia, ainda, o controle dos indivíduos e grupos sobre a atividade administrativa" (MEDAUAR, Odete. *O Direito Administrativo em Evolução*. São Paulo: Revista dos Tribunais, 1992, pp. 210-211).

[52] ENTERRÍA, Eduardo García de. *Problemas del Derecho Público al Comienzo de Siglo*. Madrid: Civitas, 2001, p. 35.

[53] Cf. FIGUEIREDO, Lucia Valle. *Curso de Direito Administrativo*. 5ª ed. São Paulo: Malheiros, 2001, p. 415. No mesmo sentido: GRECO, Marco Aurélio. *Dinâmica da Tributação – uma Visão Funcional*. 2ª ed. Rio de Janeiro: Forense, 2007, p. 87.

a controlabilidade da Administração vincula-se à democracia e a incontrolabilidade, ao arbítrio, o processo administrativo, também no tocante ao objetivo de facilitar o controle, se coaduna à idéia de Administração democrática".[54]

É importante observar que a função de controle dos processos administrativos não se resume à viabilização deste por parte dos administrados e, via de consequência, pelo Poder Judiciário. Antes visa viabilizar a própria autotulela administrativa, possibilitando que os atos administrativos possam ser revistos pelo Poder Público, que, conforme reconhecido pelo Supremo Tribunal Federal no verbete da Súmula nº 473, pode (deve) anular seus próprios atos que venham a ser considerados ilegais (art. 53 da Lei nº 9.784/99).

1.2.4. Fornecimento de Informações com Benefício do Conteúdo das Decisões

Conforme será examinado mais adiante, um dos princípios que rege o processo administrativo é o princípio da verdade material, corolário do princípio da legalidade, segundo o qual a Autoridade Administrativa possui o dever de envidar todos os esforços para descobrir as circunstâncias em que determinado fato, que produziu efeitos relevantes para a Administração Pública e para o administrado, ocorreu.[55]

Dessa forma, tendo em vista o dever do Administrador Público de buscar a verdade material, tem-se que a atuação procedimental vem favorecer a realização prática de tal finalidade, uma vez que a participação do administrado, trazendo informações e documentos, requerendo e apresentando perícias, em suma, fornecendo subsídios para a decisão do agente julgador administrativo, torna possível a descoberta, a mais verossímil possível, das circunstâncias em que ocorreram os fatos que se mostram relevantes para a Administração Pública e para o administrado.[56]

---

[54] *A Processualidade no Direito Administrativo*, 1993, p. 69.
[55] Cf. SEIXAS FILHO, Aurélio Pitanga. *Princípios Fundamentais do Direito Administrativo Tributário*: A Função Fiscal. 2ª ed. Rio de Janeiro: Forense, 2001, pp. 45-89; XAVIER, Alberto. *Do Lançamento*: Teoria Geral do Ato, do Procedimento e do Processo Tributário. 2ª ed. Rio de Janeiro: Forense, 2002, pp. 122-123.
[56] Nesse sentido, traz-se à colação, uma vez mais, os ensinamentos de João Carlos Simões Gonçalves Loureiro, para quem "a participação dos interessados, independentemente das virtualidades democráticas ou da articulação com a idéia de tutela resultante do Estado de Direito, apresenta-se como um elemento fundamental em procedimentos complexos que lidam com altos graus de incerteza. O contributo dos participantes passa pelo fornecimento de informações à Administração que podem suprir déficit de informação da máquina administrativa, melhorando

1.2.5. Proteção da Eficácia das Decisões

A essa função do processo administrativo pode-se conferir sentido mais psicossociológico do que propriamente jurídico, uma vez que corresponde à maior possibilidade de o administrado aceitar o conteúdo de um ato administrativo praticado após o trâmite de um processo, no qual lhe foi reconhecido o direito de deduzir razões e apresentar provas, do que o de um ato praticado pelo Administrador Público sem a sua participação. Como salienta DAVID DUARTE, "a presença no procedimento, para além dos fins que persegue, já referidos, e aqui numa avaliação mais sociológica do que jurídica, permite

---

a qualidade da decisão. Por outro lado, os efeitos legitimatórios no plano empírico facilitam, em regra, a implementação das decisões, reduzindo os custos que resultariam num outro cenário" (*O Procedimento Administrativo entre a Eficiência e a Garantia dos Particulares*, 1995, p. 143). Nas palavras de GUSTAVO HENRIQUE JUSTINO DE OLIVEIRA, "visando um melhor conteúdo e eficácia das decisões administrativas cujos efeitos recaiam sobre a população, impende ao poder público dignificar a fase instrutória dos procedimentos a elas correspondentes, ampliando as possibilidades de fornecer e angariar informações úteis, fator essencial ao correto desempenho da função administrativa" (OLIVEIRA, Gustavo Henrique Justino de. Participação Administrativa. In: OSÓRIO, Fábio Medina; SOUTO, Marcos Juruena Villela (Coords.). *Direito Administrativo*: Estudos em Homenagem a Diogo de Figueiredo Moreira Neto. Rio de Janeiro: Lumen Juris, 2006, p. 413). Ver também: GALLIGAN, D. J., *Due Process and Fair Procedure*, 1996, p. 131; SIMÕES, Mônica Martins Toscano, *O Processo Administrativo e a Invalidação de Atos Viciados*, 2004, p. 59; JUSTEN FILHO, Marçal, *Curso de Direito Administrativo*, 2005, p. 218. A importância da contribuição do administrado para a tomada de decisão por parte da Administração Pública mostra-se ainda mais presente no Direito Tributário brasileiro atual, onde as atividades de apuração foram transferidas aos contribuintes, a quem cabe informar à Fazenda os fatos tributários praticados. Como destaca MARÍA JOSÉ RODRÍGUEZ: "As faculdades denominadas de 'verificação e fiscalização' com que conta o órgão arrecadador, resultam inerentes à potestade que exibe a Administração fiscal de determinar a obrigação fiscal e encontram correlação no dever de colaboração do contribuinte ou responsável.
Certamente, a consideração do particular administrado no procedimento administrativo como um coladorador da Administração adquire particulares dimensões no procedimento tributário impositivo, tanto que neste âmbito encontra particular apoio no dever de contribuir que tem todo cidadão ao custeio dos gastos públicos" (RODRÍGUEZ, María José. *El Acto Administrativo Tributario*: Con la aplicación de los principios y garantías del procedimiento administrativo. Buenos Aires: Abaco, 2004, p. 163). Em tal cenário tem sentido o entendimento de GUILLERMO A. LALANNE, para quem "o dever de colaboração em matéria tributária constitui uma autêntica prestação pessoal de caráter público que se fundamenta no dever de contribuir que tem todo cidadão ao custeio dos gastos públicos" (LALANNE, Guillermo A. Las Facultades de la Administración Tributaria: Las actuaciones de los inspectores y deberes de colaboración. In: ALTAMIRANO, Alejandro. *El Procedimiento Tributario*. Buenos Aires: Editorial Ábaco de Rodolfo Depalma, 2003, p. 113).

atingir também um objetivo de diminuir o desagrado potencial que pode decorrer da decisão".[57]

1.2.6. Controle do Mérito dos Atos Administrativos

Como se sabe, o controle dos atos administrativos pelo Poder Judiciário não é irrestrito, não podendo o juiz substituir o administrador na determinação da conveniência e oportunidade de suas decisões, sob pena de se violar o princípio da separação dos poderes.

Assim, o controle jurisdicional dos atos administrativos deve se limitar à verificação de sua legalidade e do atendimento ao princípio da proporcionalidade, que será analisado *infra*, sob o prisma da adequação, necessidade e proporcionalidade em sentido estrito do ato praticado ou que se pretende praticar.[58]

Nesse contexto, os aspectos de conveniência e oportunidade outorgados pela lei à discricionariedade da Administração Pública estão imunes ao controle jurisdicional, *salvo no que se refere à verificação quanto ao atendimento ao princípio da proporcionalidade.*

Em vista dessas considerações, é possível acrescentar como uma das funções da procedimentalização do agir estatal a colocação à disposição dos administrados de um instrumento de controle e participação na escolha dos aspectos de conveniência e oportunidade que pautam a decisão administrativa.

Trazendo à colação o magistério do jurista português João Carlos Simões Gonçalves Loureiro "o procedimento administrativo desempenha uma importante tarefa de compensação do déficit de controle judiciário. Por

---

[57] *Procedimentalização, Participação e Fundamentação*: Para uma Concretização do Princípio da Imparcialidade Administrativa como Parâmetro Decisório, 1996, p. 170. Nesse mesmo sentido: MEDAUAR, Odete, *A Processualidade no Direito Administrativo*, 1993, p. 64.

[58] Como destaca Celso Antônio Bandeira de Mello, "haverá indevida intromissão judicial na discricionariedade administrativa se o juiz se propuser a sobrepor seu critério pessoal a outro critério, **igualmente admissível e razoável**, adotado pelo administrador. Não haverá indevida intromissão judicial na correção do ato administrativo se o critério ou opção do administrador houverem sido **logicamente insustentáveis, desarrazoados, manifestamente impróprios ante o plexo de circunstâncias reais envolvidas**, resultando por isso na eleição de providência desencontrada com a finalidade legal a que o ato deveria servir" (MELLO, Celso Antônio Bandeira. Controle Judicial dos Atos Administrativos. *Revista de Direito Público*, São Paulo, n. 65, jan.-mar. 1983, p. 37). Para uma análise mais detida sobre o tema, ver: BINENBOJM, Gustavo. *Uma Teoria do Direito Administrativo*: Direitos Fundamentais, Democracia e Constitucionalização. Rio de Janeiro: Renovar, 2006, pp. 224-238.

outras palavras: afirma-se que o alargamento da reserva de Administração e a consequente limitação do controle jurisdicional trazem consigo a necessidade de um reforço da dimensão procedimental, em virtude da impossibilidade de uma revisão plena das decisões administrativas".[59]

1.3. Procedimentalização e Sociedade de Risco

O Século XX trouxe notáveis modificações à dinâmica da vida do homem sobre a Terra. De fato, pela primeira vez em nossa história o desenvolvimento técnico-científico, assim como as vicissitudes do modelo socioeconômico prevalecente põem em risco de continuidade a própria perpetuação da espécie humana.

De outro lado, como bem notou MANUEL ATIENZA, vive-se um paradoxo, na medida em que, também pela primeira vez em sua história a humanidade possui conhecimento e recursos para que todos tenham acesso a níveis básicos de educação, saúde, moradia e alimentação, sem que, entretanto, tenha sido alcançado um estágio rudimentar de justiça social em termos globais.[60]

As transformações iniciadas no século passado e que continuam se processando no atual trouxeram consigo o fenômeno referido como *modernização reflexiva*,[61] o qual, nas palavras de ULRICH BECK, representa a "possibilidade de uma (auto)destruição criativa para toda uma era: aquela da sociedade industrial". Como complementa o sociólogo alemão, "o 'sujeito' dessa destruição

---

[59] *O Procedimento Administrativo entre a Eficiência e a Garantia dos Particulares*, 1995, p. 85. Ver, também: MARTINS JÚNIOR, Wallace Paiva, *Transparência Administrativa*: Publicidade, motivação e participação popular, 2004, p. 306.
[60] ATIENZA, Manuel. *El Sentido Del Derecho*. 2ª ed. Barcelona: Ariel, 2003, p. 20. Como destaca ANTHONY GIDDENS, "a modernidade é um fenômeno de dois gumes (...) O desenvolvimento das instituições sociais modernas e sua difusão em escala mundial criaram oportunidades bem maiores para os seres humanos gozarem de uma existência mais segura e gratificante que qualquer tipo de sistema pré-moderno. Mas a modernidade tem também um lado sombrio, que se tornou muito aparente no século atual" (GIDDENS, Anthony. *As Consequências da Modernidade*. Tradução Raul Fiker. São Paulo: Editora UNESP, 1991, p. 16).
[61] Importa mencionar que, como destacado por EDUARDO C. B. BITTAR, a denominação desse momento histórico não é pacífica, falando-se em modernidade reflexiva, pós-modernidade, super--modernidade, etc. (BITTAR, Eduardo C. B. *O Direito na Pós-Modernidade*. Rio de Janeiro: Forense Universitária, 2005, pp. 96-97).

coletiva não é a revolução, não é a crise, mas a vitória da modernização ocidental".[62]

Com a superação dos paradigmas da sociedade industrial por intermédio da modernização reflexiva, emerge o conceito de sociedade de risco, a qual "designa uma fase no desenvolvimento da sociedade moderna, em que os riscos sociais, políticos, econômicos e individuais tendem cada vez mais a escapar das instituições para o controle e a proteção da sociedade industrial".[63]

É lógico que os riscos sempre estiveram presentes ao longo da história da peregrinação humana sobre a Terra, todavia, a sociedade de risco implica algo mais do que o reconhecimento de que os seres humanos expõem-se a riscos naturais e sociais que ameaçam a continuidade de sua existência individual. A sociedade de risco traz consigo riscos que transcendem em muito a individualidade das pessoas e até mesmo das comunidades, com a sua globalização em escala mundial.

Em outra assentada, os riscos presentes na sociedade de risco não são naturais, com o que se quer afirmar que os mesmos são uma decorrência do próprio desenvolvimento técnico da humanidade e da forma como os seres humanos exercem o papel de espécie predominante na Terra.

Como destaca ANTHONY GIDDENS, "um cético poderia perguntar: não há nada de novo aqui? A vida humana não foi sempre marcada pela contingência? O futuro não foi sempre incerto e problemático? A resposta a cada uma dessas perguntas é 'sim'. Não é que atualmente nossas circunstâncias de vida tenham se tornado menos previsíveis do que costumavam ser; o que mudou foram as origens da imprevisibilidade. Muitas incertezas com que nos defrontamos hoje foram criadas pelo próprio desenvolvimento do conhecimento humano".[64]

---

[62] BECK, Ulrich. A Reinvenção da Política: Rumo a uma Teoria da Modernização Reflexiva. In: GIDDENS, Anthony; BECK, Ulrich; LASH, Scott. *Modernização Reflexiva*: Política, Tradição e Estética na Ordem Social Moderna. Tradução Magda Lopes. São Paulo: Editora UNESP, 1997, p. 12. Sobre a reflexividade da modernidade ver também: GIDDENS, Anthony, *As Consequências da Modernidade*, 1991, p. 16.

[63] Cf. BECK, Ulrich, A Reinvenção da Política: Rumo a uma Teoria da Modernização Reflexiva, 1997, p. 15.

[64] GIDDENS, Anthony. Risco, Confiança e Reflexividade. In: GIDDENS, Anthony; BECK, Ulrich; LASH, Scott. *Modernização Reflexiva*: Política, Tradição e Estética na Ordem Social Moderna. Tradução Magda Lopes. São Paulo: Editora UNESP, 1997, p. 220. Sobre a distinção entre os riscos presentes na sociedade de risco e aqueles que caracterizam a sociedade industrial ver: BECK, Ulrich. *Liberdade ou Capitalismo*. Tradução Luiz Antônio Oliveira de Araújo. São Paulo: Editora UNESP, 2003, pp. 113-116.

A sociedade industrial, desenvolvida sobre o arcabouço político-econômico do protoliberalismo, convivia com riscos sociais que eram controláveis por intermédio da ação do legislador, donde terem tido destaque nesse período histórico as crenças na infalibilidade do legislador na regulação da vida em sociedade.[65]

O Século XX pôs em xeque a crença em tal modelo. Em um primeiro momento, o surgimento de riscos financeiros que não poderiam ser assumidos pelos indivíduos, devendo ser difundidos por toda a coletividade, leva ao desenvolvimento do contrato de seguro, que tem como um de seus escopos principais a assunção coletiva de danos individuais que não podem ser suportados por indivíduos e empresas unilateralmente.[66]

Na sociedade de risco os riscos coletivos transcendem a competência controladora do legislador,[67] ao mesmo tempo em que inviabilizam a difusão de seus custos por todos os indivíduos mediante contrato de seguro.

---

[65] Nas palavras de ANDRÉ-JEAN ARNAUD "o Direito 'moderno' é um Direito que foi construído sobre princípios filosóficos em honra de uma época que leva seu nome: crença no caráter universal das soluções jurídicas, e nas benfeitorias da lei toda-poderosa. Se seguimos os filósofos, juristas e legisladores do fim do século XVIII, vemos que o Direito era suscetível de um conhecimento universal, pois os princípios que o ditavam estavam inscritos no coração de cada um de nós, e podiam ser conhecidos graça à luzes naturais da razão. Além disso, o contrato social fazia com que a lei, votada em nome de todos, devesse ser aplicada em comum acordo, igualmente para todos. Não existiriam nunca mais privilégios, dado que a lei – porque era geral, clara, tratando do bem comum e não se interessando pelos casos particulares –, aparecia como a garantia suprema contra o arbítrio" (ARNAUD, André-Jean. *O Direito Traído pela Filosofia*. Tradução Wanda de Lemos Capeller e Luciano Oliveira. Porto Alegre: Sergio Antonio Fabris Editor, 1991, p. 246).

[66] Dá-nos clara lição acerca da relevância do contrato de seguro o Professor SERGIO CAVALIERI FILHO, cujo entendimento encontra-se transcrito a seguir: "Poucos têm em exata dimensão a importância do seguro no mundo econômico moderno; mais do que meio de preservação do patrimônio, tornou-se, também, instrumento fundamental de desenvolvimento. Não fora a segurança que só o seguro pode dar, inúmeros empreendimentos seriam absolutamente inviáveis, dado a enormidade dos riscos que representam. Bastaria, por exemplo, uma única plataforma de extração de petróleo incendiada, ou apenas uma aeronave acidentada, para abalar irremediavelmente a estabilidade econômica das empresas que exploram tais tipos de atividade. Mas, através do seguro, consegue-se socializar o dano, repartindo-o entre todos (ou muitos), de sorte a torná-lo suportável, por maior que ele seja. Além disso, o seguro movimenta bilhões de dólares anualmente, gerando riqueza e milhares de empregos em todo o País" (CAVALIERI FILHO, Sergio. *Programa de Responsabilidade Civil*. São Paulo: Malheiros, 2003, p. 414).

[67] Para WILLIS SANTIAGO GUERRA FILHO, "o direito, assim como a ética, pode ser concebido como repositório de normas consagradas socialmente para a orientação da conduta humana. Tal orientação, no entanto, pressupõe um conhecimento sobre as condições em que se dá a ação humana, conhecimento este que, em nossa sociedade, se espera seja fornecido, basicamente, pela ciência. A crescente complexidade dessa sociedade, em ritmo vertiginoso, torna aqueles

Está-se aqui diante do risco nuclear, do risco de uma depredação irreversível do meio ambiente, do risco de uma crise econômica de proporções mundiais, que levaria a uma pauperização global e à falência dos Estados, do risco das drogas e da AIDS, do risco do terrorismo, da bioética e, em países onde, como no Brasil, ainda não foram alcançados os padrões basilares de desenvolvimento social, do risco da exclusão social, provavelmente o maior risco enfrentado em âmbito nacional e que se encontra vinculado à proliferação das drogas e da violência e até mesmo à depredação do meio ambiente e à contaminação por doenças como a AIDS.

O tema da sociedade de risco e seus efeitos é riquíssimo e tem diversos pontos de interseção com a ordem jurídica. Como destaca RICARDO LOBO TORRES, "a sociedade de risco se caracteriza por algumas notas relevantes: a ambivalência, a insegurança, a procura de novos princípios e o redesenho do relacionamento entre as atribuições das instituições do Estado e da própria sociedade".[68]

Para ZYGMUNT BAUMAN "...a ambivalência, possibilidade de conferir a um objeto ou evento mais de uma categoria, é uma desordem específica da linguagem, uma falha da função nomeadora (segregadora) que a linguagem deve desempenhar. O principal sintoma de desordem é o agudo desconforto que sentimos quando somos incapazes de ler adequadamente a situação e optar entre ações alternativas".[69]

---

repositórios, assim como os conhecimentos acumulados no passado, em grande parte, obsoletos ou, no mínimo, insuficientes, na medida em que não oferecem soluções para os problemas radicalmente novos e complexos com os quais temos de lidar. São problemas desse tipo, aqueles decorrentes da intervenção do homem no seu meio natural, incluindo, aí, o próprio material genético que o constitui, dando ensejo ao surgimento de novas ramificações tanto da ciência, como do direito e da ética, a saber, a ecologia, o direito ambiental e a bioética" (GUERRA FILHO, Willis Santiago. Epistemologia Sistêmica para Fundamentação de um Direito Tributário da Cidadania Democrática e Global. In: TÔRRES, Heleno Taveira (Org.). *Direito Tributário Ambiental*. São Paulo: Malheiros, 2005, p. 586).

[68] TORRES, Ricardo Lobo. *Tratado de Direito Constitucional, Financeiro e Tributário*: Valores e Princípios Constitucionais Tributários. Rio de Janeiro: Renovar, 2005, v. II, p. 177. Sobre as relações entre a sociedade de risco e a tributação, ver: SILVA, Sergio André R. G. da. A Tributação na Sociedade de Risco. In: PIRES, Adilson Rodrigues; TÔRRES, Heleno Taveira (Orgs.). *Princípios de Direito Financeiro e Tributário*: Estudos em Homenagem ao Professor Ricardo Lobo Torres. Rio de Janeiro: Renovar, 2006, pp. 179-223.

[69] BAUMAN, Zygmunt. *Modernidade e Ambivalência*. Tradução Marcus Penchel. Rio de Janeiro: Jorge Zahar Editor, 1999, p. 9. Nas palavras do Professor RICARDO LOBO TORRES, "a *ambivalência* aparece diante da impossibilidade que a execução de políticas públicas surja sempre de um consenso por parte dos cidadãos. Há uma distribuição não só de benefícios, como se pretendia ao tempo do Estado de Bem-estar Social, mas também de malefícios, como se dá, por exemplo, na construção

Como bem pontuou o Professor RICARDO LOBO TORRES, outras características da Sociedade de Risco são a insegurança, a indeterminação e a incerteza que cobrem as relações humanas e seu meio exterior, as quais trazem consigo a paralisação comportamental do homem diante do que lhe é estranho. Sobre o horror da indeterminação traz-se à colação as seguintes palavras de ZYGMUNT BAUMAN:

> *A clareza cognitiva (classificatória) é uma reflexão, um equivalente intelectual de certeza comportamental. Ocorrem e desaparecem juntas. Constatamos num lampejo como estão atadas quando desembarcamos num país estrangeiro, quando ouvimos uma língua estrangeira, quando observamos uma conduta que nos é estranha. Os problemas hermenêuticos que então enfrentamos oferecem um primeiro vislumbre da impressionante paralisia comportamental que se segue ao fracasso da capacidade classificatória. Compreender, como sugeriu Wittgenstein, é saber como prosseguir. É por isso que os problemas hermenêuticos (que surgem quando o significado não é irrefletidamente evidente, quando tomamos consciência de que palavras e significado não são a mesma coisa, de que existe um problema de significado) são vividos como irritantes. Problemas hermenêuticos não resolvidos significam incerteza sobre como uma situação deve ser lida e que reação deve produzir os resultados desejados. Na melhor das hipóteses, a incerteza produz confusão e desconforto. Na pior, carrega um senso de perigo.*[70]

Os traços da sociedade de risco acima apontados, ambivalência e insegurança, trazem a necessidade da busca por novos princípios para a fundamentação do ordenamento jurídico e das relações entre Estado e sociedade, espaço que é preenchido por princípios como o da solidariedade, o da transparência, a proporcionalidade e a ponderação.

Nesse cenário, diante das notas características da sociedade de risco percebe-se que também o agir do Poder Público deve ser alterado, de forma a conseguir responder às demandas da sociedade.

Com vistas a lidar com a complexidade da sociedade de risco, a procedimentalização da atividade estatal, com a criação de mecanismos para a participação do cidadão na tomada de decisões, é medida indispensável.

Ademais, dado o caráter técnico das questões surgidas no âmbito da sociedade de risco, a procedimentalização do decidir da Administração também permite a participação de especialistas e técnicos, sem os quais torna-se

---

de vias expressas e instalações nucleares [...]" (TORRES, Ricardo Lobo. A Segurança Jurídica e as Limitações Constitucionais ao Poder de Tributar. In: FERRAZ, Roberto (Coord.). *Princípios e Limites da Tributação*. São Paulo: Quartier Latin, 2005, p. 440).

[70] BAUMAN, Zygmunt, *Modernidade e Ambivalência*, 1999, p. 66.

impossível para o cidadão comum compreender temas como os referentes à energia nuclear, à proteção do meio ambiente e sua compatibilização com os padões de existência do homem, ao terrorismo, etc.

1.4. Síntese Conclusiva

Em razão do notável crescimento das atividades entregues ao Estado-Administração no curso do século XX, foi necessário atribuir-se àqueles que exercem tal função os poderes necessários à realização de seus fins.

Com isso, foi necessário desenvolver mecanismos democráticos para que a Administração Pública pudesse desenvolver suas atividades, as quais, muitas vezes, interferem diretamente no exercício de direitos por parte dos administrados.

Um dos principais mecanismos para compensar os *déficits* democráticos que poderiam cobrir o agir administrativo com o véu da ilegitimidade é a procedimentalização do agir estatal, cujas balizas fundamentais serão analisadas nos próximos capítulos.

Nessa assentada, é importante frisar que, atendidos os parâmetros estabelecidos pelo ordenamento jurídico, e utilizado o processo como instrumento de atuação estatal, a atribuição ao Poder Executivo das mais relevantes ações estatais não figura antidemocrática ou ilegítima. Nas palavras de BONIFÁCIO FORTES:

> *O crescimento do Poder administrativo não deve ser entendido como a desaparição do Direito, do D. constitucional ou do Estado de Direito, segundo a brilhante lição de Dicey. No mundo moderno, com a intervenção do Estado nos mínimos detalhes da vida social, a ação administrativa extensa e enérgica é uma razão imprescindível para o próprio funcionamento do Estado, custodiando o interesse coletivo. A ação administrativa – ao contrário da judicial, que pressupõe alguma controvérsia, dano ou delito declarado – opera como incidente no curso normal dos negócios, de acordo com a feliz formulação de Freund, permitindo o condicionamento da ação do Estado dentro das bases reais do desenvolvimento das sociedades.*[71]

---

[71] FORTES, Bonifácio. Delegação Legislativa. *Revista de Direito Administrativo*, Rio de Janeiro, v. 62, out.-dez. 1960, p. 357.

Capítulo 2

Distinção Conceitual entre Processo e Procedimento Administrativo

Até o presente momento tem-se utilizado, de forma generalizada, a palavra "procedimentalização" para significar a prática de atos administrativos com precedência de outros atos, nos quais há a possibilidade de participação do administrado, com o que se visa atingir os escopos mencionados no item nº 1.2.

A utilização do vocábulo "procedimentalização" poderia, em primeira análise, ser interpretada como um alinhamento à corrente doutrinária que sustenta a limitação da utilização do termo "processo" ao âmbito do exercício da Função Jurisdicional, resguardando o termo "procedimento" para as atividades "procedimentalizadas" desenvolvidas pela Administração Pública. Tal percepção mostraria-se equivocada, conforme se passa, então, a demonstrar.

Como salientam SÉRGIO FERRAZ e ADILSON ABREU DALLARI, "*a querela nominal processo/procedimento é, em nosso Direito Administrativo, antiquíssima*",[1] havendo sérias divergências quanto à juridicidade da utilização do termo "processo" para referência às atividades "procedimentalizadas" da Administração Pública.

MARÇAL JUSTEN FILHO, em estudo acerca do processo administrativo fiscal, posicionou-se no sentido de negar a possibilidade de utilização do vocábulo "processo" no âmbito da Administração Pública, uma vez que, para este autor:

---

[1] *Processo Administrativo*, 2002, p. 32.

> ... a peculiaridade do processo não está em se tratar de uma relação jurídica. Afinal, todo o relacionamento entre Estado e particulares se traduz em uma relação jurídica. Nem há maior relevância, para fins de identificação do processo, na natureza de direito público. Todo o campo do Direito Público é preenchido por relações com essa característica.
>
> O que dá identidade ao processo é uma composição totalmente peculiar e sem paralelo em qualquer outro tipo de vínculo jurídico. O processo vincula três "sujeitos", produzindo situações jurídicas subjetivas favoráveis e (ou) desfavoráveis. O vínculo entre os três sujeitos apresenta-se com perfil totalmente ímpar. Cada sujeito assume determinada posição no processo. Não é possível afirmar que as três "posições" processuais sejam intercambiáveis entre si. São situações jurídicas infungíveis. Mais ainda, um dos sujeitos ocupa uma posição jurídica totalmente peculiar. O juiz participa do processo não na condição de parte, mas com autonomia que é de essência e inafastável. O juiz é imparcial, não apenas no sentido de ser-lhe vedado tomar partido, mas também na acepção de que "não é parte". Ou seja, o juiz não tem interesse próprio no objeto da relação jurídica. Em nenhum outro tipo de relação jurídica um dos pólos é ocupado por um sujeito que não seja parte. O processo é a única hipótese em que tal situação ocorre. Tem-se uma relação jurídica com duas partes e três pólos. Um dos pólos é ocupado por um sujeito que não é parte.[2]

A partir da análise do entendimento manifestado por Marçal Justen Filho, é possível aduzir que o mesmo se fundamenta na compreensão de que o processo, enquanto instituto jurídico, tem fulcro na existência de um terceiro imparcial, responsável por decidir a questão que lhe foi apresentada, o juiz, cuja atividade é resguardada por diversas garantias, as quais visam exatamente assegurar tal imparcialidade e o exercício do devido processo legal.

Tal entendimento parte do princípio de que a autoridade administrativa responsável pela decisão no processo teria interesse próprio a defender, o

---

[2] JUSTEN FILHO, Marçal. Considerações sobre o "Processo Administrativo Fiscal". *Revista Dialética de Direito Tributário*, São Paulo, nº 33, jun. 1998, p. 112. Mesmo tendo utilizado o vocábulo "processo" em trabalho mais recente (JUSTEN FILHO, Marçal. *O Direito das Agências Reguladoras Independentes*. São Paulo: Dialética, 2002, pp. 559-571), o Professor Marçal Justen Filho reiterou o posicionamento acima em seu excelente Curso de Direito Administrativo, cuja primeira edição veio a lume no ano de 2005. Nesse trabalho, após sustentar que o que caracteriza o processo é a presença do juiz enquanto terceiro imparcial, conclui o citado publicista que "apenas seria admissível aludir a '*processo administrativo*' se houvesse órgãos independentes com competência para conduzir a solução da controvérsia na via 'administrativa'. Logo, o sujeito encarregado da função de julgar não mais se integraria na própria Administração. Estaria criado o contencioso administrativo, e o procedimento administrativo ter-se-ia transformado em processo. Mais precisamente, estar-se-ia diante de situação não comportada pela ordem constitucional vigente no Brasil. Afinal, o sistema brasileiro alicerça-se na unidade da jurisdição, atribuída ao Poder Judiciário. Supor a existência de processo com cunho de jurisdicionalidade, fora do âmbito do Poder Judiciário, é contrário à Constituição" (JUSTEN FILHO, Marçal, *Curso de Direito Administrativo*, 2005, p. 222).

que lhe retiraria o qualificativo da imparcialidade,[3] ao menos nos moldes do processo jurisdicional.

Nada obstante, ao se proceder ao exame da natureza jurídica do processo, bem como da posição do agente administrativo julgador perante a questão posta à sua análise, percebe-se, com a devida vênia, o equívoco do entendimento manifestado pelo citado autor.

O equívoco da concepção em tela repousa, inicialmente, no erro quanto à premissa que deve servir como ponto de partida para a conceituação do fenômeno processual.

Com efeito, o processo descrito por JUSTEN FILHO corresponde apenas a uma face da atividade processual do Estado, aquela que se desenvolve no âmbito do exercício da função jurisdicional, a qual, como mencionado pelo citado autor, tem determinados traços característicos, como a substituição das partes por um terceiro imparcial, que fica responsável pela solução da lide existente entre elas (isso nas hipóteses em que há lide a ser composta[4]).

Entretanto, não há processo apenas no âmbito do exercício da Função Jurisdicional. De fato, conforme reconhecem ADA PELLEGRINI, CÂNDIDO RANGEL DINAMARCO e ANTÔNIO CARLOS DE ARAÚJO CINTRA, "processo é um conceito que transcende ao direito processual. Sendo instrumento para o legítimo exercício do poder, ele está presente em todas as atividades estatais (processo administrativo, legislativo) e mesmo não-estatais (processos disciplinares dos partidos políticos ou associações, processos das sociedades mercantis para aumento de capital etc.)".[5]

Não discrepa desse entendimento o magistério do processualista uruguaio EDUARDO COUTURE, para quem os processos desenvolvidos dentro de cada Função estatal distinguem-se uns dos outros apenas em razão do fim visado, o qual corresponde à atividade preponderante de cada uma dessas Funções:

---

[3] Cf. JUSTEN FILHO, Marçal, Considerações sobre o "Processo Administrativo Fiscal", 1998, p. 115.

[4] Sobre o caráter meramente acidental da lide no âmbito do processo jurisdicional ver: DINAMARCO, Cândido Rangel. *A Instrumentalidade do Processo*. 7ª ed. São Paulo: Malheiros, 1999, pp. 214-215; GUASP, Jaime. *Concepto y Metodo de Derecho Procesal*. Madrid: Civitas, 1997, p. 17; CALAMANDREI, Piero. *Instituições de Direito Processual Civil*. Tradução Douglas Dias Ferreira. Campinas: Bookseller, 2003. v. I, pp. 156-157; CÂMARA, Alexandre. *Lições de Direito Processual Civil*. 2ª ed. Rio de Janeiro: Lumen Juris, 1999, v. I, p. 63; JARDIM, Afrânio Silva. *Direito Processual Penal*. 8ª ed. Rio de Janeiro: Forense, 1999, pp. 22-24.

[5] *Teoria Geral do Processo*, 1996, p. 280.

Vistos do ponto de vista de sua estrutura, existe unidade entre o processo parlamentar, o processo administrativo e o processo judicial. Todos eles se apóiam, dentro desse ponto de vista, na necessidade do debate e da conveniência derivada da exposição das idéias opostas para que se chegue à verdade. Mas, em sua finalidade, diferem. O processo parlamentar, com seu debate dos representantes do povo, aponta para a sanção da lei; o processo administrativo, com sua carga avultada de antecedentes técnicos, aponta para o governo e para a administração; e o processo judicial, com seu debate das partes interessadas e produção de provas, aponta para a coisa julgada, isto é, para a solução (eventualmente coativa) do conflito de interesses.[6]

Partindo dessa compreensão do fenômeno processual, ODETE MEDAUAR esclarece a existência de um "núcleo comum" da processualidade, no sentido de que o exercício processual de todas as Funções estatais possui um "núcleo de identidade mínima", a partir do qual "irradiam-se pontos de diversidade, em grande parte decorrentes das características da função que a processualidade traduz e do ato final que tende".[7]

---

[6] COUTURE, Eduardo J. *Introdução ao Estudo do Processo Civil*. 3ª ed. Tradução Mozart Victor Russomano. Rio de Janeiro: José Konfino, [19—], pp. 67-68. No mesmo sentido: MIRANDA, Pontes. *Tratado das Ações*. Campinas: Bookseller, 1998. t. 1, p. 297; CAETANO, Marcello. *Manual de Direito Administrativo*. 10ª ed. Coimbra: Almedina, 1999, t. 1, p. 1.288; FRANCO SOBRINHO, Manuel de Oliveira. *Curso de Direito Administrativo*. São Paulo: Saraiva, 1979, p. 277; ENTERRÍA, Eduardo García de; FERNÁNDEZ, Tomás-Ramón. *Curso de Derecho Administrativo*. Madrid: Civitas, 2001, v. I, pp. 436-437; DINAMARCO, Cândido Rangel. *A Instrumentalidade do Processo*. 7ª ed. São Paulo: Malheiros, 1999, pp. 71-73; PONDÉ, Lafayette. Considerações sobre o Processo Administrativo. *Revista de Direito Administrativo*, Rio de Janeiro, no 130, out–dez. 1977, pp. 1-11; MASSAGÃO, Mário. *Curso de Direito Administrativo*. São Paulo: Max Limonad, [19—], pp. 269-270; GUERRA FILHO, Willis Santiago. *Processo Constitucional e Direitos Fundamentais*. 2. ed. São Paulo: Celso Bastos Editor, 2001, pp. 85-86; FIORINI, Bartolomé A. *Procedimiento Administrativo y Recurso Jerarquico*. 2ª ed. Buenos Aires: Abeledo-Perrot, [19—], pp. 13-16; SANDULLI, Aldo M. *Il Procedimento Amministrativo*. Milano: Giuffrè, 1959, p. 14; XAVIER, Alberto. *Do Procedimento Administrativo*. São Paulo: José Bushatsky Editor, 1976, p. 29; MERKL, Adolfo. *Teoría General del Derecho Administrativo*. Granada: Editorial Comares, 2004, p. 273, SIMÕES, Mônica Martins Toscano, *O Processo Administrativo e a Invalidação de Atos Viciados*, 2004, p. 27; MIRANDA, Jorge. *Manual de Direito Constitucional*. 2ª ed. Coimbra: Coimbra Editora, 2000, t. V., p. 111; PORTA, Marcos. *Processo Administrativo e o Devido Processo Legal*. São Paulo: Quartier Latin, 2003, p. 69; GUEDES, Demian, *Processo Administrativo e Democracia*: Uma Reavaliação da Presunção de Veracidade, 2007, p. 73; CASTARDO, Hamilton Fernando. *Processo Tributário Administrativo*. 2. ed. São Paulo: IOB Thompson, 2006, p. 145; ALTOÉ, Marcelo Martins. *Direito versus Dever Tributário*. São Paulo: Revista dos Tribunais, 2009, p. 37.

[7] *A Processualidade no Direito Administrativo*, 1993, p. 23. Nesse sentido posiciona-se GABINO FRAGA: "O ato administrativo requer normalmente para sua formação estar precedido de uma série de formalidades e outros atos intermediários que dão ao autor do próprio ato a ilustração e informação

Não é por outra razão que ALBERTO XAVIER, ao proceder à análise do presente tema, aduz que "o problema da classificação dos tipos fundamentais de processos de direito público (legislativo, administrativo e jurisdicional) desloca-se para um outro, já clássico, mas nem por isso menos árduo e complexo – o da classificação das funções do Estado".[8]

Nessa ordem de convicções, é possível esclarecer que a caracterização de um processo é decorrência de através de sua instauração o Estado exercer uma de suas Funções, não sendo o fenômeno processual, portanto, restringível ao exercício da Função Jurisdicional, que é apenas uma de suas facetas, embora, deva-se reconhecer, a mais difundida nos estudos jurídicos.

Em segundo lugar, além dessa primeira objeção, importa destacar a incorreção jurídica da assertiva no sentido de que a Administração Pública tem interesses próprios a serem defendidos no processo administrativo.

Conforme dito anteriormente, o Administrador Público exerce uma *função*, no sentido de que os poderes e prerrogativas que lhe são deferidos o são para a defesa de interesses de terceiros (a coletividade), uma vez que a Administração não possui interesses que se possam dizer, com o devido rigor científico, próprios.[9]

---

necessárias para guiar sua decisão, ao mesmo tempo que constituem uma garantia de que a decisão é tomada, não de um modo arbitrário, mas sim de acordo com as normas legais.
Este conjunto de formalidades e atos que precedem e preparam o ato administrativo é o que constitui o procedimento administrativo, da mesma maneira que as vias de produção do ato legislativo e da sentença judicial formam respectivamente o procedimento legislativo e o procedimento judicial. O caráter comum destes três tipos de procedimento de constituição do meio de realizar as três funções do Estado não obsta para que entre eles existam diferenças, devidas, umas, a que a técnica do procedimento se desenvolveu grandemente quanto à função judicial, e outras, à diversidade de objeto de cada uma daquelas três funções. Com efeito, dado o caráter abstrato e impessoal do ato legislativo, o procedimento correspondente não exige forçosamente colaboração alguma dos particulares, enquanto que os procedimentos judicial e administrativo estão dominados pela necessidade de intervenção dos particulares cujos direitos possam resultar afetados pela sentença judicial ou pelo ato administrativo" (FRAGA, Gabino. *Derecho Administrativo*. 14ª ed. México: Editorial Porrua, 1971, p. 271).

[8] *Do Procedimento Administrativo*, 1976, p. 29.
[9] A carência de interesses próprios da Administração Pública foi reconhecida por CARLOS ARI SUNDFELD em estudo acerca da motivação dos atos administrativos, onde restou consignado que "não existem, a bem dizer, interesses da Administração Pública: existem sim interesses públicos, que não são seus senão do povo. A Administração não é titular de interesses, é simples mandatária do autêntico titular. Logo, exerce circunstancialmente o poder mas sem jamais assenhorear-se dele" (SUNDFELD, Carlos Ari. Motivação do Ato Administrativo como Garantia dos Administrados. *Revista de Direito Público*, São Paulo, nº 75, jul.-set. 1985, p. 119). Em sentido contrário parece ser o entendimento de MARY ELBE QUEIROZ, com o qual não concordamos, quando afirma que "a relação

Como se terá oportunidade de analisar, o processo administrativo é regido pelo princípio da imparcialidade, o qual decorre do imperativo constitucional da impessoalidade da Administração Pública e se encontra vinculado ao já mencionado princípio da verdade material, bem como aos princípios da legalidade e proporcionalidade. Assim, não se pode falar que o julgador administrativo seja parcial no exame da questão que lhe tenha sido posta à apreciação, sendo o eventual (ou até corriqueiro) desvio prático dessa afirmação considerável para outros fins que não jurídicos.[10]

O administrativista argentino AGUSTÍN GORDILLO é crítico da noção ampla da processualidade, e assim da utilização do termo *processo* no âmbito da Administração Pública, posicionamento que é fundamentado, basicamente, nos seguintes argumentos: (a) raízes históricas ligam o termo *processo* ao exercício jurisdicional, assim como há uma especificidade na relação jurídico processual que se desenvolve no exercício da função jurisdicional, a qual se distinguiria pela presença de um terceiro imparcial com poder para resolver o litígio entre as partes;[11] e (b) uma vez que a noção de processo se encontra vinculada ao exercício da função jurisdicional, poder-se-ia acabar por entender que "não há

---

jurídico-tributária tem no seu cerne a conflituosidade decorrente dos interesses antagônicos que se situam nos dois pólos da sua composição. Do lado da Fazenda Pública há o interesse de arrecadar recursos para que o Estado cumpra os seus objetivos. Do lado do contribuinte há a rejeição à expropriação de bens, da qual resulta o desejo de pagar menos tributo, justificado pela necessidade de reduzir custos, obter melhores resultados e, até mesmo, à sobrevivência econômico-financeira" (QUEIROZ, Mary Elbe. O Mandado de Procedimento Fiscal. Formalidade essencial, vinculante e obrigatória para o início do procedimento fiscal. *Revista Fórum de Direito Tributário*, Belo Horizonte, n. 37, jan-fev. 2009, p. 53).

[10] Conforme destaca AURÉLIO PITANGA SEIXAS FILHO, "imparcialidade é um componente da função administrativa cujo exercício leva a que o interesse coletivo sempre tenha supremacia sobre o interesse particular do cidadão contribuinte, discriminação esta, entretanto, entre interesse público e privado, que constará sempre de norma legal, razão pela qual, ao aplicar a lei desinteressadamente, a autoridade administrativa estará agindo imparcialmente, sem conflitar com interesses subjetivos dos destinatários da norma legal" (*Princípios Fundamentais do Direito Administrativo Tributário*: A Função Fiscal, 2001, p. 12).

[11] Na mesma linha de idéias: CASTILLO, Niceto Alcalá-Zamora y. *Proceso, Autocomposición y Autodefensa*: Contribución al Estudio de los Fines del Proceso. México: Universidad Nacional Autónoma de México, 2000, p. 116; GUASP, Jaime. *Concepto y Método de Derecho Procesal*. Madrid: Civitas, 1997, p. 19; MARQUES, José Frederico. *Instituições de Direito Processual Civil*. Campinas: Millenium, 2000, v. II, p. 51; CASTRO, Alexandre Barros. *Procedimento Administrativo Tributário*. São Paulo: Atlas, 1996, pp. 35-38; ALVIM, Eduardo Arruda. *Mandado de Segurança no Direito Tributário*. São Paulo: Revista dos Tribunais, 1998, pp. 23-24.

violação da defesa em juízo se os direitos de um indivíduo são definitivamente resolvidos pela administração, sempre que esta tiver ouvido o interessado".[12]

Outro estudioso a defender a utilização do termo *procedimento* é CARLOS ARI SUNDFELD.[13] Em estudo intitulado "A Importância do Procedimento Administrativo", o referido autor apresenta conclusão no sentido de ser preferível "afastar a expressão **processo**, seja para uso restrito, seja para um uso amplo na seara administrativa, porque ela já está por demais ligada à atividade jurisdicional que, como se viu, tem características próprias". A opção de SUNDFELD, à qual aderiu GERALDO ATALIBA,[14] fundamentou-se nos seguintes argumentos:

> a) "como todas as características do processo judicial são muito marcadas em nossa mente, já que seu estudo é parte importante da formação jurídica, falar em **processo administrativo** pode parecer forçado, pois imediatamente ocorrem as inadaptabilidades"; b) "falar-se em processos administrativos pode sugerir que seja dado à Administração julgar definitivamente em certas situações, desde que realize processo, é dizer, desde que respeitadas garantias semelhantes às do processo judicial"; e c) "o Judiciário, quando administra, realiza procedimento administrativo".[15]

Também PAULO DE BARROS CARVALHO defende ser "imperiosa a distinção entre processo e procedimento", sendo o primeiro termo reservado "efetivamente à composição de litígios que se opera no plano da atividade jurisdicional do Estado, para que signifique a controvérsia desenvolvida perante os órgãos do Poder Judiciário. Procedimento, embora sirva também para nominar a conjugação de atos e termos harmonizados na ambitude da relação processual,

---

[12] Cf. GORDILLO, Agustín. *Tratado de Derecho Administrativo*. 4ª ed. Buenos Aires: Fundación de Derecho Administrativo, 2000, t. 2, pp. IX – 2-4. Sobre o tema ver também: GORDILLO, Agustín. *Procedimiento Administrativo y Recursos Administrativos*. Buenos Aires: Jorge Alvarez Editor, [19-], pp. 3-8.
[13] SUNDFELD, Carlos Ari. A Importância do Procedimento Administrativo. *Revista de Direito Público*, São Paulo, no 84, out.-dez. 1987, p. 73.
[14] ATALIBA, Geraldo. Princípios Constitucionais do Processo e Procedimento em Matéria Tributária. *Revista de Direito Tributário*, São Paulo, nº 46, out.-dez. 1988, pp. 118-132.
[15] A Importância do Procedimento Administrativo, 1987, p. 73. Em trabalho recente, CARLOS ARI SUNDFELD deixou de defender, ostensivamente, sua opção pela utilização do termo procedimento. Entretanto, o citado autor não acolheu as distinções entre processo e *procedimento*, concluindo que a defesa pela utilização da expressão *processo administrativo* "não tem maior efeito prático" (SUNDFELD, Carlos Ari. Processo e Procedimento Administrativo no Brasil. In: SUNDFELD, Carlos Ari; MUÑOZ, Guillermo Andrés (Coord.). *As Leis de Processo Administrativo*. São Paulo: Malheiros, 2000, p. 19).

dever ser étimo apropriado para referir a discussão que tem curso na esfera administrativa".[16]

Quanto ao posicionamento desses autores, cumpre apresentar os seguintes comentários.

À preocupação de AGUSTÍN GORDILLO, também mencionada por SUNDFELD, no sentido de que a existência de um processo administrativo poderia ensejar o afastamento de determinadas questões da apreciação pelo Poder Judiciário, destaca-se que a mesma não é válida, ao menos no Brasil, onde vige o sistema da jurisdição una e consagra-se a regra *da inafastabilidade da jurisdição*, prevista no inciso XXXV do art. 5º da Constituição Federal, segundo o qual "a lei não excluirá da apreciação do Poder Judiciário lesão ou ameaça a direito".

Ao argumento no sentido de que a consideração quanto à existência de um processo administrativo poderia trazer confusão, diante das marcantes diferenças existentes entre o processo judicial e o administrativo, objeta-se que a tese defendida no presente estudo, a qual, como visto, fulcra-se em substanciosa doutrina, tem como premissa que a atuação processual faz parte da realização de todas as Funções do Estado, possuindo, portanto, um núcleo comum, da mesma forma que diversidades, as quais cabe ao jurista estudar e evidenciar.

O entendimento de PAULO DE BARROS CARVALHO tem como ponto de partida premissa não compartilhada neste trabalho, qual seja, a de que para que haja processo é necessário que se esteja diante de uma lide a ser composta.

Conforme mencionado anteriormente, de acordo com a corrente doutrinária acerca do fenômeno processual aqui acolhida, a lide é elemento acidental do processo (ver nota 4), podendo estar ausente até mesmo na seara do exercício da Função Jurisdicional (como ocorre, por exemplo, no processo penal, quando o Ministério Público pede a absolvição do réu), não podendo,

---

[16] CARVALHO, Paulo de Barros. Processo Administrativo Tributário. *Revista de Direito Tributário*, São Paulo, nºs 9-10, jul.-dez. 1979, p. 277. O citado professor reiterou recentemente o mesmo entendimento, destacando que "a palavra 'processo' está jungida ao campo da jurisdição, em que se pressupõe a existência de órgão estatal, independente e imparcial, credenciado a compor conflitos de interesse de maneira peremptória e definitiva" (CARVALHO, Paulo de Barros. *Direito Tributário, Linguagem e Método*. São Paulo: Noeses, 2008, p. 781). Igual entendimento é encontrado em: ABERASTURY, Pedro; CILURZO, María Rosa. *Curso de Procedimiento Administrativo*. Buenos Aires: Abeledo-Perrot, 1998, pp. 17-19; MARTÍN, José María; USÉ, Guillermo F. Rodriguez. *Derecho Procesal Tributario*. Buenos Aires: Depalma, 1987, p. 4; RODRIGUEZ, María José. *El Acto Administrativo Tributario*. Buenos Aires: Ábaco, 2004, pp. 39-43; GUERRA, Cláudia Magalhães. *Lançamento Tributário e sua Invalidação*. Curitiba: Juruá, 2004, p. 154.

dessa maneira, servir de fundamento para a distinção entre esta Função e a Função Executiva.

Feitos esses comentários, impõe-se assinalar que a preocupação de alguns doutrinadores de determinar se a atividade "procedimentalizada" no âmbito administrativo deve ser denominada processo ou procedimento acaba por expor uma visão incompleta do fenômeno sob análise, *uma vez que é possível falar em processo e procedimento administrativos.*

De fato, tendo em conta que o processo é o meio pelo qual o Estado exerce suas Funções (Executiva, Legislativa[17] e Jurisdicional), agindo imperativamente como poder público, percebe-se que nem todas as suas atuações administrativas estarão revestidas de tal qualificativo.

Assim sendo, tem-se que somente se pode falar em um processo administrativo quando da prática, pelos órgãos e agentes da Administração Pública, de atos sucessivos, encadeados e inter-relacionados, com os quais se visa à obtenção de um ato final, o qual consubstanciará um agir da Administração que venha a intervir no exercício de direitos pelos particulares (*controle prévio da legalidade dos atos administrativos*) ou venha a chancelar com o crivo da legalidade ato já praticado (*controle ulterior da legalidade dos atos administrativos*). Nesses casos, a prática de ato com a precedência de um processo administrativo ou a possibilidade de sua posterior instauração, com a garantia do direito de defesa do administrado, é uma decorrência do *princípio do devido processo legal*, sendo, portanto, resguardado pelos direitos e garantias deste emanados.[18]

---

[17] Na definição de José Afonso da Silva o processo legislativo seria "*o complexo de atos necessários à concretização da função legislativa do Estado*" (SILVA, José Afonso da. *Processo Constitucional de Formação das leis*. 2. ed. São Paulo: Malheiros, 2006, p. 41).

[18] Partindo dessa colocação é possível afirmar, com Paulo Celso Bergstrom Bonilha, que o processo administrativo fiscal é um direito constitucional dos contribuintes e não uma concessão da Administração Pública. Em textual: "Em resumo, o processo administrativo tributário não é mais confundido com graciosa concessão ou mero procedimento administrativo ao alvedrio da Administração Pública. Trata-se, isto sim, de fenômeno de natureza processual, com raiz na Constituição e sujeito, em sua conformação procedimental, aos princípios constitucionais e processuais por ela assegurados" (Contraditório e Provas no Processo Administrativo Tributário (Ônus, Direito a Perícia, Prova Ilícita). In: ROCHA, Valdir de Oliveira (Coord.). *Processo Administrativo Fiscal*. São Paulo: Dialética, 1995, p. 130). José Antônio Minatel, lastreado no direito constitucional de petição, afirma o seguinte: "O destaque para o 'direito de petição' é para registrar que o conteúdo semântico dessa locução não é compatível com a prática de conformar-se com o direito de protocolo. O conteúdo tutelado pelo 'direito de petição' vai além do direito ao registro do pedido (protocolo), assegurando ao peticionário o direito de obter resposta à pretensão ali registrada. Para tanto, é imperativo que as administrações públicas estruturem a forma pela qual seus serviços sejam fruídos pela coletividade, organizando os registros das pretensões e um

Por outro lado, estar-se-á diante de mero procedimento quando se tratar de uma sucessão encadeada e inter-relacionada de atos com os quais se visa à obtenção de *ato final relativo à prática que não interfira na esfera de direitos dos administrados*,[19] tendo por escopo apenas a maior eficiência da atividade administrativa, ou que, embora interferindo na esfera de direitos dos indivíduos, esteja sujeito ao controle de sua legalidade por intermédio de processo administrativo.[20]

Do que restou asseverado nos dois parágrafos anteriores pode-se inferir a característica que aproxima os conceitos de processo e procedimento, qual seja: tratam-se ambos de uma sucessão encadeada de atos, inter-relacionados, realizados com vistas a suportar a prática de um ato final, sendo que, conforme mencionado, o conteúdo deste ato final (sua finalidade), e, consequentemente,

---

adequado canal para oferecimento de respostas aos requerimentos dos administrados" (MINATEL, José Antonio. Procedimento e Processo Administrativo Tributário: Dupla Função Administrativa, com Diferentes Regimes Jurídicos. In: ROCHA, Sergio André (Coord.). *Processo Administrativo Tributário*: Estudos em Homenagem ao Professor Aurélio Pitanga Seixas Filho. São Paulo: Quartier Latin, 2007. p. 326).

[19] Lavra na doutrina alguma controvérsia acerca da distinção entre procedimento administrativo, ato administrativo complexo e ato administrativo composto. Tal problemática carece de fundamentos jurídicos, uma vez que enquanto o procedimento se trata de uma sequência de atos inter-relacionados entre si, ao cabo dos quais se pretende a prática de um ato final, nos atos complexos e compostos, como de natural obviedade, há a prática de apenas um ato administrativo, para a qual concorrem a manifestação de vontade de mais de um órgão ou agente administrativo (cf. MEIRELLES, Hely Lopes. *Direito Administrativo Brasileiro*. 23ª ed. São Paulo: Malheiros, 1998, pp. 149-150). Nesse sentido, vale a pena mencionar o entendimento de EGON BOCKMANN MOREIRA, no sentido de que "processo é sequência lógica de atos, cada qual dependente do anterior, dirigidos à prática de ato final predefinido. Juridicamente, o termo designa relação jurídica que engloba exercício de poder estatal em contraste com garantias de direitos individuais. Todos os atos inseridos nessa sucessão possuem efeitos autônomos e individualizados.

Ao contrário, ato complexo e ato coletivo não caracterizam uma sequência procedimental. Existem *per se*, apesar de praticados de forma que, muitas vezes, transcende a mera instantaneidade. Tais conceitos são antíteses dos atos 'simples' – praticados por uma só pessoa, em determinado momento" (MOREIRA, Egon Bockmann. *Processo Administrativo*: Princípios Constitucionais e a Lei nº 9.784/99. São Paulo: Malheiros, 2000, p. 54). Sobre o tema ver, ainda, XAVIER, Alberto, *Do Procedimento Administrativo*, 1976, p. 95.

[20] Como exemplo de procedimento sujeito a posterior controle temos o procedimento fiscal, que pode culminar com a realização de auto de infração. Através desse ato de exigência tributária pretende-se que o contribuinte pague determinada quantia em dinheiro à Administração Fazendária. Entretanto, o mesmo não é precedido por um processo (contraditório), mas sim por mero procedimento (inquisitório), sendo passível, contudo, o controle de sua legalidade por meio de processo administrativo.

seu regime jurídico, presta-se a diferenciar um processo de um mero procedimento administrativo.

A partir dessa afirmação, seria possível contraditá-la sob a alegação de que a qualificação de determinada prática sequencial de atos como processo ou procedimento administrativos não poderia depender da decisão final a ser proferida, mas sim teria que ser antecedente à mesma.

Ao se formular tal assertiva, olvidar-se-ia, contudo, que a decisão a ser proferida ao final nada mais é do que um reflexo do ato que se pretendia praticar inicialmente, ou cuja realização estava em discussão, desde o momento primeiro do processo ou do procedimento.

Feitos esses comentários, é imperioso enfrentar a pergunta: Como se define se a prática de determinado ato exige a precedência de um processo ou de um procedimento administrativo?[21] Ao que se pode responder: serão resguardadas por um processo administrativo todas as atuações estatais por intermédio das quais se interfira na esfera jurídica de qualquer pessoa, que venha a ter seus bens, direitos ou liberdade restringidos, mesmo que indiretamente, e que, portanto, demandam a existência de eficaz instrumento de controle de sua legalidade, seja tal controle prévio ou posterior à prática do ato (exigência do devido processo legal).[22]

Esse entendimento é corroborado por JOSÉ FREDERICO MARQUES, que esclarece que "se o poder administrativo, no exercício de suas atividades, vai criar limitações patrimoniais imediatas, ao administrado, inadmissível seria que assim atuasse fora das fronteiras do 'due process of law'. Se o contrário

---

[21] Vários critérios para distinção entre "processo" e "procedimento" são examinados por ODETE MEDAUAR em: MEDAUAR, Odete. *A Processualidade no Direito Administrativo*. 2. ed. São Paulo: Revista dos Tribunais, 2008, p. 34-44.

[22] Vale a pena destacar que a própria Constituição Federal, ao prever o direito fundamental ao contraditório e à ampla defesa, que, como será examinado, são os pilares substantivos do devido processo legal, falou em processo administrativo, e não em mero procedimento (art. 5º, LV). Segundo NELSON NERY COSTA, "no processo administrativo estariam presentes as regras do *due process of law*, enquanto no procedimento não haveria essa exigência, por nem sempre estarem presentes os interesses dos administrados e dos ser vidores públicos" (COSTA, Nelson Nery. *Processo Administrativo e suas Espécies*. 3ª ed. Rio de Janeiro: Forense, 2001, p. 12). Nesse mesmo sentido ver: BARROS, José Fernando Cedeño de. *Aplicação dos Princípios Constitucionais do Processo no Direito Tributário*. São Paulo: Saraiva, 1996, p. 70; SARAIVA, Marcia Tamburini Porto. *A Lei Federal nº 9.784/99: Base para uma Codificação Nacional de um Direito Processual Administrativo?* Rio de Janeiro: Lumen Juris, 2005, pp. 119-120.

fosse permitido, ter-se-ia de concluir que seria lícito atingir alguém em sua fazenda ou bens sem o devido processo legal".[23]

Por seu turno serão precedidos por um procedimento administrativo os atos praticados pela Administração Pública não enquadráveis no conceito definido acima, que sejam beneficiados pela participação dos administrados ou de outros órgãos ou agentes públicos, que devem intervir nos atos que logicamente o antecedem, isso com vistas a se atingir a almejada democratização das atividades administrativas.

Nota-se que a opção pela prática de um ato com a precedência de um procedimento compete à Administração Pública, embora, como visto, seja a mesma sempre aconselhável, por todas as razões antes mencionadas (legitimação da administração, proteção da eficácia das decisões, garantia dos direitos dos administrados, facilitação do controle da administração, fornecimento de informações e viabilização do controle do mérito dos atos administrativos). A seu turno, a prática de um ato com precedência de um processo administrativo trata-se de uma imposição à Administração Pública sempre que esta venha praticar ou referendar um ato revestido pela sua face autoridade, o qual venha a interferir no exercício de direitos pelos administrados ou servidores públicos.

HELY LOPES MEIRELLES, ao distinguir processo de procedimento, o faz aduzindo que *"processo é o conjunto de atos coordenados para a obtenção de decisão sobre uma controvérsia no âmbito judicial ou administrativo; procedimento é o modo de realização do processo, ou seja, o rito processual"*.[24] A partir desse entendimento, tem-se sustentado que "procedimento e processo não se confundem, embora todo processo sirva-se do procedimento".[25]

Esse posicionamento tem raiz na distinção feita entre processo e procedimento no âmbito do processo civil, onde se pode falar que "o processo é o instrumento pelo qual o Estado exerce a jurisdição", enquanto o procedimento

---

[23] MARQUES, José Frederico. A Garantia do "Due Process of Law" no Direito Tributário. *Revista de Direito Público*, São Paulo, nº 5, jul.-set. 1968, pp. 28-29. Nesse mesmo sentido, vale a pena trazer o entendimento de JOSÉ ANTONIO SAVARIS, para quem "a partir das garantias processuais consagradas constitucionalmente, o exercício da competência administrativa que afete a esfera patrimonial dos particulares não se pode dar sem observância aos postulados do devido processo legal, superado o paradigma de inexistência de processualidade para além do âmbito judicial" (O Processo Administrativo e a Lei nº 9.784/99. *Revista Dialética de Direito Tributário*, São Paulo, nº 94, jul. 2003, p. 79).

[24] *Direito Administrativo Brasileiro*, 1998, p. 559.

[25] Cf. MARINS, James. *Direito Processual Tributário Brasileiro*: Administrativo e Judicial. São Paulo: Dialética, 2001, p. 157.

corresponde à forma pela qual esta Função é realizada, sendo certo que a legislação prevê procedimentos distintos a serem seguidos a depender das circunstâncias envolvidas na questão posta em juízo.[26]

Partindo-se dessas considerações, nota-se que, entendido o processo administrativo como um instrumento de controle da legalidade do exercício de algumas atribuições contidas na Função Executiva, este sempre será exercido por intermédio de um procedimento, ou seja, de uma exteriorização formal de atos, praticados em sequência e inter-relacionados, para fins de se obter um ato decisório final. Daí a procedência da assertiva de ROMEU FELIPE BACELLAR FILHO no sentido de que "todo processo é procedimento, porém a recíproca não é verdadeira, já que nem todo procedimento converte-se em processo. Ora, não é todo exercício de competência que envolve a atuação de interessados através do contraditório e da ampla defesa".[27]

Todavia, no âmbito do Direito Administrativo ocorre situação que não acontece no Direito Processual Civil ou Penal (*rectius*, no exercício da Função Jurisdicional): a existência de procedimento sem processo.

De fato, enquanto o processo é o único meio para o exercício da Função Jurisdicional, o mesmo não ocorre em relação ao exercício da Função Executiva, que apenas em algumas situações específicas ocorre de forma processualizada (a qual, nesses casos, se faz obrigatória).[28]

Nessa linha de idéias, é possível asseverar que no Direito Administrativo o procedimento é a forma como se exterioriza o processo administrativo, aparecendo, ainda, como meio autônomo para o exercício da Função Executiva em circunstâncias em que não se exija um processo administrativo (situações

---

[26] Cf. MARINONI, Luiz Guilherme; ARENHART, Sérgio Cruz, *Manual do Processo de Conhecimento*: A Tutela Jurisdicional Através do Processo de Conhecimento, 2001, p. 56; CASTILLO, Niceto Alcalá-Zamora y, *Proceso, Autocomposición y Autodefensa*: Contribución al Estudio de los Fines del Proceso, 2000, p. 116. Como salientam ADA PELLEGRINI, CÂNDIDO RANGEL DINAMARCO e ANTÔNIO CARLOS DE ARAÚJO CINTRA: "O procedimento é, nesse quadro, apenas o meio extrínseco pelo qual se instaura, desenvolve-se e termina o processo; é a manifestação extrínseca deste, a sua realidade fenomenológica perceptível. A noção de processo é essencialmente teleológica, porque ele se caracteriza por sua finalidade de exercício do poder (no caso, jurisdicional). A noção de procedimento é puramente formal, não passando da coordenação de atos que se sucedem. Conclui-se, portanto, que o procedimento (aspecto formal do processo) é o meio pelo qual a lei estampa os atos e fórmulas da ordem legal do processo" (*Teoria Geral do Processo*, 1996, p. 280).
[27] *Princípios Constitucionais do Processo Administrativo Disciplinar*, 1998, pp. 48-49.
[28] Nesse mesmo sentido manifesta-se RICARDO MARCONDES MARTINS, em excelente estudo intitulado "O Conceito Científico de Processo Administrativo" (*Revista de Direito Administrativo*, Rio de Janeiro, v. 235, jan.-mar. 2004, p. 361).

que se encontrem fora dos limites de aplicabilidade do princípio do devido processo legal).[29]

Dessa forma, é perceptível a falsidade da discussão acerca da existência de um processo ou de um procedimento administrativo. De fato, *no âmbito do Direito Administrativo pode-se falar em processo e em procedimento administrativos*, os quais têm lugar em circunstâncias próprias.

Em resumo, tem-se um processo administrativo sempre que se estiver diante da prática de atos interventivos pelo Estado, os quais, pela sua natureza, exigem que se ponha à disposição dos administrados meios efetivos para o controle de sua legalidade. A seu turno, o termo *procedimento* pode ser utilizado em duas acepções distintas: em primeiro lugar, quer significar o conjunto de atos e formas por meio das quais se exterioriza o processo, e, em segundo lugar, significa a opção democrática do Estado de atuar de forma procedimentalizada, possibilitando a participação dos administrados na prática dos atos administrativos.

Em face do exposto, tendo em conta a existência de processos administrativos assim como de procedimentos administrativos autônomos, é necessário destacar que, como já mencionado, a grande diferença entre essas duas formas de atuação estatal está focada no *regime jurídico* que se lhes afigura aplicável, o qual distingue a relação jurídica existente entre administração e administrado no âmbito dos processos e procedimentos administrativos e decorre da finalidade a que se visa alcançar com a sua prática.

Uma vez que por intermédio de processos administrativos os agentes e órgãos da Administração Pública exercem sua face autoridade, intervindo no exercício de direitos pelos administrados ou em seu patrimônio, tais processos, como já restou anteriormente aduzido, e será mais detidamente analisado adiante, encontram-se submetidos ao princípio do devido processo legal, e assim, por via de consequência, a outros princípios que são consectários

---

[29] Igual entendimento é manifestado por HELY LOPES MEIRELLES, para quem: "*Processo* é o conjunto de atos coordenados para a obtenção de decisão sobre uma controvérsia no âmbito judicial ou administrativo; *procedimento* é o modo de realização do processo, ou seja, o rito processual. O processo, portanto, pode rea lizar-se por diferentes procedimentos, consoante a natureza da questão a decidir e os objetivos da decisão. Observamos, ainda, que não há processo sem procedimento, mas há procedimentos administrativos que não constituem processo como, por exemplo, os de licitações e concursos" (MEIRELLES, Hely Lopes. O Processo Administrativo (Teoria Geral, Processo Disciplinar e Processo Fiscal). In: ABUJAMRA JR., João (Coord.). *Direito Administrativo Aplicado e Comparado*. São Paulo: Resenha Universitária, 1979, t. I, p. 39). No mesmo sentido ver: RIBAS, Lídia Maria Lopes Rodrigues. *Processo Administrativo Tributário*. São Paulo: Malheiros, 2000, p. 45.

deste último, como o direito à ampla defesa, a qual deve ser realizada em contraditório.

Por seu turno, tendo em consideração que a prática de atos com a precedência de procedimentos administrativos autônomos trata-se de uma opção democrática da Administração Pública,[30] tem-se que o regime jurídico destes não se encontra pautado pelos princípios supramencionados, encontrando-se vinculados, tão-somente, aos princípios gerais de Direito Administrativo, que de resto são igualmente aplicáveis no âmbito dos processos administrativos, uma vez que regentes de toda a atuação das autoridades administrativas.

O que restou acima aduzido implica a distinção existente entre a relação jurídica que rege um procedimento administrativo e a relação jurídica-processual.[31] Conforme salienta CHIOVENDA "todo direito subjetivo pressupõe (como fonte ou causa imediata) uma relação entre duas ou mais pessoas, regulada pela vontade da lei e formada pela verificação de um fato, sendo certo que, quando uma relação entre homens é regulada pela vontade da lei, qualifica-se de relação jurídica".[32]

Para CARNELUTTI, a relação jurídica reflete uma necessária correlação entre poderes e deveres, regulada pelo Direito, a qual se exprime por intermédio

---

[30] Em sentido contrário, merece destaque o entendimento de LUCIA VALLE FIGUEIREDO, segundo o qual "para a emanação de um ato administrativo sempre haverá procedimento" (*Curso de Direito Administrativo*, 2001, p. 413), posicionamento também defendido por ROMEU FELIPE BACELLAR FILHO, para quem "o procedimento configura requisito essencial da atividade estatal, pois é a forma de explicitação de competência. Mesmo os atos administrativos relativamente simples envolvem uma sequência de atos direcionados a um ato final" (*Princípios Constitucionais do Processo Administrativo Disciplinar*, 1998, p. 45). Ousa-se discordar desse entendimento, uma vez que há atos administrativos que são praticados de forma instantânea, em um único ato, o qual não é precedido pela prática de outros atos. Por exemplo, o fiscal de trânsito que lavra multa contra um motorista pratica um ato administrativo, isso sem qualquer ato prévio que caracterize a existência de um procedimento. Após a prática desse ato, e em razão de sua natureza, surge a possibilidade de o motorista/autuado apresentar impugnação ao mesmo, surgindo, então, um processo (e não procedimento) administrativo.

[31] Embora haja significativas divergências acerca da natureza jurídica do processo, prevalece o entendimento do "processo como uma relação jurídica". Sobre o tema, ver: COUTURE, Eduardo J. *Fundamentos do Processo Civil*. Tradução Benedicto Giaccobini. Campinas: Red Livros, 1999, pp. 95-97; TORNAGHI, Hélio. *A Relação Processual Penal*. 2ª ed. São Paulo: Saraiva, 1987, pp. 2-5; GRINOVER, Ada Pellegrini; DINAMARCO, Cândido Rangel; CINTRA, Antônio Carlos de Araújo. *Teoria Geral do Processo*, 1996, pp. 284-285.

[32] CHIOVENDA, Giuseppe. *Instituições de Direito Processual Civil*. Tradução Paolo Capitano. Campinas: Bookseller, 1998, p. 19.

de três pares fundamentais: faculdade-obrigação, direito subjetivo-sujeição e potestade-sujeição.[33]

Conjugando as definições de CHIOVENDA e CARNELUTTI, o autor português MANUEL A. DOMINGUES DE ANDRADE, em sua "Teoria Geral da Relação Jurídica", esclarece que esta pode ser conceituada de forma ampla, significando "toda a situação ou relação da vida real (social), juridicamente relevante (produtiva de consequências jurídicas), isto é, disciplinada pelo Direito", e de forma mais restrita, sendo, então, "a relação da vida social disciplinada pelo Direito, mediante a atribuição a uma pessoa (em sentido jurídico) de um direito subjetivo e a correspondente imposição à outra de um dever ou de uma sujeição".[34]

Partindo desses delineamentos acerca da relação jurídica, nota-se que em todas as relações entre a Administração e os administrados, ou da Administração com seus servidores, estar-se-á diante de relações jurídicas, uma vez que se terá uma situação de fato, envolvendo duas pessoas, a qual é regulada pelo Direito, atribuindo-se a cada um dos sujeitos envolvidos direitos e deveres.

Dessa forma, é possível afirmar que tanto o processo como o procedimento administrativos envolvem, ou melhor, se encontram inseridos no âmbito de uma relação jurídica. Contudo, relações jurídicas com regimes distintos.

Com efeito, a relação jurídica processual se reveste de alguns caracteres básicos que a distinguem das relações jurídicas em geral.

Isso porque, como dito, a relação jurídica que surge no âmbito de processo é regida, em todos seus aspectos, pelo princípio do devido processo legal e os demais princípios que deste decorrem, e é exatamente dessa regência que se inferem todos seus traços característicos, que fazem com que não se possa confundir a relação jurídica processual[35] com a relação que anima os procedimentos administrativos.[36]

---

[33] CARNELUTTI, Francesco. *Teoria Geral do Direito*. Tradução Antônio Carlos Ferreira. São Paulo: Lejus, 1999, pp. 293-296.
[34] ANDRADE, Manuel A. Domingues de. *Teoria Geral da Relação Jurídica*. Coimbra: Almedina, 1997, p. 2.
[35] Sobre a relevância da relação jurídica processual administrativa, e seus caracteres, ver: ENTERRÍA, Eduardo García de; FERNÁNDEZ, Tomás-Ramón, *Curso de Derecho Administrativo*, 2000, p. 556.
[36] Os aspectos que caracterizam os processos e procedimentos administrativos, diferenciando-os, foram ressaltados por DIVA MALERBI: "Assim, no tocante à função administrativa, embora o procedimento seja a sua manifestação mais típica, admite-se que em determinadas hipóteses (como processo administrativo-disciplinar), além do autor do ato outro sujeito colaborasse no

Tendo-se, portanto, esclarecido que o regime jurídico aplicável ao processo administrativo é distinto daquele regente dos procedimentos administrativos autônomos, e reconhecendo-se que tal diferença de regência tem fulcro na distinção dos princípios que são aplicáveis a cada uma dessas formas de exercício da Função Executiva, passa-se a analisar, a seguir, os referidos princípios jurídicos.

exercício da função, com atos determinativos do ato final a ser editado (contraditório e ampla defesa), realizados no seu próprio interesse.
Mas não basta para distinguir o processo a colaboração de muitos sujeitos, a quem se destina o ato. O que diferencia o processo do procedimento é, a rigor, a qualidade da participação no procedimento.
É dizer, no processo, os poderes, faculdades e deveres, mediante os quais se dá a colaboração dos sujeitos destinatários do ato no exercício da função, são distribuídos entre os participantes de modo que haja efetiva e real correspondência entre as várias posições.
É exigência da legalidade administrativa, a simetria de posições jurídicas entre os partícipes do processo. Além disso, as atividades dos interessados, praticadas no processo, necessária e obrigatoriamente delimitam a formação da convicção do autor do ato final, que não pode impedi-los de produzir nem desprezá-las na prática do ato final.
Enfim, neste tipo especial de procedimento denominado 'processo', não basta a presença de sujeitos destinatários do ato para a sua caracterização, pois o critério para a sua conceituação é, exatamente, a presença do contraditório, desdobrado em seu conteúdo formal e material" (MALERBI, Diva. Processo Administrativo Tributário. In: MARTINS, Ives Gandra da Silva (Coord.). *Processo Administrativo Tributário*. São Paulo: Revista dos Tribunais, 2002, pp. 120-121).

Capítulo 3

Princípios Aplicáveis aos Processos e Procedimentos Administrativos

Como restou afirmado anteriormente, a grande distinção entre os processos e os procedimentos administrativos reside no regime jurídico que se lhes afigura aplicável, o qual tem como ponto de partida os princípios jurídicos que regem cada uma dessas formas de atuação estatal.

No estágio atual da teoria jurídica, em que foram superados tanto o positivismo como o jusnaturalismo, com a ascenção dos valores e princípios como vetores do ordenamento jurídico, há que se fazer algumas ressalvas ao iniciar um capítulo sobre os princípios regentes dos processos e procedimentos administrativos.[1]

---

[1] Conforme assinalam Luís Roberto Barroso e Ana Paula de Barcelos, esse estágio ainda em desenvolvimento da teoria jurídica vem sendo designado por *pós-positivismo*. Em suas palavras: "A superação histórica do Jusnaturalismo e o fracasso político do Positivismo abriram caminho para um conjunto amplo e ainda inacabado de reflexões acerca do Direito, sua função social e sua interpretação. O *Pós-Positivismo* é a designação provisória e genérica de um ideário difuso, no qual se incluem a definição das relações entre valores, princípios e regras, aspectos da chamada *Nova Hermenêutica Constitucional*, e a teoria dos direitos fundamentais, edificada sobre o fundamento da dignidade humana. A valorização dos princípios, sua incorporação, explícita ou implícita, pelos textos constitucionais e o reconhecimento pela ordem jurídica de sua normatividade fazem parte desse ambiente de reaproximação entre Direito e Ética"(BARROSO, Luís Roberto; BARCELOS, Ana Paula de. A Nova Interpretação Constitucional: Ponderação, Argumentação e Papel dos Princípios. In: LEITE, George Salomão. *Dos Princípios Constitucionais*: Considerações em torno das normas principiológicas da Constituição. São Paulo: Malheiros, 2003, p. 107). Nas palavras de Marcus Abraham: "O *pós-positivismo* reintroduz no ordenamento jurídico positivo as idéias de justiça e legitimidade, através do constitucionalismo moderno, com o retorno aos valores e com a reaproximação entre moral, ética e o direito, materializados em princípios jurídicos abrigados na Constituição, que passam a ter maior efetividade normativa, influenciando sobremaneira a teoria

Com efeito, nos últimos anos desenvolveu-se sobremaneira na doutrina nacional a discussão acerca dos princípios jurídicos, de forma que se tornou obrigatória a inclusão de um capítulo sobre princípios em quase todo manual jurídico.

O pensamento brasileiro foi influenciado principalmente pelo ideário de Ronald Dworkin e Robert Alexy, cujas passagens iluminam os textos dos autores pátrios.

Todavia, como muito bem percebido por Virgílio Afonso da Silva, na transição do ideário tradicionalmente acolhido pela doutrina pátria para o pensamento dos mencionados juristas, grande confusão foi criada.[2] Água e azeite foram derramados em um mesmo copo e parte da doutrina ainda não percebeu que as substâncias não se misturaram. Essa confusão estava em alguma medida presente na primeira edição desse livro e, infelizmente, talvez ainda não tenha sido completamente superada.

Com efeito, partindo das definições de Dworkin e Alexy, tem-se que os princípios indicam um estado de coisas a ser alcançado.

Para Ronald Dworkin, princípio é "um padrão que deve ser observado, não porque irá alcançar ou assegurar uma situação econômica, política, ou social supostamente desejada, mas porque é uma exigência de justiça ou equidade, ou alguma outra dimensão de moralidade".[3]

Já segundo Robert Alexy, "o ponto decisivo para a distinção entre regras e princípios é que os *princípios* são normas que ordenam que algo seja realizado

---

da interpretação do direito e, inclusive, do direito tributário" (ABRAHAM, Marcus. *O Planejamento Tributário e o Direito Privado*. São Paulo: Quartier Latin, 2007. p. 96). Ressalta Maria Margarida Lacombe Camargo que "o pós-positivismo, como movimento de reação ao modelo Kelseniano de negação dos valores, abre-se a duas vertentes. Uma delas, que segue a linha de Dworkin e Alexy, busca recuperar a força normativa dos princípios de direito, com todo seu potencial valorativo. A outra procura, nos fundamentos que sustentam as decisões judiciais, sua força lógico-legitimante, como faz Chaïm Perelman, por exemplo" (CAMARGO, Maria Margarida Lacombe. *Hermenêutica Jurídica e Argumentação*: Uma Contribuição ao Estudo do Direito. 2ª ed. Rio de Janeiro: Renovar, 2001, p. 141). Ver, ainda: TORRES, Ricardo Lobo. *Tratado de Direito Constitucional Financeiro e Tributário*: Valores e Princípios Constitucionais Tributários. Rio de Janeiro: Renovar, 2005, p. 57; CALSAMIGLIA, Albert. Postpositivismo. *Doxa. Cuadernos de Filosofía del Derecho*, Alicante, n. 21, 1998, p. 209. CAMARGO, Maria Margarida Lacombe. Eficácia Constitucional: Uma Questão Hermenêutica. In: BOUCALT, Carlos E. de Abreu; RODRIGUEZ, José Rodrigo (Coords.). *Hermenêutica Plural*. São Paulo: Martins Fontes, 2002, p. 377; SARMENTO, Daniel. *Direitos Fundamentais e Relações Privadas*. Rio de Janeiro: Lumen Juris, 2004, pp. 78-88.

[2] Cf. SILVA, Virgílio Afonso da. *A Constitucionalização do Direito*: Os direitos fundamentais nas relações entre particulares. São Paulo: Malheiros, 2005, pp. 35-37.

[3] DWORKIN, Ronald. *Taking Rights Seriously*. Cambridge: Harvard University Press, 1999, p. 22.

na maior medida possível, dentro das possibilidades jurídicas e reais existentes. Portanto, os princípios são *mandados de otimização*, que estão caracterizados pelo fato de que podem ser cumpridos em diferente grau e que a medida devida de seu cumprimento não só depende das possibilidades reais mas também das jurídicas. O âmbito das possibilidades jurídicas é determinado pelos princípios e regras opostas".[4]

Partindo dessas e outras idéias, HUMBERTO ÁVILA forjou sua definição de princípios jurídicos, os quais seriam "normas imediatamente finalísticas, primariamente prospectivas e com pretensão de complementariedade e de parcialidade, para cuja aplicação demandam uma avaliação da correlação entre o estado de coisas a ser promovido e os efeitos decorrentes da conduta havida como necessária à sua promoção".[5]

Embora as lições da maioria da doutrina se fundamentem hoje nessas idéias, parte-se muitas vezes de uma outra noção, a de que o princípio seria um mandamento nuclear de um sistema, sendo que nem sempre esse entendimento é complementar ao desenvolvido por DWORKIN, ALEXY e HUMBERTO ÁVILA. Essa é a procedente crítica de VIRGÍLIO AFONSO DA SILVA.[6]

De fato, ainda hoje encontra grande acolhida a definição de princípios proposta por CELSO ANTÔNIO BANDEIRA DE MELLO, para quem princípio:

> ... *é, por definição, mandamento nuclear de um sistema, verdadeiro alicerce dele, disposição fundamental que se irradia sobre diferentes normas compondo-lhes o espírito e servindo de critério para sua exata compreensão e inteligência exatamente por definir a lógica e a racionalidade do sistema normativo, no que lhe confere a tônica e lhe dá sentido harmônico.*[7]

---

[4] ALEXY, Robert. *Teoria de los Derechos Fundamentales*. Tradução Ernesto Garzón Valdés. Madrid: Centro de Estudios Políticos y Constitucionales, 2001, p. 86. Um resumo das ideias de ALEXY pode ser encontrado em: ROCHA, Sergio André. *Troca Internacional de Informações para Fins Fiscais*. São Paulo: Quartier Latin, 2015, pp. 49-58.

[5] ÁVILA, Humberto. Teoria dos Princípios: da definição à aplicação dos princípios jurídicos. São Paulo: Malheiros, 2003, p. 70.

[6] SILVA, Virgílio Afonso da, *A Constitucionalização do Direito*: Os direitos fundamentais nas relações entre particulares, 2005, p. 36.

[7] MELLO, Celso Antônio Bandeira de. *Curso de Direito Administrativo*. 13ª ed. São Paulo: Malheiros, 2001, pp. 771-772. Vale a pena mencionar, ainda, decisão proferida pela Corte Constitucional italiana, em sentença de 1956, cuja redação é a seguinte: "Faz-se mister assinalar que se devem considerar como princípios do ordenamento jurídico aquelas orientações e aquelas diretivas de caráter geral e fundamental que se possam deduzir da conexão sistemática, da coordenação e da íntima racionalidade das normas, que concorrem para formar, assim, num dado momento histórico, o tecido do ordenamento jurídico" (Giur. Costit., I, 1956, 593, *apud* BONAVIDES, Paulo. *Curso de Direito Constitucional*. 11ª ed. São Paulo: Malheiros, 2001, pp. 229-230).

Infere-se dessa definição a tríplice função dos princípios jurídicos, que funcionam, de acordo com esse entendimento, como fundamento de todo o ordenamento e pauta para a sua interpretação, integrando-lhe no caso do surgimento de lacunas.[8]

Partindo-se desse critério, um dispositivo que, na linha da teoria de ALEXY seria uma regra, pode muito bem ser um princípio, dada sua função de disposição fundamental de um sistema.

Essa noção de princípios como mandamentos nucleares de um sistema varia em função da opção adotada quanto aos critérios de validade do ordenamento jurídico.[9]

Com efeito, conforme salienta NORBERTO BOBBIO, as normas jurídicas podem ser valoradas a partir de três critérios distintos: justiça, validade e eficácia:

> *O primeiro ponto que, a meu juízo, é preciso ter bem claro em mente, se quisermos estabelecer uma teoria da norma jurídica com fundamentos sólidos, é que toda norma jurídica pode ser submetida a três valorações distintas, e que estas valorações são independentes uma das outras. De fato, frente a qualquer norma jurídica podemos colocar uma tríplice ordem de problemas: 1) se é justa ou injusta; 2) se é válida ou inválida; 3) se é eficaz ou ineficaz. Trata-se dos três problemas distintos: da justiça, da validade e da eficácia da norma jurídica.*[10]

A questão aqui é determinar a origem dos princípios, se os mesmos são abstrações, generalizações máximas do próprio direito posto, o que seria uma

---

[8] Sobre as funções dos princípios ver: GUASTINI, Riccardo. *Teoria e Dogmatica Delle Fonti*. Milano: Giuffrè, 1998, v. I, t. I, pp. 295-302.

[9] Sobre esta questão, diz-nos VIRGÍLIO AFONSO DA SILVA o seguinte: "Como já referido, o problema não reside na existência de diversas definições. Nem é o caso de se discutir qual definição é a mais correta. Mas se se parte, por exemplo, da definição de Celso Antônio Bandeira de Mello, que expressa bem o que o jurista brasileiro costuma entender por princípio, é preciso rejeitar a distinção de Alexy. Isso porque o conceito de princípio, na teoria de Alexy, é um conceito que não faz referência à fundamentalidade da norma em questão. Como visto acima, uma norma é princípio não por ser fundamental, mas por ter a *estrutura* de um mandamento de otimização. Por isso, um princípio pode ser um 'mandamento nuclear do sistema', *mas pode também não ser,* já que uma norma é um princípio *apenas em razão de sua estrutura normativa* e não de sua fundamentalidade. Pode haver regras que sejam disposições fundamentais do sistema, mas isso é irrelevante para a sua classificação" (SILVA, Virgílio Afonso da, *A Constitucionalização do Direito*: Os direitos fundamentais nas relações entre particulares, 2005, p. 36.)

[10] BOBBIO, Norberto. *Teoria da Norma Jurídica*. Tradução Fernando Pavan Baptista e Ariani Bueno Sudatti. São Paulo: EDIPRO, 2001, pp. 45-46. No mesmo sentido ver: ALEXY, Robert. *El Concepto y la Validez del Derecho*. Tradução Jorge M. Seña. Barcelona: Gedisa, 1997, p. 21.

posição positivista; ou se os princípios corporificam valores prévios e supralegais, como quer o jusnaturalismo.[11]

De acordo com a lição de MARGARIDA MARIA LACOMBE CAMARGO, o positivismo jurídico:

> ... firmou-se muito mais sobre as bases do formalismo, uma vez que para a teoria objetiva do direito importava muito mais o conjunto das normas postas pelo Estado, através de suas autoridades competentes, do que a realidade social propriamente dita. A vontade do Estado soberano prevalece sobre a vontade difusa da nação. O direito positivo, com isso, passa a reconhecer-se no ordenamento jurídico posto e garantido pelo Estado, como o direito respectivo a cada Estado.[12]

Assim, analisando-se os princípios jurídicos sob um viés positivista, chega-se a uma definição destes como sendo mandamentos que se podem extrair do ordenamento jurídico, os quais resumem, com alto grau de abstração, as regras que o compõem. Em consonância com o magistério do Professor catedrático da Universidade de Oviedo, JOAQUÍN ARCE Y FLOREZ-VALDÉS:

> A concepção positivista ou histórica sustenta basicamente que os princípios gerais de direito equivalem aos princípios que informam o direito positivo e lhe servem de fundamento. Estes princípios se inferem, por via de abstração ou de sucessivas generalizações, do próprio direito positivo, de suas regras particulares, já que são aqueles que, anteriormente, serviram ao legislador como critério para estabelecer aquele Direito e suas singulares normas.[13]

Por seu turno, a partir de uma visão jusnaturalista do ordenamento jurídico, ter-se-ia os princípios jurídicos como mandamentos nucleares nos quais o mesmo encontra sua origem e fundamentação. No dizer de KARL LARENZ "os princípios jurídicos são os pensamentos diretores de uma regulação jurídica

---

[11] Sobre o tema, ver: GARCIA, Emerson. *Conflito Entre Normas Constitucionais*: Esboço de uma Teoria Geral. Rio de Janeiro: Lumen Juris, 2007, pp. 177-178.

[12] CAMARGO, Margarida Maria Lacombe. *Hermenêutica e Argumentação*: Uma Contribuição ao Estudo do Direito. 2ª ed. Rio de Janeiro: Renovar, 2001, p. 91. Ver também: BOBBIO, Norberto. *O Positivismo Jurídico*. Tradução Márcio Pugliesi; Edson Bini e Carlos E. Rodrigues. São Paulo: Ícone, 1995, pp. 131-134.

[13] FLOREZ-VALDÉS, Joaquín Arce. *Los Princípios Generales del Derecho y su Formulación Constitucional*. Madrid: Civitas, 1990, p. 39. Nesse mesmo sentido: CRISTÓVAM, José Sérgio da Silva. *Colisões entre Princípios Constitucionais*: Razoabilidade, Proporcionalidade e Argumentação Jurídica. Curitiba: Juruá, 2006, p. 67.

existente ou possível, (...) são um primeiro passo para a obtenção da regra, que determina os passos posteriores".[14]

Feitos esses comentários, reiteramos a posição apresentada em outro estudo, no sentido de que "estamos utilizando neste trabalho a palavra princípio no sentido que lhe é atribuído por Robert Alexy, ou seja, como mandamentos de otimização (*rectius*, mandamento a ser otimizado) que determina que um fim seja alcançado o máximo quanto possível, tendo em conta as limitações jurídicas e fáticas existentes".[15]

Outra especificidade dos estudos sobre princípios empreendidos pelos teóricos pátrios é a tentativa de "concretização conceitual"dos princípios.

As bases do formalismo jurídico estão tão arraigadas na doutrina brasileira, que muitas vezes procura-se concretizar os princípios antes do contato com os casos concretos, transformando-os em regras. É o que acontece, por exemplo, com o princípio da moralidade, que será examinado infra, que se pretende seja aplicado diretamente, sem a intermediação de regras.

Nessa linha de idéias, é comum a confusão entre determinados princípios e as regras que os corporificam.

Buscaremos ao longo das seguintes páginas seguir os critérios acima na análise dos princípios informativos dos procedimentos e processos administrativos, identificando os fins que se pretende sejam alcançados a partir de determinado princípio, assim como as regras que o concretizam. Nada obstante, parece-nos ainda mais relevante que o leitor tenha tais distinções em consideração.

Seguindo essa diretriz, trataremos a seguir dos *princípios comuns aos processos e procedimentos administrativos*, ao lado de *princípios aplicáveis exclusivamente aos processos administrativos*.

Os princípios comuns aos processos e procedimentos administrativos são aqueles previstos no art. 37 da Constituição Federal, quais sejam: a) legalidade; b) impessoalidade; c) moralidade; d) publicidade; e) eficiência, aos quais se podem acrescentar os princípios f) do formalismo finalístico (instrumentalidade das formas); g) da motivação; e h) da proporcionalidade (devido processo legal substantivo).

---

[14] LARENZ, Karl. *Derecho Justo*: Fundamentos de Etica Juridica. Tradução Luis Díez Picazo. Madrid: Civitas, 2001, pp. 32-33.
[15] ROCHA, Sergio André. *Troca Internacional de Informações para Fins Fiscais*. São Paulo: Quartier Latin, 2015, p. 58.

Por seu turno, os princípios que são aplicáveis com exclusividade aos processos administrativos são aqueles decorrentes do devido processo legal processual (*procedural due process of law*), ou seja, os princípios do contraditório, da ampla defesa e do duplo grau de cognição.

Passa-se então ao exame de cada um dos citados princípios, a fim de delimitar seu conteúdo, possibilitando a definição das bases dos regimes jurídicos aplicáveis aos processos e procedimentos administrativos.

3.1. Princípios Comuns aos Processos e Procedimentos Administrativos

3.1.1. Princípio da Legalidade

Como se sabe, no ordenamento jurídico pátrio, na mesma linha daqueles vigentes nas demais nações democráticas ocidentais, prevalece o princípio do Estado de Direito, o qual tem, como um de seus principais pilares, o princípio da legalidade,[16] cuja origem remonta à Revolução Francesa.[17]

---

[16] Nas palavras do constitucionalista português J. J. GOMES CANOTILHO: "O princípio da legalidade da administração, sobre o qual insistiu sempre a teoria do direito público e a doutrina da separação dos poderes, foi erigido, muitas vezes, em 'cerne essencial' do Estado de Direito. Postulava, por sua vez, dois princípios fundamentais: o princípio da supremacia ou prevalência da lei (*Vorrang des Gesetzes*) e o princípio da reserva de lei (*Vorbehalt des Gesetzes*). Esses princípios permanecem válidos, pois num Estado democrático-constitucional a lei parlamentar é, ainda, a expressão privilegiada do princípio democrático (daí a sua supremacia) e o instrumento mais apropriado e seguro para definir os regimes de certas matérias, sobretudo dos direitos fundamentais e da vertebração democrática do Estado (daí a reserva de lei). De uma forma genérica, o princípio da supremacia da lei e o princípio da reserva de lei apontam para a vinculação jurídico-constitucional do poder executivo" (*Direito Constitucional*, [199-], pp. 251-252). No mesmo sentido: ENTERRÍA, Eduardo García de. O Princípio da Legalidade na Constituição Espanhola. *Revista de Direito Público*, São Paulo, nº 86, abr.-jun. 1988, p. 6.

[17] Cf. ENTERRÍA, Eduardo García de. *Justicia y Seguridad Jurídica en un Mundo de Leyes Desbocadas*. Madrid: Civitas, 2000, pp. 17-19. Vale a pena observar ser corrente na doutrina a afirmação de que o princípio da legalidade encontraria raízes na Magna Charta de João Sem Terra (1215), havendo até aqueles que, como o Professor VICTOR UCKMAR, encontram raízes do princípio em períodos posteriores (UCKMAR, Victor. *Princípios Comuns de Direito Constitucional Tributário*. 2ª ed. Tradução Marco Aurélio Greco. São Paulo: Malheiros, 1999, pp. 21-26). Todavia, considerando que, como será examinado a seguir, a Magna Charta tratou-se de verdadeiro conjunto de imposições da nobreza ao rei, não tendo sequer aplicação ao povo em geral, parece-nos apenas de forma muito longínqua é possível fazer algum paralelo entre as limitações contidas em tal documento e as imposições

do princípio da legalidade em sua formulação atual. Para tanto basta apontar a inexistência, sob a Magna Charta, de um Parlamento nos moldes constituídos após as revoluções liberais dos séculos XVII e XVIII. GUSTAVO BINENBOJM apresenta uma crítica à idéia de que o princípio da legalidade teria sua origem na Revolução Francesa. Suas palavras devem ser transcritas: "Tal história seria esclarecedora, e até mesmo louvável, não fosse falsa. Descendo às profundezas dos detalhes, verifica-se que a história da origem e do desenvolvimento do direito administrativo é bem outra. E o diabo, como se sabe, está nos detalhes. A associação da gênese do direito administrativo ao advento do Estado de direito e do princípio da separação dos poderes na França pós-revolucionária caracteriza erro histórico e reprodução acrítica de um discurso de embotamento da realidade repetido por sucessivas gerações, constituindo aquilo que Paulo Otero denominou *ilusão garantística da gênese*. O surgimento do direito administrativo, e de suas categorias jurídicas peculiares (supremacia do interesse público, prerrogativas da Administração, discricionariedade, insindicabilidade do mérito administrativo, dentre outras), representou antes uma forma de reprodução e sobrevivência das práticas administrativas do Antigo Regime do que a sua superação. A juridicização embrionária da Administração Pública não logrou subordiná-la ao direito; o revés, serviu-lhe apenas de revestimento e aparato retórico para sua perpetuação fora da esfera de controle dos cidadãos.
O direito administrativo não surgiu da submissão do Estado à vontade heterônoma do legislador. Antes, pelo contrário, a formulação de novos princípios gerais e novas regras jurídicas pelo *Conseil d'État* em França, que tornaram viáveis soluções diversas das que resultariam da aplicação mecanicista do direito civil aos casos envolvendo a Administração Pública só foi possível em virtude da postura ativista e *insubmissa* daquele órgão administrativo à vontade do Parlamento. A conhecida origem pretoriana do direito administrativo, como construção jurisprudencial do Conselho de Estado derrogatória do direito comum, traz em si esta contradição: a criação de um direito especial da Administração Pública resultou não da vontade geral, expressa pelo Legislativo, mas de decisão autovinculante do próprio Executivo" (BINENBOJM, Gustavo. Da Supremacia do Interesse Público ao Dever de Proporcionalidade: Um novo Paradigma para o Direito Administrativo. In: SARMENTO, Daniel (Org.). *Interesses Públicos versus Interesses Privados*: Desconstruindo o Princípio da Supremacia do Interesse Público. Rio de Janeiro: Lumen Juris, 2007, pp. 119-120). Esse entendimento também é defendido por PAULO OTERO, para quem "a idéia clássica de que a Revolução Francesa comportou a instauração do princípio da legalidade administrativa, tornando o executivo subordinado à vontade do parlamento expressa através da lei, assenta num mito repetido por sucessivas gerações: a criação do Direito Administrativo pelo *Conseil d'Etat*, passando a Administração Pública a pautar-se por normas diferentes daquelas que regulavam a atividade jurídico-privada, não foi um produto da vontade da lei, antes se configura como uma intervenção decisória autovinculativa do executivo sob proposta do *Conseil d'Etat*" (OTERO, Paulo. *Legalidade e Administração Pública*: O Sentido da Vinculação Administrativa à Juridicidade. Coimbra: Almedina, 2007, p. 271). Não concordamos integralmente com a posição dos citados professores. De fato, uma coisa é dizer que alguns dos princípios que inspiraram a Revolução Francesa sucumbiram ao período de intensas modificações políticas que se seguiu à mesma, outra é negar que estes mesmos princípios foram germinados naquele período. Em outras palavras, não há como negar que a contenção do poder executivo pelo legislativo estava na ordem do dia da revolução, fato que não pode ser obscurecido pelo aparente retorno do *status quo* na França pós-revolucionária. Para uma análise da evolução da legalidade tributária, ver também: RIBEIRO, Ricardo Lodi. *Justiça, Interpretação e Elisão Tributária*. Rio de Janeiro: Lumen Juris, 2003, pp. 24 e seguintes; RIBEIRO, Ricardo Lodi. *A Segurança Jurídica do Contribuinte*. Rio de Janeiro: Lumen Juris, 2008, pp. 77-86.

Em linhas gerais, o princípio do Estado de Direito representa garantia contra os desmandos e arbitrariedades do Poder Público, na medida em que se erige a lei como instrumento de disciplina, pelo Estado, do exercício de direitos pelos indivíduos,[18] submetendo-se os próprios órgãos e agentes estatais aos mandamentos legais.[19]

Nada obstante, ao lado da exigência da veiculação legal da permissão da intervenção estatal na esfera privada, e, de resto, de toda atividade administrativa, impõe-se que tal limitação seja razoável, proporcional, obedecendo, portanto, ao *princípio da proporcionalidade*.[20]

Percebe-se, portanto, que em consonância com o princípio da legalidade, toda a atividade do Poder Público encontra-se submetida ao império da lei, ou seja, somente será legítima se realizada com fulcro em competência atribuída por lei.[21] Como destaca CARLOS ROBERTO DE SIQUEIRA CASTRO:

> *A Administração Pública ao atuar produz um ato jurídico típico – o ato administrativo, cuja característica mais essencial é a subordinação absoluta à lei. O princípio da legalidade funciona, aqui, como uma espécie de compensação das prerrogativas e privilégios inerentes à Administração. Faz com que, se se admitir a tese da soberania administrativa, seja ela não*

---

[18] Em consonância com o magistério de LINARES QUINTANA, "a regra da legalidade significa, por conseguinte, que todo ato do Estado que intervirá na liberdade do indivíduo, aumentando o ônus de suas obrigações ou deveres, deve apoiar-se em lei formal ou material-formal, vale dizer, em leis emanadas do Poder Legislativo, seja imediatamente ou seja mediatamente, através de normas intermediárias de aplicação de uma lei formal ou material-formal restritivamente interpretadas" (QUINTANA, Segundo V. Linares. *El Poder Impositivo y la Libertad Individual*. Buenos Aires: Editorial "Alfa", [19—], p. 180).

[19] Cf. ADOMEIT, Klaus. *Introducción a la Teoria del Derecho*. Tradução Enrique Bacigalupo. Madrid: Civitas, 1984, p. 182; LIMA, Ruy Cirne. *Princípios de Direito Administrativo*. 7ª ed. São Paulo: Malheiros, 2007, pp. 223-224.

[20] Conforme aduz ALBERTO XAVIER, "... a noção de Estado de Direito, pelo menos, na sua formulação original, reveste duplo sentido, material e formal: o *conteúdo material* do Estado de Direito está na afirmação de que a finalidade essencial do Estado consiste na realização da justiça, concebida, sobretudo, com uma rigorosa delimitação da livre esfera dos cidadãos, em ordem a prevenir o arbítrio do poder e a dar, assim, a maior expressão possível à segurança jurídica; o *aspecto formal* do Estado de Direito, por seu turno, envolve basicamente a idéia de que, na realização dos seus fins, o Estado deve exclusivamente utilizar formas jurídicas, de que sobressai a lei formal. Por outras palavras: O Estado de Direito foi, ao menos inicialmente, concebido como aquele que tem por fim o Direito e atua segundo o Direito; isto é, aquele que tem a justiça por fim e a lei como meio de sua realização" (XAVIER, Alberto. *Os Princípios da Legalidade e da Tipicidade da Tributação*. São Paulo: Revista dos Tribunais, 1978, p. 8).

[21] É importante frisar que o termo *lei* é usado no presente texto em acepção ampla, incluindo, portanto, as medidas provisórias.

um poder de fato, sem limites, mas um poder jurídico, cuja legitimidade do exercício pode ser auferida e contestada.[22]

Mais recentemente, esclareceu o citado constitucionalista:

Nesse sentido, a grande virtude sistêmica do princípio da legalidade é precisamente juridicizar de forma global as relações entre o Estado e os administrados, eliminando quaisquer incertezas insuscetíveis de suprimento exegético a propósito da validade das ações e omissões dos seres públicos e privados, de maneira a traçar com razoável clareza a linha demarcatória entre os campos da liberdade e de sujeição aos ditames estatais. A legalidade desponta, assim, como a primeira das limitações constitucionais ao poder estatal de disciplinar em prol do bem comum o exercício da liberdade humana. Uma vez que se adota tal princípio em sede constitucional, o mesmo ressai como premissa maior entre todos os demais requisitos e condições que possa o legislador constituinte incluir no elenco dessas limitações.[23]

Neste ponto, insta observar que para os agentes da Administração Pública o princípio da legalidade apresenta um conteúdo distinto daquele que se verifica no que tange aos indivíduos e demais pessoas de Direito Privado.

De fato, enquanto para o Poder Público o princípio da legalidade significa que a fonte da competência para a prática de qualquer ato restritivo deve ser a lei, para as pessoas de Direito Privado o princípio da legalidade representa a garantia maior do direito de liberdade, consubstanciada na máxima de que ninguém é obrigado a fazer ou deixar de fazer alguma coisa senão em virtude de lei que assim o determine (art. 5º, II, da Constituição Federal).[24]

É de se assinalar que, como destacado por GERMANA DE OLIVEIRA MORAES em seu excelente *Controle Jurisdicional da Administração Pública*, o princípio da legalidade deve ser compatibilizado com o princípio da constitucionalidade, devendo-se observar as implicações existentes entre as normas constitucionais e aquelas infraconstitucionais. Em suas palavras, "ao ordenar e regular os desempenhos funcionais do Poder Legislativo, assume o princípio da legalidade, como visto, a conotação de legalidade constitucional, com a superação pelo princípio da constitucionalidade. Ao ordenar ou regular a

---

[22] CASTRO, Carlos Roberto de Siqueira. Desvio de Poder na Administração Pública. *Arquivos do Ministério da Justiça*, Rio de Janeiro, nº 138, abr.-jun. 1976, pp. 93-94.

[23] CASTRO, Carlos Roberto Siqueira. *A Constituição Aberta e os Direitos Fundamentais*. Rio de Janeiro: Forense, 2003, p. 195.

[24] Cf. MEIRELES, Hely Lopes, *Direito Administrativo Brasileiro*, 1998, p. 82; MELLO, Celso Antônio Bandeira de. Legalidade – Discricionariedade – Seus Limites e Controle. *Revista de Direito Público*, São Paulo, nº 86, abr.-jun. 1988, p. 42.

atuação administrativa, a legalidade não mais guarda total identidade com o Direito, pois este passa a abranger, além das leis – das regras jurídicas, os princípios gerais de Direito, de modo que a atuação do Poder Executivo deve conformidade não mais apenas à lei, mas ao Direito, decomposto em regras e princípios jurídicos, com a superação do princípio da legalidade pelo princípio da juridicidade".[25]

Diante do exposto, é possível asseverar que a submissão da Administração Pública ao princípio da legalidade significa reconhecer que a atividade desta trata-se de uma atribuição infralegal,[26] ou seja, submetida à lei, cabendo às autoridades administrativas apenas a realização das competências que lhes tenham sido pela lei deferidas, as quais podem envolver maior ou menor margem para determinação de sua conduta (exercício de atribuições vinculadas ou discricionárias).[27]

---

[25] MORAES, Germana de Oliveira. *Controle Jurisdicional da Administração Pública*. 2ª ed. São Paulo: Dialética, 2004, p. 29. Conforme aduz GUSTAVO BINENBOJM: "A idéia de *juridicidade administrativa*, elaborada a partir da interpretação dos princípios e regras constitucionais, passa, destarte, a englobar o campo da *legalidade administrativa*, como um de seus princípios internos, mas não mais altaneiro e soberano como outrora. Isso significa que a atividade administrativa continua a realizar-se, via de regra, (i) segundo a lei, quando esta for constitucional (atividade *secundum legem*), (ii) mas pode encontrar fundamento direto na Constituição, independente ou para além da lei (atividade *praeter legem*), ou, eventualmente, (iii) legitimar-se perante o direito, ainda que contra a lei, porém com fulcro numa ponderação com outros princípios constitucionais (atividade *contra legem*, mas com fundamento numa otimizada aplicação da Constituição)" (BINENBOJM, Gustavo. *Uma Teoria do Direito Administrativo*. Rio de Janeiro: Renovar, 2006, p. 38). No mesmo sentido: ARAGÃO, Alexandre Santos de. *Direito dos Serviços Públicos*. Rio de Janeiro: Forense, 2007, pp. 335-337; SOUTO, Marcos Juruena Villela. *Direito Administrativo em Debate*. Rio de Janeiro, Lumen Juris, 2007, p. 28.

[26] Cf. MELLO, Celso Antônio Bandeira de, *Discricionariedade e Controle Jurisdicional*, 2001, p. 12.

[27] Não pode haver dúvidas quanto à submissão da Administração à lei também quando se trata do exercício de atribuições discricionárias. Como salientam os administrativistas espanhóis EDUARDO GARCÍA DE ENTERRÍA e TOMÁS-RAMÓN FERNÁNDEZ: "... o exercício de potestades discricionárias pela Administração comporta um elemento substancialmente diferente: a inclusão no processo aplicativo da lei de uma estimação subjetiva da própria Administração, com a qual se completa o quadro legal que condiciona o exercício da potestade ou seu conteúdo particular. Há de se notar, sem embargo, que essa estimação subjetiva não é uma faculdade extralegal, que surja de um suposto poder originário da Administração, anterior ou marginal ao Direito; é, pelo contrário, uma estimação cuja relevância vem de haver sido estabelecida expressamente pela Lei que configurou a potestade e que a atribuiu à Administração justamente com esse caráter. Por isso, a discricionariedade, contrariamente ao que pretendia a antiga doutrina, não é um pressuposto de liberdade da Administração em face da norma; mas sim, pelo contrário, a discricionariedade é um caso típico de remissão legal: a norma remete parcialmente, para completar o quadro regulativo da potestade e suas condições de exercício, a uma estimação administrativa, a qual não é realizada (como nas hipóteses de remissão normativa que foram estudadas anteriormente) por via normativa geral, mas sim analiticamente, caso a caso, mediante uma apreciação de circunstâncias singulares,

Sob o prisma da separação dos poderes, o princípio da legalidade vem a subordinar a atuação das autoridades administrativas ao Poder Legislativo e ao Poder Judiciário, na medida que o atendimento aos desideratos consignados nos textos legais é o metro da legitimidade do atuar administrativo. Em consonância com o magistério de HARTMUT MAURER "a vinculação à lei atua em direção dupla. Ela põe, por um lado, as autoridades administrativas na dependência do parlamento e das leis promulgadas pelo parlamento. Ela submete, por outro lado, as autoridades administrativas ao controle judicial".[28]

Em síntese, atentando-se especificamente para o processo e procedimento administrativos, o princípio da legalidade pode ser analisado sob duas vertentes distintas: (1) é fundamento do controle, via processo, dos atos praticados pela Administração Pública,[29] consubstanciando-se, nesta assentada, na justificativa do instrumento de controle da legalidade dos atos administrativos; e (2) é exigência de que os atos praticados no seu curso tenham fundamento em competências legalmente estabelecidas, o que vem a significar a necessidade de que os diversos procedimentos adotados nos processos administrativos estejam expressamente previstos em lei.

Assim, é decorrência do princípio da legalidade que somente instrumento normativo com força de lei disponha sobre processo administrativo. Dessa forma, tem-se, a título exemplificativo, que o Decreto nº 70.235/72, que dispõe acerca do processo administrativo fiscal federal, embora se trate, formalmente, de um decreto, somente pode ser alterado por lei, apenas tendo sido recepcionado pela Constituição Federal de 1988 em função de inexistir, no ordenamento jurídico-constitucional brasileiro, inconstitucionalidade formal superveniente.

Neste particular temos que o princípio da legalidade, da maneira como definido acima, não seria efetivamente um "princípio", entendido como norma finalística. Com efeito, o que temos aqui é uma regra, aplicada de forma "tudo ou nada". A legalidade só pode ser vista como princípio se encarada como norma que estabelece um horizonte de previsibilidade, estabilidade e segurança nas relações entre o Poder Público e o cidadão.

---

realizada com precedência ao processo aplicativo" (*Curso de Derecho Administrativo*, 2001, pp. 453--454). Nesse mesmo sentido ver: FAGUNDES, M. Seabra. *O Controle dos Atos Administrativos pelo Poder Judiciário*. 3ª ed. Rio de Janeiro: Forense, 1957, pp. 116-117.

[28] MAURER, Hartmut. *Elementos de Direito Administrativo Alemão*. Tradução Luís Afonso Heck. Porto Alegre: Sergio Antonio Fabris Editor, 2001, p. 47.

[29] Cf. ALTAMIRA, Pedro Guillermo. *Curso de Derecho Administrativo*. Buenos Aires: Depalma, 1971, p. 887.

Finalmente, é de se observar que, em termos de Direito positivo, o princípio da legalidade se encontra insculpido, como dito, no *caput* do art. 37 da Constituição Federal, bem como, para a Administração Pública Federal, no *caput* e no inciso I do parágrafo único do art. 2º da Lei nº 9.784/99, que rege o processo administrativo federal.

3.1.1.1. Legalidade, Deslegalização e Delegação Legislativa

Feitos os apontamentos acima sobre o princípio da legalidade vale a pena examinar a possibilidade de o Poder Legislativo delegar ao Executivo competência para a elaboração de normas sobre processo administrativo.

Decorrência do cenário descrito no Capítulo 1 deste estudo e do novo delineamento das atribuições a cargo dos Poderes Executivo e Legislativo é o fenômeno da "deslegalização".

Como nos lembra ALF ROSS, "a maioria das palavras não tem um campo de referência único, mas sim dois ou mais, cada um deles construído sob a forma de uma zona central à qual se acrescenta um círculo de incerteza".[30]

O vocábulo "deslegalização" padece desta plurivocidade, na medida em que, em um conceito lato, designa a exclusão de determinada matéria do âmbito da regulamentação estatal; enquanto, em um conceito mais estrito, refere-se à transferência de competências legislativas do Poder Legislativo ao Poder Executivo.

Em sua acepção mais ampla, a "deslegalização" relaciona-se com a pretensão de se reduzir a intervenção estatal nas relações privadas, na esteira do pensamento neoliberal que permeia alguns círculos do pensamento contemporâneo.

A seu turno, em sua acepção restrita a "deslegalização" refere-se à transferência de competências originariamente alocadas no Poder Legislativo ao Executivo.

É nessa acepção restrita que a "deslegalização" passa a servir como instrumento para viabilizar as intervenções que se exigem da Administração Pública hodiernamente, concretizando-se pela atribuição constitucional de competências normativas ao Poder Executivo, bem como pela delegação legislativa, a qual, segundo CARLOS ROBERTO DE SIQUEIRA CASTRO, ocorre quando da "transferência da função normativa atribuída originária e constitucionalmente

---

[30] ROSS, Alf. *Direito e Justiça*. Tradução Edson Bini. Bauru: EDIPRO, 2000, p. 143.

ao Poder Legislativo a órgãos ou agentes especializados do próprio Legislativo ou integrantes dos demais Poderes do Estado".[31]

Vale ressaltar que a legitimidade dos comandos editados pelos entes delegatários de competências legislativas encontra fundamento de validade na observância dos seguintes requisitos: (1) sua previsão no ordenamento jurídico ou, ao menos, a sua não vedação; (2) a existência de ato específico que, de forma expressa, concretize a delegação; (3) determinação, por parte do Poder delegante, dos limites de atuação do ente delegatário; (4) revogabilidade e indelegabilidade dos poderes delegados; (5) preservação de igual competência pelo Poder delegante; e (6) controle dos atos emitidos pelo delegatário pelo Poder delegante e pelo Poder Judiciário. Tais requisitos serão analisados a seguir:

a) Possibilidade jurídica da delegação legislativa

O primeiro requisito da delegação legislativa consiste em sua possibilidade jurídica, ou seja, em ser a mesma permitida ou ao menos não expressamente vedada pela Constituição Federal.[32]

Sob a égide da vigente Carta Política é possível dizer que há vedação expressa à delegação de competência legislativa para o estabelecimento e alteração de regras impositivas tributárias (salvo aquelas expressamente previstas na própria Constituição, referentes aos Impostos de Importação e Exportação, ao Imposto sobre Produtos Industrializados e ao Imposto sobre Operações de Crédito, Câmbio e Seguro, ou Relativas a Títulos ou Valores Mobiliários), em qualquer de seus aspectos, bem como para a previsão de tipos penais e as correspondentes sanções. Salvo esses casos, é possível, como regra geral,

---

[31] CASTRO, Carlos Roberto de Siqueira, *O Congresso e as Delegações Legislativas*, 1986, p. 81. No mesmo sentido: OTTO, Ignacio de. *Derecho Constitucional*: Sistema de Fuentes. Barcelona: Ariel, 1998, pp. 181-185; TOURINHO, Arx da Costa. A delegação legislativa e sua irrelevância no Direito brasileiro atual. *Revista de Informação Legislativa*, Brasília, nº 54, abr.-jun. 1977, p. 69; FORTES, Bonifácio. Delegação Legislativa. *Revista de Direito Administrativo*, Rio de Janeiro, v. 62, out.-dez. 1960, p. 353; DUARTE, Clenício da Silva. Delegação de Competência. *Revista de Direito Público*, São Paulo, nº 27, jan.-mar. 1974, p. 38. Para um estudo profundo acerca da delegação legislativa, ver: ENTERRÍA, Eduardo Garcia de. *Legislación Delegada, Potestad Reglamentaria y Control Judicial*. Madrid: Civitas, 1998.

[32] Cf. MIRANDA, Jorge. *Manual de Direito Constitucional*. 2ª ed. Coimbra: Coimbra Editora, 2000, pp. 213-214.

a delegação de competências legislativas, desde que atendidos os demais requisitos a serem analisados a seguir.[33]

b) Previsão de limites ao exercício da competência delegada em ato delegatório específico

A delegação de competências normativas deve ser estabelecida por ato específico, emanado do Poder delegante, o qual estabelecerá os limites em que será legítima a atuação do ente delegatário. Como salienta MARCOS JURUENA VILLELA SOUTO, que analisa a questão sob o prisma das agências reguladoras: "são legítimas as delegações de poder legislativo sempre que o Congresso tenha predeterminado o alcance do poder que se transfere, assinalando um *standard* legislativo suficientemente claro e concreto, para que em todo caso a agência atue segundo a vontade do legislador, com a mínima discricionariedade; e distinguem-se os *meaningful standards*, que permitem a predeterminação pela lei do poder da agência ao estabelecer princípios ou diretrizes suficientemente claros, e os *meaningless standards*, que não permitem essa limitação dos poderes administrativos".[34]

Dessa forma, pode-se aduzir que a atuação dos entes delegatários de competência legislativa, como não poderia deixar de ser, trata-se de atividade infralegal, devendo pautar-se pelos *standards* previstos na norma delegatória, bem como nas demais normas que compõem o ordenamento jurídico.

Em consonância com a lição de LAURENCE TRIBE, a previsão dos *standards* para a legítima atuação dos entes delegatários resguarda, ainda, a possibilidade de seu controle, uma vez que será possível verificar: (1) se o seu agir está compreendido na competência que lhe foi delegada; (2) se tal competência é detida pelo Poder delegante; e (3) se a mesma está inserida no campo de competências delegáveis pelo Poder Legislativo.[35]

---

[33] Em sentido contrário, ver: FERRAZ JÚNIOR, Tercio Sampaio. Agências Reguladoras: Delegação de Poderes e Constitucionalidade. *Direito Constitucional*: Liberdade de Fumar, Privacidade, Estado, Direitos Humanos e outros temas. São Paulo: Manole, 2007, p. 488.

[34] SOUTO, Marcos Juruena Villela. *Direito Administrativo Regulatório*. Rio de Janeiro: Lumen Juris, 2002, p. 50.

[35] TRIBE, Laurence H. *American Constitutional Law*. 2nd. ed. New York: The Foundation Press, 1988, p. 364. No mesmo sentido, negando a legitimidade de delegações abertas de competências legislativas, ver: PIERCE JR., Richard J., SHAPIRO, Sidney A.; VERKUIL, Paul R. *Administrative Law and Process*. 3rd. ed. New York: The Foundation Press, 1999, p. 36. Para um estudo mais aprofundado da questão relacionada à previsão de *standards* para a validade de delegações legislativas, ver:

c) Revogabilidade, indelegabilidade e reserva de iguais atribuições pelo Poder delegante

Tendo em vista que os entes delegatários recebem uma competência normativa limitada é óbvio que o Poder delegante (o Poder Legislativo) permanece com a competência plena para editar regras acerca das matérias afetas à esfera de competência das agências, podendo, a qualquer momento, excluir sua competência normativa. Esse aspecto é ressaltado por JUAN CARLOS CASSAGNE, para quem "a delegação, como o tem dito a Corte Suprema em sua tradicional jurisprudência (caso 'Delfino'), não pode implicar a transferência total da potestade legislativa o que afetaria, obviamente, o princípio constitucional da separação de poderes".[36]

Em outra assentada, tendo em vista que o ente delegatário exerce uma competência normativa alheia, não pode o mesmo transferi-la para outrem, sendo indelegável a competência adquirida por intermédio de delegação legislativa.

d) Possibilidade de controle

Por fim, a legitimidade da delegação legislativa depende da existência de mecanismos para o controle da atividade delegada.

Tal controle pode e deve ser exercido pelo Poder delegante que, se entender que os atos praticados pelo ente delegatário não estão atingindo as finalidades legais pretendidas pode, simplesmente, retirar-lhe tais prerrogativas ou editar atos contrários aos expedidos pelo agente regulador; assim como pelos órgãos do Poder Judiciário, mediante a iniciativa da parte interessada (a Administração Direta ou o Administrado).

O controle exercido pelo Poder delegatário engloba aspectos de legalidade e mérito dos atos normativos editados pelos entes delegatários; enquanto que

---

BARBER, Sotirios. *The Constitution and the Delegation of Congressional Power*. Chicago/London: The University of Chicago Press, 1975, pp. 72-107.

[36] CASSAGNE, Juan Carlos. *Derecho Administrativo*. 7ª ed. Buenos Aires: Abeledo Perrot, 2002, t. I, p. 381. Essa questão torna relevante a discussão quanto ao fenômeno da "relegificação" que ocorre quando o Poder Delegante resolve, posteriormente à delegação, editar norma contrária à editada pelo Poder Delegatário, sendo necessária a definição de mecanismos para proteção da eficácia das normas por este editadas. Sobre esse tema, ver: FRONTONI, Elisabetta. Spunti in Tema di Delegificazione: "Rilegificazione" e Sottrazione dei Regolamenti in Delegificazione All'Abrogazione Referendaria. In: MODUGNO, Franco. *Trasformazioni della Funzione Legislativa*: Crisi della Legge e Sistema delle Fonti. Milano: Giuffrè, 2000, p. 244.

o controle judicial volta-se principalmente à análise da legalidade de tais atos, sendo o controle de mérito limitado ao exame quanto ao respeito ao princípio da proporcionalidade (devido processo legal substantivo).

e) Síntese

A definição a respeito da possibilidade ou impossibilidade de delegação legislativa no campo do processo administrativo fiscal depende em se determinar qual a *densidade* de legalidade aqui aplicável, se uma legalidade de fins ou uma legalidade de conteúdo ou, nas palavras de ALEXANDRE ARAGÃO, se temos neste campo a aplicação do princípio da legalidade ou do princípio da reserva de lei. Veja-se sua lição:

> *Deve, portanto, ser distinguido o Princípio da Legalidade do Princípio da reserva de lei, muitas vezes designados, respectivamente, de "reserva relativa de lei" e de "reserva absoluta de lei". Pelo primeiro, a Administração Pública só pode agir de acordo com a lei, observada a densidade mínima vista acima, ao passo que, nos casos em que, mais que o simples princípio da legalidade, há uma reserva de lei, apenas a lei pode dispor sobre determinada matéria.*[37]

Não estando o processo administrativo entre aquelas matérias para as quais a Constituição Federal prevê uma reserva absoluta de lei, ou seja, uma legalidade de conteúdo, cremos ser legítimo afirmar ser possível a delegação de competência legislativa para que o Poder Executivo edite normas sobre processo administrativo. Como será examinado no Capítulo 15, o próprio Decreto nº 70.235/72, que rege o processo administrativo fiscal federal, teve origem em uma delegação legislativa (a utilização deste caso como paradigma deve ser relativizada pela época histórica em que foi editado o decreto, em plena ditadura militar).

Há que se ressaltar, contudo, que para que o Executivo edite normas sobre processo administrativo é imprescindível que todos os requisitos brevemente estudados acima tenham sido observados.

3.1.2. Princípio da Impessoalidade

Ao se proceder à análise das manifestações doutrinárias acerca do princípio da impessoalidade, nota-se não haver unanimidade quanto à sua conceituação.

---

[37] ARAGÃO, Alexandre Santos de, *Direito dos Serviços Públicos*, 2007, p. 340.

Para José Afonso da Silva "o princípio ou regra da impessoalidade da Administração Pública significa que os atos e provimentos administrativos são imputáveis não ao funcionário que os pratica, mas ao órgão ou entidade administrativa em nome do qual age o funcionário".[38]

Segundo Celso Antônio Bandeira de Mello, o princípio da impessoalidade "traduz a idéia de que a Administração tem que tratar a todos os administrados sem discriminações, benéficas ou detrimentosas. Nem favoritismos nem perseguições são toleráveis. Simpatias ou animosidades pessoais, políticas ou ideológicas, não podem interferir na atuação administrativa, e muito menos interesses sectários, de facções ou grupos de qualquer espécie. O princípio em causa não é senão o próprio princípio da igualdade ou isonomia".[39]

Diogo de Figueiredo Moreira Neto salienta que o princípio da impessoalidade tem uma tríplice acepção:

Na primeira, veda a Administração de distinguir interesses onde a lei não o fizer.

Na segunda, veda a Administração de prosseguir interesses públicos secundários próprios, desvinculados dos interesses públicos primários definidos em lei. Neste caso enfatiza-se a natureza jurídica ficta da personalização do Estado, que, por isso, jamais deve atuar em seu exclusivo benefício, mas sempre no da sociedade.

Na terceira acepção, veda, com ligeira diferença sobre a segunda, que a Administração dê precedência a quaisquer interesses outros, em detrimento dos finalísticos.[40]

Por fim, Hely Lopes Meirelles assevera que o princípio em comento "nada mais é do que o clássico princípio da finalidade, o qual impõe ao administrador público que só pratique o ato para seu fim legal. E o fim legal é unicamente aquele que a norma de Direito indica expressa ou virtualmente como objetivo do ato, de forma impessoal".[41]

Em face dessas concepções, pode-se aduzir que a definição de José Afonso da Silva parte de uma análise estrutural-orgânica da Administração Pública, pecando por retirar do princípio da impessoalidade a sua qualidade de garantia dos administrados contra o abuso de poder por parte das autoridades administrativas.

---

[38] *Curso de Direito Constitucional Positivo*, 2001, p. 651.
[39] *Curso de Direito Administrativo*, 2001, p. 84.
[40] MOREIRA NETO, Diogo de Figueiredo. *Curso de Direito Administrativo*. 12ª ed. Rio de Janeiro: Forense, 2001, p. 93.
[41] *Direito Administrativo Brasileiro*, 1998, p. 88.

Já a definição de CELSO ANTÔNIO BANDEIRA DE MELLO parece representar apenas parcialmente o conteúdo do princípio da impessoalidade da Administração, destacando somente o seu caráter externo (impossibilidade de se tratar de forma distinta os administrados), em que figura a impessoalidade como verdadeiro corolário do princípio da isonomia.

Dessa forma, parece mais correto o entendimento de DIOGO DE FIGUEIREDO MOREIRA NETO, no sentido de reconhecer que o princípio da impessoalidade é multifacetado, representando a conjugação dos *princípios da isonomia e da finalidade*.[42]

Sob o prisma da isonomia, o princípio da impessoalidade corresponde à necessidade de as autoridades administrativas tratarem de forma equânime os administrados, conforme pontuado por CELSO ANTÔNIO BANDEIRA DE MELLO na passagem acima transcrita.[43]

Já sob o espectro da finalidade, a impessoalidade é uma decorrência de a atividade administrativa ser desenvolvida como função, ou seja, ser executada no interesse de terceiros, consubstanciado na consecução dos fins coletivos. Nesse sentido, é pertinente mencionar o magistério de AURÉLIO PITANGA SEIXAS FILHO, que examina o princípio da impessoalidade como decorrência da legalidade objetiva, a qual sujeita a Administração Pública:

> *A autoridade fiscal, ao praticar atos jurídicos no exercício de sua função administrativa, nos estritos termos dispostos na legislação tributária, não estará defendendo algum interesse próprio, como o faz um credor de uma determinada obrigação, ao fazer valer um pretendido direito subjetivo.*

---

[42] Nesse mesmo sentido é a lição de INOCÊNCIO MÁRTIRES COELHO: "Corolário do princípio maior da legalidade, que a rigor o absorve – *a lei é expressão da vontade geral* – o princípio da impessoalidade consubstancia a idéia de que a Administração Pública, enquanto estrutura composta de órgãos e de pessoas incumbidos de gerir a coisa pública, tem de desempenhar esse múnus sem levar em conta interesses pessoais, próprios ou de terceiros, a não ser quando o atendimento de pretensões parciais constitua concretização do interesse geral. Afinal de contas, a otimização da ordem jurídica objetiva não raro se concretiza, precisamente, no respeito e na satisfação de pretensões subjetivas albergadas pelo ordenamento jurídico. O princípio da impessoalidade, por outro lado, convoca o da legalidade, na medida em que este último postulado impõe aos agentes públicos, em geral, e não apenas ao administrador, medir todos com o mesmo metro" (COELHO, Inocêncio Mártires. Princípios Constitucionais da Administração Pública. In: MENDES, Gilmar Ferreira; COELHO, Inocêncio Mártires; BRANCO, Paulo Gustavo Gonet. *Curso de Direito Constitucional*. São Paulo: Saraiva, 2007, p. 787).

[43] Nesse mesmo sentido: FIORINI, Bartolomé, *Procedimiento Administrativo y Recurso Jerarquico*, [19—], p. 70.

> *No Direito Administrativo, e, em particular, no Direito Tributário, vigora o princípio da legalidade objetiva, em que a autoridade, para cumprir sua função, o seu ofício, tem o dever legal de agir (princípio da oficialidade), tem o poder legal (potestade) de compelir o contribuinte, ou terceiros, a cumprir os mandamentos previstos na legislação tributária, nada mais fazendo desta forma do que aplicar a lei de ofício.*[44]

Como princípio regente do processo administrativo fiscal, a impessoalidade orienta a imparcialidade do órgão ou agente julgador, o qual não deve buscar vantagem para si ou privilegiar interesses dos administrados, pautando sua atuação pela observância objetiva das normas jurídicas (realização do princípio da legalidade) e a busca da verdade material.[45]

---

[44] SEIXAS FILHO, Aurélio Pitanga. O Processo Administrativo Fiscal e os Princípios da Legalidade, Impessoalidade, Moralidade, Publicidade e Eficiência da Administração Pública. In: ROCHA, Valdir de Oliveira (Coord.). *Processo Administrativo Fiscal*: 4o Volume. São Paulo: Dialética, 1999, p. 9. Na mesma linha da lição do Professor Aurélio Pitanga, pode-se trazer à colação a manifestação de Cláudia Magalhães Guerra, a seguir transcrita: "Sustentamos que o verdadeiro interesse público é atingido quando se verifica a correta aplicação da lei, notadamente tendo em vista a manutenção do ordenamento jurídico positivo. Desse modo, ao falarmos em Administração tributária judicante – atividade exercida por membros do Poder Executivo, no exercício da função administrativa, voltada à composição de discussões em matéria tributária, instaurada por força de impugnações do particular, por iniciativa do Fisco ou em virtude de recurso de ofício –, temos de atentar que o seu fim é, mediante a expedição de ato administrativo, dizer o direito em um caso concreto, proporcionando estabilidade às relações administrativas destinadas à cobrança de tributos.

Com efeito. No exercício da atividade judicante praticada por órgão estatal, o Poder Público se despe de qualquer caráter de parcialidade, ou seja, não lhe cabe prestigiar qualquer das partes envolvidas, ainda que uma delas seja integrante da Administração. Repita-se que as partes gozam das mesmas prerrogativas e que, sobretudo, o interesse público é alcançado quando há a devida aplicação da lei ao caso concreto.

Trata-se da busca do interesse público a que nos referimos Capítulo II, item 2.1. O interesse primário do Estado é a fiel aplicação do ordenamento jurídico, proporcionando garantias aos particulares quanto à estabilidade das relações jurídicas e sociais. O interesse secundário, isto é, a percepção de recursos, oriunda da exação tributária, somente poderá ser atingida se for coincidente com o interesse primário. Isto significa dizer que o interesse público na cobrança de tributos e o consequente abastecimento dos cofres públicos pressupõem o devido embasamento legal – em obediência ao princípio da estrita legalidade, de que não se afasta também a incidência da norma geral e abstrata de imposição tributária"(*Lançamento Tributário e sua Invalidação*, 2004, p. 163).

[45] Veja-se, a este respeito, a seguinte passagem de José Antonio Minatel: "[...] Tendo como norte a lei, a **neutralidade** e a **imparcialidade** são preceitos que devem comandar a prática desses atos administrativos, posicionando-se os julgadores como terceiros desinteressados em relação ao mérito da contenda. Se a missão do **processo** administrativo tributário tem a ver com o controle de atos praticados pelos agentes públicos no âmbito do **procedimento**, é imperativo que esse controle se faça tendo como limite a lei, zelando para que aquele que exerce função de julgar não venha a se posicionar como parte" (MINATEL, José Antonio. Procedimento e Processo

Nesse contexto, estabelece a Lei nº 9.784/99 que o processo administrativo federal deve visar ao "atendimento a fins de interesse geral, vedada a renúncia total ou parcial de poderes ou competências, salvo autorização em lei" (art. 2º, parágrafo único, inciso II), pautando-se por critérios de "objetividade no atendimento do interesse público, vedada a promoção pessoal de agentes ou autoridades" (inciso III).

Também têm fundamento no princípio da impessoalidade as previsões, contidas nos arts. 18 e 20 do citado diploma normativo, relacionadas com o impedimento ou a suspeição da autoridade administrativa julgadora.

3.1.3. Princípio da Moralidade

Como se sabe, até o final da Segunda Guerra Mundial expandiu-se o positivismo, em suas diversas manifestações, como corrente jusfilosófica predominante.

Com o fim do conflito armado na Europa, diante dos excessos cometidos, sob o pálio do direito, pelos regimes totalitários, notadamente o regime nacional-socialista alemão, foi retomada de forma acentuada a discussão quanto à vinculação entre os valores éticos e morais e as normas jurídicas positivas.[46]

O debate relativo à relação entre moral e direito visou superar a postura formalista do positivismo quanto à análise da validade das normas jurídicas, passando estas a se encontrarem subordinadas a um critério de justiça e moral. A enunciação do princípio da moralidade administrativa configura a introdução, no Direito Administrativo pátrio, dessa ordem de questões.

Grande parte dos autores que se dedicou ao exame do princípio da moralidade viu-se obrigado a reconhecer a dificuldade de sua definição. Como

---

Administrativo Tributário: Dupla Função Administrativa, com Diferentes Regimes Jurídicos. In: ROCHA, Sergio André (Coord.). *Processo Administrativo Tributário*: Estudos em Homenagem ao Professor Aurélio Pitanga Seixas Filho. São Paulo: Quartier Latin, 2007, p. 337). Posicionamento em sentido contrário, e que nos parece equivocado e contrário à natureza do Processo Administrativo Fiscal é sustentando por CLEIDE PREVITALLI CAIS, para quem: "Já no processo administrativo a garantia da imparcialidade não é pressuposto de validade, pois o órgão administrativo julgador, imbuído de plenos poderes decisórios, é o próprio órgão parte do litígio (assim, por exemplo, as impugnações que são decididas pelo próprio órgão de arrecadação, muitas vezes pelo próprio fiscal responsável pela autuação fiscal, que o contribuinte aponta como viciada" (CAIS, Cleide Previtalli. *O Processo Tributário*. 6. ed. São Paulo: Revista dos Tribunais, 2009, p. 210).

[46] Importa observar que não se está afirmando que a discussão quanto à relação entre moral e direito foi uma decorrência do fim da Segunda Guerra Mundial, mas sim que tal debate foi retomado com bastante vigor em razão dos eventos históricos acontecidos em meados do século passado.

salienta ODETE MEDAUAR, "o *princípio da moralidade administrativa* é de difícil expressão verbal. A doutrina busca apreendê-lo, ligando-o a termos e noções que propiciem seu entendimento".[47]

Com efeito, parece-nos que o princípio da moralidade da Administração Pública, da maneira como vem sendo tratado pela doutrina, faz parte da patologia da "principalização" que hoje se faz presente no ordenamento jurídico brasileiro, da qual resulta a carência de efetividade de tantos desses ditos princípios jurídicos.

Embora grasse vetusta discussão jusfilosófica acerca da distinção entre direito e moral, é possível aduzir que alguns dos aspectos que diferenciam esses dois conceitos, conforme destacado por EDUARDO GARCÍA MÁYNEZ, consistem: (a) na unilateralidade da moral, uma vez que "frente ao sujeito a quem obrigam não há outra pessoa autorizada para lhe exigir o cumprimento de seus deveres", e bilateralidade das regras jurídicas, as quais "impõem deveres correspondentes a faculdades ou concedem direitos correspondentes a obrigações";[48] (b) na interioridade da moral, segundo a qual uma conduta seria boa "quando concorda, não só exteriormente, mas sim interiormente com a regra ética" (Kant), e exterioridade do direito, sendo que "a simples concordância externa, mecânica, de proceder com a norma, carece de significado aos olhos do moralista";[49] (c) na incoercibilidade da moral, cujo cumprimento "deve efetuar-se de maneira espontânea",[50] e coercibilidade do direito; e d) na autonomia da moral, segundo a qual esta "deve representar o cumprimento de uma máxima que o sujeito impôs a si próprio", e heteronomia do direito, tendo em vista que "quando uma pessoa age de acordo com um preceito que

---

[47] *Direito Administrativo Moderno*, 2001, p. 148.
[48] MÁYNEZ, Eduardo García. *Introducción al Estudio del Derecho*. 53ª ed. México: Editorial Porrua, 2002, p. 15. Ver também: SICHES, Luis Recasens. *Filosofía del Derecho*. 14ª ed. México: Editorial Porrua, 1999, pp. 176-177; RADBRUCH, Gustav. *Filosofía do Direito*. 6ª ed. Tradução L. Cabral de Moncada. Coimbra: Armênio Amado, 1997, pp. 98-107; VECCHIO, Giorgio del. *Filosofía del Derecho*. 9. ed. Barcelona: Bosh, 1991, p. 334.
[49] MÁYNEZ, Eduardo García, *Introducción al Estudio del Derecho*, 2002, p. 19. Ver também: SICHES, Luis Recasens, *Filosofía del Derecho*, 2002, p. 180; VECCHIO, Giorgio del, *Filosofía del Derecho*, 1991, p. 336.
[50] MÁYNEZ, Eduardo García, *Introducción al Estudio del Derecho*, 2002, p. 21. Ver também: SICHES, Luis Recasens, *Filosofía del Derecho*, 2002, p. 184; VECCHIO, Giorgio del, *Filosofía del Derecho*, 1991, p. 336.

não deriva do seu alvedrio, mas sim de uma vontade externa, seu proceder é heterônomo, e carece, por conseguinte, de mérito moral".[51]

Feitos esses comentários, nota-se que falar de uma regra moral é uma contradição de termos, uma vez que, como visto, esta distingue-se da regra jurídica, não significando tal assertiva a negação da obrigatoriedade de as normas jurídicas se fundamentarem em valores ético-morais. Com efeito, *o que se está a afirmar é que a moral não é, por si só, fonte de deveres jurídicos cujo descumprimento enseje a aplicação de uma sanção*, como resulta da própria enunciação constitucional do princípio da legalidade, segundo o qual ninguém é obrigado a fazer ou deixar de fazer alguma coisa senão em virtude de lei.

Em face da obviedade dessa afirmação, alguns doutrinadores têm afirmado que a moral envolvida na administração não seria a moral comum, mas sim uma suposta moral jurídica.[52]

ODETE MEDAUAR, na tentativa de conferir alguma concreção ao princípio em comento, brinda-nos com um exemplo que configuraria sua violação. Assim, afirma a citada autora que "em momento de crise financeira, numa época de redução de mordomias, num período de agravamento de problemas sociais, configura imoralidade efetuar gastos com aquisição de automóveis de luxo para 'servir' autoridades, mesmo que tal aquisição revista-se de legalidade".[53]

Na mesma linha WEIDA ZACANER assevera que "o administrador afrontará o princípio da moralidade todas as vezes que agir visando interesses pessoais, com o fito de tirar proveito para si ou para amigos, ou quando editar atos maliciosos ou desleais, ou ainda, atos caprichosos, atos exarados com intuito de perseguir inimigos ou desafetos políticos, quando afrontar a probidade administrativa, quando agir de má-fé ou de maneira desleal".[54]

---

[51] MÁYNEZ, Eduardo García, *Introducción al Estudio del Derecho*, 2002, p. 22. Ver também: SICHES, Luis Recasens, *Filosofía del Derecho*, 2002, p. 182. RADBRUCH, Gustav, *Filosofia do Direito*, 1997, p. 107.

[52] Cf. MEIRELLES, Hely Lopes, *Direito Administrativo Brasileiro*, 1998, pp. 86-87; CARVALHO FILHO, José dos Santos. *Processo Administrativo Federal*: Comentários à Lei 9.784/1999. Rio de Janeiro: Lumen Juris, 2001, p. 55. Acerca da juridicidade da regra moral, ver: RIPERT, Georges. *A Regra Moral nas Obrigações Civis*. 2ª ed. Tradução Osório de Oliveira. Campinas: Bookseller, 2002, pp. 25-27.

[53] *Direito Administrativo Moderno*, 2001, p. 149.

[54] ZACANER, Weida. Razoabilidade e moralidade: princípios concretizadores do perfil constitucional do Estado Social e Democrático de Direito. In: MELLO, Celso Antônio Bandeira de (Org.). *Estudos em Homenagem a Geraldo Ataliba*: Direito Administrativo e Constitucional. São Paulo: Malheiros, 1997, p. 632.

Ao se proceder à análise desses exemplos de violação do princípio da moralidade, nota-se que a invalidação da hipotética aquisição de veículos prescindiria, integralmente, de qualquer consideração quanto à sua moralidade, uma vez que contrária ao próprio princípio da finalidade (e assim, como visto, ao princípio da impessoalidade) e ao princípio da proporcionalidade (devido processo legal substantivo), que será examinado adiante. A seu turno, nos exemplos citados pela Professora WEIDA ZACANER, tem-se situações de violação do princípio da impessoalidade, prescindindo-se, da mesma maneira, de qualquer menção à moralidade.

Pode-se asseverar, portanto, *que em nenhum caso se terá situação em que violado, de forma independente, o princípio da moralidade*, sendo certo, por outro lado, *que sempre que violados outros princípios aquele também poderá ser tido como violado.*[55]

O jurista português ANTÔNIO JOSÉ BRANDÃO, ao examinar a moralidade administrativa, manifesta-se no sentido de que:

> *"Bom administrador", portanto, é o órgão da Administração que, usando da sua competência para o preenchimento das atribuições legais, se determina não só pelos preceitos vigentes, mas também pela moral comum. Se os primeiros delimitam as fronteiras do lícito e do ilícito, do justo e do injusto positivos – a segunda espera dele conduta honesta, verdadeira, intrínseca e extrinsecamente conforme a função realizada por seu intermédio. Não será a ordem administrativa parte, ou aspecto, da ordem jurídica postulada pelo bem-comum? E não*

---

[55] A esta altura vale a pena transcrever a seguinte passagem de CELSO RIBEIRO BASTOS, que mesmo aplaudindo a introdução do princípio da moralidade na Constituição Federal observa as dificul-dades envolvidas em sua aplicação: "Embora, portanto, seja inteiramente louvável o intuito do Texto Constitucional em coibir o mais possível os abusos que ocorrem em muitos setores da atuação administrativa, o mérito daí advindo sofre o risco de esvaziamento diante das eventuais consequências da falta de objetivação que possa cercar a utilização desse conceito (moralidade). O que a doutrina tem afirmado afigura-se-nos insuficiente para dar o mínimo de precisão ao vocábulo. Dizer, como ela faz, que é o conjunto de regras que vigoram no interior da Administração, e que, portanto, tratar-se-ia de uma moral já juridicizada, ainda assim é forçoso reconhecer que nem sempre estas regras são de fácil evidenciação.
Dizer que a moralidade está intimamente relacionada com a mera intenção do agente também não nos parece fornecer critérios seguros para, em cada caso, dirimir-se se houve ou não lesão à moralidade.
A dificuldade, pois, reside no encontro de um espaço jurídico específico para a moralidade administrativa que já não esteja coberto pela impessoalidade e pela finalidade. A inovação de um difuso princípio da moralidade pode na verdade escamotear um ingresso que até então não tem sido aceito pelo Poder Judiciário no mérito do ato administrativo. Quer-nos parecer que esta não tenha sido a intenção do texto, nem corresponda a uma aspiração doutrinária do nosso direito que tem sabido sempre acatar as distinções entre administrar e exercer a jurisdição" (BASTOS, Celso Ribeiro. *Curso de Direito Administrativo*. São Paulo: Celso Bastos Editor, 2002, pp. 59-60).

será a ordem jurídica parte ou aspecto da ordem cósmica que se define mediante a liberdade humana? Como então recusar esta evidência: comete uma "imoralidade administrativa" o administrador que perturba a ordem administrativa com uma conduta determinada por fins concretos alheios à pública administração, muito embora não tenha cometido faltas legais?[56]

Ao se examinar a passagem acima transcrita, nota-se que na mesma se caracteriza a violação do princípio da moralidade como uma decorrência de uma conduta praticada sem atenção à finalidade pública, a qual seria inválida por si só, em consequência de contrariar diversos princípios aplicáveis à Administração Pública, como os já mencionados princípios da finalidade e proporcionalidade, não sendo necessário, portanto, o recurso à moralidade para se concluir pela sua invalidez.

Nessa ordem de idéias nota-se que a noção de moralidade, a despeito de se encontrar expressa na Constituição Federal, é prescindível em termos jurídicos positivos, carecendo de aplicabilidade prática.[57] Em nenhuma hipótese, ato praticado pela autoridade administrativa com respeito aos princípios da legalidade, impessoalidade e proporcionalidade poderá ser objeto de contestação por imoral. Conforme salienta AURÉLIO PITANGA SEIXAS FILHO:

> *Seja praticado com volitividade, ou com mera subjetividade, o ato administrativo sempre poderá ser inquinado de contrariar a lei, por mero erro de ofício, ou por abuso ou desvio de poder, o que, se for devidamente demonstrado, levará à sua invalidação.*
>
> *Como a moral aborda o foro íntimo da pessoa, ou seja, a intenção que motiva a pessoa a ter um determinado comportamento, não vejo como se possa invalidar um ato da administração fazendária, a título de contrariar a moral, se o mesmo não contiver alguma ilegalidade, que, por si só, pode ser a causa da invalidade.*[58]

---

[56] BRANDÃO, Antônio José. Moralidade Administrativa. *Revista de Direito Administrativo*, Rio de Janeiro, nº 25, jul.-set. 1951, p. 462.

[57] Em sentido contrário, merece menção o entendimento de GABRIEL LACERDA TROIANELLI, que após mencionar acórdão proferido pelo Tribunal Regional da Terceira Região que utilizou, como um de seus fundamentos, o princípio da moralidade, conclui no sentido de que "em que pese a dificuldade de se estabelecer, abstratamente, uma regra de aferição da moralidade administrativa, é possível, em cada caso concreto, saber se determinado ato administrativo terá, ou não, violado o princípio da moralidade por meio da ofensa a alguma de suas manifestações, como as regras de lealdade e boa-fé" (TROIANELLI, Gabriel Lacerda. Os Princípios do Processo Administrativo Fiscal. In: ROCHA, Valdir de Oliveira (Coord.). *Processo Administrativo Fiscal*: 4º Volume. São Paulo: Dialética, 1999, p. 72).

[58] *O Processo Administrativo Fiscal e os Princípios da Legalidade, Impessoalidade, Moralidade, Publicidade e Eficiência da Administração Pública*, 2001, p. 16. No mesmo sentido é a lição de VALDIR DE OLIVEIRA ROCHA, a seguir transcrita: "Se fosse possível considerar-se isoladamente o princípio da moralidade

Lucia Valle Figueiredo afirma que o "princípio da moralidade *deverá corresponder ao conjunto de regras de conduta da administração que, em determinado ordenamento jurídico, são considerados os 'standards' comportamentais que a sociedade deseja e espera*".[59]

Com a devida vênia, tal definição em nada auxilia a concreção do princípio em comento. Os "standards" que se espera sejam observados são aqueles corporificados nos atos legais, cujo conteúdo deve ser controlado por intermédio da aplicação do princípio da proporcionalidade. A noção de moralidade administrativa se mostra dependente e vinculada a outros princípios e, portanto, não pode subsistir de forma isolada.

---

administrativa, certamente viriam pela frente considerações extrajurídicas. O princípio da moralidade administrativa, juridicamente positivado pela Constituição, não é possibilitador de interpretações meramente subjetivas extraídas do plano da Moral, que estaria na raiz da moralidade positivada como princípio e que sempre o é de um grupo ou de cada um mas não necessariamente aquilo que a sociedade brasileira como um todo juridicizou pela via das normas jurídicas. O princípio da moralidade administrativa há que ser visto como comando objetivo a que os agentes administrativos em geral, inclusive os agentes fiscais, se comportem estritamente em observância à legalidade, à impessoalidade e à publicidade de seus atos, como garantidores da isonomia, que, por sua vez, afasta privilégios e favorecimentos não positivados e assegura pleno curso a direitos dos administrados.

Em síntese, o princípio da moralidade administrativa, pela indeterminação do seu conceito constitucional, mercê das palavras com que está expresso, não teria existência por si só, mas resulta da observância integral das normas jurídicas a que está submetida a Administração Pública. Descontextualizado, não é possível dizer do alcance e do conteúdo do princípio. Entenda-se, assim, como atendido o princípio da moralidade administrativa quando o agente da Administração Pública se comporta em conformidade com o conjunto das normas constitucionais aplicáveis a determinada situação" (ROCHA, Valdir de Oliveira. O Princípio da Moralidade no Direito Tributário. In: MARTINS, Ives Gandra da Silva (Coord.). *O Princípio da Moralidade no Direito Tributário*. 2ª ed. São Paulo: Revista dos Tribunais, 1998, pp. 121-122). Como destaca o Professor Marcelo Figueiredo, ao responder se "o princípio da moralidade administrativa significa o dever de respeitar as regras morais acolhidas (implícita ou explicitamente) pela lei ou o dever de, além da lei, respeitar regras morais", "não há obrigação que transcenda a legalidade, *tal como inserida no sistema constitucional*. Assim sendo, deve-se auscultar os princípios da Constituições e das leis, mesmo aqueles implícitos. Contudo, não há qualquer dever ou obrigação jurídica em atender, *além da lei*, a normas morais"(FIGUEIREDO, Marcelo. *O Controle da Moralidade na Constituição*. São Paulo: Malheiros, 1999, p. 100). Em sentido contrário, defendendo a autonomia do princípio da moralidade, ver: FREITAS, Juarez. *O Controle dos Atos Administrativos e os Princípios Constitucionais*. 3ª ed. São Paulo: Malheiros, 2004, p. 53; MELLO, Cláudio Ari. Fragmentos Teóricos sobre a Moralidade Administrativa. *Revista de Direito Administrativo*, Rio de Janeiro, v. 235, jan.-mar. 2004, p. 108.

[59] FIGUEIREDO, Lucia Valle. O Princípio da Moralidade Administrativa e o Direito Tributário. In: MELLO, Celso Antônio Bandeira de (Org.). *Estudos em Homenagem a Geraldo Ataliba*: Direito Administrativo e Constitucional. São Paulo: Malheiros, 1997, p. 425.

É importante ressalvar que não se está afirmando, de maneira alguma, que não há padrões morais que devam ser observados pela Administração Pública, nem, menos ainda, que tudo que estiver previsto na lei é moralmente legítimo. O que se está a defender é, tão-somente, que a fugidia noção de moralidade não parece ser o instrumento adequado para suprir as necessidades de controle do conteúdo dos atos administrativos.

Em estudo dedicado à ética na Administração Pública o Professor JESÚS GONZÁLEZ PEREZ, partindo da triste constatação de que a falta de ética do Administrador Público está inserida no campo mais abrangente da carência de valores éticos que assola toda a sociedade, analisa os vários aspectos da questão ora sob exame.[60]

Ao tratar das exigências éticas da Administração Pública, o citado professor analisa separadamente: (a) os sujeitos da relação jurídica administrativa; (b) seu objeto; e (c) a atividade propriamente dita.

Em relação aos sujeitos envolvidos na relação jurídico-administrativa, JESÚS GONZÁLEZ PEREZ, a par de salientar que o funcionário público deve ser honrado, acaba por delimitar o campo da ética pública à dedicação ao serviço, à submissão hierárquica, com respeito às diretrizes emanadas dos superiores e ao tratamento igualitário dos administrados.[61]

A seu turno, em respeito ao objeto, o jurista espanhol se refere à dedicação do servidor público aos serviços gerais, ao dever de o mesmo fazer um trabalho bem feito, exigindo "uma entrega ao serviço, um afã de aperfeiçoamento nas técnicas, um esforço e buscar a perfeição", e ao dever da correta e boa utilização dos bens públicos.[62]

Por fim, em relação à atividade, JESÚS GONZÁLEZ PEREZ menciona a necessidade de que os prédios públicos se localizem em áreas que reflitam a ética pública (nessa linha, não poderia o prédio da prefeitura se localizar em local conhecido pela prostituição), esclarecendo, ainda, que a atividade

---

[60] PEREZ, Jesús González. *La Etica en la Administración Pública*. 2ª ed. Madrid: Civitas, 2000, p. 24. Como destaca MARIA FERIA ROMERO, a corrupção não é sequer uma realidade moderna, fazendo parte da história da humanidade. Em suas palavras: "A história da corrupção é ampla, complexa e ininterrupta. Se tem notícias de atuações corruptas desde todos os tempos, em todas as culturas e com distintos regimes políticos. Isso permite afirmar que não se trata de um fenômeno próprio de uma determinada época, ou sistema político, ou momento histórico com peculiaridades culturais, econômicas e sociais concretas, senão, isso sim, de um fenômeno ligado à natureza do homem e de maneira especial ao homem com poder" (ROMERO, Maria Feria. *Aplicabilidad de las Normas Éticas en la Administración Pública Gallega*. Santiago de Compostela: Xunta de Galicia, 1999, p. 33).
[61] *La Etica en la Administración Pública*, 2000, pp. 40-62.
[62] *La Etica en la Administración Pública*, 2000, pp. 63-74.

pública deve ser desenvolvida no tempo adequado, com atenção às formas prescritas em lei.[63]

O exame das proposições enunciadas pelo administrativista espanhol corrobora tudo o que restou anteriormente afirmado, na medida em que quase todos os "deveres morais/éticos" pelo mesmo apresentados encontram-se inseridos no âmbito dos princípios gerais que regem a atividade administrativa.

Diante do exposto, parece-nos que a definição do princípio da moralidade que melhor serve para definir seu conteúdo é aquela apresentada pelo Professor Humberto Ávila, verificado na passagem a seguir transcrita:

> *Os princípios são normas imediatamente finalísticas. Estas estabelecem um estado ideal de coisas a ser buscado e, por isso, exigem a adoção de comportamentos cujos efeitos contribuam para a promoção gradual daquele fim. Por exemplo, o princípio da moralidade estabelece um estado de confiabilidade, honestidade, estabilidade e continuidade nas relações entre o poder público e o particular, para cuja promoção são necessários comportamentos sérios, motivados, leais e contínuos.*[64]

Com fundamento nas lições de Humberto Ávila, temos que o princípio da moralidade é um sobreprincípio que determina um ideal de coisas amplo a ser atingido, o qual é concretizado por outros princípios menos abrangentes, que são aqueles que são efetiva e diretamente aplicados aos casos concretos. Dessa forma, o princípio em comento não se aplica diretamente à solução de casos concretos, dependendo, para tanto, da intermediação de outras regras e princípios.

A Lei nº 9.784/99 incorporou o princípio em comento estabelecendo que o processo administrativo federal deve observar "atuação segundo padrões éticos de probidade, decoro e boa-fé".

Como visto na definição de Humberto Ávila, o princípio da moralidade estabelece como fim que prevaleça um *estado de confiabilidade* e *estabilidade* nas relações entre Fazenda e contribuintes. Ganha relevo aqui o princípio da proteção da confiança, ao qual dedicamos o item seguinte.

---

[63] *La Etica en la Administración Pública*, 2000, pp. 74-79.
[64] ÁVILA, Humberto. *Sistema Constitucional Tributário*. São Paulo: Saraiva, 2004, p. 38.

3.1.4. Princípio da Proteção da Confiança

O princípio da proteção da confiança do cidadão perante os atos administrativos, legislativos e jurisdicionais do Estado, orginado na Alemanha, vem cada vez mais ganhando expressão no Direito Público brasileiro, como forma de proteção das expectativas legítimas criadas por tais atos no cidadão.

Tal princípio representa um passo adiante no que se refere à abrangência temporal dos atos praticados pelo Poder Público. Tomando por exemplo o sistema constitucional brasileiro, temos um ordenamento que protege contra alterações futuras os atos e fatos consumados no passado, isso mediante o princípio da irretroatividade das leis e a garantia de inviolabilidade do direito adquirido, da coisa julgada e do ato jurídico perfeito (art. 5º, inciso XXXVI, da Constituição Federal).

Todavia, há situações em que não se está diante de uma situação *consumada*, mas meramente *expectada*, a qual se encontraria exposta a modificações de posicionamento por parte do Poder Público. Nas palavras de MISABEL DERZI, "a justiça prospectiva, aliada à proteção da confiança, supõe não apenas o respeito ao direito adquirido, ao ato jurídico perfeito a à coisa julgada, mas ainda se volta para o futuro, protegendo direitos meramente 'expectados' ou os 'direitos a adquirir direitos'. As mudanças do legislador, quando necessárias, assim como do administrador ou do juiz devem se alimentar do princípio da proporcionalidade, constitucionalmente posto, instalando-se a obrigação geral de adoção de medidas transitórias, aplicáveis às situações em que, embora não se possa falar em direito adquirido, em decorrência do não preenchimento de todos os requisitos legais, as expectativas são fortemente criadas, pelo decurso do tempo transcorrido".[65]

Em termos aproximados, manifesta-se HUMBERTO ÁVILA, para quem "o chamado princípio da proteção da confiança serve de instrumento de defesa de interesses individuais nos casos em que o particular, não sendo protegido pelo direito adquirido ou pelo ato jurídico perfeito, em qualquer âmbito, inclusive no tributário, exerce a sua liberdade, em maior ou menor medida, confiando na validade (ou na aparência de validade) de um conhecido ato

---

[65] DERZI, Misabel Abreu Machado. Justiça Prospectiva no Imposto sobre a Renda. In: TÔRRES, Heleno Taveira (Coord.). *Direito Tributário Internacional Aplicado*. São Paulo: Quartier Latin, 2007, v. IV, p. 50. Sobre o princípio da proteção da confiança vale a pena a referência à tese defendida pela Professora MISABEL DERZI em concurso para Professora Titular da Universidade Federal de Minas Gerais: DERZI, Misabel Abreu Machado. *Modificações da Jurisprudência no Direito Tributário*. São Paulo: Noeses, 2009.

normativo geral ou individual e, posteriormente, tem sua confiança frustrada pela descontinuidade da sua vigência ou dos seus efeitos, quer por simples mudança, quer por revogação ou anulação, quer, ainda, por declaração da sua invalidade".[66]

A doutrina normalmente vincula o princípio da proteção da confiança legítima ao sobreprincípio da segurança jurídica. Segundo pontua FÁBIO FRAGA GONÇALVES, "a segurança jurídica se corporifica na confiança legítima dos cidadãos em que o conteúdo das manifestações dos entes públicos não conhecerá modificações imprevisíveis e suscetíveis de afetar as suas decisões importantes, a menos que tais modificações sejam justificadas por valores/princípios mais relevantes naquele caso concreto".[67]

RAFAEL MAFFINI, em trabalho específico sobre o princípio em questão, sustenta que "a proteção da confiança deve ser considerada como um princípio deduzido, em termos imediatos, do princípio da segurança jurídica e, em termos mediatos, do princípio do Estado de Direito, com precípua finalidade voltada à obtenção de um estado de coisas que enseje estabilidade, previsibilidade e calculabilidade dos atos, procedimentos ou simples comportamentos estatais e que traz consigo deveres comportamentais mediatos que impõem a preservação de atos estatais e de seus efeitos".[68]

Além dessa nítida vinculação com o sobreprincípio da segurança jurídica, a proteção da confiança tem também clara conexão com o sobreprincípio da

---

[66] ÁVILA, Humberto. *Segurança Jurídica*. São Paulo: Malheiros, 2011, p. 360.
[67] GONÇALVES, Fábio Fraga. Princípio da Proteção da Confiança – Análise à Luz dos Postulados da Moralidade e da Eficiência. *Revista Internacional de Direito Tributário*, Belo Horizonte, n. 3, jan.-jun. 2005, p. 222. No mesmo sentido, ODETE MEDAUAR afirma que o princípio da proteção da confiança "apresenta-se como desdobramento do princípio da segurança jurídica" (MEDAUAR, Odete. Segurança Jurídica e Confiança Legítima. In: ÁVILA, Humberto (Org.). *Fundamentos do Estado de Direito*: Estudos em Homenagem ao Professor Almiro do Couto e Silva. São Paulo: Malheiros, 2005, p. 117. Ver, ainda: RIBEIRO, Ricardo Lodi. A Proteção da Confiança Legítima do Contribuinte. *Revista Dialética de Direito Tributário*, São Paulo, n. 145, out. 2007, p. 99; TORRES, Ricardo Lobo. *Normas de Interpretação e Integração do Direito Tributário*. 4ª ed. Rio de Janeiro: Renovar, 2006, p. 77.
[68] MAFFINI, Rafael. *Princípio da Proteção Substancial da Confiança no Direito Administrativo Brasileiro*. Porto Alegre: Verbo Jurídico, 2006, p. 55. Na análise de HARTMUT MAURER, "o princípio da proteção da confiança parte da perspectiva do cidadão. Ele exige que sua confiança na existência de regulações estatais e na segurança de atuação estatal, às quais suas esperanças e disposições se referem, seja considerada. Seu objetivo não é somente a evolução contínua do direito, mas a persistência de atos jurídicos estatais, pelo menos, porém, a promulgação de regulações transitórias moderadas ou a concessão de indenização compensatória no caso de desvio. [...]" (MAURER, Hartmut. *Contributos para o Direito do Estado*. Tradução Luís Afonso Heck. Porto Alegre: Livraria do Advogado, 2007, pp. 60-61). Ver, também: TIPKE, Klaus; LANG, Joachim. *Direito Tributário*. Tradução Luiz Dória Furquim. Porto Alegre: Sergio Antonio Fabris, 2008, v. I, p. 184.

moralidade, na medida em que estabelece como fim que as relações entre Estado e cidadãos se dêem num ambiente estável. Para HUMBERTO ÁVILA "o princípio da moralidade possui um significado particular no Direito Tributário. Ele limita a atividade administrativa em vários aspectos. Importantes são, especialmente, as limitações decorrentes dos princípios da boa-fé e da proteção da confiança".[69]

Como destaca HARTMUT MAURER, "na base do princípio da proteção da confiança está uma sucessão de três graus, ou seja, primeiro, um fundamento de confiança criado pelo estado ou, em todo o caso, por ele aprovado, segundo, uma conduta de confiança do cidadão digna de proteção referente a isso, e, terceiro, um desvio do estado que decepciona a confiança do cidadão, do fundamento de confiança. Contra a modificação do curso do terceiro grau dirige-se o princípio da proteção à confiança".[70] Ou seja, o princípio em tela "pede a consideração da confiança do beneficiado na existência do ato administrativo promulgado pela autoridade e, com isso, a manutenção do ato administrativo antijurídico".[71]

HELENO TAVEIRA TORRES, em tese dedicada à segurança jurídica, brinda-nos com os seguintes comentários sobre o princípio da proteção da confiança, que, em suas palavras, "é consequência dos princípios da legalidade, da impessoalidade, da eficiência e da moralidade administrativa, manifestos pela obrigatoriedade da Administração Pública de agir com previsibilidade nas relações com os particulares. O respeito ao princípio da confiança legítima, por conseguinte, integra-se ao *princípio da boa Administração Pública*, que se define a partir de uma atividade desenvolvida segundo critérios fundados em transparência, motivação, imparcialidade e probidade, ou seja, orientada à efetividade dos direitos fundamentais, em coerência com o estado de confiança relativo aos seus atos, comissivos ou omissivos".[72]

No âmbito do procedimento administrativo de fiscalização e lançamento, temos importante reflexo do princípio da proteção da confiança legítima do contribuinte na impossibilidade de revisão, pela Fazenda Pública, do critério

---

[69] ÁVILA, Humberto. *Sistema Constitucional Tributário*. São Paulo: Saraiva, 2004, pp. 310-311. No mesmo sentido: TORRES, Ricardo Lobo. O Princípio da Proteção da Confiança do Contribuinte. *Revista Fórum de Direito Tributário*, Belo Horizonte, n. 6, nov.-dez. 2003, p. 9.
[70] MAURER, Hartmut, *Contributos para o Direito do Estado*, 2007, p. 65.
[71] MAURER, Hartmut. *Direito Administrativo Geral*. Tradução Luís Afonso Heck. Barueri: Manole, 2006, p. 323.
[72] TÔRRES, Heleno Taveira. *Direito Constitucional Tributário e Segurança Jurídica*. São Paulo: Revista dos Tribunais, 2011, pp. 221-222.

jurídico do lançamento tributário já efetuado,[73] conforme previsto no art. 146 do Código Tributário Nacional, segundo o qual "a modificação introduzida, de ofício ou em consequência de decisão administrativa ou judicial, nos critérios jurídicos adotados pela autoridade administrativa no exercício do lançamento somente pode ser efetivada, em relação a um mesmo sujeito passivo, quanto a fato gerador ocorrido posteriormente à sua introdução".

Ainda na seara da cobrança tributária, também concretiza o princípio em comento a regra prevista no parágrafo único do art. 100 do Código Tributário Nacional,[74] segundo o qual a observância das normas tributárias complementares exclui "a cobrança de juros de mora e a atualização do valor monetário da base de cálculo do tributo".[75]

Em nome da proteção da confiança legítima do contribuinte também se pode cogitar de uma aplicação analógica do disposto no parágrafo único do art. 100 nas situações em que o contribuinte observar não uma "norma tributária complementar", mas sim atos reiteradamente praticados pela Fazenda.

Seria a hipótese, por exemplo, de um determinado contribuinte adotar um procedimento específico em sua escrituração fiscal ou recolhimento tributário o qual, após ser auditado pelas autoridades fazendárias de forma reiterada, jamais foi apontado pelas mesmas como estando em desacordo com a legislação tributária. Trata-se aqui da proteção da confiança do contribuinte quanto ao que HARTMUT MAURER chama de *atuação administrativa fática*.[76]

---

[73] Cf. TORRES, Ricardo Lobo, O Princípio da Proteção da Confiança do Contribuinte, 2003, p. 15--16; RIBEIRO, Ricardo Lodi, A Proteção da Confiança Legítima do Contribuinte, 2007, p. 102-104; GONÇALVES, Fábio Fraga, Princípio da Proteção da Confiança – Análise à Luz dos Postulados da Moralidade e da Eficiência, 2005, p. 227.

[74] "Art. 100. São normas complementares das leis, dos tratados e das convenções internacionais e dos decretos: I – os atos normativos expedidos pelas autoridades administrativas; II – as decisões dos órgãos singulares ou coletivos de jurisdição administrativa, a que a lei atribua eficácia normativa; III – as práticas reiteradamente observadas pelas autoridades administrativas; IV – os convênios que entre si celebrem a União, os Estados, o Distrito Federal e os Municípios.
Parágrafo único. A observância das normas referidas neste artigo exclui a imposição de penalidades, a cobrança de juros de mora e a atualização do valor monetário da base de cálculo do tributo".

[75] Cf. TORRES, Ricardo Lobo, O Princípio da Proteção da Confiança do Contribuinte, 2003, pp. 15--16. Para FÁBIO FRAGA GONÇALVES, "o legislador disse menos do que deveria. Caso o contribuinte tenha pautado sua atuação em orientações expedidas pelas autoridades administrativas não será possível cobrar-lhe o próprio tributo e não somente os acessórios" (GONÇALVES, Fábio Fraga, Princípio da Proteção da Confiança – Análise à Luz dos Postulados da Moralidade e da Eficiência, 2005, p. 227).

[76] MAURER, Hartmut, *Contributos para o Direito do Estado*, 2007, pp. 131-132.

Já no campo do processo administrativo fiscal, qualquer ato da Administração Fazendária que conceda ao contribuinte um direito processual, mesmo que *contra legem*, gerará uma expectativa de direito protegida pelo ordenamento jurídico, como bem percebido por FÁBIO FRAGA GONÇALVES, que cita como exemplo a hipótese de a intimação fiscal informar ao contribuinte que o mesmo teria um prazo para oferecer sua impugnação maior do que aquele previsto na lei.[77]

Outra situação de aplicação do princípio da proteção da confiança no campo do processo administrativo fiscal se dará, por exemplo, no caso de modificação do entendimento da Fazenda corporificado em Súmula editada pelo Pleno da Câmara Superior de Recursos Fiscais e que por proposta do Presidente do Conselho Administrativo de Recursos Fiscais, do Secretário da Receita Federal do Brasil, do Procurador-Geral da Fazenda Nacional ou de Presidente de Confederação representativa de categoria econômica de nível nacional, habilitadas à indicação de conselheiros, venha a ter caráter vinculante por determinação do Ministro da Fazenda, na forma prevista no art. 75 do Anexo II do Regimento Interno do Conselho Administrativo de Recursos Fiscais, aprovado pela Portaria MF nº 343/2015.[78]

Tal Súmula, uma vez aprovada pelo Ministro da Fazenda, é vinculante para toda a Administração Pública Federal, podendo, todavia, ser revista ou cancelada (art. 74 do Anexo II do Regimento Interno do Conselho). No caso de tal revisão ou cancelamento vir a ter efeitos negativos para o contribuinte a mesma somente poderá ser aplicável em relação a fatos geradores posteriores à sua publicidade, da mesma forma como ocorre atualmente quando há alteração do entendimento da Fazenda no âmbito do processo de consulta (art. 48, § 12, da Lei nº 9.430/96). Nesse sentido deve ser interpretada a regra constante do § 3º do art. 74 do Anexo II do Regimento Interno do Conselho, segundo o qual "a revogação de enunciado de súmula entrará em vigor na data de sua publicação no Diário Oficial da União".

---

[77] GONÇALVES, Fábio Fraga, Princípio da Proteção da Confiança – Análise a Luz dos Postulados da Moralidade e da Eficiência, 2005, p. 227.

[78] "Art. 75. Por proposta do Presidente do CARF, do Procurador-Geral da Fazenda Nacional, do Secretário da Receita Federal do Brasil ou do Procurador-Geral da Fazenda Nacional ou de Presidente de Confederação representativa de categoria econômica de nível nacional, habilitadas à indicação de conselheiros, o Ministro de Estado da Fazenda poderá atribuir à súmula do CARF efeito vinculante em relação à administração tributária federal.
§ 1° A proposta de que trata o caput será encaminhada por intermédio do Presidente do CARF.
§ 2° A vinculação da administração tributária federal na forma do caput dar-se-á a partir da publicação do ato do Ministro de Estado da Fazenda no Diário Oficial da União".

3.1.5. Princípio da Publicidade

Como salientado por NORBERTO BOBBIO, a democracia é o "governo do poder público em público", de modo que "nada possa permanecer confinado no espaço do mistério".[79]

Nesse contexto, o princípio da publicidade – que, segundo vemos, seria sinônimo do princípio da transparência[80] – aparece como uma garantia da democracia, na medida em que determina que aos administrados seja dado conhecimento dos atos que venham a interferir em sua esfera jurídica, admitido o sigilo apenas em determinadas situações, justificáveis pelas circunstâncias (não é de se exigir, por exemplo, que um inquérito policial seja público, o que inviabilizaria seus próprios fins).[81]

O princípio da publicidade é tributário ao fato, já enfatizado no presente estudo, de as autoridades administrativas exercerem uma função pública, de forma que, como salienta CARLOS ARI SUNDFELD:

> *A razão de ser do Estado é toda externa. Tudo que nele se passa, tudo que faz, tudo que possui, tem uma direção exterior. A finalidade de sua ação não reside jamais em algum benefício íntimo: está sempre voltado ao interesse público. E o que é interesse público? O que o ordenamento entende valioso para a* coletividade *(não para a pessoa estatal) e que, por isso, protege e prestigia. Assim, os beneficiários de sua atividade são sempre os particulares. Os recursos que manipula não são seus: vêm dos particulares individualmente considerados e passam a pertencer à coletividade deles. Os atos que produz estão sempre voltados aos particulares: mesmo os atos internos são mero estágio intermediário para que, ao final, algo se produza em relação a eles. Em uma figura: falta ao Estado vida interior, faltam-lhe interesses pessoais íntimos.*[82]

---

[79] *El Futuro de la Democracia*, 1986, p. 65. Ver também: BOBBIO, Norberto. Democracia e Segedo. In: José Fernández Santillán (Org.). *Norberto Bobbio*: O Filósofo e a Política. Rio de Janeiro: Contraponto, 2003, pp. 300-313.

[80] Sobre o princípio da transparência, ver: ROCHA, Sergio André. *Troca Internacional de Informações para Fins Fiscais*. São Paulo: Quartier Latin, 2015, pp. 58-62.

[81] Cf. FERRAZ, Sérgio; DALLARI, Adilson Abreu, *Processo Administrativo*, 2002, p. 83. Nas palavras da Professora ODETE MEDAUAR, em outra oportunidade, "a publicidade é inerente às atividades administrativas processualizadas, inclusive no âmbito tributário, em virtude da participação dos administrados (e contribuintes). Afigura-se impossível a ocorrência de atuações ocultas em processo, embora em casos relativos à privacidade e honra, por exemplo, sua realização possa ocorrer em círculo restrito, mas sempre com a presença dos sujeitos" (MEDAUAR, Odete. Processualização e Publicidade dos Atos do Processo Administrativo Fiscal. In: ROCHA, Valdir de Oliveira (Coord.). *Processo Administrativo Fiscal*. São Paulo: Dialética, 1995, p. 123).

[82] SUNDFELD, Carlos Ari. *Fundamentos de Direito Público*. 4ª ed. São Paulo: Malheiros, 2002, p. 177.

O princípio da publicidade encerra, portanto, a obrigatoriedade de as autoridades administrativas tornarem públicos os atos pelas mesmas praticados, os quais refletem, em última análise, interesses da coletividade, só admitido o sigilo nas situações em que este se reverter em benefício do próprio interesse coletivo, como no citado exemplo do inquérito policial.[83]

Como observado por ODETE MEDAUAR, são desdobramentos do princípio da publicidade o "direito de receber, dos órgãos públicos, informações do seu interesse particular ou de interesse coletivo ou geral" (inciso XXXIII do art. 5º da Constituição Federal), assim como o "direito de obter certidões em repartições públicas, para defesa de direitos e esclarecimento de situações de interesse pessoal".[84]

É importante destacar que o princípio da publicidade não é apenas uma garantia do administrado diretamente envolvido no processo, mas uma garantia também da própria sociedade, na medida em que se garante a todos a possibilidade de controle dos atos administrativos, evitando-se assim a prática de atos pessoais, por intermédio dos quais busque-se a realização de benefícios individuais indevidos.

3.1.6. Princípio da Eficiência

O princípio da eficiência, acrescido ao art. 37 da Constituição Federal pela Emenda Constitucional nº 19/98, teve por finalidade, segundo SÉRGIO FERRAZ e ADÍLSON DE ABREU DALLARI, "a substituição do modelo burocrático, caracterizado pelo controle rigoroso dos procedimentos, pelo novo modelo gerencial, no qual são abrandados os controles de procedimentos e incrementados os controles de resultados".[85]

Importa desde logo destacar que a necessidade de eficiência da atuação estatal é (ou ao menos deve ser) da sua própria natureza. Tendo em vista a

---

[83] CARLOS ARI SUNDFELD, ao analisar o princípio em comento, reconhece que o mesmo "não impede que, em dadas hipóteses, exista o dever de a Administração guardar sigilo, ficando impedida, total ou parcialmente, a expedição de certidão ou a vista de autos.
É que, embora a publicidade seja um princípio essencial, embora o indivíduo seja o verdadeiro titular do poder, isto não quer dizer que o segredo *excepcionalmente* não possa ser condição indispensável para a realização do interesse público e, destarte, condição para que a autoridade possa cumprir o seu dever" (SUNDFELD, Carlos Ari. Princípio da Publicidade Administrativa (Direito de Certidão, Vista e Intimação). *Revista de Direito Administrativo*, Rio de Janeiro, nº 199, jan.-mar. 1995, pp. 103-104).
[84] *Direito Administrativo Moderno*, 2001, pp. 151-152.
[85] *Processo Administrativo*, 2002, pp. 77-78.

noção de eficiência como "ação, para produzir resultado de modo rápido e preciso",[86] nota-se que a mesma deve sempre pautar toda atividade humana.

Nessa ordem de idéias, tem-se que a eficiência deve reger todas as atividades realizadas na sociedade. O padeiro deve ser eficiente em sua tarefa de produzir pães. O médico deve ser eficiente no tratamento de seus pacientes. O advogado deve ser eficiente na defesa dos interesses de seus clientes e assim por diante. Não há como conceber que a eficiência não fosse, desde sempre, vetor dirigente da atuação estatal, tendo em vista, principalmente, que o administrador público administra bens e direitos que não são seus, mas de terceiros, sendo-lhe, portanto, indisponíveis.[87]

Dessa forma, partindo-se da premissa, que a *atuação voltada para a eficiência* deveria ser da natureza da ação da Administração Pública, seria despicienda a previsão constitucional que a estabelece.

À afirmação acima apresentada opõe-se o histórico da Administração Pública brasileira, a qual sempre se caracterizou (e, com raras exceções, ainda se caracteriza) pela burocratização de suas atividades, tendo como consequência a morosidade e imprecisão de suas decisões.

Como decorrência da antítese entre a natureza das coisas (de serem eficientes) e a realidade burocrática da Administração Pública, foi então erigido à Constituição o princípio da eficiência que ora se comenta.

Ora, a eficiência do aparato estatal depende muito pouco da previsão constitucional, a qual teve como consequência a proliferação dos gráficos e estatísticas que servem para sua demonstração, tendo correlação maior com as diretrizes internas da Administração Pública. Sem espaço para dúvidas, depende a eficiência dos órgãos e agentes administrativos mais das instruções normativas e ordens de serviço internas do que do mandamento constitucional.

---

[86] Cf. MEDAUAR, Odete, *Direito Administrativo Moderno*, 2001, p. 152.
[87] Nesse mesmo diapasão transcreve-se manifestação de LUCIA VALLE FIGUEIREDO, para quem "pretendeu o 'legislador' da Emenda 19 simplesmente dizer que a Administração deveria agir com eficácia. Todavia, o que podemos afirmar é que *sempre* a Administração deveria agir eficazmente. É isso o esperado dos administradores" (*Curso de Direito Administrativo*, 2001, p. 63). Também CELSO RIBEIRO BASTOS percebeu a inserção da eficiência como dever da Administração mesmo antes da edição da Emenda Constitucional no 19, ao asseverar que "o princípio da eficiência é daqueles que já, antes da Emenda Constitucional no 19/98, poderia ser extraído do sistema de princípios que regem a Administração Pública. Isso mostra-se um tanto óbvio, pois não seria razoável pensar em atividades da Administração Pública desempenhadas com ineficiência e sem o atingimento dos resultados dentro do seu objetivo maior, qual seja, a realização do bem comum" (*Curso de Direito Administrativo*, 2002, p. 79).

Por sua vez, esses atos administrativos normativos haurem sua força normativa do princípio da eficiência conforme previsto na Constituição. Entretanto, mesmo se não houvesse previsão constitucional de tal princípio, nada impediria; do contrário, seria imperioso que os órgãos e agentes de cúpula da Administração Pública adotassem medidas para que o serviço público fosse mais eficiente.

Nesse mesmo sentido são as palavras de EGON BOCKMANN MOREIRA, para quem o princípio da eficiência "não se trata de princípio jurídico, muito menos poderia ser alçado à condição de norma constitucional. Sua inserção não gerará nenhuma novidade ou benefício concreto. O controle da eficiência não parte de norma genérica e abstrata de conduta, desprovida de mandamento legal. Ao contrário, exige configuração precisa e minuciosa, mediante pautas de comportamento predefinidas – que estabeleçam normativamente o alcance de específicos resultados, a utilização de recursos certos e as consequências jurídicas daí derivadas. Caso contrário, inexistirá a "relação" definidora da eficiência".[88]

Deixando de lado a controvérsia acima apontada, é de se assinalar que a eficiência dos processos e procedimentos administrativos encontra-se ligada à "adoção dos mecanismos mais céleres e mais convincentes para que a Administração possa alcançar efetivamente o fim perseguido através de todo procedimento adotado".[89]

Em consonância com o magistério de MARCOS JURUENA VILLELA SOUTO, a eficiência deve ser avaliada "sobre tríplice aspecto, a saber, **administrativa**, que é agir sempre que esteja presente o interesse público, **técnica**, com o emprego dos meios adequados ao atendimento das necessidades públicas, e **financeira**, que é a aplicação do princípio da economicidade".[90]

Em estudo sobre o princípio da eficiência, AMÉRICO MASSET LACOMBE apresentou interessante ponderação, no sentido de que se encontra no âmbito do princípio em questão a submissão da Administração Pública (em especial

---

[88] MOREIRA, Egon Bockmann. Processo administrativo e princípio da eficiência. In: SUNDFELD, Carlos Ari; MUÑOZ, Guillermo Andrés (Coord.). *As Leis de Processo Administrativo*. São Paulo: Malheiros, 2000, p. 326. Em sentido contrário: GABARDO, Emerson. *Princípio Constitucional da Eficiência Administrativa*. São Paulo: Dialética, 2002, p. 91.

[89] Cf. CARVALHO FILHO, José dos Santos, *Processo Administrativo Federal*: Comentários à Lei 9.784/1999, 2001, p. 60.

[90] SOUTO, Marcos Juruena Villela. *Direito Administrativo Regulatório*. Rio de Janeiro: Lumen Juris, 2002, p. 184.

da Administração Fazendária) à jurisprudência pacificada nos Tribunais Superiores. Em suas palavras:

> *É portanto tradição da nossa República o princípio que herdamos do sistema americano do "judicial control" ou "judicial review". Ora, a obediência às decisões judiciais é não só um dever jurídico como uma imposição moral aos cidadãos e à Administralção Pública. A Administração está vinculada às decisões judiciais, não podendo delas se afastar, sob pena de poder ser condenada por agir de má-fé, e ainda de seus agentes serem processados e condenados criminalmente.*
>
> *Mas além de atentar contra a moralidade, o desrespeito à jurisprudência pacificada dos Tribunais atenta contra o princípio da eficiência, pois obrigará aos cidadãos não atingidos por decisão que não tenha eficácia erga omnes, a recorrer à justiça forçando-o ao processamento de uma ação cujo resultado já é conhecido.*
>
> *O princípio da eficiência impõe a cada Poder o dever não só de respeitá-lo e implementá-lo em suas atividades internas, como também nas suas atividades que possam atingir os demais.*
>
> *Portanto, sempre que a Fazenda Pública desconsidera matéria já pacificada na jurisprudência, pretendendo coagir contribuintes a pagar o que não é devido, pratica ato ilícito, em ofensa aos princípios da moralidade e da eficiência. Daí, ocasiona a responsabilidade objetiva do Estado por danos materiais e morais.*[91]

Concorda-se plenamente com as ponderações do citado autor. Não há como desconsiderar os custos que são incorridos pelo Estado em razão da realização de trabalho em duplicidade, decorrente da cobrança, pela Fazenda, de exações que o Judiciário já declarou, de forma pacífica, serem ilegítimas.

A única ressalva que há de se fazer ao posicionamento de AMÉRICO MASSET LACOMBE consiste no fato de que não raro as Cortes Superiores, após longos anos decidindo determinada matéria em um dado sentido, resolvem

---

[91] LACOMBE, Américo Masset. A Moralidade e a Eficiência na Administração Tributária. *Revista Internacional de Direito Tributário*, Belo Horizonte, nº 1, jan.-jun. 2004, p. 10. Segundo ANDRÉ MARTINS DE ANDRADE: "É evidente que a dificuldade fazerdária em acatar a pacificação da jurisprudência emanada do Plenário da Suprema Corte, ao contrário do que podem pensar alguns, representa grave desserviço à causa republicana. É que os princípios e valores que regem a tributação, assim como muitas de suas regras, encontram-se constitucionalizados, no sistema brasileiro. O retardamento dos poderes públicos em acatar decisões prolatadas pelo órgão judiciário que se encontra no vértice da pirâmide institucional enfraquece os próprios fundamentos do Estado Democrático de Direito, acarretando perdas concretas, perceptíveis a qualquer homem de boa vontade" (ANDRADE, André Martins de. Transação em matéria tributária – marco legal ou marco civilizatório. In: SARAIVA FILHO, Oswaldo Othon de Pontes; GUIMARÃES, Vasco Branco (Orgs.). *Transação e Arbitragem no Âmbito Tributário*. Belo Horizonte: Editora Fórum, 2008, pp. 369-370).

mudar de entendimento, trazendo imensa insegurança jurídica às relações jurídico-tributárias.

Nesse cenário, nem sempre será possível determinar se certa matéria encontra-se pacificada ou não, ou se tal "pacificação" sobreviverá ao inverno da mudança de Ministros da Corte.

Ainda assim, o atual art. 26-A do Decreto nº 70-235/72 dispõe expressamente, no inciso I do seu § 6º, que os órgãos do Conselho Administrativo de Recursos Fiscaiss podem afastar a aplicação de ato normativo, por considerá-lo inconstitucional, caso o mesmo "já tenha sido declarado inconstitucional por decisão definitiva plenária do Supremo Tribunal Federal".

A mais detalhada regra sobre a matéria encontra-se prevista no artigo 19 da Lei nº 10.522/02, abaixo transcrita, a qual autoriza a Procuradoria-Geral da Fazenda Nacional e a Receita Federal do Brasil a pautarem suas atividades pela jurisprudência do STJ e do STF:

> *Art. 19. Fica a Procuradoria-Geral da Fazenda Nacional autorizada a não contestar, a não interpor recurso ou a desistir do que tenha sido interposto, desde que inexista outro fundamento relevante, na hipótese de a decisão versar sobre:*
>
> *I – matérias de que trata o art. 18;*
>
> *II – matérias que, em virtude de jurisprudência pacífica do Supremo Tribunal Federal, do Superior Tribunal de Justiça, do Tribunal Superior do Trabalho e do Tribunal Superior Eleitoral, sejam objeto de ato declaratório do Procurador-Geral da Fazenda Nacional, aprovado pelo Ministro de Estado da Fazenda;*
>
> *III – (VETADO).*
>
> *IV – matérias decididas de modo desfavorável à Fazenda Nacional pelo Supremo Tribunal Federal, em sede de julgamento realizado nos termos doart. 543-B da Lei no 5.869, de 11 de janeiro de 1973 – Código de Processo Civil;*
>
> *V – matérias decididas de modo desfavorável à Fazenda Nacional pelo Superior Tribunal de Justiça, em sede de julgamento realizado nos termos dos art. 543-C da Lei nº 5.869, de 11 de janeiro de 1973 – Código de Processo Civil, com exceção daquelas que ainda possam ser objeto de apreciação pelo Supremo Tribunal Federal.*
>
> *§ 1º Nas matérias de que trata este artigo, o Procurador da Fazenda Nacional que atuar no feito deverá, expressamente:*
>
> *I – reconhecer a procedência do pedido, quando citado para apresentar resposta, inclusive em embargos à execução fiscal e exceções de pré-executividade, hipóteses em que não haverá condenação em honorários; ou*
>
> *II – manifestar o seu desinteresse em recorrer, quando intimado da decisão judicial.*
>
> *§ 2º A sentença, ocorrendo a hipótese do § 1º, não se subordinará ao duplo grau de jurisdição obrigatório.*

§ 3º *Encontrando-se o processo no Tribunal, poderá o relator da remessa negar-lhe seguimento, desde que, intimado o Procurador da Fazenda Nacional, haja manifestação de desinteresse.*

§ 4º *A Secretaria da Receita Federal do Brasil não constituirá os créditos tributários relativos às matérias de que tratam os incisos II, IV e V do caput, após manifestação da Procuradoria-Geral da Fazenda Nacional nos casos dos incisos IV e V do caput.*

§ 5º *As unidades da Secretaria da Receita Federal do Brasil deverão reproduzir, em suas decisões sobre as matérias a que se refere o caput, o entendimento adotado nas decisões definitivas de mérito, que versem sobre essas matérias, após manifestação da Procuradoria-Geral da Fazenda Nacional nos casos dos incisos IV e V do caput.*

§ 6º *– (VETADO).*

§ 7º *Na hipótese de créditos tributários já constituídos, a autoridade lançadora deverá rever de ofício o lançamento, para efeito de alterar total ou parcialmente o crédito tributário, conforme o caso, após manifestação da Procuradoria-Geral da Fazenda Nacional nos casos dos incisos IV e V do caput.*

Por fim, é de se ressaltar que, tendo em vista os escopos da eficiência dos processos e procedimentos administrativos, nota-se que aparece como consectário desta o princípio do formalismo finalístico, o qual, reconhecendo a instrumentalidade do processo, coloca em primeiro plano não a formalidade em si, mas o ato a ser praticado. Ademais, tem-se que a eficiência do processo encontra-se vinculada à sua duração em um lapso temporal razoável,[92] estando vinculada ao princípio da duração razoável do processo administrativo, que será examinado no item a seguir. Este foi o sentido da decisão proferida pelo Superior Tribunal de Justiça nos autos do Recurso Especial nº 1.091.042 (publicação no Diário da Justiça em 21/08/2009), cuja ementa encontra-se transcrita abaixo:

TRIBUTÁRIO – PROCESSO CIVIL – PROCESSO ADMINISTRATIVO FISCAL FEDERAL – PEDIDO DE RESTITUIÇÃO – PRAZO PARA ENCERRAMENTO – ANALOGIA – APLICAÇÃO DA LEI 9.784/99 – POSSIBILIDADE – NORMA GERAL – DEMORA INJUSTIFICADA.

1. *A conclusão de processo administrativo fiscal em prazo razoável é corolário do princípio da eficiência, da moralidade e da razoabilidade da Administração pública.*

2. *Viável o recurso à analogia quando a inexistência de norma jurídica válida fixando prazo razoável para a conclusão de processo administrativo impede a concretização do*

---

[92] Cf. FRANCO, Fernão Borba. *Processo Administrativo*. São Paulo: Atlas, 2008, p. 40.

princípio da eficiência administrativa, com reflexos inarredáveis na livre disponibilidade do patrimônio.

3. A fixação de prazo razoável para a conclusão de processo administrativo fiscal não implica em ofensa ao princípio da separação dos Poderes, pois não está o Poder Judiciário apreciando o mérito administrativo, nem criando direito novo, apenas interpretando sistematicamente o ordenamento jurídico.

4. Mora injustificada porque os pedidos administrativos de ressarcimento de créditos foram protocolados entre 10-12-2004 e 10-08-2006, há mais de 3 (três) anos, sem solução ou indicação de motivação razoável.

5. Recurso especial não provido.

3.1.7. Princípio da Duração Razoável

Uma das inovações trazidas pela Emenda Constitucional nº 45, de 31 de dezembro de 2004, foi a inserção do inciso LXXVIII no art. 5º da Constituição Federal, segundo o qual "a todos, no âmbito judicial e administrativo, são assegurados a razoável duração do processo e os meios que garantam a celeridade de sua tramitação".

O direito à duração razoável do processo, no âmbito judicial, já se encontrava expresso no item 1º do art. 8º da Convenção Americana sobre Direitos Humanos (Pacto de San José da Costa Rica), que, ao tratar das garantias judiciais, dispõe que "toda pessoa terá o direito de ser ouvida, com as devidas garantias e dentro de um prazo razoável, por um juiz ou Tribunal competente, independente e imparcial, estabelecido anteriormente por lei, na apuração de qualquer acusação penal formulada contra ela, ou na determinação de seus direitos e obrigações de caráter civil, trabalhista, fiscal ou de qualquer outra natureza".

Segundo SIDNEY PALHARINI JÚNIOR, "mesmo antes da EC nº 45, a celeridade processual já era tida por garantia constitucional das partes litigantes, em decorrência da interpretação e aplicação da regra do devido processo legal".[93]

Essa orientação também é seguida, por exemplo, por JOSÉ ROGÉRIO CRUZ E TUCCI, para quem o direito a uma prestação jurisdicional em tempo razoável

---

[93] PALHARINI JÚNIOR, Sidney. Celeridade Processual – Garantia Constitucional Pré-Existente à EC nº 45 – Alcance da "Nova" Norma (art. 5º, LXXVIII, da CF). In: WAMBIER, Teresa Arruda Alvim et. al. (Coords.). *Reforma do Judiciário*: Primeiras Reflexões sobre a Emenda Constitucional nº 45/2004. São Paulo: Revista dos Tribunais, 2005, p. 768.

era uma decorrência da regra contida no citado 1º do art. 8º do Pacto de San José da Costa Rica, combinada com o § 2º do art. 5º da Constituição Federal.[94]

A questão mais relevante nos dias atuais, todavia, não parece ser a definição do momento em que o "direito" a um processo com duração razoável foi inserido na Constituição, mas sim: (a) o que vem a ser a duração razoável de um processo; e (b) quais são os meios que garantem a celeridade de sua tramitação.

3.1.7.1. Duração razoável do processo: Direito, princípio ou ambos?

Para ANDRÉ LUIZ NICOLITT, "a duração razoável do processo está inserta no art. 5º, inciso LXXVIII, da CRF/88 que trata dos direitos e das garantias fundamentais. Com efeito, sua natureza jurídica não já de ser outra senão um direito fundamental. Trata-se de verdadeiro direito subjetivo público, autônomo, de índole constitucional".[95]

A caracterização da duração razoável do processo como um direito subjetivo público, ou uma garantia constitucional, tem como consequência o reconhecimento de uma prestação, um dever por parte do Poder Público, que lhe seja correspondente. A esse respeito, é ilustrativa a seguinte passagem de CANOTILHO:

> Os critérios anteriores só tendencialmente nos aproximam dos traços distintivos dos direitos, liberdades e garantias. Perante as dificuldades de seleção de um critério material suscetível de se converter em operador hermenêutico seguro, é dogmaticamente mais avisado procurar as dimensões mais relevantes da categoria constitucional em análise. Para além das dimensões constitucionalmente constitutivas do seu regime jurídico, merecem aqui ser salientadas algumas notas. A primeira é a de que, em geral, as normas consagradoras de direitos, liberdades e garantias recortam, logo em nível constitucional, uma pretensão jurídica individual (direito subjetivo) a favor de determinados titulares com o correspondente dever jurídico por parte dos destinatários passivos. Este traço explica a insistência da doutrina na idéia de aplicabilidade direta destas normas (Cfr. CRP, art. 18º/1) e na idéia de determinabilidade constitucional – e não meramente legal – do conteúdo da referida pretensão subjetiva individual. Do mesmo modo, é essa articulação de determinabilidade constitucional e aplicabilidade direta que justifica uma outra nota caracterizadora. Dada a sua radicação subjetiva, os direitos, liberdades e garantias valem, de forma tendencial, como direitos self executing, independentemente da mediação concretizadora e densificadora dos poderes públicos.[96]

---

[94] CRUZ E TUCCI, José Rogério. *Tempo e Processo*. São Paulo: Revista dos Tribunais, 1997, p. 86.
[95] NICOLITT, André Luiz. *A Duração Razoável do Processo*. Rio de Janeiro: Lumen Juris, 2006, p. 21.
[96] CANOTILHO, J. J. Gomes. *Direito Constitucional*. 3ª ed. Coimbra: Almedina, [s/d]. p. 376-377.

A partir da leitura da transcrição acima, pode-se afirmar que duas das principais características dos direitos, liberdades e garantias constitucionais consistem na sua eficácia direta e aplicabilidade imediata, com a criação de um dever jurídico para o Poder Público, isso sem que seja necessária a intermediação concretizadora de qualquer outro ato, legislativo ou administrativo.

Como visto, alguns autores, provavelmente inspirados na inserção do dispositivo no art. 5º da Constituição Federal, sustentam que a duração razoável do processo seria um direito fundamental.[97]

Há que se perguntar, contudo: é a duração razoável do processo apenas uma regra que prescreve um direito fundamental?

Partindo da noção acima apresentada quanto ao conteúdo dos direitos, liberdades e garantias constitucionais impõe-se reconhecer que, a despeito de sua inserção "geográfica" no art. 5º da Constituição Federal, a duração razoável do processo não é apenas um direito fundamental, mas também e talvez principalmente um *princípio constitucional*.

Ao se fazer tal afirmação é importante esclarecer, uma vez mais, que no presente trabalho está sendo adotado o conceito de princípio como norma finalística, mandado de otimização, para utilizar a expressão de ROBERT ALEXY, o qual determina que dado estado de coisas seja alcançado tanto quanto possível, resguardadas as limitações fáticas e jurídicas.[98]

Ora, a duração razoável do processo trata-se de norma que indica um estado de coisas a ser alcançado, respeitadas as limitações fáticas e jurídicas e, portanto, um princípio.

Entendimento qualificando a duração razoável do processo como princípio é sustentado por ROBSON CARLOS DE OLIVEIRA, para quem "essa norma [inciso LXXVIII no art. 5º da Constituição Federal] encerra um verdadeiro

---

[97] Cf. NICOLITT, André Luiz, *A Duração Razoável do Processo*, 2006, p. 21; CARVALHO, Fabiano. EC n. 45: Reafirmação da Garantia da Razoável Duração do Processo. In: WAMBIER, Teresa Arruda Alvim et. al. (Coords.). *Reforma do Judiciário*: Primeiras Reflexões sobre a Emenda Constitucional nº 45/2004. São Paulo: Revista dos Tribunais, 2005, pp. 216-218; RODRIGUES, Horácio Wanderlei. EC nº 45: Acesso à Justiça e Prazo Razoável na Prestação Jurisdicional. In: WAMBIER, Teresa Arruda Alvim et. al. (Coords.). *Reforma do Judiciário*: Primeiras Reflexões sobre a Emenda Constitucional nº 45/2004. São Paulo: Revista dos Tribunais, 2005, p. 288; SPALDING, Alessandra Mendes. Direito Fundamental à Tutela Jurisdicional Tempestiva à Luz do Inciso LXXVIII do artigo 5º da CF Inserido pela EC nº 45/2004. In: WAMBIER, Teresa Arruda Alvim et. al. (Coords.). *Reforma do Judiciário*: Primeiras Reflexões sobre a Emenda Constitucional n. 45/2004. São Paulo: Revista dos Tribunais, 2005, p. 33.

[98] Cf. ALEXY, Robert. *Teoría de los Derechos Fundamentales*. Tradução Ernest Garzón Valdés. Madrid: Centro de Estudios Políticos y Constitucionales, 2001, p. 86.

princípio, na medida em que constitui mandamento de otimização da prestação jurisdicional".[99]

Também GISELE SANTOS FERNANDES GÓES segue essa linha de raciocínio, ao destacar "a importância da inovação, porque foi erigida a princípio constitucional a duração razoável do processo e, como norma-princípio, constitui o núcleo do sistema constitucional e do ordenamento jurídico pátrio processual como um todo".[100]

Nota-se, portanto, que o inciso LXXVIII no art. 5º da Constituição Federal estabelece tanto um direito fundamental a um processo com prazo razoável, que pode ser exercido em situações concretas em que a desídia do julgador causar danos à parte, isso sem a intermediação de qualquer ato legislativo ou administrativo, até mesmo suscitando a responsabilização do Estado no caso de seu descumprimento,[101] como é também um princípio, a ser concretizado pelo Legislativo e pelo Executivo.[102]

---

[99] OLIVEIRA, Robson Carlos de. O princípio constitucional da razoável duração do processo, explicitado pela EC n. 45 de 08.12.2004, e sua aplicação à execução civil: necessidade de que o Poder Judiciário através dessa norma-princípio flexibilize as regras jurídicas e passe a aplicá-las, garantindo um efetivo e qualificado acesso à justiça. In: WAMBIER, Teresa Arruda Alvim et. al. (Coords.). *Reforma do Judiciário*: Primeiras Reflexões sobre a Emenda Constitucional n. 45/2004. São Paulo: Revista dos Tribunais, 2005, p. 655.
[100] GÓES, Gisele Santos Fernandes. Razoável Duração do Processo. In: WAMBIER, Teresa Arruda Alvim *et al.* (Coords.). *Reforma do Judiciário*: Primeiras Reflexões sobre a Emenda Constitucional n. 45/2004. São Paulo: Revista dos Tribunais, 2005, p. 265.
[101] Sobre o tema, ver: HOFMANN, Paulo. *Razoável Duração do Processo*. São Paulo: Quartier Latin, 2006, pp. 98-104; ANNONI, Danielle. *A Responsabilidade do Estado pela Demora na Prestação Jurisdicional*. Rio de Janeiro: Forense, 2003; NICOLITT, André Luiz, *A Duração Razoável do Processo*, 2006, pp. 93-116.
[102] A fim de esclarecer a diferenciação ora traçada vale a pena transcrever a ilustrativa lição de LUÍS ROBERTO BARROSO, que ao distinguir as *normas constitucionais definidoras de direitos* das *normas constitucionais programáticas* o faz no seguinte sentido: "As *normas constitucionais definidoras de direitos* são as que tipicamente geram direitos subjetivos, investindo os jurisdicionados no poder de exigir do Estado – ou de outro eventual destinatário da norma – prestações positivas ou negativas, que proporcionem o desfrute dos bens jurídicos nelas consagrados. Nessa categoria se incluem todas as normas concernentes aos direitos políticos, individuais, coletivos, sociais e difusos previstos na Constituição.
As *normas constitucionais programáticas* veiculam princípios, desde logo observáveis, ou traçam fins sociais a serem alcançados pela atuação futura dos poderes públicos. Por sua natureza, não geram para os jurisdicionados a possibilidade de exigirem comportamentos comissivos, mas investem-nos na faculdade de demandar dos órgãos estatais que se abstenham de quaisquer atos que contravenham as diretrizes traçadas. Vale dizer: não geram direitos subjetivos na sua versão positiva, mas geram-nos em sua feição negativa. São dessa categoria as regras que preconizam a função social da propriedade (art. 170, III), a redução das desigualdades regionais e sociais (art. 170,

Fica evidenciada, portanto, a natureza multidimencional[103] da norma expressa no inciso LXXVIII no art. 5º da Constituição Federal: de um lado, trata-se de uma regra, passível de ser aplicada em dado caso concreto; de outro, é um princípio, indicando um estado de coisas a ser alcançado.

3.1.7.2. Conteúdo do princípio da duração razoável do processo

A expressão *duração razoável do processo* é indeterminada[104]. São conceitos indeterminados aqueles cujo conteúdo é incerto aparecendo os mesmos quando "a lei refere uma esfera de realidade cujos limites não aparecem bem precisados em seu enunciado".[105]

VII), o apoio à cultura (art. 215), o fomento às práticas desportivas (art. 217), o incentivo à pesquisa (art. 218) etc." (BARROSO, Luís Roberto. *Interpretação e Aplicação da Constituição*. 3. ed. São Paulo: Saraiva, 1999, p. 244).

[103] Sobre a "multidimensionalidade" nas normas jurídicas ver: ÁVILA, Humberto. Legalidade Tributária Multidimensional. In: FERRAZ, Roberto (Coord.). *Princípios e Limites da Tributação*. São Paulo: Quartier Latin, 2005, pp. 279-282.

[104] Sobre o tema, ver: MARINS, James. *Defesa e Vulnerabilidade do Contribuinte*. São Paulo: Dialética, 2009, p. 66.

[105] Cf. ENTERRÍA, Eduardo Garcia de; FERNÁNDEZ, Tomás-Ramón. *Curso de Derecho Administrativo*. 10. ed. Madrid: Civitas, 2000, v. I, p. 457. Nas palavras de KARL ENGISCH: "Por *conceito indeterminado* entendemos um conceito cujo conteúdo e extensão são em larga medida incertos. Os conceitos absolutamente determinados são muito raros no Direito. Em todo caso devemos considerar tais os conceitos numéricos (especialmente em combinação com os conceitos de medida e os valores monetários: 50km, prazo de 24 horas, 10 marcos). Os conceitos jurídicos são predominantemente indeterminados, pelo menos em parte. É o que pode afirmar-se, por exemplo, a respeito daqueles conceitos naturalísticos que são recebidos pelo Direito, como os de 'escuridão', 'sossego noturno', 'ruído', 'perigo', 'coisa'. E com mais razão se pode dizer o mesmo dos conceitos predominantemente jurídicos, como os de 'assassinato' ('homicídio qualificado'), 'crime', 'ato administrativo', 'negócio jurídico', etc. Com Philipp Heck podemos distinguir nos conceitos jurídicos indeterminados um *núcleo* conceitual e um *halo* conceitual. Sempre que temos uma noção clara do conteúdo e da extensão dum conceito, estamos no domínio do núcleo conceitual. Onde as dúvidas começam, começa o halo do conceito" (ENGISCH, Karl. *Introdução ao Pensamento Jurídico*. Tradução J. Baptista Machado. 7ª ed. Lisboa: Fundação Calouste Gulbenkian, 1996, pp. 208-209). Sobre a vaguedade dos conceitos jurídicos vale a pena citar a seguinte passagem do mestre argentino GENARO CARRIÓ: "Há outros casos em que a incerteza na aplicação ou interpretação de certos termos não brota de que não saibamos em que sentido tenham sido usados, porque sobre isso não temos dúvidas.

Aqui ocorre o seguinte. Estou diante de um caso ou exemplar concreto, cujas características individuais pude examinar em detalhe, contudo apesar de todos meus empenhos não sei se se trata de um exemplo da palavra geral 'X', isto é, de um caso de aplicação dela. Minha dúvida não se origina de falta de informação sobre o objeto; sei tudo o que necessito saber dele. Ela se origina em que não sei bem onde termina o campo de aplicação da palavra 'X' e este caso para

Em princípio, um processo com duração razoável é aquele em que há a justa ponderação entre o tempo necessário para o desenvolvimento de um procedimento contraditório, onde as partes possam exercer as posições ativas necessárias para garantir seu direito (ampla defesa), e o tempo dentro do qual foi apresentada a decisão pelo julgador.[106]

Como bem pondera José Rogério Cruz e Tucci, para que haja a violação ao direito a um processo sem dilações indevidas, a demora na solução da questão deve ser decorrente da inércia injustificada da autoridade julgadora.[107]

---

encontrar-se nas proximidades desses mal-desenhados limites, cuja localização não posso precisar. Mais fundamental ainda: tenho a impressão de que carece de sentido falar aqui em limites precisos" (CARRIÓ, Genaro R. *Notas sobre Derecho y Lenguage*. 4ª ed. Buenos Aires: Abeledo-Perrot, 1994, p. 31).

[106] Nas palavras de James Marins: "O tempo razoável para o processo, concebido como amalgama de garantias, não é necessariamente o tempo mais curto, mas justamente o mais adequado para que cumpra suas funções. Acelerar o processo pode, em algumas situações, retirar a razoabilidade de sua duração. Processo 'instantâneo' ou 'quase instantâneo' não é razoável e representa, inclusive, *contraditio in terminis*, ou seja, a própria noção de processo implica transcurso de certo tempo, lapso razoável para que possa ser solucionado. O propósito de instantaneidade ou de encurtamento abrupto do processo configura, muitas vezes, atentado contra a sua racionalidade e nessa medida representa agressão ao princípio da duração razoável do processo – repita-se: *o tempo é insuprimível do processo*" (MARINS, James. Princípio da Razoável Duração do Processo e o Processo Tributário. In: SCHOUERI, Luís Eduardo (Coord.). *Direito Tributário: Homenagem a Paulo de Barros Carvalho*. São Paulo: Quartier Latin, 2008, p. 631). Sobre a duração razoável do processo, ver: SPALDING, Alessandra Mendes. Direito Fundamental à Tutela Jurisdicional Tempestiva à Luz do Inciso LXXVIII do artigo 5º da CF Inserido pela EC N. 45/2004. In: WAMBIER, Teresa Arruda Alvim et. al. (Coords.). *Reforma do Judiciário*: Primeiras Reflexões sobre a Emenda Constitucional n. 45/2004. São Paulo: Revista dos Tribunais, 2005, p. 33; GÓES, Gisele Santos Fernandes, Razoável Duração do Processo, 2005, p. 266; BEZERRA, Márcia Fernandes. O Direito à Razoável Duração do Processo e a Responsabilidade do Estado pela Demora na Outorga da Prestação Jurisdicional. In: WAMBIER, Teresa Arruda Alvim *et al*. (Coords.). *Reforma do Judiciário*: Primeiras Reflexões sobre a Emenda Constitucional n. 45/2004. São Paulo: Revista dos Tribunais, 2005, p. 469.

[107] Em suas palavras: "O reconhecimento desses critérios traz como imediata consequência a visualização das *dilações indevidas* como um conceito indeterminado e aberto, que impede de considerá-las como a simples inobservância dos prazos processuais pré-fixados.

Assim, é evidente que se uma determinada questão envolve, por exemplo, a apuração de crimes de natureza fiscal ou econômica, a prova pericial a ser produzida poderá exigir muitas diligências que justificarão duração bem mais prolongada da fase instrutória.

Também não poderão ser tachadas de 'indevidas' as dilações proporcionadas pela atuação dolosa da defesa, que, em algumas ocasiões, dá azo a incidentes processuais totalmente impertinentes e irrelevantes.

E, ademais, é necessário que a demora, para ser reputada realmente inaceitável, decorra da inércia, pura e simples, do órgão jurisdicional encarregado de dirigir as diversas etapas do processo. É claro que o excesso de trabalho, a pletora de causas, não pode ser considerado como justificativa plausível

Parece que uma das questões principais é definir a quem cabe determinar a duração razoável de um processo: ao legislador ou ao julgador. Ou seja, caberia ao legislador definir prazos para a razoável tramitação do processo, administrativo ou judicial, ou esta seria matéria que seria concretizada, diante de cada caso concreto?[108]

A primeira solução tende a ser a mais adequada para que a duração razoável do processo seja alcançada. Assim, caberia, em princípio, ao legislador determinar o tempo máximo de duração do processo, somente aceitando-se o seu desrespeito em situações onde a complexidade da matéria (questões de fato e de direito), o comportamento das partes ou outras circunstâncias fossem responsáveis pela dilação indevida.

Isso, de fato, não é nenhuma novidade, estando a legislação processual, tanto a regente dos processos desenvolvidos perante o Poder Judiciário como a regente dos processos administrativos, povoada de prazos a serem observados pelos julgadores.

Por exemplo, no âmbito do processo administrativo federal estabelece o art. 49 da Lei nº 9.784/99 que "concluída a instrução de processo administrativo, a Administração tem o prazo de até trinta dias para decidir, salvo prorrogação por igual período expressamente motivada".

Mais recentemente, a Lei nº 11.457, de 16 de março de 2007, que criou a "Super Receita", estabeleceu em seu art. 24 que "é obrigatório que seja proferida decisão administrativa no prazo máximo de 360 (trezentos e sessenta) dias a contar do protocolo de petições, defesas ou recursos administrativos do contribuinte". Todavia, a referida lei não estabeleceu quaisquer sanções para o caso do descumprimento do prazo.

Como se sabe, tais prazos são denominados *impróprios*, já que são prazos em relação aos quais não se opera a preclusão temporal. O mais importante, portanto, não é a previsão dos prazos em si, mas sim a determinação da consequência pelo seu descumprimento.[109]

---

para a lentidão da tutela jurisdicional" (CRUZ E TUCCI, José Rogério, *Tempo e Processo*, 1997, pp. 68-69).

[108] Sobre essa discussão, ver: NICOLITT, André Luiz, *A Duração Razoável do Processo*, 2006, pp. 24-32.

[109] O Professor Hugo de Brito Machado apresenta posicionamento diverso sobre a presente questão. Segundo seu entendimento, o prazo previsto na Lei nº 11.457/07 trata-se de verdadeiro prazo decadencial, de forma que, extrapolado o mesmo ocorreria a extinção do crédito tributário. Entende o mestre que haveria a previsão de um prazo para o início da constituição do crédito tributário pelo lançamento, o prazo de 5 anos previsto no CTN nos artigos 150 (§ 4º) e 173, e um prazo para a sua constituição definitiva, qual seja, o prazo de um ano previsto na citada lei.

Fala-se muito da responsabilização do Estado por danos causados em decorrência da demora injustificada do processo. Todavia, se a finalidade é alcançar a duração razoável do processo parece-nos importar mais a existência de meios de punição do julgador.

Assim, é muito importante que o ônus por eventual responsabilização do Estado pela demora injustificada de processo administrativo ou judicial não recaia sobre os cofres públicos tão-somente, mas que se busque, junto ao causador do dano, alguma reparação pela indenização custeada por toda a sociedade.

3.1.7.3. Duração razoável do processo e impossibilidade material de um processo sem dilações indevidas: os direitos e seu custo

Na passagem de José Rogério Cruz e Tucci transcrita na nota de rodapé 17, sustenta o professor que as condições materiais em que se desenvolve o processo ("o excesso de trabalho, a pletora de causas") não servem de escusa para a demora do término do processo.

Uma interpretação extremada de tal orientação desconsideraria questão de ordem financeiro-econômica relevante, que pode ser sintetizada na sugestiva frase de Flávio Galdino: *direitos não nascem em árvores*.[110]

Ora, considerando a premissa básica de que os recursos financeiros do Estado são limitados, ao se buscar definir a duração razoável do processo é imperioso que se leve em consideração a capacidade das cortes judiciais e administrativas, tendo por pauta sua estrutura e a capacidade de investimento na melhora de seus serviços.

Decorrido este prazo ocorreria a extinção do crédito tributário pela decadência (cf. MACHADO, Hugo de Brito. Decadência do Direito de Constituir Crédito Tributário em Face da Inocorrência de Decisão Tempestiva da Autoridade Administrativa. *Revista Dialética de Direito Tributário*, São Paulo, n. 163, abr. 2009, pp. 57-63). Além de entendermos que o artigo 24 da Lei nº 11.457/07 em nenhum momento estabelece como consequência da inobservância de tal prazo a extinção do crédito tributário, há que se lembrar que prescrição e decadência em matéria tributária tratam-se de temas reservados à lei complementar pelo artigo 146 da Constituição Federal, de modo que, pretendesse o mencionado dispositivo estabelecer uma regra decadencial, seria o mesmo inevitavelmente inconstitucional.

[110] GALDINO, Flávio. *Introdução à Teoria dos Custos dos Direitos*: Direitos não nascem em árvores. Rio de Janeiro: Lumen Juris, 2005. Sobre esta questão, ver também: AMARAL, Gustavo. *Direito, Escassez e Escolha*: Em busca de critérios jurídicos para lidar com a escassez de recursos e as decisões trágicas. Rio de Janeiro: Renovar, 2001; HOLMES, Stephen; SUNSTEIN, Cass R. *The Cost of Rights*: Why Liberty Depends on Taxes. New York: W. W. Norton & Company, 1999.

Há que se considerar, portanto, que o direito a um processo, administrativo ou judicial, que se desenvolva em um prazo razoável concorre por dotações orçamentárias, por exemplo, com os direitos à educação e à saúde.

Dessa forma, não se pode, de maneira alguma, tratar a questão da duração razoável do processo sem a consideração da capacidade material de prestação de serviços dos órgãos julgadores jurisdicionais e administrativos, da mesma maneira que a questão não pode ser pensada como se o Estado tivesse uma capacidade ilimitada de investimento no custeio dos processos judiciais e administrativos.

3.1.7.4. Duração razoável e processo administrativo fiscal

Ao tratarmos da duração razoável do processo administrativo fiscal é importante ter em mente a natureza ambivalente das relações fisco-contribuinte.

De fato, considerando, de um lado, o dever tributário como um *dever fundamental*[111] de cujo adimplemento depende a realização dos fins constitucionais do Estado e, de outro lado, a necessidade de garantia do *direito fundamental* dos contribuintes a não serem tributados além do permitido pela Constituição Federal, verifica-se a inafastável ambivalência do relacionamento das autoridades fiscais com os contribuintes, de modo que não há como tomarem-se posições aprioristicas em favor de um ou de outro.

É com essas ponderações em mente que se deve examinar o princípio da duração razoável do processo administrativo fiscal.

Considerando o lado dos contribuintes, quando se está diante de auto de infração contrário às disposições legais ou na pendência de consulta cuja resposta é relevante para a correta tomada de decisões pela empresa ou pessoa

---

[111] Cf. TORRES, Ricardo Lobo. *Curso de Direito Financeiro e Tributário*. 10ª ed. Rio de Janeiro: Renovar, 2003, p. 336; PIRES, Adilson Rodrigues. O Processo de Inclusão Social sob a Ótica do Direito Tributário. In: PIRES, Adilson Rodrigues; TÔRRES, Heleno Taveira (Org.). *Princípios de Direito Financeiro e Tributário*: Estudos em Homenagem ao Professor Ricardo Lobo Torres. Rio de Janeiro: Renovar, 2006, pp. 80-82; TÔRRES, Heleno. *Direito Tributário e Direito Privado*. São Paulo: Revista dos Tribunais, 2003, pp. 16; TIPKE, Klaus; YAMASHITA, Douglas. *Justiça Fiscal e Princípio da Capacidade Contributiva*. São Paulo: Malheiros, 2002, p. 15; NABAIS, José Casalta. *O Dever Fundamental de Pagar Impostos*. Coimbra: Almedina, 1998; ABRAHAM, Marcus. *O Planejamento Tributário e o Direito Privado*. São Paulo: Quartier Latin, 2007, pp. 78-85; BUFFON, Marciano. *Tributação e Dignidade Humana: entre os direitos e deveres fundamentais*. Porto Alegre: Livraria do Advogado, 2009.

física, a demora desfecho do processo tem consequências bastante negativas,[112] como:

1. aumento de despesas com a representação jurídica;
2. riscos atrelados a eventuais erros da Administração Fazendária, principalmente para os contribuintes que necessitam comprovar sua regularidade fiscal;
3. impossibilidade de se adotar medidas gerenciais necessárias para a compatibilização entre os procedimentos da empresa e o entendimento das autoridades fiscais sobre a questão objeto do processo.

Por outro lado, como se sabe, a apresentação de impugnação contra auto de infração tem como efeito a suspensão da exigibilidade do crédito tributário (art. 151, III, do Código Tributário Nacional).

A seu turno, a apresentação de consulta fiscal antes da ocorrência do fato gerador acarreta tanto a impossibilidade de instauração de procedimento de fiscalização em relação à matéria consultada (art. 48 do Decreto nº 70.235/72) como a suspensão da fluência dos juros de mora (art. 161 do Código Tributário Nacional).

Ou seja, nos casos em que válido o auto de infração ou em que a resposta à consulta geraria a obrigação de pagamento de tributos pelo contribuinte, a demora do processo causa uma perda financeira que acaba por ser repartida pela coletividade como um todo.

O princípio da duração razoável do processo administrativo fiscal, portanto, não pode ser compreendido como sendo afeto apenas à proteção do contribuinte contra o silêncio da Administração Pública, significando também a garantia de que os cofres públicos não serão empobrecidos pela duração indevida do processo.

---

[112] Como destaca o Professor ADILSON RODRIGUES PIRES: "O curso de um processo fiscal requer, além de outras providências, a produção de provas, a realização de diligências e a eventual interposição de recursos, situação fiscal inteiramente adversa para o sujeito passivo, tendo em vista o acúmulo de tarefas de natureza empresarial que acumula e a constante preocupação que deriva da condução dos seus negócios. O extenso lapso temporal que transcorre entre a interposição do recurso administrativo e o seu respectivo julgamento pela Administração Pública não pode representar para o contribuinte um desestímulo ao exercício da atividade profissional, direito assegurado pela Carta Magna brasileira" (PIRES, Adilson Rodrigues. Algumas Reflexões sobre o Processo Administrativo Fiscal. Prazo para Conclusão do Processo em Primeira e Segunda Instâncias. In: ROCHA, Sergio André Rocha (Coord.). *Processo Administrativo Fiscal*: Estudos em Homenagem ao Professor Aurélio Pitanga Seixas Filho. São Paulo: Quartier Latin, 2007, p. 37).

3.1.7.5. Instrumentos para a garantia da duração razoável do processo administrativo fiscal

Cumpre agora examinarmos algumas medidas que poderiam ser utilizadas para a concretização do princípio da duração razoável do processo administrativo fiscal, entre as quais poderiam ser cogitadas as seguintes: (a) a previsão de prazos, com sanção ao servidor no caso de descumprimento e suspensão da fluência dos juros moratórios; (b) o respeito à instrumentalidade das formas processuais; (c) a previsão de limites de alçada para a interposição de recursos; (d) a uniformização dos critérios decisórios e a vinculação dos órgãos de aplicação; (e) o reconhecimento do direito do contribuinte em razão da inércia da autoridade administrativa; (f) a prescrição intercorrente no processo administrativo fiscal; e (g) a adoção de medidas para evitar a corrupção na atividade de fiscalização tributária.

3.1.7.5.1. Previsão de prazos, com sanção ao servidor no caso de descumprimento e suspensão dos juros de mora

Como mencionado anteriormente, uma das formas de se assegurar a tramitação do processo em um prazo razoável é a previsão legal de prazos para a prática de atos processuais.

Embora tais prazos não ensejem a ocorrência da preclusão temporal (ou seja, o descumprimento do prazo não afasta o dever da Administração Pública de decidir), é imperioso que a injustificada perda do prazo pelo servidor responsável acarrete-lhe alguma sanção. É de se evitar, portanto, que a responsabilização civil do Estado seja a única forma de sancionamento em decorrência da violação ao direito a um processo administrativo com prazo razoável, transferindo-se para coletividade o ônus da falta de diligência do servidor.[113]

---

[113] Nessa mesma linha posiciona-se CLÁUDIO BRANDÃO, para quem "a efetividade de ação com a finalidade de se obrigar a Administração Pública a decidir poderia ser assegurada com a fixação da sanção pecuniária para o agente público responsável pelo ato na hipótese de descumprimento. Ao que tudo indica, a sanção deve ser de responsabilidade do agente público e não da pessoa jurídica a que o mesmo está vinculado, aumentando, assim, a força coercitiva da decisão judicial" (BRANDÃO, Cláudio. O Controle das Omissões e do Silêncio da Administração Pública. In: OSÓRIO, Fábio Medina; SOUTO, Marcos Juruena Villela. *Direito Administrativo*: Estudos em Homenagem a Diogo de Figueiredo Moreira Neto. Rio de Janeiro: Lumen Juris, 2006, pp. 13-14).

O Professor ADILSON RODRIGUES PIRES dá notícia de Projeto de Lei que "propõe a fixação de prazos para a conclusão dos processos administrativos sob pena de 'suspensão da fluência dos juros de mora ou de multa moratória'".[114]

Segundo sua opinião, "a iniciativa há de ser acolhida, sobretudo quando se leva em conta que, segundo a proposta, fica suspensa a incidência de correção monetária sobre o valor original da dívida discutida. Somente assim o contribuinte conseguirá se livrar da árdua e desproporcional obrigação de pagar dívida em valor que supera, em muito, o apurado no início da discussão".[115]

Concordamos com o Professor ADILSON quanto à pertinência de medida neste sentido. Apenas reiteramos, todavia, que em um caso em que o tributo cobrado fosse efetivamente devido, a interrupção da fluência dos juros representaria uma sangria indevida dos cofres públicos, a clamar a responsabilização do servidor que lhe der causa.[116]

Vê-se, portanto, que a regra contida no art. 24 da Lei nº 11.457/07 não é por si só bastante para a garantia de um processo administrativo fiscal com uma duração razoável, sendo necessário que se regulamentem as consequências do descumprimento do prazo de 360 dias lá previsto para que seja proferida a decisão administrativa.[117]

---

[114] PIRES, Adilson Rodrigues, Algumas Reflexões sobre o Processo Administrativo Fiscal. Prazo para Conclusão do Processo em Primeira e Segunda Instâncias, 2007, p. 40.

[115] PIRES, Adilson Rodrigues, Algumas Reflexões sobre o Processo Administrativo Fiscal. Prazo para Conclusão do Processo em Primeira e Segunda Instâncias, 2007, p. 40.

[116] Sobre o tema, ver: OLIVEIRA, Joyce Chagas de. *Responsabilidade Pessoal do Agente Público por Danos ao Contribuinte*. Curitiba: Juruá, 2014.

[117] JAMES MARINS sustenta que a aplicação do princípio em questão independe da fixação de prazo expecífico, devendo-se examinar, no caso concreto, se a duração do processo foi razoável ou não. Vejam-se suas palavras: "Parece-nos possível, no entanto, em defesa da eficácia mínima que deve esperar-se do princípio constitucional expresso da duração razoável do processo, que o processo administrativo possa ser considerado extinto nas hipóteses em que o lapso de sua direção – examinado em relação ao caso concreto – afigure-se desprovido de razoabilidade. Não se trata, então, de aplicação da regra prescricional – já que esta inexiste sob forma expressa – mas tão somente de se encontrar um termo de aplicabilidade à garantia constitucional. Esta solução não impõe a existência expressa de um prazo específico, cinco anos, dez anos ou vinte anos, pois a razoabilidade do tempo dependerá das condições e características próprias da tramitação de cada processo administrativo, a serem examinadas pelo juiz a quem cumprirá preencher com o substrato fático a moldura do tempo razoável de tramitação e logo extrair as consequências jurídicas decorrentes da violação do princípio constitucional" (MARINS, James. Princípio da Razoável Duração do Processo e o Processo Tributário. In: SCHOUERI, Luís Eduardo (Coord.). *Direito Tributário: Homenagem a Paulo de Barros Carvalho*. São Paulo: Quartier Latin, 2008, p. 652).

3.1.7.5.2. Instrumentalidade das formas

Aspecto importante na definição dos mecanismos de concretização da duração razoável do processo administrativo fiscal é o reconhecimento da instrumentalidade das formas processuais, tema ao qual será dedicado o item 3.1.8.

3.1.7.5.3. Limites de alçada para recurso

Questão que merece ser examinada consiste na possibilidade de se estabelecerem limites de alçada para a interposição de recurso no âmbito do processo administrativo fiscal.

Foi isso que se tentou quando da edição da Medida Provisória nº 232, de 30 de dezembro de 2004, a qual, em seu art. 10, previa o julgamento em instância única, pelas Delegacias da Receita Federal de Julgamento, dos processos de exigência de crédito tributário de valor inferior a R$ 50.000,00 (cinquenta mil reais), assim considerado principal e multa de ofício.

Como se sabe, a maioria dos dispositivos da referida Medida Provisória não foram incluídos em sua lei de conversão, de número 11.119, a qual foi publicada na imprensa oficial em 17 de maio de 2005.

Entre os dispositivos não-acolhidos pela lei de conversão encontram-se os que tratavam do processo administrativo fiscal, inclusive aquele que limitava o acesso aos àquela época denominados Conselhos de Contribuintes. Tanto assim que o art. 4º da Lei nº 11.119/2005 reabriu os prazos para a interposição de recursos que, em razão do disposto na Medida Provisória nº 232/2004, porventura não tivessem sido interpostos.

Analisando este dispositivo em outra oportunidade, manifestei-me pela sua inconstitucionalidade, por entender que o mesmo viola os princípios da ampla defesa, do duplo grau de cognição e, principalmente, da isonomia.

Com efeito, embora reconheça a possibilidade de se prever instância única para a apreciação de processos administrativos fiscais, o entendimento que defendo é no sentido de que tal instância deveria ser sempre a última, e não a mais subalterna.

Assim, se há no sistema cortes de julgamento diferenciadas em razão de sua experiência técnica, não nos parece que se encontra em conformidade com os princípios da ampla defesa e do duplo grau de cognição reservar tais cortes apenas para os contribuintes que se sujeitam a exigências fiscais de valores elevados, os quais, de regra, têm maiores condições financeiras.

Não se pode esquecer aqui que os custos do processo administrativo são normalmente menores para o contribuinte do que aqueles envolvidos em um processo judicial, principalmente em razão da desnecessidade de representação por advogado.

Por outro lado, também não se pode olvidar que estatisticamente as chances de êxito administrativo na primeira instância são significativamente inferiores às chances de êxito na segunda instância. Até porque, conforme estabelece o art. 7º, V, da Portaria nº 341/2011, na esfera federal os julgadores das Delegacias de Julgamento encontram-se vinculados ao "entendimento da RFB expresso em atos normativos".

Dessa forma, negar o acesso à segunda instância para toda uma casta de contribuintes significa fechar para estes as portas para uma solução menos onerosa da controvérsia instaurada com a Fazenda.[118]

Consequência de tudo quanto se disse acima é a incompatibilidade da limitação de que se cogita com o princípio da isonomia.

De fato, conforme assevera CELSO ANTÔNIO BANDEIRA DE MELLO, "as discriminações são recebidas como *compatíveis com a cláusula igualitária apenas e tão-somente quando existe um vínculo de correlação lógica* entre a peculiaridade diferencial acolhida por residente no objeto, e a desigualdade de tratamento em função dela conferida, *desde que tal correlação não seja incompatível com interesses prestigiados na Constituição*".[119]

No caso em exame, parece inexistir um vínculo de correlação lógica entre a limitação pretendida e o fator de discriminação escolhido, razão pela qual a mesma seria também incompatível com o princípio da isonomia.

A inconstitucionalidade da regra constante no art. 10 da Medida Provisória nº 232/04 não significa, todavia, *que não seja possível a utilização de limites de alçada como instrumento de redução do número de processos apreciados na segunda instância e, consequentemente, instrumento de redução do tempo dos processos.*

O grande problema da mencionada regra foi o fator de discriminação selecionado.

Ora, parece-me que tal problema seria solucionado *se o critério de exclusão eleito pela legislação fosse proporcional*, alcançando a todos.

---

[118] Destacando o bom trabalho realizado pelo Conselho Administrativo de Recursos Fiscais: BOITEUX, Fernando Netto. Os Conselhos de Contribuintes do Ministério da Fazenda e seu Regime Jurídico. In: ROCHA, Sergio André Rocha (Coord.). *Processo Administrativo Fiscal*: Estudos em Homenagem ao Professor Aurélio Pitanga Seixas Filho. São Paulo: Quartier Latin, 2007, pp. 180-181.
[119] MELLO, Celso Antônio Bandeira de. *Conteúdo Jurídico do Princípio da Igualdade*. 3ª ed. São Paulo: Malheiros, 2001, p. 17.

Poder-se-ia determinar, por exemplo, que não seria possível a apresentação de recurso nos casos em que o valor total envolvido fosse inferior a um percentual do ativo permanente ou do patrimônio líquido da empresa ou do patrimônio da pessoa física.

Regra nesse sentido seria compatível com a Constituição, na medida em que traria uma limitação justificável em razão dos princípios da eficiência e da duração razoável do processo, que neste caso sairiam vitoriosos em uma ponderação com a ampla defesa e o duplo grau, ao mesmo tempo em que se mostraria compatível com o princípio da isonomia.

3.1.7.5.4. Uniformização dos critérios decisórios e vinculação dos órgãos de aplicação

Um dos instrumentos para a redução do tempo do processo é a uniformização das decisões dos órgãos administrativos de julgamento, com a sua aplicação vinculante às autoridades fiscais.

A uniformização dos critérios decisórios tem, nas palavras de JOSÉ CARLOS BARBOSA MOREIRA, a vantagem "de evitar, na medida do possível, que a sorte dos litigantes e afinal a própria unidade do sistema jurídico vigente fiquem na dependência exclusiva da distribuição do feito ou do recurso a este ou àquele órgão".[120]

Uma vez uniformizados os critérios jurídicos acerca da interpretação/aplicação da legislação tributária em dada situação, é importante que haja mecanismos que vinculem as autoridades fazendárias de fiscalização a tais critérios, de forma a evitar novas autuações sobre a mesma matéria.

Esse foi o objetivo que orientou a inclusão dos arts. 72 a 75 no Anexo II do Regimento Interno do Conselho Administrativo de Recursos Fiscais, os quais estabelecem a possibilidade da edição de súmulas, pelo Pleno da Câmara Superior de Recursos Fiscais, às quais pode ser atribuído efeito vinculante sobre a Administração Fazendária, observadas as condições ali previstas. Em textual:

> *Art. 72. As decisões reiteradas e uniformes do CARF serão consubstanciadas em súmula de observância obrigatória pelos membros do CARF.*
>
> *§ 1º Compete ao Pleno da CSRF a edição de enunciado de súmula quando se tratar de matéria que, por sua natureza, for submetida a 2 (duas) ou mais turmas da CSRF.*

---

[120] MOREIRA, José Carlos Barbosa. *Comentários ao Código de Processo Civil*. 7ª ed. Rio de Janeiro: Forense, 1998, v. V, p. 5.

§ 2º As turmas da CSRF poderão aprovar enunciado de súmula que trate de matéria concernente à sua competência.

§ 3º As súmulas serão aprovadas por, no mínimo, 3/5 (três quintos) da totalidade dos conselheiros do respectivo colegiado.

Art. 73. A proposta de súmula será de iniciativa de conselheiro do CARF, do Procurador-Geral da Fazenda Nacional, do Secretário da Receita Federal do Brasil, ou de Presidente de confederação representativa de categoria econômica habilitada à indicação de conselheiros.

§ 1º A proposta de que trata o caput será dirigida ao Presidente do CARF, indicando o enunciado, devendo ser instruída com pelo menos 5 (cinco) decisões proferidas cada uma em reuniões diversas, em pelo menos 2 (dois) colegiados distintos.

§ 2º A súmula entrará em vigor na data de sua publicação no Diário Oficial da União.

§ 3º Para fins do disposto neste artigo, considera-se que os colegiados anteriores à data de aprovação deste Regimento Interno são distintos dos colegiados estruturados a partir de sua aprovação.

Art. 74. O enunciado de súmula poderá ser revisto ou cancelado por proposta do Presidente do CARF, do Procurador-Geral da Fazenda Nacional, do Secretário da Receita Federal do Brasil ou de Presidente de Confederação representativa de categoria econômica habilitada à indicação de conselheiros.

§ 1º A proposta de que trata o caput será encaminhada por meio do Presidente do CARF.

§ 2º A revisão ou o cancelamento do enunciado observará, no que couber, o procedimento adotado para sua edição.

§ 3º A revogação de enunciado de súmula entrará em vigor na data de sua publicação no Diário Oficial da União.

§ 4º Se houver superveniência de Decisão do Supremo Tribunal Federal ou do Superior Tribunal de Justiça, em sede de julgamento realizado nos termos do art. 543-B ou 543-C da Lei nº 5.869, de 1973 – Código de Processo Civil (CPC), que contrarie súmula do CARF, esta súmula será revogada por ato do presidente do CARF, sem a necessidade de observância do rito de que tratam os §§ 1º a 3º.

§ 5º O procedimento de revogação de que trata o § 4º não se aplica às súmulas aprovadas pelo Ministro de Estado da Fazenda.

Art. 75. Por proposta do Presidente do CARF, do Procurador-Geral da Fazenda Nacional, do Secretário da Receita Federal do Brasil ou de Presidente de Confederação representativa de categoria econômica ou profissional habilitada à indicação de conselheiros, o Ministro de Estado da Fazenda poderá atribuir à súmula do CARF efeito vinculante em relação à administração tributária federal.

§ 1º A proposta de que trata o caput será encaminhada por intermédio do Presidente do CARF.

§ 2º A vinculação da administração tributária federal na forma prevista no caput dar-se-á a partir da publicação do ato do Ministro de Estado da Fazenda no Diário Oficial da União.

Importa mencionar que há autores, como EDUARDO BOTTALLO, que criticam a possibilidade de tais súmulas. Para o citado Professor, a atribuição de efeitos vinculantes às súmulas faz com que as mesmas deixem de ter efeitos meramente persuasivos, como seria aconselhável, investindo o órgão que as edita de inconveniente Poder Legislativo.[121]

Além disso, sustenta EDUARDO BOTTALLO que "a *função administrativa judicante* apresenta expressiva identificação com a atividade jurisdicional. Tal circunstância acentua seu sentido de independência: os órgãos encarregados de seu exercício estão investidos de plena competência para examinar e solucionar as questões que lhes são submetidas, rigorosamente de acordo com o Direito aplicável, com total isenção e libertos do princípio da hierarquia, que, sob distintos fundamentos e a outros propósitos, se faz presente em alguns setores da Administração Pública".[122]

Partindo dessa assertiva, sustenta o autor que o *império das súmulas* não se presta ao alcance dos desideratos acima mencionados.

Embora reconheça a pertinência das críticas apresentadas por EDUARDO BOTTALLO, entendo que devemos lutar pelo processo administrativo fiscal possível, o qual certamente não equivale ao processo administrativo fiscal ideal.

Como venho destacando em alguns estudos, característica fundamental de um sistema tributário de massas é a transferência das atividades de apuração e recolhimento dos tributos para os contribuintes, responsáveis pela interpretação/aplicação da legislação tributária.[123]

---

[121] BOTTALLO, Eduardo. Súmulas Obrigatórias do Primeiro Conselho de Contribuintes e Direitos dos Administrados. In: ROCHA, Valdir de Oliveira (Coord.). *Grandes Questões Atuais do Direito Tributário: 10º Volume*. São Paulo: Dialética, 2006, pp. 63-64.

[122] BOTTALLO, Eduardo. *Curso de Processo Administrativo Tributário*. São Paulo: Malheiros, 2006, p. 62.

[123] Sobre o tema, ver: ROCHA, Sergio André. A Importância do Processo Administrativo. *Revista de Direito Administrativo*, Rio de Janeiro, v. 239, jan.-mar. 2005, pp. 39-41; ROCHA, Sergio André. Ética da Administração Fazendária e o Processo Administrativo Fiscal. In: ROCHA, Sergio André (Coord.). *Processo Administrativo Fiscal*: Estudos em Homenagem ao Professor Aurélio Pitanga Seixas Filho. São Paulo: Quartier Latin, 2007, pp. 617-618; SILVA, Sergio André R. G. da. A Tributação na Sociedade de Risco. In: PIRES, Adilson Rodrigues; TÔRRES, Heleno Taveira (Coords.). *Princípios de Direito Financeiros e Tributário*: Estudos em Homenagem ao Professor Ricardo Lobo Torres. Rio de Janeiro: Renovar, 2006, pp. 199-202.

Característica dessa sistemática, a qual, diga-se, é a atualmente vigente na maioria dos estados ocidentais contemporâneos, é o crescimento das controvérsias entre Fisco e contribuintes.[124]

Dessa forma, é possível prever a manutenção de grandes números de processos fiscais, tanto administrativos quanto judiciais, sendo que em um sistema massificado de processos não é possível, infelizmente, que cada caso seja apreciado de forma individualizada, desconsiderando que, em matéria tributária, a repetição é a tônica.

Seguindo essa linha de entendimentos, parece que a edição de súmulas vinculantes no campo do processo administrativo fiscal encontra-se em linha com o princípio da duração razoável do processo, sendo instrumento de garantia da efetividade do processo administrativo fiscal possível.

3.1.7.5.5. Reconhecimento do direito do contribuinte

Outro instrumento que pode ser utilizado para a garantia da celeridade processual é o reconhecimento do direito do contribuinte, com a inversão da tarefa de demonstração da ocorrência dos fatos objeto do processo e a atribuição de um efeito positivo ao silêncio administrativo.[125]

Uma situação que ilustra bem este caso é a relativa ao procedimento de habilitação de créditos decorrentes de decisão judicial para fins de sua compensação, restituição ou ressarcimento.

Conforme prevê o art. 82 da Instrução Normativa nº 1.717/2017, "Na hipótese de crédito decorrente de decisão judicial transitada em julgado, a declaração de compensação será recepcionada pela RFB somente depois de prévia habilitação do crédito pela Delegacia da Receita Federal do Brasil (DRF) ou pela Delegacia Especial da RFB com jurisdição sobre o domicílio tributário do sujeito passivo".

De acordo com o § 3º deste mesmo artigo, a Fazenda tem um prazo de 30 dias para decidir sobre a habilitação do crédito. Contudo, não há qualquer previsão a respeito das consequências da eventual perda deste prazo.

---

[124] Cf. ROCHA, Sergio André. Meios Alternativos de Solução de Conflitos no Direito Tributário Brasileiro. *Revista Dialética de Direito Tributário*, São Paulo, v. 122, nov. 2005, p. 98; FERREIRO LAPATZA, José Juan. Solución Convencional de Conflictos en el ÁmbitoTributario. In: TÔRRES, Heleno (Coord.). *Direito Tributário Internacional Aplicado*. São Paulo: Quartier Latin, 2004, v. II, p. 295.
[125] Cf. BRANDÃO, Cláudio, O Controle das Omissões e do Silêncio da Administração Pública, 2006, p. 9.

Creio que na presente situação a melhor alternativa seria o reconhecimento automático da habilitação do crédito após o decurso do prazo de 30 dias, garantindo-se à Fazenda, por óbvio, o direito à posterior verificação do crédito habilitado, isso no âmbito de sua atividade de fiscalização e dentro dos limites do prazo decadencial.

3.1.7.5.6. Prescrição intercorrente no processo administrativo fiscal

Em estudo específico acerca do instituto da prescrição, deixei assentada definição no sentido de que esta corresponde à "convalescença da lesão com a consequente mutilação da pretensão de direito material quanto à realização de um direito subjetivo".[126]

Como fiz questão de frisar naquela oportunidade, a prescrição não tem nada que ver com o direito de ação, fulminando, como reconhece hoje o art. 189 do Código Civil, a pretensão quanto ao exercício do direito.

Nesta assentada, vê-se bem que para que se possa falar em prescrição é imperioso que se tenha tido uma lesão a um direito, sem a qual não se pode falar no nascimento da pretensão do seu sujeito ativo.

Assim sendo, *entendo que não há que se falar em qualquer espécie de prescrição no curso do processo administrativo fiscal, já que, suspensa a exigibilidade do crédito tributário pela impugnação, não há, para a Fazenda, a possibilidade do exercício de sua pretensão.*

Nas palavras de EURICO MARCOS DINIZ DE SANTI, "consideramos que não pode haver *prescrição intercorrente no processo administrativo* porque, quando há impugnação ou recurso administrativo durante o prazo para pagamento do tributo, suspende-se a exigibilidade do crédito, o que simplesmente impede a fixação do início do prazo prescricional".[127]

---

[126] ROCHA, Sergio André. Alguns Apontamentos sobre os Institutos da Prescrição e da Decadência. *Revista Dialética de Direito Processual*, São Paulo, n. 7. out. 2003, p. 95.

[127] SANTI, Eurico Marcos Diniz de. *Decadência e Prescrição no Direito Tributário*. 2ª ed. São Paulo: Max Limonad, 2001, p. 239. Também negando a possibilidade da prescrição intercorrente no processo administrativo fiscal, ver: FEITOSA, Celso Alves. A Questão da "Prescrição Intercorrente" no Processo Administrativo Fiscal. *Revista Dialética de Direito Tributário*, São Paulo, n. 94, jul. 2003, pp. 18-21; SOARES DE MELLO, José Eduardo. *Processo Tributário Administrativo*. São Paulo: Quartier Latin, 2006, p. 160; TORRES, Ricardo Lobo. Decadência e Prescrição. In: MARTINS, Ives Gandra da Silva (Coord.). *Decadência e Prescrição*. São Paulo: Revista dos Tribunais, 2007, p. 60; CASSONE, Vittorio. Decadência e Prescrição. In: MARTINS, Ives Gandra da Silva (Coord.). *Decadência e Prescrição*. São Paulo: Revista dos Tribunais, 2007, p. 219; GALIANO, Leonardo de Faria. Decadência e Prescrição. In: MARTINS, Ives Gandra da Silva (Coord.). *Decadência e Prescrição*. São Paulo: Revista

Este entendimento é acolhido pelas decisões do Supremo Tribunal Federal e do Superior Tribunal de Justiça. O STF chegou a afastar lei estadual que previu a prescrição intercorrente no processo administrativo em Santa Catarina:

CONSTITUCIONAL. TRIBUTÁRIO. NORMA DO ESTADO DE SANTA CATARINA QUE ESTABELECE HIPÓTESE DE EXTINÇÃO DO CRÉDITO TRIBUTÁRIO POR TRANSCURSO DE PRAZO PARA APRECIAÇÃO DE RECURSO ADMINISTRATIVO FISCAL. CONSTITUIÇÃO DO ESTADO, ART. 16. ATO DAS DISPOSIÇÕES CONSTITUCIONAIS TRANSITÓRIAS DA CONSTITUIÇÃO ESTADUAL, ART. 4º. ALEGADA VIOLAÇÃO DO ART. 146, III, B, DA CONSTITUIÇÃO. A determinação do arquivamento de processo administrativo tributário por decurso de prazo, sem a possibilidade de revisão do lançamento equivale à extinção do crédito tributário cuja validade está em discussão no campo administrativo. Em matéria tributária, a extinção do crédito tributário ou do direito de constituir o crédito tributário por decurso de prazo, combinado a qualquer outro critério, corresponde à decadência. Nos termos do Código Tributário Nacional (Lei 5.172/1996), a decadência do direito do Fisco ao crédito tributário, contudo, está vinculada ao lançamento extemporâneo (constituição), e não, propriamente, ao decurso de prazo e à inércia da autoridade fiscal na revisão do lançamento originário. Extingue-se um crédito que resultou de lançamento indevido, por ter sido realizado fora do prazo, e que goza de presunção de validade até a aplicação dessa regra específica de decadência. O lançamento tributário não pode durar indefinidamente, sob risco de violação da segurança jurídica, mas a Constituição de 1988 reserva à lei complementar federal aptidão para dispor sobre decadência em matéria tributária. Viola o art. 146, III, b, da Constituição federal norma que estabelece hipótese de decadência do crédito tributário não prevista em lei complementar federal. Ação direta de inconstitucionalidade conhecida e julgada procedente.

(Ação Direta de Inconstitucionalidade nº 124. Publicação no Diário da Justiça em 17/04/2009)

A matéria encontra-se hoje pacificada no âmbito da Primeira Seção do STJ. Com efeito, no julgamento do Recurso Especial nº 1.113.959/RJ, restou decido que "o recurso administrativo suspende a exigibilidade do crédito tributário, enquanto perdurar ocontencioso administrativo, nos termos do art. 151, III do CTN, desde o lançamento (efetuado concomitantemente com auto de infração), momento em que não se cogita do prazo decadencial, até seu julgamento ou a revisão ex officio, sendo certo que somente a partir da notificação

dos Tribunais, 2007, p. 468; CARNEIRO, Claudio. *Processo Tributário: Administrativo e Judicial*. Rio de Janeiro: Lumen Juris, 2009, p. 51.

do resultado do recurso ou da sua revisão, tem início a contagem do prazo prescricional, afastando-se a incidência da prescrição intercorrente em sede de processo administrativo fiscal, pela ausência de previsão normativa específica".

Há autores, todavia, que sustentam a aplicabilidade da prescrição intercorrente[128] no processo administrativo fiscal. [129]

Consciente da impossibilidade de se arguir a ocorrência da prescrição nesta situação, HUGO DE BRITO MACHADO SEGUNDO, que, em linha com a doutrina de MARCO AURÉLIO GRECO prefere falar na preclusão do direito da Fazenda, sustenta que neste caso o que há é o abandono do processo. Vejam-se suas palavras:

> *É certo que o oferecimento da impugnação suspende a exigibilidade do crédito tributário, suspendendo também o curso da prescrição. Mas se o Fisco abandona o processo por mais de cinco anos, já não se pode dizer que é o simples oferecimento de uma impugnação que o está impedindo de propor a execução fiscal: é o abandono do processo – que implica a indevida não-apreciação da impugnação – que enseja a demora na propositura da execução, sendo plenamente cabível falar-se, sim, em prescrição intercorrente.*
>
> *Na verdade, as duas teses, da perempção e da prescrição intercorrente – não são contraditórias, mas sim completam uma à outra. A inércia da Fazenda Pública e o abandono do processo implicam a sua extinção pela perempção, e, como consequência, levem à extinção do direito de propor a ação de execução fiscal e, por conseguinte, do próprio crédito tributário (CTN, art. 156, V).*[130]

---

[128] Para uma análise mais abrangente do instituto da prescrição intercorrente, ver: TONIOLO, Ernesto José. *A Prescrição Intercorrente na Execução Fiscal*. Rio de Janeiro: Lumen Juris, 2007.

[129] Ver: PIMENTA, Marcos Rogério Lyrio. A Prescrição Intercorrente no Processo Administrativo Tributário. *Revista Dialética de Direito Tributário*, São Paulo, n. 71, ago. 2001, p. 126; BITTAR, Djalma. Prescrição Intercorrente em Processo Administrativo de Consolidação do Crédito Tributário. *Revista Dialética de Direito Tributário*, São Paulo, n. 92, set. 2001, p. 22; MACHADO SEGUNDO, Hugo de Brito. *Processo Tributário*. São Paulo: Atlas, 2004, pp. 202-206; SOUZA, Fátima Fernandes Rodrigues de. Decadência e Prescrição. In: MARTINS, Ives Gandra da Silva (Coord.). *Decadência e Prescrição*. São Paulo: Revista dos Tribunais, 2007, p. 141; RODRIGUES, Marilene Talarico Martins. Decadência e Prescrição. In: MARTINS, Ives Gandra da Silva (Coord.). *Decadência e Prescrição*. São Paulo: Revista dos Tribunais, 2007, p. 178; COSTA-CORR A, André L. Decadência e Prescrição. In: MARTINS, Ives Gandra da Silva (Coord.). *Decadência e Prescrição*. São Paulo: Revista dos Tribunais, 2007, pp. 287-289; FERNANDES, Edison Carlos. Decadência e Prescrição. In: MARTINS, Ives Gandra da Silva (Coord.). *Decadência e Prescrição*. São Paulo: Revista dos Tribunais, 2007, pp. 382--383; HARADA, Kiyoshi. Decadência e Prescrição. In: MARTINS, Ives Gandra da Silva (Coord.). *Decadência e Prescrição*. São Paulo: Revista dos Tribunais, 2007, pp. 392-393; VARGAS, Jorge de Oliveira. Decadência e Prescrição. In: MARTINS, Ives Gandra da Silva (Coord.). *Decadência e Prescrição*. São Paulo: Revista dos Tribunais, 2007, p. 442.

[130] MACHADO SEGUNDO, Hugo de Brito, *Processo Tributário*, 2004, p. 205.

Concordo com o citado autor quando afirma que o fundamento da preclusão aqui seria o abandono do processo. Contudo, discordo da conclusão alcançada.

De fato, é certamente um meio para se alcançar a duração razoável do processo que se estabeleça a preclusão do direito da Fazenda de prosseguir com o processo administrativo nas hipóteses em que a mesma tenha abandonado o processo, e apenas nessas hipóteses.

Nada obstante, há que se reconhecer que, embora tal saída seja viável e até mesmo indicada para concretização da duração razoável do processo administrativo fiscal, a mesma não se encontra prevista na legislação, não sendo a preclusão do direito da Fazenda ao processo administrativo fiscal causa de extinção do crédito tributário.

Tanto é assim que os defensores da tese da prescrição intercorrente/preclusão acabam por evocar o inciso V do art. 156 do Código Tributário Nacional (prescrição e decadência) para suportar a extinção do crédito tributário.

Como afirmado anteriormente, não se tratando aqui de prescrição ou decadência parece inaplicável o referido dispositivo do Código.

Assim, é possível concluir que a legislação em vigor não estabelece a possibilidade da prescrição intercorrente no curso do processo administrativo fiscal, *sendo indicado, portanto, que se venha a consagrar na legislação a preclusão do direito da Fazenda nos casos de abandono, pela mesma, do processo. Tal previsão certamente seria um instrumento de concretização do princípio da duração razoável do processo.*[131]

---

[131] Entendimento diverso é sustentado por EDMAR OLIVEIRA ANDRADE FILHO, para quem a constituição definitiva do crédito tributário, ou seja, a decisão final no processo administrativo, deveria ser proferida dentro do prazo previsto no art. 173 do Código Tributário Nacional. Eis a sua lição: "Ora, se o lançamento tributário não pode aparelhar a exigibilidade do crédito tributário, ele não pode servir de base à execução judicial do referido valor, que é a sua função essencial ou final se o devedor não cumpre a sua obrigação. Em tais condições, rigorosamente, trata-se – o lançamento tributário – de ato sujeito à condição ou confirmação. A ausência de exigibilidade do crédito significa que o lançamento tributário ainda não produziu um efeito essencial para o qual foi instituído pela ordem jurídica; tendo havido impugnação, o ato deixou de ser ato administrativo da categoria dos simples e converteu-se: (a) em ato administrativo complexo, cuja eficácia jurídica plena (=capacidade de produzir o efeito final para o qual existe) requer o concurso de diversos órgãos da administração; ou, (b) em procedimento administrativo, no qual – de acordo com Celso Antônio Bandeira de Mello – concorrem diversos atos, todos com finalidades específicas, distintas, sem prejuízo de possuírem também uma finalidade comum à generalidade deles.

Destarte, em reiteração ao que já foi dito; o lapso temporal a que faz menção o *caput* do artigo 173 do Código Tributário Nacional é para constituir definitivamente o crédito tributário; a perfeição deste, por outro lado, só ocorre quando esgotadas – se for o caso – todas as fases do processo

3.1.8. Princípio do Formalismo Finalístico (Instrumentalidade das Formas)

O processo, seja ele jurisdicional ou administrativo, não é um fim em si mesmo, mas sim um instrumento para a realização das Funções estatais.

Tem-se, portanto, que a finalidade dos processos e procedimentos administrativos se resume à realização da Função Executiva, não devendo o formalismo se colocar à frente das finalidades públicas e dos interesses superiores da coletividade.

Assim, o processo administrativo deve ser entendido como um instrumento e não como um fim em si mesmo. As formas previstas em lei para sua realização devem ser encaradas de maneira instrumental à consecução do fim a que se destinam, não servindo como barreira à efetividade deste último.

O que foi aduzido acima não se presta a negar o caráter eminentemente formal do Direito Processual[132] (uma vez que este regula a forma do exercício de determinada função estatal), negando, isso sim, que a forma em si se torne mais importante do que a atuação estatal a que se destina.

---

administrativo; em decorrência, o prazo é para dar contornos finais ao lançamento e valores finais ao crédito tributário considerando as fases de impugnação, se houver. Esse efeito, por exigência do Código Tributário Nacional, ocorre apenas na esfera administrativa; realizar o lançamento é atribuição da administração, ainda que o valor do crédito venha a ser modificado *a posteriori* por decisão judicial e que o lançamento venha a ser declarado inválido" (ANDRADE FILHO, Edmar Oliveira. Decadência e o Tempo Máximo de Duração do Processo Administrativo Tributário. In: PIZOLIO, Reinaldo (Coord.). *Processo Administrativo Tributário*. São Paulo: Quartier Latin, 2007, p. 64).

[132] MARCELLO CAETANO ressalta a importância da existência de formalidades que rejam o processo administrativo, as quais não devem se degenerar, entretanto, em sua burocratização e lentidão. Eis a lição do citado publicista português: "Aquilo que tantas vezes exaspera o público na burocracia – a lentidão das resoluções – pode ser apenas degenerescência das cautelas úteis exigidas a bem da ponderação das decisões e do respeito dos interesses de terceiros. Todos quantos possuem experiência política ou administrativa conhecem os riscos das resoluções expeditas, tomadas no calor do entusiasmo de pôr termo a uma demanda, de rematar, num gesto de pública eficiência, uma questão que se arrasta... Vai-se a ver depois e havia razões sérias a considerar que o desejo de atender a reclamações veementes – e quantas vezes pérfidas – num contato entre governantes e o público, deixou injustamente de lado.

Por isso, se não se alimentar a lentidão dos métodos da burocracia, também não devemos condenar sumariamente os cuidados, as cautelas, o formalismo com que a lei e a praxe mandam ter em conta os graves interesses públicos e privados tantas vezes em risco nas decisões administrativas" (CAETANO, Marcelo. *Princípios Fundamentais do Direito Administrativo*. Rio de Janeiro: Forense, 1977, p. 512). Ver, ainda: XAVIER, Alberto, *Do Procedimento Administrativo*, 1976, p. 106.

Nesse contexto, o que não se pode admitir é o formalismo, ou seja, o culto à forma acima de qualquer outra finalidade. Como destaca Cândido Rangel Dinamarco, em lição aplicável ao processo administrativo:

> *O direito processual é eminentemente formal, no sentido de que define e impõe formas a serem observadas nos atos de exercício da jurisdição pelo juiz e de defesa de interesses pelas partes. A exigência de formas no processo é um penhor da segurança destas, destinado a dar efetividade aos poderes e faculdades inerentes ao sistema processual (devido processo legal); o que se renega no direito formal é o formalismo, entendido como culto irracional da forma, como se fosse esta um objetivo em si mesma. Forma é expressão externa do ato jurídico e revela-se no modo de sua realização, no lugar em que deve ser realizado e nos limites de tempo para realizar-se.*[133]

Diante do exposto, é possível falar que os processos e procedimentos administrativos são regidos por um formalismo finalístico, em função do qual se deve atender à finalidade das formas e não à forma em si.

O princípio de que se cogita tem notados reflexos no que tange ao sistema de nulidades do processo, de forma que, conforme esclarece Luiz Fux, "a regra é o aproveitamento do ato apesar de praticado fora do modelo legal, desde que alcançada a sua finalidade".[134]

James Marins, ao comentar o que denomina *princípio do formalismo moderado*, esclarece que o mesmo tem duas vertentes:

> *... a primeira, revestida sob a forma de informalismo a favor do administrado, que tem por escopo facilitar a atuação do particular de modo a que excessos formais não prejudiquem sua colaboração no procedimento ou defesa no processo; a segunda vertente relaciona-se com a celeridade e economia que se espera do atuar administrativo fiscal.*[135]

Conforme salienta Agustín Gordillo,[136] o princípio do informalismo representa uma garantia aos administrados, evitando que meros vícios formais

---

[133] DINAMARCO, Cândido Rangel. *Instituições de Direito Processual Civil*. São Paulo: Malheiros, 2001, v. I, p. 38.
[134] FUX, Luiz. *Curso de Direito Processual Civil*. Rio de Janeiro: Forense, 2001, p. 432.
[135] *Direito Processual Tributário Brasileiro*: Administrativo e Judicial, 2001, pp. 182-183.
[136] *Tratado de Derecho Administrativo*, 2000, t. 2, pp. IX, 22-28. Também tratando o princípio em comento como uma garantia exclusiva dos administrados é o magistério da Professora da Universidade Católica Argentina, Laura Monti, para quem "a carência de formas estritas em que consiste o princípio somente pode ser postulada pelo particular, não pela Administração, para deixar de cumprir com as prescrições que o ordenamento jurídico estabelece quanto

(notadamente em matéria recursal) venham a prejudicar o exercício de seus direitos, não podendo servir de fundamento para que a Administração deixe de atentar às formalidades previstas na lei.[137]

O princípio do formalismo finalístico foi incorporado à Lei nº 9.784/99, que, nos incisos VIII e IX do parágrafo único de seu art. 2º, estabelece, respectivamente, que no processo administrativo federal deve-se "observância das formalidades essenciais à garantia dos direitos dos administrados", indicando o caráter garantístico dos direitos dos administrados que as formalidades devem assumir no âmbito do processo administrativo, determinando, ainda, a "adoção de formas simples, suficientes para propiciar adequado grau de certeza, segurança e respeito aos direitos dos administrados", evidenciando, a todas as luzes, a finalidade das formas do processo, ou seja, do procedimento.

Também tem fulcro no princípio em comento a disposição contida no art. 22 da Lei nº 9.784/99, no sentido de que "os atos do processo administrativo não dependem de forma determinada senão quando a lei expressamente a exigir".

Ambos os dispositivos devem ser agora interpretados em conformidade com o novel inciso LXXVIII do art. 5º da Constituição Federal, introduzido pela Emenda Constitucional nº 45/2005, segundo o qual "LXXVIII a todos, no âmbito judicial e administrativo, são assegurados a razoável duração do processo e os meios que garantam a celeridade de sua tramitação".

O direito fundamental a um processo célere implica na utilização do processo como meio para a realização de direitos e não como um fim em si mesmo, de modo que as formas não sejam exacerbadas a ponto de tornar ineficazes os direitos tutelados pelo Estado.[138]

---

ao seu modo de atuação, nem para elidir o cumprimento das regras elementares do devido processo" (MONTI, Laura. El Principio del Informalismo en el Procedimiento Administrativo. In: *Procedimiento Administrativo*: Jornadas Organizadas por la Universidad Austral – Facultad de Derecho. Buenos Aires: Editorial Ciencias de la Administración, 1998, p. 30). No mesmo sentido, ainda, ABERASTURY, Pedro; CILURZO, María Rosa, *Curso de Procedimiento Administrativo*, 1998, p. 31; DROMI, Roberto. La Seguridad Administrativa. In: DROMI, Roberto; ALFONSO, Luciano Parejo. *Seguridad Pública y Derecho Administrativo*. Madrid: Marcial Pons, 2001, p. 317; CASTRO, Alexandre Barros. *Procedimento Administrativo Tributário*. São Paulo: Saraiva, 2007, p. 137.

[137] Ver, também, ATALIBA, Geraldo. Princípios de Procedimento Tributário. In: PRADE, Péricles Luiz Medeiros; CARVALHO, Célio Benevides (Coord.). *Novo Processo Tributário*. São Paulo: Resenha Tributária, 1975, pp. 33-34; CARVALHO, Paulo de Barros, *Direito Tributário, Linguagem e Método*, 2008, p. 793.

[138] Cf. SILVA, Valcur Natalino da. O Princípio Constitucional da Razoável Duração do Processo (art. 5º, LXXVIII, da CF). In: WAMBIER, Teresa Arruda Alvim et al. (Coords.). *Reforma do Judiciário*: Primeiras Reflexões sobre a Emenda Constitucional N. 45/2005. São Paulo: Revista dos Tribunais,

3.1.9. Princípio da Praticidade

Um dos maiores desafios de um sistema tributário de massas consiste no estabelecimento de regras que sejam passíveis de serem aplicadas, alcançando a desejada efetividade. Nessa ordem de idéias, tem-se que o legislador, ao impor aos sujeitos passivos deveres fiscais, materiais ou formais, deve buscar editar regras que possam ser interpretadas por seus destinatários, evitando-se a criação de encargos exacerbados para os mesmos, prevendo, ainda, mecanismos que possibilitem a fiscalização das condutas dos contribuintes pelas autoridades fazendárias.

O alcance de tais finalidades consiste no conteúdo do *princípio da praticidade*,[139] o qual vem sendo analisado com bastante profundidade pela Professora

---

2005, p. 785. Diversos estudos acadêmicos sobre o princípio da duração razoável do processo podem ser encontrados em: WAMBIER, Teresa Arruda Alvim *et al.* (Coords.). *Reforma do Judiciário*: Primeiras Reflexões sobre a Emenda Constitucional nº 45/2005. São Paulo: Revista dos Tribunais, 2005.

[139] Sobre o princípio da praticidade, ver: TÔRRES, Heleno Taveira. Transação, Arbitragem e Conciliação Judicial como Medidas Alternativas para Resolução de Conflitos entre Administração e Contribuintes – Simplificação e Eficiência Administrativa. *Revista de Direito Tributário*, São Paulo, nº 86, 2003, pp. 40-64; DERZI, Misabel Abreu Machado. Pós-modernismo e Tributos: Complexidade, Diferença e Corporativismo. *Revista Dialética de Direito Tributário*, São Paulo, nº 100, jan. 2004, pp. 75-78; DERZI, Misabel Abreu Machado. *Direito tributário, direito penal e tipo*. São Paulo: Revista dos Tribunais, 1988, pp. 267-269; PONTES, Helenílson Cunha. O princípio da praticidade no Direito Tributário (substituição tributária, plantas de valores, retenções de fonte, presunções e ficções, etc.): sua necessidade e seus limites. *Revista Internacional de Direito Tributário*, Belo Horizonte, nº 2, jul.-dez. 2004, pp. 51-60; MANEIRA, Eduardo. O princípio da praticidade no Direito Tributário (substituição tributária, plantas de valores, retenções de fonte, presunções e ficções, etc.): sua necessidade e seus limites. *Revista Internacional de Direito Tributário*, Belo Horizonte, nº 2, jul.-dez. 2004, pp. 61-67; ANDRADE, Alberto Guimarães. O princípio da praticidade no Direito Tributário (substituição tributária, plantas de valores, retenções de fonte, presunções e ficções, etc.): sua necessidade e seus limi-tes. *Revista Internacional de Direito Tributário*, Belo Horizonte, nº 2, jul.-dez. 2004, pp. 68-72; BARBOSA, Ana Carolina Silva. O princípio da praticidade e uma análise do entendimento do Supremo Tribunal Federal frente aos princípios da moralidade e da eficiência administrativa. *Revista Internacional de Direito Tributário*, Belo Horizonte, v. 3, jan.-jun. 2005, pp. 208-213; BRECHBUHLER, Gustavo. Da Imprescindível Aplicação do Princípio da Praticidade na Tributação em Massa. In: ROCHA, Sergio André (Coord.). *Processo Administrativo Tribu tário*: Estudos em Homenagem ao Professor Aur;elio Pitanga Seixas Filho. São Paulo: Quartier Latin, 2007, pp. 213-234; FERNANDES, Bruno Rocha Cesar. Praticidade no Direito Tributário: Princípio ou Técnica? Uma Análise à Luz da Justiça Fiscal. *Revista de Estudos Tributários*, São Paulo, n. 56, jul.-ago. 2007, pp. 96-108; TEIXEIRA, Daniel Alves. *Praticidade no Direito Tributário*: Fundamento e Controle. Rio de Janeiro: Lumen Juris, 2016.

MISABEL ABREU MACHADO DERZI. Sobre o princípio em questão a citada autora proferiu a seguinte lição:

> *A praticidade é um princípio geral e difuso, que não encontra formulação escrita nem no ordenamento jurídico alemão, nem no nacional. Mas está implícito, sem dúvida, por detrás das normas constitucionais. Para tornar a norma exequível, cômoda e viável, a serviço da praticidade, a lei e o regulamento muitas vezes se utilizam de abstrações generalizantes fechadas (presunções, ficções, enumerações taxativas, somatórios e quantificações) denominadas impropriamente por alguns autores de "tipificações" ou modo de raciocinar "tipificante". A principal razão dessa acentuada expressão da praticidade, já o dissemos, reside no fato de que o Direito Tributário enseja aplicação em masse de suas normas, a cargo da Administração, ex officio, e de forma contínua ou fiscalização em massa da aplicação dessas normas (nas hipóteses de tributos lançados por homologação).*140

Nas palavras de HELENÍLSON CUNHA PONTES, a praticidade "se manifesta em pelo menos duas dimensões: uma, na definição da própria regra tributária, isto é, da própria obrigação principal, a partir da definição dos elementos estruturais da obrigação tributária; e uma outra dimensão, relativa à aplicação da regra tributária, nos chamados deveres acessórios".[141]

A praticidade material, referente às normas tributárias impositivas, demanda que as normas fiscais sejam simples o bastante para que sejam interpretadas diretamente pelos contribuintes.[142]

---

[140] DERZI, Misabel Abreu Machado. A Praticidade, a Substituição Tributária e o Direito Fundamental à Justiça Individual. In: FISCHER, Octavio Campos (Coord.). *Tributos e Direitos Fundamentais*. São Paulo: Dialética, 2004, p. 264. Como destaca REGINA HELENA COSTA, "a *praticabilidade*, também conhecida como *praticidade, pragmatismo* ou *factibilidade*, pode ser traduzida, em sua acepção jurídica, no conjunto de técnicas que visam viabilizar a adequada execução do ordenamento jurídico" (COSTA, Regina Helena. *Praticabilidade e Justiça Tributária*: Exequibilidade de Lei Tributária e Direitos do Contribuinte. São Paulo: Malheiros, 2007, p. 53).

[141] PONTES, Helenílson Cunha, O princípio da praticidade no Direito Tributário (substituição tributária, plantas de valores, retenções de fonte, presunções e ficções, etc.): sua necessidade e seus limites, 2004, p. 58.

[142] Vale a pena trazer à colação a seguinte passagem de EZIO VANONI, para quem "na aplicação da lei tributária, deve certamente procurar-se a certeza da tributação, mas ainda é preciso, por outro lado, ter presente a necessidade de realizar outros princípios tributários, entre os quais especialmente o da facilidade e comodidade da arrecação, e o da igualdade em face do tributo. A estes fins mal se adaptaria uma norma rígida e cristalizada dentro dos limites da vontade inalterável do legislador pretérito: importa que a norma seja maleável e capaz de se adaptar a exigências sempre renovadas" (VANONI, Ezio. *Natureza e Interpretação das Leis Tributárias*. Tradução Rubens Gomes de Souza. Rio de Janeiro: Edições Financeiras, [s/d], p. 190).

A praticidade formal refere-se à necessidade de que os deveres formais impostos aos contribuintes não lhes sejam penosos em demasiado (em termos administrativos e financeiros), referindo-se igualmente à administração fazendária, no sentido de se estabelecerem mecanismos de arrecadação e fiscalização que tornem possível a cobrança dos tributos em um sistema massificado.

Nesse âmbito em partircular (praticidade como instrumento de viabilização da arrecadação e fiscalização tributárias) há que se ter o cuidado de evitar que, em nome da praticidade, o Poder Público derrogue outros princípios da tributação bem como as garantias do homem-contribuinte. Praticidade sim, mas dentro dos marcos constitucionais de exercício do poder tributário.[143]

No campo do processo administrativo, o princípio da praticidade implica a necessidade da simplificação das formas processuais, de modo que possam as mesmas ser observadas pelos contribuintes e pela própria Fazenda Pública, sendo do interesse de toda a coletividade que os contribuintes tenham meios simples e eficazes de defesa e que a Fazenda possua formas igualmente simples e eficazes de exigência dos tributos devidos.

3.1.10. Princípio da Motivação

Como se sabe, todo ato administrativo possui um motivo, enquanto razão e fundamento de sua prática. Por outro lado, dentro de um Estado Democrático de Direito não basta apenas a existência do referido motivo, sendo o conhecimento quanto ao mesmo restrito à Administração Pública.

Exige-se, para a validade do ato, que as razões que ensejaram a sua prática sejam externadas aos seus destinatários, com o que se viabiliza a compreensão quanto aos fundamentos que levaram à sua realização, possibilitando-se, ainda, o controle de sua legalidade e legitimidade pelos administrados, pelo Poder Judiciário e pela própria Administração Pública.[144] Em consonância com a lição do Professor AURÉLIO PITANGA SEIXAS FILHO:

---

[143] Ver: ZILVETI, Fernando Aurélio. Simplicius Simplicissimus – os Limites da Praticabilidade diante do Princípio da Capacidade Contributiva. *Revista Direito Tributário Atual*, São Paulo, v. 22, 2008, p. 184.

[144] Conforme salienta CARLOS ARI SUNDFELD, "a motivação, exigida pela lógica do Estado de Direito, é entre outros aspectos um instrumento de aferição da legalidade do ato administrativo, isto é, serve à verificação da ocorrência dos pressupostos que autorizam a ação do agente" (*Motivação do Ato Administrativo como Garantia dos Administrados*, 1985, p. 123).

... sendo cogente ou imperativa a ordem emanada pela autoridade administrativa, no exercício legítimo de seu dever-poder derivado da lei (exercício do poder de polícia), o destinatário dessa norma jurídica derivada tem o direito de tomar conhecimento da sua causa impulsiva ou da causa que fundamenta ou motiva a existência do ato administrativo. Por essa razão todos os atos administrativos devem ser motivados, conter sua fundamentação ou motivação, não havendo mais qualquer questionamento quanto à necessidade naqueles atos administrativos atributivos ou denegatórios de direitos, como ensina Agustín Gordillo.[145]

Nessa mesma linha de raciocínio, salienta CARLOS ROBERTO DE SIQUEIRA CASTRO que a motivação dos atos administrativos é dever da Administração Pública, sendo, no âmbito do processo administrativo, corolário do princípio do devido processo legal.[146]

Como dito, a principal função da exigência de motivação dos atos administrativos decisórios praticados no âmbito do processo e do procedimento administrativos consiste na possibilidade de controle da legalidade das decisões proferidas pelos seus destinatários, isso por intermédio da verificação dos fundamentos externados pela Administração Pública, a justificar a sua prática.

---

[145] SEIXAS FILHO, Aurélio Pitanga. Procedimento de Revisão de Despacho Aduaneiro: Necessidade de Motivação. In: *Estudos de Procedimento Administrativo Fiscal*. Rio de Janeiro: Freitas Bastos, 2000, p. 55. Ver, também: SEIXAS FILHO, Aurélio Pitanga. A motivação dos atos administrativos, em especial do lançamento tributário. In: CARVALHO, Maria Augusta Machado de (Coord.). *Estudos de Direito Tributário em Homenagem à Memória de Gilberto de Ulhôa Canto*. Rio de Janeiro: Forense, 1998, pp. 41-46; MELO, José Eduardo Soares de. Processo Administrativo Tributário. In: ROCHA, Valdir de Oliveira (Coord.). *Processo Administrativo Fiscal*. São Paulo: Dialética, 1995, p. 100-103; FREITAS, Juarez. Reexame dos Conceitos de Convalidação, Anulação, Revogação e Autorização no Direito Administrativo. In: CARVALHO, Cristiano; PEIXOTO, Marcelo Magalhães (Coords.). *Temas de Direito Público*: Estudos em Homenagem ao Ministro José Augusto Delgado. Curitiba: Juruá, 2005, p. 317. Sobre o dever de motivação no âmbito do Direito argentino vale a pena transcrever a lição de ALEJANDRO ALTAMIRANO: "'Motivar' significa exibir ao administrado as razões pelas quais o autor do ato administrativo decidiu da forma como surge do mesmo. Esta é uma garantia do administrado; portanto, não é facultativo para a Administração, mas sim obrigatório. Todo ato administrativo deve conter as razões que levaram à adoção de tal ou qual medida. A finalidade da decisão condiciona a motivação, tendo a doutrina do direito administrativo destacado de forma uniforme que em nosso ordenamento jurídico se considera que a motivação implica expressar a causa e finalidade do ato administrativo. Estas são as razões pelas quais o direito administrativo argentino considera que a motivação consiste na expressão não só da causa, mas também da finalidade do ato administrativo" (ALTAMIRANO, Alejandro. La Discrecionaridad Administrativa y la Motivación del Ato de Determinación Tributaria. In: ALTAMIRANO, Alejandro (Coord). *El Procedimiento Tributario*. Buenos Aires, Editorial Ábaco de Rodolfo Depalma, 2003, pp. 192 e 193).

[146] Cf. CASTRO, Carlos Roberto de. *O Devido Processo Legal e a Razoabilidade das Leis na Nova Constituição do Brasil*. 2ª ed. Rio de Janeiro: Forense, 1989, p. 322.

Como destacam EDUARDO GARCÍA DE ENTERRÍA e TOMÁS-RÁMON FERNÁNDEZ, a exigência da motivação dos atos administrativos decisórios não se resume a um requisito meramente formal da composição de sua estrutura. Antes, figura a motivação como requisito substancial, necessário à perfeição do ato. É nesse contexto que afirmam que a motivação "não se cumpre com qualquer fórmula convencional, pelo contrário, a motivação deve ser suficiente, isto é, dar a razão plena do processo lógico e jurídico que determinou a decisão".[147]

Nesse mesmo diapasão, esclarece AGUSTÍN GORDILLO que a carência da motivação acarreta a nulidade do ato, uma vez que "a falta de fundamentação implica não apenas um vício de forma, mas também e principalmente um vício de arbitrariedade, que como tal determina normalmente a nulidade do ato".[148]

Dessa forma, é forçoso concluir ser imperiosa a motivação dos atos administrativos, em especial dos atos decisórios praticados no âmbito de processos e procedimentos administrativos, sendo certo que tal exigência não pode ser considerada atendida diante de qualquer exposição das razões que justificam o ato, demandando, isto sim, que se externe, como destaca GORDILLO, de

---

[147] ENTERRÍA, Eduardo García de; FERNÁNDEZ, Tomás-Ramon, *Curso de Derecho Administrativo*, 2001, p. 561. Em conformidade com a lição do Professor da Universidade Nacional de Buenos Aires, JUAN CARLOS CASSAGNE, "o sentido da motivação é servir como garantia jurídica para o particular, para que possa exercer e desenvolver seu direito de defesa e, no tempo próprio, como garantia para a Administração, porque facilita enormemente o controle por parte dos órgãos competentes dentro e fora da Administração" (CASSAGNE, Juan Carlos. Principios Generales del Procedimiento Administrativo. In: *Procedimento Administrativo*: Jornadas Organizadas por la Universidad Austral – Facultad de Derecho. Buenos Aires: Editorial Ciencias de la Administración, 1998, p. 21). Nas palavras de CARLOS ROBERTO PELLEGRINO, "não basta que a motivação exponha as razões do ato; é preciso que assim seja, mas de modo a não deixar dúvidas sobre a sua verdade jurídica, sua razão e extensão. São esses requisitos os seguintes: a *precisão terminológica*, a *suficiência* e a conformidade *fático-jurídica*" (PELLEGRINO, Carlos Roberto. Acerca da Motivação do Ato Administrativo. In: MELLO, Celso Antônio Bandeira de (Org.). *Estudos em Homenagem a Geraldo Ataliba*: Direito Administrativo e Constitucional. São Paulo: Malheiros, 1997, p. 187). Sobre o tema ver, ainda: ANABITARTE, Alfredo Gallego; REXACH, Angel Menéndez. *Acto y Procedimiento Administrativo*. Barcelona: Marcial Pons, 2001, p. 202

[148] *Tratado de Derecho Administrativo*, 2000, t. 3, pp. X-17. No mesmo sentido é a lição de ALEJANDRO C. ALTAMIRANO, para quem a motivação dos atos administrativos configura um de seus elementos essenciais (La Discricionalidad Administrativa en el Procedimiento Tributario. In: SCHOUERI, Luís Eduardo (Coord.). *Direito Tributário*: Homenagem a Alcides Jorge Costa. São Paulo: Quartier Latin, 2003, p. 281); BONILHA, Paulo Celso Berstrom. Processo Administrativo Viciado, Inscrição do Débito na Dívida Ativa, Seguido de Execução Fiscal e Exceção de Pré-Executividade. In: ROCHA, Valdir de Oliveira (Coord). *Processo Administrativo Fiscal 2º Volume*. São Paulo: Dialética, 1997, p. 116.

maneira "clara e acabada, exaustivamente, quais são os fatos provados, qual é a prova, qual valoração receberam, que relação existem entre os fatos e o que o ato dispõe, que normas concretas são as que se aplicam ao caso (não bastando, segundo foi dito, a genérica invocação de uma lei) e por que se as está aplicando, etc".[149]

No âmbito do processo administrativo federal encontra-se o princípio da motivação estabelecido, como regra geral, no art. 2º, VII, da Lei nº 9.784/99, que determina a obrigatoriedade da "indicação dos pressupostos de fato e de direito que determinarem a decisão".

Estabelece o art. 50 do citado diploma legal, de forma explícita, a tipologia dos atos que devem, necessariamente, ser motivados, prevendo ainda, em seu § 1º, que "a motivação deve ser explícita, clara e congruente, podendo consistir em declaração de concordância com fundamentos de anteriores pareceres, informações, decisões ou propostas, que, neste caso, serão parte integrante do ato".

3.1.11. Princípio da Proporcionalidade (Devido Processo Legal Substantivo)

A noção de proporcionalidade da atuação estatal é uma exigência que decorre do princípio geral de liberdade, afirmado a partir da Revolução Francesa, o qual serve de limite às intervenções do Estado na esfera de direitos das pessoas.

Com efeito, embora seja possível afirmar, em conformidade com as observações apresentadas no capítulo primeiro do presente estudo, que hodiernamente o direito à liberdade não se afigura como um direito absoluto (caráter que, de resto, não pode ser atribuído a qualquer direito fundamental), é de se reconhecer que a sua limitação deve se pautar em critérios razoáveis, somente sendo legítima quando adotada forma adequada à realização do interesse público, com a eleição do modo menos gravoso possível, ponderando-se os benefícios à coletividade em comparação às restrições impostas ao exercício de direitos individuais em decorrência da atuação estatal. A observância desses critérios corporifica o princípio da proporcionalidade.

No Direito norte-americano, o princípio ora em comento teve origem na transição do *procedural due process of law* para *substantive due process*.

---

[149] *Tratado de Derecho Administrativo*, 2000, t. 3, pp. X-19.

Como se sabe, a origem do *due process of law* remonta à *Magna Carta* inglesa de 1215, a qual constituiu espécie de acordo entre o soberano e a nobreza feudal inglesa, que se encontrava insatisfeita com o arbítrio real. Conforme destaca EDWARD S. CORWIN "a Magna Carta era uma concessão real para limitada classe de beneficiários, mais ou menos à custa do reino em geral. O rei prometia a seus barões que não tornaria a infringir seus costumeiros privilégios feudais, como fizera no passado imediato, muito embora tais privilégios não fossem consentâneos com o interesse de seus outros súditos".[150]

Evidencia o acima asseverado o fato de a *Magna Carta* ter sido redigida em latim e não em inglês, tendo-se limitado, dessa forma, o seu alcance, uma vez que, como regra, o latim era de conhecimento apenas da classe dominante.[151]

Conforme salienta CARLOS ROBERTO DE SIQUEIRA CASTRO, em sua origem, o princípio do devido processo legal *"foi confeccionado como uma garantia tão apenas processual, ou seja, como um princípio assecuratório da regularidade do processo, a ser observado nas várias instâncias judiciais"*.[152]

O Direito Constitucional inglês conservou o princípio do devido processo legal apenas em seu viés processual, no sentido de se exigir que a privação dos súditos de seus bens ou de sua liberdade fosse precedida pelo julgamento por seus pares, obedecido ao processo legalmente estabelecido.

Com a colonização inglesa em território americano, o princípio do devido processo legal foi recebido pela nação que se tornaria independente.

A Constituição americana de 1787 não trouxe referência, em seu texto original, a quaisquer direitos ou garantias fundamentais. ANTÔNIO ROBERTO SAMPAIO DÓRIA, com fundamento em LUCIUS P. MCGEHEE, destaca que "manobrando com singular sagacidade, Madison alijara do texto da Constituição qualquer referência à proteção de aludidos direitos, embora cônscio de que 'a

---

[150] Apud DÓRIA, Antônio Roberto Sampaio. *Direito Constitucional Tributário e Due Process of Law*. 2ª ed. Rio de Janeiro: Forense, 1986, pp. 10-11. Para uma leitura mais profunda sobre as origens históricas da Magna Charta, ver: COMPARATO, Fábio Konder. *A Afirmação Histórica dos Direitos Humanos*. 3ª ed. São Paulo: Saraiva, 2004, pp. 69-84. Sobre a origem da *due process clause*, ver, também: NERY JÚNIOR, Nelson. *Princípios do Processo Civil na Constituição Federal*. 6ª ed. São Paulo: Revista dos Tribunais, 2000, p. 32; SALDANHA, Nelson. Da Magna Carta ao Poder Constituinte: Os Fundamentos da Teoria Constitucional Contemporânea nas Experiências Históricas Inglesa e Francesa. In: *As Tendências Atuais do Direito Público*: Estudos em Homenagem ao Professor Afonso Arinos. Rio de Janeiro: Forense, 1976, pp. 290-291.

[151] Cf. CÂMARA, Alexandre Freitas, *Lições de Direito Processual Civil*, 1999, p. 30.

[152] CASTRO, Carlos Roberto de. *O Devido Processo Legal e a Razoabilidade das Leis na Nova Constituição do Brasil*, 1989, p. 34; DÓRIA, Antônio Roberto Sampaio, *Direito Constitucional Tributário e Due Process of Law*, 1986, pp. 12-13.

luta contra a Inglaterra para a conquista de certos privilégios havia deixado os Estados Unidos e a população hipersensíveis a tudo quanto se referisse à liberdade, e profundamente ciumentos e desconfiados do governo central'".[153]

É com a Emenda Constitucional de nº 5 que o princípio do devido processo legal é incorporado formalmente ao Direito Constitucional dos Estados Unidos da América,[154] embora, nesse primeiro momento, sua aplicabilidade se encontrasse restrita às autoridades da União Federal,[155] somente se estendendo aos Estados após a edição da 14ª emenda à Constituição norte-americana.

Como mencionado, quando da instituição do princípio no Direito Constitucional americano, o devido processo legal manteve seu caráter eminentemente processual, na esteira do Direito inglês.

Contudo, as notadas diferenças quanto à Função estatal que se tornaria preponderante nos Estados Unidos e na Inglaterra terminaram por viabilizar a coloração no princípio em comento, no Direito americano, com novos matizes.[156]

Com efeito, como já mencionado no presente estudo, após a Revolução Gloriosa de 1688 estabeleceu-se na Inglaterra o princípio da supremacia do Parlamento,[157] sendo certo que as normas de conduta emitidas pelo Legislativo inglês deviam ser observadas não apenas na Inglaterra, mas, de igual maneira, em todas as suas colônias.

Nesse contexto, conforme noticia MAURO CAPPELLETTI em seu estudo sobre o controle de constitucionalidade das leis no direito comparado, "as colônias podiam, certamente, aprovar suas próprias leis, mas sob a condição de que estas leis fossem "razoáveis" e, como quer que seja, 'não contrárias às

---

[153] *Direito Constitucional Tributário e Due Process of Law*, 1986, p. 16.

[154] Anteriormente, o princípio havia estado presente na Declaração de Direitos da Colônia de Virginia e na Constituição de Vermont, com aplicabilidade restrita a questões criminais, e nas Constituições de Nova York, Pennsylvania, Massachusetts e Maryland, aplicando-se também aos direitos patrimoniais (cf. DÓRIA, Antônio Roberto Sampaio, *Direito Constitucional Tributário e Due Process of Law*, 1986, p. 15).

[155] DÓRIA, Antônio Roberto Sampaio, *Direito Constitucional Tributário e Due Process of Law*, 1986, p. 16; CASTRO, Carlos Roberto de Siqueira, *O Devido Processo Legal e a Razoabilidade das Leis na Nova Constituição do Brasil*, 1986, p. 30.

[156] Sobre as distinções acerca dos sistemas inglês e norte-americano de separação de poderes consultar DÓRIA, A. de Sampaio. *Direito Constitucional*. 5ª ed. São Paulo: Max Limonad, 1962. v. I, pp. 280-281.

[157] Sobre a supremacia do Parlamento na Inglaterra, ver: ALDER, John. *General Principles of Constitutional and Administrative Law*. 4th. ed. Hampshire: Palgrave Macmillan, 2002, pp. 121-141; CAETANO, Marcello. *Curso de Ciência Política e Direito Constitucional*. Coimbra: Coimbra Editora, 1959, v. I, pp. 37-39.

leis do Reino da Inglaterra e, por conseguinte, evidentemente, não contrárias à vontade suprema do Parlamento inglês'".[158]

A aplicabilidade das leis inglesas como normas superiores que deveriam ser observadas na colônia americana trouxe consigo o controle das leis coloniais pelos magistrados, os quais possuíam atribuição para verificar a compatibilidade entre estas e aquelas.[159]

Nesse contexto, é possível asseverar que a supremacia do Parlamento inglês, com a obrigatoriedade da aplicação de suas normas nas colônias e a possibilidade de controle das leis coloniais em função das disposições inglesas, foi um dos grandes responsáveis pela tradição de controle dos atos do Legislativo e do Executivo pelo Poder Judiciário. Nesse sentido é o entendimento de MAURO CAPPELLETTI:

> *Com efeito, quando em 1776 as Colônias inglesas da América proclamaram a sua independência da Inglaterra, um de seus primeiros atos de independência foi o de substituir as velhas "Cartas" pelas novas Constituições, entendidas como as Leis Fundamentais dos novos Estados independentes. E como, no passado, nulas e não aplicáveis tinham sido consideradas pelos juízes as leis contrárias às "Cartas" coloniais e às "leis do Reino", assim não é correto admirar-se de que a mesma nulidade e não aplicabilidade devesse, depois, ser afirmada, e com bem maior razão, para as leis contrárias às novas e vitoriosas Cartas Constitucionais dos Estados independentes.*[160]

A despeito do contexto histórico e do fundamento jurídico (art. VI, seção II, da Constituição norte-americana[161]) para a adoção de um controle da atividade legislativa, esta não foi inicialmente implementada. Nas palavras de ANTÔNIO ROBERTO SAMPAIO DÓRIA:

---

[158] CAPPELLETTI, Mauro. *O Controle Judicial de Constitucionalidade das Leis no Direito Comparado*. 2ª ed. Tradução Aroldo Plínio Gonçalves. Porto Alegre: Sergio Antonio Fabris Editor, 1992, p. 61.
[159] Cf. CAPPELLETTI, Mauro, *O Controle Judicial de Constitucionalidade das Leis no Direito Comparado*, 1992, p. 61.
[160] CAPPELLETTI, Mauro, *O Controle Judicial de Constitucionalidade das Leis no Direito Comparado*, 1992, p. 62.
[161] "Esta Constituição, e as Leis dos Estados Unidos em sua execução e os Tratados celebrados ou que houverem de ser celebrados em nome dos Estados Unidos constituirão o direito supremo do país. Os Juízes de todos os estados dever-lhes-ão obediência, ainda que a Constituição ou as leis de algum estado disponham em contrário" (MIRANDA, Jorge. *Textos Históricos do Direito Constitucional*. Lisboa: Imprensa Nacional – Casa da Moeda, 1990, p. 49).

... hesitante, a Suprema Corte americana aprecia hipóteses em que é debatida a constitucionalidade de legislação ordinária, mas se esquiva à ingrata tarefa de se indispor com o legislativo, optando por endossar-lhe os decretos impugnados.[162]

Somente em *Marbury vs. Madison*[163] a Suprema Corte assume seu papel de revisão dos atos legislativos, afirmando-se como "Poder" responsável por determinar a validade vertical das normas jurídicas.

A competência do Judiciário para a apreciação da constitucionalidade dos atos do Poder Legislativo pode ser considerada o ponto de partida para o desenvolvimento do princípio do devido processo legal substantivo, conferindo-se aos órgãos judicantes, então, competência para apreciar o conteúdo das leis expedidas pelo Legislativo assim como dos demais atos do Poder Público.[164]

Em consonância com o magistério de CARLOS ROBERTO DE SIQUEIRA CASTRO, o desenvolvimento do devido processo legal substantivo pode ser identificado com a conjuntura político-econômica que marcou os séculos XVIII e XIX, com a ascensão do liberalismo econômico e a redução do papel do Estado.[165]

Feita essa breve digressão histórica, impõe-se delinear o conteúdo do princípio do devido processo legal substantivo, tarefa que não se mostra fácil em razão das peculiaridades do Direito norte-americano, de forte criação jurisprudencial, que torna cambiantes os limites do princípio que ora se pretende definir.

O que restou asseverado acima é corroborado pela lição de ANTÔNIO ROBERTO SAMPAIO DÓRIA, que reconhece que "o conceito genérico de due process jamais foi elaborado. Mais de um século de aplicação do princípio não permitiu ainda a exata delimitação de seu conteúdo. Alternam-se os juízes, à

---

[162] *Direito Constitucional Tributário e Due Process of Law*, 1986, p. 25. Sobre as incertezas que rondaram o estabelecimento do papel da Suprema Corte Norte-Americana até 1803, ver McCLOSKEY, Robert G. *The American Supreme Court*. 3rd. ed. Chicago: The University of Chicago Press, 2000, pp. 17-23.
[163] Para uma análise histórica do julgamento de *Marbury vs. Madison*, ver: McCLOSKEY, Robert G. *The American Supreme Court*, 2000, pp. 23-28.
[164] Permite-se trazer à colação uma vez mais o magistério do Professor CARLOS ROBERTO SIQUEIRA CASTRO, que assevera: "... foi com base na compreensão estrutural dos valores da liberdade e do progresso material, que encarnaram o liberalismo econômico e que foram sacralizados desde a origem pelo sistema constitucional norte-americano, que o Tribunal Maior dos Estados Unidos passou a vislumbrar na cláusula *due process of law* a fórmula feita sob medida para patrocinar a expansão do revisionismo judicial (*judicial review*), a ponto de possibilitar o controle da razoabilidade e da racionalidade, ou da justa medida, da medida proporcional, das leis e dos outros atos de governo em geral" (*A Constituição Aberta e os Direitos Fundamentais*, 2003, pp. 77-78).
[165] *O Devido Processo Legal e a Razoabilidade das Leis na Nova Constituição do Brasil*, 1989, p. 55.

fluidez das diretrizes do Direito Natural se substitui o não menos impreciso Standard da razoabilidade das leis, mas a cristalização de um conceito não se completa. Fato que provocou o franco reconhecimento de Oliver Holmes: 'o que é devido processo legal depende das circunstâncias'".[166]

O Professor da Universidade de Pennsylvania, EDWARD KEYNES, apresenta um conceito de devido processo legal como representativo da contraposição entre a proteção dos direitos fundamentais do indivíduo e o interesse público, asseverando que "as cláusulas do devido processo legal reconhecem a obrigação essencial do governo de proteger a segurança física do indivíduo, sua liberdade e direito de adquirir, gozar e dispor de riqueza (propriedade), dentro dos limites do dever da comunidade de proteger o bem-estar social".[167]

Nesse mesmo sentido é a lição de THOMAS M. COOLEY, que esclarece que "vida, liberdade e propriedade estão colocados sob a proteção de princípios conhecidos e estabelecidos, os quais não podem ser afastados quer genericamente quer especificamente, seja pelas cortes ou administradores públicos, seja pelos próprios legisladores".[168]

Tal definição, como visto, reflete uma posição liberal acerca do *due process*, entendendo o princípio sob o prisma da proteção da liberdade e da

---

[166] *Direito Constitucional Tributário e Due Process of Law*, 1986, pp. 32-33. THOMAS M. COOLEY também reconheceu a dificuldade de se delimitar o conteúdo da cláusula *due process of law*, como se infere da seguinte passagem: "Se agora devemos verificar o sentido no qual as frases 'devido processo legal' e 'lei da terra' são empregadas nas diversas disposições constitucio-nais às quais nos referimos, quando se tem em conta a proteção dos direitos de propriedade, nós talvez estejamos aptos a indicar a regra a partir da qual a conclusão adequada poderá ser alcançada nos casos em que se alegar que determinado ato legislativo não é a 'lei da terra' ou em que uma ação judicial ou ministerial são contestadas por não serem 'devido processo legal', dentro do significado desses termos do modo que a Constituição os emprega.

Se nós examinarmos tais definições desses termos conforme encontradas nos casos que reportamos, nós os acharemos tão variáveis que alguma dificuldade surgirá ao fixarmos qual delas deve ser correta, completa em si própria, e ao mesmo tempo completa em todos os casos. A diversidade de definições não é surpreendente, quando consideramos a diversidade de casos aos quais têm sido aplicada, e reflete que uma definição que é suficiente para um caso e aplicável aos seus fatos, pode ser completamente insuficiente e inaplicável em outro" (COOLEY, Thomas M. *A Treatise on the Constitutional Limitations which Rest upon the Legislative Power of the United States of the American Union*. New Jersey: TheLawbookExchange, 1998, p. 432). Ver, também: BARROS, Suzana de Toledo. *O Princípio da Proporcionalidade e o Controle de Constitucionalidade das Leis Restritivas de Direitos Fundamentais*.. 3ª ed. Brasília: Brasília Jurídica, 2003, p. 63.

[167] KEYNES, Edward. *Liberty, Property, and Privacy*: Toward a Jurisprudence of Substantive Due Process. Pennsylvania: Penn State Press, 1996, p. 6.

[168] COOLEY, Thomas M. *The General Principles of Constitutional Law in the United States of America*. 3rd. ed. Boston: Little, Brow, and Company, 1898, p. 244.

propriedade, a qual restou sacralizada em período que ficou conhecido como a era *Lockner*, isso em decorrência do *leading case Lockner vs. New York*.

Como salienta LAURENCE TRIBE, nesse período os "direitos dos cidadãos decorrentes de sua própria cidadania, incluindo sua segurança pessoal, liberdade e propriedade, deveriam ser preservados não apenas pela descentralização do poder e seu mútuo controle, como no modelo anterior, mas por regras aplicáveis pelos tribunais competentes sob o comando dos cidadãos ameaçados".[169]

De todo o exposto, nota-se que o princípio do devido processo legal substantivo nasceu como uma exigência de que a validade de determinado ato do poder público não fosse apreciada apenas sob um prisma de legalidade e legitimidade, sendo necessária uma razoabilidade interna que lhe justificasse a edição.

Vale a pena destacar que a aplicabilidade do princípio do devido processo legal substantivo nos Estados Unidos experimentou fluxos e refluxos, decorrentes da alternância quanto à extensão da intervenção estatal nas relações privadas, como nos chama à atenção o Professor LUÍS ROBERTO BARROSO:

> *O reconhecimento dessa dimensão substantiva do devido processo legal passou por três fases distintas: (a) sua ascensão e consolidação, do final do século XIX até a década de 30; (b) seu desprestígio e quase abandono no final da década de 30; (c) seu renascimento triunfal na década de 50, no fluxo da revolução progressista promovida pela Suprema Corte sob a presidência de Earl Warren. Presentemente, a Suprema Corte reassumiu um perfil conservador e o ativismo judicial – isto é, a intervenção dos tribunais no mérito de certas valorações legislativas e administrativas –, que se manifestava destacadamente pelo uso substantivo da cláusula do devido processo legal, vive um momento de refluxo.*[170]

No Direito europeu continental, a possibilidade de exame quanto à validade de atos do poder público em razão de seu conteúdo deu origem ao princípio da proporcionalidade, o qual, conforme notado por DANIEL SARMENTO,[171] veio

---

[169] TRIBE, Laurence. *American Constitutional Law*. 2nd. ed. New York: The Foundation Press Inc., 1988, p. 560.

[170] BARROSO, Luís Roberto. *Interpretação e Aplicação da Constituição*: Fundamentos de uma Dogmática Constitucional Transformadora. 3ª ed. São Paulo: Saraiva, 1999, pp. 211-212. Sobre todas as fases da aplicação substantiva do devido processo legal ver: SLERCA, Eduardo. *Os Princípios da Razoabilidade e da Proporcionalidade*. Rio de Janeiro: Lumen Juris, 2002, pp. 42-79.

[171] SARMENTO, Daniel. *A Ponderação de Interesses na Constituição Federal*. Rio de Janeiro: Lumen Juris, 2002, p. 80.

a ser constitucionalizado no Velho Mundo, de forma pioneira, na Alemanha, após o término da Segunda Guerra Mundial.

A exigência de proporcionalidade dos atos estatais não se encontra expressamente prevista na Lei Fundamental alemã, entretanto, como noticia HELENILSON CUNHA PONTES "sua positividade constitucional decorre, segundo o Tribunal Constitucional Federal Alemão (*BVerfG*), da própria essência do Estado de Direito (*Rechtstaat*) e da idéia de Direito. A própria Lei Fundamental Alemã de 1949 distingue a noção de lei da idéia de Direito ao vincular o Poder Legislativo à ordem constitucional, e ao prever que o Poder Executivo e Judiciário devem obediência à lei e ao Direito (art. 21, (3) da Lei Fundamental). Deixou claro, portanto, o constituinte alemão que o Direito não se esgota na lei".[172]

Segundo a lição de KONRAD HESSE, o princípio da proporcionalidade implica a exigência de que a limitação quanto ao exercício de direitos por parte dos cidadãos deva ser "adequada para produzir a proteção do bem jurídico, por cujo motivo ela é efetuada. Ela deve ser necessária para isso, o que não é o caso quando um meio mais ameno bastaria. Ela deve, finalmente, ser proporcional no sentido restrito, isto é, guardar relação adequada com o peso e o significado do direito fundamental".[173]

---

[172] PONTES, Helenilson Cunha. *O Princípio da Proporcionalidade e o Direito Tributário*. São Paulo: Dialética, 2000, p. 47. Nesse sentido, é interessante a seguinte passagem de DONALD P. KOMMERS: "O princípio da proporcionalidade, como o conceito de uma ordem objetiva de valores discutido na próxima seção, é crucial para a compreensão do direito constitucional alemão. Proporcionalidade tem um papel similar à doutrina do devido processo legal norte-americano. A Lei Fundamental não contém qualquer referência explícita à proporcionalidade, mas a Corte Constitucional a considera um elemento indispensável de um Estado baseado no império do direito. A corte consistentemente invoca o princípio da proporcionalidade ao determinar se a legislação ou outro ato governamental estão de acordo com os valores e princípios da Lei Fundamental (KOMMERS, Donald P. *The Constitutional Jurisprudence of the Federal Republic of Germany*. 2nd. ed. Durham: Duke University Press, 1997, p. 46).

[173] HESSE, Konrad. *Elementos de Direito Constitucional da República Federal da Alemanha*. Tradução Luís Afonso Heck. Porto Alegre: Sergio Antonio Fabris Editor, 1998, p. 256. No mesmo sentido: CANOTILHO, J. J. Gomes, *Direito Constitucional*, [199-], p. 265; SARMENTO, Daniel, *A Ponderação de Interesses na Constituição Federal*, 2002, pp. 87-90; ALEXY, Robert, *Teoria de los Derechos Fundamentales*, 2001, pp. 111-112; ÁVILA, Humberto. *Teoria dos Princípios*: da definição à aplicação dos princípios jurídicos. São Paulo: Malheiros, 2003, pp. 108-117; LARENZ, Karl. *Metodologia da Ciência do Direito*. 3ª ed. Tradução José Lamego. Lisboa: Fundação Calouste Gulbenkian, 1997, pp. 684-686; KOMMERS, Donald P., *The Constitutional Jurisprudence of the Federal Republic of Germany*, 1997, p. 46; BARROS, Suzana de Toledo, *O Princípio da Proporcionalidade e o Controle de Constitucionalidade das Leis Restritivas de Direitos Fundamentais*, 2003, pp. 76-89; MENDES, Gilmar Ferreira. Limitações dos Direitos

A partir da Alemanha o princípio se difundiu no restante das nações ocidentais européias, sendo reconhecido na Espanha, em Portugal, na Suíça, na Áustria,[174] assim como pelo Tribunal de Justiça das Comunidades.[175]

O princípio analisado no presente item chegou tardiamente ao Direito brasileiro, tendo como impulsos doutrinários iniciais mais importantes as obras de CARLOS ROBERTO DE SIQUEIRA CASTRO[176] e ANTÔNIO ROBERTO SAMPAIO DÓRIA,[177] cujas análises tiveram como paradigma o devido processo legal substantivo norte-americano.

Hodiernamente, o princípio em questão está na ordem do dia dos debates doutrinários, já tendo sido reconhecido, em diversas oportunidades, pelo Supremo Tribunal Federal.

Nesta assentada, vale a pena transcrever trecho do voto proferido pelo Ministro CELSO DE MELLO, nos autos das Ações Diretas de Inconstitucionalidade nºs 1.922-9 e 1976, o qual reflete os contornos que o princípio da proporcionalidade assumiu no Direito pátrio, onde se encontra notadamente entrelaçado ao princípio do devido processo legal substantivo:

Coloca-se em evidência, neste ponto, o tema concernente ao princípio da proporcionalidade, que se qualifica – enquanto coeficiente de aferição da razoabilidade dos atos estatais (...) – como postulado básico de contenção dos excessos do Poder Público.

*Essa é a razão pela qual a doutrina, após destacar a ampla incidência desse postulado sobre os múltiplos aspectos em que se desenvolve a atuação do Estado – inclusive sobre a atividade estatal de produção normativa –, adverte que o princípio da proporcionalidade, essencial à racionalidade do Estado Democrático de Direito e imprescindível à tutela mesmas das liberdades fundamentais, proíbe o excesso e veda o arbítrio do Poder, extraindo a sua justificação dogmática de diversas cláusulas constitucionais, notadamente daquela que veicula, em sua dimensão substantiva ou material, a garantia do **due process of law** (...)*

Como precedentemente enfatizado, o princípio da proporcionalidade visa inibir e neutralizar o abuso do Poder Público no exercício das funções que lhe são inerentes, notadamente no desempenho da atividade de caráter legislativo. Dentro dessa perspectiva, o postulado em questão, enquanto categoria fundamental de limitação dos excessos emanados do Estado, atua como verdadeiro parâmetro de aferição da própria constitucionalidade material dos atos estatais.

Fundamentais. In: MENDES, Gilmar Ferreira; COELHO, Inocêncio Mártires; BRANCO, Paulo Gustavo Gonet. *Curso de Direito Constitucional.* São Paulo: Saraiva, 2007, p. 322.
[174] Cf. SARMENTO, Daniel, *A Ponderação de Interesses na Constituição Federal*, 2002, p. 81.
[175] Cf. CANOTILHO, J. J. Gomes, *Direito Constitucional*, [199-], p. 264.
[176] *O Devido Processo Legal e a Razoabilidade das Leis na Nova Constituição do Brasil.*
[177] *Direito Constitucional Tributário e Due Process of Law.*

A validade das manifestações do Estado, analisadas estas em função de seu conteúdo intrínseco – especialmente naquelas hipóteses de imposições restritivas incidentes sobre determinados valores básicos –, passa a depender, essencialmente, da observância de determinados requisitos que atuam como verdadeiras limitações materiais à ação normativa do Poder Legislativo.[178]

A Constituição brasileira não traz o postulado da proporcionalidade expressamente em nenhum dispositivo. Como destacam Cláudio Pereira de Souza Neto e Daniel Sarmento, alguns autores argumentam que este princípio estaria contido no princípio do devido processo legal, em sua vertente substantiva. Por outro lado, há autores que sustentam que o postulado da proporcionalidade pode ser inferido diretamente do princípio do Estado de Direito, havendo ainda quem defenda que o princípio em questão encontra fundamento no § 2º do artigo 5º da Constituição Federal.[179-180]

Infere-se do exposto que, em consonância com o princípio da proporcionalidade, ou do devido processo legal substantivo, é de se exigir uma coerência entre os fins visados pelo Poder Público com a prática de determinado ato e os efeitos que estes acarretam aos administrados.

É imperioso, portanto, que os atos praticados pelo órgão ou agente julgador, no âmbito de um processo administrativo, sejam adequados aos fins visados, necessários para se alcançar os mesmos, e que não imponham à parte ônus indevido, desarrazoado ou desproporcional. Como destaca Willis Santiago Guerra Filho "nesse quadro, vale acrescentar, com relação ao controle das medidas provenientes da Administração Pública, que, por se tratar de uma função estatal a ser exercida em obediência a normas preexistentes, não há tanto a se discutir sobre finalidade e objetivos 'desejados', mas, sim, acima de tudo, sobre a adequação daquelas medidas a tais propósitos, previstos normativamente".[181]

Por seu turno, vale a pena destacar que, em sed de legislação infraconstitucional, há previsão específica, ao menos no que se refere ao processo

---

[178] Para uma análise da evolução das decisões do Supremo Tribunal Federal sobre a matéria, ver: MENDES, Gilmar Ferreira, Limitações dos Direitos Fundamentais, 2007, pp. 323-326.

[179] "Os direitos e garantias expressos nesta Constituição não excluem outros decorrentes do regime e dos princípios por ela adotados, ou dos tratados internacionais em que a República Federativa do Brasil seja parte".

[180] Cf. SOUZA NETO, Cláudio Pereira de; SARMENTO, Daniel. *Direito Constitucional: Teoria, história e métodos de trabalho*. Belo Horizonte: Editora Fórum, 2013, p. 468.

[181] GUERRA FILHO, Willis Santiago. *Teoria Processual da Constituição*. 2ª ed. São Paulo: Celso Bastos Editor, 2002, p. 86.

administrativo federal, quanto à aplicabilidade do princípio da proporcionalidade, estabelecendo o inciso V do parágrafo único do art. 2º da Lei nº 9.784/99 a obrigação do Administrador Público de observar a "adequação entre meios e fins, vedada a imposição de obrigações, restrições e sanções em medida superior àquelas estritamente necessárias ao atendimento do interesse público".

Note-se que a violação ao princípio da proporcionalidade no âmbito do processo administrativo pode advir tanto de ato administrativo praticado pelo órgão ou agente julgador, como de ato do legislador, praticado quando da regulamentação do procedimento que exterioriza o processo.

3.2. Princípios Aplicáveis, com Exclusividade, aos Processos Administrativos

Em estudo publicado em 1972, SÉRGIO DE ANDRÉA FERREIRA notou a extensão da aplicabilidade das garantias processuais dos processos jurisdicionais aos processos administrativos, a qual, na visão do citado administrativista:

> ... constitui uma expressão relevante do aperfeiçoamento do Estado de Direito, correspondendo à aplicação plena do princípio da legalidade a que está submetida a Administração Pública. Reveste-se, por outro lado, o fenômeno de fundamental importância, tendo-se em vista outra realidade: a do fortalecimento do Poder Executivo, com o crescimento em amplitude e em complexidade da atividade administrativa. É preciso, pois, que se dêem ao administrado e ao servidor público elementos de defesa contra a máquina poderosa da Pública Administração.[182]

Esse entendimento deve ser interpretado com certas restrições, sob pena de se desvirtuar a natureza do processo administrativo, o qual não pode ser encarado como um meio de solução de litígios entre a Administração e os administrados e servidores públicos (ver item 4.3).

Com efeito, como será afirmado à exaustão ao longo da presente dissertação, *o processo administrativo é um meio de controle administrativo da legalidade*

---

[182] FERREIRA, Sérgio de Andréa. Ampla Defesa no Processo Administrativo. *Revista de Direito Público*, São Paulo, nº 19, jan.-mar. 1972, p. 62. Nas palavras de BARTOLOMÉ FIORINI, "a especificidade que destaca o procedimento administrativo não exclui a permanente aplicação de normas, princípios e instituições gerais do direito processual que se possam determinar instituições comuns processuais" (*Procedimiento Administrativo y Recurso Jerarquico*, [19—], p. 86). Sobre a aplicação analógica da legislação relativa ao processo judicial, ao processo administrativo fiscal ver: MACHADO SEGUNDO, Hugo de Brito. *Processo Tributário*. São Paulo: Atlas, 2004, pp. 134-137.

dos atos emanados da Administração e não de solução de litígios. Nessa esteira de raciocínio, os princípios que regem o exercício da jurisdição, que se encontram igualmente presentes no âmbito do processo administrativo, assim figuram não porque relacionados com a solução de litígios, mas sim porque limites do exercício do poder pelo Estado, bem como garantias da observância, pela Administração Pública, dos princípios da legalidade e da proporcionalidade.

Feitos esses comentários, passa-se à análise dos princípios "processuais" aplicáveis ao processo administrativo.

3.2.1. Princípio do Devido Processo Legal

No item anterior procedeu-se à análise do devido processo legal em seu viés substantivo, representando a exigência de que os atos do Poder Público se encontrem fundamentados em uma razoabilidade intrínseca para que lhes seja reconhecida a validade. Neste tópico se analisará o princípio exclusivamente sob um prisma processual que, como visto, foi a origem do princípio em questão.

Sob esse aspecto, o princípio do devido processo legal significa, inicialmente, a eleição do processo como forma privativa de intervenção do Estado na esfera de direitos dos indivíduos, do que decorre que o processo, seja ele administrativo ou judicial, não poderá jamais ser considerado como um ato de benevolência estatal, sendo, antes, uma exigência do princípio do devido processo legal, o qual se encontra insculpido no inciso LIV do art. 5º da Constituição Federal. Nesse sentido, sem mencionar, entretanto, a vinculação com o princípio em comento, afirma o Professor MARÇAL JUSTEN FILHO a impossibilidade de extinção do processo administrativo, comentando especificamente o processo administrativo fiscal (denominado procedimento, como visto, pelo citado professor):

> *A relevância da função do procedimento administrativo fiscal impede sua extinção. Trata-se de instrumento para evitar excessos ou desvios na atividade administrativa. Pelos mesmos fundamentos, não se admite a frustração indireta dessa função de garantia. A regulação do procedimento não pode conduzir à sua inutilização como instrumento de defesa dos direitos de cidadania. Assim como o Estado não pode suprimir o procedimento prévio, também é-lhe interditado adotar regras que inviabilizem a realização de sua destinação.*[183]

---

[183] Considerações sobre o "Processo Administrativo Fiscal", 1998, p. 128. Como salienta EGON BOCKMANN MOREIRA: "Só terá fundamento de validade a execução de ato atentatório à liberdade ou bens que esteja inserido em um processo. Veda-se que ato pontual e imediatamente auto--executório suprima liberdade ou bens do particular, que tem direito a processo prévio, revestido das

Nesse contexto, é de se assinalar que nas situações em que o Estado, no exercício da Função Executiva, intervém na esfera de direitos dos indivíduos é imperioso que o "ato de intervenção" seja passível de controle por intermédio de um processo administrativo.

De outro lado, para que se tenha atendido esse requisito do devido processo legal, é necessário, ainda, que o processo seja "legal", isto é, tenha seu procedimento previsto em lei, não cabendo ao arbítrio da Administração estabelecê-lo.

Tal exigência do devido processo legal encontra-se relacionada com o princípio da legalidade, a se exigir que o procedimento a ser adotado para a consecução dos fins a que visa o processo estejam previstos em lei.

É de se asseverar, entretanto, que não basta a existência de um procedimento legalmente estabelecido para que se atenda à exigência do devido processo legal, sendo necessária e imperiosa a existência de verdadeiro processo, para o que se exige estejam presentes os direitos à ampla defesa,[184] ao contraditório e ao duplo grau de cognição.[185]

Nessa assentada, tem-se que, sob o prisma processual o princípio do devido processo legal encerra um *aspecto formal*, consistente na exigência de que o procedimento que exterioriza o processo esteja previsto em lei, bem como

---

demais garantias previstas na Constituição e em leis específicas" (*Processo Administrativo*: Princípios Constitucionais e a Lei no 9.784/99, 2000, pp. 214-215). Como destaca RUY SAMUEL ESPÍNDOLA: *"Perante o administrador ele (o princípio do devido processo legal) deve assegurar o status processualis,* a garantia de posições jurídicas em cada processo que haja em um pólo o administrado e em outro a Administração ou particular. Mais: qualquer imposição de ônus, de supressão de bens ou direitos, com os administrados ou com os supervisores e agentes políticos vinculados ao poder hierárquico ou ético-disciplinar, deverá ser mediada pelo processo, pelo processo e seu rito garantido na lei pela Constituição, já que a atividade processual não pode ser arbitrária, nem desnecessáriamente formalista, nem interpretada de modo a suprimir ou enfraquecer posições jurídicas das pessoas. Temos aqui os efeitos análogos do direito penal: *nulla poena sine processo,* especialmente sem processo válido, regular, justo e adequado às exigências de cada rito e pretensões que estes fazem operar (ESPÍNOLA, Ruy Samuel. Princípios Constitucionais e Atividade Jurídico-Administrativa: Anotações em Torno de Questões Contemporâneas. In: LEITE, George Salomão (Coord.). *Dos Princípios Constitucionais*: Considerações em torno das normas principiológicas da Constituição. São Paulo: Malheiros, 2003, p. 271).

[184] Cf. GRINOVER, Ada Pellegrini. O Princípio da Ampla Defesa no Processo Civil, Penal e Administrativo. In: *O Processo em sua Unidade II*. Rio de Janeiro: Forense, 1984, pp. 56-57.

[185] Cf. ALVIM, Eduardo Arruda. Devido Processo Legal Judicial – Enfoque Tributário do Princípio. *Revista Tributária e de Finanças Públicas*, São Paulo, nº 36, jan.-fev. 2001, pp. 79-80. Sobre o conteúdo da *procedural due process clause* ver: GELLHORN, Ernest; LEVIN, Ronald M. *Administrative Law and Process*. 4th. ed. St. Paul: West Publishing CO, 1997, pp. 214-233; AMAN JR. Alfred C.; MAYTON, Willian T. *Administrative Law*. 2nd. ed. St. Paul: West Group, 2001, pp. 170-182.

um *aspecto material*, referente às características de tal procedimento, que deve observar os princípios mencionados no parágrafo anterior.[186]

Dessa forma, é possível afirmar que todos esses direitos das partes são verdadeiros corolários da exigência de um devido processo legal, passando-se, então, ao seu estudo de forma individualizada.[187]

3.2.2. Princípio da Ampla Defesa

Como já tivemos oportunidade de afirmar em trabalho anterior, "a ampla defesa consiste em poderem os litigantes exercer no processo, administrativo ou judicial, todas as posições processuais ativas para bem defender um seu direito".[188]

---

[186] Nesse mesmo sentido: JUNQUEIRA, Helena Marques. A Importância da Prova Produzida no Processo Administrativo Fiscal. In: PIZOLIO, Reinaldo (Coord.). *Processo Administrativo Tributário*. São Paulo: Quartier Latin, 2007, p. 97. DEMIAN GUEDES, ao fazer uma análise a respeito do processo administrativo no Direito Administrativo Norte-americano, apresenta lição semelhante acerca do devido processo legal, nos seguintes termos: "[...] em linhas gerais, o processo devido (*due process*) pode ser descrito como aquele processo: (i) conhecido pelos administrados; (ii) livre das opções pessoais dos agentes públicos; (iii) que valoriza o cidadão enquanto indivíduo; e (iv) se compromete com o acerto dos fatos e a justiça da decisão.

Esses elementos, apesar de descreverem em linhas gerais o princípio do devido processo legal, não o esgotam. A questão, portanto, persiste: quais as garantias mínimas do processo administrativo à luz da cláusula do devido processo legal? O quadro geral desse processo é, de certa forma, consensual. Um processo que observe o devido processo legal deve incluir o direito de ser notificado, o conhecimento, as intenções e os argumentos do Poder Público, uma oportunidade para apresentar as razões do seu inconformismo e o direito de contar com um órgão julgador imparcial [...]" (GUEDES, Demian. Breve Análise do Processo Administrativo nos Estados Unidos: a Suprema Corte e as Garantias dos Administrados. *Revista de Direito Administrativo*, São Paulo, jan.-abr. 2007, p. 95).

[187] Cf. NERY JÚNIOR, Nelson, *Princípios do Processo Civil na Constituição Federal*, 2000, pp. 39-41; CÂMARA, Alexandre, *Lições de Direito Processual Civil*, 1999, p. 29; MENDES, Gilmar Ferreira, Limitações dos Direitos Fundamentais, 2007, pp. 602-603. Em sentido contrário: PORTA, Marcos. *Processo Administrativo e o Devido Processo Legal*. São Paulo: Quartier Latin, 2003, p. 102.

[188] SILVA, Sergio André Rocha Gomes da. Inconstitucionalidade da exigência do depósito de 30% do valor do tributo para que se possa interpor recurso na esfera administrativa federal. *Revista Dialética de Direito Tributário*, São Paulo, nº 57, jun. 2000, pp. 115-123. Nas palavras de MÁRCIO PESTANA, a ampla defesa "significa a expressão linguística que procura transmitir uma garantia de prestígio constitucional de que aquele que atua num processo administrativo tudo possa fazer para que o seu entendimento prevaleça à frente do que lhe é oposto, para fim de obter uma decisão que lhe seja favorável" (PESTANA, Márcio. *A Prova no Processo Administrativo Tributário*. Rio de Janeiro: Elsevier, 2007, p. 40). LEONARDO GRECO, ao analisar a questão sob o prisma da exigência tributária, afirma que "a ampla defesa significa que o contribuinte não pode ter contra ele constituído um crédito tributário sem que lhe seja assegurada a oportunidade para demonstrar que o mesmo é

Dessa forma, para que se tenha um devido processo legal, é necessário que o processo seja externado por intermédio de um procedimento que possibilite às partes envolvidas a demonstração da procedência de suas razões. Como destaca MARÇAL JUSTEN FILHO "pouca utilidade teria um procedimento em que não fosse prevista a livre manifestação de todos os interessados, com direito à participação ativa e vedação da atuação unilateral de uma das partes. Enfim, o procedimento não consiste na observância formalística de um ritual. Não se compadece com o Estado Democrático a instituição de procedimento com perfil arbitrário ou prepotente".[189]

Portanto, são corolários do princípio em comento a possibilidade de revisão da primeira decisão proferida por uma instância superior (duplo grau de cognição), cujo acesso não pode ser limitado por ato legislativo ou administrativo, a exigência de imparcialidade do julgador (princípio da impessoalidade), a necessidade de motivação da decisão proferida (princípio da motivação), bem como a própria necessidade de que a relação jurídica processual transcorra de forma dialética, em contraditório.[190]

---

indevido e se desdobra em uma série de direitos, como, por exemplo, a vista dos autos a qualquer momento; a ciência oportuna de todo e qualquer ato do procedimento, inclusive das diligências e documentos juntados de ofício pela autoridade; o direito de contratar advogado para defendê-lo no processo administrativo fiscal; o direito de acesso a documentos em poder da Administração; a vedação do uso de elementos que não constam do expediente formal; a anterioridade da defesa em relação ao ato decisório; o direito de requerer a produção de provas e de vê-las realizadas e consideradas" (GRECO, Leonardo. As Garantias Fundamentais do Processo na Execução Fiscal. In: ROCHA, Sergio André (Coord.). *Processo Administratvo Tributário*: Estudos em Homenagem ao Professor Aurélio Pitanga Seixas Filho. São Paulo: Quartier Latin, 2007, p. 369). Ver também: TORRES, Ricardo Lobo. O Direito da Ampla Defesa e a Processualidade Tributária. In: ROCHA, Sergio André (Coord.). *Processo Administrativo Tributário*: Estudos em Homenagem ao Professor Aurélio Pitanga Seixas Filho. São Paulo: Quartier Latin, 2007, pp. 553-568; MENDES, Gilmar Ferreira, Limitações dos Direitos Fundamentais, 2007, p. 525.

[189] JUSTEN FILHO, Marçal. Ampla Defesa e Conhecimento de Arguições de Inconstitucionalidade e Ilegalidade no Processo Administrativo. *Revista Dialética de Direito Tributário*, São Paulo, nº 25, out. 1997, pp. 68-79.

[190] Cf. JUSTEN FILHO, Marçal, Ampla Defesa e Conhecimento de Arguições de Inconstitucionalidade e Ilegalidade no Processo Administrativo, 1997, pp. 68-79. Segundo ROBERTO DROMI "o princípio constitu cional da defesa em juízo ou do devido processo também é aplicável ao procedimento administrativo. A garantia de defesa, como efetiva possibilidade de participação útil no procedimento, compreende os direitos a: a) ser ouvido; b) oferecer e produzir prova; c) uma decisão fundamentada; d) impugnar a decisão" (*El procedimiento Administrativo*, 1996, p. 67). Sobre o tema ver também: TUCCI, Rogério Lauria; TUCCI, José Rogério Cruz e. *Constituição de 1988 e Processo*. São Paulo: Saraiva, 1989, pp. 60-71. O conteúdo do princípio da ampla defesa foi analisado pelo Ministro GILMAR FERREIRA MENDES nos autos do mandado de segurança nº 23.512--8, ficando registrado, em seu voto, que a "pretensão à tutela jurídica, que corresponde exatamente

A Lei nº 9.784/99 deu alguma concretude ao princípio da ampla defesa, determinando, no inciso X do parágrafo único do seu art. 2º, a "garantia dos direitos à comunicação, à apresentação de alegações finais, à produção de provas e à interposição de recursos, nos processos de que possam resultar sanções e nas situações de litígio".

3.2.3. Princípio do Contraditório

O princípio do contraditório encontra-se intrinsecamente relacionado com o princípio da ampla defesa, uma vez que esta não se faz possível caso não tenham as partes conhecimento acerca dos atos relevantes praticados no âmbito do processo.

Contudo, não basta que a parte tenha conhecimento quanto à prática de um ato, sendo também necessário que se disponibilize àquela a possibilidade de se manifestar sobre o mesmo.

Nesse sentido é pertinente transcrever a definição do princípio do contraditório apresentada por ALEXANDRE FREITAS CÂMARA, para que tal princípio corresponda à "garantia da ciência bilateral dos atos e termos do processo com a consequente possibilidade de manifestação sobre os mesmos".[191]

Segundo as palavras de ALBERTO XAVIER, "o princípio do contraditório encontra-se relacionado com o princípio da ampla defesa por um vínculo instrumental: enquanto o princípio da ampla defesa afirma a *existência* de um direito de audiência do particular, o princípio do contraditório reporta-se ao *modo do seu exercício*. Esse modo de exercício, por sua vez, caracteriza-se por dois traços distintos: a *paridade* das posições jurídicas das partes no procedimento e no processo, de tal modo que ambas tenham a possibilidade de influir, por igual, na decisão ('princípio da igualdade de armas'); e o caráter dialético dos métodos de investigação e de tomada de decisão, de tal modo que a cada

---

à garantia consagrada no art. 5º, LV, da Constituição, contém os seguintes direitos: a) direito de informação (*Recht auf Information*), que obriga o órgão julgador a informar à parte contrária dos atos praticados no processo e sobre os elementos dele constantes; b) direito de manifestação (*Recht auf Ausserung*), que assegura ao defendente a possibilidade de manifestar-se oralmente ou por escrito sobre os elementos fáticos e jurídicos constantes do processo; c) direito de ver seus argumentos considerados (*Recht auf Berucksichtigung*), que exige do julgador capacidade e isenção de ânimo (*Aufnahmefähigkeit und Aufnahmebereitschaft*) para contemplar as razões apresentadas ...". Sobre o tema ver, ainda: CASTARDO, Hamilton Fernando; MURPHY, Celia Maria de Souza. *Processo Administrativo de Consulta Tributária*. São Paulo: MP Editora, 2006, p. 43.
[191] *Lições de Direito Processual Civil*, 1999, p. 45.

uma das partes seja dada a oportunidade de contradizer os fatos alegados e as provas apresentadas pela outra".[192]

O princípio do contraditório, além de representar o direito fundamental do administrado de ter ciência quanto aos atos praticados no processo, trata-se, ainda, de instrumento da realização do princípio da verdade material, uma vez que é por intermédio do mesmo que se possibilita a participação daquele na formação da decisão a ser proferida pela autoridade administrativa, com a qual os fatos discutidos no seio do processo podem ser mais bem esclarecidos.[193]

A presença do princípio do contraditório implica, necessariamente, o dever de motivação dos atos praticados pela autoridade administrativa sem o que se inviabilizaria a possibilidade de o administrado lhes apresentar contrariedade.

É de se esclarecer, portanto, que a viabilização de um contraditório real no âmbito do processo administrativo é dever da autoridade administrativa julgadora. Conforme reconhecido por EGON BOCKMANN MOREIRA:

> *A Administração tem o dever de gerar a contrariedade real, uma vez que maneja interesses públicos (indisponíveis). A raiz constitucional do princípio reforça esse entendimento, que impõe ao administrador o dever de busca constante de um contraditório efetivo, na tutela do interesse público posto à sua guarda e tutela do interesse privado do administrado.*[194]

É imprescindível assinalar que a exigência do contraditório no âmbito do processo administrativo não significa que o administrado e a Administração pública figurem neste como partes adversas.

De fato, Estado e administrado coadjuvam no processo administrativo com vistas à realização do princípio da legalidade, sendo o contraditório a expressão de tal convergência, na medida em que representa o direito fundamental de participar do controle administrativo da legalidade e legitimidade dos atos emanados da própria Administração Pública.

---

[192] XAVIER, Alberto. *Princípios do Processo Administrativo e Judicial Tributário*. Rio de Janeiro: Forense, 2005, p. 10.
[193] Sobre os desdobramentos do contraditório no processo administrativo, ver: MEDAUAR, Odete. *A Processualidade no Direito Administrativo*, 2008, p. 110-118.
[194] *Processo Administrativo*: Princípios Constitucionais e a Lei nº 9.784/99, 2000, p. 232.

3.2.4. Princípio do Duplo Grau de Cognição

O ser humano é falível por natureza. Em razão desse traço da natureza humana, é plausível que seja dada à parte que tenha sua pretensão indeferida pelo julgador singular a possibilidade de recorrer a uma instância superior. Como salientam ADA PELLEGRINI, CÂNDIDO RANGEL DINAMARCO e ANTÔNIO CARLOS DE ARAÚJO CINTRA, em lição plenamente aplicável ao processo administrativo:

> ... é sempre mais conveniente dar ao vencido uma oportunidade para o reexame da sentença com a qual não se conformou. Os tribunais de segundo grau, formados em geral por juízes mais experientes e constituindo-se em órgãos colegiados, oferecem maior segurança; e está psicologicamente demonstrado que o juiz de primeiro grau se cerca de maiores cuidados no julgamento quando sabe que sua decisão poderá ser revista pelos tribunais da jurisdição superior.[195]

Assim, em uma primeira aproximação, corresponde o duplo grau à necessidade de o juízo de mérito sobre determinada pretensão ser realizado por mais de um órgão julgador.[196]

Nota-se do exposto acima que o princípio em comento tem mais de uma finalidade. Por um lado, serve de garantia às partes, que terão suas pretensões apreciadas por mais de um julgador, o que diminui os riscos de uma decisão teratológica, lhes trazendo maior confiança na correção do julgamento.

Sob outro prisma, há inegável aspecto psicológico relacionado com a possibilidade de interposição de recurso contra a primeira decisão contrária que é oposta ao sujeito, que faz com que ele se conforme mais facilmente com eventual decisão desfavorável.[197]

Por outro lado, a existência de um recurso contra a decisão de primeira instância trata-se de eficaz mecanismo de controle desta, ainda mais se tendo em conta que os órgãos de segunda instância são normalmente colegiados, o que possibilita um debate maior acerca do caso sob apreciação.[198]

---

[195] *Teoria Geral do Processo*, 1996, pp. 74-75.
[196] Cf. MARINONI, Luiz Guilherme. *Novas Linhas do Processo Civil*. 4ª ed. São Paulo: Malheiros, 2000, p. 141.
[197] Nesse mesmo sentido, ver: RIBAS, Lídia Maria Lopes. Processo Administrativo Tributário em Perspectiva de Cidadania Democrática. In: ROCHA, Sergio André (Coord.). *Processo Administratvo Tributário*: Estudos em Homenagem ao Professor Aurélio Pitanga Seixas Filho. São Paulo: Quartier Latin, 2007, pp. 394-395.
[198] Como esclarecem SÉRGIO FERRAZ e ADILSON ABREU DALLARI, "a possibilidade de um reexame da decisão retira o arbítrio de quem decide e obriga a que a decisão proferida seja devidamente

É importante mencionar que o direito ao duplo grau de cognição, seja ele judicial ou administrativo, não se encontra previsto de forma individualizada na Constituição Federal, fato que levou alguns juristas a questionarem mesmo sua existência enquanto princípio aplicável ao processo. Nesse sentido é, por exemplo, o entendimento de NELSON NERY JÚNIOR, para quem, embora se possa inferir do texto Constitucional a existência de um duplo grau, não é possível falar que o mesmo seja sempre garantido às partes.[199]

Nada obstante o posicionamento acima apontado, é de se assinalar que, embora não haja norma específica garantindo o duplo grau de cognição, o

---

fundamentada e motivada, abrindo ensejo à possibilidade de controle, inclusive judicial, sem o qual não existe o chamado Estado de Direito" (*Processo Administrativo*, 2002, p. 89).

[199] *Princípios do Processo Civil na Constituição Federal*, 2000, p. 169. No mesmo sentido: DINAMARCO, Cândido Rangel. *A Reforma da Reforma*. 3ª ed. São Paulo: Malheiros, 2002, p. 151; TAVARES, André Ramos. Análise do duplo grau de jurisdição como princípio constitucional. *Revista de Direito Constitucional e Internacional*, São Paulo, nº 30, jan.-mar. 2000, pp. 185-186. Esse entendimento encontra eco na jurisprudência do Supremo Tribunal Federal, como se infere da decisão proferida nos autos do Recurso Extraordinário nº 348.751 (publicação no Diário da Justiça em 25/10/2002), cuja ementa é a seguinte: "– Multa. Exigência de depósito prévio de valor relativo à multa para a admissão de recurso administrativo. – Esta Primeira Turma (assim, nos RREE 169.077 e 225.295, exemplificativamente) tem decidido, com base em precedentes desta Corte (ADIn 1.049 e RE 210.246), que, exercida defesa prévia à homologação do auto de infração, não viola a atual Constituição (artigo 5º, XXXV, LIV e LV) o diploma legal que exige o depósito prévio do valor da multa como condição ao uso do recurso administrativo, pois não há, nessa Carta Magna, garantia do duplo grau de jurisdição administrativa. Recurso extraordinário conhecido e provido". Tal entendimento é também corroborado pelo Superior Tribunal de Justiça, como se depreende do acórdão proferido nos autos do Recurso Ordinário em Mandado de Segurança no 15.108 (publicação no Diário da Justiça em 16/12/2002, cuja ementa foi redigida assim: "RECURSO ORDINÁRIO. MANDADO DE SEGURANÇA. ADMINISTRATIVO. RECURSO. DEPÓSITO PRÉVIO. DECRETO-LEI Nº 05/75. LEI 3.344/99. LEGALIDADE E CONSTITUCIONALIDADE DA EXIGÊNCIA. 1. A exigência de depósito prévio como condição de admissibilidade de recurso administrativo não fere os princípios constitucionais do devido processo legal, da ampla defesa e do contraditório. 2. A Constituição Federal não erigiu garantia de duplo grau de jurisdição administrativa. 3. Intelecção do art. 151, inc. III, CTN. 4. Precedentes. 5. Recurso desprovido". Em sentido contrário é o magistério de ALBERTO XAVIER, como se infere da passagem a seguir transcrita: "É deveras surpreendente o fato de diversos autores afirmarem que a Constituição brasileira não assegura, em processo judicial, o duplo grau de jurisdição, pelo simples fato de não afirmar de modo direto (como na Constituição Imperial) quando a verdade é que o 'duplo grau' é decorrência automática de se assegurar o direito de recurso aos 'litigantes' em processo judicial.

Se o que acaba de afirmar-se é verdadeiro no que concerne ao processo judicial, também o é no que respeita ao processo administrativo, seja este processo do tipo punitivo (em que o particular figura como 'acusado') ou do tipo não punitivo (em que o particular figura como 'litigante')" (XAVIER, Alberto, *Princípios do Processo Administrativo e Judicial Tributário*, 2005, pp. 12-13).

que seria até mesmo despiciendo, é induvidosa sua presença como princípio geral regente da atividade processual decisória do Estado (seja administrativa ou judicial).

Com efeito, tal princípio é decorrência mesmo do princípio da ampla defesa, estudado anteriormente, não se podendo falar em realização deste em processo em que a parte se veja obrigada a aceitar a primeira decisão proferida por juiz singular contra seus interesses.[200]

É importante mencionar que a garantia do duplo grau de jurisdição não pode ser interpretada literalmente, como uma exigência de que o processo seja obrigatoriamente analisado por duas ou mais instâncias.

Com efeito, é evidente que nos casos em que se atribui a competência originária dos órgãos julgadores colegiados para a apreciação da questão não há que se falar na necessidade de se ter um julgador singular de primeira instância, cuja decisão seria, em princípio, objeto de revisão.

Não é despiciendo salientar que, em conformidade com o já transcrito inciso X da Lei nº 9.784/99, deve ser garantido aos administrados, em processo administrativo "de que possam resultar sanções e nas situações de litígio", o direito à interposição de recurso contra a decisão de primeira instância.

---

[200] Cf. ROCHA, Carmem Lúcia Antunes, *Princípios Constitucionais do Processo Administrativo*, 1997, p. 22; FERRAZ, Sérgio; DALLARI, Adilson Abreu, *Processo Administrativo*, 2002, pp. 168-169; MEDAUAR, Odete, *Direito Administrativo Moderno*, 2001, p. 202; FIGUEIREDO, Lucia Valle. Estado de Direito e Devido Processo Legal. *Revista de Direito Administrativo*, Rio de Janeiro, v. 209, jul.-set. 1997, p. 17; SCAFF, Fernando Facury. Direitos Fundamentais, Depósito Recursal Administrativo e Controle de Constitucionalidade. In: ROCHA, Valdir de Oliveira (Coord.). *Grandes Questões Atuais de Direito Tributário: 10º Volume*. São Paulo: Dialética, 2006, p. 85.

Capítulo 4

O Processo Administrativo no Direito Comparado

São inúmeros os méritos de se proceder a um exame de Direito comparado. Como salienta SAN TIAGO DANTAS "não só ele nos dá visão total da realidade jurídica, e supera o particularismo estreito dos juristas formados no recesso de uma cultura puramente nacional, como é fonte de inspiração legislativa, e fornece critérios de exegese para o Direito nacional, apontando onde a doutrina estrangeira pode ser procurada e onde deve ser evitada, pela igualdade ou diversidade da posição da norma nos sistemas".[1]

Nesse contexto, aproveita ao estudo que se pretende desenvolver nesta dissertação a análise das disposições constantes em outros ordenamentos jurídicos acerca dos instrumentos de controle da Administração Pública, a fim de demonstrar as discrepâncias existentes entre as previsões presentes no Direito pátrio e alhures, com o que se podem esclarecer os méritos e deméritos do sistema aqui adotado.

---

[1] DANTAS, San Tiago. O Humanismo e o direito moderno. *Revista Forense*, Rio de Janeiro, nº 116, mar., 1948, p. 27. Nas palavras de JOSÉ AFONSO DA SILVA: "'Comparar significa *confrontar, aproximar* coisas a fim de individuá-las e, individuando-as, distingui-las; e, distinguindo-as, agrupá-las e classificá-las (Tripiccione), ou, na forma de Constantinesco, a comparação é uma operação no espírito pela qual são reunidos num confronto *metódico* os objetos a serem comparados, a fim de precisar suas relações de semelhança e divergência.
Então, a *comparação jurídica* consiste em confrontar objetos jurídicos pertencentes a ordenamentos jurídicos de dois ou mais países" (SILVA, José Afonso. Comparação Jurídica. *Revista Trimestral de Direito Público*, São Paulo, nº 28, out.-dez. 1999, p. 5).
Ver também: ASCARELLI, Túlio. *Problemas das Sociedades Anônimas e o Direito Comparado*. Campinas: Bookseller, 2001, p. 34; DAVID, René. *Os Grandes Sistemas do Direito Contemporâneo*. 3ª ed. Tradução Hermínio A. Carvalho. São Paulo: Martins Fontes, 1998, pp. 1-14.

É importante destacar que *não se pretende examinar de forma detalhada os procedimentos por intermédio dos quais se realiza o controle dos atos administrativos em países estrangeiros*, focando-se a atenção na identificação dos sistemas utilizados alhures, notadamente na verificação do órgão ao qual é delegada a função de decidir, definitivamente, acerca da legalidade ou ilegalidade de determinado ato administrativo.

A análise que será empreendida passa, inicialmente, pela definição da Função estatal exercida pelos órgãos competentes e pela apreciação de questões de ordem administrativo fiscal, se executiva ou jurisdicional.

4.1. Jurisdição Una e Jurisdição Dupla

É corrente a lição no sentido de que, entre os países que seguem o sistema jurídico continental europeu, há os que adotam um sistema de jurisdição una, ou seja, em que há apenas um órgão com competência para apreciar e decidir, em caráter definitivo, conflitos de interesses surgidos no seio da coletividade, e países que se filiam ao sistema da jurisdição dupla, em que se reconhece a competência de outros órgãos, além do Poder Judiciário, para conhecer e decidir sobre determinadas questões em caráter definitivo.[2]

Em países que adotam o sistema da jurisdição una, o processo administrativo passa a exercer função meramente acessória, podendo ser facultativo ou obrigatório o exercício do direito de defesa perante os órgãos da Administração Pública.

Por outro lado, em função do exposto, a decisão final proferida em processo administrativo jamais se revestirá, para o administrado, de caráter definitivo, uma vez que será sempre possível o questionamento da decisão administrativa perante os órgãos do Poder Judiciário.

No sistema de jurisdição una o processo administrativo normalmente se desenvolve perante órgãos administrativos, os quais não exercem propriamente função de pacificação de litígios, mas sim de revisão da legalidade dos atos administrativos (Função Executiva). Daí não se poder falar em um contencioso administrativo em tais países, não havendo *jurisdição administrativa*, mas a institucionalização de mecanismos de controle, pela própria Administração, da legalidade, legitimidade e proporcionalidade dos atos administrativos.

---

[2] Cf. FAGUNDES, M. Seabra, *O Controle dos Atos Administrativos pelo Poder Judiciário*, 1957, p. 132.

O sistema de jurisdição dupla diverge do anteriormente descrito exatamente por prever a existência de duas ordens de competência jurisdicional: a *jurisdição comum*, competente para a apreciação de questões penais e de natureza privada, e a *jurisdição administrativa*, exercida pela Administração Pública, competente para apreciar questões administrativas e fiscais.

Nesse caso, a atividade julgadora desenvolvida pelas cortes administrativas trata-se de verdadeiro *exercício de competências jurisdicionais*, as quais foram atribuídas a órgãos administrativos específicos.

Em face do exposto, analisar-se-á brevemente o sistema de solução de controvérsias administrativas adotado em algumas nações européias, a fim de esclarecer as suas principais características.

Tendo em vista que se almeja realizar uma comparação entre o sistema brasileiro e aqueles vigentes alhures, primeiro se apresentarão breves comentários, apenas sobre alguns aspectos de relevo para o presente estudo, acerca do sistema adotado no Brasil, especificamente quanto à sua filiação a um desses dois sistemas (jurisdição una ou dupla).

4.1.1. O Controle da Legalidade dos Atos Administrativos no Brasil

O Brasil encontra-se entre os países que adotam o sistema normalmente referido como de *jurisdição una*, na medida em que o inciso XXXV do art. 5º da Constituição Federal estatui que "a lei não excluirá da apreciação do Poder Judiciário lesão ou ameaça de lesão a direito".

Infere-se da redação desse dispositivo constitucional que no ordenamento jurídico brasileiro somente os órgãos do Poder Judiciário têm competência para decidir, em caráter definitivo, acerca de conflitos de interesses, mesmo daqueles em que presentes interesses da Administração Pública.

Dessa forma, nota-se que a conformidade dos atos administrativos com as disposições legais se encontra sempre submetida à apreciação do Poder Judiciário, não havendo, portanto, que se falar em instância administrativa forçada ou obrigatória.

A par desse controle da legalidade dos atos administrativos exercido pelo Poder Judiciário, há aquele realizado pela própria Administração Pública, que, conforme já mencionado, tem atribuição para verificar legalidade dos seus próprios atos, como reconhece o verbete da Súmula nº 473 do Supremo Tribunal Federal (hoje parcialmente corporificado no art. 53 da Lei nº 9.784/99), que se encontra redigido nos seguintes termos:

> *A Administração pode anular seus próprios atos, quando eivados de vícios que os tornam ilegais, porque deles não se originam direitos; ou revogá-los, por motivo de conveniência ou oportunidade, respeitados os direitos adquiridos, e ressalvada, em todos os casos, a apreciação judicial.*

A acima referida súmula traz em sua expressão verbal a dupla vertente do controle da legalidade dos atos administrativos no Direito brasileiro, consignando o poder-dever (função) da Administração de anular seus atos eivados de vícios de ilegalidade, ressalvando que, de toda forma, sempre caberá o controle por parte do Poder Judiciário, este sim, em última instância.

O controle jurisdicional da legalidade dos atos administrativos se dá por intermédio do exercício do direito de ação por parte do administrado, normalmente pelo rito especial do mandado de segurança. A seu turno, o controle administrativo pode ocorrer de ofício e por meio de recurso hierárquico ou outro meio de impugnação administrativa posto à disposição do administrado pelo ordenamento jurídico.

Em todo o caso, sempre que o ato administrativo cuja legalidade se esteja questionando tenha por finalidade interferir diretamente na esfera de direitos do administrado, *o referido controle administrativo será realizado no âmbito de um processo, regido pelos princípios antes examinados, com a garantia dos direitos do administrado.*

Conclui-se, portanto, que o sistema brasileiro de controle de legalidade dos atos administrativos é composto de duas esferas, a administrativa e a jurisdicional. A primeira, de curso facultativo para o administrado e não--vinculante para o mesmo em caso de decisão desfavorável. A segunda, aquela a quem cabe decidir, de forma definitiva, acerca de questão relacionada com a legalidade, legitimidade e proporcionalidade de ato praticado pela Administração Pública.

Feitos esses comentários de ordem geral, que serão posteriormente aprofundados, sendo ora apresentados apenas para viabilizar a comparação dos fundamentos do nosso sistema com aqueles dos sistemas vigentes em outros países, cumpre-nos analisar a regência do processo administrativo no Direito comparado.

4.1.2. O Controle da Legalidade dos Atos Administrativos na Alemanha

a) Controle dos Atos Administrativos em Geral

Conforme noticia o Professor da Universidade de Frankfurt, HANS MEYER, "a jurisdição administrativa na Alemanha está desenhada em termos muito amplos, e se articula através dos Tribunais administrativos gerais, os Tribunais sociais e os financeiros".[3]

A Lei Fundamental alemã determina, no inciso IV de seu art. 19, *o princípio da inafastabilidade da jurisdição*, estabelecendo que no caso de violação a direito individual por autoridade pública o recurso às Cortes será garantido ao titular do direito lesado.

Por outro lado, o art. 93 da Lei Fundamental prevê que o "Poder Judiciário é atribuído aos juízes", sendo exercido "pelo Tribunal Constitucional Federal, pelas cortes federais previstas nesta constituição, e pelas cortes estaduais (Länder)".

A existência de uma *justiça administrativa especial* encontra-se evidenciada no art. 95 da Lei Fundamental, que estabelece o Tribunal Administrativo Federal como Corte mais elevada da *jurisdição administrativa*.

As regras gerais acerca do *processo jurisdicional administrativo* se encontram previstas em lei de 1960 (*Verwaltungsgerichtsordnung – VwGO*), que já em seu § 1º estabelece a *separação entre a jurisdição administrativa e o exercício da função administrativa*, ao determinar que aquela é exercida por cortes independentes, separadas das autoridades administrativas.

Depreende-se da análise da *VwGO* que a jurisdição administrativa alemã não tem caráter meramente negativo, de anulação de atos administrativos ilegais ou ilegítimos, tendo competência, ainda, para conhecer demandas de natureza declaratória, as quais tenham como pretensão a declaração da existência ou inexistência de uma relação jurídica (§ 43).

Em princípio, os tribunais administrativos têm competência para conhecer questões decorrentes de relações jurídicas dessa natureza. Entretanto, como salienta MÔNICA SIFUENTES, no caso de conflito de competência entre cortes administrativas e comuns, aplica-se o denominado *princípio da prioridade*, que determina que "se um tribunal admitiu a sua competência para apreciar determinado caso, esta decisão, transitada em julgado, vincula absolutamente

---

[3] MEYER, Hans. El Procedimiento Administrativo en la Republica Federal de Alemania. In: *El Procedimiento Administrativo en el Derecho Comparado*. Madrid: Civitas, 1993, p. 287.

aos demais. É a aplicação do 'princípio da prioridade'. Se, por outro lado, o tribunal declarar-se competente, também os outros ficam impedidos de se considerarem incompetentes com fundamento em a competência pertencer àquele primeiro tribunal".[4]

Nota-se, portanto, que no Direito alemão as questões administrativas são conhecidas por "justiça especial", similar, por exemplo, às "justiças" do trabalho e militar brasileiras. Sem entrar na análise de eventuais problemas do procedimento aplicável ao processo jurisdicional administrativo alemão, é de se salientar que a grande vantagem desse sistema é se atingir a especialização dos julgadores das matérias administrativas e tributárias, possibilitando uma maior qualidade técnica das decisões proferidas pelos tribunais, diferentemente do que ocorre, por exemplo, no Brasil.

Tal fato, entretanto, não afasta a existência, no Direito alemão, de um *procedimento administrativo*, desenvolvido no âmbito da administração pública,[5] o qual, no entanto, não figura como instrumento de solução de lides entre a Administração Pública e os Administrados (assim como ocorre no Brasil).[6]

Nessa linha de idéias, o que se referiu como processo administrativo neste item *não corresponde ao processo administrativo brasileiro*, mas sim ao instrumento de controle jurisdicional dos atos administrativos, desenvolvido no âmbito do Poder Judiciário.

Resumindo tudo o que foi exposto no presente item, vale a pena trazer o testemunho do Professor HARTMUT MAURER acerca do controle, administrativo e jurisdicional, dos atos administrativos na Alemanha:

> *A impugnação de atos administrativos está regulada na ordenação da organização da jurisdição administrativa. Ela transcorre, em regra, em dois graus. Inicialmente, deve ser interposta oposição sobre a qual, em regra, a autoridade administrativa que segue em hierarquia, excepcionalmente, e também a autoridade administrativa que publicou o ato administrativo têm de decidir. Se o procedimento de oposição fica sem resultado, então pode o afetado promover demanda de impugnação no tribunal administrativo. O procedimento de oposição ainda permanece no âmbito administrativo e apresenta, com isso, um controle*

---

[4] SIFUENTES, Mônica. Problemas Acerca dos Conflitos entre a Jurisdição Administrativa e Judicial no Direito Português. *Revista de Direito Administrativo*, Rio de Janeiro, nº 227, jan.-mar. 2002, p. 197. No mesmo sentido: ANDRADE, José Carlos Viera de. *A Justiça Administrativa*: Lições. 2ª ed. Coimbra: Almedina, 1999, p. 23.

[5] Cf. MEYER, Hans. *El Procedimiento Administrativo en la Republica Federal de Alemania*, 1993, p. 288.

[6] Sobre as distinções acerca dos instrumentos administrativos e judiciários de controle dos atos administrativos ver: STERN, Klaus. Procedimento Amministrativo in Germania. In: SANDULLI, Maria Alessandra (Coord.). *Il Procedimento Amministrativo in Europa*. Milano: Giuffrè, 2000, pp. 23-26.

intra-administrativo. Com a demanda de impugnação, o âmbito administrativo é excedido e causado um controle extra-administrativo. O tribunal administrativo decide como instância independente e provida de pessoas versadas em direito. Sua posição especial e o procedimento judicial administrativo, dotado de garantias especiais, garantem um exame jurídico amplo e neutro. A autoridade, que até então era "dona do procedimento", entra – como o cidadão demandante – no papel de parte processual e precisa expor e defender sua concepção jurídica diante das barreiras do tribunal.[7]

b) Controle dos Atos Administrativos Fiscais

O controle dos atos administrativos editados pela administração fazendária se dá nos mesmos moldes acima descritos, prevendo o art. 95 da Lei Fundamental alemã o Tribunal Financeiro Federal como órgão máximo da jurisdição administrativo-fiscal.

As regras acerca do controle jurisdicional dos atos administrativos-fiscais encontram-se previstas no *F.G.O.*, cujo § 1º estabelece que "a jurisdição fiscal é exercida por cortes administrativas especiais independentes, separadas das autoridades administrativas".

A independência dos juízes que compõem os tribunais fiscais alemães é examinada pelo Professor Klaus Vogel na passagem transcrita a seguir:

> *De acordo com o art. 97 de nossa Constituição, os juízes são independentes e só estão sujeitos à lei. Isto é também aplicável aos juízes da jurisdição financeira. Eles não só têm independência técnica, o que significa que a decisão judicial não está sujeita a nenhuma ordem ou influência, como também se garante por intermédio da Constituição sua independência pessoal: seu cargo termina a uma idade preestabelecida – exatamente: sua aposentadoria está prevista para quando completa sessenta e oito anos – e mesmo que hajam cometido faltas somente poderão ser removidos de seus cargos por decisões judiciais e de acordo com qualificações legalmente estabelecidas.*[8]

Outro aspecto trazido à colação por Klaus Vogel consiste na necessidade de se percorrer a instância administrativa antes de se postular a anulação de ato administrativo fiscal perante as cortes da jurisdição financeira. Segundo o Professor da Universidade de Munique, a existência dessa fase prévia "não

---

[7] *Elementos de Direito Administrativo Alemão*, 2001, pp. 105-106.
[8] VOGEL, Klaus. Protección Legal en la Republica Federal Alemana. *Revista de Direito Tributário*, São Paulo, nº 34, out.-dez. 1985, p. 14.

só alivia os tribunais, como também contribui a uma grata colaboração entre a Administração e o contribuinte".[9]

Como salienta CARLOS M. GIULIANI FONROUGE, as sentenças proferidas por essa corte são, "em princípio, definitivas, mas podem ser modificadas pela Corte Federal Constitucional em matérias dessa índole".[10]

Em resumo, na Alemanha os atos administrativos-fiscais são objeto, inicialmente, de processo desenvolvido perante a Administração Fazendária, por intermédio do qual se postula sua reforma. Esta fase é condição para que se proceda ao controle jurisdicional dos referidos atos, o qual se instala perante os tribunais financeiros alemães, os quais compõem uma justiça especial com competência específica para conhecer dos conflitos de interesses entre os contribuintes e o Poder Público.[11]

4.1.3. O Controle da Legalidade dos Atos Administrativos em Portugal

a) Controle dos atos Administrativos em Geral

A Constituição portuguesa, nos mesmos moldes da Lei Fundamental alemã, *consagra o princípio da inafastabilidade da jurisdição*, no item 4 do seu art. 268, que estabelece:

> *É garantido aos administrados tutela jurisdicional efetiva dos seus direitos ou interesses legalmente protegidos, incluindo, nomeadamente, o reconhecimento desses direitos ou interesses, a impugnação de quaisquer atos administrativos que os lesem, independentemente da sua forma, a determinação da prática de atos administrativos legalmente devidos e a adoção de medidas cautelares adequadas.*

Na alínea "b" do item 1 do art. 209 a Constituição portuguesa estabelece a *inserção dos tribunais administrativos na estrutura judiciária*, demonstrando sua opção por uma *jurisdição administrativa especial,* inserida no âmbito do Poder Judiciário. Como destaca MÔNICA SIFUENTES "os tribunais administrativos foram considerados pela Constituição da República Portuguesa como tribunais verdadeiros e próprios, na expressão de Gomes Canotilho. Essa colocação pôs

---

[9] Protección Legal en la Republica Federal Alemana, 1985, p. 21.
[10] FONROUGE, Carlos M. Giuliani. *Derecho Financiero.* 7ª ed. Buenos Aires: Depalma, 2001, p. 814.
[11] Para uma análise mais detalhada do processo tributário na Alemanha, ver: REIMER, Ekkehart. Proteção do Contribuinte na Alemanha. *Revista Direito Tributário Atual*, São Paulo, v. 22, 2008, pp. 60-64.

fim às duvidas existentes a respeito de serem os administrativos verdadeiros tribunais, decorrentes da concepção tradicional de que a essa designação fariam jus apenas os judiciais".[12]

No item 3 de seu art. 212 a Constituição portuguesa estabelece o âmbito da competência dos tribunais administrativos, determinando que aos mesmos compete "o julgamento das ações e recursos contenciosos que tenham por objeto dirimir os litígios emergentes das relações jurídicas administrativas e fiscais".

A natureza da Função exercida pelos tribunais administrativos, de matiz jurisdicional, encontra-se evidenciada, em nível infraconstitucional, no art. 1º da Lei 13/2002, que veiculou o Estatuto dos Tribunais Administrativos e Fiscais – ETAF, em cuja redação se encontra expresso que:

> *1 – Os tribunais da jurisdição administrativa e fiscal são os órgãos de soberania com competência para administrar a justiça em nome do povo nos litígios emergentes das relações jurídicas administrativas e fiscais.*
> *2 – Nos feitos submetidos a julgamento, os tribunais da jurisdição administrativa e fiscal não podem aplicar normas que infrinjam o disposto na Constituição ou os princípios nela consagrados.*

Importa assinalar que a existência de uma *justiça administrativa* no Direito português não afasta a existência de um *processo administrativo* não--jurisdicional, como meio procedimental de a Administração Pública alcançar seus desideratos. Tal forma de atuação da Administração configura o chamado *processo administrativo gracioso*, sobre o qual vale a pena trazer à colação a seguinte lição de MARCELLO CAETANO:

> *O processo administrativo gracioso é uma consequência necessária da orgânica da Administração Pública.*
> *Vimos oportunamente que as pessoas coletivas só atuam por intermédio de órgãos que, coadjuvados por agentes, exprimem uma vontade funcional.*
> *Ora, a fim de se obter a máxima probabilidade de aproximação entre a vontade manifestada e aquilo que deve ser querido para atingir os fins normais da pessoa coletiva num caso concreto, a lei estabelece os trâmites a seguir para fixar o conhecimento dos fatos que hajam de servir de base à resolução, assentar o Direito aplicável e, quando seja caso disso, ponderar a justiça e a conveniência ou a oportunidade de uma entre várias soluções possíveis.*

---

[12] *Problemas Acerca dos Conflitos entre a Jurisdição Administrativa e Judicial no Direito Português*, 2002, p. 169.

> Assim, a resolução administrativa é precedida de formalidades e de atos preparatórios escalonados numa sequência adequada ao fim em vista, de modo a garantir a ponderação dos interesses em causa e a legalidade das soluções.[13]

Nota-se, portanto, que a *justiça administrativa*, que consubstancia o exercício jurisdicional da solução de pretensões surgidas no âmbito de relações jurídico-administrativas, não se confunde com o *processo administrativo gracioso*, o qual se assemelha ao processo administrativo existente no Brasil.[14]

Vale destacar que o ETAF estabele quais questões encontram-se incluídas e excluídas da competência dos tribunais administrativos, como se pode inferir da análise do seu art. 4º, que estabelece o âmbito de jurisdição de tais tribunais.[15]

---

[13] CAETANO, Marcello, *Manual de Direito Administrativo*, 1999, pp. 1.289-1.290. Especificamente na seara fiscal, ao se referir à impugnação administrativa contra atos da Administração Fazendária, fala-se em *reclamação graciosa* (ver arts. 68 a 77 do Código de Procedimento e de Processo Tributário Português).

[14] As diferenças entre os recursos *contenciosos* e *graciosos* no sistema português foram bem pontuadas por DIOGO FREITAS DO AMARAL: "Os recursos graciosos e contenciosos têm, é claro, no âmbito do direito administrativo, alguns pontos comuns: ambos são regulados pelo mesmo direito, ambos são meios de impugnação de atos de autoridade, ambos têm por objeto decisões da Administração. Mas estas semelhanças não conseguem esconder a nítida diferença que os separa. Com efeito, enquanto os recursos graciosos se integram na função administrativa, os recursos contenciosos pertencem à função jurisdicional.

E esta diferença basilar projeta-se em diversos pontos de grande relevo, a saber: *quanto ao órgão competente*, os recursos graciosos são interpostos perante uma autoridade administrativa, os recursos contenciosos perante um tribunal; *quanto aos fundamentos*, os recursos graciosos podem ter por fundamento a ilegalidade, a injustiça ou a inconveniência do ato recorrido, os recursos contenciosos apenas a ilegalidade; e *quanto à natureza da decisão*, os recursos graciosos são decididos por ato administrativo, os recursos contenciosos por sentença" (AMARAL, Diogo Freitas do. *Conceito e Natureza do Recurso Hierárquico*. 2. ed. Coimbra: Almedina, 2005, p. 47).

[15] "1 – Compete aos tribunais da jurisdição administrativa e fiscal a apreciação de litígios que tenham nomeadamente por objecto: a) Tutela de direitos fundamentais, bem como dos direitos e interesses legalmente protegidos dos particulares directamente fundados em normas de direito administrativo ou fiscal ou decorrentes de actos jurídicos praticados ao abrigo de disposições de direito administrativo ou fiscal; b) Fiscalização da legalidade das normas e demais actos jurídicos emanados por pessoas colectivas de direito público ao abrigo de disposições de direito administrativo ou fiscal, bem como a verificação da invalidade de quaisquer contratos que directamente resulte da invalidade do acto administrativo no qual se fundou a respectiva celebração; c) Fiscalização da legalidade de actos materialmente administrativos praticados por quaisquer órgãos do Estado ou das Regiões Autónomas, ainda que não pertençam à Administração Pública;

d) Fiscalização da legalidade das normas e demais actos jurídicos praticados por sujeitos privados, designadamente concessionários, no exercício de poderes administrativos; e) Questões relativas à validade de actos pré-contratuais e à interpretação, validade e execução de contratos

Vale a pena acrescentar, ainda, que, diferentemente do que ocorre no Direito alemão, no ordenamento jurídico português os conflitos de competência entre os tribunais administrativos e comuns são solucionados por um Tribunal de Conflitos, cuja possibilidade de instituição se encontra prevista no item 3 do art. 209 da Constituição Portuguesa, que estabelece que "a lei determinará os casos e as formas em que os tribunais previstos nos números anteriores se podem constituir, separada ou conjuntamente, em tribunais de conflitos".

a respeito dos quais haja lei específica que os submeta, ou que admita que sejam submetidos, a um procedimento pré-contratual regulado por normas de direito público; f) Questões relativas à interpretação, validade e execução de contratos de objecto passível de acto administrativo, de contratos especificamente a respeito dos quais existam normas de direito público que regulem aspectos específicos do respectivo regime substantivo, ou de contratos em que pelo menos uma das partes seja uma entidade pública ou um concessionário que actue no âmbito da concessão e que as partes tenham expressamente submetido a um regime substantivo de direito público; g) Questões em que, nos termos da lei, haja lugar a responsabilidade civil extracontratual das pessoas colectivas de direito público, incluindo a resultante do exercício da função jurisdicional e da função legislativa; h) Responsabilidade civil extracontratual dos titulares de órgãos, funcionários, agentes e demais servidores públicos; i) Responsabilidade civil extracontratual dos sujeitos privados aos quais seja aplicável o regime específico da responsabilidade do Estado e demais pessoas colectivas de direito público; j) Relações jurídicas entre pessoas colectivas de direito público ou entre órgãos públicos, no âmbito dos interesses que lhes cumpre prosseguir; l) Promover a prevenção, cessação e reparação de violações a valores e bens constitucionalmente protegidos, em matéria de saúde pública, ambiente, urbanismo, ordenamento do território, qualidade de vida, património cultural e bens do Estado, quando cometidas por entidades públicas, e desde que não constituam ilícito penal ou contra-ordenacional; m) Contencioso eleitoral relativo a órgãos de pessoas colectivas de direito público para que não seja competente outro tribunal; n) Execução das sentenças proferidas pela jurisdição administrativa e fiscal.
2 – Está nomeadamente excluída do âmbito da jurisdição administrativa e fiscal a apreciação de litígios que tenham por objecto a impugnação de: a) Actos praticados no exercício da função política e legislativa; b) Decisões jurisdicionais proferidas por tribunais não integrados na jurisdição administrativa e fiscal; c) Actos relativos ao inquérito e à instrução criminais, ao exercício da acção penal e à execução das respectivas decisões. 3 – Ficam igualmente excluídas do âmbito da jurisdição administrativa e fiscal: a) A apreciação das acções de responsabilidade por erro judiciário cometido por tribunais pertencentes a outras ordens de jurisdição, bem como das correspondentes acções de regresso; b) A fiscalização dos actos materialmente administrativos praticados pelo Presidente do Supremo Tribunal de Justiça; c) A fiscalização dos actos materialmente administrativos praticados pelo Conselho Superior da Magistratura e pelo seu presidente; d) A apreciação de litígios emergentes de contratos individuais de trabalho, que não conferem a qualidade de agente administrativo, ainda que uma das partes seja uma pessoa colectiva de direito público".

b) Controle dos Atos Administrativos Fiscais

Como se pode perceber acima, o controle da legalidade dos atos da administração fazendária portuguesa segue as mesmas linhas do controle dos atos administrativos em geral.

Tanto os procedimentos como o processo tributários são regidos pelas disposições constantes no Decreto-lei nº 433/99, que instituiu o Código de Procedimento e de Processo Tributário (C.P.P.T.).

Logo em seu art. 1º o referido diploma normativo estabelece seu âmbito de incidência, determinando que:

> *O presente Código aplica-se, sem prejuízo do disposto no direito comunitário, noutras normas de direito internacional que vigorem diretamente na ordem interna, na lei geral tributária ou em legislação especial, incluindo as normas que regulam a liquidação e cobrança dos tributos parafiscais:*
> *a) Ao procedimento tributário;*
> *b) Ao processo judicial tributário;*
> *c) À cobrança coerciva das dívidas exigíveis em processo de execução fiscal;*
> *d) Aos recursos jurisdicionais.*

O art. 44 do C.P.P.T. determina as atividades que se encontram incluídas no âmbito do conceito de procedimento tributário, nos seguintes termos:

> *1 – O procedimento tributário compreende, para efeitos do presente Código:*
> *a) As ações preparatórias ou complementares da liquidação dos tributos, incluindo parafiscais, ou de confirmação dos fatos tributários declarados pelos sujeitos passivos ou outros obrigados tributários;*
> *b) A liquidação dos tributos, quando efetuada pela administração tributária;*
> *c) A revisão, oficiosa ou por iniciativa dos interessados, dos atos tributários;*
> *d) A emissão, retificação, revogação, ratificação, reforma ou conversão de quaisquer outros atos administrativos em matéria tributária, incluindo sobre benefícios fiscais;*
> *e) As reclamações e os recursos hierárquicos;*
> *f) A avaliação direta ou indireta dos rendimentos ou valores patrimoniais;*
> *g) A cobrança das obrigações tributárias, na parte que não tiver natureza judicial;*
> *h) A contestação de caráter técnico relacionada com a classificação pautal, a origem ou o valor das mercadorias objeto de uma declaração aduaneira, sem prejuízo da legislação especial aplicável;*
> *i) Todos os demais atos dirigidos à declaração dos direitos tributários.*

Segundo o art. 45 do C.P.P.T., o procedimento administrativo português é orientado pelo princípio do contraditório, "participando o contribuinte, nos termos da lei, na formação da decisão".

O C.P.P.T. prevê, em seu art. 68, a existência de um procedimento de reclamação graciosa, similar ao processo administrativo existente no Brasil, o qual "visa à anulação total ou parcial dos atos tributários por iniciativa do contribuinte, incluindo, nos termos da lei, os substitutos e responsáveis", estabelecendo o item 2 desse dispositivo legal que não "pode ser deduzida reclamação graciosa quando tiver sido apresentada impugnação judicial com o mesmo fundamento".

Segundo o art. 56 da Lei Geral Tributária portuguesa, o processo administrativo fiscal rege-se pelo princípio da decisão, segundo o qual "a administração tributária está obrigada a pronunciar-se sobre todos os assuntos da sua competência que lhe sejam apresentados por meio de reclamações, recursos, representações, exposições, queixas ou quaisquer outros meios previstos na lei pelos sujeitos passivos ou quem tiver interesse legítimo".

O processo judicial tributário encontra-se previsto nos arts. 96 e seguintes do C.P.P.T., estabelecendo o item 1 do referido artigo que "o processo judicial tributário tem por função a tutela plena, efetiva e em tempo útil dos direitos e interesses legalmente protegidos em matéria tributária".

A primeira instância da jurisdição tributária é composta pelos *tribunais tributários de primeira instância*. Na segunda instância estão os *Tribunais Centrais Administrativos*, e o órgão de cúpula do sistema de controle dos atos administrativos-fiscais em Portugal é o *Supremo Tribunal Administrativo*, que conta com duas seções: uma de contencioso administrativo e uma de contencioso tributário (art. 14 do ETAF).

4.1.4. O Controle da Legalidade dos Atos Administrativos na França

a) Controle dos Atos Administrativos em Geral

A tradição francesa de solução de controvérsias surgidas no âmbito de relações jurídicas administrativas foi forjada ao longo da história dessa nação.[16]

---

[16] Cf. LAUBADÈRE, André de; VENEZIA, Jean-Claude; GAUDEMET, Yves. *Traité de Droit Administratif.* 14ª ed. Paris: L.G.D.J, 1996, p. 305. Sobre a evolução histórica do sistema francês, ver: SILVA, Vasco Manuel Pascoal Dias Pereira da. *Em Busca do Ato Administrativo Perdido.* Coimbra: Almedina, 2003, pp. 20-37 ; AMARAL, Paulo Adyr Dias do. Processo Tributário na França:

Com efeito, vige na França uma absoluta separação entre as Funções estatais, a qual se desenvolveu a partir da Revolução Francesa.[17] Tendo em vista o regime que se instaurou após a vitória do movimento "revolucionário", buscou-se limitar a possibilidade de os tribunais se imiscuírem na apreciação de questões em que estivessem em discussão atos praticados pela Administração Pública. Como destaca ODETE MEDAUAR:

> *Originou-se na França a idéia de vedar ao Judiciário o julgamento de controvérsias que envolvessem a Administração, em virtude, principalmente, de uma interpretação peculiar do princípio da separação dos poderes, combinada a fatos históricos aí ocorridos antes da Revolução Francesa; de fato, no chamado Ancien Regime os Parlamentos, dotados de algumas das funções jurisdicionais, passaram a imiscuir-se na Administração, editando preceitos que lhes pareciam aptos a acabar com abusos (mescla de justiça e ação administrativa) e também proferindo censuras a medidas editadas pelo monarca. Assim, após 14 de julho de 1789 procurou-se evitar interferência de órgãos jurisdicionais na Administração Pública.*[18]

A Garantia do Contraditório. Algumas Comparações com o Sistema Brasileiro. *Revista Internacional de Direito Tributário*, Belo Horizonte, v. 7, jan.-jun. 2007, pp. 140-146.

[17] Na lição de SEABRA FAGUNDES: "O sistema de controle por uma jurisdição especial tem a sua explicação doutrinária no que Bonnard chama 'a concepção francesa da separação de poderes'. Assentou-se na prática do Direito Público francês que a separação dos poderes deve ser de modo a vedar a penetração de um no âmbito peculiar de outro, implicando violação a esse princípio o julgamento pelo Poder Judiciário das controvérsias nascidas da atividade do Poder Administrativo. De início, esta orientação decorreu da prevenção contra a jurisdição comum, em constante conflito com os corpos administrativos, no período que precedeu à Revolução Francesa, e hoje assenta na conveniência técnica das especializações e melhor coordenação do serviço público, já desaparecida aquela hostilidade. Assim as razões históricas, que fizeram nascer a doutrina francesa da separação dos poderes públicos, cessaram de existir, mas subsistiu o sistema de dupla jurisdição dela originário, já agora por motivos de ordem técnica" (*O Controle dos Atos Administrativos pelo Poder Judiciário*, 1957, pp. 145-146). Nesse mesmo sentido: LAUBADÈRE, André de. *Traité Élémentaire de Droit Administratif*. Paris: L.G.D.J., 1953, p. 244.

[18] *A Processualidade no Direito Administrativo*, 1993, p. 44. EDUARDO GARCÍA DE ENTERRÍA esclarece que tendo surgido na França a noção de subordinação da Administração Pública à ordem jurídica, "esse controle não podia ser encomendado aos juízes genuínos, pois a Assembléia Constituinte havia promulgado a famosa Lei de 16/24, de agosto de 1790, que consagra a famosa 'interpretação francesa do princípio de separação dos poderes', segundo a qual se proibia aos juízes mesclar--se, interferir ('*troubler*') com qualquer assunto administrativo. 'Julgar a Administração é ainda administrar', passará a ser o princípio essencial, em virtude do qual haverá que residir no âmbito da mesma Administração a função de submeter a crítica da atuação administrativa a respeito de sua observância do princípio da legalidade" (*Problemas Del Derecho Público al Comienzo de Siglo*, 2001, p. 66). Conforme destaca VASCO PEREIRA DA SILVA: "A proibição de os tribunais judiciais conhecerem dos litígios é, em grande parte, explicável como uma reação contra o modelo de atuação dos *parlamentos* no Antigo Regime. Estes tribunais, controlados pela classe aristocrática, vão ser um instrumento de luta política contra a concentração do poder real. Tão importante é a sua atuação

Tendo em vista o cenário acima exposto, surgiu na França, de forma pioneira, a consagração de órgão, distinto daqueles que exercem a função jurisdicional, como competente para conhecer e decidir acerca de matérias de Direito Administrativo. Em última instância tal órgão é o denominado Conselho de Estado.

O Conselho de Estado surgiu pela primeira vez no ano de 1578, no Reino de HENRIQUE III, tendo atribuições de assessoramento ao monarca e solução de disputas administrativas.[19]

Em 1790, a Assembléia Constituinte francesa, tendo como propósito a separação das Funções estatais acima referida, visando, desse modo, evitar a possibilidade de o Poder Judiciário interferir em questões de natureza

---

que se pode mesmo falar num *governo dos juízes*, uma vez que estes exercem 'uma justiça ideologizada no sentido da reivindicação estamental de uma participação activa no poder concentrado do rei absoluto' (ENTERRÍA). Eles vão, inclusive, estar por detrás dos acontecimentos que deram origem à revolução, em virtude da resistência que vão opor às reformas dos ministros fisiocratas e que originam 'a crise constitucional de que saiu (outra idéia arcaizante dos Parlamentos) a convocatória dos Estados Gerais de 1979, que acabou inesperadamente com o Antigo Regime' (ENTERRÍA).

As duas principais prerrogativas de que os parlamentares se vão servir, na sua luta contra a monarquia absoluta, são: o direito de registro (*d'enregistrement*) e as *censuras* (*remontrances*). Consistia a prerrogativa do registro em os tribunais se recusarem a aplicar uma decisão régia que não se encontrasse devidamente registrada junto do parlamento, o que permitia aos tribunais exercerem uma espécie de veto em relação às decisões não registradas. As censuras (*remontrances*) são um poder de controlo sobre as decisões do rei, cuja intensidade pode variar, desde os simples '*votos (voeux) e súplicas (supplications)*, humildemente transmitidas', até o exercício de 'verdadeiros meios de anulação, o procedimento mais adequado às situações em que se trate de modificar tal ou qual política, mas de obter a revogação ou a abrogação de um ato jurídico' (LEBRETON).

Os revolucionários franceses, conscientes deste papel oposicionista desempenhado pelos parlamentos no período do Antigo Regime, vão procurar obviar ao aparecimento de uma situação similar, retirando aos poderes judiciais a competência para decidir dos litígios em matéria administrativa. No preâmbulo da legislação revolucionária da *separação dos poderes*, refere-se expressamente que 'a Nação não esqueceu o que se deve aos Parlamentos; só eles resistiram à tirania (...). A nossa magistratura estava constituída, precisamente, para resistir ao despotismo, mas este já não existirá de ora em diante. Esta forma de magistratura não é, pois, necessária'. A moral a retirar desta passagem é a seguinte: os revolucionários estão muito agradecidos pela atuação dos parlamentos no Antigo Regime, mas não querem que ela venha a repetir no futuro, pois, agora, são eles que detêm o pode, pelo que uma tal atuação dos tribunais já não é mais necessária" (SILVA, Vasco Pereira. *Para um Contencioso Administrativo dos Particulares*: Esboço de uma Teoria Subjectivista do Recurso Directo de Anulação. Coimbra: Almedina, 2005, pp. 21-22). Nesse sentido ver, ainda: DEVILLER, Jacqueline Morand. Le Droit Français et ses Révolutions Tranquiles. In: ÁVILA, Humberto (Org.). Fundamentos do Estado de Direito: Estudos em Homenagem ao Professor Almiro do Couto e Silva. São Paulo: Malheiros, 2005, p. 37.

[19] Sobre a história do Conselho de Estado Francês consultar o sítio <http://www.conseil-etat.fr>.

administrativa,[20] resolveu segregar a jurisdição administrativa da jurisdição comum, o que resultou, em 1799, na atribuição de tais competências ao Conselho de Estado. Esta primeira fase ficou conhecida como o sistema do administrador-juiz, já que, como pontua VASCO MANUEL PASCOAL DIAS PEREIRA DA SILVA, "o julgamento dos litígios administrativos era remetido para os próprios órgãos da Administração ativa".[21]

Como dito, o Conselho de Estado, inicialmente, tinha funções meramente consultivas, prestando assessoria jurídica ao monarca, a quem cabia dirimir, em última instância, os conflitos de natureza administrativa (a chamada justiça retida).[22]

Por um curto período, entre 1848 e 1852, o Conselho de Estado passou a ser o titular exclusivo da competência para a apreciação de questões administrativas.[23] Em 1849, foi instituído o Tribunal de Conflitos, o qual teria competência para decidir acerca de conflitos de competência entre a corte administrativa e os tribunais da justiça comum.

Com a ascensão ao trono de NAPOLEÃO III, a justiça retida foi restaurada, havendo um retrocesso no avanço ocorrido no período anterior.

A partir de 1872, segundo ODETE MEDAUAR, "reconheceu-se ao Conselho de Estado e órgãos assemelhados competência para decidir, com o que se formou verdadeira jurisdição administrativa, quer dizer, jurisdição específica para litígios em que a Administração é parte (embora as regras de competência não tenham essa clareza), com as mesmas garantias de independência da jurisdição comum".[24]

---

[20] Cf. CALASANS, Jorge Thierry; SILVA, Solange Teles da. A Jurisdição Administrativa na França. In: 1º Congresso Brasileiro de Advocacia Pública. São Paulo: Max Limonad, 1998, p. 219.
[21] SILVA, Vasco Manuel Pascoal Dias Pereira da, Em Busca do Ato Administrativo Perdido, 2003, p. 29.
[22] SILVA, Vasco Manuel Pascoal Dias Pereira da, Em Busca do Ato Administrativo Perdido, 2003, p. 30.
[23] Cf. LAUBADÈRE, André de, Traité Élémentaire de Droit Administratif, 1953, p. 246.
[24] A Processualidade no Direito Administrativo, 1993, p. 45. Segundo EDUARDO GARCÍA DE ENTERRÍA: "Em 1872, com o fim traumático do II Império, a França dá o passo decisivo para passar de uma 'justiça retida', ainda em mãos do Governo, a um sistema de 'justiça delegada' e já independente. O Conselho de Estado não se limitará então a propor um projeto de sentença ao Governo (ainda que se tenha que reconhecer que este raramente usou de sua faculdade de dissentir da proposta e redigir ele mesmo o texto final da decisão), mas sim recebe da lei todos os poderes necessários para resolver ele mesmo, por própria autoridade. A justiça administrativa se institui assim como uma verdadeira justiça independente, passo decisivo" (Problemas Del Derecho Público al Comienzo de Siglo, 2001, p. 37). Ver, ainda: FERNÁNDEZ, Tomás-Ramón, El Derecho Administrativo al Comienzo de su Tercera Centuria, 2002, p. 90; LAUBADÈRE, André de, Traité Élémentaire de Droit Administratif, 1953, p. 246; SILVA, Vasco Manuel Pascoal Dias Pereira da, Em Busca do Ato Administrativo Perdido, 2003, p. 31.

O Conselho de Estado, portanto, é o tribunal administrativo supremo na França,[25] julgando, em última instância, todos os litígios envolvendo as pessoas jurídicas de Direito Público, ou mesmo pessoas jurídicas de Direito Privado delegatárias do exercício de funções públicas.

Vale a pena destacar que, não estando o Conselho de Estado inserido na estrutura do Poder Judiciário, não se encontra, da mesma maneira, subordinado hierarquicamente ao Poder Executivo, o que certamente comprometeria sua imparcialidade como órgão de cúpula no deslinde de litígios de natureza administrativa.[26]

Como referido acima, há na França um Tribunal de Conflitos, a quem cabe a atribuição de "resolver as controvérsias sobre a competência das duas ordens de jurisdição, seja ela positiva, negativa ou em relação às decisões que apresentem sérias dificuldades".[27]

É possível identificar na França, ainda, a existência de um procedimento administrativo não-contencioso, ao lado de um processo administrativo de natureza contenciosa, ou seja, de solução de lides.

As regras aplicáveis ao processo e ao procedimento administrativos não são explícitas e precisas, como se pode inferir da seguinte lição do Professor da Universidade Pantheon Assas, Paris II, JEAN-PIERRE FERRIER:

> *O procedimento administrativo tão-somente ocupa um lugar reduzido no Direito Administrativo francês, tanto do ponto de vista legislativo e regulamentário como jurisprudencial. Isto se deve à origem deste direito que, em grande medida, é pretoriana. Não existe nenhum "código administrativo", o juiz (principalmente o Conselho de Estado) não estabelece nunca normas gerais. É atribuição dos juristas adivinhar o que muda, o que permanece, o que representa e o que constitui o estado atual do Direito Administrativo. A concisa redação dos acórdãos, de outra parte, nem sempre facilita essa interpretação.*

---

[25] Cf. LAUBADÈRE, André de; VENEZIA, Jean-Claude; GAUDEMET, Yves, *Traité de Droit Administratif*, 1996, p. 327; DEVILLER, Jacqueline Morand, Le Droit Français et ses Révolutions Tranquiles, 2005, p. 37.

[26] LAUBADÈRE, André de; VENEZIA, Jean-Claude; GAUDEMET, Yves, *Traité de Droit Administratif*, p. 324. Nesse sentido, ver também: FIORINI, Bartolomé A. *Qué es el Contencioso*. Buenos Aires: Abeledo-Perrot, 1997, pp. 90-91; MALBERG, R. Carré de. *Teoría General del Estado*. Tradução José Lión Depetre. México: Fondo de Cultura Económica, 2001, p. 701; DEVILLER, Jacqueline Morand, Le Droit Français et ses Révolutions Tranquiles, 2005, p. 37.

[27] Cf. CALASANS, Jorge Thierry; SILVA, Solange Teles da, *A Jurisdição Administrativa na França*, 1998, p. 225. Sobre o tribunal de conflitos, ver: DEVILLER, Jacqueline Morand, Le Droit Français et ses Révolutions Tranquiles, 2005, pp. 43-44.

> *O juiz se ocupou mais do processo administrativo contencioso (recurso administrativo) e, inspirando-se neste, estabeleceu as normas necessárias, e apenas estas, para o procedimento não-contencioso.*[28]

Diante do exposto, nota-se que também na França é identificável a presença de um procedimento administrativo, como forma de a Administração Pública exercer suas atividades, bem como de um processo administrativo, meio para a solução de conflitos de interesses envolvendo matéria de natureza administrativa.

Vale a pena salientar que o sistema francês difere daqueles adotados em outras nações na medida em que adota um *controle estritamente administrativo* da legalidade dos atos emanados das pessoas jurídicas de Direito Público, em razão da primazia do princípio da separação dos poderes, afastando-se a possibilidade de que tal controle da administração seja exercido pelo Poder Judiciário. Como destaca GILBERTO DE ULHÔA CANTO, a eficiência das decisões emanadas das cortes administrativas francesas "resulta de uma longa tradição de seriedade e altitude, que os seus integrantes honram, com um espírito que os elevou à condição de neles se poder depositar a mesma confiança que nos juízes togados".[29]

b) Controle dos Atos Administrativos Fiscais

Embora o contencioso fiscal francês esteja dividido em duas ordens de jurisdição, na medida em que cabe à jurisdição ordinária o contencioso de imposição referente a alguns tributos cuja apuração e recolhimento ficam completamente a cargo dos contribuintes, como é o caso da taxa de propriedade fundiária,

---

[28] FERRIER, Jean-Pierre. El Procedimiento Administrativo en Francia. In: *El Procedimiento Administrativo en el Derecho Comparado*. Madrid: Civitas, 1993, p. 287.

[29] CANTO, Gilberto de Ulhôa. *Processo Tributário*: Anteprojeto de Lei Orgânica elaborado por Gilberto de Ulhôa Canto. Rio de Janeiro: Fundação Getúlio Vargas, 1964, p. 25. Sobre esse tema vale a pena transcrever a seguinte passagem de JOSÉ CRETELLA JÚNIOR: "A desconfiança em relação ao juiz judiciário não mais subsiste; ocorre atualmente que o magistrado judiciário, chamado a conhecer questões contenciosas, é até mais complacente na censura jurídica dos atos da Administração do que o magistrado administrativo. Nova razão prática veio substituir a razão primitiva. Os magistrados administrativos têm aptidão técnica maior do que os magistrados judiciários, porque o Direito Administrativo se foi tornando, aos poucos, um direito muito especial, fundamentalmente diverso do Direito Civil, exigindo jurisdição especializada" (CRETELLA JÚNIOR, José. *Direito Administrativo Comparado*. Rio de Janeiro: Forense, 1992, p. 258). Nesse sentido: LAUBADÈRE, André de, *Traité Élémentaire de Droit Administratif*, 1953, pp. 247-248.

do imposto de selo e das contribuições indiretas de registro,[30] o controle dos atos administrativos-fiscais propriamente dito é exercido apenas pelo órgãos da jurisdição administrativa.

Com efeito, no que tange ao controle dos atos administrativos, há que se fazer uma distinção entre os atos especiais, voltados a determinado contribuinte, cuja legalidade é controlada com exclusividade pela jurisdição administrativa, e os atos gerais, que podem ser apreciados pela jurisdição ordinária se dos mesmos decorrerem prejuízos de ordem patrimonial ou resultar implicação de ordem penal.[31]

A jurisdição administrativo-fiscal é exercida pelos Tribunais Administrativos, em primeira instância, figurando o Conselho de Estado como corte de cassação, existindo, ainda, situações em que o mesmo possui competência originária. Em todos os casos, como noticiam Louis Trotabas e Jean-Marie Cotteret, "a questão é submetida a uma de suas três subseções especializadas no Contencioso Fiscal".[32]

4.1.5. O Controle da Legalidade dos Atos Administrativos na Espanha

a) Controle dos Atos Administrativos em Geral

O art. 106 da Constituição espanhola estabelece a competência dos tribunais para controlar o poder regulamentar, bem como a legalidade da atuação das autoridades administrativas, verificando, ainda, sua submissão às finalidades que lhes justificam. Regra de idêntico conteúdo se encontra inserida no art. 8º da Lei Orgânica do Poder Judiciário Espanhol (LOPJ – Lei Orgânica nº 6/85).

É curioso analisar a forte crítica ao Poder Judiciário espanhol, no que tange ao controle dos atos administrativos, apresentada por José Luis Rivero Ysern, em comentário ao citado art. 8º da LOPJ:

> *O artigo 8 da LOPJ atribui à jurisdição contencioso-administrativo o controle da potestade regulamentar, a legalidade da atuação administrativa e submissão desta aos fins que a justificam.*

---

[30] Cf. TROTABAS, Louis; COTTERET, Jean-Marie. *Droit Fiscal*. 8ª ed. Paris: Dalloz, 1997, p. 248.
[31] Cf. TROTABAS, Louis; COTTERET, Jean-Marie, *Droit Fiscal*, 1997, p. 249.
[32] TROTABAS, Louis; COTTERET, Jean-Marie, *Droit Fiscal*, 1997, p. 250. Sobre o controle dos atos fiscais no sistema francês ver: CANTO, Gilberto Ulhôa, *Processo Tributário*: Anteprojeto de Lei Orgânica elaborado por Gilberto de Ulhôa Canto, 1964, p. 46.

Tal objetivo está, a meu juízo, longe de ser alcançado, isso em consequência de fatores diversos entre os quais ocupa um lugar preferencial o desânimo do administrado à hora de pedir uma justiça que, no melhor dos casos, lhe vai ser concedida após três anos de litígio perante uma organização judicial obsoleta, necessitada de uma reforma legislativa profunda e carente dos meios mais elementares. Uma organização que não cumpre o dever constitucional de dotá-la com os necessários meios pessoais e materiais, dever que, como recorda a STC 50/1989, vai implícito no dever judicial constitucionalmente imposto de garantir a liberdade, justiça e seguridade com a rapidez que permite a duração normal dos processos.

O desânimo do cidadão frente à jurisdição contencioso-administrativa vem por outra parte motivado pela submissão do recorrente a um processo administrativo prévio perante a própria administração, o qual pode, em determinadas ocasiões, haver-lhe ocupado períodos de tempo superiores a dois anos.[33]

A competência do Poder Judiciário para conhecer e julgar, em última instância, questões administrativas, encontra-se prevista no art. 24 da LOPJ, que estabelece que:

Na ordem contencioso-administrativa será competente, em todo o caso, a jurisdição espanhola quando a pretensão que se deduza se refira a Disposições gerais ou a atos das Administrações públicas espanholas. Mesmo assim, conhecerá das que se deduzam em relação a atos dos Poderes públicos espanhóis, de acordo com o que disponham as leis.

Vale a pena, desde já, salientar que a Constituição espanhola prevê, em seu art. 107, a instituição de um Conselho de Estado. Contudo, não se deve confundir o Conselho espanhol com o Conselho de Estado Francês, uma vez que, enquanto este exerce funções de natureza consultiva e de julgamento, em última instância, da matéria administrativa, aquele tem função meramente consultiva.

Os limites da competência do Poder Judiciário para conhecer de matérias de natureza administrativa encontram-se previstos nos arts. 1º a 4º da Lei Reguladora da Jurisdição Concencioso-Administrativa.[34]

---

[33] YSERN, José Luis Rivero. Via Administrativa de Recurso y Jurisdicción Contencioso-Administrativa. In: *El Procedimiento Administrativo en el Derecho Comparado*. Madrid: Civitas, 1993, pp. 201-202.

[34] "Artigo 1º. 1. A Jurisdição Contencioso-Administrativa conhecerá das pretensões que deduzidas em relação aos atos da Administração sujeitos ao direito administrativo e com as disposições de categoria inferior à lei. 2. Se entenderá, para tais efeitos, por Administração pública: a) A Administração do Estado, em seus graus. b) As entidades que integram a administração local. c) As corporações e instituições públicas submetidas à tutela do Estado ou de alguma entidade

O PROCESSO ADMINISTRATIVO NO DIREITO COMPARADO

Posta acima, em linhas gerais, a competência do Poder Judiciário para conhecer de conflitos de interesses surgidos no âmbito de relações jurídicas de natureza administrativa, impõe-se assinalar que o sistema espanhol estabelece, como condição de admissibilidade da ação, a prévia discussão da questão perante a Administração Pública, isso por intermédio dos recursos administrativos, definidos por EDUARDO GARCÍA DE ENTERRÍA e TOMÁS-RAMON FERNÁNDEZ como "atos do administrado mediante os quais este pede à própria Administração a revogação ou reforma de um ato seu ou de uma disposição de caráter geral de nível inferior à lei".[35]

Em razão de tal traço característico, o Professor JOSÉ LUIS RIVERO YSERN chega a qualificar o processo de revisão de atos administrativos desenvolvido no âmbito da Administração Pública espanhola não como uma garantia dos administrados, mas como verdadeiro privilégio da Administração Pública,[36] no que é acompanhado por EDUARDO GARCÍA DE ENTERRÍA e TOMÁS-RAMON FERNÁNDEZ, que esclarecem que "os recursos administrativos constituem, portanto, um pressuposto necessário à impugnação judicial e, neste sentido, têm que ser considerados como um privilégio para a Administração, que impõe aos particulares a carga de submeter os conflitos ante ela própria antes de apresentá-los ao juiz".[37]

---

local. Artigo 2º Não se submeterão à Jurisdição Contencioso-Administrativa: a) As questões de índole civil ou penal atribuídas à jurisdição ordinária e aquelas que, ainda que relacionadas com atos da Administração Pública, se atribuam por uma Lei à Jurisdição social ou a outras jurisdições. b) As questões que se suscitem em relação com os atos políticos do Governo como são os que afetam a defesa do território nacional, relações internacionais, segurança interior do Estado e mando e organização militar, sem prejuízo das indenizações que forem procedentes, cuja determinação compete à Jurisdição Contencioso-Administrativa. c) As decisões de questões de competência entre a Administração e as jurisdições ordinárias ou especiais e as de conflito de atribuições. Artigo 3º A Jurisdição Contencioso-Administrativa conhecerá de: a) As questões referentes ao cumprimento, interpretação, extinção e efeitos dos contratos, qualquer que seja sua natureza jurídica, celebrados pela Administração Pública, quando tiverem por finalidade obras e serviços públicos de toda espécie. b) As questões que se suscitem sobre a responsabilidade patrimonial da Administração Pública. c) As questões que uma Lei à atribua especialmente. Art. 4º 1. A competência da Jurisdição Contencioso-Administrativa se estenderá ao conhecimento e decisão das questões prejudiciais e incidentais não relacionadas com o or denamento administrativo, diretamente vinculadas a um recurso contencioso-administrativo, salvo as de caráter penal. 2. A decisão que se pronuncie não produzirá efeito fora do processo em que proferida, e poderá se reformada pela jurisdição correspondente."

[35] *Curso de Derecho Administrativo*, 2001, p. 510.
[36] *El Procedimiento Administrativo en el Derecho Comparado*, 1993, p. 202.
[37] *Curso de Derecho Administrativo*, 2001, p. 513.

Em face do exposto, nota-se que o sistema espanhol de controle da legalidade dos atos administrativos tem no Poder Judiciário o órgão competente para decidir, em última instância, acerca de questões de natureza administrativa e fiscal, obrigando os administrados, entretanto, a percorrerem previamente uma via administrativa de discussão, a qual se constitui como condição de admissibilidade da ação.[38]

Tal via administrativa prévia se assemelha, em linhas gerais, ao modelo de controle administrativo brasileiro, correspondendo a instrumento à disposição do administrado para que este postule a revisão do ato administrativo pela própria Administração Pública.

b) Controle dos Atos Administrativos Fiscais

Como se tem percebido pela análise procedida nos itens anteriores, o controle dos atos administrativos de natureza fiscal segue os mesmos princípios do controle dos atos administrativos em geral, diferenciando-se destes apenas no que se refere ao procedimento aplicável.[39]

Em linha com essa assertiva, o sistema espanhol de controle de atos administrativos fiscais prevê uma fase de revisão pela Administração Pública de seus próprios atos, à qual pode suceder uma fase judicial de controle da legalidade da decisão do Poder Público.

A revisão administrativa dos atos fiscais se desenvolve perante os Tribunais Econômico-Administrativos e é regida pelo Decreto Real 391/96.

De acordo com o art. 226 da Lei Geral Tributária espanhola, é possível a reclamação na via econômico administrativa das seguintes matérias: (a) a aplicação de tributos e a imposição de sanções tributárias realizadas pela Administração Geral do Estado e as entidades de direito público vinculadas ou dependentes da mesma; (b) a aplicação dos tributos cedidos pelo Estado às comunidades autônomas ou dos encargos estabelecidos por estas sobre tributos do Estado e a imposição de sanções que decorram de uns ou de outros; e (c) qualquer outra que seja determinada por expresso preceito legal.

---

[38] Cf. FALLA, Garrido. La Protección Jurisdiccional del Particular contra el Poder Ejecutivo en el Derecho Español. *Revista de Direito Público*, São Paulo, nº 15, jan.-mar. 1971, p. 13.

[39] Para uma análise comparativa entre o processo administrativo fiscal espanhol e o brasileiro, ver: GOMES, Marcus Lívio. O Princípio da Segurança Jurídica no Direito Tributário e a Unidade de Critério Através da Interpretação Administrativa dos Órgãos de Revisão Administrativa no Brasil e na Espanha. In: ROCHA, Sergio André (Coord.). *Processo Administrativo Tributário*: Estudos em Homenagem ao Professor Aurélio Pitanga Seixas Filho. São Paulo: Quartier Latin, 2007, p. 461-498.

Preceito importante é aquele insculpido no art. 228 da Lei Geral Tributária, segundo o qual "o conhecimento das reclamações econômico-administrativas corresponderá com exclusividade aos órgãos econômico-administrativos, que atuarão com independência funcional no exercício de suas competências". Vê-se, portanto, que a própria lei geral prescreve regra no sentido da independência funcional do julgador administrativo.

Segundo o disposto no art. 233 da Lei Geral Tributária, a discussão na via econômico-administrativa suspende a execução do ato impugnado, desde que apresentada garantia pelo interessado. Tais garantias podem ser: (a) depósito em dinheiro; (b) aval ou fiança concedida por entidade de crédito; ou (c) fiança pessoal ou garantia concedidas por outros contribuintes, cuja solvência seja reconhecida.

Quanto se intratar de impugnação contra a imposição de sanção isolada não será exigida a apresentação de garantia para a suspensão do ato impugnado.

A vedação à *reformatio in pejus* no processo administrativo fiscal espanhol está prevista na regra contida no art. 237 da Lei Geral Tributária, segundo o qual "as reclamações e recursos econômico-administrativos submetem ao conhecimento do órgão competente para sua solução todas as questões de fato e de direito apresentadas nos autos, hajam ou não sido apresentadas pelos interessados, sem que em nenhum caso possa piorar a situação inicial do reclamante".

Encerrada a fase de revisão, abrem-se ao contribuinte as vias jurisdicionais (art. 249 da Lei Geral Tributária), as quais não trazem também diferenças sistêmicas em relação ao controle dos atos administrativos em geral. Daí a seguinte afirmação do Professor José Juan Ferreiro Lapatza:

> *Os atos administrativos tributários, uma vez esgotada a via administrativa, são em geral impugnáveis ante a jurisdição contencioso-administrativa. O recurso contencioso--administrativo não afeta, é sabido, somente os atos administrativos tributários. Afeta, pelo contrário, em geral, salvo as exceções previstas em lei, todos os atos da Administração submetidos ao Direito administrativo.*
>
> *É, portanto, no âmbito do Direito administrativo onde se deve estudar esse recurso, que, insistimos, não oferece nenhum tipo de especialidade pelo fato de que o ato recorrido tenha sido ditado pela Administração financeira.*[40]

---

[40] LAPATZA, José Juan Ferreiro. *Curso de Derecho Financiero Español*. 22ª ed. Barcelona: Marcial Pons, 2000, p. 211. No mesmo sentido: AYALA, José Luis Perez de; BECERRIL, Miguel Perez de Ayala. *Fundamentos de Derecho Tributario*. 4ª ed. Madrid: EDERSA, 2000, p. 260.

4.1.6. O Controle da Legalidade dos Atos Administrativos na Itália

a) Controle dos Atos Administrativos em Geral

Na Itália, a análise e julgamento de questões de natureza administrativa são de competência do Conselho de Estado e tribunais administrativos regionais.

O Conselho de Estado italiano trata-se de órgão que exerce dupla função, consultiva e jurisdicional, conforme estabelecem os arts. 100 e 103 da Constituição, este último, inserido no título que trata do Poder Judiciário, com a seguinte redação: "O Conselho de Estado e outras cortes de justiça administrativa possuem jurisdição sobre litígios relativos a direito administrativo, bem como sobre lides de direito civil contra a administração pública, conforme específicas previsões legais".

Conforme salienta GIUSEPPE DE VERGOTTINI, havia, na Assembléia Constituinte que elaborou a vigente Constituição italiana, embora difusa, uma aspiração pela concentração da função jurisdicional em um corpo único de magistrados, com a previsão do princípio da unicidade de jurisdição. Entretanto, optou o legislador constituinte pela manutenção de órgãos jurisdicionais especiais, como é o caso do Conselho de Estado, do Tribunal de Contas e do Tribunal Militar.[41]

Em artigo disponível no sítio na *Internet* do Conselho de Estado italiano, intitulado "Etapas do Processo Administrativo Italiano", GIOVANNI PALEOLOGO,[42] conselheiro dessa corte administrativa, nos dá um breve panorama do processo de julgamento de lides pelo Conselho de Estado.

Como salienta GIOVANNI PALEOLOGO, o processo administrativo italiano tem início perante um dos tribunais administrativos regionais. Após a decisão proferida nesta sede, qualquer das partes sucumbentes poderá interpor recurso para uma das câmaras judiciais do Conselho de Estado.

Ainda segundo PALEOLOGO, "as regras escritas acerca do procedimento administrativo não são muito precisas, tendo passado por poucas alterações desde 1889, quando uma lei geral dos Tribunais Administrativos do Reino da Itália (fundado em 1861) foi estabelecida pela criação da quarta Câmara do Conselho de Estado".

---

[41] VERGOTTINI, Giuseppe. *Diritto Costituzionale*. 3ª ed. Padova: CEDAM, 2001, p. 590. Sobre as competências de cada um dos órgãos da justiça administrativa italiana consultar: SATTA, Filipo. *Giustizia Amministrativa*. 3ª ed. Padova: CEDAM, 1997, pp. 11-17.

[42] PALEOLOGO, Giovani. *Steps of the Italian Administrative Law-suit*. Disponível em: <http://www.giustizia-amministrativa.it/Mie.html>. Acesso em: 12 nov. 2002.

Em razão do exposto, "os princípios estabelecidos pelo precedente judicial são, também em matéria de processo, de grande importância".

Em algumas situações é possível a interposição de recurso à Corte da Cassação contra decisão proferida pelo Conselho de Estado, por motivo relativo ao exercício da jurisdição (item 8 do art. 111 da Constituição Italiana), como a afirmação de que a matéria sobre a qual foi proferida a decisão não era suscetível de tutela jurisdicional, a alegação de incompetência, por matéria, da jurisdição administrativa, ou a defesa de que o juiz administrativo exerceu poderes que não lhe eram reconhecidos pela lei.[43]

Vale a pena mencionar que o art. 113 da Constituição Italiana estabelece expressamente o *princípio da inafastabilidade da jurisdição* no que se refere aos atos administrativos. No dizer de FILIPO SATTA, essa norma assegura a tutela jurisdicional contra os atos administrativos, pela jurisdição ordinária ou administrativa,[44] ao determinar que:

> *Contra os atos da pública administração é sempre admitida a tutela jurisdicional dos direitos e dos interesses legítimos frente os órgãos de jurisdição ordinária ou administrativa. Esta tutela jurisdicional não pode ser excluída ou limitada a particulares meios de impugnação ou a determinadas categorias de atos. A lei determina quais órgãos de jurisdição podem anular os atos da pública administração nos casos e com os efeitos previstos pela mesma lei.*

Segundo MÔNICA SIFUENTES, a redação desse dispositivo tem trazido sérias dúvidas quanto à solução de conflitos de competência entre as jurisdições cível e administrativa, sendo certo que a "doutrina italiana tem se debruçado sobre a resolução dos conflitos de jurisdição entre as duas ordens, considerando que o sistema atual não tem conseguido resolver satisfatoriamente os problemas".[45]

Em face das breves considerações expostas acima, nota-se que o controle da Administração Pública na Itália realiza-se de forma semelhante ao sistema francês, com o exercício de competências jurisdicionais por órgão que não se encontra inserido organicamente na jurisdição ordinária.

Vale ressaltar que o que se tratou nas linhas anteriores corresponde ao controle jurisdicional dos atos administrativos na Itália, o qual não exclui a possibilidade da apresentação de recursos à autoridade que proferiu o ato

---

[43] Cf. SATTA, Filipo, *Giustizia Amministrativa*, 1997, p. 461.
[44] *Giustizia Amministrativa*, 1997, p. 8.
[45] *Problemas Acerca dos Conflitos entre a Jurisdição Administrativa e Judicial no Direito Português*, 2002, p. 196. Ver, também: SATTA, Filipo, *Giustizia Amministrativa*, 1997, pp. 67-92.

impugnado (*ricorsi in opposizione*) ou a seus superiores hierárquicos (*oggi al ministro: ricorsi gerarchici* e os *ricorsi gerarchici impropri*), possibilitando um controle da ilegalidade do ato administrativo pela própria Administração Pública.[46]

b) Controle dos Atos Administrativos Fiscais

Ao lado da jurisdição administrativa acima delineada, há na Itália uma jurisdição administrativo fiscal especial, de forma que a solução das lides fiscais encontra-se excluída da competência decisória da jurisdição ordinária. Tal jurisdição administrativo-fiscal é composta pelas Comissões Tributárias de Primeiro Grau, as Comissões Tributárias de Segundo Grau e pela Comissão Tributária Central, com sede em Roma.

Como referido, tais Comissões Tributárias exercem função jurisdicional,[47] encontrando-se o processo que perante as mesmas se desenvolve regido pelos Decretos legislativos nº 545 e 546, ambos de 1992.[48]

Assim como as decisões do Conselho de Estado, as decisões da Comissão Tributária Central em algumas situações ensejam recurso à Corte de Cassação. Conforme PIETRO VACCA, tais hipóteses são as seguintes: (a) motivos atinentes à jurisdição, quando se questiona a jurisdição do juiz tributário para a solução da lide; (b) por violação de norma de competência; (c) por violação ou falsa aplicação do direito; (d) por nulidade da sentença ou do procedimento; e (e) por omissão ou contradição relacionada à motivação quanto a ponto decisivo da controvérsia.[49]

4.2. Jurisdição Dupla?

Após a análise de alguns modelos de controle dos atos administrativos no direito comparado, cumpre-nos indagar acerca da efetiva distinção entre os ditos sistemas de jurisdição una e dupla, afastando de tal classificação alguns

---

[46] Cf. SATTA, Filipo, *Giustizia Amministrativa*, 1997, p. 9.
[47] Cf. SANTAMARIA, Baldassarre. *Diritto Tributario*: Parte Generale. 3ª ed. Milano: Giuffrè, 2002, pp. 457-460; VACCA, Pietro. *Istituzioni di Diritto Processuale Tributario*. Milano: Giuffrè, 1990, pp. 6-8.
[48] Sobre o tema, ver: MARINS, James. *Direito Processual Tributário Brasileiro*. 9 ed. São Paulo: Revista dos Tribunais, 2016. pp. 424-427.
[49] *Istituzioni di Diritto Processuale Tributario*, 1990, pp. 261-262. No mesmo sentido: SANTAMARIA, Baldassarre, *Diritto Tributario*: Parte Generale, 2002, p. 537.

ordenamentos normalmente qualificados pela existência de uma dualidade de jurisdições.

Com efeito, na Alemanha, na Espanha e em Portugal há um sistema de jurisdição una (ou seja, só existe um órgão que exerce a jurisdição), similar ao adotado no Brasil. A grande diferença que pode ser apontada em relação a esses modelos é o fato de tais países adotarem uma especialização dos tribunais administrativos e fiscais, que continuam, entretanto, sendo parte integrante do Poder Judiciário (como ocorre, por exemplo, com as nossas "Justiças" do Trabalho e Militar).

Essa caracterização do sistema espanhol levou NICOLAS GONZÁLES-CUÉLLAR SERRANO, Professor titular da Universidade Carlos III de Madrid, a criticar a menção a um modelo de *jurisdição contencioso-administrativa* na Espanha. Em perfeita síntese, assevera o citado professor que "nem o substantivo é correto nem o adjetivo necessário. Hoje em dia não existe uma jurisdição administrativa, mas sim uma ordem jurisdicional administrativa integrada plenamente no Poder Judiciário. Por outro lado, o qualificativo 'contencioso-administrativo', ainda que tenha grande tradição em nosso Direito, é redundante. Todo processo é contencioso, enquanto parte da existência de um conflito, e se se emprega a expressão 'contencioso-administrativo' igualmente haveria que se falar de contencioso-civil, contencioso-penal e contencioso-trabalhista".[50]

Já na Itália é possível encontrar um sistema que se aproxima da dualidade de jurisdições, uma vez que a Constituição italiana reconhece ao Conselho de Estado a última palavra no que tange a decisões de mérito sobre questões administrativas. Entretanto, como assinalado anteriormente, o Conselho de Estado, em relação às suas funções de índole jurisdicional, encontra-se inserido no quadro geral do Poder Judiciário, conforme estabelece o art. 103 da Constituição italiana.

A seu turno, na França é onde se encontra uma plena dualidade de jurisdições, uma vez que se tem a jurisdição comum, exercida pelo Poder Judiciário, com competência para conhecer de conflitos de natureza privada e penal, ao lado daquela exercida pelo Conselho de Estado, órgão que se encontra inserido no âmbito do Poder Executivo, e que tem competência para conhecer e decidir, em última instância, questões de natureza administrativa e fiscal.

---

[50] SERRANO, Nicolas Gonzáles-Cuéllar. *La Prueba en el Proceso Administrativo (objeto, carga y valoración)*. Madrid: Colex, 1992, p. 5.

Diante dessas considerações, nota-se que a tão falada dicotomia entre sistemas de jurisdição una e dupla não condiz, de fato, com a realidade dos diversos ordenamentos jurídicos europeus, havendo jurisdição dupla, na pequena amostragem utilizada no presente trabalho, apenas nos sistemas adotados na França e na Itália.

4.3. Análise do Sistema Brasileiro de Controle da Legalidade dos Atos Administrativos à Luz dos Modelos Estudados

Como restou asseverado anteriormente, o estudo comparatístico do Direito viabiliza uma melhor análise das previsões do ordenamento nacional, possibilitando a solução de problemas internos a partir das medidas adotadas alhures, bem como o conhecimento quanto a alternativas que, empregadas em outros sistemas, trouxeram mais problemas do que soluções.

Aqueles que militam na advocacia pública no Brasil, especialmente na área tributária, enfrentam duas ordens de problemas em relação ao controle da legalidade dos atos administrativos: 1) a patologia encontrada em muitos dos órgãos administrativos de controle, concernente à parcialidade na decisão em relação às questões postas para sua apreciação; e 2) o justificável despreparo de parcela da magistratura brasileira para a apreciação de questões relacionadas ao Direito Público, notadamente o Direito Tributário, ramo jurídico cuja complexidade é reforçada pela balbúrdia legislativa em que se encontra inserido.[51]

Em relação ao primeiro aspecto, parece-nos que, além dos administrados, beneficia à própria Administração Pública a sua solução, com vistas a se evitar maiores custos a serem incorridos pelo próprio Estado para a solução dos conflitos de interesses entre o Poder Público e os administrados, principalmente no exercício da Função Jurisdicional.

---

[51] É necessário destacar que o que se refere como despreparo dos magistrados para a análise de questões de Direito Público, principalmente tributárias, não corresponde a uma crítica à magistratura nacional, a qual é vítima de um sistema que demanda dos juízes algo quase impossível, ou seja, que estes conheçam, com a necessária profundidade, todos os ramos da ciência jurídica. Por outro lado, o próprio ensino jurídico, desde as cadeiras das faculdades, e até mesmo o exame para seleção dos magistrados, relega os Direitos Administrativo e Tributário para um segundo plano, dedicando maiores atenções às cadeiras de Direito Privado e ao Direito Penal. Sobre o tema, ver: ROCHA, Sergio André. *Desafios Presentes e Futuros do Processo Administrativo Fiscal*. In: ROCHA, Valdir de Oliveira (Coord.). *Grandes Questões Atuais do Direito Tributário: 19º Volume*. São Paulo: Dialética, 2015, pp. 429-432.

Tal desiderato poderia ser alcançado, tendo em vista, principalmente, o processo administrativo fiscal, a partir da investigação das razões que levam autos de infração (ou quaisquer atos administrativos) a serem posteriormente anulados pela própria Administração Pública (como se sabe, atualmente são consideravelmente elevados os percentuais de anulação, ao menos parcial, de autos de infração no âmbito da Receita Federal do Brasil), com a punição dos servidores públicos, nas situações em que demonstrado dolo ou culpa grave na formulação de exigência fiscal infundada.[52]

É imperiosa, ainda, a capacitação técnica dos agentes administrativos responsáveis pelo controle da legalidade do agir da própria Administração, bem como a defesa de sua independência da tarefa de edição dos atos cuja legalidade controla, sem a qual não se pode atingir a sua almejada imparcialidade.

Em relação a esse ponto específico, com vistas a se alcançar a desejada independência técnica dos julgadores administrativos, é imprescindível que os mesmos sejam selecionados por processo seletivo (concurso) próprio, em vez de se comporem as cortes administrativas com servidores da ativa desviados de suas funções originárias.[53] Sobre a revitalização do órgão responsável pela revisão dos atos administrativos-fiscais ver as considerações apresentadas no décimo sexto capítulo deste estudo.

Já no que tange à segunda ordem de questões, tem-se que os problemas enfrentados pelo Poder Judiciário para o conhecimento de questões de Direito Público, dentro do princípio de jurisdição una aqui adotado, são ainda mais graves.[54]

Nesse contexto, temos que a solução adotada em países como Portugal, Alemanha e Espanha, onde há tribunais especializados, em razão da matéria, competentes para conhecer e julgar matérias administrativas e tributárias, seria bem-vinda no Brasil, uma vez que possibilitaria a prestação de uma

---

[52] Cf. ROCHA, Sergio André. Ética da Administração Fazendária e o Processo Administrativo Fiscal. In: ROCHA, Sergio André (Coord.). *Processo Administrativo Tributário*: Estudos em Homenagem ao Professor Aurélio Pitanga Seixas Filho. São Paulo: Quartier Latin, 2007, p. 645.
[53] Sobre esse tema ver as críticas apresentadas por MARY ELBE GOMES QUEIROZ MAIA (*Do Lançamento Tributário – Execução e Controle*. São Paulo: Dialética, 1999, pp. 86-88). Também defendendo a seleção dos julgadores por concurso, ver: BOTTALLO, Eduardo Domingos. O CARF: a Nova Fisionomia do Conselho de Contribuintes. In: ROCHA, Valdir de Oliveira (Coord.). *Grandes Questões Atuais do Direito Tributário – 13º Volume*. São Paulo: Dialética, 2009, p. 79.
[54] Segundo o Professor catedrático da Universidade Complutense de Madri, TOMÁS-RAMÓN FERNÁNDEZ, o problema da qualidade técnica do julgador administrativo é o mesmo na Espanha, o que tem causado uma crise da jurisdição contencioso-administrativa espanhola (*El Derecho Administrativo al Comienzo de su Tercera Centuria*, 2002, pp. 111-113).

tutela jurisdicional por profissionais tecnicamente mais qualificados, o que acarretaria, por via de consequência, uma maior celeridade e qualidade dos julgamentos.[55]

Tal especialização, diga-se, deveria ser implementada a partir da verdadeira separação da *Justiça Fiscal-Administrativa* da jurisdição ordinária, *com a contratação dos juízes especializados por concurso específico*.[56]

Por fim, é importante salientarmos que, no âmbito do Direito pátrio vigente, não é possível falar em *contencioso administrativo*.[57]

---

[55] No mesmo sentido: BACELAR FILHO, Romeu Felipe. Breves Reflexões sobre a Jurisdição Administrativa: Uma Perspectiva de Direito Comparado. *Revista de Direito Administrativo*, Rio de Janeiro, nº 221, jan.-mar. 1998, pp. 65-77; NOGUEIRA, Alberto. *O Devido Processo Legal Tributário*. 3ª ed. Rio de Janeiro: Renovar, 2002, p. 84; FONROUGE, Carlos M. Giuliani. *Derecho Financiero*. 7ª ed. Atualizada por Susana Camila Navarrine e Rubén Oscar Asorey. Buenos Aires: Depalma, 2001, v. II, p. 806; FANUCCHI, Fábio. Processo Administrativo Tributário. In: PRADE, Péricles; Luiz Medeiros; CARVALHO, Célio Benevides (Coord.). *Novo Processo Tributário*. São Paulo: Resenha Tributária, 1975, pp. 76-78; ROCHA, Sergio André; FARO, Maurício Pereira. A Reforma Tributária e a Reforma do Processo Tributário. *Revista Brasileira de Direito Tributário e Finanças Públicas*, São Paulo, n. 8, mai-jun 2008, pp. 22-29.

[56] Essa a solução adotada na Espanha, como noticia PEREZ, Jesúz Gonzáles. *Manual de Derecho Procesal Administrativo*. Madri: Civitas, 1992, p. 136; e também em Portugal, como se infere da leitura dos arts. 85, 86 e 87 do ETAF. Nas palavras de RAMÓN VALDÉS COSTA: "Parece que a criação de uma jurisdição especializada deveria ser complementada com a especialização dos juízes, e assim o dispõem – com algumas diferenças – as legislações de Argentina, Bolívia, Equador, México, Peru e Venezuela. A nosso juízo, é a solução que logicamente se impõe e que deveria ser complementada pela exigência da qualidade dos juristas, solução esta que, se bem que majoritária, reconhece a exceção da Argentina e Costa Rica e até há pouco tempo da Bolívia" (COSTA, Ramón Valdés. *Instituciones de Derecho Tributario*. Buenos Aires: Depalma, 2004, p. 313).

[57] Segundo nos esclarece JOSÉ CRETELLA JÚNIOR, tem-se um contencioso administrativo "quando a Administração julga os conflitos que ocorrem entre as próprias administrações públicas, ou entre estas e os particulares", consistindo, portanto, o contencioso administrativo "numa magistratura colegiada, dependente do Poder Executivo, que, nos termos mais progressistas, julga com as formas dos procedimentos judiciários" (CRETELA JR., José. Contencioso Administrativo na Constituição Brasileira. *Revista de Direito Público*, São Paulo, nº 19, jan.-mar. 1972, p. 40). A seu turno, BARTOLOMÉ A. FIORINI esclarece que "o contencioso-administrativo significou, em sua origem, o controle sobre atividades da administração pública por autoridades que não deviam pertencer ao Poder Judiciário. Hoje, em sua pátria de origem, França, se comprova que, se bem que não provenham do Judiciário, cumprem, sem embargo, suas mesmas funções. O direito comparado demonstra que se denomina atividade contencioso-administrativa aquela que realiza os órgãos do Poder Judiciário sobre atos da Administração Pública. A origem do conceito aparece, assim, contrariada na realizada contemporânea e, sem embargo, não se denuncia a existência de tão grave contradição. O que foi a razão de seu nascimento hoje aparece negado totalmente; entretanto a expressão continua sendo utilizada nas leis e na doutrina" (*Qué es el Contencioso*, 1997, p. 12). Sobre esse tema, ver, ainda: SCHOUERI, Luís Eduardo; SOUZA, Gustavo Emílio Contrucci A. De. Verdade Material no "Processo" Tributário. In: ROCHA, Valdir de Oliveira (Coord). *Processo Administrativo Fiscal 3º*

De fato, como já restou assinalado anteriormente, o processo administrativo brasileiro trata-se de um meio facultativo de controle da legalidade e legitimidade dos atos administrativos pela própria Administração Pública, o qual tem fundamento no princípio da legalidade, e é regido pelos princípios anteriormente analisados.[58]

Esse controle pode ser preventivo, ou seja, realizado antes da prática do ato, ou ulterior.

Não há que se falar, no âmbito de tal processo de controle, de uma *lide*, ou seja, de um conflito de interesses a ser solucionado, uma vez que, sob um prisma estritamente científico, o interesse da Administração coincide com o do administrado, sendo relativo à correta aplicação das disposições consubstanciadas na lei.[59] Nesse sentido, vale a pena transcrever o magistério de

---

Volume. São Paulo: Dialética, 1998, pp. 146-147. Em sentido contrário, ver: KOCH, Deonísio. *Processo Administrativo Tributário e Lançamento.* 2 ed. São Paulo: Malheiros, 2012, pp. 30-31.

[58] Nas palavras do Professor da Universidade de Lisboa, J. L. SALDANHA SANCHES, a concepção de processo administrativo aqui defendida corresponde à doutrina dita objetivista, para a qual "o fim principal do contencioso administrativo é conseguir que a Administração se conserve fiel à ordem jurídica – o valor objetivo da defesa e manutenção da legalidade – o que confere ao processo administrativo a sua feição, entre nós tradicional, do processo feito a um ato". Além dessa concepção haveria, nas palavras do citado autor, uma doutrina subjetivista, "que considera que a função principal do contencioso tributário consiste na garantia da tutela jurídica para qualquer direito subjetivo ou interesse legítimo eventualmente lesado pela Administração, o que se vai traduzir na decisão sobre litígios públicos, na aceitação de ações de simples apreciação, de impugnação ou de condenação, contra atos da Administração ou contra sua recusa, ou contra qualquer comportamento da Administração" (SANCHES, J. L. Saldanha. O Novo Processo Tributário Português. *Revista de Direito Tributário*, nº 59, 1993, p. 50).

[59] Conforme aduz ALBERT HENSEL, ao apresentar comentários sobre o processo administrativo: "A característica dessa relação, análoga a uma relação processual, está determinada por um lado pelos interesses da autoridade tributária de tomar conhecimento dos casos fiscais que deverão ser por ela resolvidos e de examiná-los individualmente, de liquidar e arrecadar conforme a lei a soma devida; e por outro lado pelo interesse do devedor do imposto de ser defendido contra o arbítrio da autoridade tributária e de poder tutelar seus direitos garantidos pela lei, como o de possuir meios para induzir a autoridade tributária à restituição de somas eventualmente recolhidas a maior" (HENSEL, Albert. *Derecho Tributario*. Tradução Leandro Stok e Francisco M. B. Cejas. Rosario: Nova Tesis, 2004, p. 324). No mesmo sentido: FERNANDES, Edson Carlos. A Ampla Defesa no Procedimento Administrativo Tributário. In: SCHOUERI, Luís Eduardo (Coord.). *Direito Tributário*: Homenagem a Alcides Jorge Costa. São Paulo: Quartier Latin, 2003, v. II, p. 828. Em sentido contrário, admitindo a existência de processos administrativos litigiosos: CARVALHO FILHO, José dos Santos Carvalho, *Processo Administrativo Federal*: Comentários à Lei 9.784/1999, 2001, pp. 26-27; SILVA, Clarissa Sampaio. *Limites à Invalidação dos Atos Administrativos.* São Paulo: Max Limonad, 2001, p. 137; XAVIER, Alberto. Da Inconstitucionalidade da Exigência de Garantia como condição de admissibilidade de recursos no Processo Administrativo em geral e no Processo Administrativo Fiscal em particular. *Revista Dialética de Direito Tributário.* São Paulo,

Diogo de Figueiredo Moreira Neto, que assevera que "no autocontrole, a Administração reexamina o próprio ato em face da lei – não há relação litigiosa, porque o objeto do pronunciamento colimado pelo reexame não é o hipotético ferimento de direito subjetivo individual, mas, meramente, a conformidade do ato à vontade da lei. Rigorosamente, a Administração deve apenas reconsiderar a legalidade objetiva de seus próprios atos; sem ditar julgamentos sobre a relação contenciosa, mesmo porque esta ainda não se constituiu formalmente".[60]

Assim sendo, o administrado, quando requer a revisão de determinado ato administrativo pela própria Administração, não faz nascer uma lide no sentido

---

no 101, fev. 2004, p. 18; CRETELLA JR., José. *Prática do Processo Administrativo*. 4ª ed. São Paulo: Revista dos Tribunais, 2004, p. 69; MUSSOLINI JÚNIOR, Processo Administrativo Tributário do Estado de São Paulo. *Revista Tributária e de Finanças Públicas*, São Paulo, nº 66, jan.-fev. 2006, pp. 257-258; BOTTALLO, Eduardo. *Curso de Processo Administrativo Tributário*. São Paulo: Malheiros, 2006, p. 57; PESTANA, Márcio. *A Prova no Processo Administrativo Tributário*, 2007, p. 36; COSTA, Regina Helena. *Curso de Direito Tributário*. São Paulo: Saraiva, 2009, p. 413.

[60] MOREIRA NETO, Diogo de Figueiredo, *Curso de Direito Administrativo*, 2001, p. 567. Nessa mesma linha é o entendimento de Marcos André Vinhas Catão, a seguir transcrito: "Na medida em que as regras de procedimento administrativo foram se assemelhando às do direito processual, mais veementemente se afigurava na consciência dos interessados a idéia de 'contencioso administrativo'. Ainda que essa expressão se tenha constitucionalizado para outros fins, decerto que a estrutura e a finalidade do processo administrativo fiscal não comportam exatamente o conceito clássico de contencioso, conquanto a própria Administração assuma a postura de 'parte' e responsável para dirimir o conflito.

Assim, o procedimento administrativo não pode perder de vista a função primordial – qual seja, a de servir como um instrumento de revisão dos atos da própria Administração, inserindo-se dentre as medidas de autocontrole da legalidade. Em consequência, não poderá jamais existir em relação ao Fisco, enquanto 'parte' no conflito tributário, o *interesse* desmotivado de cobrar tributo ou manter processo administrativo que saiba não-legítimo.

Não há, por conseguinte, 'interesse subjetivo' do Estado ou da Administração nos atos concretos formulados no procedimento administrativo, conquanto seu objetivo possa ser um só a descoberta da *verdade material*, ou a averiguação da subsunção da hipótese fática ao campo de incidência tributária. Por sua vez, também o particular não apresenta pretensão resistida, pois seu interesse deve ser a solução do conflito, através de uma decisão administrativo-fiscal em conformidade com o prescrito na norma de imposição" (CATÃO, Marcos André Vinhas. Con-selhos de Contribuintes: A solução de controvérsias no âmbito da própria Administração. *Revista de Direito Tributário*, São Paulo, nº 84, 2003, pp. 179-180). Nesse mesmo sentido: CASTRO, Alexandre Barros. *Procedimento Administrativo Tributário*. São Paulo: Saraiva, 2007, p. 121. Em sentido contrário, destacando o caráter conflituoso do processo administrativo tributário, é o magistério de Paulo Cesar Conrado, para quem "'processo', visto de uma maneira geral, é relação jurídica implicada pelo fato *conflito*", enquanto "'processo administrativo' (tributário) é relação jurídica implicada por *conflito* especialmente qualificado pela prévia fixação da norma individual e concreta do lançamento ou do 'autolançamento' (*Processo Tributário*. São Paulo: Quartier Latin, 2004, p. 101).

apontado acima, dando origem, isso sim, a um processo de revisão que, dado a sua importância como instrumento de controle da legalidade administrativa, é resguardado por diversas regras e princípios constitucionais. Esse entendimento encontra eco no magistério de ROBERTO DROMI, transcrito a seguir:

> *O controle administrativo tem por finalidade a proteção e defesa da legalidade administrativa e dos direitos subjetivos dos administrados. Por tal motivo é através da impugnação que se tenta restabelecer a legalidade administrativa quando foi a mesma violada ou obter seu restabelecimento, conjugando-a com a observância de situações jurídicas subjetivas particulares. É dizer, se tenta harmonizar a defesa dos direitos subjetivos com o interesse público que gere a Administração Pública.*
>
> *Os meios de controle, verdadeiras garantias para os particulares, têm por finalidade a revisão do obrar da Administração, com o objetivo de contê-lo dentro do marco jurídico.*[61]

Essa linha de raciocínio é ainda corroborada pela análise de ENRICO ALLORIO acerca da lide tributária.

Segundo o mestre italiano, há duas espécies de lides tributárias. Uma delas se dá quando o contribuinte não concorda com cobrança formulada pelas autoridades tributárias, dependendo, portanto, da *contestação* da cobrança e da *consequente resistência da Fazenda em acolher a mesma*. A outra espécie de lide tributária surgiria quando o contribuinte deixa de adimplir com um dever tributário não-contestado, sendo uma lide decorrente da não-satisfação da pretensão fiscal.[62]

Ora, até que haja a decisão final administrativa não se pode falar em uma resistência da Administração em rever a cobrança, o que de fato só vem a ocorrer quando do fim do processo administrativo.

Esse entendimento é sustentado por EUSÉBIO GONZÁLEZ GARCÍA, que destaca que apenas a partir do momento em que a Fazenda firma posição final no sentido da existência da dívida tributária é possível o nascimento do contencioso tributário.[63]

---

[61] *El Procedimiento Administrativo*, 1996, p. 253.
[62] ALLORIO, Enrico. *Diritto Processuale Tributario*. Milano: Giuffrè, 1942, p. 175.
[63] GARCÍA, Eusébio Gonzáles. Los Recursos Administrativos y Judiciales. In: AMATUCCI, Andrea (Coord.). *Tratado de Derecho Tributario*. Bogotá: Themis, 2001, t. II, p. 643.

Nesse contexto, é de se assinalar que a crítica por alguns apontada, no sentido de que no processo administrativo se teria a Administração fazendo as vezes de parte e julgador,[64] carece de qualquer fundamentação jurídica.

Com efeito, não é possível analisar o processo administrativo sob o mesmo prisma em que se examina o processo judicial, em que se substituem as partes pelo juiz, terceiro imparcial que deve decidir o conflito entre aquelas instaurado. No processo administrativo o papel do agente julgador é aquele de aplicador, *in concreto*, das normas legais, cabendo-lhe não julgar uma pretensão do administrado, mas sim verificar se o ato praticado, e cuja legalidade ou legitimidade foi questionada, o foi em conformidade com as disposições legais.

Uma vez confirmada a legalidade do ato pela Administração Pública, através da decisão final proferida no âmbito do processo administrativo, poderá surgir um conflito de interesses entre o Estado e o administrado, na hipótese de este manifestar entendimento diverso daquele ostentado pela Administração.

A partir daí, e somente neste momento, surgirá uma verdadeira lide entre administrado e Estado, consubstanciado na resistência deste, formalizada por meio de decisão proferida pelo órgão competente, em dar cumprimento à pretensão daquele.

Tal litígio somente poderá ser solucionado pelos órgãos do Poder Judiciário, a quem foi reservada, pela Constituição Federal, a atribuição de aplicar a lei contenciosamente, solucionando conflitos de interesses.

---

[64] Nesse sentido: CORSO, Guido. El Procedimiento Administrativo en Italia. In: *El Procedimiento Administrativo en el Derecho Comparado*. Madrid: Civitas, 1993, pp. 483-484; ARZUA, Heron. Processo Administrativo Fiscal – Função, Hierarquia, Imparcialidade e Responsabilidade do Julgador Administrativo. *Revista Dialética de Direito Tributário*, São Paulo, nº 33, jun. 1998, pp. 44--45; FERRAZ, Sérgio; DALLARI, Adilson Abreu, *Processo Administrativo*, 2002, p. 102.

Capítulo 5

Solve et Repete

A cláusula *solve et repete* consiste na exigência da submissão do administrado aos efeitos do ato praticado pela Administração Pública para que o mesmo possa contestar a sua conformidade com as disposições legais.[1] No âmbito tributário essa cláusula representa a obrigatoriedade do pagamento do tributo exigido pela Fazenda para que o contribuinte possa opor-lhe resistência. Como noticia Humberto J. Bertazza:

> *Uma das expressões mais antigas do Direito Tributário é a sintetizada com a expressão latina "solve et repete". Sua origem remonta ao Direito Romano, durante a época da República, quando o edito do Pretor estabeleceu que na "pignoris causa" o contribuinte para assumir a posição processual de parte autora e, portanto, para acionar o arrecadador fiscal (os publicanos) devia pagar previamente os tributos, invertendo assim a ordem do processo ao anteceder à execução a sentença.*[2]

Em princípio, o *solve et repete* encontraria justificação nos próprios caracteres fundamentais dos atos administrativos, entre os quais a imperatividade, segundo a qual os atos administrativos são de observância obrigatória por parte dos administrados, sua auto-executoriedade, consistente no poder da

---

[1] Salienta Sebastian Arcia que "sob o aforismo 'solve et repete' (pague e depois repita) se conhece aquele instituto pelo qual se obriga ao administrado a cumprir as prestações reclamadas pela Administração como pressuposto processual para aceder à via de recursos administrativos ou às ações jurisdicionais contra à própria pretensão da Administração de cobrar ditas prestações" (ARCIA, Sebastian. Derechos Humanos y Tributación. In: *Anais das XX Jornadas do ILADT*. Salvador: Associação Brasileira de Direito Financeiro, 2000, v. I, p. 456).

[2] BERTAZZA, Humberto J. Direitos Humanos e Tributação. In: *Anais das XX Jornadas do ILADT*. Salvador: Associação Brasileira de Direito Financeiro, 2000, v. I, p. 57.

Administração de praticar ações que determinem a observância coercitiva de seus atos por parte dos administrados, e sua presunção de legalidade. Esse entendimento é defendido, entre outros, pelo Professor AURÉLIO PITANGA SEIXAS FILHO.[3]

Entretanto, embora fulcrado nos próprios atributos dos atos administrativos, temos que o *solve et repete* não se coaduna com o princípio do devido processo legal, antes analisado.

De fato, em diversas situações a execução dos atos administrativos dependerá da intervenção do Poder Judiciário, como ocorre em relação a toda e qualquer cobrança de dívida ativa estatal.

Da aplicação do referido princípio (devido processo legal) tem-se, como dito, que os atos estatais que interfiram na esfera de direitos dos indivíduos devem ser precedidos ou controlados por intermédio de um processo administrativo, somente sendo plenamente eficazes após a decisão proferida neste último.

Como exemplo de processo administrativo anterior à prática do ato temos os processos disciplinares, cuja sanção somente se aplica após o deslinde do processo, como reconhecido pelo Supremo Tribunal Federal.[4] A seu turno, como exemplo de controle da legalidade do ato administrativo ulterior à sua prática, temos o processo administrativo fiscal, cuja instauração é faculdade do sujeito passivo, como destaca ALBERTO XAVIER:

> *Dificilmente se concebe, na verdade, que o lançamento tributário deva ser precedido de uma necessária audiência prévia dos interessados. Duas razões desaconselham tal audiência: em primeiro lugar, o caráter estritamente vinculado do lançamento quanto ao seu conteúdo torna menos relevante a prévia ponderação de razões e interesses apresentados pelo particular do que nos atos discricionários; em segundo lugar, o fato de se tratar de um "procedimento de massas", dirigido a um amplo universo de destinatários e baseado em processos tecnológicos informáticos, tornaria praticamente inviável o desempenho da função, se submetida ao rito da prévia audiência individual.*

---

[3] Cf. SEIXAS FILHO, Aurélio Pitanga. Regime Jurídico dos Recursos Administrativos Fiscais e os seus Efeitos. In: *Estudos de Procedimento Administrativo Fiscal*, 2000, pp. 256-257. Este posicionamento é encontrado também em: SEIXAS FILHO, Aurélio Pitanga. A Certeza Jurídica da Dívida Tributária. In: PIRES, Adilson Rodrigues; TÔRRES, Heleno Taveira (Orgs.). *Princípios de Di-reito Financeiro e Tributário*: Estudos em Homenagem ao Professor Ricardo Lobo Torres. Rio de Janeiro: Renovar, 2006, p. 999.

[4] Nesse sentido: Agravo de Instrumento nº 36.310-GB, publicação no Diário da Justiça em 25/05/1966; Agravo de Instrumento nº 388.936-BA, publicação no Diário da Justiça em 14/11/2002.

> No que concerne a atos deste tipo a garantia da ampla defesa não atua necessariamente pela via do direito de audiência prévia à prática do ato primário (pretermination hearing), mas no "direito de impugnação" deste mesmo ato, pelo qual o particular toma a iniciativa da instauração de um processo administrativo em que o seu direito de audiência assumirá força plena (posttermination hearing).
>
> Assim, a audiência, apesar de não ser "prévia" à prática do ato primário (lançamento), ainda é "prévia" no que respeita à decisão final da Administração fiscal tomada pelo órgão de julgamento no processo administrativo.[5]

Nesses casos, como vimos defendendo no presente estudo, a adoção do instrumento processual não é uma faculdade da Administração, mas sim uma *imposição do princípio do devido processo legal*, da qual não se pode afastar a Administração Pública.

É fundamental que se tenha em vista que um dos pilares fundamentais do Estado de Direito é o princípio de que *ninguém pode ser privado de seus bens sem o devido processo legal* (art. 5º, LIV, da Constituição Federal), o qual não pode ser olvidado pela Administração Pública por ocasião da edição dos seus atos.

Note-se que o posicionamento que se está adotando no presente trabalho não vulnera nenhum dos atributos dos atos administrativos antes mencionados, representando, isso sim, a opção pelo processo como instrumento da prática de determinados atos administrativos.

Com efeito, a exigência quanto à utilização do processo como instrumento para a efetividade de certos atos administrativos em nada viola sua *imperatividade*, uma vez que o ato praticado ao cabo do processo permanece dotado de sua *coercibilidade*, sua *auto-executoriedade*, não sendo necessária, como regra geral, a intervenção do Poder Judiciário para que o mesmo se torne efetivo, ou sua presunção de legalidade.

Nesse contexto, o processo administrativo tem que ser encarado como o único instrumento válido para a efetividade de determinados atos. *Não é*

---

[5] XAVIER, Alberto, *Princípios do Processo Administrativo e Judicial Tributário*, 2005, p. 9. Em sentido contrário, sustenta Ricardo Lobo Torres que "na democracia deliberativa e no Estado Cooperativo, a processualidade fiscal, eminentemente dialógica, baseia-se na possibilidade de *audiência prévia do contribuinte*. Não basta que o cidadão tenha o direito de pleitear a anulação dos atos administrativos abusivos, senão que torna-se necessário que seja ouvido previamente à decisão administrativa que lhe é prejudicial" (TORRES, Ricardo Lobo. O Direito a Ampla Defesa e a Processualidade Tributária. In: ROCHA, Sergio André (Coord.). *Processo Administrativo Tributário*. Estudos em Homenagem ao Professor Aurélio Pitanga Seixas Filho. São Paulo: Quartier Latin, 2007, p. 561).

uma limitação extrínseca aos atos administrativos, mas um requisito intrínseco de sua validade, que depende da participação do administrado.[6]

Por outro lado, não se pode deixar de assinalar a existência de situações em que, embora a potestade estatal seja exercida sobre as pessoas de forma a limitar os seus direitos, não se exige o processo administrativo como requisito de sua executoriedade.

Tal se dá nos casos em que a intervenção do Estado seja urgente, demandando um agir imediato das autoridades administrativas. É o que ocorre, por exemplo, nos casos em que estabelecimento comercial é interditado pelas autoridades sanitárias, pessoas são retiradas de suas residências pela defesa civil, etc.

Nessas situações de urgência, a exigência do processo administrativo prévio para que o agir da Administração se tornasse eficaz seria contrária ao interesse público, requerendo tutelas urgentes pela Administração que, diante da situação aparentemente danosa à coletividade, age, sujeitando-se ao controle da legalidade de seu atuar pelo Judiciário e à compensação ao particular por danos que tenha lhe causado, caso se entenda ilegal ou desproporcional o ato praticado pela Administração Pública.

Nota-se, portanto, que em tais hipóteses o atuar administrativo sem a precedência do processo *se revestirá de natureza cautelar,* e somente deve ser admitido quando presentes os requisitos para a prestação de tutelas dessa natureza, quais sejam, o *fumus boni iuris* e o *periculum em mora.* Do contrário, tal agir se encontrará eivado de ilegalidade, devendo ser afastado, como dito, pela atuação do Poder Judiciário.

Vale a pena registrar que, regra geral, o *solve et repete* é tratado como uma impossibilidade de se condicionar o questionamento judicial contra determinado ato administrativo ao cumprimento da obrigação que lhe é imposta.

Entretanto, tendo em vista os delineamentos do processo administrativo apresentados neste trabalho, cremos que, da mesma maneira, o processo administrativo não pode ser condicionado ao prévio adimplemento da prestação exigida pela Administração Pública.[7]

Em face de todas as considerações, concorda-se com o entendimento de RUBÉN SPILA GARCÍA, para quem o *solve et repete* "constitui não outra coisa que

---

[6] Cf. ARAÚJO, Edmir Netto de. Atos Administrativos e Recomposição da Legalidade. *Revista de Direito Administrativo*, Rio de Janeiro, nº 207, jan.-mar. 1997, p. 173; SIMÕES, Mônica Martins Toscano, *O Processo Administrativo e a Invalidação de Atos Viciados*, 2004, p. 42.

[7] Cf. COSTA, Ramón Valdez. *Estudios de Derecho Tributario Latinoamericano*. Montevideo: AMF, 1982, p. 240.

uma 'tortura para os contribuintes', criando-se uma verdadeira desigualdade entre as partes no processo, que no estado atual das concepções jurídicas e políticas não é senão um privilégio irritante em favor do mais forte (neste caso, o fisco)".[8]

Questão polêmica, relacionada com a cláusula *solve et repete*, consiste na exigência de depósitos ou apresentação de garantias de alçada como requisitos de admissibilidade de recursos administrativos.

O Supremo Tribunal Federal havia consolidado posição no sentido de que a exigência da realização de depósito prévio como requisito de admissibilidade da interposição de recurso administrativo não contraria os princípios do devido processo legal e da ampla defesa, uma vez que não haveria, no ordenamento jurídico pátrio, garantia ao duplo grau para os processos administrativos. Os fundamentos do posicionamento da Suprema Corte, bem como seus antecedentes jurídicos, encontram-se expressos na decisão proferida nos autos do Recurso Extraordinário nº 317.847-SP (publicação no Diário da Justiça em 16/11/2001).

Todavia, após consolidar tal posição a Suprema Corte mudou de entendimento, isso nos autos da Ação Direta de Inconstitucionalidade nº 1.976 (publicação no Diário da Justiça em 18/05/2007), decidindo que "a exigência de depósito ou arrolamento prévio de bens e direitos como condição de admissibilidade de recurso administrativo constitui obstáculo sério (e intransponível, para consideráveis parcelas da população) ao exercício do direito de petição (CF, art. 5º, XXXIV), além de caracterizar ofensa ao princípio do contraditório (CF, art. 5º, LV). A exigência de depósito ou arrolamento prévio de bens e direitos pode converter-se, na prática, em determinadas situações, em supressão do direito de recorrer, constituindo-se, assim, em nítida violação ao princípio da proporcionalidade".

Em linha com esse entendimento do Pretório Excelso, a maioria da doutrina tem entendido que a exigência do aludido depósito não se encontra em conformidade com o princípio do devido processo legal (processual e substantivo) e, por conseguinte, com o princípio da ampla defesa.[9]

---

[8] GARCÍA, Rubén Spila. *Principios de Derecho Procesal Tributario*. Buenos Aires: Depalma, 1978, p. 51.

[9] Cita-se, nesse sentido, o magistério de José Souto Maior Borges: "Insistir na demonstração de que a exigência da garantia de instância, nos termos acima, se contrapõe à definição constitucional da ampla defesa é insistir na inutilidade da demonstração do óbvio. Basta se considere que a amplitude da defesa envolve não só a defesa propriamente dita (impugnação, contestação, etc.), mas também os recursos a ela, ampla defesa, inerentes. Essa garantia constitucional pode ser, e

Ao que nos parece, nenhuma das duas soluções extremadas merece acolhimento. De fato, cremos que a exigência de caução recursal não pode ser tida, *a priori*, como inconstitucional, sendo certo, entretanto, que sua constitucionalidade depende da forma como prevista pela legislação ordinária.

ordinariamente o é, solapada pela exigência do **solve et repete**. Até porque a garantia da instância corresponde ao depósito do seu valor monetário, independentemente de qualquer consideração da capacidade contributiva individual (CF, arts. 146, § 1º, e 150, II). Quem não dispuser do montante necessário ao depósito recursal terá vedado o acesso ao recurso administrativo ou judicial, contra a CF. Aliás, se a garantia da instância recursal for admitida como válida, não haverá obstáculo algum a que a defesa (impugnação, contestação) fique também condicionada a depósito do valor monetário da pretensão" (BORGES, José Souto Maior. Direitos Humanos e Tributação. In: *Anais das XX Jornadas do ILADT*. Salvador: Associação Brasileira de Direito Financeiro, 2000, v. I, p. 642). Na mesma linha é o entendimento do Professor RICARDO LOBO TORRES, para quem as exigências de apresentação de caução previstas na legislação tributária "são manifestamente inconstitucionais, por criarem obstáculos para o acesso à justiça administrativa. O processo administrativo tributário é instrumento da autotutela da legalidade pela Administração; não tem por objetivo dirimir as grandes questões jurídicas em torno dos tributos, mas coarctar a violência fiscal e o abuso das autoridades fazendárias de nível hierárquico inferior. De modo que a exigência de depósito plenamente justificável para a defesa do contribuinte perante o Judiciário falece de fundamento ético-jurídico quando se trata de processo administrativo.
A medida implica, por linha oblíqua, o retorno da regra do *solve et repete*, que o próprio Governo autoritário extinguiu em 1968, pelo Dec.-lei 822. Hoje o *solve et repete* está sendo banido das legislações dos países democráticos, por influência dos grandes textos internacionais de direitos humanos, entre os quais o Pacto de San José da Costa Rica, que garante o pleno e livre exercício dos direitos e liberdades (art. 1º, § 1º). Pouco importa que a legislação brasileira passe a exigir o depósito e não o pagamento. Porque a odiosidade do princípio do *solve et repete* consiste justamente em estabelecer diferenças entre os contribuintes, impedindo que aqueles que não possuem dinheiro para garantir previamente os interesses do Fisco sejam privados do acesso à Justiça" (TORRES, Ricardo Lobo. Processo Administrativo Tributário. In: MARTINS, Ives Gandra da Silva (Coord.). *Processo Administrativo Tributário*. São Paulo: Saraiva, 2002, p. 165). Ver, também: XAVIER, Alberto. Da Inconstitucionalidade da Exigência de Garantia como condição de admissibilidade de recursos no Processo Administrativo em geral e no Processo Administrativo Fiscal em particular, 2004, p. 35; SCAFF, Fernando Facury, Direitos Fundamentais, Depósito Recursal Administrativo e Controle de Constitucionalidade, 2006, pp. 76-95; BOTTALLO, Eduardo Domingos, *Curso de Processo Administrativo Tributário*, 2006, pp. 81-86; MINATEL, José Antonio. O Depósito Compulsório como Requisito para Recurso Administrativo e o Prazo para pleitear judicialmente Desconstituição de Exigência Fiscal Definida pela Primeira Instância Administrativa. In: ROCHA, Valdir de Oliveira (Coord). *Processo Administrativo Fiscal 3º Volume*. São Paulo: Dialética, 1998, pp. 107-115; FERRAZ, Sérgio; DALLARI, Adilson Abreu. *Processo Administrativo*. 2ª ed. São Paulo: Malheiros, 2007, pp. 222-223. Em sentido contrário: SAAD NETO, Patrícia M. dos Santos. A Constitucionalidade da Exigência do Arrolamento de Bens e Direitos como Requisito de Seguimento do Recurso Voluntário. In: PIZOLIO, Reinaldo (Coord.). *Processo Administrativo Tributário*. São Paulo: Quartier Latin, 2007, pp. 231-263.

Assim, há a necessidade de se compatibilizar a exigência de caução para a interposição de recurso no processo administrativo com os *princípios do devido processo legal e da ampla defesa*, respeitando-se o *princípio da isonomia*.

Para que se atinja a referida compatibilização, é necessário que: (a) seja colocada à disposição do administrado mais de uma forma de apresentação da garantia, nos moldes do que acontece no processo de execução fiscal. Com isso, assegurar-se-ia a possibilidade de aqueles que não possuem condições financeiras para efetuar um depósito, por exemplo, interporem seus recursos, apresentando outra forma de caução (como o arrolamento de bens); e (b) haja a previsão legal da dispensa da caução nos casos em que o administrado não possa apresentá-la.[10] Não se pode negar ao administrado o devido processo legal e a ampla defesa nos casos em que a apresentação da caução não se faça possível. Por outro lado, é importante lembrar que, diferentemente do que ocorre no processo judicial de execução, o processo administrativo não é instrumento para a satisfação de pretensão financeira do Estado, a qual só pode ser realizada por intermédio de recurso ao Poder Judiciário.[11]

---

[10] Essa linha de entendimentos é igualmente defendida por CARLOS ANDRÉ RIBAS DE MELLO, para quem: "... a exigência do depósito recursal como garantia de instância em processo administrativo fiscal, nos moldes em que a Medida Provisória o instituiu (trinta por cento do crédito mantido), atende aos reclamos do interesse público detectados pelo legislador ordinário, não ferindo *in abstracto* as garantias constitucionais acima referidas. Todavia, demonstrar-se-á que o princípio da igualdade, que aqui será tratado no seu viés *isonomia tributária*, positivado pela Constituição Federal em seu art. 150, II, que imperativamente inadmite que nosso ordenamento jurídico efetue qualquer discrímen, levando-se em consideração a situação econômica do contribuinte, poderia restar violado no caso concreto, dada a inexistência de qualquer permissivo, tanto no dispositivo legal que introduziu o chamado depósito recursal quanto no próprio decreto regulamentador do mesmo, que autorize a dispensa do referido depósito nos casos de impossibilidade material de realizá-lo ou nos casos em que a situação econômica do contribuinte não permita que o depósito seja efetuado sem prejuízo de sua solvência ou de suas atividades operacionais (MELLO, Carlos André Ribas de. O Depósito Recursal – Constitucionalidade Condicionada à sua Adequada Aplicação à Luz dos Princípios Constitucionais da Isonomia e do Devido Processo Legal – Por uma Defesa de Interpretação Conforme. *Revista Dialética de Direito Tributário*, São Paulo, nº 85, out. 2002, p. 17). Nesse mesmo sentido: SILVA, Ricardo Perlingeiro Mendes da. As Restrições Legais ao Direito de Recurso na Esfera Administrativa e o Princípio da Ampla Defesa. *Revista Dialética de Direito Tributário*, São Paulo, nº 38, nov. 1998, p. 101.; MOREIRA, Lycia Braz. Os Postulados da Proporcionalidade, da Razoabilidade e da Proibição de Excesso como Instrumentos da Ponderação de Interesses: o Caso do Depósito Prévio como Condição de Admissibilidade do Recurso Administrativo Fiscal. In: ROCHA, Sergio André (Coord.). *Processo Administrativo Tributário*: Estudos em Homenagem ao Professor Aurélio Pitanga Seixas Filho. São Paulo: Quartier Latin, 2007, p. 439-440.

[11] Esse argumento, entre outros, serviu de justificação para o Ministro ILMAR GALVÃO decidir pela inconstitucionalidade do depósito recursal em voto proferido nos autos do Recurso Extraordinário nº 210.246. Em textual: "Acresça-se que – contrariamente ao que ocorre na esfera judicial, onde

Respeitadas essas condições, evita-se a violação ao princípio da isonomia, na medida em que todos os que tenham interesse no autocontrole da legalidade dos atos administrativos terão acesso ao mesmo.

Nessa linha de convicções, tendo em consideração o que restou anteriormente aduzido, não haveria uma inconstitucionalidade, *a priori*, da exigência da realização do depósito recursal como requisito de admissibilidade de recursos administrativos, embora, no caso concreto, tal estipulação possa ser caracterizada como inconstitucional.

No âmbito do processo administrativo fiscal a presente questão colore-se de outros matizes. Com efeito, tendo em vista o disposto no inciso III do art. 151 do Código Tributário Nacional, segundo o qual "as reclamações e os recursos, nos termos das leis reguladoras do processo tributário-administrativo" suspendem a exigibilidade dos créditos tributários, tem-se defendido que seria ilegítima a exigência de garantia de instância, uma vez que, suspensa a exigibilidade do crédito tributário, nada mais poderia ser exigido do contribuinte até a decisão final no processo. Esse entendimento já foi referendado no passado por decisões da 1ª Turma do Superior Tribunal de Justiça.[12]

Tal posicionamento, entretanto, não se nos afigura o mais correto. De fato, o próprio texto do inciso III do art. 151 deixa evidente que o início do processo

---

o depósito prévio, como pressuposto do recurso ordinário, se justifica como garantia prévia da execução, em caso de insucesso –, no âmbito administrativo, não sobra motivo para que constitua ele condicionante do direito de recorrer e, consequentemente, de defender-se, posto serem os débitos da espécie insuscetíveis de execução por via de atos da administração".

[12] Cf. Recurso Especial no 422.814 (publicação no Diário da Justiça em 28/10/2002) e Recurso Especial no 423.618 (publicação no Diário da Justiça em 28/10/2002). Do voto proferido pelo Ministro GARCIA VIEIRA, neste último Recurso Especial, extrai-se a seguinte passagem: "Na hipótese, em havendo norma expressa que trata de suspensão de crédito tributário, a legislação há de ser interpretada literalmente, isto é, *verbum ad verbum*, no sentido gramatical do texto legal (art. 111 do CTN), sem desprezar, obviamente, os elementos sistemático e teleológico.

Dentro dessa linha de entendimento, não parece vingar o argumento de que o próprio artigo 151 do CTN, em seu inciso III, autoriza o estabelecimento de depósito prévio, nos termos concebidos pelo art. 32 da Medida Provisória nº 1973-59.

Se bem examinada a expressão contida no dispositivo do CTN, "nos termos das leis reguladoras do processo tributário administrativo", verifica-se que estas leis devem ser reguladoras do processo tributário administrativo, ou seja, a competência para legislar neste campo, ao meu juízo, encontra-se adstrita ao procedimento tributário administrativo, ou seja, no estabelecimento de certas condições processuais, como as relativas à formalidade dos atos, prazos, instâncias, etc. Daí até entender-se tal disposição legal como autorizativa da instituição de depósito prévio na suspensão do crédito tributário há uma grande distinção. Por isso, também entendo tenha o artigo 32 da MP 1973-59, em comento, desbordado do verdadeiro alcance que deveria ter, em observância ao disposto no art. 151, III, do CTN".

administrativo suspende a exigibilidade do crédito tributário, *nos termos das leis que regulem o seu procedimento*.

Nessa linha de convicções, e tendo em conta que, como visto, a apresentação de caução de alçada, quando prevista, é formalidade procedimental a ser cumprida pelo interessado, tem-se que a mesma se encontra acobertada pelo mandamento do referido dispositivo do Código Tributário Nacional.

A jurisprudência de ambas as turmas do Superior Tribunal de Justiça corroborava essa linha de entendimentos.[13] Contudo, diante da posição sobre a matéria adotada pelo Supremo Tribunal Federal, antes comentada, atualmente também aquela Corte acolheu o entendimento de incompatibilidade da exigência de caução com o ordenamento jurídico, como se infere da análise do julgamento proferido no Recurso Especial nº 845.844 (publicação no Diário da Justiça em 07/05/2008), cuja ementa tem a seguinte redação:

> *PROCESSO TRIBUTÁRIO. PROCESSO ADMINISTRATIVO FISCAL. RECURSO ADMINISTRATIVO. EXIGÊNCIA DE DEPÓSITO PRÉVIO. GARANTIA DA AMPLA DEFESA. DIREITO DE PETIÇÃO INDEPENDENTEMENTE DO PAGAMENTO DE TAXAS.*
> *NOVEL JURISPRUDÊNCIA DO SUPREMO TRIBUNAL FEDERAL.*
> *1. O depósito prévio ao recurso administrativo, na jurisprudência do Superior Tribunal de Justiça, não infirmava os princípios constitucionais do contraditório e da ampla defesa (artigo 5º, LV) e do devido processo legal (artigo 5º, LIV), porquanto se considerava que o referido requisito de admissibilidade da impugnação administrativa permitia que o Estado, diante de irresignações manifestamente infundadas, recuperasse parte do débito fiscal, relevantíssimo para a satisfação das necessidades coletivas (REsp 817153/RJ, Relator Ministro Teori Albino Zavascki, publicado no DJ de 17.04.2006; AgRg no Ag 718816/MG, Relator Ministro Castro Meira, publicado no DJ de 06.03.2006; REsp 745410/SP, Relator Ministro Humberto Martins, publicado no DJ de 01.09.2006; Resp 667127/SP, Relator Ministro João Otávio de Noronha, publicado no DJ de 07.10.2004; AGRESP 499833/ES, Relator Ministro Franciulli Netto, publicado no DJ de 17.05.2004; entre outros).*
> *2. Entrementes, o Supremo Tribunal Federal, na sessão plenária ocorrida em 28.03.2007, nos autos do Recurso Extraordinário 389.383-1/SP, declarou, por maioria, a*

---

[13] Cf. Agravo Regimental em Recurso Ordinário em Mandado de Segurança nº 14.030 (publicação no Diário da Justiça em 09/09/2002); Recurso Especial nº 604.494 (publicação no Diário da Justiça em 19/04/2004); Agravo Regimental em Recurso Especial nº 499.833 (publicação no Diário da Justiça em 17/05/2004); Agravo Regimental em Agravo de Instrumento nº 573.874 (publicação no Diário da Justiça em 16/08/2004; Agravo Regimental no Agravo de Instrumento nº 672.132 (publicação no Diário da Justiça em 27/09/2005); Agravo Regimental no Agravo de Instrumento nº 636.583 (publicação no Diário da Justiça em 14/06/2005).

inconstitucionalidade dos §§ 1º e 2º, do artigo 126, da Lei 8.213/91, com a redação dada pela Medida Provisória 1.608-14/98, convertida na Lei 9.639/98, que estabeleceu o requisito do depósito prévio para a discussão de crédito previdenciário em sede de recurso administrativo, notadamente ante o flagrante desrespeito à garantia constitucional da ampla defesa (artigo 5º, LV, da CF/88) e ao direito de petição independentemente do pagamento de taxas (artigo 5º, XXXIV, "a", da CF/88).

3. O artigo 481, do Codex Processual, no seu parágrafo único, por influxo do princípio da economia processual, determina que "os órgãos fracionários dos tribunais não submeterão ao plenário, ou ao órgão especial, a arguição de inconstitucionalidade, quando já houver pronunciamento destes ou do plenário, do Supremo Tribunal Federal sobre a questão".

4. Consectariamente, impõe-se a submissão desta Corte ao julgado proferido pelo plenário do STF que proclamou a inconstitucionalidade da norma jurídica em tela, como técnica de uniformização jurisprudencial, instrumento oriundo do Sistema da Common Law e que tem como desígnio a consagração da Isonomia Fiscal no caso sub examine.

5. In casu, o aresto a quo assentou que: "A interposição de reclamação ou recurso administrativo, nos termos do artigo 151, inciso III, do Código Tributário Nacional, suspende a exigibilidade do crédito tributário, verbis: "Art. 151. Suspendem a exigibilidade do crédito tributário: (...) III – as reclamações e os recursos, nos termos das leis reguladores do processo tributário administrativo;" A exegese do dispositivo citado é bastante clara no sentido de que a mera interposição de recurso administrativo já é condição suficiente para suspender a exigibilidade do tributo.Tal norma restringe-se a esses termos, não fazendo qualquer menção à exigência do recolhimento de depósito prévio para o ingresso na via administrativa. Hugo de Brito Machado preleciona seu magistério de forma a amparar nosso posicionamento: "Como a interposição de reclamações, ou de recursos, suspende a exigibilidade do crédito tributário, a norma que exige o depósito como condição para o conhecimento de reclamações ou recursos (...) contraria frontalmente o Código Tributário Nacional". Tal imposição, contrária ao Código Tributário Nacional, acaba por violar o princípio da hierarquia das leis, posto que estabelecida por simples lei ordinária, uma vez considerada a natureza de lei complementar daquele primeiro diploma legal. Zuudi Sakakihara, comentando o artigo 151 do Código Tributário, explicita essa questão: "...a exigência do depósito é ineficaz ante o que dispõe o inciso III do art. 151 do CTN. Esse dispositivo confere às reclamações (defesa em primeiro grau) e aos recursos (reapreciação em segundo grau) a virtude de suspender a exigibilidade do crédito tributário, de modo que, existindo qualquer desses meios de defesa, não poderá ser praticado nenhum ato visando a cobrança daquele crédito, enquanto não sobrevier a decisão final e irreformável. Se o recurso suspende a exigibilidade do crédito tributário, porque assim determina a norma geral da União, não pode a lei ordinária vir a exigi-lo, mesmo que parcialmente e sob a designação de depósito". Ricardo Mariz de Oliveira expõe suas idéias com idêntico teor, as quais valem menção, literis: "A superposição do CTN em relação às leis ordinárias sobre processos tributários deriva da natureza de lei complementar com que o Código está recepcionado no atual regime constitucional, por força do art. 146, inciso III, da Carta de 1988. Ora, tenha-se em alta conta que é matéria reservada à competência de uma tal lei complementar tanto a obrigação tributária quanto o respectivo crédito, e também sua prescrição e decadência (alínea "b" do inciso III do art. 146). Tendo isto presente, a exigência de depósito para recurso administrativo redunda em afronta aos dispositivos do CTN. Realmente, o inciso III do art. 151 do CTN assegura o direito a reclamações e recursos administrativos, nos termos das leis sobre os respectivos processos, sem abrir espaço para que essas leis exijam depósito como requisito para o exercício desse direito. Com efeito, o depósito é causa suspensiva da exigibilidade do crédito tributário pretendido pelo Fisco, tal como prevê o inciso II do mesmo art. 151. Da mesma forma, a reclamação e o recurso administrativo, pelo inciso III, são causas de suspensão da exigibilidade do crédito pretendido. Destarte, sendo garantidas pela lei complementar como causas alternativas e díspares para produção de um mesmo efeito, não podem ser exigidas cumulativa e simultaneamente, por lei ordinária, para que esse mesmo efeito seja produzido. Em outras palavras, basta uma das ações para que o resultado seja obtido, não podendo a lei inferior impor que tal efeito passe a depender de duas delas. (...) Logo, exigir que o contribuinte desembolse parte do valor lançado pelo fisco, quando a respectiva exigibilidade está suspensa e quando o crédito que pode vir a representar ainda não está definitivamente constituído, é fazer tábula rasa dos preceitos da lei complementar". Além dessa problemática em relação à hierarquia normativa, o litígio ora sob epígrafe também passa por uma questão de indução lógica. É que se a interposição de impugnação administrativa suspende a exigência do tributo em seu todo, não é possível sua cobrança em parte, sob a designação de depósito."

6. Recurso especial a que se nega provimento.

Capítulo 6

Da Legitimidade Processual

A legitimidade para ser parte em processo ou procedimento administrativo decorre do interesse legítimo do sujeito na manifestação a ser proferida pela Administração Pública. No dizer de Jesús González Pérez "a legitimação é a aptidão para ser parte em um processo concreto. A legitimação pressupõe que nem toda pessoa com capacidade processual pode ser parte em um processo, mas sim unicamente as que se encontram em determinada relação com a pretensão".[1]

A legitimação processual, em princípio, encontra-se vinculada à defesa de *interesses individuais* da parte na emissão de determinada decisão pelo órgão julgador, tendo origem liberal e refletindo a concepção de que cada um deve buscar a realização de suas próprias pretensões, não tendo os demais componentes da coletividade legitimidade para tanto.[2]

---

[1] *Manual de Derecho Procesal Administrativo*, 1992, p. 159. Como destaca Juan Carlos Cassagne: Toda pessoa física ou jurídica, de caráter público ou privado, tem, em princípio, aptidão genérica para intervir em procedimento administrativo, em qualquer dos tipos classificatórios, como titulares de um direito subjetivo ou de um interesse legítimo e ainda, em certos casos, de um interesse simples (...)
Todavia, para poder ser 'parte' no procedimento administrativo é mister, ademais, uma aptidão especial que se denomina 'legitimidade'. Essa aptidão para ser 'parte' em um procedimento concreto, que não antecipa o resultado final da controvérsia administrativa, se encontra representada pela titularidade de um direito subjetivo ou de um interesse legítimo, como regra geral" (CASSAGNE, Juan Carlos. *Derecho Administrativo*. 7ª ed. Buenos Aires: Abeledo-Perrot, 2002, t. II, p. 537).

[2] Veja-se a regra geral de legitimidade no âmbito do processo civil, prevista no art. 6o do Código de Processo Civil: "Ninguém poderá pleitear, em nome próprio, direito alheio, salvo quando autorizado por lei".

Tal concepção foi-se modificando, notadamente a partir do desenvolvimento dos chamados direitos difusos e coletivos,[3] os quais passaram a demandar uma alteração na noção de legitimidade processual até então vigente.

No âmbito do exercício da jurisdição, surgiram instrumentos de tutela dos referidos direitos, como a ação civil pública, a ação popular e o mandado de segurança coletivo.

Essa alteração de perspectiva se faz presente também no âmbito do processo administrativo, ao menos no processo administrativo federal. Nesse sentido, veja-se o disposto no art. 9º da Lei nº 9.784/99:

> *Art. 9º São legitimados como interessados no processo administrativo:*
>
> *I – pessoas físicas ou jurídicas que o iniciem como titulares de direitos ou interesses individuais ou no exercício do direito de representação;*
>
> *II – aqueles que, sem terem iniciado o processo, têm direitos ou interesses que possam ser afetados pela decisão a ser adotada;*
>
> *III – as organizações e associações representativas, no tocante a direitos e interesses coletivos;*
>
> *IV – as pessoas ou as associações legalmente constituídas quanto a direitos ou interesses difusos.*

Ao se proceder à análise desse dispositivo, nota-se que o mesmo consagra a legitimação dos indivíduos para defenderem seus interesses perante a Administração (incisos I e II), a legitimação dos entes de classe, para a defesa dos direitos coletivos de seus associados (inciso III), bem como a legitimação de pessoas ou associações para a defesa dos chamados direitos difusos (inciso IV).

A legitimação de entes de classe para a defesa das pretensões de seus associados já se encontrava prevista, na esfera tributária, no âmbito do processo de consulta fiscal, como pode ser inferido do disposto no art. 46 do Decreto nº 70.235/72.

Além de prever a legitimidade processual daqueles que visam defender interesses difusos e coletivos, a Lei nº 9.784/99 foi além, prevendo a possibilidade de se realizar consulta pública à sociedade que, sem se tornar parte no processo, pode do mesmo participar (art. 31).

Outro mecanismo de participação da coletividade nos processos e procedimentos administrativos, principalmente nestes últimos, consiste na

---

[3] Para uma análise mais detida dos direitos difusos e coletivos ver: MAZZILI, Hugo Nigro. *A Defesa dos Interesses Difusos em Juízo*. 7ª ed. São Paulo: Saraiva, 1995, pp. 3-13.

possibilidade de se realizar audiência pública para fins de debate sobre a questão a ser decidida (art. 32).

Em acréscimo à realização de consulta e audiência públicas, a Lei nº 9.784/99 estabelece, ainda, que "os órgãos e entidades administrativas, em matéria relevante, poderão estabelecer outros meios de participação de administrados, diretamente ou por meio de organizações e associações legalmente reconhecidas" (art. 33).

Tem-se, portanto, verificável avanço nos mecanismos de participação dos administrados nos processos e procedimentos administrativos.

A importância dessas formas de participação dos Administrados junto à Administração Pública é destacada por AGUSTÍN GORDILLO, que em estudo acerca da legitimação processual e as mudanças atuais do processo administrativo, nota que:

> A primeira indicação de que algo está mudando temos no procedimento de audiência pública, no qual a nota distintiva é a participação dos afetados e usuários atuais ou potenciais, e administrados, não somente em defesa de seus direitos subjetivos e interesses legítimos, como tem sido a norma sempre no procedimento, mas também como titulares do que a Constituição chama "direitos de incidência coletiva".[4]

O desenvolvimento das formas de participação do administrado nos processos e procedimentos administrativos está inserido no âmbito maior da concretização do princípio democrático no Estado moderno, com a legitimação do exercício do poder pela participação daqueles que sofrerão os efeitos de seu efetivo exercício.

---

[4] GORDILLO, Agustín. La Legitimación. In: *Procedimento Administrativo*: Jornadas Organizadas por la Universidad Austral – Facultad de Derecho. Buenos Aires: Editorial Ciencias de la Administración, 1998, p. 441.

Capítulo 7

Das Provas

Embora menos complexa,[1] em razão da maior simplicidade procedimental do processo administrativo, a doutrina das provas aplicável neste não difere, em linhas gerais, daquela aplicada ao processo judicial, e será tratada no presente capítulo em seus principais aspectos.[2]

O direito, se visto como um conjunto de proposições prescritivas que visam determinar o comportamento humano, está sempre na dependência da demonstração da ocorrência de determinados fatos, os quais se encontram previstos nas hipóteses de incidência das normas jurídicas.

Ocorre que os fatos em si, uma vez verificados em determinado momento no tempo, se exaurem, não havendo meios para emprestar-lhes nova vida.

Entretanto, a interpretação/aplicação das regras depende da verificação da ocorrência dos fatos jurídicos, o que faz com que seja necessário ter-se no ordenamento jurídico mecanismos que viabilizem a descoberta das circunstâncias em que tais fatos aconteceram. Esses mecanismos são as provas.[3]

---

[1] Cf. CAVALCANTI, Themístocles B. *Direito e Processo Disciplinar*. 2ª ed. Rio de Janeiro: FGV, 1966, p. 175.

[2] Segundo Eduardo Botallo, "a Lei Maior, ao equiparar o processo administrativo ao judicial para efeitos de assegurar a observância do 'contraditório e da ampla defesa com os meios e recursos a ela inerentes' (art. 5º, LV), possibilitou a observância, em ambas as sedes, de idêntico regime de produção e realização de provas" (BOTALLO, Eduardo Domingos. A Prova no Processo Administrativo Fiscal Federal. In: ROCHA, Valdir de Oliveira (Coord.). *Processo Administrativo Fiscal*: 6º Volume. São Paulo: Dialética, 2002, p. 9).

[3] Sobre a importância da prova, ver: TRAIBEL, José Pedro Monteiro. La Prueba en el Procedimiento de Gestión Tributaria. In: TÔRRES, Heleno Taveira (Coord.). *Teoria Geral da Obrigação Tributária*: estudos em homenagem ao Professor José Souto Maior Borges. São Paulo: Malheiros, 2005, p. 500.

Normalmente, o conceito de prova vem vinculado à *descoberta da verdade* acerca dos fatos trazidos ao processo, daí a dicotomia entre as denominadas verdades formal e material em matéria processual.

Entretanto, a própria natureza efêmera dos fatos, antes afirmada, torna despicienda a discussão, na medida em que a verdade material pretendida pelos processualistas mostra-se impossível de ser alcançada. Como afirmam Luiz Guilherme Marinoni e Sérgio Cruz Arenhart "seja no processo, seja em outros campos científicos, jamais se poderá afirmar, com segurança absoluta, que o produto encontrado corresponde à verdade. Realmente, a essência da verdade é inatingível (ou ao menos o é a certeza da aquisição desta)".[4]

Dessa forma, tem-se que a prova não se afigura como instrumento para a demonstração da *verdade* acerca de determinado fato, servindo, isso sim, para formar no julgador a convicção quanto à sua ocorrência, a qual será sempre, espera-se, verossímil, mas nunca absolutamente verdadeira (ou ao menos não é absolutamente verdadeira a certeza da apreensão de sua verdade).[5] Trazendo

---

[4] *Manual do Processo de Conhecimento*: A Tutela Jurisdicional Através do Processo de Conhecimento, 2001, p. 279. Sobre essa questão, vale a pena mencionar o magistério de Eros Roberto Grau: "A realida de (realidade *da qual tomamos consciência*) é o que *aparenta ser* (*se apresenta* = "presenta") *para cada consciência*. Diante de um objeto qualquer, minha consciência recebe o impacto do que ele *representa* (como ele se *apresenta*), para mim. Posso dizer, então, que minha consciência vê os objetos exteriores como eles são, visto que eles são (*para nós*), nas suas manifestações (*aparições*), absolutamente indicativos de si mesmos. Como, porém, os objetos e a realidade existem em suas manifestações (*aparições*) para mim, jamais os descrevo – os objetos e a realidade; descrevo apenas *o modo sob o qual eles se manifestam* (= *o que representam*) *para mim*" (*O Direito Posto e o Direito Pressuposto*. 3ª ed. São Paulo: Malheiros, 2000, p. 15). No mesmo sentido: SILVA, Ovídio A. Baptista da. *Curso de Processo Civil*. 5ª ed. São Paulo: Revista dos Tribunais, 2000, v. I, p. 338. Para um estudo mais profundo sobre o tema, ver: TOMÉ, Fabiana Del Padre. *A Prova no Direito Tributário*. São Paulo: Noeses, 2005, pp. 1-35.

[5] Segundo os ensinamentos de Luiz Guilherme Marinoni e Sérgio Cruz Arenhart, é de se assinalar que "a reconstrução de um fato ocorrido no passado sempre vem influenciada por aspectos subjetivos das pessoas que assistiram ao mesmo, ou ainda daquele que (como o juiz) há de receber e valorar a existência concreta. Sempre, o sujeito que percebe uma informação (seja presenciando diretamente o fato, ou conhecendo-o de outro meio) altera o seu real conteúdo, absorve-o à sua maneira, acrescentando-lhe um toque pessoal que distorce (se é esta a palavra que pode ser utilizada) a realidade. Mais que isso, o julgador (ou o historiador, ou, enfim, quem quer que deva tentar reconstruir fatos do passado) jamais poderá excluir, terminantemente, a possibilidade de que as coisas tenham se passado de forma diversa àquela a que suas conclusões o levaram" (*Manual do Processo de Conhecimento*, 2001, p. 281). Nas palavras de Fabiana Del Padre Tomé, "provar, de fato, não quer dizer demonstrar a verdade dos fatos discutidos, e sim *determinar ou fixar formalmente os mesmos fatos mediante procedimentos determinados*" (TOMÉ, Fabiana Del Padre. Prova e Aplicação do Direito Tributário. In: SCHOUERI, Luís Eduardo (Coord.). *Direito Tributário: Homenagem a Paulo de Barros Carvalho*. São Paulo: Quartier Latin, 2008, p. 611).

à baila o magistério de Piero Calamandrei, que mesmo longo merece ser transcrito integralmente:

> ... *todas as provas, se bem examinadas, não são mais que provas de verossimilhança. Esta afirmação de relativismo processual, feita em relação ao processo civil por um grande jurista [Wach], pode valer igualmente não só para o processo penal, mas também fora do campo mais diretamente processual, para todo juízo histórico acerca de fatos que se dizem ocorridos: quando se diz que um fato é verídico, em substância se quer dizer que atingiu, na consciência de quem como tal julga, aquele grau máximo de verossimilhança que, em relação aos limitados meios de conhecimento de que o julgador dispõe, basta para dar-lhe a certeza subjetiva de que aquele fato aconteceu. Falo, entendamos, não das verdades lógicas ou morais, e sim das verdades dos fatos ocorridos, das verdades chamadas históricas, a respeito das quais já observava Voltaire que "lês vérités historiques ne sont que desprobalités" ("as verdades históricas nada mais são que improbabilidades").*
>
> *Todo o sistema probatório civil está preordenado não só a consentir, mas diretamente a impor ao juiz que se satisfaça, ao julgar acerca dos fatos, com o sub-rogado da verdade que é a verossimilhança. Ao juiz não é permitido, como se dá com o historiador, que se mantenha em dúvida acerca dos fatos que tem de decidir; deve a todo custo (essa é sua função) resolver a controvérsia em uma certeza jurídica. Para consegui-lo, vê-se forçado como extrema ratio a contentar-se com aquela que alguns continuam denominando "verdade formal", alcançada mediante o artifício das provas legais e o mecanismo autônomo da distribuição do ônus da prova; mas, mesmo que no sistema das provas "livres" possa parecer que a liberdade de avaliação seja o instrumento mais apropriado para a consecução da chamada "verdade substancial", a avaliação, embora livre, leva sempre a um juízo de probabilidade e de verossimilhança, não de verdade absoluta. Ainda que todas as testemunhas estejam concordes em testemunhar um fato, o juiz, quando conclui que aquele fato é verdadeiro, em essência quer dizer, talvez sem que ele próprio perceba, que, como todas aquelas testemunhas estão de acordo em relatar o fato daquele modo, é verossímil que o fato tenha ocorrido precisamente assim (...). Até nos casos, muito raros, em que o juiz pode "conhecer os fatos da causa" mediante a inspeção (art. 118, CPC), a percepção direta do fato, que lhe dá o máximo grau de certeza subjetiva, não basta para excluir que a verdade seja distinta do que, por erro dos sentidos, pode ter-lhe parecido. Mesmo para o juiz mais escrupuloso e atento vale o limite fatal de relatividade, próprio da natureza humana: o que vemos é apenas o que nos parece ver. Não verdade, não verossimilhança: ou seja, aparência (que pode ser também ilusão) de verdade.*[6]

---

[6] CALAMANDREI, Piero. *Instituições de Direito Processual Civil*. 2ª ed. Tradução Douglas Dias Ferreira. Campinas: Bookseller, 2003, v. III, pp. 275-277.

Nesse contexto, parece-nos correta a assertiva de CARNELUTTI, que, ao analisar o conceito de prova como sendo um meio legal para a demonstração da verdade de um fato, esclarece que:

> *Uma definição deste gênero (no sentido de serem as provas meios idôneos para a demonstração da verdade dos fatos) não pode a rigor reputar-se inexata, porém, para não parecer como tal, deve ajudar-se com a metáfora que vimos utilizada na antítese entre verdade material e verdade formal: de fato, a verdade que se obtém com os meios legais somente pode ser a segunda e de maneira alguma a primeira. Dizer, portanto, que prova em sentido jurídico é a demonstração da verdade formal ou judicial, ou dizer, entretanto, que é a determinação formal dos fatos discutidos, é, no fundo, a mesma coisa: aquela é somente a expressão figurada e esta uma expressão direta de um conceito essencialmente idêntico.*[7]

Diante do exposto, tem-se que o conceito de prova se encontra diretamente vinculado à formação da convicção do julgador[8] quanto à existência e validade dos fatos trazidos à sua apreciação. Nota-se que ao se influenciar o entendimento do julgador quanto a determinado fato não se estará comprovando sua veracidade, mas a verossimilhança de sua ocorrência[9].

Diante do exposto, é possível delinear conceito de prova como sendo o meio utilizado para, a partir da *representação* de um determinado fato[10], se formar a convicção daquele que haja de proferir decisão no âmbito de relação jurídica processual.

Feitos esses comentários introdutórios, apresentam-se, a seguir, algumas considerações acerca da produção de provas no âmbito do processo administrativo, começando-se pela análise dos princípios que lhe são aplicáveis.

---

[7] CARNELUTTI, Francesco. *A Prova Civil*. Tradução Lisa Pary Scarpa. Campinas: Bookseller, 2001, pp. 72-73. Sobre o tema ver, também, BELTRÁN, Jordi Ferrer. *Prueba y Verdad en el Derecho*. Barcelona: Marcial Pons, 2002, pp. 71-88; ECHANDÍA, Hernando Devis. *Teoria General del Proceso*: Aplicable a toda clase de procesos. 2ª ed. Buenos Aires: Editorial Universitaria, 1997, p. 59. Em sentido contrário, defendendo que o processo em geral "dirige-se a conseguir uma decisão sobre os fatos de algum modo verdadeira", ver: TARUFFO, Michele. *La Prueba de los Hechos*. Tradução Jordi Ferrer Beltrán. Madrid: Editorial Trotta, 2002, pp. 56-71.
[8] Cf. CHIOVENDA, Giuseppe. *Instituições de Direito Processual Civil*. Tradução Paolo Capitanio. Campinas: Bookseller, 1998, v. III, p. 109; ECHANDÍA, Hernando Devis. *Teoria General de la Prueba Judicial*. Buenos Aires: Víctor P. de Zavalía Editor, 1972, p. 34.
[9] Sobre o tema, ver: MARTINS, André Felipe Saide. *A Prova do Fato Jurídico no Direito & Processo Tributários*. Rio de Janeiro: Lumen Juris, 2011, p. 154-156.
[10] Ver: NEDER, Marcos Vinicius. Aspectos Formais e Materiais no Direito Probatório. In: NEDER, Marcos Vinicius et. al. (Coords). *A Prova no Processo Tributário*. São Paulo: Dialética, 2010, p. 13.

7.1. Dos Princípios da Verdade Material e do Livre Convencimento Motivado do Julgador

A análise do conteúdo do princípio da verdade material deve ser conciliada com as assertivas apresentadas acima.

Com efeito, partindo-se da premissa de que a pretensão pela descoberta objetiva e infalível da verdade é vã, tem-se que o princípio em comento não pode significar a exigência de que, no âmbito do processo administrativo, tal verdade seja necessariamente alcançada.

Dessa forma, o princípio da verdade material, corolário da própria imposição da legalidade dos atos administrativos, determina uma tripla exigência: a) que se demonstre, com maior grau de verossimilhança possível, a veracidade dos fatos alegados no âmbito do processo; b) limitando-se as situações em que se presume a ocorrência dos fatos relevantes; c) sendo deferido às partes o direito de produzir as provas necessárias para bem demonstrar a procedência de suas alegações.

É exatamente no contexto dessa tripla vertente que a verdade material se vincula ao princípio da legalidade, na medida em que tem por finalidade garantir que a Administração Pública envidará esforços para demonstrar a ocorrência dos fatos tributáveis, somente podendo promover a incidência da regra jurídica caso formada a convicção quanto à ocorrência de sua hipótese.[11]

Tendo em vista que a Administração Pública, exercendo uma função em sentido jurídico, tem por finalidade sempre a aplicação dos mandamentos legais, impõe-se, pelo princípio da verdade material, que ela não fique adstrita às alegações e provas trazidas aos autos do processo pelas partes, podendo ela mesma, no exercício de suas atividades, determinar a produção das provas que entenda necessárias à formação de sua convicção quanto à ocorrência de determinado fato.[12] Conforme notado por MARY ELBE GOMES QUEIROZ MAIA, as autoridades administrativas "têm plena liberdade para colher as

---

[11] Cf. XAVIER, Alberto, *Do Lançamento*: Teoria Geral do Ato, do Procedimento e do Processo Tributário, 2002, p. 121; FIGUEIREDO, Lucia Valle. *Estudos de Direito Tributário*. São Paulo: Malheiros, 1996, p. 96. Está correto DEMETRIUS NICHELE MACEI quando afirma que "a busca da verdade material, antes de ser direito do contribuinte, é um dever do Estado. Assim, a verdade é buscada pela Administração independentemente de provocação do contribuinte e, obviamente, se a iniciativa não partir do contribuinte ou do Fisco, deve partir do julgador" (MACEI, Demetrius Nichele. *A Verdade Material no Direito Tributário*. São Paulo: Malheiros, 2013, p. 177).

[12] Cf. MEDAUAR, Odete, *A Processualidade no Direito Administrativo*, p. 121.

provas que entenderem necessárias à demonstração da ocorrência, ou não do fato jurídico-tributário".[13]

Portanto, o aspecto mais importante relacionado ao princípio da verdade material consiste no dever de provar da Administração Pública, não podendo, como regra geral, a aplicação da regra jurídica pela autoridade administrativa ter fundamento em mera presunção ou ficção da ocorrência de sua hipótese de incidência.

É possível afirmar, assim, que o princípio da verdade material impõe às autoridades administrativas *o dever de investigar as circunstâncias em que determinado fato ocorreu*, a fim de verificar se o mesmo é relevante para fins jurídicos.[14] Por outro lado, em razão da já mencionada conexão do princípio em comento com a imperiosa observância das disposições legais, a verdade material cobre as provas apresentadas pelos administrados de certa relatividade, uma vez que a autoridade julgadora não está adstrita às mesmas para a formação de sua convicção.

É aqui que se pode falar no *princípio da livre convicção motivada da autoridade julgadora*, que se consubstancia na liberdade conferida ao julgador para analisar e valorar as provas apresentadas pelas partes, exigindo-se, em contrapartida, que sejam declinadas as razões que o levaram a privilegiar uma prova em detrimento de outra.[15]

Vale a pena destacar que a satisfação do princípio da livre convicção motivada depende da apresentação, pela autoridade julgadora, de uma *justificativa*, uma *motivação* razoável, lógica, a qual se preste à realização do processo como instrumento legitimador.

---

[13] *Do lançamento Tributário – Execução e Controle*, 1999, p. 107. No mesmo sentido, ver texto mais recente da autora: QUEIROZ, Mary Elbe. Princípios que Norteiam a Constituição e o Controle Administrativo do Crédito Tributário. In: TÔRRES, Heleno (Coord.). *Teoria Geral da Obrigação Tributária*: estudos em homenagem ao Professor José Souto Maior Borges. São Paulo: Malheiros, 2005, p. 492. Nas palavras de LEANDRO PAULSEN, RENÉ BERGMANN ÁVILA e INGRID SCHRODER SLIWKA: "O processo administrativo é regido pelo *princípio da verdade material*. Segundo esse princípio, a autoridade julgadora deverá buscar a realidade dos fatos, conforme ocorrida, e para tal, ao formar sua livre convicção na apreciação dos fatos, poderá julgar conveniente a realização de diligências que considere necessárias à complementação da prova ou ao esclarecimento de dúvida relativa aos fatos trazidos ao processo [...]" (PAULSEN, Leandro; ÁVILA, René Bergmann; SLIWKA, Ingrid Schroder. *Direito Processual Tributário*. 4ª ed. Porto Alegre: Livraria do Advogado, 2007, p. 29).

[14] Cf. SEIXAS FILHO, Aurélio Pitanga, *Princípios Fundamentais do Direito Administrativo Tributário*: A Função Fiscal, 2001, p. 46.

[15] Cf. GORDILLO, Agustín, *Procedimiento y Recursos Administrativos*, [19—], p. 138.

7.1.1. A Verdade Material e o Silêncio da Administração Pública

Na esteira do que restou afirmado anteriormente, nota-se que, tendo a Administração Pública o dever de buscar a verdade material, não pode a mesma silenciar quanto ao pedido de revisão de dado ato administrativo, formulado pelo administrado.

Como destaca a Professora Mirta G. Sotelo de Andreau "a regulação do silêncio (da Administração) é uma das formas de alcançar o cumprimento das finalidades próprias do Direito Administrativo. A conduta de uma boa administração não se dá tão-somente quando o funcionário de turno o deseja, mas sim quando deve fazê-lo para garantir o cumprimento dos fins públicos e a efetivação dos direitos dos particulares sempre que a lei o exija".[16]

No ordenamento positivo brasileiro o dever da Administração de se manifestar quanto aos questionamentos formulados pelos administrados tem fundamento no próprio direito de petição insculpido na alínea "a" do inciso XXXIV do art. 5º da Constituição Federal, segundo o qual é assegurado a todos "o direito de petição aos Poderes Públicos em defesa de direitos ou contra ilegalidade ou abuso de poder".

Ora, seria letra morta o texto constitucional se estabelecesse um direito aos administrados ao qual não correspondesse um dever por parte da Administração Pública, isso sem levar em conta que, conforme analisado mais detidamente no segundo capítulo, para que se tenha uma relação jurídica, faz-se necessário que se tenham presentes um direito e o correspondente dever.

No âmbito dos processos administrativos federais, há ainda a disposição contida no art. 48 da Lei nº 9.784/99, segundo a qual "a Administração tem o

---

[16] ANDREAU, Mirta G. Sotelo. El Silencio de la Administración. In: *Procedimento Administrativo*: Jornadas Organizadas por la Universidad Austral – Facultad de Derecho. Buenos Aires: Editorial Ciencias de la Administración, 1998, p. 49. No mesmo sentido: RASPI, Arturo Emilio (1998). El Silencio de la Administración. In: *Procedimento Administrativo*: Jornadas Organizadas por la Universidad Austral – Facultad de Derecho. Buenos Aires: Editorial Ciencias de la Administración, 1998, p. 131. Sobre o silêncio administrativo no Direito Tributário ver: NOVOA, César García. *El Silencio Administrativo en Derecho Tributario*. Navarra: Aranzadi, 2001; LIMA, Fernando E. Juan. El Silencio Administrativo en el Derecho Argentino. In: ROCHA, Sergio André (Coord.). *Processo Administrativo Tributário*: Estudos em Homenagem ao Professor Aurélio Pitanga Seixas Filho. São Paulo: Quartier Latin, 2007, pp. 151-176; BRANDÃO, Cláudio. O Controle das Omissões e do Silêncio da Administração Pública. In: OSÓRIO, Fábio Medina; SOUTO, Marcos Juruena Villela. *Direito Administrativo*: Estudos em Homenagem a Diogo de Figueiredo Moreira Neto. Rio de Janeiro: Lumen Juris, 2006, pp. 3-15.

dever de explicitamente emitir decisão nos processos administrativos e sobre solicitações ou reclamações, em matéria de sua competência".

O reconhecimento quanto ao fato de que a Administração Pública tem o dever de decidir[17] acerca das questões levadas a seu conhecimento pelos administrados leva-nos à discussão de outro problema, concernente à existência de prazos para que tais decisões sejam emitidas e, ainda mais, às consequências do descumprimento dos mesmos pelos órgãos e agentes administrativos com competência decisória (ver item 3.1.7.2, onde foi analisado o princípio da duração razoável do processo administrativo).

Como se sabe, não raro as leis que regulam os diversos processos administrativos estabelecem prazos dentro dos quais os atos processuais decisórios devem ser praticados pela Administração Pública. Nesse sentido, a título exemplificativo, podemos citar o art. 49 da Lei nº 9.784/99, que determina que, "concluída a instrução de processo administrativo, a Administração tem o prazo de até trinta dias para decidir, salvo prorrogação por igual período expressamente motivada".

Mais recentemente, a Lei nº 11.457, de 16 de março de 2007 estabeleceu em seu art. 24 que "é obrigatório que seja proferida decisão administrativa no prazo máximo de 360 (trezentos e sessenta) dias a contar do protocolo de petições, defesas ou recursos administrativos do contribuinte". Todavia, a referida lei não estabeleceu quaisquer sanções para o caso do descumprimento do prazo.

Nesse contexto, cabe analisar as consequências do descumprimento, pela Administração Pública, do prazo que lhe foi assinalado.

---

[17] O Supremo Tribunal Federal, nos autos do Mandado de Segurança nº 24.167, reconheceu expressamente o *dever de decidir* que recai sobre a Administração Pública no âmbito do Processo Administrativo. Notícia sobre o julgamento desse recurso encontra-se disponível no Informativo STF nº 443 (disponível em www.stf.gov.br. Acesso em 01.10.2006). Em textual: "O Tribunal concedeu parcialmente mandado de segurança impetrado pelo Estado de Minas Gerais contra ato omissivo do Secretário de Estado da Fazenda e Controle Geral do Rio de Janeiro para determinar que a autoridade coatora, no prazo de trinta dias, julgue o recurso administrativo do impetrante, referente a crédito de ICMS. Entendeu-se haver demora injustificada para apreciação do aludido recurso. Considerou-se, tendo em conta o que disposto nos artigos 48, 49 e 59, § 1º, todos da Lei 9.784/99 – que impõem, à Administração, o dever de emitir, no prazo de trinta dias, decisão nos processos administrativos de sua competência –, que teria transcorrido lapso de tempo suficiente para o julgamento do recurso, já que passados mais de cento e oitenta dias desde a sua interposição. MS 24167/RJ, rel. Min. Joaquim Barbosa, 5.10.2006. (MS-24167)".

Inicialmente, cumpre destacar que os prazos assinalados à Administração, assim como aqueles assinalados ao juiz, tratam-se de *prazos impróprios*, ou seja, prazos em relação aos quais não há preclusão temporal.[18]

Assim, a sanção que ordinariamente é imposta aos administrados pela perda de um prazo processual, qual seja, a perda do direito de praticar determinado ato, não pode ser aplicada à Administração, o que, por óbvio, inviabilizaria o próprio processo administrativo.

Nada obstante, não se pode deixar de sancionar a Administração Pública pelo silêncio quanto à questão posta à sua apreciação, tendo em vista que, como salienta o Professor GUILLERMO ANDRÉS MUÑOZ "o fazer esperar é o passatempo milenar de toda pessoa que se sente importante, desde o médico ao empregado bancário, desde os políticos aos juízes. A ante-sala – essa apropriação do tempo alheio – é uma metáfora muitas vezes patética e sempre repugnante do poder".[19]

O mesmo GUILLERMO ANDRÉS MUÑOZ salienta ser possível a aplicação de duas ordens de sanções à Administração Pública, devido à perda de prazos processuais: (a) sanções administrativas ao servidor que deixou de praticar o ato cabível; e (b) a ineficácia do ato administrativo questionado até que haja a manifestação da Administração Pública no âmbito do processo administrativo.[20]

---

[18] A preclusão é a perda do direito ao exercício de uma faculdade processual em razão de determinado evento, correspondente ao decurso do tempo (*preclusão temporal*), à incompatibilidade entre o ato que se pretende praticar e outro já praticado pela parte (*preclusão lógica*), ou à existência de ato, já praticado pela parte, cujo conteúdo seja correspondente ao do ato a ser praticado (*preclusão consumativa*). Na lição de JAMES MARINS, "no processo administrativo federal os prazos para a Administração são denominados *prazos impróprios*, por não gerarem preclusão temporal quando não cumpridos. Inversamente, os prazos para o contribuinte são chamados *prazos próprios*, já que uma vez transcorridos implicam preclusão do direito de praticar o ato" (*Direito Processual Tributário Brasileiro*: Administrativo e Judicial, 2001, p. 258). Ver, também: CASTARDO, Hamilton Fernando. *Processo Tributário Administrativo*. 2ª ed. São Paulo: IOB Thompson, 2006, p. 166.

[19] MUÑOZ, Guillermo Andrés. Los Plazos. In: *Procedimento Administrativo*: Jornadas Organizadas por la Universidad Austral – Facultad de Derecho. Buenos Aires: Editorial Ciencias de la Administración, 1998, p. 41.

[20] Los Plazos, 1998, p. 45. No mesmo sentido posiciona-se GABINO FRAGA, para quem é indispensável que "a lei venha a estabelecer as medidas adequadas para evitar a dilação ou paralisação do procedimento. Essas medidas têm que ser a fixação de prazos breves obrigatórios para as autoridades e para os interessados, a forma de computá-los, a responsabilidade dos funcionários ou empregados que desobedeçam a esses prazos, e os meios para reclamar a negligência e a consequente responsabilidade" (*Derecho Administrativo*, 1971, p. 276).

A primeira das sanções propostas parece ser a mais adequada à garantia do cumprimento dos prazos previstos nas normas jurídicas pelos órgãos e agentes administrativos. Todavia, sua aplicação é muitas vezes prejudicada pelo corporativismo dos agentes administrativos, frustrando-se, assim, suas finalidades.

No que tange à segunda espécie de sanções pelo descumprimento de prazos processuais pela Administração Pública, nota-se que a mesma se encontra vinculada à distribuição do ônus pelo tempo do processo, no âmbito do processo administrativo.

Com efeito, havendo um instrumento institucionalizado de controle da legalidade e legitimidade dos atos administrativos, é razoável que, ocorrendo a mora por parte da Administração Pública na solução da questão posta à sua análise, a mesma suporte o ônus de sua desídia, somente tornando-se eficaz o ato questionado após a manifestação nos autos do processo administrativo.

É de se assinalar que a celeridade do trâmite dos processos administrativos foi elevada à categoria de direito fundamental com a edição da Emenda Constitucional nº 45, de 08 de dezembro de 2004, a qual introduziu o inciso LXXVIII no art. 5º da Constituição Federal, dispondo que "a todos, no âmbito judicial e administrativo, são assegurados a razoável duração do processo e os meios que garantam a celeridade de sua tramitação".[21]

7.2. Ônus da Prova e "Dever de Provar"

Como se pode inferir das lições de CARNELUTTI, o ônus se diferencia de um dever na medida em que (1) quando alguém deixa de adimplir um seu dever lesiona o direito de alguém, sendo-lhe imputável uma sanção, enquanto que a não-realização de um ônus apenas faz com que a parte não alcance os efeitos úteis que o mesmo lhe traria, sujeitando-se, inclusive, a efeitos negativos advindos de tal abstenção; e (2) o dever tutela um direito alheio, enquanto o ônus refere-se ao exercício de um direito da própria parte.[22]

---

[21] Sobre o direito a um processo administrativo com duração razoável, ver: PEREIRA, João Luís de Souza. O Direito a um Processo Administrativo Fiscal com Duração Razoável. In: PIRES, Adilson Rodrigues Pires; TÔRRES, Heleno Taveira (Orgs.). *Princípios de Direito Financeiro e Tributário*: Estudos em Homenagem ao Professor Ricardo Lobo Torres. Rio de Janeiro: Renovar, 2006, pp. 1055-1070.

[22] Nesse sentido, ver os comentários de GIACOMO P. AUGENTI, em apêndice à já citada obra de Carnelutti, *A Prova Civil*, 2001, p. 255. Conforme salienta JOSÉ FREDERICO MARQUES, "o ônus é

A partir dessa noção de ônus, nota-se que, no âmbito do processo administrativo de controle da legalidade de atos emanados pela Administração, não há que se falar na existência de ônus das autoridades administrativas em provar os fatos que deram origem à emissão do ato impugnado. Com efeito, como visto acima, a autoridade administrativa tem o "dever de provar" os fatos pela mesma alegados (princípio da verdade material). Vale a pena destacar, nesse sentido, o entendimento de ALBERTO XAVIER:

> *Ao contrário do que entendia a antiga jurisprudência do Reichfinanzhof e do Supremo Tribunal Administrativo da Prússia, apoiada na doutrina por Rauschning, Berger e Louveaux, segundo a qual no procedimento de lançamento existiria uma repartição do ônus da prova semelhante à que vigora no processo civil, cabendo à Administração provar os fatos constitutivos do seu direito e ao contribuinte provar os fatos impeditivos, é hoje concepção dominante que não pode falar-se num ônus da prova do Fisco, nem em sentido material nem em sentido formal. Com efeito, se é certo que este se sujeita às consequências desfavoráveis resultantes da falta de prova, não o é menos que a averiguação da verdade material não é objeto de um simples ônus, mas de um dever jurídico. Trata-se, portanto, de um verdadeiro encargo da prova ou dever de investigação, que não se vê vantagem em designar por novos conceitos, ambíguos quanto à sua natureza jurídica, como o de ônus da prova objetivo (objektive Beweislast), ônus da probabilidade (Vermutunglast) ou situação, base ou condição da prova (Beweislagen).*[23]

---

um imperativo em função do próprio interesse daquele a quem é imposto. Descumprida a ordem legal contida num ônus, a consequência é um prejuízo para a pessoa que desatendeu ao preceito jurídico. No ônus, como esclarece Carnelutti, há a subordinação de um ou mais interesses do respectivo titular a outro interesse dele próprio que lhe é imposto para que o primeiro se faça condição da obtenção do segundo. A parte tem, por exemplo, ônus de propor a ação, se quer ver decidida sua pretensão.
No ônus processual, deixa a lei à livre vontade da parte onerada o cumprimento do imperativo jurídico ou a consequência danosa do seu descumprimento, visto ser indiferente que o interessado atenda ou desatenda ao encargo que lhe pesa" (MARQUES, José Frederico. *Instituições de Direito Processual Civil*. Campinas: Millenium, 2000, v. II, p. 263).
[23] *Do Lançamento*: Teoria Geral do Ato, do Procedimento e do Processo Tributário, 2002, pp. 145--146. Em sentido contrário é o entendimento de Isso CHAITZ SCHERKERKEWITZ, para quem "a dilação probatória não é um dever, é um ônus. Não existe o dever, para nenhuma das partes, de provar algo. Apenas existe o ônus da prova, posto que quem não prova, não ganha" (SCHERKERKEWITZ, Isso Chaitz. *Presunções e Ficções no Direito Tributário e no Direito Penal Tributário*. Rio de Janeiro: Renovar, 2002, p. 154). Com a devida vênia, esse entendimento parte da premissa equivocada de que a Administração Pública teria disponibilidade sobre o direito em questão, podendo o servidor decidir se "quer ganhar ou não".

A seu turno, para o administrado há verdadeiro ônus de provar, uma vez que, não tendo o mesmo o dever de provar, submete-se a consequências negativas caso não logre demonstrar a procedência dos fatos pelo mesmo alegados.

É importante salientarmos que muitas vezes se afirma, equivocadamente, que no âmbito do processo administrativo haveria uma transferência do ônus da prova da Administração para o administrado, sob a alegação de que o ato administrativo objeto do pedido de revisão gozaria de presunção de legitimidade. Tal assertiva não corresponde à melhor interpretação dos postulados fundamentais do processo administrativo. Nas palavras do Professor PAULO DE BARROS CARVALHO:

> Com a evolução da doutrina, nos dias atuais, não se acredita mais na inversão da prova por força da presunção de legitimidade dos atos administrativos e tampouco se pensa que esse atributo exonera a Administração de provar as ocorrências que afirmar terem existido. Na própria configuração oficial do lançamento, a lei institui a necessidade de que o ato jurídico administrativo seja devidamente fundamentado, o que significa dizer que o Fisco tem que oferecer prova contundente de que o evento ocorreu na estrita conformidade da previsão genérica da hipótese normativa.[24]

Nessa ordem de raciocínio, a Administração não goza de ônus de provar a legalidade de seus atos, mas sim de verdadeiro dever de demonstrá-la. Assim, não há que se falar em transferência do ônus da prova da Administração para o administrado, sendo certo que, enquanto este tem mero ônus de provar os fatos que demonstram a ilegalidade e ilegitimidade do ato administrativo, aquela tem verdadeiro dever jurídico.[25]

---

[24] CARVALHO, Paulo de Barros. Notas sobre a Prova no Procedimento Administrativo Tributário. In: SCHOUERI, Luís Eduardo (Coord.). *Direito Tributário*: Homenagem a Alcides Jorge Costa. São Paulo: Quartier Latin, 2003, v. II, p. 860.

[25] No âmbito do processo administrativo federal, o dever da Administração Pública relativo à produção de provas pode ser inferido do disposto no art. 29 da Lei nº 9.784/99, que estabelece que: "Art. 29. As atividades de instrução destinadas a averiguar e comprovar os dados necessários à tomada de decisão realizam-se de ofício ou mediante impulsão do órgão responsável pelo processo, sem prejuízo do direito dos interessados de propor atuações probatórias". A dicotomia entre o dever da Administração e o ônus do administrado resta ainda mais evidente diante da previsão insculpida no art. 36 desse mesmo diploma legal, cuja redação é a seguinte: "Art. 36. Cabe ao interessado a prova dos fatos que tenha alegado, sem prejuízo do dever atribuído ao órgão competente para a instrução e do disposto no art. 37 desta Lei". Também afirmando o dever de provar que recai sobre a Administração Pública: MAIA, Mary Elbe Gomes Queiroz, *Do Lançamento Tributário – Execução e Controle*, 1999, p. 142; MARTINS, Natanael. A Questão do Ônus da Prova e do

É de se assinalar que quando se fala em *dever de provar* da Administração Pública se está referindo não ao dever de formar o convencimento do julgador quanto à verossimilhança de determinados fatos a partir de sua representação, mas sim no *dever* das autoridades administrativas de investigarem a verdade material lastreando os seus atos administrativos em representações idôneas dos fatos que se alega terem ocorrido. Conforme salienta o Professor AURÉLIO PITANGA SEIXAS FILHO, em perfeita síntese:

> *A autoridade fiscal, ao desenvolver o dever de inspecionar a verdade dos fatos praticados pelo contribuinte, não está cumprindo um dever de provar no sentido jurisdicional (litigioso) de formar o convencimento do juiz, nem está se desincumbindo de qualquer "ônus de prova", pois não tem interesse próprio a defender, está, isto sim, agindo por dever de ofício para formar seu próprio convencimento quanto aos fatos que devem ser considerados para determinação do valor do tributo.*[26]

7.3. Meios de Prova

OVÍDIO A. BAPTISTA salienta que a expressão *meios de prova* pode ser interpretada em dois diferentes sentidos: em um primeiro lugar, como conjunto de atividades desenvolvidas para a produção das provas; e, em segundo lugar, como o conjunto de "instrumentos de que as partes e o juiz se valem para obter

---

Contraditório no Contencioso Administrativo Federal. In: ROCHA, Valdir de Oliveira (Coord.). *Processo Administrativo Fiscal*. São Paulo: Dialética, 1995, p. 113.

[26] SEIXAS FILHO, Aurélio Pitanga. Princípios de Direito Administrativo Tributário. *Revista Tributária e de Finanças Públicas*, São Paulo, nº 51, jul.-ago. 2003, p. 239. Nesse mesmo sentido, é pertinente trazer à colação o magistério de DIEGO MARÍN-BARNUEVO FABO que, com lastro em CARLOS PALAO TABOADA, destaca que a atividade probatória desenvolvida no âmbito dos processos administrativos não equivale àquela realizada no âmbito do processo jurisdicional, citando PALAO TABOADA para concluir que esta corresponde a "uma atividade de comprovação e não de prova em sentido técnico". Segundo MARÍN BARNUEVO: "Através dessa afirmação, o que pretendia o citado autor era destacar que quando a Administração aplica uma norma tributária e exige o comprimento de obrigações tributárias, não *prova* (no sentido que outorga o Direito Processual ao termo) os fatos que justificam o ato de lançamento, mas sim se limita a *comprovar* sua existência. Para ele, a única atividade que poderia merecer a consideração de prova em sentido estrito é a que pode ter lugar em um momento posterior, em uma eventual revisão judicial de sua atuação. Assim chega à conclusão de que 'no procedimento administrativo somente se pode falar de prova em sentido impróprio'"(FABO, Diego Marín-Barnuevo. La Distribución de la Carga de la Prueba en Derecho Tributario. In: TÔRRES, Heleno Taveira (Coord.). *Direito Tributário Internacional Aplicado*. São Paulo: Quartier Latin, 2003, pp. 58-59).

o conhecimento dos fatos a provar".[27] No presente estudo os meios de prova serão considerados no segundo sentido acima, analisando-se as seguintes provas em espécie: a) depoimento pessoal; b) confissão; c) prova testemunhal; d) prova documental; e e) prova pericial.

Não é despiciendo ressaltar que o direito à produção de toda e qualquer prova necessária à demonstração dos fatos alegados no âmbito do processo administrativo é decorrência dos princípios da legalidade, do devido processo legal (e assim da ampla defesa) e da verdade material, não podendo a Administração Pública negar ao administrado o direito de produzir as provas que entenda cabíveis (desde que lícitas, como será analisado adiante).

Note-se que o direito do administrado a uma ampla dilação probatória não contraria o afirmado anteriormente, no sentido de não haver conflito de interesses no âmbito do processo administrativo. De fato, o direito à produção de toda e qualquer prova lícita decorre mesmo da convergência dos interesses da Administração e do administrado, consubstanciado na correta aplicação da lei ao caso concreto.

Feitos esses comentários, passamos à análise dos meios de prova em espécie.

7.3.1. Depoimento Pessoal

Corresponde o depoimento pessoal ao testemunho, perante o julgador, do interessado na questão objeto do processo administrativo.

Pode ser utilizado como forma de obtenção de informações acerca de determinada circunstância tratada no processo, sendo comum em processos de natureza disciplinar.

No âmbito do processo administrativo tributário, é de utilização restrita, não havendo sua previsão expressa, embora não seja a mesma vedada.

Em processo civil, o depoimento pessoal é muitas vezes utilizado pela parte adversa com vistas à obtenção da confissão pelo depoente. Entretanto, como será analisado no seguinte item, não há que se falar em confissão no processo administrativo, de forma que neste o depoimento pessoal, quando realizado, terá por finalidade apenas a apresentação de informações úteis à solução da questão posta à análise.

---

[27] *Curso de Processo Civil*, 2000, pp. 352-353.

7.3.2. Confissão

Como se adiantou acima, não parece possível falar em confissão no processo administrativo. De fato, na linha dos entendimentos defendidos no presente trabalho, no sentido de inexistir lide no processo desenvolvido perante a Administração Pública, não há espaço para esse instituto jurídico.

Conforme a lição de CHIOVENDA, a confissão "é a declaração, por uma parte, da verdade dos fatos afirmados pelo adversário e contrários ao confitente".[28] Definição similar é encontrada no art. 348 de nosso Código de Processo Civil, que estabelece haver "confissão quando a parte admite a verdade de um fato, contrário ao seu interesse e favorável ao adversário".

Nesse contexto, nota-se que a confissão encontra-se inserida no âmago de um conflito de interesses, ocorrendo quando uma das partes em litígio reconhece a veracidade dos fatos pela outra parte alegados.

Ora, não havendo lide no processo administrativo, não há que se falar em confissão, uma vez que os interesses da Administração e do administrado são convergentes e não contrários (reiterando-se, uma vez mais, ambos buscam a conformidade do ato administrativo com a lei), não havendo, portanto, "adversários".[29]

O que foi dito acima não afasta o *dever* do administrado de assumir e declarar à Administração os fatos pelo mesmo realizados que sejam relevantes para a solução do processo administrativo.

De fato, a participação do administrado, como visto logo no início deste trabalho, é um instrumento de realização do princípio da legalidade, tendo como uma de suas finalidades a maior correção da decisão em decorrência da participação do administrado.

Assim, o administrado não participa do processo administrativo para impedir a realização de seus fins pela ocultação de fatos relevantes, antes tem dever jurídico de levar os mesmos ao conhecimento do Poder Público, para que este tenha os meios necessários para decidir acerca da legalidade do ato administrativo que se pretende praticar ou que está sendo objeto de controle.[30]

---

[28] *Instituições de Direito Processual Civil*, 1998, p. 118.
[29] Em sentido contrário, admitindo a confissão no processo administrativo: BIELSA, Rafael. *Derecho Administrativo*. 4ª ed. Buenos Aires: El Ateneo, 1947, t. IV, p. 398; BONILHA, Paulo Celso B. *Da Prova no Processo Administrativo Tributário*. 2ª ed. São Paulo: Dialética, 1997, p. 83.
[30] Sobre o presente tema, ver: RODRIGUEZ, María José. *El Acto Administrativo Tributario*. Buenos Aires: Ábaco, 2004, pp. 163-166.

7.3.3. Da Prova Testemunhal

A prova testemunhal consiste na representação formulada por terceiros acerca dos fatos objeto do processo. No âmbito do processo administrativo, será considerado terceiro todo aquele que não tiver interesse pessoal na decisão a ser tomada pela Administração Pública, a qual não produzirá efeitos em sua esfera jurídica.

7.3.4. Da Prova Documental

A depender da natureza do ato administrativo cuja legalidade se está a impugnar, a prova documental se revestirá de extrema relevância. Nesse sentido, em se tratando, por exemplo, de processo administrativo fiscal, tendo em vista a natureza formal das obrigações tributárias, as quais, por regra, são reduzidas a termo em documentos, a maioria das provas produzidas será documental.[31] Na prova documental temos a representação formal e direta de um fato.

Traço característico das provas documentais consiste no fato, acima mencionado, de elas se relacionarem, diretamente, com o fato que se pretende provar, enquanto as provas pessoais e periciais decorrem de uma reconstrução dos fatos por terceira pessoa. Essa característica da prova documental é ressaltada por Luiz Guilherme Marinoni e Sérgio Cruz Arenhart, para quem é:

---

[31] Conforme destaca Heleno Taveira Tôrres: "Quanto à *prova documental*, esta tem importância capital no procedimento ou no processo tributário. E tanto é assim que o legislador se esforça para instituir deveres formais das mais diversas ordens, que se vão constituindo sob forma de 'documentos', exclusivamente com a finalidade de obter, de modo o mais confiável e seguro possível, os dados e informações de que necessita. Mas para que se confirme a veracidade destes, muitas vezes é mister fazer coincidir outros documentos, motivo pelo qual, na sua etapa instrutória, cabe ao agente administrativo o dever de buscar, no caso de recusa de oferecimento espontâneo por parte do sujeito passivo, todos os meios de provas possíveis, especialmente de natureza documental, como livros comerciais, balanços, notas fiscais, contratos, anotações, registros vários ou bases de dados magnéticos" (*Direito Tributário e Direito Privado*. São Paulo: Revista dos Tribunais, 2003, p. 393). Trazendo à colação o magistério do Ministro Gilmar Ferreira Mendes: "A prova documental assume ímpar relevância no sistema jurídico, por permitir a perpetuação do ato pela via escrita" (MENDES, Gilmar Ferreira. Da Prova dos Negócios Jurídicos. In: FRANCIULLI NETO, Domingos *et al.* (Org.). *O Novo Código Civil*: Estudos em Homenagem ao Professor Miguel Reale. São Paulo: Ltr., 2003, p. 170). Nesse sentido ver também: BONILHA, Paulo Celso B., *Da Prova no Processo Administrativo Tributário*, 1997, p. 85; CARVALHO, Paulo de Barros. A Prova no Procedimento Administrativo Tributário. *Revista de Dialética de Direito Tributário*, São Paulo, nº 34, jul. 1998, p. 108.

... possível concluir, com segurança, que a prova documental tem por característica típica a circunstância de, diretamente, demonstrar o fato pretérito. Através desse meio de prova, o juiz tem conhecimento do fato sem qualquer interferência valorativa outra, que não a sua própria. A interferência humana no fato, diante da prova documental, cinge-se à formação da coisa (documento) e à reconstrução do fato no futuro (pelo juiz ou pelas partes, por exemplo). Não há, como ocorre com a prova testemunhal ou com a prova pericial, mediação nessa reconstrução.[32]

A prova documental suscita alguns problemas, especificamente no âmbito do processo administrativo fiscal, os quais são decorrentes da origem de tais instrumentos probatórios, os quais são elaborados, via de regra, pelos administrados. Discute-se, então, acerca do valor probatório desses documentos, como veremos a seguir.

7.3.4.1. Do Valor Probatório dos Documentos Elaborados pelos Administrados no Processo Administrativo Fiscal

Como já foi observado anteriormente, os fatos sobre os quais se aplicam as normas jurídicas, de regra, aconteceram no passado, sendo que dos mesmos não resta mais do que sua representação, a qual se dará por intermédio de algum dos chamados meios de prova.

Nesse contexto, e tendo em conta especificamente as normas impositivas tributárias, verifica-se que os acontecimentos da vida eleitos pelo legislador para figurarem como hipóteses de incidência de deveres jurídicos de pagamento de tributos também ocorrem em determinado momento, exaurindo-se no primeiro instante seguinte à sua consumação.

Assim sendo, e de forma a preservar tais fatos para que as autoridades administrativas possam verificar a incidência fiscal sobre os mesmos, criam-se deveres instrumentais que devem ser adimplidos pelos sujeitos passivos, os quais têm por finalidade viabilizar a aludida verificação por parte da Administração Pública.[33]

---

[32] *Manual do Processo de Conhecimento*: A Tutela Jurisdicional Através do Processo de Conhecimento, 2001, p. 364. FRANCESCO CARNELUTTI, ao realizar comparação entre as provas documentais e testemunhais, salienta que enquanto as primeiras seriam *provas imediatas* do fato, as segundas tratam-se de provas *mediatas* (*Da Prova Civil*, 2001, pp. 150-151).

[33] Para MAURÍCIO ZOCKUN, "uma norma jurídica instrumental será validamente produzida se prescrever condutas que tenham por finalidade prover a pessoa competente (que exerce a função de fiscalização) de informações a respeito (i) da ocorrência de fatos jurídicos que ensejam o nascimento de obrigações tributárias materiais; e (ii) seu adimplemento pelo sujeito passivo veiculado no

O valor probatório da escrituração contábil e fiscal dos sujeitos passivos de obrigações jurídicas de natureza tributária deve ser analisado tendo-se em conta os já tantas vezes repetidos princípios da legalidade, da verdade material e da livre convicção do julgador.

Ora, uma vez que a autoridade administrativa tem o dever de verificar se o fato ocorrido se subsume à norma jurídica que se pretende aplicar, não se pode pretender que a mesma reste vinculada às provas produzidas unilateralmente pelo administrado (no caso, o sujeito passivo tributário).

Com efeito, como salienta AURÉLIO PITANGA SEIXAS FILHO,[34] se é verdade que os documentos particulares podem ser utilizados como prova contra aqueles que os elaboraram, não se afigura da mesma forma verdadeiro que tal documento possa servir de representação irrefutável de determinado fato perante terceiros.

Note-se que o reconhecimento de uma liberdade ampla das autoridades administrativas fiscais para, analisando livre e motivadamente as provas relativas ao fato que se pretende provar, decidir quanto à sua ocorrência ou não, não pode significar, por outro lado, autorização para que a fiscalização

---

mandamento da norma jurídica tributária. Por isso é que nas dobras dessas prescrições encontram-se os confins do 'interesse' da arrecadação e da fiscalização de tributos" (ZOCKUN, Maurício. *Regime Jurídico da Obrigação Tributária Acessória*. São Paulo: Malheiros, 2005, p. 124).

[34] *Princípios Fundamentais de Direito Administrativo Tributário*: A Função Fiscal, 2001, pp. 56-57. A assertiva do Professor AURÉLIO PITANGA SEIXAS FILHO encontra fulcro em passagem de LUIGI EINAUDI, a seguir transcrita: "A lamentação é universal e não exclusiva de país algum: se todos declarassem a verdade, quanto mais moderados poderiam ser os impostos e quanto mais amplo o produto para o erário! (...)
Quid est veritas? Desgraçadamente, o ideal que perseguem os defensores do imposto justo é um fantasma, um mito criado por uma variedade bastante tosca de razão racional: a razão contábil. Ao empregar este adjetivo, não queria dizer nada desagradável de uma classe de profissionais respeitável, necessária e utilíssima. O contador, que confecciona balanços segundo as regras indicadas pela sua disciplina, decantada por uma experiência secular e por técnicas refinadas, não deduz dos mesmos ilações estranhas ao seu próprio campo, que consiste em dar razão às variações verificadas dentro de certo intervalo de tempo no ativo e no passivo de sua empresa. O contador de quem falo é aquele que, das averiguações efetuadas, retira conclusões *ultra vires* em torno de algum significado das cifras tratadas. Não só se pode preparar, como veremos em seguida, para a mesma empresa e para o mesmo intervalo de tempo, balanços distintos e todos igualmente verdadeiros, segundo as finalidades perseguidas, como também os resultados obtidos devem ser interpretados distintamente, e sempre de um modo igualmente verdadeiro, segundo os fins – liquidação das relações entre os sócios durante a vida da empresa o no momento de sua liquidação, ou entre co-herdeiros, ou entre os proprietários e o fisco – para o que devem servir tais resultados" (EINAUDI, Luigi. *Mitos e Paradojas de la Justicia Tributária*. Tradução Gabriel Solé Villalonga. Barcelona: Ariel, 1963, pp. 255-257).

tributária desconsidere arbitrariamente as provas produzidas pelo sujeito passivo (documentos contábeis e fiscais regularmente escriturados), valendo-se de prova indireta do acontecimento do fato por meio de arbitramento para definir o montante tributável. Nesse particular, é procedente a assertiva de ALBERTO XAVIER:

> *A existência de escrituração regular não constitui, pois, um limite aos poderes de investigação do Fisco, que pode socorrer-se de qualquer meio de prova para impugnar a veracidade dos fatos nela registrados, (...)*
>
> *O que a existência da escrituração regular impede, isso sim, é a aplicação do mecanismo do arbitramento, na sua primeira fase de substituição da base de cálculo primária (lucro real) por uma base de cálculo subsidiária (receita bruta). Existindo escrituração regular, o Fisco está vinculado à sua adoção como base de prova da base de cálculo primária, podendo socorrer-se de outros meios probatórios para confirmar ou infirmar sua correspondência com a realidade.*[35]

Dessa forma, é de se concluir que os documentos apresentados pelo sujeito passivo tributário como comprobatórios dos fatos relacionados com a existência ou circunstâncias de relação jurídica tributária devem ser sopesados juntamente com outros meios de prova que o julgador administrativo tenha à sua disposição, o que não significa, entretanto, que possam as mesmas ser desconsideradas pela Administração Pública sem justificativa razoável, uma vez que, como já afirmado, vigora a livre convicção *motivada* ou *razoável* do julgador, ou seja, este terá que declinar as razões que lhe fizeram dar preferência a determinada prova em detrimento de outra, sob pena de nulidade de sua decisão.[36]

7.3.5. Da Prova Pericial

Em princípio, o sujeito responsável pela apreciação de determinada pretensão não teve contato direto com o fato que se pretende provar, apenas lhe sendo dado ter uma percepção do mesmo por intermédio das provas apresentadas pelas partes.

---

[35] *Do Lançamento*: Teoria Geral do Ato, do Procedimento e do Processo Tributário, 2002, p. 138.
[36] Nesse sentido é a redação do art. 226 do Código Civil de 2002, que estabelece que: "Os livros e fichas dos empresários e sociedades provam contra as pessoas a que pertencem, e, em seu favor, quando, escriturados sem vício extrínseco ou intrínseco, forem confirmados por outros subsídios".

Por vezes, o julgador se vale da percepção de terceiros para ter contato com o fato objeto de sua apreciação. Assim se dá na prova testemunhal, em que o julgador tem contato com os fatos por meio da percepção da testemunha, e, da mesma forma, assim se dá na prova pericial.

De regra, a prova pericial se faz necessária por não possuir o julgador conhecimento técnico específico relacionado ao fato sob sua análise.[37] Como salienta AURÉLIO PITANGA SEIXAS FILHO "o laudo ou documento firmado pelo perito não é meio de prova, porém um meio de percepção, isto é, uma forma de a autoridade aplicadora da lei tomar conhecimento, ou ter uma percepção da realidade, através do parecer ou laudo, fornecido por um técnico ou especialista na matéria fática em discussão, de sua inteira confiança".[38]

7.4. Prova Direta e Indireta

De acordo com a lição de CARNELUTTI, "o conhecimento de um fato por parte do juiz não se pode ter sem que o mesmo *perceba algo com os próprios sentidos*; e para isso é inevitável o contato entre o juiz e a realidade acerca da qual deve julgar". Por outro lado, ainda em conformidade com as lições deste autor,

---

[37] Acerca da função da prova pericial, permite-se transcrever os ensinamentos de SÉRGIO BERMUDES, os quais se mostram perfeitamente aplicáveis ao processo administrativo: "Infelizmente, o juiz não domina todos os fatos trazidos ao processo, embora necessite compreendê-los, para a justa composição da lide. Não seria de se esperar que algum ser humano tivesse capacidade para entender as variadas questões de fato, sub metidas à decisão judicial. Nem mesmo a multiplicidade de normas e princípios, que deve aplicar no julgamento, o juiz conhece. O aforismo *iura novit curia*, longe de significar o conhecimento do direito pelo juiz, como indica a sua expressão literal, aponta no sentido de que a matéria jurídica o juiz, porque técnico do direito, por si só pode alcançá-la. As questões de fato, envolventes de conhecimento técnico ou científico, tornam-se acessíveis ao juiz através do perito..." (BERMUDES, Sérgio. *Direito Processual Civil*: Estudos e Pareceres (2ª Série). São Paulo: Saraiva, 1994, p. 61). Nesse sentido também é a lição de PAULO CELSO BERGSTROM BONILHA, para quem "nem sempre as provas usuais são suficientes para imprimir a certeza dos fatos deduzidos pelas partes, principalmente nas hipóteses em que a complexidade da matéria 'sub judice' aconselha o exame de pessoas especializadas e aptas a transmitir suas observações à luz de critérios técnicos e científicos. Essas pessoas são os peritos e o procedimento de verificação e apresentação dos fatos resulta na prova que se denomina perícia ou exame pericial" (BONILHA, Paulo Celso Bergstrom. Contraditório e Provas no Processo Administrativo Tributário (Ônus, Direito a Perícia, Prova Ilícita). In: ROCHA, Valdir de Oliveira (Coord.). *Processo Administrativo Fiscal*. São Paulo: Dialética, 1995, p. 133).

[38] SEIXAS FILHO, Aurélio Pitanga. A Prova Pericial no Procedimento Administrativo Fiscal. In: *Estudos de Procedimento Administrativo Fiscal*. Rio de Janeiro: Freitas Bastos, 2000, p. 155.

"esse algo que o juiz percebe com os próprios sentidos pode ser o *próprio fato que se deve provar* ou um *fato distinto*".[39]

Seguindo esses ensinamentos, a classificação das provas como diretas ou indiretas encontrar-se-ia vinculada à proximidade do fato que se pretende provar em relação à percepção do julgador. Sempre que possível uma percepção imediata do fato pelo julgador, se estará diante de uma prova direta. A seu turno, nas situações em que impossível a percepção do fato probando diretamente pelo julgador, ter-se-á uma prova indireta.

Como salienta o próprio CARNELUTTI:

A superioridade da prova direta sobre a prova indireta não tem necessidade de ser sublinhada: a prova é tanto mais segura quanto mais próxima dos sentidos do juiz se encontre o fato a provar. Porém, a aplicação desta classe de prova tem limites manifestos de possibilidade de conveniência; não é possível que o juiz conheça diretamente mais que os fatos presentes e, portanto, os fatos permanentes (duráveis até o tempo do processo) e os fatos transeuntes que se desenvolvam na sua presença durante o curso do processo. Ademais não é conveniente que o juiz conheça diretamente os fatos, mesmo quando possa conhecê-los, quando a vantagem do conhecimento direto fique neutralizada pelo dano que a perda de tempo e de gastos inerentes possa ocasionar.[40]

Tendo em conta a advertência do citado jurista italiano, no sentido de serem restritas as situações em que o julgador tem condições de conhecer diretamente o fato que se deseja provar, adotar-se-á neste trabalho classificação diversa quanto às provas diretas e indiretas daquela pelo mesmo propugnada, de elaboração do processualista italiano FLAMARINO DEI MALATESTA.

De acordo com a classificação proposta por MALATESTA, pode-se classificar determinada prova como *direta* quando a mesma se relaciona diretamente com o fato que se pretende provar; a seu turno, diz-se que uma dada prova é *indireta* quando a mesma serve para formar a convicção do juiz quanto à ocorrência de outros fatos, relacionados com o fato cuja realização se quer demonstrar, dos quais este pode ser inferido.[41] Essa classificação foi acolhida por CÂNDIDO RANGEL DINAMARCO, para quem:

---

[39] *Da Prova Civil*, 2001, pp. 81-82.
[40] *Da Prova Civil*, 2001, p. 83.
[41] Eis a lição de MALATESTA, a qual, deve-se ressaltar, foi formulada tendo em vista o Direito Penal: "Com base no exposto, dizemos que a prova pode ter como objeto imediato o delito, assim seja com referência a um dos elementos menos importantes do fato delituoso, ou pode consistir no elemento delituoso propriamente dito; essa prova se chama, então, prova direta. Pelo contrário, a prova pode ter como objeto imediato algo distinto do delito, e referindo-se assim a este de modo mediato, ou

Pelo objeto, as provas dividem-se em diretas e indiretas. Prova direta é aquela que incide sobre os próprios fatos relevantes para o julgamento (facta probanda) *– como a culpa e o dano nos litígios de responsabilidade civil, a prática de grave violação aos deveres do casamento na separação judicial, a filiação nas ações de alimentos, etc. É indireta a prova de fatos que em si mesmos não teriam relevância para o julgamento, mas valem como indicação de que o fato relevante deve ter acontecido – e tais são os indícios, ou fatos-base, sobre os quais o juiz se apóia mediante a técnica das presunções, para tirar conclusões sobre o fato probando.*[42]

Por intermédio da prova indireta ou indiciária se presume a ocorrência de um fato em razão da realização de outro.

A relevância da presente classificação reside na compatibilização entre a utilização de provas indiciárias com o princípio da verdade material.

Com efeito, tendo em vista que os atos praticados pela Administração decorrem da ocorrência da hipótese de incidência das normas jurídicas no mundo dos fatos, impõe-se que se investigue se os fatos que configuram a referida hipótese de incidência efetivamente ocorreram. Nesse contexto, o imperativo da verdade material significa o dever da administração de verificar a realização dos fatos que ensejam a prática do ato que se pretende realizar.

Ora, é lógico que as provas indiretas não são uma representação tão acurada do fato que se pretende provar quanto as provas diretas, uma vez que as mesmas não se referem diretamente a este, mas sim a outros fatos de cuja ocorrência o mesmo pode ser inferido.

Assim sendo, nem sempre as provas indiretas serão bastantes para suportar a prática do ato administrativo, exigindo-se, para tanto, que as mesmas sejam suficientes para formar a convicção do julgador quanto às circunstâncias em que se deu a ocorrência do fato probando e o consequente respeito ao princípio da legalidade.[43]

---

pode consistir completamente em algo diverso; então a prova se chama indireta" (MALATESTA, Nicola Flamarino dei. *Lógica de las Pruebas em Materia Criminal*. 4ª ed. Tradução Simón Carrejo e Jorge Guerrero. Bogotá: Temis, 1995, v. I, p. 179).

[42] *Instituições de Direito Processual Civil*, 2001, v. III, p. 92. No mesmo sentido: TARUFFO, Michele, La Prueba de los Hechos, 2002, pp. 256-257; CÂMARA, Alexandre Freitas, *Lições de Direito Processual Civil*, 1999, p. 341; GRINOVER, Ada Pellegrini *et al.*, *As Nulidades no Processo Penal*, 1998, p. 118; TÔRRES, Heleno, *Direito Tributário e Direito Privado*, 2003, p. 389.

[43] REGINA HELENA COSTA tem uma posição ainda mais restritiva quanto ao uso da prova indiciária na seara tributária, aduzindo que "o indício é, assim, bastante frágil; e, portanto, não pode ser considerado isoladamente, necessitanto ser corroborado por outros meios de probratórios. Os indícios constituem meros 'começos de prova', insuficientes, por si sós, para gerar o nascimento de obrigações tributárias ou a imposição de sanções fiscais" (COSTA, Regina Helena, *Praticabilidade e Justiça Tributária*: Exiquibilidade de Lei Tributária e Direitos do Contribuinte, 2007, p. 170).

Nas palavras de Luís Eduardo Schoueri, "a prova por indícios se dá quando se comprova a ocorrência de fatos (indícios) que não se incluem na hipótese de incidência legal, mas cuja caracterização assegura ao aplicador da lei que também os fatos descritos hipoteticamente pelo legislador hão de ter sido concretizados".[44]

No âmbito do processo administrativo fiscal, a utilização de provas indiretas que, em princípio, mostra-se plenamente válida, tem lugar: (a) quando se verifique a imprestabilidade dos documentos apresentados pelo sujeito passivo para fins de demonstração dos fatos ocorridos; e (b) para fins de verificação das informações contidas em tais documentos, quando se encontrem os mesmos aparentemente em conformidade com a legislação.

No entanto, embora se admita a utilização de provas indiretas para fins de demonstração da ocorrência do fato tributário, a decisão quanto à sua preponderância contra as provas diretas do contribuinte deve ser claramente motivada, não se podendo afastar prova direta, mesmo aquela produzida pelo contribuinte, ao arbítrio da autoridade fazendária.[45]

De fato, como destaca Alberto Xavier, somente há que se falar na utilização de prova indiciária "nos casos em que não existe ou é deficiente a prova direta pré-constituída, a Administração fiscal deve também investigar livremente a verdade material. É certo que ela não dispõe agora de uma base probatória fornecida diretamente pelo contribuinte ou por terceiros; e por isso deverá ativamente recorrer a todos os elementos necessários à sua convicção".[46]

---

[44] SCHOUERI, Luís Eduardo. Presunções Simples e Indícios no Procedimento Administrativo Fiscal. In: ROCHA, Valdir de Oliveira (Coord). *Processo Administrativo Fiscal 2º Volume*. São Paulo: Dialética, 1997, p. 84.

[45] Geraldo Ataliba manifestou entendimento no mesmo sentido: "A presunção é um meio especial de prova, consistente em um raciocínio que, do exame do fato conhecido, conclui pela existência de um fato ignorado. (...)
Onde há fumaça há fogo – diz o adágio, ressumando sabedoria. Pois a Força Aérea Brasileira, pela sua famosa 'Esquadrilha da Fumaça' prova que, em certos casos, onde há fumaça há um aparelho que a produz.
A presunção é meio excepcional de prova, cabendo quando outra não seja possível, ou quando a lei o preveja (ATALIBA, Geraldo. Prova no Processo Tributário. *Revista dos Tribunais*, São Paulo, nº 473, mar. 1975, pp. 46-47).

[46] *Do Lançamento*: Teoria Geral do Ato, do Procedimento e do Processo Tributário, 2002, p. 133. No mesmo sentido: MELO, José Eduardo Soares de. Instrução Probatória no Processo Administrativo de Natureza Tributária – Amplitude e Limites. In: PIZOLIO, Reinaldo (Coord.). *Processo Administrativo Tributário*. São Paulo: Quartier Latin, 2007, p. 124.

Nessa linha de idéias, é evidente que o que se afirmou acima não afasta a possibilidade de as Autoridades Administrativas investigarem, através dos indícios, a veracidade das provas diretas que normalmente são elaboradas pelo próprio contribuinte. O que não se entende possível é a desconsideração imotivada da documentação apresentada pelo administrado, com a utilização, então, de provas que não se encontram diretamente relacionadas ao fato probando.

Assim, a posição ora defendida não infirma, de modo algum, que no exercício de sua livre convicção *motivada* possa decidir a Autoridade Administrativa que determinada prova apresentada pelo administrado deve ser afastada, dando-se preferência às provas indiretas colhidas. No entanto, dada a excepcionalidade dessa situação, sua justificativa tem que estar expressamente exposta na decisão, sob pena de sua nulidade.

7.5. Provas Ilícitas

São genericamente denominadas *provas ilícitas* todas aquelas que foram obtidas pela parte por intermédio da realização de uma conduta contrária a mandamento previsto em regras jurídicas de direito substantivo. A seu turno, denominam-se *provas ilegítimas* aquelas que foram produzidas com a violação de norma processual.[47]

A Constituição Federal, no inciso LVI de seu art. 5º, veicula a regra geral de vedação da utilização de provas obtidas por meios ilícitos no processo,[48]

---

[47] Como destaca Ada Pellegrini Grinover, "quando a prova é feita em violação a uma norma de caráter material, essa prova é denominada por Nuvolone *prova ilícita*. Quando a prova, pelo contrário, é produzida com infringência a uma norma de caráter processual, usa ele o termo 'prova ilegítima'. Vê-se daí que a distinção entre prova ilícita e prova ilegítima se faz em dois planos. No primeiro enfoque, a distinção diz com a natureza da norma infringida ou violada: sendo esta de caráter material, a prova será ilícita; sendo de caráter processual, a prova será ilegítima. No segundo plano, a distinção é estabelecida quanto ao momento em que se dá a violação, isso porque a prova será ilícita, infringindo, portanto, norma material, quando for 'colhida' de forma que transgrida regra posta pelo direito material; será, ao contrário, ilegítima, infringindo norma de caráter processual, quando for 'produzida' no processo, em violação à regra processual" (GRINOVER, Ada Pellegrini. Provas Ilícitas. In: *O Processo em sua Unidade II*. Rio de Janeiro: Forense, 1984, p. 171). Eduardo Cambi apresenta crítica a esta tradicional dicotomia entre provas ilícitas e provas ilegítimas, sustentando que "dando tratamento sancionatório unitário à ilicitude, é possível extrair da regra do art. 5º, inc. LVI, CF, a noção de *provas inconstitucionais*" (CAMBI, Eduardo. *A Prova Civil*: Admissibilidade e relevância. São Paulo: Revista dos Tribunais, 2006, p. 65).

[48] Em textual: "São inadmissíveis, no processo, as provas obtidas por meios ilícitos".

vedação esta que se encontra presente, ainda, no art. 30 da Lei nº 9.784/99, que estabelece serem "inadmissíveis no processo administrativo as provas obtidas por meios ilícitos".

A vedação quanto à utilização das provas ilícitas no processo deriva, em princípio, do imperativo de boa-fé que deve reinar entre as partes, sendo certo que, em consonância com o magistério de José dos Santos Carvalho Filho, "a ninguém é justo se beneficiar à custa da violação de direito alheio".[49]

No que se refere ao tema em epígrafe, há, na seara doutrinária, de um lado, aqueles que defendem a admissibilidade da prova obtida por intermédio de meios ilícitos, sujeitando-se a parte à sanção prevista pelo ordenamento jurídico para reprimir sua conduta, e, de outro, a corrente majoritária, para quem as provas ilícitas não devem ser aceitas no processo.[50]

Parece-nos que o primeiro entendimento não pode ser aplicado a toda e qualquer situação, uma vez que, por vezes, o ilícito cometido será mais grave, ou seja, *apresentará um maior desvalor para a coletividade*, do que a injustiça que seria cometida contra a parte que produziu a prova ilícita. A seu turno, o segundo posicionamento, por vezes, pode levar ao absurdo de o julgador ter que proferir uma decisão com a consciência de que a mesma não reflete a melhor aplicação da norma jurídica ao caso concreto.[51]

Assim, tem-se defendido um entendimento intermediário, no sentido de caber ao julgador, em conformidade com os princípios da verdade material, da livre convicção motivada e, principalmente, do já estudado princípio da proporcionalidade, determinar se a prova produzida ilicitamente deve ser considerada no deslinde da questão.[52]

---

[49] *Processo Administrativo Federal*: Comentários à Lei 9.784/1999, 2001, p. 194. Nesse mesmo sentido: CAMBI, Eduardo, *A Prova Civil*: Admissibilidade e relevância, 2006, p. 65.
[50] Cf. GRINOVER, Ada Pellegrini; FERNANDES, Antonio Scarance; GOMES FILHO, Antonio Magalhães. *As Nulidades no Processo Penal*. 6ª ed. São Paulo: Revista dos Tribunais, 1998, pp. 133-134.
[51] Nesse particular, é contundente o magistério de Cândido Rangel Dinamarco, que assevera: "A ineficácia das provas ilícitas constitui opção do constituinte de 1988, que, sensível a clamores de parte da doutrina (Ada Pellegrini Grinover), quis ir além da mera imposição de sanções severas aos autores de ilicitudes na captação de fontes probatórias ou na realização da prova. Em si mesma, essa opção radical transgride princípios constitucionais do processo ao exigir que o juiz finja não conhecer de fatos seguramente comprovados, só por causa da origem da prova: a parte, que nem sempre será o sujeito responsável pela ilicitude (mas ainda quando o fosse), suportará invariavelmente essa restrição ao seu direito à prova, ao julgamento segundo a verdade e à tutela jurisdicional a que eventualmente tivesse direito" (DINAMARCO, Cândido Rangel. *Instituições de Direito Processual Civil*. São Paulo: Malheiros, 2001, v. II, p. 50).
[52] José Carlos Barbosa Moreira, ao posicionar-se quanto à presente questão, esclarece que "o essencial aqui é pôr em realce o caráter *relativo* que por força se tem de atribuir ao princípio

A opção por uma das teorias brevemente expostas acima paira na dicotomia entre dois dos valores fundamentais do ordenamento jurídico, quais sejam, a *segurança jurídica* e a *justiça*.

Com efeito, o princípio da inadmissibilidade das provas ilícitas representa uma prevalência da segurança jurídica sobre a justiça, na medida em que estabelece uma regra imutável, a que todos se encontram subordinados, no que tange à produção de provas.

A seu turno, a opção pela relativização da inadmissibilidade das provas ilícitas representa a prevalência da justiça sobre a segurança formal, uma vez que, em certas situações, seria mesmo aviltante para todo o ordenamento que o julgador devesse proferir decisão que soubesse contrária aos fatos demonstrados no processo.

Nesse contexto, aspecto que deveria ser considerado pela autoridade julgadora para fins de aceitar ou rejeitar prova produzida ilicitamente seria a impossibilidade de se demonstrar a ocorrência do fato probando de outra maneira.[53]

Poder-se-ia argumentar que no âmbito do processo administrativo não se deveria cogitar da competência do julgador para aceitar e, via de consequência, decidir, em conformidade com prova produzida ilicitamente. Esse posicionamento não nos parece correto.

De fato, como visto, sendo a autoridade administrativa julgadora imparcial e desinteressada em relação à decisão a ser proferida no processo, e levando em consideração todos os princípios que regem o processo administrativo, não se pode negar à mesma a atribuição de verificar a razoabilidade de se aceitar ou não prova ilicitamente produzida como fundamento de sua decisão.

Por outro lado, como já mencionado, tendo em vista que em todo o caso em que proferida decisão em sentido contrário à posição defendida pelo

---

constitucional atinente à inadmissibilidade das provas ilicitamente adquiridas. Visto que, ainda entre os juristas mais comprometidos com a tese da proibição, se acaba por admitir que não se aplica de modo automático e indiscriminado sob quaisquer circunstâncias, fica aberta a possibilidade de uma construção jurisprudencial que toma na devida conta as variáveis necessidades sociais" (MOREIRA, José Carlos Barbosa. A Constituição e as Provas Ilicitamente Obtidas. In: *Temas de Direito Processual*: Sexta Série. São Paulo: Saraiva, 1997, p. 113). Para estudo mais detido sobre a matéria, ver: CAMBI, Eduardo, *A Prova Civil*: Admissibilidade e relevância, 2006, pp. 70-84.

[53] Cf. MARINONI, Luiz Guilherme; ARENHART, Sérgio Cruz, *Manual do Processo de Conhecimento*: A Tutela Jurisdicional Através do Processo de Conhecimento, 2001, p. 306.

contribuinte é franqueado o acesso ao Poder Judiciário, seria sempre possível a revisão judicial da decisão administrativa proferida.[54]

Note-se que, a despeito do que restou antes aduzido, os tribunais pátrios repelem a utilização de provas ilícitas, seja no âmbito do processo administrativo[55] ou do processo judicial,[56] em conformidade com o disposto na Constituição Federal e normas infraconstitucionais.

7.5.1. Prova Ilícita e Quebra de Sigilo Bancário pela Administração Fazendária

Questão a ser examinada, ao se cuidar da utilização de provas ilícitas no campo do processo administrativo fiscal, é referente ao uso de dados obtidos mediante quebra de sigilo brancário pela Administração Pública, na forma prevista no art. 6º da Lei Complementar nº 105/01 e conforme regulamentado pelo Decreto nº 3.724/01.

De acordo com o referido art. 6º da Lei Complementar nº 105/01:

> *Art. 6º As autoridades e os agentes fiscais tributários da União, dos Estados, do Distrito Federal e dos Municípios somente poderão examinar documentos, livros e registros de instituições financeiras, inclusive os referentes a contas de depósitos e aplicações financeiras, quando houver processo administrativo instaurado ou procedimento fiscal em curso e tais exames sejam considerados indispensáveis pela autoridade administrativa competente.*

---

[54] Entendimento semelhante é manifestado por EGON BOCKMANN MOREIRA, para quem, "uma vez já existente a prova e sendo juntada aos autos de processo, caberá ao órgão julgador avaliar – de forma fundamentada – se, frente as peculiaridades do caso concreto, ela merece ser aproveitada. Caso seja fruto de ilícito gravíssimo, deve ser descartada e presta-se unicamente à responsabilização do autor. Caso não o seja, e com base nos princípios da proporcionalidade, razoabilidade e finalidade, deverá o julgador decidir se a prova obtida por meio ilícito trará ao processo o excelente atendimento ao interesse público posto em jogo (isso especialmente quando tais provas versarem sobre comportamentos administrativos, regidos pelo princípio da moralidade e publicidade)" (*Processo Administrativo*: Princípios Constitucionais e a Lei nº 9.784/99, 2000, p. 257). Ver: DABUL, Alessandra. *Da Prova no Processo Administrativo Tributário*. 2ª ed. Curitiba, Juruá, 2007, p. 84.

[55] Nesse sentido veja-se a decisão proferida pelo Superior Tribunal de Justiça, nos autos do Recurso Ordinário em Mandado de Segurança nº 8.327 (publicação no Diário da Justiça de 23/08/1999).

[56] No âmbito do processo penal, onde se mostra mais acirrado o questionamento quanto à vedação absoluta da produção de provas ilícitas, uma vez que em jogo a liberdade, bem jurídico excedido em importância apenas pelo direito à vida, o Supremo Tribunal Federal já rejeitou a relativização da aludida vedação com base no princípio da proporcionalidade, isso nos autos do *Habeas Corpus* nº 80.949 (publicação no Diário da Justiça de 14/12/2001).

Parágrafo único. O resultado dos exames, as informações e os documentos a que se refere este artigo serão conservados em sigilo, observada a legislação tributária.

Mesmo partindo da premissa de que a garantia do sigilo bancário não é absoluta,[57] a doutrina majoritária considera que o dispositivo acima não encontra amparo na Constituição Federal, sustentando que a quebra do sigilo bancário do contribuinte somente pode ser empreendida mediante ordem judicial e não por intermédio de ato da Administração Pública. Nesse sentido, argumenta-se que a quebra de sigilo bancário pela Administração violaria os direitos fundamentais ao sigilo de dados (art. 5º, inciso X), à intimidade e à vida privada (art. 5º, inciso XII).[58]

Em posição diametralmente oposta, há quem sustente a constitucionalidade da quebra do sigilo bancário do contribuinte pela Administração Fazendária.[59] Para MARCO AURÉLIO GRECO, inexistiria garantia de sigilo bancário para as pessoas jurídicas, sendo a mesma aplicável apenas às pessoas físicas, de modo que somente em relação a estas "a prévia autorização judicial para o fim de serem fornecidos os dados bancários à autoridade fiscal é indispensável".[60]

A matéria em foi objeto das Ações Diretas de Inconstitucionalidade de números 2.386, 2.389, 2.390, 2.397 e 2.406, e do Recurso Extraordinário número 601.314, sob o regime de repercussão geral, sendo que o Supremo

---

[57] Cf. COVELLO, Sergio Campos. *O Sigilo Bancário*. São Paulo: Leud, 1991, pp. 145-150; CARVALHO, Márcia Haydée Porto de. *Sigilo Bancário*: à Luz da Doutrina e da Jurisprudência. Curitiba: Juruá, 2007, pp. 140-149.

[58] Cf. BRITO, Edvaldo. Quebra de Sigilo Bancário pela Administração Tributária: Impossibilidade. In: ROCHA, Valdir de Oliveira (Coord.). *Grandes Questões Atuais do Direito Tributário: 5º Volume*. São Paulo: Dialética, 2001, pp. 77-82; DERZI, Misabel Abreu Machado. O Sigilo Bancário e a Administração Tributária. In: ROCHA, Valdir de Oliveira (Coord.). *Grandes Questões Atuais do Direito Tributário: 5º* São Paulo: Dialética, 2001, pp. 298-300; CLÈVE, Clèmerson Merlin; SEHN, Sólon. Crimes Fiscais e Sigilo Bancário: Pressupostos e Limites Constitucionais. In: SALOMÃO, Heloisa Estellita (Coord.). *Direito Penal Empresarial*. São Paulo: Dialética, 2001, pp. 73-74; TOMÉ. Fabiana del Padre. Inadmissibilidade de Prova Obtida por Meio Ilícito: Sigilo Bancário e Conflito de Leis no Tempo. In: *Interpretação e Estado de Direito*. São Paulo: Noeses, 2006, pp. 267-269. Sobre o tema, ver: BARBEITAS, André Terrigno. *O Sigilo Bancário e a Necessidade da Ponderação dos Interesses*. São Paulo: Malheiros, 2003, pp. 19-31.

[59] SEIXAS FILHO, Aurélio Pitanga. Quebra do Sigilo Bancário pela Autoridade Administrativa. In: ROCHA, Valdir de Oliveira (Coord.). *Grandes Questões Atuais do Direito Tributário: 6º Volume*. São Paulo: Dialética, 2002, pp. 33-40; VALENTE, Christiano Mendes Wolney. Verificação da Constitucionalidade do Acesso a Informações Submetidas ao Sigilo Bancário pela Administração Tributária Federal. *Revista Fórum de Direito Tributário*, Belo Horizonte, n. 15, maio-jun-2005, p. 113.

[60] GRECO, Marco Aurélio. Sigilo Bancário e a Lei Complementar nº 105/01. *Revista Fórum de Direito Tributário*, Belo Horizonte, n. 1, jan.-fev. 2003, pp. 88-89.

Tribunal Federal, posicionou-se no sentido da constitucionalidade do acesso das autoridades fiscais a informações bancárias. Veja-se a ementa da decisão proferida no referido Recurso Extraordinário:

> RECURSO EXTRAORDINÁRIO. REPERCUSSÃO GERAL. DIREITO TRIBUTÁRIO. DIREITO AO SIGILO BANCÁRIO. DEVER DE PAGAR IMPOSTOS. REQUISIÇÃO DE INFORMAÇÃO DA RECEITA FEDERAL ÀS INSTITUIÇÕES FINANCEIRAS. ART. 6º DA LEI COMPLEMENTAR 105/01. MECANISMOS FISCALIZATÓRIOS. APURAÇÃO DE CRÉDITOS RELATIVOS A TRIBUTOS DISTINTOS DA CPMF. PRINCÍPIO DA IRRETROATIVIDADE DA NORMA TRIBUTÁRIA. LEI 10.174/01. 1. O litígio constitucional posto se traduz em um confronto entre o direito ao sigilo bancário e o dever de pagar tributos, ambos referidos a um mesmo cidadão e de caráter constituinte no que se refere à comunidade política, à luz da finalidade precípua da tributação de realizar a igualdade em seu duplo compromisso, a autonomia individual e o autogoverno coletivo. 2. Do ponto de vista da autonomia individual, o sigilo bancário é uma das expressões do direito de personalidade que se traduz em ter suas atividades e informações bancárias livres de ingerências ou ofensas, qualificadas como arbitrárias ou ilegais, de quem quer que seja, inclusive do Estado ou da própria instituição financeira. 3. Entende-se que a igualdade é satisfeita no plano do autogoverno coletivo por meio do pagamento de tributos, na medida da capacidade contributiva do contribuinte, por sua vez vinculado a um Estado soberano comprometido com a satisfação das necessidades coletivas de seu Povo. 4. Verifica-se que o Poder Legislativo não desbordou dos parâmetros constitucionais, ao exercer sua relativa liberdade de conformação da ordem jurídica, na medida em que estabeleceu requisitos objetivos para a requisição de informação pela Administração Tributária às instituições financeiras, assim como manteve o sigilo dos dados a respeito das transações financeiras do contribuinte, observando-se um translado do dever de sigilo da esfera bancária para a fiscal. 5. A alteração na ordem jurídica promovida pela Lei 10.174/01 não atrai a aplicação do princípio da irretroatividade das leis tributárias, uma vez que aquela se encerra na atribuição de competência administrativa à Secretaria da Receita Federal, o que evidencia o caráter instrumental da norma em questão. Aplica-se, portanto, o artigo 144, §1º, do Código Tributário Nacional. 6. Fixação de tese em relação ao item "a" do Tema 225 da sistemática da repercussão geral: "O art. 6º da Lei Complementar 105/01 não ofende o direito ao sigilo bancário, pois realiza a igualdade em relação aos cidadãos, por meio do princípio da capacidade contributiva, bem como estabelece requisitos objetivos e o translado do dever de sigilo da esfera bancária para a fiscal". 7. Fixação de tese em relação ao item "b" do Tema 225 da sistemática da repercussão geral: "A Lei 10.174/01 não atrai a aplicação do princípio da irretroatividade das leis tributárias, tendo em vista o caráter instrumental da norma, nos termos do artigo 144, §1º, do CTN". 8. Recurso extraordinário a que se nega provimento.

Causa espécie que, em um mundo onde a intimidade e a vida privada de um número cada vez maior de pessoas são franqueadas gratuitamente para o escrutínio público nas redes sociais e na *internet*, trate-se do tema do sigilo bancário tendo referenciais de décadas atrás, num período onde as informações e imagens das pessoas dificilmente iam para além de seu núcleo de relacionamentos mais próximos.

Com efeito, sem dúvida alguma sabe-se mais sobre a intimidade e a vida privada de uma pessoa navegando pelas redes sociais do que analisando qualquer extrato bancário ou saldo de conta corrente.

Correta, portanto, a correlação feita pelos Ministros Edson Fachin e Roberto Barroso, durante o julgamento dos casos acima, entre a transparência fiscal e o financiamento dos Estados, dependentes da arrecadação tributária para a realização de todas as suas finalidades constitucionais. Neste particular, coroam os ilustres Ministros décadas de produção teórica da Escola de Direito Tributário da Universidade do Estado do Rio de Janeiro, que aqui deve homenagem à produção científica do Professor Ricardo Lobo Torres, que tantas brilhantes páginas dedicou à construção de um Sistema Tributário mais justo no Brasil.

Não se pode perder de vista que o acesso a dados bancários pelas autoridades fiscais não é o mesmo que sua divulgação pública. Na verdade, todas as informações às quais tais autoridades têm acesso passam a estar protegidas pelo sigilo fiscal, previsto expressamente no artigo 198 do Código Tributário Nacional, segundo o qual "sem prejuízo do disposto na legislação criminal, é vedada a divulgação, por parte da Fazenda Pública ou de seus servidores, de informação obtida em razão do ofício sobre a situação econômica ou financeira do sujeito passivo ou de terceiros e sobre a natureza e o estado de seus negócios ou atividades".

A decisão proferida pelo STF, como bem pontuado pelo Ministro Dias Toffoli, alinha o Brasil com os padrões internacionais de transparência fiscal e resguarda os compromissos internacionais assumidos pelo País, notadamente no âmbito do FATCA (*Foreign Accounts Tax Compliance Act*) e da a Convenção Multilateral sobre Assistência Administrativa Mútua em Assuntos Fiscais, atualmente tramitando perante o Congresso Nacional.[61]

---

[61] Ver: ROCHA, Sergio André. *Troca Internacional de Informações para Fins Fiscais*. São Paulo: Quartier Latin, 2015. p. 114.

7.6. Prova Emprestada

A prova emprestada é aquela que foi produzida no âmbito de outra relação jurídica processual, servindo para formar a convicção do julgador quanto à veracidade do fato que se pretende provar.[62]

Como destaca FABIANA DEL PADRE TOMÉ, no âmbito tributário fala-se também em uma segunda acepção de prova emprestada, consistente na utilização de informações e documentos obtidos em outro procedimento de fiscalização, tendo fundamento legislativo no art. 199 do Código Tributário Nacional, segundo o qual "a Fazenda Pública da União e as dos Estados, do Distrito Federal e dos Municípios prestar-se-ão mutuamente assistência para a fiscalização dos tributos respectivos e permuta de informações, na forma estabelecida, em caráter geral ou específico, por lei ou convênio".

Em suas palavras, "a figura da prova emprestada assume, no âmbito tributário, duas acepções: (i) aquela inerente ao direito processual civil, consistente na construção de uma nova prova, idêntica à já produzida em outro processo envolvendo as mesmas partes, como referido no subitem precedente; e (ii) as informações fornecidas por qualquer das Fazendas Públicas, obtidas por meio de procedimentos fiscalizatórios por elas realizados. Considerada a prova emprestada no primeiro sentido, que denominamos *prova emprestada processual*, esta caracteriza uma prova de forte valor axiológico, produzindo os correspondentes efeitos, sujeitando-se à apreciação do julgador no contexto probatório e atuando como elemento para formação de seu convencimento. A expressão *prova emprestada tributária*, por seu turno, costuma ser empregada para designar a segunda das acepções *supra*, nos termos prescritos pelo art. 199, *caput*, do Código Tributário Nacional".[63]

No que se refere à prova emprestada processual, sua utilização é plenamente cabível no âmbito do processo administrativo, desde que os seus requisitos de admissibilidade estejam presentes. Tais requisitos, dos quais depende a legitimidade de sua produção, são os seguintes: (a) que a mesma tenha sido produzida sob o crivo do contraditório; e (b) que a parte cujos interesses são contraditados pela "prova emprestada" tenha participado do referido contraditório, sendo parte no processo de onde a prova foi transladada.[64] Tanto os tri-

---

[62] Sobre a prova emprestada ver o estudo de EDUARDO TALAMINI, Prova Emprestada no Processo Civil e Penal. *Revista de Informação Legislativa*, Brasília, nº 140, out.-dez. 1998, pp. 145-162.
[63] TOMÉ, Fabiana del Padre. *A Prova no Direito Tributário*. São Paulo: Noeses, 2005, p. 119.
[64] Cf. DINAMARCO, Cândido Rangel, *Instituições de Direito Processual Civil*, 2001, v. II, p. 98; JUNQUEIRA, Helena Marques. A Importância da Prova Produzida no Processo Administrativo

bunais pátrios[65] quanto as decisões do Conselho Administrativo de Recursos Fiscais[66] têm reconhecido a possibilidade da utilização de provas produzidas nos autos de outros processos, desde que atendidos os pressupostos acima.

Questão um pouco mais complexa refere-se à utilização da *prova emprestada tributária*. Concorda-se aqui, uma vez mais, com FABIANA DEL PADRE TOMÉ, quando esta afirma que "a informação advinda do órgão fazendário de outra pessoa política não é suficiente para, por si só, provar fato jurídico ou ilícito tributário, autorizando a lavratura de ato de lançamento ou de aplicação de penalidade".[67]

Neste sentido já se manifestou a Sexta Câmara do antigo Primeiro Conselho de Contribuintes, agora Primeira Seção do Conselho Administrativo de Recursos Fiscais, ao proferir a seguinte decisão:

> *IRPJ – OMISSÃO DE RECEITAS – PROVA EMPRESTADA – Não pode prosperar a presunção de omissão de receita baseada, unicamente, em prova emprestada pelo fisco estadual, não restando demonstrada sua ocorrência, máxime quando a fiscalização procedeu ao lançamento mediante simples menção ao auto lavrado na área estadual; o que se toma emprestado é a prova e não o auto de infração estadual. (Processo nº 13405.000097/89-91. Data da Sessão: 12/05/1998)*

A grande maioria das decisões do Conselho Administrativo de Recursos Fiscais sobre a questão, todavia, é no sentido do cabimento do uso da

---

Fiscal. In: PIZOLIO, Reinaldo (Coord.). *Processo Administrativo Tributário*. São Paulo: Quartier Latin, 2007, p. 105.

[65] O Supremo Tribunal Federal reconheceu a legitimidade da utilização de prova emprestada em processo administrativo, desde que assegurado o direito de defesa do administrado, nos autos do Recurso Extraordinário nº 95.322. Publicação no Diário da Justiça em 18/12/1981. No mesmo sentido já se manifestaram o Superior Tribunal de Justiça (Recurso Ordinário em Mandado de Segurança nº 20066/GO. Publicação no DJ em 10/04/2006) e o Tribunal Regional Federal da 1ª Região (Apelação Cível nº 01000481794. Publicação no Diário da Justiça em 17/12/1999).

[66] Nesse sentido ver a decisão proferida pela Quarta Câmara do 1º Conselho de Contribuintes, nos autos do processo nº 11543.004181/00-32 (sessão de 19/06/2002).

[67] TOMÉ, Fabiana del Padre, *A Prova no Direito Tributário*, 2005, p. 120. PAULO DE BARROS CARVALHO é ainda mais restritivo no que se refere ao uso da dita *prova emprestada tributária*, afirmando categoricamente que "não se admite, porém, que uma Fazenda Pública se utilize dos dados levantados e a ela informados por uma outra fazenda para fins de autuação de contribuintes, como se fosse uma prova emprestada. Haja vista que a informação recebida não possui valor probatório, a Fazenda, baseada em tais dados, deve proceder à fiscalização própria e instaurar o devido processo administrativo" (CARVALHO, Paulo de Barros. *Curso de Direito Tributário*. São Paulo: Saraiva, 2003, p. 536).

prova emprestada tributária. Veja-se, nesse sentido, as decisões cujas ementas encontram-se abaixo transcritas:

Imposto sobre a Renda de Pessoa Jurídica – IRPJ Ano-calendário: 2002, 2003, 2004 PRELIMINAR DE NULIDADE POR CERCEAMENTO DO DIREITO DE DEFESA. Nos termos do art. 14 do Decreto 70.235/72, é a apresentação da impugnação que instaura a fase litigiosa do processo administrativo fiscal federal, não se havendo falar em ausência de contraditório antes dela, quando as atividades são desenvolvidas no ambiente inquisitório da fiscalização. PROVA PERICIAL. DISCRICIONARIEDADE DO ÓRGÃO JULGADOR. Nos termos do art. 18 do Decreto 70.235/72, a realização de prova pericial no âmbito do PAF é matéria afeta à análise da conveniência e oportunidade pela respectiva autoridade julgadora, inexistindo, assim, qualquer nulidade em decorrência de seu fundado indeferimento. PRELIMINAR DE LEGITIMIDADE PASSIVA. Restando comprovado nos autos a efetiva participação da contribuinte na sistemática da indicada operação de ?Performance de Exportação?, não se há como admitir a sua pretendida ilegitimidade passiva. PROVA EMPRESTADA. VALIDADE. As provas obtidas do Fisco Estadual na fase de fiscalização são admissíveis no processo administrativo fiscal, por serem submetidas a novo contraditório e não prejudicarem o direito de defesa do contribuinte ao qual cabe o ônus da prova da existência de saídas que não configurou receitas. PRESUNÇÕES. REQUISITOS DE APLICAÇÃO. REGULARIDADE. No âmbito do direito tributário brasileiro, válida se apresenta a aplicação de presunções legais quando se verifica a materialidade dos requisitos especificamente previstos na norma de regência, ao contribuinte cabendo, nesses casos, a comprovação de sua inexistência. OPERAÇÕES SIMULADAS. Devem ser glosados os prejuízos apurados em operações simuladas de compra, industrialização e exportação de produtos derivados de soja. Os créditos fictícios de tributos não podem ser considerados nas apurações dos resultados brutos. GLOSAS DE DESPESAS. Eventuais despesas incorridas com prestadores de serviços sobre operações fictícias com soja não se caracterizam como necessárias à atividade da empresa e à manutenção da respectiva fonte produtora, condições para serem aceitas como dedutíveis. MULTAS APLICADAS. SUMULAR CARF No 2. O CARF não é competente para se pronunciar sobre a inconstitucionalidade de lei tributária. (Processo nº 19515.003873/200787. Data da Sessão: 08/04/2014)

Imposto sobre a Renda de Pessoa Jurídica – IRPJ Ano-calendário: 2006, 2007 PROVA EMPRESTADA. ADMISSIBILIDADE. O Fisco Federal pode se valer de informações colhidas por autoridades estaduais para lançamento tributário, desde que estas guardem pertinência com os fatos. As DIEF´s, passaram do status de prova indiciaria para prova concreta, material auto-aplicável, após a fiscalização confrontá-las com a escrita contábil e fiscal, sem que o sujeito passivo se manifestasse sobre os dados nelas contidos. ARBITRAMENTO DO LUCRO. ATO VINCULADO. O imposto devido será determinado com base no lucro arbitrado, quando o contribuinte intimado deixar de apresentar à autoridade tributária, os livros e documentos da escrituração comercial e fiscal. MULTA QUALIFICADA. IMPROCEDÊNCIA. Qualquer circunstância que autorize a exasperação da multa de lançamento de ofício de 75%, prevista como regra geral, deverá ser minuciosamente justificada, comprovando que o contribuinte tenha procedido com evidente intuito de fraude, nos casos definidos nos artigos 71, 72 e 73 da Lei n.º. 4.502, de 1964. (Processo nº 10467.720920/201185. Data da Sessão: 08/11/2013)

ARBITRAMENTO – PROVA EMPRESTADA – MULTA QUALIFICADA – Diante da omissão da empresa na apresentação de livros e documentos, pode a fiscalização buscar declarações prestadas pela empresa ao Fisco Estadual. É aceitável considerar receita o montante das vendas informadas pela empresa ao Fisco Estadual, mormente quando a empresa se omite em prestar qualquer informação que pudesse confirmar ou retificar tais valores. As operações informadas ao Fisco Estadual como "Outras Saídas", por não caracterizarem vendas, devem ser excluídas da base de cálculo, sendo de se proceder da mesma forma com relação às mercadorias devolvidas que representam vendas canceladas. A reiterada declaração de valores a menor das receitas constantes da DCTF e comparados com os valores das vendas informadas nos DIF Estaduais, por quatro anos (de 2000 a 2004), acompanhada da total omissão em apresentar documentos e livros fiscais e contábeis à fiscalização, sem motivação aceitável, demonstra a clara intenção de ocultar a existência do tributo, buscando impossibilitar sua revisão oportuna, sem justificativa aceitável, cabendo a qualificação da multa. Recurso conhecido e parcialmente provido. (Processo nº 10746.100005/2004-11. Data da Sessão: 19/10/2005)

IRF – PROVA EMPRESTADA – APURAÇÃO DO FISCO ESTADUAL – INOCORRÊNCIA DE NULIDADE – Inexiste vedação à utilização, pelo Fisco Federal, dos levantamentos efetuados pelo Fisco Estadual quando as provas coletadas demonstrem a ocorrência de infração à legislação tributária federal. Não ocorre nulidade na lavratura de auto de infração por servidor competente, com observância de todos os requisitos legais. Preliminar rejeitada. (Processo nº 10880.042046/90-49. Data da Sessão: 15/08/2003)

IRPJ – OMISSÃO DE RECEITA CONFESSADA PERANTE A ADMINISTRAÇÃO ESTADUAL – PROVA ACEITA PARA FUNDAMENTAR A INCIDÊNCIA DE TRIBUTO FEDERAL. Tendo o contribuinte admitido expressamente a infração apurada pela fiscalização estadual, não há como contestá-la em âmbito federal, ainda mais quando sua argumentação limita-se a questionar a possibilidade da utilização da prova emprestada. (Processo nº 10580.006277/96-13. Data da Sessão: 15/09/1999)

OMISSÃO DE RECEITA – PROVA EMPRESTADA – É legítimo que o Fisco Federal utilize da prova emprestada colhida na área estadual, no que pertine aos fatos que tenham relevância também para o imposto de renda, como é o caso de omissão de receitas. (Processo nº 10840.001177/92-31. Data da Sessão: 08/07/1997)

Não há muitas decisões judiciais sobre a matéria. No Recurso Especial nº 310.210 (publicação no Diário da Justiça em 04.11.2002) prevaleceu o entendimento de que a utilização de *prova emprestada tributária* dependeria da existência de lei ou convênio firmado entre os entes tributantes. Eis a ementa da decisão:

TRIBUTÁRIO – PROVA EMPRESTADA – FISCO ESTADUAL X FISCO FEDERAL (ARTS. 7º E 199 DO CTN).
1. A capacidade tributária ativa permite delegação quanto às atividades administrativas, com a troca de informações e aproveitamento de atos de fiscalização entre as entidades estatais (União, Estados, Distrito Federal e Municípios).
2. Atribuição cooperativa que só se perfaz por lei ou convênio.
3. Prova emprestada do Fisco Estadual pela Receita Federal que se mostra inservível para comprovar omissão de receita.
*4. Recurso especial im*provido.

Em outra decisão o Superior Tribunal de Justiça partiu do entendimento de que o art. 936 do Regulamento do Imposto de Renda,[68] aprovado pelo Decreto nº 3.000/99, atenderia ao requisito previsto no art. 199 do Código Tributário Nacional:

PROCESSO CIVIL E TRIBUTÁRIO. IMPOSTO DE RENDA. LANÇAMENTO. PROVA EMPRESTADA. FISCO ESTADUAL. ARTIGO 199 DO CTN. ART. 658 DO REGULAMENTO DO IMPOSTO DE RENDA (ART. 936 DO RIR VIGENTE).
1. O artigo 199 do Código Tributário Nacional prevê a mútua assistência entre as entidades da Federação em matéria de fiscalização de tributos, autorizando a permuta de informações, desde que observada a forma estabelecida, em caráter geral ou específico, por lei ou convênio.
2. O art. 658 do Regulamento do Imposto de Renda então vigente (Decreto nº 85.450/80, atualmente art. 936 do Decreto nº 3.000/99) estabelecia que "são obrigados a auxiliar a fiscalização, prestando informações e esclarecimentos que lhe forem solicitados, cumprindo ou fazendo cumprir as disposições deste Regulamento e permitindo aos fiscais de tributos federais colher quaisquer elementos necessários à repartição, todos os órgãos da Administração

---

[68] "Art. 936. Todos os órgãos da Administração Pública Federal, Estadual e Municipal, bem como as entidades autárquicas, paraestatais e de economia mista são obrigados a auxiliar a fiscalização, prestando informações e esclarecimentos que lhes forem solicitados, cumprindo ou fazendo cumprir as disposições deste Decreto e permitindo aos Auditores-Fiscais do Tesouro Nacional colher quaisquer elementos necessários à repartição (Decreto-lei nº 5.844, de 1943, art. 125, e Decreto-lei nº 1.718, de 1979, art. 2º)".

Federal, Estadual e Municipal, bem como as entidades autárquicas, paraestatais e de economia mista".

3. Consoante entendimento do Supremo Tribunal Federal, não se pode negar valor probante à prova emprestada, coligida mediante a garantia do contraditório (RTJ 559/265).

4. Recurso especial improvido. (Recurso Especial nº 81.094. Publicação no Diário da Justiça em 06.09.2004)

Capítulo 8

A Decisão no Processo Administrativo e Seus Efeitos

8.1. Notas Introdutórias

Finda a instrução do processo, cabe à autoridade competente proferir decisão acerca da validade ou invalidade do ato administrativo cuja legalidade, legitimidade ou proporcionalidade tenham sido questionadas, ou cuja prática tenha exigido sua precedência.

Como já tivemos oportunidade de asseverar no presente trabalho, a Administração Pública não tem mera *faculdade* de se pronunciar quanto à matéria objeto do processo administrativo, recaindo sobre ela verdadeiro *dever* de assim proceder.[1] Nas palavras de VALDIR DE OLIVEIRA ROCHA, "o direito de petição ficaria reduzido a nada se, em contrapartida, não obrigasse a uma resposta do órgão a quem for dirigida, ou seja, este deve responder, decidindo".[2]

Nesse contexto, o não-proferimento de decisão pela Administração, em um prazo razoável, pode caracterizar verdadeiro ato abusivo praticado contra o administrado, franqueando-lhe a via judicial, por intermédio do mandado de segurança, para evitar que seja lesionado, ou ameaçado de lesão, um seu direito.[3]

---

[1] No âmbito federal, dispõe o art. 48 da Lei nº 9.784/99 que "a Administração tem o dever de explicitamente emitir decisão nos processos administrativos e sobre solicitações ou reclamações, em matéria de sua competência".

[2] ROCHA, Valdir de Oliveira. *A Consulta Fiscal*. São Paulo: Dialética, 1996, p. 9.

[3] No dizer de HELY LOPES MEIRELLES, "equiparam-se a *atos de autoridade* as *omissões administrativas* das quais possa resultar lesão a direito subjetivo da parte, ensejando mandado de segurança para compelir a Administração a pronunciar-se sobre o requerido pelo impetrante, e durante a inércia da autoridade pública não corre o prazo de decadência da impetração" (MEIRELLES, Hely Lopes. *Mandado de Segurança*. 23ª ed. Atualização por Arnaldo Wald e Gilmar Ferreira Mendes. São Paulo:

Outro aspecto já tratado neste estudo, de importância capital para a validade da decisão a ser proferida, refere-se à observância do *princípio da motivação*, sendo imperioso que sejam ostentados na decisão todos os motivos que levaram a autoridade julgadora a decidir de uma forma ou de outra, a dar prevalência a uma prova sobre outra, e assim por diante. Tal motivação da decisão proferida, como adverte Juan Calos Cassagne, "deve ser auto-suficiente, não sendo legítimas as práticas que exibem os atos administrativos que reiteram ou fazem remissão a outros expedientes ou ditames jurídicos, sem expressar seu conteúdo".[4]

A decisão validamente proferida somente produz efeitos em relação aos administrados após sua intimação pessoal ou a publicação na imprensa oficial, por imperativo do já analisado *princípio da publicidade*.

8.2. Análise da Possibilidade de a Decisão Administrativa se Fundamentar na Inconstitucionalidade de Ato Normativo

Questão controvertida consiste na possibilidade de a Administração Pública decidir com fundamento na *inconstitucionalidade de determinado ato normativo*, afastando sua aplicabilidade.

Em parecer sobre o tema em questão, Luís Roberto Barroso, tendo fundamento nas doutrinas de Miguel Reale, Adroaldo Mesquita da Costa, Themístocles Brandão Cavalcanti, Vicente Ráo, José Frederico Marques e Miranda Lima, assevera que "o Chefe do Poder Executivo não só pode como deve deixar de aplicar a referida disposição legal (art. 6º e parágrafo único da Lei nº 3.395/87, do Estado do Espírito Santo, no entender do citado autor incompatível com a Constituição Federal), pois cabe-lhe reverenciar, antes que tudo, a Constituição Federal. Esta decisão é auto-executória e independe de prévio pronunciamento do Judiciário. Tal posição só merecerá

Malheiros, 2001, p. 33). De acordo com o depoimento de Pedro Aberastury e María Rosa Cilurzo, encontra-se igual orientação no Direito argentino. Asseveram os citados autores que, "se o particular tem a necessidade de obter um pronunciamento expresso da Administração, pode solicitar judicialmente que se intime a Administração para emiti-lo, através do ajuizamento da ação de amparo por mora" (*Curso de Procedimiento Administrativo*, 2001, pp. 123-124).

[4] *Princípios Generales del Procedimiento Administrativo*, 1998, p. 21.

ser revista se o órgão competente do Poder Judiciário, provocado por algum interessado, vier a decidir em sentido diverso".[5]

---

[5] BARROSO, Luis Roberto. Poder Executivo – Lei Inconstitucional – Descumprimento. *Revista de Direito Administrativo*, Rio de Janeiro, nº 181-182, jul.-dez. 1990, p. 397. Mais recentemente o festejado constitucionalista tornou a manifestar opinião nesse sentido, cf. BARROSO, Luís Roberto. *O Controle da Constitucionalidade no Direito Brasileiro*. São Paulo: Saraiva, 2004, pp. 64-66. Sustentando a possibilidade dos órgãos julgadores administrativos apreciarem alegação de inconstitucionalidade da lei em que se fundamentou o lançamento, ver: MARTINS, Ives Gandra da Silva, Processo Administrativo Tributário, 2002, p. 74; DELGADO, José Augusto. Reflexões sobre o Processo Administrativo Tributário. In: MARTINS, Ives Gandra da Silva (Coord.). *Processo Administrativo Tributário*. São Paulo: Saraiva, p. 113; TORRES, Ricardo Lobo. Processo Administrativo Tributário. In: MARTINS, Ives Gandra da Silva (Coord.). *Processo Administrativo Tributário*. São Paulo: Saraiva, p. 168; LOBO, Maria Tereza Cárcomo. Processo Administrativo Tributário. In: MARTINS, Ives Gandra da Silva (Coord.). *Processo Administrativo Tributário*. São Paulo: Saraiva, p. 250; MAIA, Mary Elbe Queiroz, *Do Lançamento Tributário – Execução e Controle*, 1999, p. 80; XAVIER, Alber-berto. A Questão da Apreciação da Inconstitucionalidade das Leis pelos Órgãos Judicantes da Administração Fazendária. *Revista Dialética de Direito Tributário*, São Paulo, nº 103, abr. 2004, pp. 17-44; MARTINS, Natanael; PIETRO, Juliano Di. A Ampla Defesa e a Inconstitucionalidade no Processo Administrativo: Limites da Portaria nº 103/2002. *Revista Dialética de Direito Tributário*, São Paulo, n. 103, abr. 2004, pp. 99-117; BOTALLO, Eduardo. Processo Administrativo Tributário: Princípios, amplitude, natureza e alcance das funções nele exercidas. *Revista de Direito Tributário*, São Paulo, nº 89, 2004, pp. 178 e 179; CONRADO, Paulo César. Controle de Constitucionalidade pelos Tribunais Administrativos. *Revista de Direito Tributário*, São Paulo, nº 71, 1998, p. 196; CRETON, Ricardo Aziz. *Os Princípios da Proporcionalidade e da Razoabilidade e sua Aplicação no Direito Tributário*. Rio de Janeiro: Lumen Juris, 2001, pp. 146-148; BITTAR, Djalma. Processo Tributário. In: DE SANTI, Eurico Marcos Diniz (Coord.). *Curso de Especialização em Direito Tributário*: Estudos Analíticos em Homenagem a Paulo de Barros Carvalho. Rio de Janeiro: Forense, 2005, p. 583; NOGUEIRA, Ruy Barbosa. *Da Interpretação e da Aplicação das Leis Tributárias*. 2ª ed. São Paulo: Revista dos Tribunais, 1965, pp. 32-33; MELO, José Eduardo Soares de. *Processo Tributário Administrativo*: Federal, Estadual e Municipal. São Paulo: Quartier Latin, 2006, p. 171; BOTTALLO, Eduardo Domingos, *Curso de Processo Administrativo Tributário*, 2006, p. 77; ROSA, Maria Daniela Bachega Feijó. Impossibilidade de os julgadores administrativos se esquivarem de apreciar alegações de inconstitucionalidade sob o argumento de que lhes é defeso interpretar. *Revista Tributária e de Finanças Públicas*, São Paulo, n. 67, mar.-abr. 2006, p. 211; FEITOSA, Celso Alves. Da Possibilidade dos Tribunais Administrativos, que Julgam Matéria Fiscal, Decidirem sobre Exação com Fundamento em Norma Considerada Ilegítima em Oposição à Constituição Federal. In: ROCHA, Valdir de Oliveira (Coord.). *Processo Administrativo Fiscal*. São Paulo: Dialética, 1995, p. 36; BRITO, Edvaldo. Ampla Defesa e Competência dos Órgãos Julgadores Administrativos para Conhecer de Argumentos de Inconstitucionalidade e/ou Ilegalidade de Atos em que se Fundamentem Autuações. In: ROCHA, Valdir de Oliveira (Coord.). *Processo Administrativo Fiscal*. São Paulo: Dialética, 1995, p. 63; LUSTOZA, Helton Kramer. A análise da constitucionalidade de norma tributária pelo Conselho de Contribuintes. *Revista Tributária e de Finanças Públicas*, São Paulo, nº 78, jan.-fev. 2008, p. 119; VALADÃO, Marcos Aurélio Pereira. Uma breve introdução ao Direito Processual Tributário com enfoque no Direito Processual Tributário e algumas de suas vicissitudes atuais. *Revista Fórum de Direito Tributário*, Belo Horizonte, n. 32, mar.-abr. 2008,

Com a devida vênia, ao que nos parece tal posicionamento não é o mais correto em face da Constituição Federal de 1988.

De fato, como noticia GILMAR FERREIRA MENDES, até o advento do controle abstrato da constitucionalidade dos atos normativos, era majoritário o entendimento no sentido de que o Executivo poderia se recusar a aplicar norma inconstitucional. Todavia, como destaca o mencionado autor "a questão perdeu muito de seu apelo em face da Constituição de 1988, que outorgou aos órgãos do Executivo, no plano estadual e federal, o direito de instaurar o controle abstrato de normas. A possibilidade de se requerer liminar que suspenda imediatamente o diploma questionado reforça ainda mais esse entendimento. Portanto, a justificativa que embasava aquela orientação de enfrentamento ou de quase deforço perdeu razão de ser na maioria dos casos".[6]

Nessa linha de raciocínio, tendo em conta que a Constituição Federal outorga à Chefia dos Executivos Estadual e Federal a legitimidade para o ajuizamento de ação direta de inconstitucionalidade, não há espaço para que estes prefiram o imediato descumprimento de norma jurídica emanada do Poder Legislativo à utilização dos instrumentos constitucionais de controle da constitucionalidade das normas.[7]

Dessa forma, repudia-se a possibilidade de o Executivo, por sua chefia, se negar a cumprir norma jurídica válida, cuja eficácia é resguardada pelo *princípio da presunção de constitucionalidade das leis*, com base em sua suposta inconstitucionalidade, salvo se a mesma tiver sido reconhecida, de forma reiterada, pelo Supremo Tribunal Federal, guardião da Constituição, mesmo que no âmbito do controle difuso da constitucionalidade das leis.

É importante assinalarmos que a adoção do entendimento acima não significa uma desvalorização das normas constitucionais.

---

p. 127; TAVOLARO, Agostinho Toffoli. Princípios Fundamentais do Processo Administrativo. In: CAMPOS, Marcelo (Coord.). *Direito Processual Tributário*: Estudos em Homenagem ao Professor Dejalma de Campos. São Paulo: Revista dos Tribunais, 2008, p. 18; GRANDO, Felipe Esteves. A Apreciação de Inconstitucionalidade no Contencioso Administrativo como Direito Fundamental do Contribuinte. *Revista Dialética de Direito Tributário*, São Paulo, n. 163, abr. 2009, pp. 33-43.

[6] MENDES, Gilmar Ferreira. O Poder Executivo e o Poder Legislativo no Controle de Constitucionalidade. In: *Direitos Fundamentais e Controle de Constitucionalidade*. 2ª ed. São Paulo: Celso Bastos Editor, 1999, pp. 325-326.

[7] Assim sendo, e tendo em vista a fundamentação trazida pela doutrina para justificar a legitimidade da recusa do Chefe do Executivo em dar cumprimento à norma pelo mesmo considerada inconstitucional, hodiernamente somente se poderia cogitar na recusa do Chefe do Executivo Municipal em aplicar lei inconstitucional, uma vez que o mesmo não é legitimado para o ajuizamento de ação direta de inconstitucionalidade.

Com efeito, por um imperativo de segurança jurídica a própria Constituição Federal estabelece os mecanismos legítimos para o controle da constitucionalidade dos atos normativos, sendo certo que a desobediência a leis presumidamente constitucionais pelo Poder Executivo por óbvio não corresponde a um dos referidos mecanismos de controle.

Ao se defender que o Executivo pode descumprir norma que o mesmo entenda inconstitucional, sob o argumento de que o mesmo deve obediência primeiro à Constituição, deve-se, por coerência, uma vez que todos estão submetidos ao mesmo ordenamento jurídico, entender que os particulares também estariam autorizados a deixar de cumprir deveres jurídicos emanados de normas que os mesmos entendessem inconstitucionais, uma vez que todos devem observância, em primeiro lugar, à Constituição Federal.[8]

Concorda-se, portanto, com MARCIANO SEABRA DE GODOI, para quem "todos os cidadãos e órgãos políticos e administrativos participam – em sentido amplo – do processo de interpretação e aplicação da Constituição. Contudo, somente os membros do Poder Judiciário apresentam as garantias institucionais (art. 95 da CF) necessárias para praticar um ato de extrema gravidade: negar *oficialmente* aplicação a uma norma em vigor aprovada pelo Poder Legislativo".[9]

Ora, se não se reconhece a possibilidade de a Chefia do Poder Executivo se recusar a dar aplicabilidade às normas editadas pelo Congresso Nacional, muito menos parece possível que os órgãos e agentes administrativos de

---

[8] Na mesma linha por nós defendida: ZOCKUN, Maurício; ZOCKUN, Carolina Zacaner. Natureza e Limites da Atuação dos Trinunais Administrativos. *Revista Interesse* Público, Belo Horizonte, n. 44, jul.-ago 2007, p. 153. Em sentido contrário é a lição de CELSO RIBEIRO BASTOS, que assevera: "Não há, como vimos, uma reserva Administrativa no campo do atuar administrativo que fique isenta da regulamentação legislativa. O administrador deve cumprir simultaneamente a lei e a Constituição. No entanto, quando a lei ferir a Constituição, é lícito à Administração Pública preferir a aplicação do Texto Constitucional à própria norma subconstitucional, em virtude do princípio da hierarquia das normas. Frise-se que ao assim proceder não estará a Administração declarando a inconstitucionalidade da lei, que é função exclusiva do Poder Judiciário, estará apenas respeitando o princípio da hierarquia normativa" (*Curso de Direito Administrativo*, 2002, p. 25). No mesmo sentido, ver: HENRIQUE, Walter Carlos Cardoso. As Funções e Autonomia Atípicas dos Tribunais Administrativos – Breve Ensaio. In: FIGUEIREDO, Lucia Valle (Coord.). *Processo Administrativo Tributário e Previdenciário*. São Paulo: Max Limonad, 2001, pp. 41-90; FILHO, Marçal Justen, *Ampla Defesa e Conhecimento de Arguições de Inconstitucionalidade e Ilegalidade no Processo Administrativo*, 1997, p. 77.

[9] GODOI, Marciano Seabra de. Sobre a Possibilidade de a Fazenda Pública reverter, em Juízo, Decisões Definitivas dos Conselhos de Contribuintes. In: ROCHA, Valdir de Oliveira (Coord.). *Grandes Questões Atuais de Direito Tributário: 9º Volume*. São Paulo: Dialética, 2005, pp. 397 e 398.

julgamento possam deixar de aplicar tais normas sob o mesmo fundamento, conforme reconhece de forma reiterada o Conselho Administrativo de Recursos Fiscais[10], tendo tal entendimento gerado a edição de súmula pelo então Primeiro Conselho de Contribuintes no sentido de que "o Primeiro Conselho

---

[10] Nesse sentido, vejam-se as seguintes decisões: "PAF – INCONSTITUCIONALIDADE DE LEIS OU ATOS NORMATIVOS – A arguição de inconstitucionalidade não pode ser oponível na esfera administrativa, por transbordar os limites de sua competência o julgamento da matéria, do ponto de vista constitucional" (Processo nº 10930.003057/99-18. 1º Conselho de Contribuintes – 8ª Câmara. Sessão de 06/11/2002.) "INCONSTITUCIONALIDADE – ARGUIÇÃO – O crivo da indedutibilidade contido em disposição expressa de lei não pode ser afastado pelo Tribunal Administrativo, a quem não compete negar efeitos à norma vigente, ao argumento de sua inconstitucionalidade, antes do pronunciamento definitivo do Poder Judiciário" (Processo nº 10930.001770/00-32. 1º Conselho de Contribuintes – 8ª Câmara. Sessão de julgamento em 17/10/2002). "JUROS MORATÓRIOS – TAXA SELIC – O crédito não integralmente pago no vencimento é acrescido de juros de mora, seja qual for o motivo determinante da falta. O percentual de juros a ser aplicado no cálculo do montante devido é o fixado no diploma legal vigente à época do pagamento. INCONSTITUCIONALIDADE – Não cabe à autoridade administrativa apreciar matéria atinente à inconstitucionalidade de ato legal, ficando esta adstrita ao seu cumprimento. O foro próprio para discutir sobre esta matéria é o Poder Judiciário". (Processo nº 13706.000044/95-51. 1º Conselho de Contribuintes – 6ª Câmara. Sessão de julgamento em 19/03/2002). "JUROS DE MORA – TAXA SELIC – Não obstante o encaminhamento processual desfavorável à manutenção da taxa SELIC no Superior Tribunal de Justiça, é prematura qualquer manifestação deste Conselho, contrária à aplicação de leis ordinárias, antes de um pronunciamento judicial definitivo quanto à sua inconstitucionalidade" (Processo nº 10820.001061/99-25. 1º Conselho de Contribuintes – 2ª Câmara. Sessão de 19/06/2002). A impossibilidade de julgamento por parte dos Conselhos de Contribuintes com base de inconstitucionalidade de ato normativo encontra-se prevista no art. 49 do Regimento Interno dos Conselhos de Contribuintes, aprovada pela Portaria MF nº 147/07, cuja redação é a seguinte: "Art. 49. No julgamento de recurso voluntário ou de ofício, fica vedado aos Conselhos de Contribuintes afastar a aplicação ou deixar de observar tratado, acordo internacional, lei ou decreto, sob fundamento de inconstitucionalidade.
Parágrafo único. O disposto no caput não se aplica aos casos de tratado, acordo internacional, lei ou ato normativo:
I – que já tenha sido declarado inconstitucional por decisão plenária definitiva do Supremo Tribunal Federal;
II – que fundamente crédito tributário objeto de:
a) dispensa legal de constituição ou de ato declaratório do Procurador-Geral da Fazenda Nacional, na forma dos arts. 18 e 19 da Lei nº 10.522, de 19 de junho de 2002;
b) súmula da Advocacia-Geral da União, na forma do art. 43 da Lei Complementar nº 73, de 10 de fevereiro de 1993; ou
c) pareceres do Advogado-Geral da União aprovados pelo Presidente da República, na forma do art. 40 da Lei Complementar nº 73, de 10 de fevereiro de 1993". Esse posicionamento está formalizado no verbete da Súmula nº 2 do Primeiro Conselho de Contribuintes, segundo a qual: "O Primeiro Conselho de Contribuintes não é competente para se pronunciar sobre a inconstitucionalidade de lei tributária".

de Contribuintes não é competente para se pronunciar sobre a inconstitucionalidade de lei tributária".

Nesse caso, é correto o entendimento defendido por MARCO AURÉLIO GRECO, que esclarece que quando "a autoridade administrativa entende que determinada lei é inconstitucional, cabe-lhe sobrestar o julgamento e representar o Chefe do Poder Executivo suscitando a questão pertinente. Cabe ao Chefe do Poder Executivo analisar se, ao se juízo, há ou não inconstitucionalidade. Se houver, poderá promover as medidas adequadas (inclusive Ação Direta de Inconstitucionalidade); por outro lado, se entender que não há inconstitucionalidade, a autoridade administrativa não pode deixar de aplicar a lei".[11]

Ainda para sustentar a possibilidade dos órgãos administrativos decidirem com fundamento na inconstitucionalidade do ato normativo em que se baseou o lançamento, defende ALBERTO XAVIER que ao se negar tal possibilidade se estaria infirmando o princípio da ampla defesa, já que "a 'amplitude' da defesa no processo administrativo tributário envolve a possibilidade de alegação de todos os fundamentos possíveis da ilegalidade de ato administrativo de

---

[11] GRECO, Marco Aurélio. Processo Administrativo Tributário. In: MARTINS, Ives Gandra da Silva (Coord.). *Processo Administrativo Tributário*. São Paulo: Saraiva, 2002, p. 708. Posição semelhante é sustentada por RICARDO MARIZ DE OLIVEIRA e JOÃO FRANCISCO BIANCO: "O ideal seria que, tendo que decidir sobre matéria controvertida de natureza constitucional, o Conselho representasse junto ao Sr. Procurador Geral da República para que este, nos termos do que dispõe o art. 103, parágrafo 4º, da Constituição Federal, propusesse ação direta de constitucionalidade ou de inconstitucionalidade junto ao STF.
Enquanto não julgada a ação, os processos administrativos que versassem sobre o assunto ficariam sobrestados, aguardando o julgamento da ação direta pelo STF. Julgada esta, o Conselho poderia aplicar o critério estabelecido pelo Poder Judiciário" (OLIVEIRA, Ricardo Mariz de; BIANCO, João Francisco. A Questão da Apreciação da Constitucionalidade de Lei pelos Conselhos Federais de Contribuintes. In: ROCHA, Valdir de Oliveira (Coord.). *Processo Administrativo Fiscal 2º Volume*. São Paulo: Dialética, 1997, pp. 127-128).
Também defendendo entendimento no sentido de falecer competência às autoridades administrativas para decidir acerca da inconstitucionalidade de atos normativos do Proder Legislativo ver: MACHADO, Hugo de Brito. Algumas Questões do Processo Administrativo Tributário. In: MARTINS, Ives Gandra da Silva (Coord.). *Processo Administrativo Tributário*. São Paulo: Saraiva, 2002. pp. 152-154; CASSONE, Vitorio. Processo Administrativo Tributário. In: MARTINS, Ives Gandra da Silva (Coord.). *Processo Administrativo Tributário*. São Paulo: Saraiva, 2002, p. 381; MINATEL, José Antonio. Procedimento e Processo Administrativo Tributário: Dupla Função Administrativa, com Diferentes Regimes Jurídicos. In: ROCHA, Sergio André (Coord.). *Processo Administrativo Tributário*: Estudos em Homenagem ao Professor Aurélio Pitanga Seixas Filho. São Paulo: Quartier Latin, 2007, p. 330.

lançamento, entre os quais o *vício de inconstitucionalidade indireta*, cujo conhecimento é perfeitamente normal num sistema de controle difuso".[12]

A ampla defesa, não só no processo administrativo, mas também no processo judicial, não é absoluta, sendo regida por diversas regras que estabelecem os limites dentro dos quais há de ser exercida[13]. Por outro lado, a questão posta aqui se refere, em última análise, à existência ou inexistência de *competência* do órgão julgador administrativo para apreciar a matéria da inconstitucionalidade da lei que lastreou o lançamento (da mesma maneira que o Superior Tribunal de Justiça não tem *competência* para o exame de matéria constitucional).

Outro ponto defendido por ALBERTO XAVIER é no sentido de que o órgão julgador administrativo em nenhum momento cuida da inconstitucionalidade da lei em si, mas apenas anula o ato administrativo que tenha se fundado na lei considerada inconstitucional. Segundo suas próprias palavras "o órgão judicante pronuncia-se exclusivamente sobre a *validade do ato administrativo de lançamento* em função da sua relação de conformidade ou desconformidade com o parâmetro material à luz do qual deve ser aferida, parâmetro esse genericamente designado 'lei'".[14]

Daí concluir o citado autor que "os órgãos judicantes da Administração nada mais fazem, nos casos atrás referidos, do que proceder a uma *declaração de nulidade dos atos administrativos tributários por vício de inconstitucionalidade indireta*. Assim sendo, a procedência do pedido de tal declaração, no processo administrativo, depende de uma decisão positiva de inconstitucionalidade de lei, existindo um nexo incindível entre a declaração de nulidade do ato

---

[12] XAVIER, Alberto, *Princípios do Processo Administrativo e Judicial Tributário*, 2005, pp. 97-98. Também nesse sentido manifesta-se EDVALDO BRITO: "A conclusão é a de que não pode haver restrições à aplicação dos princípios da *ampla defesa* e do *contraditório* ao processo administrativo fiscal, especialmente porque se constituem em 'direito fundamental processual de cada parte, igualmente válido em qualquer tipo de processo', tendo, no Estado de Direito, a mesma transcendência que o livre acesso aos tribunais ou que o direito ao juiz natural. Nestes termos, também, é de concluir-se, integrativamente, com o remate anterior, no sentido de que os princípios supramencionados legitimam os órgãos julgadores administrativos para que conheçam dos argumentos de inconstitucionalidade e/ou ilegalidade de atos em que se fundamentem autuações" (BRITO, Edvaldo. Ampla Defesa e Competência dos Órgãos Julgadores Administrativos para Conhecer de Argumentos de Inconstitucionalidade e/ou Ilegalidade de Atos em que se Fundamentem Autuações. In: ROCHA, Valdir de Oliveira (Coord.). *Processo Administrativo Fiscal*. São Paulo: Dialética, 1995, p. 67).

[13] No mesmo sentido: MOREIRA, Bernardo Motta. *Controle do Lançamento Tributário pelos Conselhos de Contribuintes*. Rio de Janeiro: Lumen Juris, 2013, p. 563.

[14] XAVIER, Alberto, *Princípios do Processo Administrativo e Judicial Tributário*, 2005, p. 85.

administrativo (objeto principal do processo administrativo) e a questão de constitucionalidade da lei".[15]

Parece-nos, contudo, que a questão aqui não está nos efeitos da decisão do órgão judicante, mas sim na própria competência deste para optar por não aplicar uma lei, válida de acordo com os parâmetros formais estabelecidos na Constituição Federal, em razão de um juízo de mérito no sentido de que a mesma seria inconstitucional.

Ou seja, o mais relevante aqui é (i) a preservação da separação dos poderes; (ii) a proteção da segurança jurídica, respeitando-se a presunção da constitucionalidade das leis; e (iii) o reconhecimento da competência exclusiva do Poder Judiciário para deliberar sobre a inconstitucionalidade dos atos normativos, seja no que se refere às decisões sobre casos concretos, seja no âmbito de decisões com eficácia *erga omines*.

Note-se que o que se defende é a impossibilidade de as autoridades administrativas afastarem a aplicação de lei por argumento de inconstitucionalidade, salvo se esta já houver sido reconhecida pelo Supremo Tribunal Federal. É lógico que na hipótese de se vislumbrar contrariedade direta entre o ato administrativo e a Constituição Federal será possível o reconhecimento de sua inconstitucionalidade.[16]

As conclusões a que se chegou neste trabalho são bastante próximas àquelas externadas por HUGO DE BRITO MACHADO SEGUNDO, que em estudo sobre o tema em tela concluiu que:

> ... *c) o órgão administrativo de julgamento pode declarar a inconstitucionalidade de um ato administrativo sempre que esse ato estiver fundado em lei e normas infralegais de validade não impugnada, mas, apesar disso, violar (o ato, e não as tais normas infraconstitucionais) diretamente a Constituição. É o caso, por exemplo, do agente federal que viola o domicílio de um contribuinte sem autorização judicial, e que pode ter seus atos impugnados por violação ao art. 5º, XI, da CF/88. Isso porque, nesse caso, estará realizando a autotutela sobre o tal ato inconstitucional;*
>
> *d) situação diferente é aquela na qual, para considerar inválido o ato administrativo impugnado (um lançamento de Cofins, por exemplo), o órgão julgador tem necessariamente de afirmar a inconstitucionalidade da lei na qual este ato se funda e segue fielmente. Nessa hipótese, já não será mais da autotutela que se estará cogitando, mas sim do controle sobre*

---

[15] XAVIER, Alberto, *Princípios do Processo Administrativo e Judicial Tributário*, 2005, p. 87.
[16] Sobre essa questão, veja-se o artigo de FERNANDO NETTO BOITEUX, Os Conselhos de Contribuintes e os Tribunais Superiores. *Revista Dialética de Direito Tributário*, São Paulo, nº 121, out. 2005, pp. 55-68.

a validade de um ato normativo editado por outro Poder. Ora, como processo administrativo existe para instrumentalizar o exercício da autotutela, e essa autotutela não autoriza o julgamento sobre atos praticados por outros poderes (pois deixaria, obviamente, de ser "auto"), não é possível à autoridade administrativa de julgamento declarar a inconstitucionalidade de uma lei;

e) quando já existir manifestação do Supremo Tribunal Federal declarando a inconstitucionalidade de leis, ainda que no âmbito do chamado controle difuso de constitucionalidade, o órgão de julgamento não só pode como deve acatá-la, em respeito ao princípio da harmonia entre os Poderes.[17]

Esse entendimento é igualmente corroborado pela lição de CELSO ANTÔNIO BANDEIRA DE MELLO, que mesmo longa deve ser transcrita:

A meu ver o Executivo não pode descumprir lei incostitucional, e não pode fazê-lo porque o Executivo não tem o poder jurídico de expulsar uma norma do sistema, ele não a pode expelir do sistema. Ele pode expelir atos administrativos do sistema mas não pode expelir leis. E não apenas expelir; o juízo que o Executivo faz a respeito de uma lei é irrelevante para fins de sua não aplicação.

Com efeito, mesmo deixando de lado trilhas puramente lógicas de investigação sobre quem tem ou não o poder de expulsar algo do sistema – e acho até que vale retornar isso –, eu lembraria que, se o Executivo pudesse descumprir lei inconstitucional, de que valeria a derrubada do veto? Sabe-se que o Chefe do Poder Executivo pode vetar uma lei, e pode vetá-la por quê? Será que é inconstitucional? Esta é uma das causas do veto – e o Legislativo derruba o veto. De que adiantaria o Legislativo derrubar o veto, se depois o Executivo não cumprir a lei? O que representaria esse poder de derrubar o veto? Nada! Estaria nas mãos do Executivo obedecer ou não à norma, ainda que o Legislativo pretendesse ir contra.

(...)

O senhor de introdução de uma lei no sistema é o Poder Legislativo. O senhor da retirada dessa lei do sistema, por inválida, por inconstitucional, é o Poder Judiciário. Diante de uma lei, quaisquer de nós poderá dizer: esta lei é inconstitucional, esta lei agride o sistema normativo, tal como ele tem que ser lisamente constituído. Todos nós podemos fazê-lo. Pergunta-se: e por causa disto a lei deixa de ser aplicada?

Posso eu ter essa opinião, pode o Prof. Aires Fernandino Barreto ter esta opinião, pode o Prof. Osiris de Azevedo Lopes Filho ter essa opinião, podemos todos nós ter essa opinião.

---

[17] MACHADO SEGUNDO, Hugo de Brito. Inconstitucionalidade de Declaração de Inconstitucionalidade de Lei pela Autoridade Administrativa de Julgamento. *Revista Dialética de Direito Tributário*, São Paulo, nº 98, nov. 2003, pp. 98-99. Mais recentemente o autor voltou a abordar a questão em: MACHADO SEGUNDO, Hugo de Brito. Notas sobre as Alterações no Processo Administrativo Fiscal Federal. In: ROCHA, Valdir de Oliveira (Coord.). *Grandes Questões Atuais do Direito Tributário – 13º Volume*. São Paulo: Dialética, 2009, pp. 219-222.

Mas isso é irrelevante, isso é uma opinião fundada ao lume da Ciência do Direito. Mas o direito positivo estabelece os mecanismos e sistemas pelos quais uma norma perde sua força jurídica, seja no caso concreto, seja em tese.[18]

A despeito das considerações anteriores, vale a pena destacar que o Supremo Tribunal Federal, em decisão proferida já sob a égide da Constituição Federal de 1988, nos autos da Medida Cautelar em Ação Direta de Inconstitucionalidade nº 221-DF, reconheceu a possibilidade de o Poder Executivo, por sua Chefia, determinar que seus órgãos subordinados deixem de aplicar norma considerada inconstitucional, embora seja destacado, na própria ementa da decisão,[19] que este posicionamento tem sido questionado após o alargamento da legitimidade para o ajuizamento da ação direta de inconstitucionalidade.

Aparentemente fundamentando-se nesse entendimento da Suprema Corte, decisão proferida pela Câmara Superior de Recursos Fiscais reconheceu a possibilidade de se afastar a aplicação de lei sob a alegação de sua

---

[18] MELLO, Celso Antônio Bandeira. O Controle da Constitucionalidade pelos Tribunais Administrativos no Processo Administrativo Fiscal. *Revista de Direito Tributário*, São Paulo, nº 75, 1999, pp. 15 e 16.

[19] "AÇÃO DIRETA DE INCONSTITUCIONALIDADE. MEDIDA PROVISÓRIA. REVOGAÇÃO. PEDIDO DE LIMINAR. – Por ser a medida provisória ato normativo com força de lei, não é admissível que seja retirada do Congresso Nacional a que foi remetida para o efeito de ser, ou não, convertida em lei. – Em nosso sistema jurídico, não se admite declaração de inconstitucionalidade de lei ou de ato normativo com força de lei por lei ou por ato normativo com força de lei posterior. O controle de constitucionalidade da lei ou dos atos normativos é da competência exclusiva do Poder Judiciário. Os Poderes Executivo e Legislativo, por sua Chefia – e isso mesmo tem sido questionado com o alargamento da legitimação ativa na ação direta de inconstitucionalidade –, podem tão-só determinar aos seus órgãos subordinados que deixem de aplicar administrativamente as leis ou atos com força de lei que considerem inconstitucionais. – A Medida Provisória nº 175, porém, pode ser interpretada (interpretação conforme a Constituição) como ab-rogatória das medidas provisórias nºs 153-156. Sistema de ab-rogação das medidas provisórias do direito brasileiro. – Rejeição, em face desse sistema de ab-rogação, da preliminar de que a presente ação direta de inconstitucionalidade está prejudicada, pois as medidas provisórias nºs 153-156, neste momento, só estão suspensas pela ab-rogação sob condição resolutiva, ab-rogação que só se tornará definitiva se a medida provisória nº 175 vier a ser convertida em lei. E essa suspensão, portanto, não impede que as medidas provisórias suspensas se revigorem, no caso de não-conversão da ab-rogante. – O que está prejudicado, neste momento em que a ab-rogação está em vigor, é o pedido de concessão de liminar, certo como é que essa concessão só tem eficácia de suspender 'ex nunc' a lei ou ato normativo impugnado. E evidentemente, não há que se examinar, neste instante, a suspensão do que já está suspenso pela ab-rogação decorrente de outra medida provisória em vigor. Pedido de liminar julgado prejudicado 'si et in quantum'" (ADIMC nº 221/DF. Relator Ministro Moreira Alves. Tribunal Pleno. Publicação do Diário da Justiça em 22/10/1993).

inconstitucionalidade. A ementa dessa decisão, transcrita a seguir, foi publicada no Diário Oficial em 11 de agosto de 2003:

> *IR – Fonte – Procedimento Reflexo – Multa ex Officio – Agravamento nos Casos de Fraude – Cabimento.*
> *(...)*
> *Preterição do Direito de Defesa da Parte – Matéria Constitucional – A jurisprudência dos Tribunais Superiores e a Doutrina reconhecem que o Poder Executivo pode deixar de aplicar lei que contrarie a Constituição do País. Os Conselhos de Contribuintes, como órgãos judicantes superiores do Poder Executivo encarregados da realização (da) justiça administrativa nos litígios fiscais, têm o dever de assegurar ao contribuinte o contraditório e a ampla defesa, analisando e avaliando a aplicação de norma que implique violação de princípios constitucionais estabelecidos na Lei Maior, afastando exigência fiscal baseada em dispositivo inconstitucional.*

Nada obstante é de se deixar registrado que a quase totalidade das decisões do Conselho Administrativo de Recursos Fiscais, como vimos, são no sentido da impossibilidade de se afastar a aplicação de lei por supostamente inconstitucional, e que a matéria encontra-se atualmente tratada pelo § 6º do art. 26-A do Decreto nº 70.235/72 (Ver o item 15.11.7).[20]

8.3. Coisa Julgada Administrativa

Por fim, importa tecer alguns comentários acerca da denominada *coisa julgada administrativa*,[21] a qual pode ser definida como a imutabilidade, para a administração pública, do comando da decisão proferida no âmbito de um processo administrativo, contra a qual não caibam mais recursos.

---

[20] Sobre o tema, ver: MACHADO, Hugo de Brito. Não-aplicação de Lei Inconstitucional pelos Órgãos de Julgamento Administrativo. In: ROCHA, Valdir de Oliveira (Coord.). *Grandes Questões Atuais do Direito Tributário – 13º Volume*. São Paulo: Dialética, 2009, p.205.
[21] Sobre a coisa julgada administrativa é pertinente transcrevermos a seguinte passagem de Bielsa: "A expressão 'coisa julgada' é empregada na Administração pública muito promiscuamente e, por tanto, erroneamente. Se costuma empregar a coisa julgada em relação a qualquer resolução ditada em razão de petição de parte, o que é absurdo. Essa confusão é fonte de litígios, porque se invocam como *direitos adquiridos* por coisa julgada o que não raras vezes são 'interesses criados' (...) Assim, pois, além da relatividade do conceito de *coisa julgada*, se alega esta em muitos casos em que ela não existe" (*Derecho Administrativo*, 1947, p. 412).

A doutrina a muito vem criticando a denominação *coisa julgada administrativa* como representativa do significado acima enunciado, valendo a pena citar, nesse sentido, a lição de HELY LOPES MEIRELLES, que, com fulcro no entendimento de AMÍLCAR ARAÚJO FALCÃO,[22] defende que o efeito das decisões finais administrativas equipara-se ao instituto da preclusão:

> *Realmente, o que ocorre nas decisões administrativas finais é, apenas, preclusão administrativa, ou a* irretratabilidade *do ato perante a própria administração. É sua imodificabilidade na via administrativa, para estabilidade das relações entre as partes. Por isso, não atinge nem afeta situações ou direitos de terceiros, mas permanece imodificável entre a Administração e o administrado destinatário da decisão interna do Poder Público. Essa imodificabilidade não é efeito da* coisa julgada administrativa, *mas é consequência da* preclusão *das vias de impugnação interna (recursos administrativos) dos atos decisórios da própria Administração. Exauridos os meios de impugnação administrativa, torna-se irretratável, administrativamente, a última decisão, mas nem por isso deixa de ser atacável por via judicial.*[23]

Com efeito, a imutabilidade, para a Administração Pública, do comando da decisão proferida em processo administrativo, não se equipara ao instituto da coisa julgada,[24] sendo derivado, isso sim, da *preclusão lógica* do seu direito de se manifestar de forma diversa daquela apresentada nos autos do processo administrativo.

A incompatibilidade da chamada *coisa julgada administrativa* com o instituto processual da coisa julgada deriva do fato de que, em razão do princípio da unidade de jurisdição aqui adotado, a decisão proferida no âmbito administrativo não se revestirá de foros de imutabilidade para o administrado, que

---

[22] Em textual: "(...) mesmo aqueles que sustentam a teoria da coisa julgada administrativa, reconhecem que, efetivamente, não se trata, que pela sua natureza, quer pela intensidade de seus efeitos, de *res judicata* propriamente dita, senão de um efeito semelhante ao da preclusão, e que se conceituaria, quando ocorresse, sob o nome de irretratabilidade" (FALCÃO, Amílcar de Araújo. *Introdução ao Direito Administrativo*. São Paulo: Resenha Universitária, 1977, p. 69).

[23] *Direito Administrativo Brasileiro*, 1998, p. 557.

[24] Segundo a lição do processualista italiano ENRICO TULLIO LIEBMAN, a coisa julgada "se pode definir, com precisão, como a imutabilidade do *comando* emergente de uma sentença. Não se identifica ela simplesmente com a *definitividade* e intangibilidade do ato que pronuncia o *comando*, é, pelo contrário, uma qualidade, mais intensa e mais profunda, que reveste o ato também em seu conteúdo e torna assim imutáveis, além do ato em sua existência formal, os efeitos, quaisquer que sejam, do próprio ato" (LIEBMAN, Enrico Tullio. *Eficácia e Autoridade da Sentença*. 2ª ed. Tradução Alfredo Buzaid e Benvindo Aires. Rio de Janeiro: Forense, 1981, p. 54).

sempre poderá contestar a decisão administrativa perante os órgãos do Poder Judiciário.

Assim, é possível afirmar que o comando da decisão administrativa, em si, não é definitivo e imutável de forma absoluta, sendo que sua imutabilidade para a Administração decorre de tal ato ter sido proferido pela mesma.

Note-se que faleceria mesmo interesse processual ao ente público para questionar judicialmente decisão proferida no âmbito de processo administrativo, uma vez que não se pode vislumbrar, neste caso, qualquer pretensão sua que tenha sido objeto de resistência por parte do administrado. Do contrário, foi a própria Administração que decidiu não haver dever jurídico do administrado para com ela.

O Professor Aurélio Pitanga Seixas Filho, ao analisar a presente questão, manifestou entendimento no sentido de que, de fato, "seria um contra-senso a Administração ajuizar ação para anular uma decisão administrativa, se essa fosse resultante da manifestação da vontade da Administração Ativa".[25]

Todavia, no que tange às decisões proferidas pelo que denomina Administração Judicante (órgãos independentes de apreciação de questões administrativo-fiscais), reconhece o citado professor a possibilidade de a Administração Pública (ativa) recorrer ao Poder Judiciário com vistas a obter a anulação de decisão que entenda contrária às disposições legais. Como aduzia Pitanga Seixas "se a administração (ativa) não é a titular da decisão final proferida no procedimento administrativo litigioso ou contraditório, nada mais natural, e com sentido, que possa utilizar instrumentos jurisdicionais (solução de um litígio, tempestivamente) cabíveis para corrigir um erro na manifestação da vontade da administração (judicante) que não foi seu (o erro)".[26]

---

[25] SEIXAS FILHO, Aurélio Pitanga. Lançamento Tributário Definitivo – Sua Imutabilidade – Coisa Julgada Administrativa em Matéria Fiscal. In: *Estudos de Procedimento Administrativo Fiscal*. Rio de Janeiro: Freitas Bastos, 2000, p. 112.

[26] Lançamento Tributário Definitivo – Sua Imutabilidade – Coisa Julgada Administrativa em Matéria Fiscal, 2000, p. 113. O Professor Aurélio Pitanga Seixas Filho reiterou seu posicionamento em recentes estudos sobre a matéria: SEIXAS FILHO, Aurélio Pitanga. Controle administrativo da legalidade do lançamento tributário e a coisa julgada administrativa em matéria fiscal. *Revista Tributária e de Finanças Públicas*, São Paulo, nº 62, maio-jun. 2005, pp. 81-96 e SEIXAS FILHO, Aurélio Pitanga. Limitações ao Poder Impositivo e Segurança Jurídica. In: MARTINS, Ives Gandra da Silva (Coord.). *Limitações ao Poder Impositivo e Segurança Jurídica*. São Paulo: Revista dos Tribunais, 2005, p. 330. Nesse mesmo diapasão é o entendimento da Carlos da Rocha Guimarães, para quem "da mesma forma que o contribuinte, uma vez trancada a instância administrativa, por ter esgotado todos os recursos, pode ainda alegar em Juízo o seu direito, a Administração deveria acolher expressamente na lei o que está implícito, isto é, o seu direito de anular, em juízo, a decisão do Tribunal Administrativo, da mesma forma que o contribuinte não fica jungido a essa decisão

Posicionamento nesse sentido foi adotado pela Procuradoria da Fazenda Nacional por itermédio do Parecer PGFN/CRJ nº 1.087/2004, aprovado pelo Ministro da Fazenda por despacho publicado no Diário Oficial de 23 de agosto de 2004, cuja redação é a seguinte:

Despacho: Aprovo o Parecer PGFN/CRJ Nº 1087/2004, de 19 de julho de 2004, pelo qual ficou esclarecido que: 1) existe, sim, a possibilidade jurídica de as decisões do Conselho de Contribuintes do Ministério da Fazenda, que lesarem o patrimônio público, serem submetidas ao crivo do Poder Judiciário, pela Administração Pública, quanto à sua legalidade,

e pode ir a Juízo, discutir o assunto, a Administração teria o mesmo direito. Ela compareceria a Juízo e pleitearia a anulação do acórdão do Conselho de Contribuintes. Não haveria nenhuma estranheza nessa atitude, porque não se tratando de um órgão da Administração, mas de um órgão administrativo, sem subordinação hierárquica, o seu ato, portanto, não poderia ser modificado pela simples atuação da competência hierárquica; não haveria, assim, outro recurso senão a ida a Juízo, para tentar anular o ato perante o Judiciário" (GUIMARÃES, Carlos da Rocha. O Processo Fiscal. In: *Problemas de Direito Tributário*. Rio de Janeiro: Edições Financeiras, 1962, p. 113). Segundo OSWALDO OTHON PONTES SARAIVA FILHO, "em havendo independência e desvinculação entre os órgãos administrativos julgadores e as chefias dos órgãos políticos administrativos, de modo que a vontade daqueles possa não se identificar com a vontade ou concordância destas, pela impossibilidade ou falta de previsão legal de recurso hierárquico, estou certo de que poderia a Fazenda Pública ingressar no Poder Judiciário para a anulação de decisão do órgão julgador administrativo de última instância que lhe tenha sido desfavorável, com a tentativa de ressuscitar o crédito tributário" (SARAIVA FILHO, Oswaldo Othon Pontes. Efeitos das Decisões no Processo Administrativo Fiscal e o Acesso ao Poder Judiciário. In: ROCHA, Sergio André (Coord.). *Processo Administrativo Tributário*: Estudos em Homenagem ao Professor Aurélio Pitanga Seixas Filho. São Paulo: Quartier Latin, 2007, p. 541). No mesmo sentido sentido, ver: DELGADO, José Augusto. Reflexões sobre o Processo Administrativo Tributário. In: MARTINS, Ives Gandra da Silva (Coord.). *Processo Administrativo Tributário*. São Paulo: Revista dos Tribunais, 2002, pp. 114--115; CANTO, Gilberto de Ulhôa. *O Processo Tributário*: Anteprojeto de lei orgânica, elaborado por Gilberto de Ulhôa Canto. Rio de Janeiro: FGV, 1964, pp. 66-71; RIBAS, Lídia Maria Lopes Rodrigues. *Processo Administrativo Tributário*. São Paulo: Malheiros, 2000, pp. 151-155; ICHIHARA, Yoshiaki. Processo Administrativo Tributário. In: MARTINS, Ives Gandra da Silva (Coord.). *Processo Administrativo Tributário*. São Paulo: Revista dos Tribunais, 2002, pp. 358 e 359; ABRÃO, Carlos Henrique. Limitações ao Poder Impositivo e Segurança Jurídica. In: MARTINS, Ives Gandra da Silva (Coord.). *Limitações ao Poder Impositivo e Segurança Jurídica*. São Paulo: Revista dos Tribunais, 2005, pp. 304-305; SARAIVA FILHO, Oswaldo Othon de Pontes. Limitações ao Poder Impositivo e Segurança Jurídica. In: MARTINS, Ives Gandra da Silva (Coord.). *Limitações ao Poder Impositivo e Segurança Jurídica*. São Paulo: Revista dos Tribunais, 2005, pp. 536-537; LEITÃO, Maria Beatriz Mello. A Possibilidade de Revisão pelo Poder Judiciário das Decisões do Conselho de Contribuintes Contrárias à Fazenda Pública. In: ROCHA, Sergio André (Coord.). *Processo Administrativo Tributário*: Estudos em Homenagem ao Professor Aurélio Pitanga Seixas Filho. São Paulo: ão Paulo: Quartier Latin, 2007, pp. 519-520; BORGES, José Alfredo. Possibilidade de a Fazenda pública questionar em juízo as decisões definitivas do conselho de contribuintes. *Revista Internacional de Direito Tributário*, Belo Horizonte, v. 8, jul.-dez. 2007, p. 368.

juridicidade, ou diante de erro de fato; 2) podem ser intentadas: ação de conhecimento, mandado de segurança, ação civil pública ou ação popular; e 3) a ação de rito ordinário e mandado de segurança podem ser propostos pela Procuradoria-Geral da Fazenda Nacional, por meio de sua Unidade do foro da ação; ação civil pública pode ser proposta pelo órgão competente; já a ação popular somente pode ser proposta por cidadão, nos termos da Constituição Federal.

Posteriormente, em 29 de outubro de 2004, foi editada pela Procuradoria Geral da Fazenda Nacional a Portaria nº 820, a qual "disciplina, no âmbito da Procuradoria-Geral da Fazenda Nacional, a submissão de decisões dos Conselhos de Contribuintes e da Câmara Superior de Recursos Fiscais à apreciação do Poder Judiciário".

Os requisitos que deveriam ser atendidos para a propositura da ação pela Procuradoria da Fazenda estão previstos no art. 2º da referida portaria, cuja redação é a seguinte:

> *Art. 2º As decisões dos Conselhos de Contribuintes e da Câmara Superior de Recursos Fiscais podem ser submetidas à apreciação do Poder Judiciário desde que expressa ou implicitamente afastem a aplicabilidade de leis ou decretos e, cumulativa ou alternativamente:*
> *I – versem sobre valores superiores a R$ 50.000.000,00 (cinquenta milhões de reais);*
> *II – cuidem de matéria cuja relevância temática recomende a sua apreciação na esfera judicial; e*
> *III – possam causar grave lesão ao patrimônio público.*
> *Parágrafo único. O disposto neste artigo aplica-se somente a decisões proferidas dentro do prazo de cinco anos, contados da data da respectiva publicação no Diário Oficial da União.*

Tal postura da Fazenda, apesar de voltada à realização dos princípios da legalidade e da verdade material, não parece a mais correta, tendo em conta que tem como premissa uma segregação entre Administração Ativa e Administração Judicante que não se coaduna com a natureza da descentralização administrativa.

Vale a pena registrar que, em 2007, através da Nota PGFN/PGA/nº 74/2007, a Procuradoria da Fazenda Nacional suspendeu a eficácia dos atos acima. Já em 2014, Nota PGFN/PGA/nº 1403/2014 manteve a suspensão de tais atos, em decorrência de o STF ter negado seguimento ao Recurso Extraordinário no 535.077, no qual a Fazenda buscava a revisão da decisão do STJ no Mandado de Segurança nº 8.810/DF. Assim sendo, as regras acima deixaram de ser aplicáveis no âmbito da Procuradoria-Geral da Fazenda Nacional.

Nada obstante, é de se assinalar que a doutrina majoritária posiciona-se em sentido diverso do acima mencionado,[27] fundamentando-se, principal-

[27] Cf. MARTINS, Ives Gandra da Silva, *Processo Administrativo Tributário*, 2002, p. 78; MALERBI, Diva, *Processo Administrativo Tributário*, 2002, p. 133; TORRES, Ricardo Lobo, *Processo Administrativo Tributário*, 2002, p. 179; TORRES, Ricardo Lobo. *Curso de Direito Financeiro e Tributário*. 10ª ed. Rio de Janeiro: Renovar, 2003, p. 311; CARVALHO, Paulo de Barros. *Curso de Direito Tributário*. 15ª ed. São Paulo: Saraiva, 2003, pp. 474-475; OLIVEIRA, Ricardo Mariz. Processo Administrativo Tributário. In: MARTINS, Ives Gandra da Silva (Coord.). *Processo Administrativo Tributário*. São Paulo: Revista dos Tribunais, 2002, p. 221; XAVIER, Alberto, *Do Lançamento*: teoria geral do ato, do procedimento e do processo tributário, 1997, pp. 320-321; ROCHA, Valdir de Oliveira. Processo Administrativo Tributário. In: MARTINS, Ives Gandra da Silva (Coord.). *Processo Administrativo Tributário*. São Paulo: Revista dos Tribunais, 2002, p. 258; BOTALLO, Eduardo Domingos. Visão Atual do Processo Administrativo Tributário. In: SCHOUERI, Luís Eduardo (Coord.). *Direito Tributário*: Homenagem a Alcides Jorge Costa. São Paulo: Quartier Latin, 2003, v. II, pp. 843-845; MUSSOLINI JÚNIOR, Luiz Fernando. *Processo Administrativo Tributário*: Das Decisões Terminativas Contrárias à Fazenda Pública. Barueri: Manole, 2004, p. 59; LOBO, Maria Teresa Cárcomo. Processo Administrativo Tributário. In: MARTINS, Ives Gandra da Silva (Coord.). *Processo Administrativo Tributário*. São Paulo: Revista dos Tribunais, 2002, p. 252; MACHADO, Hugo de Brito. *Curso de Direito Tributário*. 10ª ed. São Paulo: Malheiros, 1995, pp. 149 e 150; MACHADO, Hugo de Brito. Algumas Questões do Processo Administrativo Tributário. In: MARTINS, Ives Gandra da Silva (Coord.). *Processo Administrativo Tributário*. São Paulo: Revista dos Tribunais, 2002, pp. 158 e 159; ROSA JR. Luiz Emygdio F. *Manual de Direito Financeiro e Direito Tributário*. 17ª ed. Rio de Janeiro: Renovar, 2004, p. 697; MORAES, Bernardo Ribeiro de. *Compêndio de Direito Tributário*. 3ª ed. Rio de Janeiro: Forense, 1999, v. II, p. 464; COÊLHO, Sacha Calmon Navarro. Processo Administrativo Tributário. In: MARTINS, Ives Gandra da Silva (Coord.). *Processo Administrativo Tributário*. São Paulo: Revista dos Tribunais, 2002, pp. 190 e 191; DERZI, Misabel Abreu Machado (notas de Atualização). In: BALLEIRO, Aliomar. *Direito Tributário Brasileiro*. 11ª ed. Rio de Janeiro: Forense, 2001, p. 858; GRECO, Marco Aurélio. Processo Administrativo Tributário. In: MARTINS, Ives Gandra da Silva (Coord.). *Processo Administrativo Tributário*. São Paulo: Revista dos Tribunais, 2002, pp. 708 e 709; CAMPOS, Dejalma de. *Direito Processual Tributário*. 7ª ed. São Paulo: Atlas, 2001, p. 69; REDENSCHI, Ronaldo. Processo Administrativo Tributário. In: GOMES, Marcus Lívio; ANTONELLI, Leonardo Pietro (Coords.). *Curso de Direito Tributário Brasileiro*. São Paulo: Quartier Latin, 2005, pp. 211-217; FIGUEIREDO, Lúcia Valle. Possibilidade Jurídica de Anulação, Mediante Ação Judicial, de Decisão de Mérito Proferida pelo Conselho de Contribuintes. In: MARTINS, Ives Gandra da Silva et al. (Coords.). *Coisa Julgada Tributária*. São Paulo: MP Editora, 2005, p. 292; RODRIGUES, Marilene Talarico Martins. Processo Administrativo Tributário e a Impossibilidade de Anulação de Decisão Administrativa de Mérito "Coisa Julgada"pelo Poder Judiciário. In: MARTINS, Ives Gandra da Silva et al. (Coords.). *Coisa Julgada Tributária*. São Paulo: MP Editora, 2005, p. 336; MELLO, José Eduardo Soares de. Limitações ao Poder Impositivo e Segurança Jurídica. In: MARTINS, Ives Gandra da Silva (Coord.). *Limitações ao Poder Impositivo e Segurança Jurídica*. São Paulo: Revista dos Tribunais, 2005, pp. 192-198; PONTES, Helenilson Cunha. Segurança Jurídica e Tributação. In: MARTINS, Ives Gandra da Silva (Coord.). *Limitações ao Poder Impositivo e Segurança Jurídica*. São Paulo: Revista dos Tribunais, 2005, p. 276; SCARTEZZINI, Ana Maria Goffi Flaquer. Limitações ao Poder Impositivo e Segurança Jurídica. In: MARTINS, Ives Gandra da Silva (Coord.). *Limitações ao Poder Impositivo e Segurança Jurídica*. São Paulo: Revista

mente, nos seguintes argumentos, que analisaremos mesmo que a orientação da Fazenda pelo questionamento judicial de decisões administrativas tenha perdido a eficácia:

1. A possibilidade de questionamento judicial, pela Fazenda Pública, da decisão proferida ao cabo do processo administrativo, traria insegurança às relações jurídicas tributárias, reduzindo, demasiadamente a importância de órgãos como o Conselho Administrativo de Recursos Fiscais, cuja imparcialidade e independência técnica são essenciais para a proteção dos contribuintes contra cobranças tributárias indevidas, movidas mais pelo afã arrecadatório do que pela correta aplicação da legislação fiscal. Nas palavras de MARCOS VINICIUS NEDER e MARIA TERESA MARTINEZ LÓPEZ, "pedir a anulação da decisão proferida pelos Conselhos de Contribuintes, quando for favorável ao contribuinte, retira a razão para a existência desses órgãos".[28]

---

dos Tribunais, 2005, pp. 294-295; COSTA, Antonio José da. Limitações ao Poder Impositivo e Segurança Jurídica. In: MARTINS, Ives Gandra da Silva (Coord.). *Limitações ao Poder Impositivo e Segurança Jurídica*. São Paulo: Revista dos Tribunais, 2005, p. 324; HERNANDEZ, Fernanda Guimarães. Limitações ao Poder Impositivo e Segurança Jurídica. In: MARTINS, Ives Gandra da Silva (Coord.). *Limitações ao Poder Impositivo e Segurança Jurídica*. São Paulo: Revista dos Tribunais, 2005, pp. 356-357; PASIN, João Bosco Coelho. Limitações ao Poder Impositivo e Segurança Jurídica. In: MARTINS, Ives Gandra da Silva (Coord.). *Limitações ao Poder Impositivo e Segurança Jurídica*. São Paulo: Revista dos Tribunais, 2005, p. 416; GONÇALVES, Antonio Manoel. Limitações ao Poder Impositivo e Segurança Jurídica. In: MARTINS, Ives Gandra da Silva (Coord.). *Limitações ao Poder Impositivo e Segurança Jurídica*. São Paulo: Revista dos Tribunais, 2005, pp. 430-433; FERRAZ, Roberto. Limitações ao Poder Impositivo e Segurança Jurídica – O Princípio da Transparência Tributária. In: MARTINS, Ives Gandra da Silva (Coord.). *Limitações ao Poder Impositivo e Segurança Jurídica*. São Paulo: Revista dos Tribunais, 2005, p. 471; ROSSI, Júlio Cesar. Limitações ao Poder Impositivo e Segurança Jurídica. In: MARTINS, Ives Gandra da Silva (Coord.). *Limitações ao Poder Impositivo e Segurança Jurídica*. São Paulo: Revista dos Tribunais, 2005, p. 479; SOUZA, Fátima Fernandes Rodrigues de. Limitações ao Poder Impositivo e Segurança Jurídica. In: MARTINS, Ives Gandra da Silva (Coord.). *Limitações ao Poder Impositivo e Segurança Jurídica*. São Paulo: Revista dos Tribunais, 2005, p. 503; GODOI, Marciano Seabra de, Sobre a Possibilidade de a Fazenda Pública reverter, em Juízo, Decisões Definitivas dos Conselhos de Contribuintes, 2005, p. 410; BOTTALLO, Eduardo Domingos, *Curso de Processo Administrativo Tributário*, 2006, pp. 165-172; PIZOLIO, Reinaldo. Decisão Administrativa Favorável ao Contribuinte e Impossibilidade de Ingresso da Fazenda Pública em Juízo. In: PIZOLIO, Reinaldo (Coord.). *Processo Administrativo Tributário*. São Paulo: Quartier Latin, 2007, p. 281; FERRAZ, Diogo. A impossibilidade jurídica do questionamento judicial, pela PGFN, das decisões do Conselho de Contribuintes. *Revista Fórum de Direito Tributário*, Belo Horizonte, n. 24, nov.-dez. 2004, p. 162; LUNARDELLI, Maria Rita Gradilone Sampaio. *Lançamento, Processo Administrativo e Extinção do Crédito Tributário*. São Paulo: Quartier Latin, 2010, pp. 163-164.

[28] *Processo Administrativo Fiscal Federal Comentado*, 2002, p. 365.

2. Tendo a decisão sido proferida por órgão da Administração Pública direta, não teria esta interesse processual de agir para postular, perante o Poder Judiciário, a anulação de ato pela mesma praticado. Há que se reconhecer que tanto o Ministério da Fazenda como a Procuradoria Geral da Fazenda Nacional e o Conselho Administrativo de Recursos Fiscais são órgãos administrativos inseridos na mesma pessoa jurídica de Direito Público, a União Federal, sendo desta indissociáveis.
3. Tendo em vista os mandamentos previstos nos arts. 42 e 45 do Decreto nº 70.235/72, a decisão proferida no âmbito do processo administrativo, pelo Conselho Administrativo de Recursos Fiscais, é definitiva, entendimento este corroborado pelo Superior Tribunal de Justiça no Mandado de Segurança nº 8.810.

Vale a pena tecer alguns comentários sobre cada um desses argumentos, o que se faz a seguir.

8.3.1. Impossibilidade de Questionamento Judicial pela Fazenda de Decisão Administrativa: Insegurança Jurídica e a Desvalorização do Processo Administrativo

Um dos grandes problemas enfrentados no âmbito do controle da legalidade dos atos administrativos fiscais consiste na desconfiança que os contribuintes têm dos instrumentos que são postos à sua disposição pela Administração Pública, na medida em que os órgãos administrativos encarregados da revisão dos atos fiscais nem sempre agem com a independência técnica e imparcialidade esperadas.

Assim, em um cenário jurídico como o atual, em que a fragilidade do processo administrativo fiscal como instrumento de defesa dos direitos dos contribuintes é evidente, o questionamento judicial de decisões proferidas pelos órgãos administrativos de julgamento desacreditaria os meios de controle administrativo dos atos tributários.

Tal questionamento poria em foco a seguinte pergunta: em um sistema em que as autoridades fazendárias podem contestar suas próprias decisões perante o Poder Judiciário, para que serve o processo administrativo?

De fato, a grande vantagem de se postergar a discussão judicial e percorrer o longo caminho do processo administrativo é a expectativa de discutir a questão com um corpo técnico de julgadores, cuja decisão final, lastreada no exame da legislação e não em ponderações políticas e fundamentações de cunho estritamente arrecadatório, caso favorável ao contribuinte, será definitiva.

Com a possibilidade de discussão judicial da decisão do Conselho Administrativo de Recursos Fiscais favorável aos contribuintes põe-se por terra, portanto, uma das principais funções do processo administrativo, ao qual restará o ostracismo. Esta orientação é inaceitável e incompatível com o ordenamento jurídico brasileiro. Como salienta HUGO DE BRITO MACHADO, "realmente, o Conselho de Contribuintes, em tal situação, passaria a ser apenas mais uma *instancia*, inteiramente desprezível porque suas decisões nada significariam que o contribuinte que, ao pedir sua proteção, estaria apenas fazendo maior a demora no desfecho do litígio com a Fazenda. Por outro lado, se admitíssemos que poderiam ser levadas a Juízo apenas algumas de suas decisões, estaria aberta mais uma oportunidade para práticas discricionárias inadimissíveis, ou mesmo imorais, inteiramente incompatíveis com o Estado Democrático de Direito".[29]

Há que se compreender que por intermédio do processo administrativo pratica-se um ato de aplicação da lei ao caso concreto, promovendo-se a estabilização das relações jurídicas existentes entre o Estado e os administrados, cuja correção não pode cambiar ao sabor da conveniência da Administração Pública.

Diante do exposto, não é demasiado afirmar que o Parecer PGFN/CRJ nº 1.087/2004 foi um ato de terrorismo contra o processo administrativo fiscal, uma medida que visa dilapidar os instrumentos institucionais de defesa dos contribuintes, ao invés de fortalecê-los, uma clara demonstração de que a Fazenda vê o processo administrativo não como um direito constitucional dos contribuintes, decorrente do princípio do devido processo legal e seus corolários, mas sim como uma espécie de concessão, que pode ser a qualquer instante suprimida. Por sorte, a posição tomada pelo STF no Recurso Extraordinário no 535.077 conteve o ímpeto da Fazenda, levando à suspensação do aludido Parecer.

---

[29] MACHADO, Hugo de Brito. Processo Administrativo Tributário: Eficiência e Direitos Fundamentais do Contribuinte. In: CAMPOS, Marcelo (Coord.). *Direito Processual Tributário*: Estudos em Homenagem ao Professor Dejalma de Campos. São Paulo: Revista dos Tribunais, 2008, p. 80.

8.3.2. Impossibilidade de Questionamento Judicial pela Fazenda de Decisão Administrativa: Da Relação Existente entre a Administração Ativa e a Administração Judicante

Outro aspecto que deve ser sublinhado é que, apesar de realizarem atividades de natureza distinta, a dita Administração Ativa age por imputação volitiva da mesma pessoa jurídica de direito público sob a qual se encontra a chamada Administração Judicante.[30] Nenhuma das duas possui personalidade jurídica, sendo órgãos administrativos criados por descentralização de atividades.

Como destaca HUGO DE BRITO MACHADO SEGUNDO, "a preclusão administrativa e a impossibilidade de impugnação judicial por parte da administração decorrem, em última análise, de uma questão de atribuição de competência. O Poder Público é composto de órgãos, cada um dotado de competência para o exercício de determinadas funções. Quando há decisão administrativa *definitiva*, tem-se que foi a Administração, através do órgão competente, que decidiu pela validade, ou invalidade, do ato impugnado pelo contribuinte. Assim, outros órgãos, como Procuradorias de Fazenda, Coordenações de Arrecadação etc., simplesmente não têm competência para rever tal decisão, e o ente público por eles integrado não tem *interesse de agir* para questionar judicialmente um ato dele próprio".[31]

Assim, mesmo que a Administração Ativa discordasse da decisão proferida pela Administração Judicante, não teria aquela sequer capacidade processual para postular em juízo sua reforma, somente tendo legitimidade para tanto a pessoa jurídica de direito público a que se encontra vinculada, no caso a União Federal, a qual, como dito, é, em última análise, a pessoa jurídica sob a

---

[30] Como destaca MARCELLO CAETANO: "Essa idéia de imputação tem a maior importância na técnica jurídica. Aqui chama-se imputação à atribuição de um ato voluntário à pessoa que deve ser tida por sua autora. É uma noção bem conhecida pelos criminalistas.
Ora na pessoa coletiva a vontade manifestada pelo órgão é imputada à própria pessoa, isto é, a pessoa manifesta-se através do órgão. É através dos seus órgãos que, tal como as pessoas físicas, as pessoas jurídicas conhecem, pensam e querem. O órgão não tem existência distinta da pessoa, a pessoa não pode existir sem órgãos. Os atos dos órgãos são atos da própria pessoa e tudo quanto diz respeito às relações entre os diversos órgãos da mesma pessoa jurídica tem caráter meramente interno" (*Princípios Fundamentais do Direito Administrativo*. Rio de Janeiro: Forense, 1977, p. 64). Nesse mesmo sentido: MARIENHOFF, Miguel S. *Tratado de Derecho Administrativo*. Buenos Aires: Abeledo-Perrot, [s/d], t. I, p. 536.
[31] MACHADO SEGUNDO, Hugo de Brito, *Processo Tributário*, 2004, p. 201.

qual funciona o Conselho Administrativo de Recursos Fiscais do Ministério da Fazenda.[32]

Não se pode perder de vista, por outro lado, que no caso do Conselho Administrativo de Recursos Fiscais a distinção pretendida entre Administração Ativa e Judicante fica um pouco turva.

De fato, as Turmas de julgamento de cada Seção do Conselho são compostas de oito Conselheiros, "sendo 4 (quatro) representantes da Fazenda Nacional e 4 (quatro) representantes dos Contribuintes" (art. 23 do Anexo II do Regimento Interno do Conselho Administrativo de Recursos Fiscais).

Assim, nota-se que aqueles que representam os "interesses" da Fazenda junto ao Conselho tratam-se, de fato, de servidores de carreira da Fazenda Nacional, exigindo-se, para a função de Conselheiro, que o mesmo tenha esteja no exercício do cargo de auditor há pelo menos cinco anos (inciso I do art. 29 do Anexo II do Regimento Interno do Conselho Administrativo de Recursos Fiscais).

Ademais, insta destacar que, de acordo com o § 9º do art. 25 do Decreto nº 70.235/72, "os cargos de Presidente das Turmas da Câmara Superior de Recursos Fiscais, das câmaras, das suas turmas e das turmas especiais serão ocupados por conselheiros representantes da Fazenda Nacional, que, em caso de empate, terão o voto de qualidade, e os cargos de Vice-Presidente, por representantes dos contribuintes".

Dessa forma, presentes todos os representantes da Fazenda Nacional, será sempre a sua opinião que irá prevalecer, uma vez que, na hipótese de empate na votação ordinária, o Presidente da Turma, portanto, um Auditor-Fiscal do Tesouro Nacional com um mínimo de cinco anos de experiência, exercerá seu direito ao voto de qualidade.

Diante dessas considerações, cremos não haver como se sustentar que a manifestação do Conselho Administrativo de Recursos Fiscais é algo completamente alheio à própria Fazenda Nacional, a justificar o questionamento de decisão da corte administrativa perante o Judiciário no caso de decisão que reconheça a ilegalidade do ato administrativo questionado.

Nesse diapasão, o entendimento defendido por AURÉLIO PITANGA SEIXAS FILHO, RUBENS GOMES DA SOUZA, GILBERTO DE ULHÔA CANTO e CARLOS DA

---

[32] Nas palavras de HUGO DE BRITO MACHADO, "não sendo pessoas, como efetivamente não são os Conselhos de Contribuintes, não têm eles capacidade para estar em juízo. Em outras palavras, eles não podem ser réus em ações nas quais a União tenha a pretensão de anular suas decisões" (MACHADO, Hugo de Brito. Ação da Fazenda Pública para anular Decisão da Administração Tributária. Revista Dialética de Direito Tributário, São Paulo, nº 112, jan. 2005, p. 48).

Rocha Guimarães somente seria aplicável nas situações em que a decisão no processo administrativo tenha sido proferida por *ente personalizado*, sobre o qual não exerça a Administração Direta poder hierárquico.

Tal ocorre, por exemplo, no âmbito das decisões e atos emanados das chamadas Agências Reguladoras, as quais se tratam de entes personalizados cuja característica fundamental repousa em sua independência.[33]

Ora, a razão para que se negue à Administração Pública o direito de recorrer ao Judiciário para a anulação dos atos de seus órgãos consiste: (a) em relação aos atos administrativos em geral na falta de necessidade da tutela jurisdicional, uma vez que, como previsto no art. 53 da Lei nº 9.784/99, a Administração tem plena competência para anular seus próprios atos; e (b) em relação aos atos decisórios praticados ao cabo de processos administrativos na *preclusão lógica* do direito da Administração de se manifestar de forma diversa, consubstanciada na aludida *coisa julgada administrativa*.

Tendo em vista essas premissas, é de se reconhecer ao Chefe do Executivo o direito de questionar judicialmente os atos editados pelas agências reguladoras, uma vez que: (a) ele não possui atribuição para simplesmente anular os atos praticados pelos referidos entes, autônomos e independentes da Administração Direta, sobre os quais não exerce *poder hierárquico*,[34] e (b) as decisões proferidas pelas agências reguladoras em processos administrativos refletem o seu entendimento quanto à matéria e não, necessariamente, o entendimento da Administração Pública Direta.

Assim sendo, nesses casos, em que uma pessoa jurídica de direito público autônoma proferir decisão que não pode ser controlada pelo exercício do poder hierárquico, seria possível vislumbrar a possibilidade de o Chefe do

---

[33] Cf. MORAES, Alexandre de. Agências Reguladoras. In: MORAES, Alexandre de (Org.). *Agências Reguladoras*. São Paulo: Atlas, 2002, p. 25; FERREIRA FILHO, Manoel Gonçalves. Reforma do Estado: O Papel das Agências Reguladoras e Fiscalizadoras. In: MORAES, Alexandre de (Org.). *Agências Reguladoras*. São Paulo: Atlas, 2002, p. 139; BARROSO, Luís Roberto. Apontamentos sobre as Agências Reguladoras. In: MORAES, Alexandre de (Org.). *Agências Reguladoras*. São Paulo: Atlas, 2002, p. 121; FONSECA, João Bosco Leopoldino da. *Direito Econômico*. 4ª ed. Rio de Janeiro: Forense, 2002, p. 260; MOREIRA NETO, Diogo de Figueiredo. *Direito Regulatório*. Rio de Janeiro: Renovar, 2003, pp. 165-166.

[34] Segundo MARCOS JURUENA VILLELA SOUTO, "não deve caber controle administrativo pela via do recurso hierárquico impróprio, admitindo-se que a decisão da agência reguladora possa ser revista ou modificada por um agente político (como um Ministro ou Secretário de Estado, por exemplo). Isso retiraria toda a independência da entidade e a segurança dos investidores, que ficariam, assim, sujeitos a critérios políticos (e, porque não dizer, demagógicos) de julgamento" (SOUTO, Marcos Juruena Villela. Agências Reguladoras. *Revista de Direito Administrativo*, Rio de Janeiro, v. 216, abr.-jun. 1999, p. 148).

Poder Executivo questionar judicialmente decisão proferida no âmbito de processo administrativo.

Diante de tudo o que foi exposto, no que se refere às decisões proferidas em processos administrativos, deve ser reinterpretada a disposição contida no verbete da Súmula nº 473, bem como o disposto no art. 53 da Lei nº 9.784/99, os quais reconhecem o direito da Administração de anular e revogar seus próprios atos.

De fato, sendo o processo administrativo um direito constitucionalmente garantido aos administrados em geral, não se pode incluir a decisão que lhe põe termo na regra geral dos atos administrativos, que podem ser revogados pela própria Administração por motivos de conveniência e oportunidade.

Por intermédio do processo administrativo se pratica um ato de aplicação da lei ao caso concreto, promovendo-se a estabilização das relações jurídicas existentes entre o Estado e os administrados, cuja correção não pode cambiar ao sabor da conveniência da Administração Pública.[35]

8.3.3. Impossibilidade de Questionamento Judicial pela Fazenda de Decisão Administrativa: O Art. 42 do Decreto nº 70.235/72 e a Eficácia da Decisão Final no Processo Administrativo

De acordo com o art. 42 do Decreto 70.235/72, são definitivas as decisões:

I – de primeira instância, esgotado o prazo para recurso voluntário sem que este tenha sido interposto;
II – de segunda instância, de que não caiba recurso ou, se cabível, quando decorrido o prazo sem sua interposição;
III – de instância especial.

Em linha com a regra acima transcrita, o art. 45 do Decreto estabelece que "no caso de decisão definitiva favorável ao sujeito passivo, cumpre à autoridade preparadora exonerá-lo, de ofício, dos gravames decorrentes do litígio".

Tendo em vista o disposto nesses artigos é possível concluir que proferida decisão final no processo administrativo fiscal há a preclusão de seu critério jurídico para a Fazenda, de forma que a mesma se torna imutável para a Administração Pública.

---

[35] Cf. SEIXAS FILHO, Aurélio Pitanga Seixas. Decisão de Autoridade Fiscal – Preclusão do seu Critério Jurídico. *Revista Dialética de Direito Tributário*, São Paulo, nº 18, mar. 1997, p. 68.

Esse entendimento restou vitorioso no julgamento, pelo Superior Tribunal de Justiça, do Mandado de Segurança nº 8.810 (publicação no DJ em 06/10/2003), cuja ementa encontra-se transcrita abaixo:

ADMINISTRATIVO – MANDADO DE SEGURANÇA – CONSELHO DE CONTRIBUINTES – DECISÃO IRRECORRIDA – RECURSO HIERÁRQUICO – CONTROLE MINISTERIAL – ERRO DE HERMENÊUTICA.

I – A competência ministerial para controlar os atos da administração pressupõe a existência de algo descontrolado, não incide nas hipóteses em que o órgão controlado se conteve no âmbito de sua competência e do devido processo legal.

II – O controle do Ministro da Fazenda (Arts. 19 e 20 do DL 200/67) sobre os acórdãos dos conselhos de contribuintes tem como escopo e limite o reparo de nulidades. Não é lícito ao Ministro cassar tais decisões, sob o argumento de que o colegiado errou na interpretação da Lei.

III – As decisões do conselho de contribuintes, quando não recorridas, tornam-se definitivas, cumprindo à Administração, de ofício, "exonerar o sujeito passivo dos gravames decorrentes do litígio" (Dec. 70.235/72, Art. 45).

IV – Ao dar curso a apelo contra decisão definitiva de conselho de contribuintes, o Ministro da Fazenda põe em risco direito líquido e certo do beneficiário da decisão recorrida.

Firmes na interpretação do dispositivo em comento, a qual foi corretamente acolhida pelo Superior Tribunal de Justiça, temos certeza quanto à impossibilidade de reabertura da discussão relativa a matéria apreciada, em última instância, pelo Conselho Administrativo de Recursos Fiscais, razão pela qual o posicionamento encampado pelo da PGFN/CRJ nº 10087, de 19/07/2004, mostra-se absolutamente contrário aos mandamentos do ordenamento jurídico pátrio, devendo ser revisto pela própria Administração Pública ou, em caso contrário, rechaçado pelo Poder Judiciário.

Não se pode perder de vista que, em linha com o disposto no inciso IX do art. 156 do Código Tributário Nacional, a decisão administrativa irreformável extingue o crédito tributário, entendendo-se por decisão irreformável aquela que seja definitiva na órbita administrativa, não podendo ser objeto de ação anulatória.

A menção à possibilidade de ajuizamento, pela Fazenda Pública, de ação anulatória, contida no dispositivo acima citado, em nada altera a posição que vem sendo defendida no presente texto.

Com efeito, como demonstrado anteriormente, a impossibilidade de a Fazenda Pública ingressar em Juízo contra decisão proferida pelo Conselho

Administrativo de Recursos Fiscais é decorrência da própria natureza jurídica de tais órgãos, que agem por imputação volitiva da União Federal, de forma que não há que se cogitar da possibilidade de a União, por sua representação judicial, ajuizar ação contra ato por ela mesma praticado.

Há de se prestar homenagem, na presente situação, ao princípio do *nemi potest venire contra factum proprium*, negando-se a possibilidade de a Procuradoria Geral da Fazenda Nacional questionar judicialmente, em nome da União Federal, ato administrativo praticado, em última instância, pela própria União Federal, através de órgãos seus (Conselho Administrativo de Recursos Fiscais)

8.3.4. O Princípio da Inafastabilidade da Jurisdição e seu Papel na Presente Discussão

Alguns autores, ao analisarem a questão sob exame, defendem a possibilidade ou impossibilidade de questionamento, por parte da Fazenda Nacional, de decisão proferida pelo Conselho Administrativo de Recursos Fiscais, tendo em vista a aplicabilidade ou inaplicabilidade do princípio da inafastabilidade da jurisdição ao Estado.

O referido princípio encontra-se positivado no inciso XXXV do art. 5º da Constituição Federal, segundo o qual "a lei não excluirá da apreciação do Poder Judiciário lesão ou ameaça de lesão a direito".

Após termos passado por todos os argumentos acima, é de se assinalar que a citada disposição não tem qualquer impacto sobre o deslinde da questão sob exame.

Com efeito, o ponto controvertido aqui não é se a garantia insculpida no inciso XXXV do art. 5º aplica-se, tão-somente, aos indivíduos, ou se a mesma é igualmente aplicável ao Estado.

De fato, o que se está a discutir é que a União Federal não tem interesse processual para, através de um órgão seu (Procuradoria Geral da Fazenda Nacional), questionar ato praticado por outro órgão seu (Conselho Administrativo de Recursos Fiscais), devendo-se reconhecer que com a decisão proferida pelo órgão julgador ocorreu a preclusão do direito da Administração Fazendária de se manifestar em sentido diverso.

Com razão, portanto, Ives Gandra, quando, ao comentar argumento de que o direito da Fazenda ao questionamento judicial de ato dos Conselhos derivaria do XXXV do art. 5º da Constituição Federal, afirma que "nem serve, o inc. XXXV do art. 5º, como justificativa, pois a lesão ao direito (do contribuinte) foi sanada pela própria Fazenda, e não pode a Fazenda entender que tem o direito de se 'autocontestar', discordando de decisão que proferiu, por pretensa lesão a um direito que teria e que ela própria reconheceu que não tem".[36]

Nessa linha de convicções, definir se o XXXV do art. 5º da Constituição Federal aplica-se ao Estado é irrelevante, pois, no presente caso, sequer é possível falar na ocorrência de lesão ou ameaça de lesão a direito da União Federal, uma vez que foi ela mesmo, por intermédio de um de seus órgãos, que realizou o ato jurídico que seria objeto de contestação judicial, anulando o ato administrativo de exigência fiscal antes praticado pelas autoridades fazendárias.[37]

8.3.5. Hipóteses de Anulação da Decisão do Órgão Julgador Administrativo: Nulidade Absoluta da Decisão, Identificação de Condutas Criminosas ou em Fraude à Lei

Uma das alegações trazidas pela Fazenda para sustentar sua posição antes apresentada consiste na suposta necessidade de instrumentos jurídicos de defesa contra decisões proferidas em fraude à lei, ou em decorrência de práticas criminosas.

Não há o que se objetar à preocupação da Fazenda, salvo no que respeita ao entendimento de que o questionamento judicial de decisões proferidas ao fim do processo administrativo fiscal seja necessário para a cassação de uma decisão decorrente do cometimento de conduta criminosa.

Com efeito, parece que nos casos em que a decisão se mostrar nula de pleno direito (o que aconteceria, por exemplo, se o agente julgador tivesse sido corrompido pelo interessado para proferir decisão em determinado sentido) tem a Administração o direito de reconhecer tal nulidade, anulando a decisão,[38] sendo certo que, caso o administrado discorde do entendimento

---

[36] MARTINS, Ives Gandra da Silva, Processo Administrativo Tributário, 2002, p. 80.

[37] Divergindo expressamente de nosso entendimento é a manifestação de HUGO DE BRITO MACHADO em Ação da Fazenda Pública para anular Decisão da Administração Tributária, 2005, p. 58.

[38] Na lição de ANTÔNIO ROBERTO SAMPAIO DÓRIA, a "estabilidade das decisões administrativas, geradoras de direitos subjetivos, só deve ser recusada quando os atos administrativos venham eivados de fraude ou ilegalidade, pois, como já notava Pedro Lessa, 'não há disposição de lei nem princípio de direito que vede à administração a reforma ou cassação de seus atos ilegais, visto como de atos ilegais nenhum direito pode emanar para as pessoas em benefício das quais foi realizado o ato ilegal" (DÓRIA, Antônio Roberto Sampaio. Decisão Administrativa. Efeitos e Revogabilidade. *Revista dos Tribunais*, São Paulo, v. 363, jan. 1966, p. 46).

manifestado pela Administração, lhe será garantido o acesso ao Poder Judiciário.[39] Nessa situação, o único limite imponível ao poder da Administração Pública de anular suas decisões seria o prazo decadencial previsto no art. 54 da Lei nº 9.784/99.

A possibilidade de anulação da decisão nos casos acima mencionados foi inclusive reconhecida pelo Superior Tribunal de Justiça nos autos do Mandado de Segurança nº 8.810, já referido, tendo-se registrado, na ementa da decisão proferida pelo S.T.J., que "o controle do Ministro da Fazenda (arts. 19 e 20 do DL 200/67) sobre os acórdãos dos conselhos de contribuintes tem como escopo e limite o reparo de nulidades. Não é lícito ao Ministro cassar tais decisões, sob o argumento de que o colegiado errou na interpretação da Lei".

Reconheceu a Corte, portanto, que o que se veda à Administração é o reexame das razões jurídicas da decisão, da interpretação dada pelo Conselho, mas não a possibilidade de reparar nulidades, como as decorrentes do proferimento de decisão decorrente de conduta delituosa praticada pelo julgador.

Nesse caso, parece-nos cabível a apresentação de recurso hierárquico ao Ministro da Fazenda, com vistas à desconstituição da decisão nula dentro da própria esfera administrativa (sobre o recurso hierárquico ver o item 9.3 *infra*).

---

[39] Em sentido diverso do defendido no presente estudo, OSWALDO ARANHA BANDEIRA DE MELLO manifesta entendimento no sentido de que a decisão proferida pela Administração poderá ser sempre modificada por ela mesma, sendo a denominada *coisa julgada administrativa* a preclusão da instância administrativa para o particular: "Os atos administrativos podem se tornar definitivos com referência a terceiros, no sentido de lhes não caber mais, de direito, qualquer recurso contra eles, perante a Administração Pública. A instância fica, então, preclusa para os particulares, que não mais podem impugnar a matéria decidida. Mas cabe sempre conhecê-la, em querendo, e, em virtude de petição dos interessados, revogar ou reformar o ato administrativo anterior.
Jamais se poderá opor a exceção da coisa julgada contra essa atitude assumida por órgão da Administração Pública. Isso porque a revogação ou reforma dos atos administrativos é inerente à atividade da Administração Pública, o interesse coletivo, segundo a oportunidade e conveniência do momento" (MELLO, Oswaldo Aranha Bandeira de. *Princípios Gerais de Direito Administrativo*. Rio de Janeiro: Forense, 1969, v. I, p. 562).

Capítulo 9

Dos Recursos

9.1. Notas Introdutórias

De regra, a competência para a apreciação dos processos administrativos se encontra difusa por diversas instâncias de julgamento.

Nesse contexto, e conforme já analisado ao se examinar o princípio do duplo grau de cognição, quando o administrado não concorda com a decisão proferida pela autoridade julgadora de primeira instância, cabe-lhe o direito de interpor um recurso, levando o conhecimento da matéria para uma instância superior, por vezes colegiada e normalmente composta por julgadores mais experientes.

Do que restou asseverado acima nota-se que somente haverá que se falar em recurso contra decisão proferida por órgão julgador hierarquicamente inferior dentro da estrutura administrativa, sendo despicienda a previsão de recurso quando o julgamento da matéria for afeta, originariamente, ao órgão julgador de cúpula dentro da hierarquia administrativa.

Nessa ordem de convicções, caso houvesse, a título exemplificativo, hipóteses de competência originária do Conselho Administrativo de Recursos Fiscais para o conhecimento de processos administrativos fiscais, não haveria que se falar em violação ao princípio do duplo grau de cognição, por supressão da primeira instância.

O referido princípio deve ser interpretado como um direito à apreciação da questão pela instância hierarquicamente superior para conhecimento da matéria, e não como um direito a pelo menos duas instâncias de julgamento independentemente do órgão que conhece da matéria em primeiro lugar.

No âmbito do processo administrativo federal o direito à interposição de recurso para a instância superior encontra-se insculpido no art. 56 da Lei nº 9.784/99,[1] sendo que o art. 57 da referida lei prevê que, salvo disposição em contrário, o recurso tramitará por no máximo três instâncias.[2]

É possível identificar nos processos administrativos uma peculiaridade não encontrável no exercício da jurisdição, consistente no fato de se ter o recurso como ato inaugural do processo administrativo.

Com efeito, muitas vezes tem-se o recurso não como manifestação de inconformidade do administrado contra decisão proferida na primeira instância decisória no processo administrativo, mas sim contra determinado ato praticado pela Administração. Tanto é assim que MARIA SYLVIA ZANELLA DI PIETRO chega a definir os recursos administrativos como "todos os meios que podem utilizar os administrados para provocar o reexame do ato pela Administração Pública".[3]

Conforme o disposto no art. 61 da Lei nº 9.784/99, "salvo disposição legal em contrário, o recurso não tem efeito suspensivo", sendo que, de acordo com o parágrafo único desse mesmo dispositivo legal, "havendo justo receio de prejuízo de difícil ou incerta reparação decorrente da execução, a autoridade recorrida ou a imediatamente superior poderá, de ofício ou a pedido, dar efeito suspensivo ao recurso".

No âmbito do processo administrativo fiscal, por outro lado, a regra é o efeito suspensivo dos recursos administrativos, conforme previsto no inciso III do art. 151 do Código Tributário Nacional.

---

[1] "Art. 56. Das decisões administrativas cabe recurso, em face de razões de legalidade e de mérito.
§ 1º O recurso será dirigido à autoridade que proferiu a decisão, a qual, se não a reconsiderar no prazo de cinco dias, o encaminhará à autoridade superior.
§ 2º Salvo exigência legal, a interposição de recurso administrativo independe de caução".
[2] "Art. 57. O recurso administrativo tramitará no máximo por três instâncias administrativas, salvo disposição legal diversa".
[3] Di PIETRO, Maria Sylvia Zanella. *Direito Administrativo*. 9ª ed. São Paulo: Atlas, 1998, p. 481. O Professor ALBERTO XAVIER apresenta crítica à utilização do vocábulo "recurso" para representar a apresentação de defesa do contribuintes contra *ato administrativo primário* editado pela fiscalização. Eis sua lição: "O ato de reação ou impugnação contra o ato administrativo primário é, sem dúvida, uma *defesa* do administrado. Não uma defesa *prévia* em relação a tal ato, mas exercida a *a posteriori* (*posttermination hearing*), seja porque a defesa prévia não teve êxito, seja porque o caráter prévio é incompatível com a própria natureza do ato administrativo em causa (caso típico do lançamento tributário). Mas se tal ato é inegavelmente uma 'defesa', não lhe cabe, no mesmo sistema jurídico, a qualificação de 'recurso' em sentido técnico, eis que não visa ao reexame de uma prévio ato de julgamento (ato secundário) no âmbito do processo administrativo" (*Princípios do Processo Administrativo e Judicial Tributário*, 2005, p. 16).

Em sede de processo civil fala-se em requisitos de admissibilidade dos recursos, os quais se consubstanciariam no cabimento dos recursos, na legitimidade do recorrente e no interesse em recorrer (*requisitos intrínsecos*, pois dizem respeito à decisão recorrida), bem como na tempestividade, no preparo, na regularidade formal da petição recursal e na inexistência de fato impeditivo ou extintivo do direito ao recurso (*requisitos extrínsecos*).[4]

Tais requisitos para a válida interposição de um recurso encontram-se também presentes no âmbito do processo administrativo, somando-se aos mesmos, nos casos em que prevista, a apresentação de caução para a garantia da instância (requisito extrínseco).

9.2. Reformatio in Pejus

Questão das mais interessantes em relação aos recursos administrativos consiste na possibilidade de o agente ou órgão de segunda instância poder decidir de forma mais gravosa ao recorrente, a denominada *reformatio in pejus*. Como delineia CARVALHO SANTOS "o recorrente interpõe recurso contra determinado aspecto da decisão proferida pela autoridade inferior e, ao ser julgado, a nova decisão não somente nega provimento à parte impugnada pelo recurso, como ainda se estende para agravar mais ainda o direito ou interesse do recorrente".[5]

A lei do processo administrativo federal trata da questão em seu art. 64,[6] que em seu parágrafo único permite a reforma da decisão de primeira instância em detrimento da posição do recorrente, exigindo, para a validade de tal decisão, que este seja cientificado para que apresente suas considerações antes de proferida a decisão mais gravosa.

SÉRGIO FERRAZ e ADILSON ABREU DALLARI, ao se manifestarem sobre o tema, asseveram que a consequência "do que dispõem os incisos LIV e LV do art. 5º da Lei Maior é a rejeição, aqui, à reformatio in pejus (e pouco importa que leis a aceitem textualmente, pois a vedação é de estatura constitucional). A tutela da ampla defesa envolve a possibilidade de, sem ser surpreendida, a

---

[4] Cf. NERY JÚNIOR, Nelson, *Princípios Fundamentais*: Teoria Geral dos Recursos, 1997, pp. 237-238.
[5] *Processo Administrativo Federal*: Comentários à Lei nº 9.784/1999, 2001, p. 298.
[6] "Art. 64. O órgão competente para decidir o recurso poderá confirmar, modificar, anular ou revogar, total ou parcialmente, a decisão recorrida, se a matéria for de sua competência.
Parágrafo único. Se da aplicação do disposto neste artigo puder decorrer gravame à situação do recorrente, este deverá ser cientificado para que formule suas alegações antes da decisão".

parte rebater acusações, alegações, argumentos ou interpretações tais como dialeticamente postos, para evitar sanções ou prejuízos".[7]

HELENA MARQUES JUNQUEIRA, em estudo acerca da *reformatio in pejus* no Direito Administrativo, conclui que nos ditos processos revisivos seria possível a reforma em prejuízo do recorrente, o que não se afiguraria possível, entretanto, nos processos denominados sancionatórios, regrados, em tudo e por tudo, pelos princípios do devido processo legal, da ampla defesa e do contraditório.[8]

Ao que nos parece, a cogitação quanto à vedação da reforma de decisão de primeira instância em prejuízo do recorrente decorre da consideração do processo administrativo como instrumento para a solução de lides, nos moldes da atividade jurisdicional, posicionamento este repudiado no presente estudo.

Com efeito, é importante reiterar que o processo administrativo serve para a realização da legalidade administrativa. Não se trata, portanto, de proteger os interesses dos particulares e servidores a qualquer custo, mesmo que *contra legem*.

Assim, se órgão julgador de segunda instância percebe que a decisão proferida pelo agente *a quo* não se coaduna com os ditames legais, tem o mesmo não só o direito, mas o dever de reformar a decisão antes proferida, uma vez que sua função não é proteger os interesses particulares, mas sim os fins públicos, consubstanciados na realização prática da legalidade.

Não se pode perder de vista que *o processo administrativo é instrumento de proteção dos administrados contra a ilegalidade e não contra a legalidade, à qual deve o mesmo sempre se submeter*, recorrendo ao Poder Judiciário caso discorde da decisão administrativa.

Caso assim não fosse, não teria sentido o já analisa do instituto da coisa julgada administrativa, que veda à Administração Pública o acesso ao Poder

---

[7] *Processo Administrativo*, 2002, p. 155.

[8] JUNQUEIRA, Helena Marques. A *Reformatio in Pejus* no Processo Administrativo. In: FIGUEIREDO, Lucia Valle (Coord.). *Processo Administrativo Tributário e Previdenciário*. São Paulo: Max Limonad, 2001, pp. 91-113. Também negando a possibilidade da *reformatio in pejus* no âmbito do processo administrativo é a lição de Lúcia Valle Figueiredo, que após analisar as garantias do administrado aduz: "E finalmente, há a proibição da *reformatio in pejus*, não obstante o princípio da legalidade que preside toda atividade administrativa. E não poderia ser diferente. Se houvesse possibilidade de ser agravada a pena, por evidente que esse fato obstaria a garantia constitucional do duplo grau de jurisdição" (FIGUEIREDO, Lucia Valle. Estado de Direito e Devido Processo Legal. *Revista de Direito Administrativo*, Rio de Janeiro, v. 209, jul.-set. 1997, pp. 17-18). Elbe Queiroz, *Do Lançamento Tributário – Execução e Controle*, 1999, pp. 160-161; FANUCCHI, Fábio, *Processo Administrativo Tributário*, 1975, p. 57.

Judiciário para questionar decisão proferida por ela própria. A decisão final administrativa deve ser incontestável, pela Administração, perante o Judiciário; todavia, tal decisão deve corporificar seu entendimento acerca da questão posta à sua análise.

O posicionamento aqui defendido encontra eco na lição de AMÍLCAR DE ARAÚJO FALCÃO:

> *Demais disso, o controle administrativo tem maior amplitude; admite que se submeta a exame não só o aspecto da legalidade, como o do mérito do ato; enseja uma apreciação mais ampla, de vez que comporta a reformatio in pejus e a deliberação sobre aspectos não suscitados (sendo os casos de exaustão ou esgotamento da competência com a prática de ato e de eliminação do controle de ofício, o que importa a exclusão daqueles caracteres relativos ao modo de atuação da atividade jurisdicional, a que nos referimos, do ad-hoc-moment e do statu-quo-moment, com aproveitamento da fórmula de Forsthoff).*[9]

Dessa forma, não haveria qualquer inconstitucionalidade na reforma mais gravosa de decisão de primeira instância pelo órgão *ad quem*, sendo necessária para sua legitimidade apenas a possibilidade de o administrado contestar os fundamentos da nova decisão proferida, se assim o quiser, como imposição do princípio do devido processo legal e seus corolários, contraditório e ampla defesa.

Posição contrária é sustentada por ALBERTO XAVIER, para quem:

> *A função subjetiva ou garantística da impugnação impede que os poderes de cognação e decisão do órgão de julgamento vão* ultra petita *no sentido de uma* reformatio in pejus, *ou seja, que o ato jurídico de lançamento seja anulado e substituído por outro mais desfavorável ao impugnate que o próprio ato impugnado. E isto ainda que o órgão de julgamento tenha poderes de órgão de lançamento.*
>
> *Em defesa da* reformatio in pejus *pode dizer-se que ela é um corolário lógico do princípio da legalidade. Se o lançamento é um ato estritamente vinculado e se o órgão de julgamento reconhece que ele violou a lei, deve restaurar a legalidade ofendida praticando ou mandando praticar um novo ato conforme à lei, sendo irrelevante se esse novo ato é mais ou menos favorável para o particular. De harmonia com esta doutrina, no tocante aos atos vinculados*

---

[9] *Introdução ao Direito Administrativo*, 1977, p. 69. No mesmo sentido ver: SOUTO, Marcos Juruena Villela, *Direito Administrativo Regulatório*, 2002, p. 348; MAIA, Mary Elbe Queiroz, *Do Lançamento Tributário – Execução e Controle*, 1999, pp. 160-161; FANUCCHI, Fábio, *Processo Administrativo Tributário*, 1975, p. 57.

(como é o caso do lançamento tributário) a reformatio in pejus *é não só admissível, como juridicamente obrigatória.*

Entendemos, porém, que os princípios constitucionais da legalidade e da verdade material devem ceder o passo à regra, igualmente constitucional, que concebe o direito de impugnar os atos do Poder Público como "garantia" do cidadão, regra essa que conduz a uma "visão subjetiva da legalidade".[10]

Realmente, na esfera tributária a *reformatio in pejus* encontra algumas dificuldades de implementação, partindo da separação funcional entre os órgãos e agentes de lançamento e aqueles de revisão. De fato, os órgãos da Administração Judicante, como o Conselho Administrativo de Recursos Fiscais, não tem competência para constituição de créditos tributários, função que cabe à Secretaria da Receita Federal do Brasil, de modo que não parece que possa haver, no processo administrativo fiscal, uma situação de reforma de ato ou decisão anterior de forma mais gravosa para o contribuinte. Esta posição é confirmada na decisão abaixo, proferida pelo Conselho Administrativo de Recursos Fiscais:

Normas Gerais de Direito Tributário Exercício: 2002, 2003, 2004 IRPJ. CSLL. PIS. COFINS. RESPONSABILIDADE. OMISSÃO DO DEVER DE GUARDA DA ESCRITURAÇÃO COMERCIAL E FISCAL. ART. 135, III, DO CTN. INAPLICÁVEL. A responsabilidade prevista no art. 135 do CTN não é objetiva, mas depende de comprovação de dolo ou culpa por uma das pessoas indicadas nos seus incisos, logo, a não-apresentação da escrituração comercial e fiscal não constitui, por si só, infração à lei a justificar a responsabilização do sócio gerente. IRPJ. CSLL. PIS. COFINS. RESPONSABILIDADE. FALTA DE PAGAMENTO DE TRIBUTOS. ART. 135, III, DO CTN. INAPLICÁVEL. O inadimplemento da obrigação tributária pela sociedade não gera, por si só, a responsabilidade solidária do sócio-gerente. PIS. COFINS. RESPONSABILIDADE. ART. 135, III, DO CTN. Ao julgador, compete dizer se a responsabilidade tributária existe em face do critério jurídico adotado pela Fiscalização no lançamento, não em razão de outro critério jurídico. A DRJ não é autoridade lançadora, logo, as suas decisões não podem se constituir em reformatio in pejus . O juízo de valor sobre a responsabilidade tributária da recorrente pelos créditos de COFINS e PIS lançados deve ser feito à luz dos fundamentos expendidos pela Fiscalização nos autos de infração e no TVF, razão pela qual, tratando-se da mesma situação fática e do mesmo conjunto probatório, a decisão prolatada no lançamento do IRPJ é aplicável, mutatis mutandis, aos lançamentos da Cofins e do PIS.

(Acórdão nº 1302-001.213. Data da Sessão: 26/11/2013)

---

[10] XAVIER, Alberto, *Princípios do Processo Administrativo e Judicial Tributário*, 2005, p. 172.

Há decisões do Conselho Administrativo de Recursos Fiscais nesse sentido, a qual aplica o disposto no art. 65 da Lei nº 9.784/99, que estabelece que "os processos administrativos de que resultem sanções poderão ser revistos, a qualquer tempo, a pedido ou de ofício, quando surgirem fatos novos ou circunstâncias relevantes suscetíveis de justificar a inadequação da sanção aplicada", sendo que, de acordo com seu parágrafo único "da revisão do processo não poderá resultar agravamento da sanção". Veja-se, nesse sentido, a seguinte decisão:

> *Obrigações Acessórias Data do fato gerador: 30/09/2004 PROCESSO ADMINISTRATIVO FISCAL. REFORMATIO IN PEJUS. IMPOSSIBILIDADE. Na forma do disposto no parágrafo único do art. 65 da Lei nº 9.784/99, não é possível ao Conselho de Contribuintes a reforma de decisão ou revisão de ato administrativo que piore a situação jurídica do contribuinte. PRINCÍPIO DA INSIGNIFICÂNCIA. ALEGAÇÃO GENÉRICA. A alegação genérica de violação do Princípio da Insignificância ou da Bagatela não autoriza o afastamento da multa aplicada com base na legislação vigente. RECURSO VOLUNTÁRIO NEGADO.*
> *(Acórdão nº 302-39977. Data da Sessão: 13/11/2008)*

9.3. Possibilidade de Apresentação de Recurso Hierárquico contra Decisão de Órgão Administrativo de Julgamento como o Conselho Administrativo de Recursos Fiscais

Aspecto que deve ser examinado no que respeita aos recursos é referente à possibilidade de apresentação de recurso hierárquico contra a decisão final proferida pelos órgãos administrativos de julgamento.[11]

Em abalizado estudo sobre o tema em referência, EDUARDO ARRUDA ALVIM conclui que a apresentação de tal recurso encontra-se inserida "na função administrativa de controle de seus próprios atos (poder-dever), não importando, destarte, violação aos princípios da isonomia ou garantia do devido processo legal".[12]

---

[11] Nas palavras do mestre português DIOGO FREITAS DO AMARAL, entende-se por *recurso hierárquico* "o recurso administrativo mediante o qual se impugna o ato de um órgão subalterno perante o seu superior hie rárquico, a fim de obter a respectiva revogação ou substituição" (AMARAL, Diogo Freitas do, *Conceito e Natureza do Recurso Hierárquico*, 2005, p. 34).

[12] ALVIM, Eduardo Arruda. Apontamentos sobre o Recurso Hierárquico no Procedimento Administrativo Tributário Federal. In: FISCHER, Octavio (Coord.). *Tributos e Direitos Fundamentais*. São Paulo: Dialética, 2004, p. 44.

A partir do entendimento acima citado, é possível aduzir que a presente controvérsia reside na determinação da relação existente entre o órgão de julgamento e o Ministério (ou Secretaria) a que o mesmo encontra-se vinculado.

Como já tivemos a oportunidade de assinalar, o processo administrativo tem por fim a revisão de atos administrativos fiscais com vistas a examinar sua compatibilidade com o ordenamento jurídico, devendo tal revisão ser realizada com base em critérios estritamente técnicos e não políticos.

Para os fins de revisão técnica dos atos fiscais são criados pelo Estado órgãos colegiados compostos por especialistas em matéria tributária, que conjuntamente decidem sobre os processos de revisão que lhes são submetidos.

Apenas pela análise dessas poucas assertivas já se pode perceber a incompatibilidade do recurso hierárquico contra decisões finais proferidas no âmbito de processo administrativo com a própria natureza deste instrumento de revisão técnica da legalidade dos atos administrativos fiscais.

Com efeito, se esta é a finalidade do processo administrativo (revisão técnica dos atos fiscais), *não guarda compatibilidade com a mesma a idéia de que a decisão final no mesmo caberia a órgão ou agente de natureza política, que no mais das vezes não possui o cabedal técnico necessário para a apreciação das questões tributárias.*

Nessa linha de raciocínio, tendo em vista que a interposição de recurso hierárquico pela Fazenda *resulta no questionamento de decisão proferida por um órgão técnico perante outro político*, não há como justificar a opção pela mesma, a não ser em razão da preferência pela arrecadação desenfreada à correta aplicação das normas jurídicas tributárias.

Assim, é de se reconhecer que não há relação hierárquica, por exemplo, entre o Conselho Administrativo de Recursos Fiscais e o Ministro da Fazenda, isso no que se refere às atribuições técnicas por lei atribuídas àqueles órgãos.

Esse entendimento é corroborado pelo magistério de ALBERTO XAVIER, que comenta que a subordinação do Conselho é meramente organizacional e não hierárquica:

> *É certo que a Portaria do Ministro da Fazenda nº 55, de 16 de março de 1998 – que aprova os regimentos internos dos Conselhos de Contribuintes e da Câmara Superior de Recursos Fiscais – qualifica estes órgãos como órgãos colegiados judicantes "diretamente subordinados ao Ministro de Estado".*
>
> *Trata-se, porém, de uma subordinação meramente organizacional ou burocrática, e não de uma verdadeira subordinação hierárquica.*
>
> *Com efeito, não pode falar-se em "poder hierárquico" do Ministro da Fazenda, pois este não detém, pelo menos no que concerne ao núcleo essencial da competência judicante dos*

Conselhos de Contribuintes e da Câmara Superior de Recursos Fiscais, os atributos essenciais de tal poder, que são o poder de direção – a faculdade de dar ordens, seja através de comandos individuais e concretos, seja através de comandos gerais e abstratos (atos administrativos internos, "pararegulamentares", como instruções e circulares) – e o poder de revisão – que consiste na faculdade de o superior revogar ou suspender os atos praticados pelo subalterno, seja por sua iniciativa (avocação) ou em consequência de recurso hierárquico, seja com fundamento em ilegalidade (anulação) ou em inconveniência (revogação).[13]

Diante do exposto, tem-se que a defesa da legitimidade da apresentação de recurso hierárquico contra decisão do Conselho Administrativo de Recursos Fiscais além de ignorar os próprios fins do processo administrativo, desconsidera princípios basilares de Direito Administrativo, não encontrando justificativa sequer nos domínios da lógica e da razão.

Ao procedermos à análise da jurisprudência do Superior Tribunal de Justiça sobre a matéria em questão, percebemos que esta Corte historicamente tem manifestado entendimento no sentido de que o Recurso Hierárquico, *caso previsto na legislação*, é compatível com os princípios que regem o processo administrativo fiscal.[14] Nesse sentido é possível citarmos as seguintes decisões:

---

[13] *Princípios do Processo Administrativo e Judicial Tributário*, 2005, p. 47. Para José Eduardo Soares de Melo, "é certo que a subordinação só deve ocorrer nas questões de índole administrativo-funcional, mas nunca no tocante ao mérito das decisões colegiadas; mesmo porque inaplicável à espécie o princípio da autotutela, que permite à Administração anular seus próprios atos quando eivados de vícios que os tornam ilegais, poque deles não se originam direitos, ou revogá-los, por motivo de conveniência eu oportunidade, respeitados os direitos adquiridos e ressalvada a apreciação judicial (Súmulas nºs 346 e 473 do STF).
Os tribunais administrativos granjeiam o respeito dos contribuintes e das autoridades públicas, com especial atenção do Judiciário na medida em que possuam independência e liberdade de pensamento, não devendo ficar atrelados a prévias orientações ou determinações das autoridades fiscais. Devem necessariamente constituir a última instância administrativa em matéria tributária, razão pela qual suas decisões não podem ser reexaminadas (sequer modificadas) por qualquer autoridade, a quem não se pode conferir a faculdade de proceder (ou não) à sua homologação" (MELO, José Eduardo Soares de. *Processo Tributário Administrativo*: Federal, Estadual e Municipal. São Paulo: Quartier Latin, 2006, p. 243). No mesmo sentido, ver: MACHADO SEGUNDO, Hugo de Brito, *Processo Tributário*, 2004, pp. 59-60; GRIESBACH, Fabricio. O Processo Administrativo Tributário como Garantia Fundamental: Inconstitucionalida-de do Recurso Hierrárquico. In: FISCHER, Octavio (Coord.). *Tributos e Direitos Fundamentais*. São Paulo: Dialética, 2004, pp. 45-61.
[14] Essa linha de pensamento é questionada por Octavio Campos Fischer, que, ao responder pergunta acerca da legitimidade de regra que preveja a possibilidade de recurso hierárquico para um ente político, manifesta-se no seguinte sentido: "Em nosso entender, a resposta deve ser negativa, e pelos mesmos motivos delineados acima. *Se o processo administrativo, por força do devido processo, traduz-se em um direito fundamental e não em uma benesse estatal,* não é qualquer processo que terá legitimidade para solucionar disputas entre Fisco e contribuinte. Deverá ser um *due process*, no

TRIBUTÁRIO. PROCEDIMENTO ADMINISTRATIVO FISCAL. INSTÂNCIA ESPECIAL. POSSIBILIDADE.

1. Não viola a Constituição Federal (incisos LIV e LV do art. 5º da CF) disposição legal que permite recurso hierárquico especial de decisão de Conselho de Contribuintes para o Secretário de Estado da Fazenda.

2. O fundamento da instância especial está vinculado ao fato do julgamento realizado pelo órgão colegiado ser de natureza definitiva, pelo que é de bom tom ser revisto, por provocação da Fazenda, à autoridade superior.

3. O recurso hierárquico da Fazenda, desde que regulado por lei específica, não fere o princípio da isonomia processual e não viola o devido processo legal.

4. Recurso ordinário em Mandado de Segurança improvido (ROMS nº 11.976. Publicação no Diário da Justiça em 08/10/2001).

TRIBUTÁRIO. PROCEDIMENTO ADMINISTRATIVO FISCAL. INSTÂNCIA ESPECIAL. RECURSO HIERÁRQUICO. INCONSTITUCIONALIDADE. INEXISTÊNCIA.

1. O recurso hierárquico em benefício da Fazenda Pública, desde que previsto em lei, não viola a Constituição Federal, notadamente os princípios da isonomia e do devido processo legal.

2. A lei processual criada em favor da Fazenda não rompe o equilíbrio entre as partes, face a prevalência da supremacia do interesse público ao privado, instituída na Lei Maior.

3. Recurso ordinário a que se nega provimento (ROMS nº 13.592. Publicação no Diário da Justiça em 02/12/2002).

RECURSO ORDINÁRIO – MANDADO DE SEGURANÇA – CONSELHO DE CONTRIBUINTES DO ESTADO DO RIO DE JANEIRO – RECURSO HIERÁRQUICO – SECRETÁRIO DE ESTADO DA FAZENDA DO ESTADO – EXPRESSA PREVISÃO LEGAL – LEGALIDADE – PRECEDENTES.

A previsão de recurso hierárquico para o Secretário de Estado da Fazenda quando a decisão do Conselho de Contribuintes do Estado do Rio de Janeiro for prejudicial ao ente público não fere os princípios constitucionais da isonomia processual, da ampla defesa e

sentido de *fair process*, que garanta ao cidadão a supremacia da Constituição. Não pode, por isso, a lei transformar o processo administrativo em um processo *pro forma*. Afinal, se uma lei autorizar o assim chamado *recurso hierárquico* no âmbito deste, ocorrerá, como adverte Eduardo Domingos Bottallo, um verdadeiro '... aniquilamento do próprio contencioso administrativo, uma vez que, nele, o Estado-julgador sucumbe perante o Estado-parte que passaria a ser o titular do destino do litígio cuja solução tem direto interesse'" (FISCHER, Octavio Campos. Recurso Hierárquico e Devido Processo Constitucional: o Processo Administrativo Tributário não Pertence à Administração Pública! *Revista Dialética de Direito Tributário*, São Paulo, n. 141, jun. 2007, p. 138).

do devido processo legal, porque é estabelecida por lei e, ao possibilitar a revisão de decisão desfavorável à Fazenda, consagra a supremacia do interesse público, mantido o contraditório.

Nesse sentido, assevera Hely Lopes Meirelles que os recursos hierárquicos impróprios "são perfeitamente admissíveis, desde que estabelecidos em lei ou no regulamento da instituição, uma vez que tramitam sempre no âmbito do Executivo que cria e controla essa atividades. O que não se permite é o recurso de um Poder a outro, porque isto confundiria as funções e comprometeria a independência que a Constituição da República quer preservar".

Além disso, o contribuinte vencido na esfera administrativa sempre poderá recorrer ao Poder Judiciário para que seja reexaminada a decisão administrativa. Já a Fazenda Pública não poderá se insurgir caso seu recurso hierárquico não prospere, uma vez que não é possível à Administração propor ação contra ato de um de seus órgãos.

Recurso não provido (ROMS nº 12.386. Publicação no Diário da Justiça em 19.04.2004).

Entendimento diverso do manifestado nas decisões acima é encontrado, todavia, na decisão proferida pela Primeira Seção do Superior Tribunal de Justiça nos autos do Mandado de Segurança 8.810, no qual se discutia a possibilidade de interposição de recurso hierárquico ao Ministro da Fazenda contra decisão proferida pelo Conselho Administrativo de Recursos Fiscais (a presente questão também é examinada no item 15.12.2).

Nesse caso, entendeu o Superior Tribunal de Justiça que "as decisões do conselho de contribuintes, quando não recorridas, tornam-se definitivas, cumprindo à Administração, de ofício, 'exonerar o sujeito passivo dos gravames decorrentes do litígio' (Dec. 70.235/72, art. 45)".

Vê-se, portanto, que a decisão proferida no Mandado de Segurança 8.810 tem fundamento em dispositivo específico do Decreto nº 70.235, não podendo ser interpretada como um posicionamento genérico a respeito da vedação da interposição de recurso hierárquico contra a decisão no processo administrativo.

Em precedente recente o STJ veio, de forma inovadora, sustentar uma restrição à abrangência do recurso hierárquico, mesmo *quando previsto na legislação*, ampliando a aplicabilidade da decisão proferida no Mandado de Segurança nº 8.810.

Tal se deu no Recurso em Mandado de Segurança nº 24.947 (publicação no DJ em 06/12/2007),[15] onde se discutia, uma vez mais, a constitucionalidade do recurso hierárquico previsto na legislação do processo administrativo fiscal no estado do Rio de Janeiro. Nesta decisão restou consignado que o recurso

---

[15] Ver, no mesmo sentido, a decisão no Recurso Ordinário em Mandado de Segurança nº 26.874, publicada no Diário da Justiça em 25 de maio de 2010.

hierárquico ao Secretário de Fazenda deveria se limitar ao exame de vícios e nulidades, não cabendo ao mesmo refazer o juízo de mérito sobre a questão objeto do processo administrativo. Eis a ementa da referida decisão:

> TRIBUTÁRIO – PROCESSO ADMINISTRATIVO – TRIBUTÁRIO – RECURSO DE OFÍCIO: FINALIDADE – REVISÃO ADMINISTRATIVA DA DECISÃO DO CONSELHO DE CONTRIBUINTES.
> 1. O Código Tributário do Estado do Rio de Janeiro permitia o chamado recurso hierárquico (art. 266, § 2º, do Decreto-lei 05/75, alterado pelas Leis 3.188/99 e 4.014/2002), plenamente aceito pelo STJ (precedente da 1ª Seção, relator Min. Humberto Gomes de Barros)
> 2. O recurso hierárquico permitia ao Secretário da Fazenda rever a decisão do Conselho de Contribuintes e impugná-la se eivada de vícios ou nulidades patentes, devidamente identificadas, não podendo adentrar no juízo de mérito da decisão colegiada.
> 3. Recurso ordinário provido.

A análise do voto da Ministra ELIANA CALMON, relatora do acórdão, evidencia, inicialmente que a mesma partiu de um equívoco de premissa, ao afirmar que a 1ª Seção havia se posicionado sobre esta matéria no já referido Mandado de Segurança nº 8.810. De fato, como afirmamos, a decisão proferida neste caso fundamentou-se expressamente nas regras previstas nos arts. 42 e 45 do Decreto nº 70.235/72, não sendo facilmente sustentável a extrapolação de seu critério decisório para um caso em que se discute a questão do recurso hierárquico no âmbito da legislação estadual. Eis as palavras da Ministra:

> Verifica-se, na espécie, que o ato impugnado no mandamus foi proferido dentro do figurino legal, porque assim permitido pelo Código Tributário Estadual, art. 266, § 2º, do Decreto-lei 05/75, alterado pelas Leis 3.188/99 e 4.014/2002. É o que se chama de recurso hierárquico, plenamente chancelado pelo STJ, em inúmeras decisões, inclusive em processo em que funcionei como relatora, no RMS 12.021/RJ, oportunidade em que disse ser de absoluta legalidade o recurso hierárquico, se previsto em lei.
> Entretanto, não se pode olvidar a mais nova orientação da Primeira Seção no julgamento do MS 8.810/DF, relatado pelo Ministro Humberto Gomes de Barros, o qual versava sobre o mesmo Código Tributário do Estado do Rio de Janeiro.

Partindo desta premissa, a Ministra ELIANA CALMON desenvolveu o correto raciocínio de que o recurso hierárquico não pode servir de instrumento para a reavaliação do mérito da discussão pelo Secretário da Fazenda, concluindo que, em caso contrário, faria mais sentido extinguir o Conselho. Vejam-se suas palavras:

O entendimento que parece razoável, dentro de uma visão filtrada pelos princípios constitucionais, é o de que o contribuinte tem um "iter" procedimental a percorrer, no qual se utiliza do contraditório e da ampla defesa, enquanto a Fazenda, dentro do princípio da legalidade, também pode recorrer para as instâncias recursais, as quais agem de acordo com o procedimento adredemente estabelecido.

Na hipótese dos autos, após a decisão da Junta de Revisão e do julgamento do recurso pelo Conselho de Contribuintes, passou a decisão colegiada pelo crivo do Pleno do Conselho de Contribuintes, vindo a Fazenda Pública Estadual a interpor recurso hierárquico para o Secretário de Estado de Receita.

O chamado recurso hierárquico, de absoluta legalidade, porque previsto em lei, em benefício da Fazenda, enseja a revisão dos julgados pela autoridade maior da Fazenda, o seu Secretário de Estado, a quem cabe impugnar as decisões, se eivadas de vícios ou nulidades patentes e devidamente declinadas. Em outras palavras, não se pode admitir um juízo de revisão, que, por mero capricho ou deleite, censure o juízo de legalidade procedido pelo colegiado.

O recurso hierárquico hoje, como bem demonstra o precedente da Primeira Seção, trazido à colação pelo Ministério Público, é a última ratio no sentido de expurgar de uma decisão descuidos, vícios ou equívocos formais que possam levar a Administração a uma difícil situação, com o seu próprio aval. Daí retirar a lei estadual, do Conselho de Contribuintes, a eficácia absoluta das suas decisões, o que não significa, naturalmente, dar ao Secretário o poder de, a seu bel prazer, por motivos de conveniência e oportunidade, impugnar um ato expedido por um órgão técnico.

Se assim não fosse, como bem destacou o Ministro Humberto Gomes de Barros, no precedente citado, melhor seria extinguir os Conselhos de Contribuintes, outorgando ao Secretário a tarefa de julgar, isoladamente, todos os processos. Vou além para dizer que o Conselho de Contribuintes não pode funcionar como espécie de órgão consultivo do Secretário de Fazenda, o qual acata ou não as suas decisões.

Dentro da nova visão do que seja recurso hierárquico, entendo que, na espécie dos autos, mostra-se inteiramente em despropósito o ato impugnado, o qual, sem declinar razão alguma, censurou a decisão colegiada e, de forma unilateral, sem contraditório ou defesa, acabou por mudar inteiramente o juízo de legalidade técnica

Nessa linha de idéias e conforme vimos defendendo acima, a previsão de recurso hierárquico para a apreciação do mérito da questão trata-se de forma de desvalorização do processo administrativo fiscal, sendo que tal recurso somente poderia ser utilizado e ter lugar nas situações em que se identificar que a decisão foi proferida de forma fraudulenta, ou que a mesma é nula de pleno direito.

Há previsão expressa nesse sentido no art. 80 do Regimento Interno do Conselho Administrativo de Recursos Fiscais (aprovado pela Portaria MF nº 343/2015), segundo o qual "sem prejuízo de outras situações previstas na legislação e neste Regimento, as decisões proferidas em desacordo com o disposto nos arts. 42 e 62 enquadram-se na hipótese de nulidade a que se refere o inciso II do art. 59 do Decreto n° 70.235, de 6 de março de 1972". Este dispositivo foi objeto de extenso acréscimo introduzido pela Portaria nº 169/2016, passando a disciplinar de maneira bastante detalhada os procedimentos para o reconhecimento da nulidade de decisões do CARF.

O art. 42 se refere ao impedimento ou a suspeição dos conselheiros, enquanto o art. 62 cuida da vedação aos Conselhos de apreciar questão com base na inconstitucionalidade de ato normativo fora das situações expressamente autorizadas.

Identificando-se decisão proferida em situação como as acima mencionadas, não havendo mais a possibilidade de qualquer recurso administrativo no âmbito do Conselho Administrativo de Recursos Fiscais, a Procuradoria da Fazenda poderia apresentar recurso hierárquico para o Ministro da Fazenda.[16]

9.4. Legitimidade da Previsão de Limites de Alçada para a Interposição de Recursos

Questão que merece ser examinada consiste na possibilidade de se estabelecerem limites de alçada para a interposição de recurso no âmbito do processo administrativo fiscal.

Foi isso que se tentou quando da edição da Medida Provisória nº 232, de 30 de dezembro de 2004, a qual, em seu art. 10, previa o julgamento em instância única, pelas Delegacias da Receita Federal de Julgamento, dos processos de exigência de crédito tributário de valor inferior a R$ 50.000,00 (cinquenta mil reais), assim considerado principal e multa de ofício.

Como se sabe, a maioria dos dispositivos da referida Medida Provisória não foram incluídos em sua lei de conversão, de número 11.119, a qual foi publicada na imprensa oficial em 17 de maio de 2005.

Entre os dispositivos não-acolhidos pela lei de conversão encontram-se os que tratavam do processo administrativo fiscal, inclusive aquele que limitava o acesso ao Conselho. Tanto assim que o art. 4º da Lei nº 11.119/2005 reabriu os prazos para a interposição de recursos que, em razão do disposto na Medida Provisória nº 232/2004, porventura não tivessem sido interpostos.

---

[16] No mesmo sentido, ver: VALADÃO, Marcos Aurélio Pereira. Conselho de Contribuintes, Processo Administrativo Fiscal e Controle da Legislação Tributária. *Revista Fórum de Direito Tributário*, Belo Horizonte, nº 4, jul.-ago. 2003, p. 71.

Todavia, mesmo com a não-conversão em lei da limitação em comento, resta aberto o questionamento quanto à sua compatibilidade constitucional.

Na opinião de FLÁVIO MACHADO GALVÃO PEREIRA, "a resistência à instância única advém, principalmente, da vinculação das DRJ aos atos emanados pela RFB e da ofença a princípios constitucionais como o devido processo legal, o contraditório e a ampla defesa e o direito de petição. Contudo, tais argumentos não impedem o aprofundamento da questão no sentido de reduzir as instâncias julgadoras".[17]

Com efeito, um primeiro argumento pela inconstitucionalidade da limitação é a violação dos princípios da ampla defesa e do duplo grau de cognição. Seguindo a linha defendida neste trabalho, entendemos por violados ambos os princípios.

Com efeito, embora reconheçamos a possibilidade de se instaurar instância única para a apreciação de processos administrativos fiscais, nosso entendimento é no sentido de que tal instância deveria ser sempre a última, e não a mais subalterna.

Assim, se há no sistema cortes de julgamento diferenciadas em razão de sua experiência técnica, não nos parece que se encontra em conformidade com o aludido princípio reservar tais cortes apenas para os contribuintes que se sujeitam a exigências fiscais de valores elevados os quais, de regra, têm maiores condições financeiras.

Não se pode esquecer aqui que os custos do processo administrativo são normalmente menores para o contribuinte do que aqueles envolvidos em um processo judicial, principalmente em razão da desnecessidade de representação por advogado.

Por outro lado, também não se pode olvidar que estatisticamente as chances de êxito administrativo na primeira instância é significativamente inferior às chances de êxito na segunda instância. Até porque, conforme estabelece o art. 7º, V, da Portaria nº 341/2011, na esfera federal os julgadores das Delegacias de Julgamento encontram-se vinculados ao "entendimento da RFB expresso em atos normativos".

Dessa forma, negar o acesso ao Conselho Administrativo de Recursos Fiscais para toda uma casta de contribuintes significa fechar para estes as portas para uma solução menos onerosa da controvérsia instaurada com a Fazenda.

---

[17] PEREIRA, Flávio Machado Galvão. O processo administrativo fiscal frente ao princípio da celeridade processual. *Revista Fórum de Direito Tributário*, Belo Horizonte, n. 37, jan.-fev. 2009, p. 143.

Consequência de tudo quanto se disse acima é a incompatibilidade da limitação de que se cogita com o princípio da isonomia.

De fato, conforme assevera CELSO ANTÔNIO BANDEIRA DE MELLO, "as discriminações são recebidas como *compatíveis com a cláusula igualitária apenas e tão-somente quando existe um vínculo de correlação lógica* entre a peculiaridade diferencial acolhida por residente no objeto, e a desigualdade de tratamento em função dela conferida, *desde que tal correlação não seja incompatível com interesses prestigiados na Constituição*".[18]

No caso em exame, parece-nos inexistir um vínculo de correlação lógica entre a limitação pretendida e o fator de discriminação escolhido, razão pela qual a mesma seria também incompatível com o princípio da isonomia.

Independentemente do que foi afirmado acima, não é despiciendo reiterar a posição do Supremo Tribunal Federal no que se refere à inexistência de uma garantia ao duplo grau tanto no processo judicial como no processo administrativo.

Tanto é assim que a Suprema Corte há muito declarou constitucional limitação de alçada existente no âmbito do processo do trabalho, conforme se infere da leitura da decisão proferida nos autos do Recurso Extraordinário nº 201.297 (publicação no DJU em 05 de setembro de 1997):

> *Recurso extraordinário. Recepção da Lei nº 5.584/70 pela atual Constituição. Alcance da vedação da vinculação do salário-mínimo contida na parte final do artigo 7º, IV, da Carta Magna. Vinculação da alçada ao salário-mínimo. – Não tem razão o recorrente quando pretende que, em face do disposto no artigo 5º, LV e parágrafo 1º, da Constituição Federal, esta constitucionalizou o princípio do duplo grau de jurisdição, não mais admitindo decisões de única instância, razão por que não foi recebida pela nova ordem constitucional a Lei 5.584/70. – A vedação da vinculação do salário-mínimo contida na parte final do artigo 7º, IV, da Constituição não tem sentido absoluto, mas deve ser entendida como vinculação de natureza econômica, para impedir que, com essa vinculação, se impossibilite ou se dificulte o cumprimento da norma na fixação do salário-mínimo compatível com as necessidades aludidas nesse dispositivo, bem como na concessão dos reajustes periódicos que lhe preservem o poder aquisitivo. A vinculação do valor da alçada ao salário-mínimo, para estabelecer quais são as causas de pequeno valor e que, portanto, devem ser decididas com a presteza de rito simplificado e com decisão de única instância ordinária, não se enquadra na finalidade a que visa a Constituição com a vedação por ela prevista, razão por que não é proibida constitucionalmente. Recurso extraordinário não conhecido.*

---

[18] MELLO, Celso Antônio Bandeira de. *Conteúdo Jurídico do Princípio da Igualdade*. 3ª ed. São Paulo: Malheiros, 2001, p. 17.

Capítulo 10

Inexistência e Invalidade dos Atos Processuais

Os atos jurídicos em geral podem ser analisados sob três distintos prismas, a saber: a existência, a validade e a eficácia.

Seguindo os ensinamentos de PONTES DE MIRANDA, tem-se que ato existente é aquele que ingressou no mundo jurídico, ou seja, aquele que, subsumindo-se à hipótese de incidência de dada norma jurídica, transmuta-se de mero acontecimento fático em ato juridicamente relevante. Nesse sentido, ato existente é aquele que preenche os requisitos mínimos para ingresso no mundo jurídico.[1]

A existência do ato é questão que deve ser verificada previamente à análise de sua validade. Não há como questionar a validade de ato que, por não ostentar os referidos requisitos mínimos exigidos pelas disposições legais,

---

[1] Destaca PONTES DE MIRANDA: "O problema do ser ou não-ser, no Direito como em todos os ramos de conhecimento, é um problema liminar. Ou algo entrou ou se produziu e, pois, é, no mundo jurídico; ou nele não entrou, nem se produziu dentro dele, e, pois, *não é*. Enunciados tais têm de ser feitos, a cada momento, no trato da vida jurídica. Às vezes, incidentemente; outras vezes, como conteúdo de petições, de requerimentos, ou em simples comunicações de conhecimento. O ser juridicamente e o não-ser juridicamente separam acontecimentos em fatos do mundo jurídico e fatos estranhos ao mundo jurídico. Assente que todo fato jurídico provém da incidência da regra jurídica em suporte fático suficiente, ser é resultar dessa incidência. Já aqui se caracteriza a distinção, primeira, entre o ser suficiente e o ser deficientemente. Para algum ato jurídico ser deficiente é preciso que *seja*" (MIRANDA, Pontes. *Tratado de Direito Privado*. Atualizado por Vilson Rodrigues Alves. Campinas: Bookseller, 2001, t. 4, p. 41). Acolhendo essa orientação, ANTÔNIO JUNQUEIRA DE AZEVEDO assinala que "fato jurídico é o nome que se dá a todo fato do mundo real sobre o qual incide norma jurídica. Quando acontece, no mundo real, aquilo que estava previsto na norma, esta cai sobre o fato, qualificando-o como jurídico; tem ele, então, *existência jurídica*" (AZEVEDO, Antônio Junqueira. *Negócio Jurídico*: Existência, Validade e Eficácia. 4ª ed. São Paulo: Saraiva, 2002, p. 23).

não pode ser considerado ato jurídico. Assim, por óbvio, somente se pode questionar a validade de atos existentes.

Porém, uma vez identificada a introdução de determinado ato no mundo jurídico, cumpre verificar se o mesmo ostenta "os requisitos que a lei lhes acostou para que sejam recebidos como atos dotados de perfeição".[2]

Por fim, a eficácia dos atos jurídicos decorre de sua aplicabilidade a situações fáticas, da irradiação dos efeitos jurídicos que estava destinado a produzir. Na lição de Flávio Bauer Novelli "quando se fala, sem qualquer acréscimo ou restrição, em eficácia do ato administrativo (ou do fato jurídico em geral), a expressão significa: realização do efeito jurídico mediante o qual deve cumprir-se a função própria do ato, isto é, realização do efeito final".[3]

Tanto a inexistência quanto a invalidade dos atos jurídicos decorrem da discrepância, total ou parcial, do ato praticado com a(s) hipótese(s) da(s) norma(s) jurídica(s) a(s) que(ais) deveria se subsumir, enquanto sua ineficácia decorre da existência de condição ou termo que determine a produção efetiva de seus efeitos.

É mesmo um truísmo afirmar que a possibilidade de desconformidade entre os atos praticados pelos sujeitos e os comandos legais é decorrência da própria natureza das normas jurídicas.

Com efeito, tendo por base os ensinamentos de Norberto Bobbio, é possível aduzir que a norma jurídica corresponde a uma *proposição prescritiva*, entendida esta como "um conjunto de palavras que possuem um significado em sua unidade", o qual "consiste em dar comandos, conselhos, recomendações, advertências, influenciar o comportamento alheio e modificá-lo, em suma, no *fazer fazer*".[4]

Ocorre que, como salienta Luis Recasens Siches, tais prescrições "não enunciam a realidade dos fatos, nem o modo como efetivamente estes acontecem, mas sim determinam um *dever ser*, isto é, prescrevem uma certa conduta como *devida*".[5]

---

[2] Cf. BARROSO, Luís Roberto. *O Direito Constitucional e a Efetividade de suas Normas*. 4ª ed. Rio de Janeiro: Renovar, 2000, p. 82.
[3] NOVELLI, Flávio Bauer. Eficácia do Ato Administrativo. *Revista de Direito Administrativo*, Rio de Janeiro, nº 61, jul.-set., 1960, p. 15.
[4] BOBBIO, Norberto. *Teoria da Norma Jurídica*. Tradução Fernando Pavan Baptista e Ariani Bueno Sudatti. São Paulo: EDIPRO, 2001, pp. 73-78.
[5] *FilosofIa del Derecho*, 1999, p. 117.

Nessa ordem de idéias, tendo em conta que a norma jurídica prescreve um *dever ser*, nota-se que o conceito acima apresentado não encerra, contudo, seu conteúdo integral.

Com efeito, além das normas jurídicas, também as regras morais e sociais podem ser consideradas proposições prescritivas, a influenciar o comportamento alheio. De acordo uma vez mais com Norberto Bobbio, "o fato de que as normas jurídicas pertençam, enquanto proposições, à linguagem prescritiva, pode dar lugar a interessantes considerações sobre sua natureza, sua lógica e sua função. Porém, não resolve o problema sobre o qual filósofos do direito e juristas têm se interrogado há tempos, em torno da diferença entre as normas jurídicas e outros tipos de normas".[6]

De fato, o traço característico das normas jurídicas, quando comparadas às demais proposições prescritivas, está na forma como aquelas reagem às condutas que se mostram contrárias à sua prescrição.

Como mencionado anteriormente, as proposições prescritivas estabelecem um *dever ser*, com o que se quer dizer que elas estabelecem as condutas que *devem* ser observadas pelos seus destinatários e não as que *serão* efetivamente observadas.[7] Assim, é da natureza das proposições prescritivas o fato de poderem as mesmas ser violadas por seus destinatários, *entendendo-se o verbo "violar" como a não-realização de seu comando*. Nas palavras de Recasens Siches, "é pressuposto essencial da norma o poder ser violada de fato, que a conduta do sujeito por ela obrigado possa contrariá-la, pois de outra maneira não seria uma norma, mas sim mero enunciado de fato".[8]

Dessa forma, nota-se que todas as proposições prescritivas são passíveis de ser violadas por seus destinatários; entretanto, caso tal evento venha a acontecer, a reação à violação, com vistas a garantir a integridade da proposição violada, será distinta em se tratando de normas jurídicas, morais ou sociais.

Assim, é possível afirmar que a violação de qualquer proposição prescritiva dá ensejo à aplicação de uma sanção, a qual pode ser compreendida como uma medida tendente a assegurar sua execução,[9] sendo certo que é exatamente a natureza da sanção aplicável, assim como a forma de sua aplicação, que distinguem as normas jurídicas das demais proposições prescritivas.

---

[6] *Teoria da Norma Jurídica*, 2001, p. 145.
[7] Sobre a noção de "dever-ser" ver: ENGISCH, Karl. *Introdução do Pensamento Jurídico*. 7ª ed. Tradução J. Baptista Machado. Lisboa: Calouste Gulbenkian, 1996, pp. 36-37.
[8] *Filosofia del Derecho*, 1999, p. 117.
[9] Cf. REALE, Miguel. *Filosofia do Direito*. 19ª ed. São Paulo: Saraiva, 1999, p. 673.

Tal distinção entre as sanções jurídicas, as morais e as sociais consiste no fato de aquela se tratar de uma sanção externa, institucionalizada de forma a se tornar coercível, enquanto as duas últimas carecem desses caracteres.

Partindo das idéias acima desenvolvidas, nota-se que a violação das normas jurídicas (ou seja, o inadimplemento do dever jurídico que decorre de seu comando) corresponde à hipótese de incidência de uma outra norma jurídica, esta de caráter sancionatório, a qual é verdadeira resposta do ordenamento à violação de suas prescrições.

Feitos esses comentários, é de se assinalar que, correspondendo a invalidade dos atos jurídicos a um descompasso entre os mesmos e as disposições normativas que lhes regem, sendo, na terminologia de PONTES DE MIRANDA, um *existir deficientemente*, tem-se que tal descompasso dá ensejo à aplicação de uma sanção jurídica, resposta do ordenamento ao inadimplemento de um de seus comandos. *Tal sanção é exatamente a anulação do ato jurídico.*

Contudo, como destaca o Professor da Universidade Federal de Minas Gerais AROLDO PLÍNIO GONÇALVES "alguns autores, acompanhando as reflexões de Chiovenda sobre a natureza da nulidade, entendem que ela não é uma penalidade, mas simples consequência lógica da inobservância das formas estatuídas em lei para tornar o ato hábil a produzir efeitos".[10]

Tal crítica não pode prosperar, uma vez que confunde o gênero, sanções jurídicas, com a espécie, sanções jurídicas penais. Como destaca o citado jurista, "na verdade, a nulidade, no processo, não pode ser considerada rigorosamente como penalidade, mas é conveniente que se recorde que a sanção, no sentido amplo do termo, também não tem sempre esse caráter".[11]

---

[10] GONÇALVES, Aroldo Plínio. *Nulidades no Processo*. Rio de Janeiro: AIDE Editora, 2000, p. 12. No mesmo sentido da lição de CHIOVENDA, defendendo que a nulidade não é uma sanção jurídica, é o entendimento do jurista inglês HERBERT HART (*The Concept of Law*. 2nd. ed. New York: Oxford University Press, [199-], pp. 33-35).

[11] *Nulidades no Processo*, 2000, p. 13. Também nesse sentido é a lição de JOSÉ FREDERICO MARQUES: "A nulidade processual é uma sanção. O ato defeituoso é ato praticado *contra jus*, visto que não se ajusta ao modelo imposto nas normas e textos legais. Com a prática do ato contra as regras processuais, há uma violação dos imperativos da lei, e daí lhe não reconhecer a ordem jurídica a aptidão necessária para produzir os efeitos que normalmente dele deveriam resultar.
Tal entendimento não é pacífico. Todavia, se a nulidade é consequência do defeito do ato processual, parece-nos evidente o seu caráter de sanção jurídica. A lei corta os efeitos do ato pela violação que nele se encerra. A declaração de nulidade, por isso mesmo, é a garantia que a lei consagra para tutelar as condições impostas para a realização e a prática do ato. *Sanção*, em sentido técnico, é termo reservado – segundo expõe Liebman – 'às medidas estabelecidas pelo Direito como consequência da inobservância de um preceito jurídico imperativo', pelo que regra sancionatória 'é aquela que, abstrata ou concretamente, ordena atuação de uma dessas medidas'. Regra sancionadora é,

Vale a pena destacar que somente se pode falar na aplicação de sanção em razão da invalidade dos atos jurídicos, ou seja, de seu *existir deficiente*. Nos casos de verdadeira inexistência do ato, se estará diante de uma mera ocorrência fática, irrelevante para o Direito, de forma que não se poderá falar na incidência de uma sanção jurídica.

Por princípio, a invalidade dos atos praticados no processo é decorrente da desconformidade entre estes e a previsão contida na norma processual. Entretanto, é possível também falar na invalidade de atos processuais em razão da inobservância dos princípios que regem a atividade administrativa, bem como daqueles princípios de ordem estritamente processual aplicáveis ao processo administrativo.

A seu turno, o reconhecimento da invalidade dos atos processuais é também norteado por alguns princípios, os quais visam preservar a efetividade do processo, recordando-se que este é apenas um instrumento e não um fim em si mesmo.

Dos princípios que serão analisados a seguir somente o da *causalidade* se aplica aos casos de inexistência e nulidade absoluta dos atos processuais, uma vez que os demais, relacionados com o aproveitamento de tais atos, somente são aplicáveis quando, existindo o ato, tenha o mesmo sido praticado de forma irregular, sendo tal irregularidade passível de saneamento (atos anuláveis).

10.1. Princípios Regentes da Invalidade dos Atos Processuais

10.1.1. Princípio do Prejuízo

O processo, seja ele administrativo ou judicial, é um instrumento. Ou seja, como dito, ele não encerra um fim em si próprio, servindo de *instrumento para a realização das Funções estatais*.

Para fins de operacionalização de sua instrumentalidade, o processo se exterioriza por intermédio de um procedimento, o qual, a seu turno, corresponde a uma sequência de atos que devem ser praticados pelas partes até o seu deslinde, prevendo a lei a forma de que devem se revestir tais atos.

Quando há um descompasso entre as disposições legais e o ato praticado no processo, tem-se um caso de invalidade do aludido ato, desde que tal discrepância não seja tal que não se possa reconhecer sequer sua existência.

---

portanto, o instrumento de que se vale a tutela estatal para garantir obediência aos imperativos da ordem jurídica" (*Instituições de Direito Processual Civil*, 2000, v. II, pp. 368-369).

Entretanto, é possível que, mesmo destoando do molde legal, o ato processual tenha alcançado as finalidades a que se destinava, a ninguém aproveitando a sua anulação.

É nesse contexto que surge o *princípio do prejuízo*, o qual, no dizer de Ada Pellegrini Grinover, Antonio Scarance Fernandes e Antonio Magalhães Gomes Filho "constitui seguramente a viga mestra do sistema das nulidades e decorre da idéia geral de que as formas processuais representam tão-somente um instrumento para a correta aplicação do direito; sendo assim, a desobediência às formalidades estabelecidas pelo legislador só deve conduzir ao reconhecimento da invalidade do ato quando a própria finalidade pela qual a forma foi instituída estiver comprometida pelo vício".[12]

Assim, tendo o ato processual atingido os objetivos a que se predispunha, não há por que reconhecer sua invalidade, a qual nenhum benefício traria aos interessados, uma vez que o ato inválido não causou qualquer prejuízo.

10.1.2. Princípio da Causalidade

Este princípio, aplicável tanto aos casos de invalidade como de inexistência, trata do reconhecimento de que os diversos atos sucessivos praticados no âmbito do processo se encontram inter-relacionados, de forma que a declaração da inexistência ou a anulação de um, regra geral, afeta todos os atos que lhe foram ulteriores.

É importante salientar que somente serão anulados os atos posteriores ao ato nulo ou inexistente que destes dependam diretamente, sob pena de serem anulados atos válidos que não foram contaminados pelo vício do ato precedente.[13]

10.1.3. Princípio da Convalidação

Tendo em vista a tantas vezes mencionada natureza instrumental do processo, à qual se adiciona o *princípio da economia processual*, por vezes o ordenamento jurídico, diante de ato processual praticado em desconformidade com o arquétipo legal, opta por viabilizar a correção do vício que fulminava o ato, de forma que ele se encontre apto à produção dos seus efeitos.

---

[12] GRINOVER, Ada Pellegrini *et al.*, *As Nulidades no Processo Penal*, 1998, p. 26.
[13] Cf. GRINOVER, Ada Pellegrini *et al.*, *As Nulidades no Processo Penal*, 1998, p. 29.

Considerando que os atos praticados pela Administração Pública no âmbito do processo administrativo tratam-se de atos administrativos, pode-se utilizar a definição de MARIA SYLVIA ZANELLA DI PIETRO, para quem "convalidação ou saneamento é o ato administrativo pelo qual é suprido o vício existente em um ato ilegal, com efeitos retroativos à data em que este foi praticado".[14]

É importante salientarmos que nem todos os atos inválidos comportam convalidação. De acordo com a doutrina administrativista pátria, somente os *atos anuláveis* são passíveis de convalidação, enquanto os atos nulos não o são.[15]

No âmbito do processo administrativo federal há disposição expressa combinando o princípio sob análise com o princípio do prejuízo, contida no art. 55 da Lei nº 9.784/99, no sentido de que, "em decisão na qual se evidencie não acarretarem lesão ao interesse público nem prejuízo a terceiros, os atos que apresentarem defeitos sanáveis poderão ser convalidados pela própria Administração".

10.2. Dos Atos Inexistentes

A questão relativa à inexistência dos atos jurídicos é controvertida. Como assinala ORLANDO GOMES, a mesma "é construção doutrinária que se não cristalizou na dogmática jurídica, em razão da resistência que se lhe opõem grandes juristas, continuando a ser objeto de polêmica".[16]

De acordo com a lição de SILVIO RODRIGUES, não são poucos os juristas que condenam a teoria da inexistência dos atos jurídicos, "por achá-la inexata, inútil e inconveniente".[17]

---

[14] *Direito Administrativo*,1998, p. 203. Nesse mesmo sentido,ver: AMARAL, Antônio Carlos Cintra do. *Teoria do Ato Administrativo*. Belo Horizonte: Editora Fórum, 2008, p. 101-102.

[15] Nas palavras de CRETELLA JÚNIOR, "o ato administrativo nulo é insanável. 'Sanar' significa fazer desaparecer o vício, curar, convalescer. O ato administrativo nulo não pode ser corrigido, conformado, sanado: pratica-se novamente, e seus efeitos decorrem da nova realização, e não do ato nulo. (...)"
O ato administrativo nulo é insanável; pode, entretanto, sanar-se o ato administrativo anulável" (*Controle Jurisdicional do Ato Administrativo*, 2001, pp. 285-286). No mesmo sentido, ver: FREITAS, Juarez. *O Controle dos Atos Administrativos e os Princípios Constitucionais.*, 2004, p. 271.

[16] GOMES, Orlando. *Introdução ao Direito Civil*. 10ª ed. Rio de Janeiro: Forense, 1998, p. 481.

[17] RODRIGUES, Silvio. *Direito Civil*: Parte Geral. 20ª ed. São Paulo: Saraiva, 1989, p. 314. Mesmo que longa, merece ser transcrita a passagem do citado autor: "Seria *inexata* porque, no mais das vezes, o ato malsinado cria uma aparência que para ser destruída implica recurso judicial (...) Seria inútil porque a noção de nulidade absoluta a substitui vantajosamente. Se falta ao ato um elemento substancial, ele deve ser proclamado nulo e de tal declaração decorre sua total ineficácia, gerando apenas aqueles efeitos porventura permitidos pela lei.

Esse posicionamento tem raiz no entendimento no sentido de que, via de regra, não se poderia conferir aos atos inexistentes tratamento condizente com sua natureza, sendo supostamente necessária uma atividade de desconstituição do que não havia juridicamente se constituído, de forma a assemelhar, em tudo e por tudo, os atos inexistentes aos atos nulos.

Nesse sentido, THEMÍSTOCLES BRANDÃO CAVALCANTI, após analisar a questão sob o prisma acima exposto, conclui que "a inexistência se confunde com a nulidade",[18] posição que é compartilhada por OSWALDO ARANHA BANDEIRA DE MELLO.[19]

Finalmente, seria *inconveniente* porque, a ser verdade que se pode prescindir da ação judicial para declarar a inexistência, estar-se-á privando as partes, interessadas no ato, das garantias de defesa que o processo oferece e dos eventuais efeitos por vezes atribuídos pela lei, mesmo na hipótese de nulidade. Tome o exemplo do casamento dito inexistente. Sendo considerado tal, não há precisão de ação ordinária para destituí-lo, podendo, segundo sustentam os modernos adeptos da teoria, a declaração da inexistência advir de simples despacho do juiz ou de mera ação declaratória. Ora, o processo ordinário oferece garantias de defesa que não se encontram noutro procedimento. Em matéria de casamento, tais garantias não são apenas de interesse privado, mas são também de interesse social, tanto que a lei, ao impor aquele rito processual, exige que no feito funcione um defensor do vínculo, que representa e defende a sociedade (Cod. Civ., art. 222). O acolhimento e a vigilância do Ministério Público diminuem a garantia que a lei oferece à sociedade e às partes interessadas na relação litigiosa. E isso é inconveniente" (*Direito Civil*: Parte Geral, 1989, p. 315).

[18] CAVALCANTI, Themístocles Brandão. *Tratado de Direito Administrativo*. 3ª ed. Rio de Janeiro: Freitas Bastos, 1955, t. I, p. 283. JOSÉ CRETELLA JÚNIOR traz forte crítica à noção de inexistência, aduzindo que "a expressão *ato inexistente*, verdadeira antinomia, algo impróprio na linguagem jurídica – e também ilógico – tem origem, pois, casuística. Considera *fatos* realizados com o nome de *atos*, mas aos quais faltam os elementos constitutivos. A denominação *ato inexistente* é dessas expressões convencionais que se criam com o propósito de diferenciar o *que é do que não é*, e muito longe de servir ao fim a que se propõem, geram mais confusão nas idéias claras (*Controle Jurisdicional do Ato Administrativo*, 1998, pp. 285-286). Outro a se opor à teoria da inexistência dos atos jurídicos é RÉGIS FERNANDES DE OLIVEIRA. De acordo com o Professor da Universidade de São Paulo: "... para se fazer menção à categoria dos chamados atos inexistentes, deveriam eles possuir caracteres inerentes que os distanciassem dos nulos, bem como produzir efeitos próprios. Se assim não fosse, desmereceriam qualquer atenção e sua identificação seria de nenhuma valia jurídica.
E assim realmente é. O ato será sempre existente, já que, como vimos, para que ele nasça, bastam forma e conteúdo. E os chamados 'atos inexistentes' teriam forma e conteúdo. O que se passa é que não terão a menor validade, por falta dos requisitos explicitados quando do estudo das 'condições de validade' e, pois, confundem-se com os atos nulos, isto é, aqueles que descumprem o preceituado no ordenamento normativo.
Imagine-se que quem nomeie determinado funcionário seja pessoa não ligada aos quadros da Administração Pública. Não terá ela competência para tanto e, pois, o ato será nulo por vício de sujeito. Em suma, os denominados atos inexistentes realmente não existem" (OLIVEIRA, Regis Fernandes de. *Ato Administrativo*. 4ª ed. São Paulo: Revista dos Tribunais, 2001, pp. 134-135).

[19] *Princípios Gerais de Direito Administrativo*, 1969, p. 591. Após minuciosa análise quanto à executoriedade de ofício dos atos administrativos, CAIO TÁCITO também conclui pela inutilidade

Hely Lopes Meirelles reconhece expressamente a possibilidade da ocorrência do fenômeno da inexistência dos atos administrativos, manifestando-se igualmente no sentido de que o tratamento conferido aos mesmos equipara-se àquele deferido aos atos nulos. Eis a lição do citado autor:

> **Ato inexistente:** *o que apenas tem aparência de manifestação regular da Administração, mas não chega a se aperfeiçoar como ato administrativo. É o que ocorre, p. ex., com o "ato" praticado por um usurpador de função pública. Tais atos equiparam-se, em nosso Direito, aos atos nulos, sendo assim irrelevante e sem interesse prático a distinção entre nulidade e inexistência, porque ambas conduzem ao mesmo resultado – a invalidade – e se subordinam às mesmas regras de invalidação. Ato inexistente ou ato nulo é ato ilegal e imprestável, desde o seu nascedouro.*[20]

---

de uma noção de inexistência dos atos administrativos. Em suas palavras: "A inexistência do ato administrativo, a critério dos administrados, que estariam dispensados do dever de obediência, fere um dos postulados essenciais da atividade administrativa: a da executoriedade *de officio* dos atos da Administração Pública, enquanto não forem anulados.
O Direito Administrativo é, seguindo a fórmula de Hauriou, o direito de pessoas desiguais. A Administração é dotada de poderes excepcionais, sendo-lhe facultado constranger os jurisdicionados à observância de suas ordens. É próprio da competência administrativa o poder de coerção, a cujos abusos se opõem os meios legais de controle administrativo ou jurisdicional, assegurada, porém, a presunção de legitimidade dos atos administrativos, até declaração em contrário.
Não cabe aos administrados discriminar entre atos válidos ou inválidos, para somente acatar os primeiros. A anulação do ato administrativo, pela própria Administração, ou na esfera jurisdicional, desfaz a ilegalidade, inclusive em seus atos pretéritos. Estes, no entanto, se realizam até que a declaração *ex tunc* da nulidade venha a sanear a conduta ilícita da Administração, que responde, ainda, pelos danos que causar.
A regra da obrigatoriedade dos atos administrativos, inerente à supremacia do Poder Público, somente poderá ser temperada, mediante lei expressa, em casos de exclusão do dever de obediência a ordens manifestamente ilegais.
Associada, em suas origens, ao sistema de jurisdição administrativa, a teoria da inexistência não tem serventia em nosso regime de unidade jurisdicional. A usurpação de poder é, apenas, uma forma agravada de incompetência, que se inscreve entre as nulidades de pleno direito, como tal devendo ser sancionada.
A distinção entre atos nulos e anuláveis, ou seja, entre nulidade absoluta e relativa, atende, plenamente, às graduações dos vícios de legalidade dos atos administrativos. Não há, em nosso Direito, condições que
abonem a teoria da inexistência, já desacreditada em seu berço natal" (TÁCITO, Caio. A Teoria da Inexistência do Ato Administrativo. In: *Temas de Direito Público*: Estudos e Pareceres. Rio de Janeiro: Renovar, 1997, v. 1, p. 313).
[20] *Direito Administrativo Brasileiro*, 1998, p. 154.

Todavia, temos que tais considerações não podem prevalecer, uma vez que não se pode equiparar algo que existe, mesmo que de forma deficiente, a algo que não existe, comparar o grave enfermo com o natimorto. Nessa quadratura, é imprescindível transcrevermos o magistério de PONTES DE MIRANDA:

> *O conceito de negócio jurídico inexistente ou de ato jurídico* stricto sensu *inexistente é metajurídico; não é mais do que o enunciado da não-juridicização do ato. Estão-se a contemplar dois mundos, o dos fatos e o jurídico. Não existir, estando no mundo jurídico, seria absurdo; não se pode raciocinar, em qualquer ciência, sem se respeitar o que é lógico, o que é matemático e o que é físico. A categoria do inexistente é ineliminável, porque o mundo jurídico não abrange todo o mundo fático, nem se identifica com ele; a categoria do nulo existe, porque se teve de classificar e nomear o que é o mínimo tolerado dentro do mundo jurídico, embora possa ser apontado como extremamente viciado, deficiente. Não se pode dizer que o conceito de inexistente seja inútil ao jurista: é de interesse do nadador saber onde acaba a piscina. Ainda no plano da eficácia, o ato inexistente é ato que não poderia produzir efeitos; o ato jurídico nulo, o que não os produz. A ineficácia do inexistente é consequência de não-existir; a ineficácia do nulo é supressão.*[21]

Também EMILIO BETTI salienta a diferenciação entre as noções de *inexistência* e *invalidade*, aduzindo que:

> *Há casos nos quais se pode falar de verdadeira inexistência jurídica do negócio que se pretendia realizar, enquanto não existe do mesmo mais que uma vazia aparência, a qual, se pode haver gerado em algum dos interessados a impressão superficial de o haver verificado ou assistido a ele, não produz, entretanto, e em absoluto, efeitos jurídicos, nem sequer de caráter negativo ou divergente. Pelo contrário, a qualificação de um negócio como nulo pressupõe, ao menos, que o mesmo exista como suposto de fato que, portanto, exista uma figura exterior de seus elementos eventualmente capaz de engendrar algum efeito secundário, negativo ou divergente, ainda que esta figura se revele logo inconsistente diante de uma análise mais profunda.*[22]

Diante do exposto, é preciso ter em consideração que o ato dito inexistente corresponde ao mero acontecimento do mundo factual que não adentrou os domínios do jurídico, ou ato que, tendo se transmutado em ato jurídico, corresponde a ato diverso daquele que se pretendia praticar.

Vale a pena transcrever, neste sentido, o magistério de LAFAYETTE PONDÉ, que atinge o cerne da questão:

---

[21] *Tratado de Direito Privado*, 2001, t. IV, p. 53.
[22] BETTI, Emilio. *Teoría General del Negocio Jurídico*. Tradução A. Martín Pérez. Granada: Editorial Comares, 2000, p. 408.

É certo que a expressão "ato inexistente" já foi havida, ela própria, como contraditória. Mas isto não passa de uma aparente incongruência. A expressão significa que um dado ato não constitui um determinado tipo jurídico e, pois, não existe como ato deste tipo especial, embora exista ele como ato puramente material ou, mesmo, como ato de categoria jurídica diversa. Quando se reúnem todos os seus elementos essenciais, diz-se que o ato existe: é um ato perfeito.[23]

Nessa ordem de convicções, temos que a afirmação de que os atos inexistentes dependeriam de processo para a declaração de sua condição é completamente insustentável.

Com efeito, ou o ato é inexistente juridicamente, e nesse caso não será necessária a utilização de qualquer instrumento jurídico para a afirmação dessa circunstância, ou o ato se exterioriza de forma que exista no mundo jurídico, embora de forma deficiente, e nesse caso estaremos diante de atos nulos ou anuláveis.

Nesse sentido, a decisão proferida pelo serventuário da Justiça e não pelo juiz e a decisão sem parte dispositiva são exemplos de atos inexistentes, ou seja, de atos que não ingressaram no mundo jurídico, sendo desnecessária qualquer mobilização com vistas à sua desconstituição.

Tendo em vista sua natureza, os atos juridicamente inexistentes não podem ser aproveitados ou convalidados. Conforme destacam SÉRGIO FERRAZ e ADILSON ABREU DALLARI, "exatamente porque inexistentes, tais atos não comportam convalidação, que é uma ação saneadora do que exista, embora com defeitos maiores ou menores".[24]

J. J. CALMON DE PASSOS, em seu estudo acerca da nulidade dos atos processuais, após extensa análise quanto à sua inexistência, apresenta-nos as situações em que esta poderá ser verificada:

Concluindo: a inexistência processual é o não-ato: a) porque sem agente processualmente reconhecível, inexistindo, como inexiste, ato sem sujeito; b) porque sem objeto processualmente reconhecível e c) porque sem a forma processualmente reconhecível, inexistindo, como inexiste, ato sem a materialidade da ação, sem modificação da realidade exterior.[25]

---

[23] PONDÉ, Lafayette. O Ato Administrativo, sua Perfeição e Eficácia. *Revista de Direito Administrativo*, Rio de Janeiro, nº 29, jul.-set. 1952, p. 16. Ver, também: ARAÚJO, Edmir Netto de. Atos Administrativos e Recomposição da Legalidade, 1997, p. 178.
[24] *Processo Administrativo*, 2002, p. 196.
[25] PASSOS, J. J. CALMON. *Esboço de uma Teoria das Nulidades Aplicada às Nulidades Processuais*. Rio de Janeiro: Forense, 2002, p. 103.

10.3. Dos Atos Inválidos

Como já mencionado, a invalidade dos atos jurídicos em geral, e dos atos processuais em particular, refere-se à sua desconformidade com o molde que a norma jurídica lhe estabelecia. Como reconhece a teoria geral da invalidade dos atos jurídicos, tal descompasso entre o ato praticado e a previsão legal pode ser graduado de forma mais ou menos gravosa, a depender da natureza do comando jurídico inobservado pelo sujeito. Tal distinção de grau leva às noções de *atos absolutamente nulos* e *atos relativamente nulos* ou *anuláveis*.

De acordo com a doutrina privatística, seriam absolutamente nulos os atos em que se verifica a presença de vício grave, relativo a preceito de ordem pública previsto pela norma como requisito de validade do ato em atenção a interesses da coletividade.

A seu turno, seriam relativamente nulos (anuláveis) os atos que, embora desconformes com a previsão legal, contêm vício de menor importância, relativo a elemento do ato previsto pela norma jurídica apenas em favor de interesses individuais. Como destaca Luiz Roldão de Freitas Gomes:

> ... concerne esta ao vício que compromete interesses privados, com menor ou nenhuma ofensa à ordem pública e deita raízes nas nulidades relativas, de elaboração do Direito pretoriano, em Roma. Resguarda-se interesse particular, resultando de que razões de ordem prática recomendam considerar à parte o caso em que, subsistindo os elementos necessários a dar vida ao negócio jurídico, algum deles seja incompleto ou esteja viciado.[26]

Tendo em vista a natureza da relação jurídica em que se desenvolve o processo administrativo, a qual, a despeito de suas especiais características, não se destaca do Direito Administrativo, cumpre cogitar da aplicação desses conceitos no âmbito desse "ramo" da ciência jurídica.

Para Seabra Fagundes, da classificação apresentada pela doutrina civilista somente se poderia aproveitar, no âmbito do Direito Administrativo, o "uso das denominações ali adotadas", sendo que, mesmo quanto a este aspecto, pontua o citado autor que a utilização dessa terminologia poderá ser "antes um fato de confusão de princípios do que de aproveitamento das experiências e sedimentações do Direito Privado".[27]

---

[26] GOMES, Luiz Roldão de Freitas. Invalidade dos Atos Jurídicos – Nulidades – Anulabilidades – Conversão. *Revista de Direito Civil*, São Paulo, nº 53, jul.-set. 1990, p. 14.

[27] *O Controle dos Atos Administrativos pelo Poder Judiciário*, 1957, p. 69. No mesmo sentido se manifesta Odete Medauar: "Por todas as razões expostas e levando em conta, ainda, a grande relevância do

Com efeito, tendo em consideração que o cerne da distinção entre atos nulos e anuláveis, de acordo com a doutrina civilista, consiste na natureza coletiva ou individual do comando violado, uma vez que atos nulos são os que vulneram preceitos de ordem pública e atos anuláveis são os que violam regras que visam proteger interesses particulares, tem-se que tal diferenciação não pode ser feita no âmbito do Direito Administrativo, onde o agir é sempre gizado pelo interesse público.

Partindo dessas noções, alguns autores pretenderam diferenciar os atos nulos e os atos anuláveis, em Direito Administrativo, tendo em vista suas características, principalmente a que se refere à impossibilidade de serem os mesmos convalidados.[28]

Esse posicionamento, entretanto, peca por definir tais institutos pelos seus efeitos, de forma que seria impossível saber, *a priori*, se um dado ato é nulo ou anulável.

Preferimos, então, o posicionamento adotado por CELSO RIBEIRO BASTOS[29] que, tendo fulcro no disposto no art. 2º da Lei nº 4.717/65[30] (Lei da Ação Popular), enuncia ser nulo o ato "que apresenta vícios de legalidade atinentes

---

princípio da legalidade no Direito Administrativo, parece inaplicável, nesse âmbito, a teoria das nulidades tal como vigora no Direito Civil. Assim sendo, se o ato administrativo contém defeitos desatendendo aos preceitos do ordenamento, é nulo, em princípio" (*Direito Administrativo Moderno*, 2001, p. 184). Não discrepa desse entendimento HENRIQUE DE CARVALHO SIMAS, para quem: "O problema da anulabilidade (atos administrativos anuláveis) tem suscitado debates doutrinários. A melhor posição parece ser a que considera, em Direito Administrativo, quanto à validade, apenas existirem atos válidos (praticados sem ofensa à lei) e inválidos (nulos e ilegítimos)" (SIMAS, Henrique de Carvalho. *Curso Elementar de Direito Administrativo*. Rio de Janeiro: Lumen Juris, 1992, v. I, pp. 129-130).

[28] Cf. MELLO, Celso Antônio Bandeira de, *Curso de Direito Administrativo*, 2001, pp. 413-414.

[29] *Curso de Direito Administrativo*, 2002, pp. 163-164.

[30] "Art. 2º São nulos os atos lesivos ao patrimônio das entidades mencionadas no artigo anterior, nos casos de:

a) incompetência;

b) vício de forma;

c) ilegalidade do objeto;

d) inexistência dos motivos;

e) desvio de finalidade.

Parágrafo único. Para a conceituação dos casos de nulidade observar-se-ão as seguintes normas:

a) a incompetência fica caracterizada quando o ato não se incluir nas atribuições legais do agente que o praticou;

b) o vício de forma consiste na omissão ou da observância incompleta ou irregular de formalidades indispensáveis à existência ou seriedade do ato;

c) a ilegalidade do objeto ocorre quando o resultado do ato importa violação de lei, regulamento ou outro ato normativo;

à competência, ao objeto, ao motivo, à forma e à finalidade". Por outro lado, ato anulável "é aquele que apresenta um elemento viciado; contudo, o vício não é fundamental, não é tão grave e pode ser convalidado".

Ademais, são igualmente nulos os atos administrativos em geral praticados em desconformidade com os princípios que regem a atuação da Administração Pública e, no âmbito dos processos administrativos, aqueles atos que não se coadunem com os princípios processuais que decorrem do clausulado devido processo legal.

Note-se que a nulidade relativa não representa faculdade da Administração em anular seus atos dotados de tal vício, mas sim a possibilidade de que a anulação seja evitada, por intermédio da convalidação.

10.4. Do Sistema de Invalidades da Lei nº 9.784/99

A Lei nº 9.784/99, em seus arts. 53 a 55, trouxe regras acerca da anulação, revogação e convalidação dos atos administrativos. Entretanto, ao que tudo indica, ao elaborar os referidos dispositivos, o legislador se olvidou que estava talhando diploma legislativo acerca do processo administrativo, uma vez que editou regras gerais acerca da invalidade dos atos administrativos cuja aplicabilidade, no âmbito do processo administrativo, é limitada.

O primeiro desses artigos repete parcialmente a disposição contida no verbete da Súmula nº 473 do Supremo Tribunal Federal, ao estabelecer que "a Administração deve anular seus próprios atos, quando eivados de vício de legalidade, e pode revogá-los por motivo de conveniência ou oportunidade, respeitados os direitos adquiridos".

No artigo seguinte, estabelece-se o prazo decadencial dentro do qual pode a Administração Pública exercer os deveres que lhe são impostos no art. 53, o qual é de cinco anos, contados da data em que foram praticados, salvo comprovada má-fé.

Juarez Freitas faz importante observação ao comentar este dispositivo, destacando que nos casos em que haja má-fé "o prazo decadencial para o

---

d) a inexistência dos motivos se verifica quando a matéria de fato ou de direito, em que se fundamenta o ato, é materialmente inexistente ou juridicamente inadequada ao resultado obtido;
e) o desvio de finalidade se verifica quando o agente pratica o ato visando a fim diverso daquele previsto, explícita ou implicitamente, na regra de competência."

direito/dever de anulação deve ser contado de modo distinto, isto é, a partir da ciência da fraude".[31]

Por fim, o art. 55 da Lei nº 9.784/99 prevê que, "em decisão na qual se evidencie não acarretarem lesão ao interesse público nem prejuízo a terceiros, os atos que apresentarem defeitos sanáveis poderão ser convalidados pela própria Administração".

O grande problema dos dispositivos em questão é não tratar do problema da nulidade dos atos processuais inseridos no âmbito de um processo administrativo.

Com efeito, se não há nada que se falar contra a previsão do prazo decadencial quinquenal para a invalidação dos atos administrativos em geral, e, em especial, dos atos nulos, é certo que, no âmbito do processo administrativo, há invalidades que não poderão ser sanadas após a prolatação da decisão final no âmbito do processo, em razão da ocorrência da *coisa julgada administrativa*.

Nessa esteira de raciocínio tem-se que as nulidades relativas, ou seja, passíveis de saneamento, convalidam-se pela emissão da decisão final do processo administrativo, tendo em vista o instituto da coisa julgada administrativa, de forma que, mesmo que não tenha decorrido o prazo previsto no art. 53 da Lei nº 9.784/99, não poderá a Administração Pública anular o ato praticado.

A seu turno, os atos absolutamente nulos, em relação aos quais não se opera a convalidação, ficam submetidos estritamente ao referido prazo decadencial, que se presta a conferir estabilidade às relações jurídicas decorrentes do ato administrativo praticado.

---

[31] FREITAS, Juarez, Reexame dos Conceitos de Convalidação, Anulação, Revogação e Autorização no Direito Administrativo, 2005, p. 321.

Capítulo 11

Da Norma Processual no Tempo

O fenômeno da sucessão de normas legais no tempo leva à problemática relativa à decisão quanto à norma a ser aplicada em determinado caso fático. Em princípio, as normas jurídicas são aplicáveis aos fatos ocorridos durante o seu período de vigência (*tempus regit actum*). Entretanto, em algumas situações, o Direito estabelece a retroatividade ou ultra-atividade das disposições normativas, as quais, em outras hipóteses, se encontram absolutamente vedadas. Os vetores que determinam a norma a ser aplicável em determinada situação de fato compõem o chamado *Direito Intertemporal*.

Segundo CARLOS MAXIMILIANO "o Direito Intertemporal fixa o alcance do império de duas normas que se seguem reciprocamente. Em suma: tem por objeto determinar os limites do domínio de cada uma dentre duas disposições jurídicas consecutivas sobre o mesmo assunto. Regula a aplicação da lei no tempo, o que, em todas as épocas, se considerou como um dos problemas sérios, árduos e dos mais complexos da ciência do Direito".[1]

A temática concernente ao conflito temporal de normas jurídicas é dos temas mais divergentes em doutrina, fugindo ao escopo do presente estudo.

Entretanto, a despeito das variações da doutrina quanto ao tema em tela, pode-se apontar um postulado fundamental do Direito Intertemporal, o qual consiste em não poderem as leis novas dispor sobre atos e fatos já consumados sob a égide do Direito vigente anteriormente. Como salienta VICENTE RÁO, com fulcro em passagem de PORTALIS:

---

[1] MAXIMILIANO, Carlos. *Direito Intertemporal ou Teoria da Irretroatividade das Leis*. Rio de Janeiro: Freitas Bastos, 1946, pp. 7-8.

> *Nenhuma dúvida existe, nem pode existir, sobre as relações anteriormente e totalmente consumadas, isto é, as que se extinguiram durante a vigência da norma anterior, produzindo todos os efeitos que lhes eram próprios ...*
>
> *A inviolabilidade do passado é princípio que encontra fundamento na própria natureza do ser humano, pois, segundo as sábias palavras de Portalis, "o homem, que não ocupa senão um ponto no tempo e no espaço, seria o mais infeliz dos seres, se não se pudesse julgar seguro nem sequer quanto à sua vida passada. Por essa parte de sua existência, já não carregou todo o peso de seu destino? O passado pode deixar dissabores, mas põe termo a todas as incertezas. Na ordem da natureza, só o futuro é incerto e esta própria incerteza é suavizada pela esperança, a fiel companheira de nossa fraqueza. Seria agravar a triste condição da humanidade querer mudar, através do sistema da legislação, o sistema da natureza, procurando, para o tempo que já se foi, fazer reviver as nossas dores, sem nos restituir as nossas esperanças".*[2]

Não há, no ordenamento jurídico brasileiro, regra que estabeleça a irretroatividade absoluta das leis, havendo sim, em consonância com a posição acima mencionada, norma constitucional que determina a proteção, contra as alterações legislativas, dos atos e fatos já consumados sob as previsões do ordenamento anterior. Tal proteção se consubstancia na proteção aos direitos adquiridos, aos atos jurídicos perfeitos e à coisa julgada. Conforme leciona Luís Roberto Barroso:

> *Calha observar que, embora a não-retroatividade seja a regra, trata-se de princípio que somente condiciona a atividade jurídica do Estado nas hipóteses expressamente previstas na*

---

[2] RÁO, Vicente. *O Direito e a Vida dos Direitos*. 5ª ed. São Paulo: Revista dos Tribunais, 1999, p. 363. Nas palavras do Professor Tercio Sampaio Ferraz Junior: "A questão está em como estabelecer este liame e dar consistência à duração, isto é, *evitar que um passado, de repente, se torne estranho, um futuro, algo opaco e incerto, e a duração, uma coleção de surpresas desestabilizadoras da vida*. Afinal, se o *sentido* de um evento passado pudesse ser alterado ou o *sentido* de um evento planejado pudesse ser modificado ao *arbítrio* de um ato presente, a validade dos atos humanos estaria sujeita a uma insegurança e uma incerteza insuportáveis.
A não-retroatividade da lei tem a ver com este problema (Ost). Trata-se de respeitar o passado em face das alterações legais, precavendo-se de tornar ilusórias, respectivamente, as expectativas legítimas (boa-fé, promessas, acordos) contidas no evento acontecido, por força da revogação. O princípio da irretroatividade resgata e sustém um passado em face do futuro, garantindo essas expectativas legítimas em face da lei nova. O *sentido* de um evento passado adquire, assim, um contorno próprio, conforme a legislação então vigente, tornando-se imune ao sentido que lhe atribui a lei posterior, ressalvadas as alterações in bonam partem" (FERRAZ JUNIOR, Tercio Sampaio. Anterioridade e Irretroatividade no Campo Tributário. *Revista Dialética de Direito Tributário*, São Paulo, nº 65, fev. 2001, p. 125). No mesmo sentido: ESPÍNOLA, Eduardo; ESPÍNOLA FILHO, Eduardo. *Lei de Introdução ao Código Civil Brasileiro*. 3ª ed. Rio de Janeiro: Renovar, 1999, p. 240; DANTAS, San Tiago. *Programa de Direito Civil*: Parte Geral. Rio de Janeiro: Editora Rio, 1979, p. 113.

Constituição. São elas: a) a proteção da segurança jurídica no domínio das relações sociais, veiculada no art. 5º, XXXVI, já citado; b) proteção da liberdade do indivíduo com a aplicação retroativa da lei penal, contida no art. 5º, XL ("a lei penal não retroagirá, salvo para beneficiar o réu"); c) a proteção do contribuinte contra a voracidade do Fisco, constante do art. 150, III, a (é vedada a cobrança de tributos "em relação a fatos geradores ocorridos antes do início da vigência da lei que os houver instituído ou aumentado"). Fora dessas hipóteses, a retroatividade da norma é tolerável.[3]

Feitos esses breves comentários, cumpre-nos apreciar a questão relacionada à sucessão temporal de normas processuais, podendo-se aduzir, desde já, que no campo destas a regra geral será a mesma antes analisada: *o respeito às situações jurídicas consumadas sob a égide da norma vigente anteriormente.*

Infere-se do exposto que as normas processuais têm eficácia imediata, aplicando-se integralmente aos processos em curso, sem afetar, entretanto, os atos processuais já consumados. De acordo com WILSON DE SOUZA CAMPOS BATALHA, "constituindo marcha à frente, o processo evolui através de etapas ou *preclusões*. Superada uma fase, passa-se à subsequente, sem possibilidades de retorno a fases anteriores".[4]

Outro não é o posicionamento de CÂNDIDO RANGEL DINAMARCO, para quem, em termos de Direito Processual Intertemporal, prevalece "o chamado *isolamento dos atos processuais*, pelo qual a lei nova, encontrando um processo em desenvolvimento, respeita a *eficácia* dos atos já realizados e disciplina o processo a partir de sua vigência (Amaral Santos)".[5]

As diretrizes colhidas das lições acima são plenamente aplicáveis aos processos administrativos, aplicando-se as normas jurídicas processuais de forma imediata aos atos a serem praticados nos processos em curso, permanecendo os atos já praticados (consumados) regulados pela norma anterior.

---

[3] *Interpretação e Aplicação da Constituição*: Fundamentos de uma Dogmática Constitucional Transformadora, 1999, p. 53. No mesmo sentido se manifesta SILVIO RODRIGUES, que afirma mesmo a retroatividade das normas jurídicas ao aduzir que "entre nós a lei é retroativa, e a supressão do preceito constitucional que, de maneira ampla, proibia leis retroativas constituiu um progresso técnico. A lei retroage, apenas não se permite que ela recaia sobre o ato jurídico perfeito, sobre o direito adquirido e sobre a coisa julgada" (*Direito Civil*: Parte Geral, 1989, p. 30).

[4] BATALHA, Wilson de Souza Campos. *Direito Intertemporal*. Rio de Janeiro: Forense, 1980, p. 560.

[5] DINAMARCO, Cândido Rangel, *A Reforma da Reforma*, 2002, p. 49. Sobre essa temática, observa MOACYR AMARAL SANTOS que "a lei nova atinge o processo em curso no ponto em que este se achar, no momento em que ela entrar em vigor, sendo resguardada a inteira eficácia dos atos processuais até então praticados. São os atos posteriores à lei nova que se regularão conforme os preceitos desta" (SANTOS, Moacyr Amaral. *Primeiras Linhas de Direito Processual Civil*. 14ª ed. Rio de Janeiro: Forense, 1989-1990, v. 1, p. 31).

Capítulo 12

Relações entre o Processo Administrativo e o Processo Judicial

12.1. A Questão da Concomitância entre o Processo Administrativo e o Judicial

Como reiterado diversas vezes ao longo deste estudo, o Brasil filia-se ao sistema uno de jurisdição, cabendo apenas ao Poder Judiciário decidir com foro de definitividade acerca de conflitos de interesses.

Nesse contexto, tem-se que no sistema brasileiro não é justificável a concomitância entre um processo administrativo e um processo judicial que possuam o mesmo objeto, tendo em vista que, uma vez ajuizada esta última, perde-se o interesse na decisão de mérito a ser proferida pela Administração Pública, que em nenhuma hipótese poderá ser oposta àquela emanada do Poder Judiciário.[1]

Não é por outra razão que o parágrafo único do art. 38 da Lei nº 6.830/80 (Lei de Execução Fiscal) estabelece que "a propositura, pelo contribuinte, da ação prevista neste artigo (mandado de segurança, ação de repetição do indébito ou ação anulatória do ato declarativo da dívida) importa renúncia ao poder de recorrer na esfera administrativa e desistência do recurso acaso interposto".[2]

---

[1] Nesse sentido, ver: AURÉLIO, Marco Meirelles. Invalidades no Processo Administrativo Tributário. In: *I Prêmio CARF de Monografias em Direito Tributário*. Conselho Administrativo de Recursos Fiscais: Brasília, 2011, p. 48.

[2] Sobre o tema, ver: SANTIAGO, Julio Cesar. Processo Administrativo Fiscal e sua Concomitância com o Judicial: Relfexões sobre o Parágrafo Único do Artigo 38 da LEF. *Revista Brasileira de Direito Tributário e Finanças Públicas*, São Paulo, n. 30, jan.-fev. 2012, pp. 20-36.

Manifestando entendimento diverso, no sentido de que a convivência do processo administrativo com o judicial somente se apresenta quando da prolatação da primeira decisão de mérito neste último, ANA CLARISSA MASUKO DOS SANTOS ARAÚJO salienta que:

> A concomitância entre processo judicial e contencioso administrativo não tem como efeito imediato a extinção do direito ao acesso a este último, tal como ocorre nos casos de identidade entre processos judiciais em que há o fenômeno da litispendência, arts. 301, V, §§ 2º e 3º, do CPC, causa de extinção imediata do feito sem julgamento de mérito, art. 267, V, do CPC.
>
> Entretanto, tendo-se em consideração que o sistema garante o acesso ao processo administrativo fiscal (art. 5º, LV, da CF/88) e proíbe, ao mesmo tempo, que haja duas tutelas jurisdicionais incidentes sobre a mesma relação jurídica de direito material controvertida, a concomitância também terá como efeito a extinção do direito ao processo administrativo fiscal, entretanto se, e somente se, for prolatada tutela jurisdicional no âmbito do processo judicial, o que implica sentença com julgamento de mérito.
>
> Portanto, nos casos de concomitância, não há extinção imediata do direito ao contencioso administrativo fiscal, mas sua suspensão, sob condição resolutória, de haver sentença de mérito no processo judicial, que acabará por extingui-lo. Contudo, se prolatada sentença processual, o direito não fica prejudicado, não podendo ser restringido o acesso às instâncias administrativas.[3]

---

[3] Efeitos da Concomitância entre Processos Judicial e Administrativo – Análise do parágrafo único do art. 38 da Lei nº 6.830/80. In: CONRADO, Paulo César (Coord.). *Processo Tributário Analítico*. São Paulo: Dialética, 2003, p. 158. Posição assemelhada encontramos em DJALMA BITTAR, para quem a concomitância entre processos, administrativo e judicial, deve ser permitida. Transcrevemos a seguir sua lição: "Após a promulgação da Lei nº 6.830/80 que disciplina a cobrança da Dívida Ativa da Fazenda Pública, formou-se opinião quase unânime, tendo em vista o que determina o parágrafo único do art. 38, no sentido de que a instância judicial exclui a instância administrativa caso haja litígio simultâneo em curso.
Em outras palavras: a discussão judicial relativa ao direito material tributário somente seria possível em uma das instâncias, que, consequentemente, seriam excludentes entre si.
Sempre entendi de modo diametralmente oposto, eis que, nos termos do art. 5º, LV, da CF/88, o contraditório e ampla defesa são condições inerentes aos processos judicial e administrativo, razão pela qual, penso ser prerrogativa constitucional do contribuinte discutir a existência do direito material nas duas instâncias concomitantemente, em homenagem à estrita competência de cada um dos poderes do Estado.
Explico: excluído o fato de já existir coisa julgada material em nível judicial, a discussão em torno da existência do direito material em litígio está assegurada em função da diversidade de competência para a apuração do direito invocado na controvérsia" (Processo Tributário, 2005, p. 588). Sobre o tema, ver, ainda: CONRADO, Paulo César. Coisa Julgada e Art. 38, Parágrafo Único, da Lei nº 6.830/80. In: MARTINS, Ives Gandra da Silva; PEIXOTO, Marcelo Magalhães; ELALI, André (Coords.). *Coisa Julgada Tributária*. São Paulo: MP Editora, 2005, pp. 337-348.

Com a devida vênia, o entendimento posto por ANA CLARISSA reflete antes uma compreensão pré-jurídica acerca de uma das alternativas que poderiam ter sido selecionadas e positivadas pelo legislador do que propriamente uma interpretação do art. 38 da Lei de Execução Fiscal, uma vez que nitidamente desborda os limites linguísticos desse dispositivo legal.

Com efeito, certamente poderia o legislador ter adotado a solução de suspensão do processo administrativo até a prolatação da primeira decisão de mérito no processo judicial, embora não tenha sido esse entendimento positivado.

Em outra assentada, como mencionado, a solução legal é coerente com a natureza do processo administrativo enquanto *requerimento facultativo de revisão da legalidade de um determinado ato administrativo*. Note-se que, como vimos defendendo, no processo administrativo não há sequer que se falar na existência de lide entre o administrado e o Poder Público, de forma que seria de todo incongruente admitir-se que o processo administrativo, onde inexiste lide, coexistisse com processo judicial, que no caso em tela a pressupõe.[4]

Assim, ajuizada ação questionado a matéria objeto do processo administrativo, deve-se considerar a *preclusão lógica* do direito do administrado à revisão do ato pela Administração Pública.[5]

---

[4] Também sustentando a coerência da regra prevista no parágrafo único do artigo 38 da Lei de Execuções Fiscais, ver: MARINS, James. Suspensão Judicial do Crédito Tributário, Lançamento e Exigibilidade. In: ROCHA, Valdir de Oliveira (Coord). *Processo Administrativo Fiscal 2º Volume*. São Paulo: Dialética, 1997, p. 58; MARTINS, Natanael. Questões de Processo Administrativo Tributário. In: ROCHA, Valdir de Oliveira (Coord). *Processo Administrativo Fiscal 2º Volume*. São Paulo: Dialética, 1997, p.91; SEIXAS FILHO, Aurélio Pitanga. Processos Judicial e Administrativo Concomitantes; Autuação subsequente à Ação Judicial de Iniciativa do Contribuinte e Devido Processo Administrativo. In: ROCHA, Valdir de Oliveira (Coord.) *Processo Administrativo Fiscal – 2º Volume*. São Paulo: Dialética, 1997, p. 12; MARINS, James. Suspensão Judicial do Crédito Tributário, Lançamento e Exigibilidade. In: ROCHA, Valdir de Oliveira (Coord.). *Processo Administrativo Fiscal – 2º Volume*. São Paulo: Dialética, 1997, p. 58; MARTINS, Natanael. Questões de Processo Administrativo Tributário. In: ROCHA, Valdir de Oliveira (Coord.). *Processo Administrativo Fiscal – 2º Volume*. São Paulo: Dialética, 1997, p. 91.

[5] O Superior Tribunal de Justiça aplicou o dispositivo em comento a caso concreto nos autos do Recurso Especial nº 840.556 (publicação no Diário de Justiça em 20.11.2006), tendo a decisão sido ementada nos seguintes termos: "TRIBUTÁRIO. PROCESSO ADMINISTRATIVO FISCAL. MANDADO DE SEGURANÇA. AÇÃO JUDICIAL. RENÚNCIA DE RECORRER NA ESFERA ADMINISTRATIVA. IDENTIDADE DO OBJETO. ART. 38, PARÁGRAFO ÚNICO DA LEI Nº 6.830/80. 1. Incide o parágrafo único do art. 38, da Lei nº 6.830/80, quando a demanda administrativa versar sobre objeto menor ou idêntico ao da ação judicial. 2. A exegese dada ao dispositivo revela que: "O parágrafo em questão tem como pressuposto o princípio da jurisdição una, ou seja, que o ato administrativo pode ser controlado pelo Judiciário e que apenas a decisão

O Primeiro Conselho de Contribuintes, atual Primeira Seção do Conselho Administrativo de Recursos Fiscais, firmou seu entendimento acerca da matéria no verbete da sua Súmula de nº 1, abaixo transcrita:[6]

> *Importa renúncia às instâncias administrativas a propositura pelo sujeito passivo de ação judicial por qualquer modalidade processual, antes ou depois do lançamento de ofício, com o mesmo objeto do processo administrativo, sendo cabível apenas a apreciação, pelo órgão de julgamento administrativo, de matéria distinta da constante do processo judicial.*

O dispositivo em questão deixava de ser aplicado nos casos concretos em razão da falta de mecanismos que garantissem às autoridades fazendárias o conhecimento quanto ao ajuizamento da ação por parte do contribuinte.

Tal ponto veio a ser sanado com a edição da Lei nº 11.196, de 21 de novembro de 2005, a qual introduziu um inciso V no art. 16 do Decreto nº 70.235/72, o qual elenca, como um dos requisitos formais da impugnação administrativa fiscal o esclarecimento "se a matéria impugnada foi submetida à apreciação judicial, devendo ser juntada cópia da petição".

Com isso, restou o estabelecido o dever do contribuinte de declarar, em sua impugnação, se está ou não discutindo a mesma matéria no âmbito de ação judicial.

---

deste é que se torna definitiva, com o trânsito em julgado, prevalecendo sobre eventual decisão administrativa que tenha sido tomada ou pudesse vir a ser tomada. (...) Entretanto, tal pressupõe a identidade de objeto nas discussões administrativa e judicial". (Leandro Paulsen e René Bergmann Ávila. Direito Processual Tributário. Porto Alegre: Livraria do Advogado, 2003, p. 349). 3. In casu, os mandados de segurança preventivos, impetrados com a finalidade de recolher o imposto a menor, e evitar que o fisco efetue o lançamento a maior, comporta o objeto da ação anulatória do lançamento na via administrativa, guardando relação de excludência. 4. Destarte, há nítido reflexo entre o objeto do mandamus – tutelar o direito da contribuinte de recolher o tributo a menor (pedido imediato) e evitar que o fisco efetue o lançamento sem o devido desconto (pedido mediato) – com aquele apresentado na esfera administrativa, qual seja, anular o lançamento efetuado a maior (pedido imediato) e reconhecer o direito da contribuinte em recolher o tributo a menor (pedido mediato). 5. Originárias de uma mesma relação jurídica de direito material, despicienda a defesa na via administrativa quando seu objeto subjuga-se ao versado na via judicial, face a preponderância do mérito pronunciado na instância jurisdicional. 6. Mutatis mutandis, mencionada exclusão não pode ser tomada com foros absolutos, porquanto, a contrario sensu, torna-se possível demandas paralelas quando o objeto da instância administrativa for mais amplo que a judicial. 7. Outrossim, nada impede o reingresso da contribuinte na via administrativa, caso a demanda judicial seja extinto sem julgamento de mérito (CPC, art. 267), pelo que não estará solucionado a relação do direito material. 8. Recurso Especial provido, divergindo do ministro relator."

[6] Sobre o tema, ver: MELO, José Eduardo Soares de. *Processo Tributário Administrativo e Judicial*. 4 ed. São Paulo: Quartier Latin, 2015. p. 206-210.

Em princípio, poderia parecer que esta nova regra não teria maior alcance, já que, em não sendo declarada a existência da ação judicial por parte do contribuinte, enfrentaria a Fazenda as mesmas dificuldades hoje enfrentadas para identificar a tal circunstância.

Todavia, temos que a grande inovação desse dispositivo é referente à constituição ou não de um processo administrativo válido.

Com efeito, sendo a indicação da existência de ação judicial requisito da impugnação, sua supressão torna a mesma inépta, podendo a mesma ser simplesmente rejeitada pelas autoridades julgadoras.

Por fim, vale a pena mencionar que a compatibilidade constitucional do art. 38 da Lei nº 6.830/80 foi objeto de apreciação no Recurso Extraodinário nº 234.277 (publicação no Diário da Justiça em 15/05/08). A decisão foi tomada por maioria, vencidos os Ministros MARCO AURÉLIO e CARLOS BRITTO, que se manifestaram pela inconstitucionalidade do referido artigo. Veja-se, abaixo, a ementa desta decisão:

> *CONSTITUCIONAL. PROCESSUAL TRIBUTÁRIO. RECURSO ADMINISTRATIVO DESTINADO À DISCUSSÃO DA VALIDADE DE DÍVIDA ATIVA DA FAZENDA PÚBLICA. PREJUDICIALIDADE EM RAZÃO DO AJUIZAMENTO DE AÇÃO QUE TAMBÉM TENHA POR OBJETIVO DISCUTIR A VALIDADE DO MESMO CRÉDITO. ART. 38, PAR. ÚN., DA LEI 6.830/1980.* O direito constitucional de petição e o princípio da legalidade não implicam a necessidade de esgotamento da via administrativa para discussão judicial da validade de crédito inscrito em Dívida Ativa da Fazenda Pública. É constitucional o art. 38, par. ún., da Lei 6.830/1980 (Lei da Execução Fiscal – LEF), que dispõe que "a propositura, pelo contribuinte, da ação prevista neste artigo [ações destinadas à discussão judicial da validade de crédito inscrito em dívida ativa] importa em renúncia ao poder de recorrer na esfera administrativa e desistência do recurso acaso interposto". Recurso extraordinário conhecido, mas ao qual se nega provimento.

No entendimento do Ministro Marco Aurélio, a regra questionada limita o acesso ao Poder Judiciário, já que para fazê-lo o contribuinte teria que renunciar ao trâmite integral do processo administrativo fiscal. Em suas palavras:

> Vale dizer que, no exercício desse atributo da cidadania, que é o de recorrer ao judiciário, ante lesão ou ameaça de lesão, descabe agasalhar dispositivo legal que resulte em uma coação a obstaculizar o livre acesso ao Judiciário. A tanto equivale a norma do parágrafo único do artigo 38 da Lei nº 6.830/80. O preceito coloca o titular do direito substancial em verdadeiro impasse: ou bem aguarda o esgotamento da fase administrativa, ou ingressa simultaneamente em juízo e, com isso, tem por alijado do cenário jurídico o processo formalizado na esfera

administrativa. A rigor, ocorre autêntica inibição para não se ingressar em juízo, solapando-se, dessa forma, a garantia constitucional do livre acesso ao Judiciário.

O posicionamento acolhido pelo tribunal, contudo, seguiu a interpretação adotada pelo Ministro Gilmar Ferreira Mendes em seu voto, no sentido da constitucionalidade do parágrafo único do art. 38 da Lei nº 6.830/80, nos seguintes termos:

> Tal como resulta da leitura da norma questionada, a ordem tributária oferece uma dupla proteção ao contribuinte: a via administrativa e a via judicial (art. 38, caput). O parágrafo único do art. 38, por sua vez, estabeleceu que a propositura pelo contribuinte de ação importa em renúncia do poder de recorrer na esfera administrativa e desistência do recurso acaso interposto.
>
> Destarte, a renúncia a essa faculdade de recorrer no âmbito administrativo e a automática desistência de eventual recurso interposto é decorrência lógica da própria opção do contribuinte de exercitar a sua defesa em conformidade com os meios que se afigurem mais favoráveis aos seus interesses.
>
> Tem-se aqui fórmula legislativa que busca afastar a redundância da proteção, uma vez que, escolhida a ação judicial, a Administração estará integralmente submetida ao resultado da prestação jurisdicional que lhe for determinada para a composição da lide.
>
> Tal como resultou dos debates, a providência que tenha em vista conferir racionalidade a essa dupla proteção oferecida pelo sistema jurídico não se afigura inadequada.
>
> Não vislumbro, por isso, qualquer desproporcionalidade na cláusula que declara a prejudicialidade da tutela administrativa se o contribuinte optar por obter, desde logo, a proteção judicial devida.

É de se destacar que, como salienta a Mary Elbe Queiroz, "somente quando se configurar a inteira e absoluta identidade e semelhança de conteúdo, sobre os mesmos fatos e motivos, é que haverá o impedimento à apreciação do julgador administrativo".[7]

---

[7] QUEIROZ, Mary Elbe. Concomitância de Processos nas Vias Administrativas e Judicial. *Revista Internacional de Direito Tributário*, Belo Horizonte, nº 1, jan.-jun. 2004, p. 275. Ver, também: MACHADO SEGUNDO, Hugo de Brito, *Processo Tributário*, 2004, pp. 139-141. Nesse sentido, já decidiu o Segundo Conselho de Contribuintes: "PROCESSO ADMINISTRATIVO FISCAL. AÇÃO JUDICIAL. MATÉRIA ESPECÍFICA NÃO DISCUTIDA JUDICIALMENTE. FALTA DE MANIFESTAÇÃO DA AUTORIDADE DE PRIMEIRA INSTÂNCIA. NULIDADE. É nulo o acórdão de primeira instância que deixa de manifestar-se a respeito de matéria discutida apenas no processo administrativo. Recurso provido" (Processo nº 16327.001353/2004-16. Data da Sessão: 10/08/2005).

12.1.1. Instância Administrativa de Curso Forçado

Se é certo que os processos administrativo e judicial não podem concorrer, o princípio da inafastabilidade da jurisdição, insculpido no já tantas vezes citado inciso XXXV do art. 5º da Constituição Federal, faz com que não possa haver no ordenamento jurídico brasileiro, *ao menos no cenário que se nos apresenta hoje*, instância administrativa de curso forçado, como requisito de admissibilidade do questionamento judicial da legalidade ou legitimidade de determinado ato administrativo.

Se, por um lado, tal princípio representa verdadeira garantia aos administrados em geral, que sempre poderão recorrer ao Poder Judiciário com vistas a evitar lesão ou ameaça de lesão a um seu direito, por outro acarreta um considerável aumento das demandas que chegam à sua análise, as quais poderiam ter sido evitadas pela precedência de um processo administrativo.

Nessa ordem de idéias, parece-nos que a revitalização do sistema de controle da legalidade dos atos administrativos passa, necessariamente, pela revitalização do processo administrativo, cabendo à Administração Pública expurgar do mesmo os vícios que o afligem no mundo fático, de forma a torná-lo um idôneo meio de controle interno de tal legalidade.[8]

Com isso se poderia prever o trâmite administrativo das questões como requisito de admissibilidade da respectiva ação judicial.[9]

É lógico que solução nesse sentido passaria, inevitavelmente, pela suspensão de todos os efeitos do ato administrativo sob discussão no âmbito do processo, sob pena de infligir ao administrado prejuízos que talvez não possam ser reparados posteriormente.[10]

---

[8] Não é outro o entendimento de ALBERTO NOGUEIRA, para quem "o aperfeiçoamento do processo administrativo existente é medida de extrema urgência, refletindo a moderna tendência de valorização seguida tanto em países de tradição administrativa (Portugal, Espanha, França etc.) como juridicialista, inclusive os Estados Unidos da América, nosso modelo de 1981. A autonomia dos Conselhos de Contribuintes, a nosso ver, é a chave mestra para esse desiderato" (*O Devido Processo Legal Tributário*, 2002, p. 8).

[9] Nas palavras de JOSÉ OSVALDO CASÁS, "a reclamação administrativa prévia e o esgotamento dos recursos em tal instância tem como finalidade prática possibilitar à Administração revisar seus atos, entre eles os de determinação tributária, e, sendo o caso, modificá-los, evitando, de tal modo, o processo judicial que seguiria. Ao mesmo tempo, tais reclamações coadjuvam a reduzir sensivelmente a quantidade de causas que, finalmente, radicam-se em sede judicial" (CASÁS, José Osvaldo. El marco constitucional del procedimiento y del proceso tributario. In: ALTAMIRANO, Alejandro (Coord). *El procedimiento tributario*. Buenos Aires: Ábaco, 2003, p. 57).

[10] Nesse diapasão, vale a pena destacar o entendimento de EURICO DE ANDRADE AZEVEDO que, com fundamento na doutrina de ADA PELLEGRINI, esclarece que "não se deve entender a via

Procedendo-se neste sentido, evitar-se-ia, ainda, a violação ao aludido princípio da inafastabilidade da jurisdição, uma vez que, não produzindo efeitos o ato administrativo, se poderia alegar a falta de interesse processual do administrado para questionar sua legalidade perante o Poder Judiciário antes do término do processo administrativo.

12.1.2. A Impetração de Mandado de Segurança Coletivo e seus Efeitos sobre o Processo Administrativo

Como já comentado anteriormente, o reconhecimento de que alguns direitos transcendem a individualidade forjada a partir do regime liberal, principalmente na atual sociedade de risco, levou a uma evolução do sistema processual e ao reconhecimento da legitimidade de órgãos e entidades coletivas para a defesa processual de tais interesses transidividuais.

O mandado de segurança coletivo pode ser considerado como o principal instrumento para a defesa de direitos individuais homogêneos no campo fiscal, sendo sua pertinência amplamente reconhecida pela doutrina[11] e pela jurisprudência,[12] desde que utilizado tal instrumento na defesa de direitos

---

administrativa como uma etapa prévia semelhante à fase de conciliação existente em alguns processos judiciais. A via administrativa há de ser entendida como um caminho que se abre à Administração para rever os seus próprios atos, em atendimento aos princípios básicos da legalidade, moralidade e finalidade dos atos administrativos. A não ser assim, a exigência da prévia exaustão da via administrativa constituirá mais uma ilegalidade. Neste passo, tem toda razão Ada Pellegrini Grinover, quando afirma: 'O § 4º do art. 153 constitui um todo, que deverá ser interpretado em harmonia com o regime constitucional: a exaustão das vias administrativas, prevista na segunda parte do dispositivo, só será legítima na medida em que não infringir a primeira parte do artigo, que garante o acesso às vias jurisdicionais em caso de lesão de direitos individuais. Toda vez que o prévio esgotamento das vias administrativas acarretar tal lesão, haverá de imediato interesse de agir (interesse-necessidade) e, consequentemente, possibilidade imediata de acesso ao Judiciário" (AZEVEDO, Eurico de Andrade. A Exaustão da Via Administrativa como Condição da Ação. *Revista de Direito Administrativo*, Rio de Janeiro, nº 152, abr.-jun. 1983, p. 23).

[11] Veja-se, nesse sentido: MACHADO, Hugo de Brito. *Mandado de Segurança em Matéria Tributária*. 4ª ed. São Paulo: Dialética, 2000, p. 53; MARINS, James, *Direito Processual Tributário Brasileiro*: Administrativo e Judicial, 2001, p. 509; GRAMSTRUP, Erik Frederico. Do Mandado de Segurança Tributário. In: BUENO, Cassio Scarpinella *et al.* (Coord.). *Aspectos Polêmicos e Atuais do Mandado de Segurança*. São Paulo: Revista dos Tribunais, pp. 350-352; ALVIM, Eduardo Arruda. *Mandado de Segurança no Direito Tributário*. São Paulo: Revista dos Tribunais, 1998, p. 382.

[12] Cf. Recurso Extraordinário nº 175.401. Relator Ministro Ilmar Galvão. DJU de 20 de setembro de 1996; Recurso Extraordinário nº 181.438. Relator Ministro Carlos Velloso, DJU de 04 de junho de 1996.

dos membros e associados do sindicato, entidade de classe ou associação legitimados para a impetração coletiva.

A grande vantagem da utilização do mandado segurança coletivo em matéria tributária consiste em se evitar a proliferação das demandas individuais, com a possibilidade de concentração, em um único processo, da discussão de tema que interessa a todo um grupo de contribuintes.

Não sendo objeto da presente análise o estudo mais detido das ações coletivas,[13] cumpre destacar a questão sobre a qual se pretende discorrer do presente item, relativa aos efeitos do ajuizamento de mandado de segurança coletivo, por sindicato, entidade de classe ou associação legalmente constituída e em funcionamento há pelo menos um ano, em defesa dos interesses de seus membros e associados, sobre processo administrativo fiscal em andamento, à luz da disposição examinada no item anterior (parágrafo único do art. 38 da Lei de Execução Fiscal).

A questão que se coloca é a seguinte: o ajuizamento de mandado de segurança coletivo, por qualquer das entidades acima mencionadas, acarreta a renúncia, por parte do membro ou associado das mesmas, de impugnar, administrativamente, eventual autuação fiscal lavrada pelas autoridades fazendárias?

Após o exame detido da presente questão deve-se entender que não, o ajuizamento de mandado de segurança coletivo não afasta o direito dos membros ou associados do ente impetrante, pelas razões a seguir analisadas.

Até a edição da Lei nº 12.016, de 07 de agosto de 2009, concordava a doutrina que, no que se refere à coisa julgada, seriam aplicáveis ao mandado de segurança coletivo as regras previstas no Código de Defesa do Consumidor (Lei nº 8.078/91), em seus arts. 103 e 104.[14]

Dessa forma, tem-se que a coisa julgada no âmbito do mandado de segurança coletivo tributário, em que se busca a defesa de interesses individuais

---

[13] Para tal estudo recomenda-se a leitura de: MENDES, Aluisio Gonçalves de Castro. *Ações Coletivas*: no direito comparado e nacional. São Paulo: Revista dos Tribunais, 2002.

[14] Nesse sentido, ver: OLIVEIRA, Angelina Mariz de. Recursos Administrativos do Contribuinte e Decisões Proferidas em Mandado de Segurança Coletivo. *Revista Dialética de Direito Tributário*, São Paulo, nº 108, set. 2004, p. 22; DINAMARCO, Pedro da Silva. A Sentença e seus Efeitos no Mandado de Segurança Individual e Coletivo. In: BUENO, Cassio Scarpinella *et al.* (Coord.). *Aspectos Polêmicos e Atuais do Mandado de Segurança*. São Paulo: Revista dos Tribunais, p. 707; MARINS, James, *Direito Processual Tributário Brasileiro*, 2001, p. 511; MEIRELLES, Hely Lopes. *Mandado de Segurança*. 24ª ed. São Paulo: Malheiros, 2002, p. 105; ALVIN, Eduardo Arruda. *Mandado de Segurança no Direito Tributário*. São Paulo: Revista dos Tribunais, 1998, pp. 383-385; CAIS, Cleide Previtalli. *O Processo Tributário*. 4ª ed. São Paulo: Revista dos Tribunais, 2004, p. 400.

homogêneos dos contribuintes, regia-se pelo disposto no inciso III do art. 103 do Código de Defesa do Consumidor, cuja redação é a seguinte:

> Art. 103. Nas ações coletivas de que trata este código, a sentença fará coisa julgada:
> (...)
> III – erga omnes, apenas no caso de procedência do pedido, para beneficiar todas as vítimas e seus sucessores, na hipótese do inciso III do parágrafo único do art. 81.

Vê-se que, na sistemática do Código de Defesa do Consumidor prevista para a defesa de interesses ou direitos individuais homogêneos, tem-se uma coisa julgada *secundum eventum litis* (segundo o resultado do processo, isso para as vítimas do dano e seus sucessores, não para a entidade que ajuizou a ação, em relação à qual tem-se uma coisa julgada *pro et contra*), de modo que esta somente se constituirá em sendo julgado procedente o pedido formulado na demanda coletiva.[15]

Assim, aplicando-se a disposição em comento ao mandado de segurança coletivo tributário, era possível afirmar que a decisão proferida neste somente produzirá coisa julgada material para os substituídos processuais (contribuintes) em caso de julgamento de procedência do pedido. Já para a entidade ou associação que tiver impetrado o mandado de segurança a coisa julgada material produzirá plenos efeitos.

Vale a pena observar que o Código de Defesa do Consumidor trouxe regra acerca da concomitância entre ação coletiva e eventual demanda individual do substituído em seu art. 104, que tem a seguinte redação:

> Art. 104. As ações coletivas, previstas nos incisos I e II e do parágrafo único do art. 81, não induzem litispendência para as ações individuais, mas os efeitos da coisa julgada erga omnes ou ultra partes a que aludem os incisos II e III do artigo anterior não beneficiarão os autores das ações individuais, se não for requerida sua suspensão no prazo de trinta dias, a contar da ciência nos autos do ajuizamento da ação coletiva.

De acordo com a regra constante nesse artigo, verifica-se que havendo concomitância entre ações, coletiva e individual, o autor da demanda individual

---

[15] Nesse mesmo sentido, ver: ALVIM, Eduardo Arruda. Apontamentos sobre o Processo das Ações Coletivas. In: MAZZEI, Rodrigo; NOLASCO, Rita Dias (Coords.). *Processo Civil Coletivo*. São Paulo: Quartier Latin, 2005, p. 44; MAZZILLI, Hugo Nigro. Notas sobre a Mitigação da Coisa Julgada no Processo Coletivo. In: MAZZEI, Rodrigo; NOLASCO, Rita Dias (Coords.). *Processo Civil Coletivo*. São Paulo: Quartier Latin, 2005, p. 326.

somente se beneficiará do resultado da demanda coletiva caso requeira a suspensão de seu processo no prazo de trinta dias a contar da ciência nos autos do ajuizamento da ação coletiva.

Assim, segundo o dispositivo acima transcrito a existência de ação coletiva não impede o ajuizamento de demanda individual, como vêm decidindo o Superior Tribunal de Justiça, acompanhado pelos Tribunais Regionais Federais.

A lógica desses dispositivos foi replicada nas regras previstas na Lei nº 12.016/09 sobre o mandado de segurança coletivo. Com efeito, segundo o art. 22 da referida lei:

> Art. 22. No mandado de segurança coletivo, a sentença fará coisa julgada limitadamente aos membros do grupo ou categoria substituídos pelo impetrante.
>
> § 1º O mandado de segurança coletivo não induz litispendência para as ações individuais, mas os efeitos da coisa julgada não beneficiarão o impetrante a título individual se não requerer a desistência de seu mandado de segurança no prazo de 30 (trinta) dias a contar da ciência comprovada da impetração da segurança coletiva.
>
> § 2º No mandado de segurança coletivo, a liminar só poderá ser concedida após a audiência do representante judicial da pessoa jurídica de direito público, que deverá se pronunciar no prazo de 72 (setenta e duas) horas.

Tendo em conta os comentários acima, é possível sistematizar a questão dos limites subjetivos da coisa julgada no mandado de segurança coletivo tributário nos seguintes itens:

a) *Mandado de segurança coletivo julgado procedente*: A decisão faz coisa julgada para a organização sindical, entidade de classe ou associação impetrante bem como para todos seus membros e associados, com exceção daqueles que, tendo ajuizado demandas individuais, não tenham requerido sua suspensão no prazo de 30 dias contado da data em que tiveram ciência quanto ao ajuizamento da demanda coletiva. Tal decisão deve alcançar, inclusive, aqueles que não se encontravam filiados ao ente impetrante na época da impetração ou os que jamais foram filiados ao mesmo.

b) *Mandado de segurança coletivo julgado improcedente*: A decisão faz coisa julgada material para a entidade ou associação impetrante. Todavia, tal decisão não faz coisa julgada para os associados substituídos na demanda coletiva, que poderão buscar tutela de seus direitos individualmente, independentemente do resultado da ação coletiva, ou mesmo para outras entidades legitimadas.

Ora, considerando as ponderações anteriores, resta evidente que mero o ajuizamento da demanda coletiva por sindicato, entidade de classe ou associação legalmente constituída não pode representar a renúncia do direito ao processo administrativo por parte do contribuinte.

Como visto, pela sistemática do Código de Defesa do Consumidor e da nova Lei do Mandado de Segurança, o ajuizamento de mandado de segurança coletivo não tem qualquer efeito sobre as ações individuais ajuizadas, salvo no caso de o contribuinte solicitar a suspensão de seu pleito individual.

Dessa forma, entendimento no sentido de que o ajuizamento do mandado de segurança coletivo implica, por si só, a renúncia do direito ao processo administrativo por parte do contribuinte, carece de qualquer lastro legal, embora tenha sido acolhido pelo Conselho Administrativo de Recursos Fiscais em algumas oportunidades, como se infere da análise das ementas abaixo transcritas:

MANDADO DE SEGURANÇA COLETIVO INTERPOSTO POR ASSOCIAÇÃO. EFEITOS. O provimento judicial em mandado de segurança coletivo impetrado por associação gera efeitos sobre todos os filiados, caracterizando a concomitância entre as esferas de demanda e a renúncia à esfera administrativa. DECADÊNCIA. TRIBUTOS SUJEITOS A LANÇAMENTO POR HOMOLOGAÇÃO. No caso de tributos sujeitos a lançamento por homologação, na ausência de pagamento antecipado o prazo decadencial deve ser contado a partir do primeiro dia do exercício seguinte àquele no qual o lançamento poderia ser efetuado.(STJ, Resp 973.733/SC)

(CARF. Acórdão nº 1402-001.655. Data da Sessão: 09/07/2014).

PROCESSUAL. OPÇÃO PELA VIA JUDICIAL. MANDADO DE SEGURANÇA. FEDERAÇÃO A QUE PERTENCE O AUTUADO.

A fundamentação da defesa em decisão judicial prolatada em Mandado de Segurança Coletivo, impetrado por Sindicato a que está filiada, implica opção pela via judicial e renúncia à via administrativa, e impede o conhecimento do recurso.

(Terceiro Conselho de Contribuintes. Recurso nº 127047. Data da Sessão: 07/11/2003).

NORMAS PROCESSUAIS – AÇÃO JUDICIAL E ADMINISTRATIVA CONCOMITANTES – O ajuizamento de Mandado de Segurança Coletivo, antes ou após ao procedimento fiscal, importa em renúncia à apreciação da mesma matéria na esfera administrativa, uma vez que o ordenamento jurídico brasileiro adota o princípio da jurisdição una, estabelecido no art. 5º, inciso XXXV, da Carta Política de 1988. Recurso não conhecido, em face da renúncia à esfera administrativa.

(Segundo Conselho de Contribuintes. Recurso nº 116300. Data da Sessão: 30/08/2001).

IPI – O ajuizamento do mandado de segurança preventivo coletivo (com ciência aos Delegados da Receita Federal com jurisdição sobre os associados) não impede a realização do lançamento para instituição do crédito tributário, mas implica em renúncia ao direito

de questionar a exigência na via administrativa e desistência do recurso interposto, nos termos do parágrafo 2 do artigo 1 do Decreto-Lei nº 1.737, de 20.12.79, ficando suspensa a exigibilidade do crédito tributário até que seja proferida a decisão judicial. Em preliminar ao mérito, não se toma conhecimento do recurso.
(Segundo Conselho de Contribuintes. Recurso nº 093468. Data da Sessão: 23/08/1995).

Tendo em vista os comentários anteriores, é possível asseverar que essas decisões violam o direito fundamental dos contribuintes ao processo administrativo fiscal, não possuindo qualquer fundamento legal que as justifiquem.

Vale lembrar aqui as decisões do Supremo Tribunal Federal acerca do papel das entidades e associações legitimadas pela Constituição para a impetração de mandado de segurança coletivo, as quais figuram como substitutas processuais que independem de qualquer manifestação de vontade de seus membros ou associados para procederem ao ajuizamento da ação coletiva (ver Mandado de Segurança nº 21.514 – DJU, de 18 de junho de 1993, Recurso Extraordinário nº 141.733 – DJU, de 01 de setembro de 1995 – e Mandado de Segurança nº 23.769 – DJU, de 30 de abril de 2004).

Em assim sendo, independendo a impetração coletiva de autorização dos substituídos processuais (no caso, os sujeitos passivos de deveres fiscais), que podem muito bem desconhecer a própria impetração, não há como sustentar que tal impetração implica em renúncia, por parte do contribuinte, de seu direito fundamental ao processo administrativo.

Não é demais acrescentar que a renúncia é um ato de vontade, de forma que aquele que renuncia a algo o faz consciente e voluntariamente. Considerando que no mandado de segurança coletivo não está presente a vontade do contribuinte, não há como considerar que o mesmo renunciou ao seu direito ao processo administrativo.

Nessa linha de convicções, é de se concluir que a impetração de mandado de segurança coletivo não deve ter qualquer efeito sobre eventual processo administrativo fiscal individual em que figure como parte o contribuinte vinculado ao sindicato, entidade de classe ou associação impetrante, não havendo lastro legal que sustente as decisões proferidas pelo Conselho Administrativo de Recursos Fiscais em sentido diverso.

Por fim, vale a pena observar que o Conselho excepciona seu posicionamento, no sentido da renúncia do processo administrativo individual quando da impetração de mandado de segurança coletivo, isso nos casos em que a afiliação do contribuintes à entidade tiver se dado posteriormente ao ajuizamento da ação. Nesse sentido, veja-se a decisão abaixo transcrita:

NORMAS PROCESSUAIS. MANDADO DE SEGURANÇA COLETIVO. FILIAÇÃO SINDICAL POSTERIOR À APRESENTAÇÃO DA AÇÃO. RENÚNCIA ÀS INSTÂNCIAS ADMINISTRATIVAS. NÃO OCORRÊNCIA. O mandado de segurança coletivo somente abrange, no pólo ativo, como substituído processual, a empresa filiada ao substituto até a data da apresentação da ação, não se configurando a renúncia às instâncias administrativas.
(Segundo Conselho de Contribuintes. Recurso nº 125.506. Data da Sessão: 11/08/2004)

A distinção feita na decisão acima parte de um critério que não necessariamente se presta para a elucidação da questão. De fato, o momento em que houve a filiação à entidade impetrante não representa, por si só, manifestação de adesão ao mandado coletivo impetrado.

Assim, é possível que contribuinte que já figurava nos quadros da entidade impetrante fosse contrário ao ajuizamento da ação, enquanto outro somente venha a aderir à entidade em razão da impetração do *mandamus*.

Tal posição está em contradição com o entendimento manifestado pelo Superior Tribunal de Justiça, no sentido de que não apenas aqueles que sejam filiados ao ente impetrante, mas toda a coletividade que poderia ser, embora não o seja, ou que venha a se filiar a tal entidade posteriormente ao ajuizamento do mandado de segurança coletivo devem ser alcançados pelos efeitos da decisão.

Nesse sentido foi a decisão proferida pelo Superior Tribunal de Justiça no Agravo Regimental no Agravo de Instrumento nº 435.851 (DJU de 19 de maio de 2003), relatado pelo Ministro Luiz Fux, cuja ementa encontra-se transcrita a seguir:

AGRAVO REGIMENTAL EM AGRAVO DE INSTRUMENTO. PROCESSUAL CIVIL. MANDADO DE SEGURANÇA COLETIVO. TRIBUTÁRIO. ICMS. CONSTRUTORAS. OPERAÇÃO INTERESTADUAL. DIFERENCIAL DE ALÍQUOTAS. DECRETO-LEI 406/68.

1. As empresas de construção civil não estão sujeitas ao ICMS Complementar ao adquirir mercadorias em operações interestaduais. (Precedentes da 1ª Seção)

2. O mandado de segurança coletivo constitui inovação da Carta de 1988 (art. 5º, LXX) e representa um instrumento utilizável para a defesa do interesse coletivo da categoria integrante da entidade de classe, associativa ou do sindicato.

3. Por ser indivisível, o interesse coletivo implica em que a coisa julgada no writ coletivo a todos aproveitam, sejam aos filiados à entidade associativa impetrante, sejam aos que integram a classe titular do direito coletivo.

4. A empresa que visa beneficiar-se de direito concedido em mandado de segurança coletivo anteriormente impetrado por entidade de classe ou associação deve comprovar

tão-somente que pertence ao grupo, à categoria ou à classe que se beneficiou do writ coletivo, e não que é associada à entidade que atuou no pólo ativo do mandamus.
5. Agravo Regimental desprovido.

Esse entendimento, além de preservar o princípio da isonomia, serve para a manutenção da concorrência em um determinado mercado, a qual certamente seria prejudicada caso um grande grupo de contribuintes deixasse de se encontrar sujeito a determinada exação fiscal, enquanto outra parte dos contribuintes permanecesse a ela submetido.

Nessa linha de convicções, é de se reiterar a conclusão no sentido de que, no atual cenário legislativo, a impetração de mandado de segurança coletivo por sindicato, entidade de classe ou associação não deve ter qualquer impacto sobre processo administrativo fiscal em que determinado contribuinte discuta a legalidade de auto de infração contra o mesmo lavrado.

12.2. A Prejudicialidade do Processo Administrativo, Notadamente o Processo Administrativo Fiscal, em Face da Ação Penal

Questão que merece análise mais detida é relativa à previsão contida no art. 83 da Lei nº 9.430/96, que estabelece que:

> A representação fiscal para fins penais relativa aos crimes contra a ordem tributária previstos nos arts. 1º e 2º da Lei no 8.137, de 27 de dezembro de 1990, e aos crimes contra a Previdência Social, previstos nos arts. 168-A e 337-A do Decreto-Lei no 2.848, de 7 de dezembro de 1940 (Código Penal), será encaminhada ao Ministério Público depois de proferida a decisão final, na esfera administrativa, sobre a exigência fiscal do crédito tributário correspondente.

Em princípio, pode-se compreender que a referida norma veio a prever o encerramento da instância administrativa como condição de procedibilidade da ação penal, no que tange aos crimes contra a ordem tributária.

Nesse contexto, o referido dispositivo veio a ter sua constitucionalidade questionada, por iniciativa do Ministério Público Federal, perante o Supremo Tribunal Federal que, *em um primeiro momento*, manifestou entendimento no sentido de que o oferecimento de denúncia pelo Ministério Público, no que se refere aos crimes contra a ordem tributária, não está condicionado ao exaurimento da esfera administrativa, limitação que vulneraria a previsão contida no inciso I do art. 129 da Constituição Federal, que estabelece a atribuição exclusiva do Ministério Público para promover a ação penal pública (Medida Cautelar na Ação Direta de Inconstitucionalidade nº 1.571, publicação no Diário da Justiça em 25/09/98).[16]

A posição no sentido de que o início do processo penal independe do deslinde do processo administrativo fiscal pauta-se em uma desconfiança da idoneidade deste último, que poderia transformar em letra morta a pretensão persecutória do Estado nos delitos fiscais. Como destaca MUÑOZ CONDE, citado por RODRIGO SÁNCHEZ RIOS, ao analisar questão semelhante no Direito espanhol:

A prejudicialidade administrativa (art. 37 Lei 50/77) obstaculizava uma intervenção direta do Direito Penal, permitindo acordos e composições entre o contribuinte e a Administração que tornavam impossível a exigência de responsabilidade penal. Geralmente o contribuinte, quando era requerido pela fiscalização, aceitava a correspondente multa, com o que o assunto quando chegava a jurisdição penal competente, se é que chegava, ficava diluído em nada, pois não se podia demonstrar nem prejuízo, nem dolo, nem nenhum dos elementos constitutivos do tipo penal.[17]

---

[16] Eis a ementa da decisão proferida pelo Pretório Excelso: "Ação direta de inconstitucionalidade. 2. Lei nº 9.430, de 27.12.1996, art. 83. 3. Arguição de inconstitucionalidade da norma impugnada por ofensa ao art. 129, I, da Constituição, ao condicionar *notitia criminis* contra a ordem tributária "a decisão final, na esfera administrativa, sobre a exigência fiscal do crédito tributário", do que resultaria limitar o exercício da função institucional do Ministério Público para promover a ação penal pública pela prática de crimes contra a ordem tributária. 4. Lei nº 8.137/1990, arts. 1º e 2º. 5. Dispondo o art. 83, da Lei nº 9.430/1996, sobre a representação fiscal, há de ser compreendido nos limites da competência do Poder Executivo, o que significa dizer, no caso, rege atos da Administração Fazendária, prevendo o momento em que as autoridades competentes dessa área da Administração Federal deverão encaminhar ao Ministério Público Federal os expedientes contendo *notitia criminis*, acerca de delitos contra a ordem tributária, previstos nos arts. 1º e 2º, da Lei nº 8.137/1990. 6. Não cabe entender que a norma do art. 83, da Lei nº 9.430/1996, coarcte a ação do Ministério Público Federal, tal como prevista no art. 129, I, da Constituição, no que concerne à propositura da ação penal, pois, tomando o MPF, pelos mais diversificados meios de sua ação, conhecimento de atos criminosos na ordem tributária, não fica impedido de agir, desde logo, utilizando-se, para isso, dos meios de prova a que tiver acesso. 7. O art. 83, da Lei nº 9.430/1996, não define condição de procedibilidade para a instauração da ação penal pública, pelo Ministério Público. 8. Relevância dos fundamentos do pedido não caracterizada, o que é bastante ao indeferimento da cautelar. 9. Medida cautelar indeferida".

[17] CONDE, Francisco Muñoz. *Derecho Penal*: Parte Especial. Valencia: Tirant Lo Blanch, 1996, p. 892. *Apud* RIOS, Rodrigo Sánchez. *O Crime Fiscal*. Porto Alegre: Sergio Antonio Fabris Editor, 1998, p. 25.

Com a devida vênia deste entendimento, parece-nos que o mesmo não se figura correto.

Por tudo que restou aduzido até o presente momento neste estudo, o processo administrativo fiscal trata-se de um instrumento constitucionalmente pautado de controle da legalidade dos atos administrativo-tributários.

A seu turno, o único ato ilibado para a constituição do crédito tributário (ao menos nos casos de infrações cometidas pelos sujeitos passivos que não tenham sido pelos mesmos declaradas às autoridades fazendárias) é a lavratura do auto de infração ou notificação de lançamento,[18] cuja legalidade, em conformidade com o afirmado no parágrafo anterior, pode ser questionada perante a Administração Pública.

Ora, como já mencionamos, o questionamento administrativo da legalidade dos atos administrativo tributários tem como efeito a suspensão da exigibilidade do crédito exigido por seu intermédio (art. 151, III, do Código Tributário Nacional).

Nesse contexto, até o deslinde do processo administrativo fiscal nada pode ser cobrado do autuado a título do tributo lançado, tanto que lhe são normalmente deferidas certidões positivas de débitos com efeitos de negativa, o que atesta a condição de regularidade fiscal do contribuinte para todos os fins.

Diante desse quadro fático é de se assinalar que até a prolatação da decisão administrativa final não há, ainda, um posicionamento definitivo da Administração Fazendária acerca do descumprimento ou não de qualquer disposição da legislação tributária por parte do sujeito passivo.[19]

---

[18] Como dispõe o art. 9º do Decreto nº 70.235/72: "A exigência de crédito tributário, a retificação de prejuízo fiscal e a aplicação de penalidade isolada serão formalizadas em autos de infração ou notificações de lançamento, distintos para cada imposto, contribuição ou penalidade, os quais deverão estar instruídos com todos os termos, depoimentos, laudos e demais elementos de prova indispensáveis à comprovação do ilícito".

[19] Na mesma linha do entendimento ora defendido, JUARY C. SILVA aduz que "o fundamento do óbice à propositura da ação por crime de natureza tributária consiste em que a sonegação ainda não está aperfeiçoada, no plano jurídico-tributário, que não se confunde com o plano fenomênico, ou fático, situado *in natura*, à guisa de puro fato, antes de visto sob coloração do Direito Tributário. A toda evidência, incurial seria que a Justiça Criminal aceitasse o processo e o julgamento de um fato regido pelo Direito Tributário, mas sobre o qual ainda se controverte em sede tributária, seja na via administrativa, seja na judicial" (SILVA, Juary C. *Elementos de Direito Penal Tributário*. São Paulo: Saraiva, 1998, p. 102). Como destaca RAMÓN VALDEZ COSTA, ao analisar a questão da prejudicialidade do processo administrativo fiscal, "de um ponto de vista teórico esse pressuposto conta não só com o reconhecimento da maioria das legislações como com um forte apoio doutrinário fundado em razões tão valiosas como a conveniência de abrir a possibilidade de que a Administração faça um exame da legalidade de seu ato de lançamento inicial e modifique sua posição, evitando-se assim

Assim, caso o Ministério Público ofereça denúncia referente a suposto crime decorrente de situação de fato ainda não apreciada pela Administração Pública, pode-se chegar à situação esdrúxula de o sujeito ser condenado por um crime contra a ordem tributária pelo juízo penal em relação a tributo que a Fazenda entende indevido.

Este entendimento é aplicável aos delitos fiscais previstos no art. 1º Lei nº 8.137/90 os quais, conforme sustenta a doutrina[20] e decide o Supremo Tribunal Federal, são crimes de resultado (materiais), de forma que somente há sua consumação quando demonstrada a supressão ou redução do montante de tributo devido em razão de alguma das condutas ali previstas (nesse sentido ver a decisão proferida no *Habeas Corpus* nº 75.945, de relatoria do Ministro SEPÚLVEDA PERTENCE, publicada no Diário da Justiça em 13/02/98. No mesmo sentido foi a decisão no *Habeas Corpus* nº 83.414 – publicação no Diário da Justiça em 23.04.2004).

Nesse caso seria possível indagar: quem ostenta melhores condições técnicas para interpretar a legislação tributária, o juiz criminal ou a Fazenda Pública? Sendo que, ao que nos parece, tal questão sequer necessita ser respondida.

O argumento antes mencionado para suportar o entendimento de que o esgotamento do processo administrativo não deve figurar como condição de procedibilidade da ação penal, no sentido de que a precedencia deste poderia prejudicar a efetividade da persecução penal, também não serve para fundamentar tal posição.

---

a intervenção dos órgãos judiciais e o consequente processo, necessariamente mais prolongado" (*Estudios de Derecho Tributario Latinoamericano*, 1982, p. 237). Por fim, merece destaque o comentário de MARY ELBE QUEIROZ, para quem: "Não sendo da competência do juízo criminal decidir se ocorreu, ou não, o fato gerador tributário e o respectivo montante, bem assim se foi, ou não, suprimido ou reduzido tributo e descumprida a obrigação tributária, consoante as prescrições expressas no artigo 142 do CTN, é inquestionável que a ação penal somente poderá ter seu curso após a Administração Tributária manifestar-se de forma definitiva sobre o assunto.
Portanto, é imprescindível que o PAT seja julgado em definitivo e de modo contrário ao sujeito passivo da relação jurídico-tributária, com vistas à comprovação da materialidade tanto da hipótese tributária como da evidência de fortes indícios da ocorrência da materialidade do crime tributário. Só após esse *iter* é que poderão ser adotadas providências no sentido de se comprovar, em sede criminal, que a infração à lei tributária igualmente enquadra-se em um comportamento tipificado como crime tributário" (QUEIROZ, Mary Elbe. O Processo Administrativo Tributário e a Propositura da Ação Penal por Crime contra a Ordem Tributária. In: Machado, Hugo de Brito (Coord.). *Sanções Penais Tributárias*. São Paulo: Dialética, 2005, p. 571).
[20] Cf. EISELE, Andreas. *Crimes Contra a Ordem Tributária*. 2ª ed. São Paulo: Dialética, 2002, p. 146; COSTA JR., Paulo José da. *Infrações Tributárias e Delitos Fiscais*. 2ª ed. São Paulo: Saraiva, 2002, p. 116.

De fato, caso comprovado que a decisão proferida pela Fazenda Pública encontra-se viciada, tendo favorecido indevidamente o contribuinte (hipótese em que se terá a violação de diversos princípios como aqueles referentes à legalidade e impessoalidade da Administração), poderá o Ministério Público buscar sua invalidação judicial.

Nesta assentada, temos que a previsão da possibilidade de ajuizamento da ação penal antes do fim da discussão administrativa quanto à existência de débito fiscal corporifica a repudiada regra do *solve et repete*, estudada no quinto capítulo.

Com efeito, considerando que o art. 34 da Lei nº 9.249/95 prevê a extinção da punibilidade dos crimes tributários em razão do pagamento do montante de tributo devido antes do oferecimento de denúncia pelo Ministério Público, em uma situação concreta o contribuinte se veria impelido a proceder ao pagamento do tributo que se entende devido, renunciando, assim, à constitucionalmente garantida discussão administrativa da legalidade da exigência fiscal.

Essa linha de entendimentos encontra eco no magistério do Ministro SEPÚLVEDA PERTENCE, que em manifestação doutrinária aduziu o seguinte:

> *A mim parece, como pareceu ao Ministro Jobim, inteiramente incompatível que então se possa, se a lei mal ou bem erigiu um ato de vontade do devedor (inaudível) de, pagando o tributo, extinguir a punibilidade do fato, forçá-lo a uma opção que viole a sua garantia fundamental à defesa e ao contraditório, hoje explicitamente também no processo administrativo, que é a de discutir a exigência e a extensão da obrigação tributária que terá de pagar para evitar a ação penal. O resto seria uma verdadeira chantagem institucional em que ao contribuinte se daria a alternativa de ou não discutir e pagar quanto lhe fosse exigido ou submeter-se às agruras do procedimento penal.*[21]

Em face do exposto, entendemos legítima a previsão do encerramento da via administrativa como condição de procedibilidade da ação penal. A vida dos contribuintes já é tão difícil tendo que discutir questões tributárias com "especialistas", que se lhes proteja de ter que discuti-las com penalistas (mesmo aqueles supostos especialistas em crimes fiscais).[22]

---

[21] PERTENCE, Sepúlveda. A Exigência ou não da Decisão Final do Processo Administrativo de Lançamento para Viabilizar a Denúncia por Crimes Contra a Ordem Tributária. *Revista de Direito Tributário*, São Paulo, nº 91, 2003, p. 231.
[22] Crítica semelhante é encontrada em HÉCTOR B. VILLEGAS, que, ao comentar regra argentina que dispensa o processo administrativo para a propositura da ação penal, assevera que com a introdução da mesma no ordenamento, "na prática, a determinação do *lançamento* passará

a se realizar nessa sede *penal*, perante tribunais não especializados na matéria e com todas as complicações que isso implica" (VILLEGAS, Héctor B. *Curso de Finanzas, Derecho Financiero y Tributario*. 7ª ed. Buenos Aires: Depalma, 1998, p. 451). Nas palavras de IVES GANDRA DA SILVA MARTINS, possibilitar o ajuizamento da ação penal sem o prévio esgotamento da via administrativa "seria admitir que alguém fosse condenado por homicídio, estando a vítima assassinada assistindo ao julgamento. Sendo a hipótese criminalizante forma de impor o cumprimento da obrigação tributária, inexistindo responsabilidade tributária, inexistirá a responsabilidade penal" (Crimes Contra a Ordem Tributária. In: MARTINS, Ives Gandra da Silva (Coord.). *Crimes Contra a Ordem Tributária*. 4ª ed. São Paulo: Revista dos Tribunais, 2002, p. 35). No mesmo sentido, defendendo a prejudicialidade do processo administrativo em face do processo penal: BASTOS, Celso Ribeiro; ALVEZ, Francisco de Assis. Crimes Contra a Ordem Tributária. In: MARTINS, Ives Gandra da Silva (Coord.). *Crimes Contra a Ordem Tributária*. 4ª ed. São Paulo: Revista dos Tribunais, 2002, p. 93; MACHADO, Hugo de Brito. Crimes Contra a Ordem Tributária. In: MARTINS, Ives Gandra da Silva (Coord.). *Crimes Contra a Ordem Tributária*. 4ª ed. São Paulo: Revista dos Tribunais, 2002, pp. 125-127; MELO, José Eduardo Soares de. Crimes Contra a Ordem Tributária. In: MARTINS, Ives Gandra da Silva (Coord.). *Crimes Contra a Ordem Tributária*. 4ª ed. São Paulo: Revista dos Tribunais, 2002, p. 206; FURLAN, Anderson. Sanções Penais Tributárias. In: MACHADO, Hugo de Brito. *Sanções Penais Tributárias*. São Paulo: Dialética, 2005, p. 22; MELLO, Antônio Carlos de Martins. Sanções Penais Tributárias. In: MACHADO, Hugo de Brito. *Sanções Penais Tributárias*. São Paulo: Dialética, 2005, p. 108; SANTOS, Cairon Ribeiro dos. Sanções Penais Tributárias. In: MACHADO, Hugo de Brito. *Sanções Penais Tributárias*. São Paulo: Dialética, 2005, p. 137; CINTRA, Carlos César Souza; COÊLHO, Ivson. Ponderações sobre as Sanções Penais Tributárias. In: MACHADO, Hugo de Brito. *Sanções Penais Tributárias*. São Paulo: Dialética, 2005, p. 165; ABRÃO, Carlos Henrique. Sanções Penais Tributárias. In: MACHADO, Hugo de Brito. *Sanções Penais Tributárias*. São Paulo: Dialética, 2005, p. 201; SILVA, Clarissa Sampaio; SIQUEIRA, Natercia Sampaio. Sanções Penais Tributárias. In: MACHADO, Hugo de Brito. *Sanções Penais Tributárias*. São Paulo: Dialética, 2005, p. 257; SALES, Deborah; NEPOMUCENO, Raul. Sanções Penais Tributárias. In: MACHADO, Hugo de Brito. *Sanções Penais Tributárias*. São Paulo: Dialética, 2005, p. 274; ESTELLITA, Heloísa. Sanções Penais Tributárias. In: MACHADO, Hugo de Brito. *Sanções Penais Tributárias*. São Paulo: Dialética, 2005, p. 342; MACHADO SEGUNDO, Hugo de Brito; MACHADO, Raquel Cavalcanti Ramos. Sanções Penais Tributárias. In: MACHADO, Hugo de Brito. *Sanções Penais Tributárias*. São Paulo: Dialética, 2005, p. 415; PONTES, Ítalo Farias. Sanções Penais Tributárias. In: MACHADO, Hugo de Brito. *Sanções Penais Tributárias*. São Paulo: Dialética, 2005, p. 449; VILAR FILHO, José Eduardo de Melo. Sanções Penais Tributárias: Reflexões. In: MACHADO, Hugo de Brito. *Sanções Penais Tributárias*. São Paulo: Dialética, 2005, p. 486; GOMES, Luiz Flávio; BIANCHINI, Alice. Reflexões e Anotações sobre os Crimes Tributários. In: MACHADO, Hugo de Brito. *Sanções Penais Tributárias*. São Paulo: Dialética, 2005, pp. 515-523; MACHADO, Schubert Farias. Sanções Tributárias. In: MACHADO, Hugo de Brito. *Sanções Penais Tributárias*. São Paulo: Dialética, 2005, p. 580; MACHADO, Tiziane; ARAGÃO, Carolina. Sanções Penais Tributárias. In: MACHADO, Hugo de Brito. *Sanções Penais Tributárias*. São Paulo: Dialética, 2005, p. 599; DENARI, Zelmo. Sanções Penais Tributárias. In: MACHADO, Hugo de Brito. *Sanções Penais Tributárias*. São Paulo: Dialética, 2005, p. 645; COÊLHO, Sacha Calmon Navarro; DERZI, Misabel Abreu Machado. Denúncia Penal antes do Témino do Processo Administrativo Tributário – Impossibilidade. *Revista Dialética de Direito Tributário*, São Paulo, nº 118, jul. 2005, p. 133. Em sentido contrário, ver: SEIXAS FILHO, Aurélio Pitanga. Sanções Penais Tributárias. In: MACHADO, Hugo de Brito. *Sanções Penais Tributárias*. São Paulo: Dialética, 2005, p. 117; PREVIDE, Renato Maso. A Importância da Decisão

Esse entendimento, no nosso entender, em nada conflita com a previsão insculpida no inciso I do art. 129 da Constituição Federal, não violando a função do Ministério Público de exercer, de forma privativa, a ação penal pública.

De fato, o posicionamento ora defendido apenas estabelece como requisito mínimo para a instauração de um processo penal (cujos efeitos danosos sobre a vida de um indivíduo, a despeito de seu resultado, não precisam sequer ser mencionados) que a Fazenda Pública já tenha se manifestado acerca da situação em questão, isso no caso de se haver instaurado um processo administrativo.

Após direcionar-se em sentido diverso, como antes mencionado, a Suprema Corte acolheu o entendimento ora defendido, como se infere da ementa da decisão proferida nos autos do Recurso Extraordinário nº 230.020 (publicação no Diário da Justiça em 25/06/2004), abaixo transcrita:

> ... 5. *Crime material contra a ordem tributária (L. 8.137/90, art. 1º): lançamento do tributo pendente de decisão definitiva do processo administrativo: falta de justa causa para a ação penal, suspenso, porém, o curso da prescrição enquanto obstada a sua propositura pela falta do lançamento definitivo: precedente (HC 81.611, Pleno, 10.12.2003, Pertence, Inf. STF 333).*[23]

A matéria veio a ser pacificada na Súmula Vinculante nº 24, do Supremo Tribunal Federal, a qual estabelece que "não se tipifica crime material contra a ordem tributária, previsto no art. 1º, incisos I a IV, da Lei nº 8.137/90, antes do lançamento definitivo do tribute".

Essa linha de entendimentos da Suprema Corte foi seguida pelo Superior Tribunal de Justiça, como se infere da decisão abaixo transcrita:

Final Administrativa Frente ao Recebimento da Denúncia. *Revista Tributária e de Finanças Públicas*, nº 62, maio-jun. 2005, p. 191; CASTARDO, Hamilton Fernando. *Processo Tributário Administrativo*. 2ª ed. São Paulo: IOB Thompson, 2006, pp. 199-200.

[23] No mesmo sentido: "HABEAS CORPUS. PENAL. PROCESSUAL PENAL. CRIME CONTRA A ORDEM TRIBUTÁRIA. REPRESENTAÇÃO FISCAL. TRANCAMENTO DA AÇÃO PENAL. DECISÃO DEFINITIVA DO PROCEDIMENTO ADMINISTRATIVO FISCAL. CONDIÇÃO DE PROCEDIBILIDADE DA AÇÃO PENAL. ORDEM CONCEDIDA. 1. Denúncia carente de justa causa quanto ao crime tributário, pois não precedeu da investigação fiscal administrativa definitiva a apurar a efetiva sonegação fiscal. Nesses crimes, por serem materiais, é necessária a comprovação do efetivo dano ao bem jurídico tutelado. A existência do crédito tributário é pressuposto para a caracterização do crime contra a ordem tributária, não se podendo admitir denúncia penal enquanto pendente o efeito preclusivo da decisão definitiva em processo administrativo. Precedentes. 2. Habeas corpus concedido". (*Habeas Corpus nº 89.983*. Publicação no Diário da Justiça em 30.03.2007).

HABEAS CORPUS. APURAÇÃO DE CRIME CONTRA A ORDEM TRIBU-TÁRIA. PENDÊNCIA DE RECURSO ADMINISTRATIVO. TRANCAMENTO DA AÇÃO PENAL. POSSIBILIDADE. PRECEDENTE DA TERCEIRA SEÇÃO. ORDEM CONCEDIDA.

1. Segundo orientação do Plenário do Supremo Tribunal Federal (HC 81.611/DF), a decisão definitiva do processo administrativo-fiscal constitui condição objetiva de punibilidade, consistindo elemento fundamental à exigibilidade da obrigação tributária, tendo em vista que os crimes previstos no art. 1º da Lei 8.137/90 são materiais ou de resultado.

2. Habeas corpus concedido para determinar o trancamento da Ação Penal 2004.61.81.006929-0, em trâmite perante a 3ª Vara Criminal Federal da Primeira Subseção Judiciária do Estado de São Paulo, até o exaurimento da via administrativa, em que se apura a existência de crédito tributário referente ao Processo Administrativo 195150011/80/2004-15, suspendendo-se o curso da prescrição. (Habeas Corpus nº 85.898. Publicação no Diário da Justiça em 22.10.2007).

Embora esse entendimento seja hoje predominante, vale destacar a existência de decisão onde o Supremo Tribunal Federal manifestou entendimento de que a exigência de conclusão do processo administrativo fiscal cede quando evidente a existência de fraude. Veja-se, neste sentido, a ementa abaixo transcrita:

CRIME FISCAL – FRAUDE – PROCESSO ADMINISTRATIVO – PRESCINDIBILIDADE. Versando a imputação a prática de fraude, mediante constituição de empresas de fachada, para fugir-se às obrigações fiscais, mostra-se dispensável aguardar-se desfecho de processo administrativo. CRIME DE QUADRILHA – ARTIGO 288 DO CÓDIGO PENAL. O tipo do artigo 288 do Código Penal.

(Habeas Corpus nº 95.086. Publicação no Diário da Justiça em 28/08/2009).

A distinção feita pelo STF neste caso é perigosa. Com efeito, é muito comum que autuações fiscais versem sobre situações onde se está desconsiderando pessoa jurídica constituída para o exercício de atividades personalíssimas. Há diversos casos envolvendo artistas e desportistas que se baseiam em alegação nesse sentido.

Nada obstante, não nos parece que se possa argumentar que, neste caso, estamos diante de uma "empresa de fachada". Com efeito, o próprio artigo 129 da Lei nº 11.196/2005 permite a execução de atividades personalíssimas por intermédio de pessoas jurídicas.[24]

---

[24] "Art. 129. Para fins fiscais e previdenciários, a prestação de serviços intelectuais, inclusive os de natureza científica, artística ou cultural, em caráter personalíssimo ou não, com ou sem a designação

Em um caso recente, a Procuradoria do Estado de São Paulo valeu-se da exceção na jurisprudência do STF para iniciar ação pena contra um conhecido jogador de futebol, argumentando que se tratava de um caso que envolvia tais "empresas de fachada".

Parece-nos que esta, definitivamente, não é um caso para a aplicação da exceção. Em situações onde se esteja diante da discussão a respeito da legitimidade ou ilegitimidade de um planejamento tributário, não nos parece que se possa iniciar uma ação penal antes de o térmido da discussão administrativa a respeito da existência do crédito tributário.

A questão da inter-relação entre o processo administrativo tributário e o processo penal encontra-se atualmente regulada na Portaria RFB nº 2.439/2010, a qual "Estabelece procedimentos a serem observados na comunicação ao Ministério Público Federal de fatos que configurem, em tese, crimes contra a ordem tributária; contra a Previdência Social; contra a Administração Pública Federal, em detrimento da Fazenda Nacional; contra Administração Pública Estrangeira; bem como crimes de contrabando ou descaminho, de falsidade de títulos, papéis e documentos públicos e de "lavagem" ou ocultação de bens, direitos e valores". De acordo com o seu artigo 4º:

> Art. 4º A representação fiscal para fins penais relativa aos crimes contra a ordem tributária definidos nos arts. 1º e 2º da Lei nº 8.137, de 27 de dezembro de 1990, e aos crimes contra a Previdência Social, definidos nos arts. 168-A e 337-A do Código Penal, será formalizada e protocolizada em até 10 (dez) dias contados da data da constituição do crédito tributário.
>
> § 1º A representação fiscal deverá permanecer no âmbito da unidade de controle até a decisão final, na esfera administrativa, sobre a exigência fiscal do crédito tributário correspondente ou na ocorrência das hipóteses previstas no art. 5º, respeitado o prazo legal para cobrança amigável, caso o processo seja formalizado em papel.
>
> § 2º A representação fiscal poderá ser formalizada em processo digital, desde que não contenha elementos passíveis de perícia ou que caracterizem falsidade material ou ideológica.
>
> § 3º Na hipótese do § 2º, a representação fiscal será apensada ao processo administrativo-fiscal e, cumprirá o rito processual deste, caso o crédito tributário seja impugnado.
>
> § 4º Os autos da representação fiscal, juntamente com cópia da respectiva decisão administrativa, deverão ser arquivados na hipótese de o correspondente crédito tributário ser extinto pelo julgamento administrativo, pelo pagamento ou pela quitação do parcelamento.

---

de quaisquer obrigações a sócios ou empregados da sociedade prestadora de serviços, quando por esta realizada, se sujeita tão-somente à legislação aplicável às pessoas jurídicas, sem prejuízo da observância do disposto no art. 50 da Lei no 10.406, de 10 de janeiro de 2002 – Código Civil."

As regras constantes da Portaria RFB nº 2.439/2010 têm importantes reflexos sobre a prejudicialidade do processo administrativo em relação aos crimes previstos no art. 2º da Lei nº 8.137/90.

Com efeito, se o entendimento de que o fim do processo administrativo fiscal é um requisito para a propositura da ação penal é claro e se tornou pacífico em relação aos crimes previstos no art. 1º Lei nº 8.137/90, tem-se, em princípio, conclusão diversa em relação aos crimes previstos no art. 2º da mesma lei. De fato, neste caso tratamos de crimes formais,[25] que se consumam com a mera realização da conduta típica, independentemente de qualquer dano efetivo ao erário público.

Em tais situações, tendo o Ministério Público elementos de prova que justifiquem o ajuizamento da ação penal não seria necessário aguardar o desfecho de qualquer procedimento ou processo administrativo fiscal. Nas palavras de GUSTAVO KELLY ALENCAR, "quaisquer elementos de convencimento dão ensejo ao oferecimento da denúncia pelo Ministério Público, relativamente aos delitos de mera conduta, que independam da supressão ou redução de tributo, como aqueles previstos no art. 2º da Lei 8.137/90".[26]

Todavia, é importante observar que a Portaria RFB nº 2.439/2010 determina que, em relação a todos os crimes tributários previstos na Lei nº 8.137/90 as autoridades fiscais aguardarão o fim do processo administrativo antes de comunicar ao Ministério Público a ocorrência de um crime, independentemente, portanto, de se tratar de um crime material (art. 1º) ou formal (art. 2º).

12.3. O Mandado de Segurança e os Recursos Administrativos com Efeito Suspensivo

Por fim, é de se analisar o tema relativo à proteção, por intermédio de mandado de segurança, contra atos administrativos ilegais ou praticados com abuso de poder que não possuam eficácia imediata, ou estejam com sua eficácia suspensa.

---

[25] EISELE, Andreas. *Crimes Contra a Ordem Tributária*. 2ª ed. São Paulo: Dialética, 2002, p. 172; COSTA JR., Paulo José da. *Infrações Tributárias e Delitos Fiscais*. 2ª ed. São Paulo: Saraiva, 2002, p. 133.
[26] ALENCAR, Gustavo Kelly. A ação penal nos crimes contra a ordem tributária praticados por particular e o exaurimento da discussão administrativa sobre o crédito tributário. In: TÔRRES, Heleno Taveira; QUEIROZ, Mary Elbe; FEITOSA, Raymundo Juliano (Coords.). *Direito Tributário e Processo Administrativo Aplicados*. São Paulo: Quartier Latin, 2005, p. 490.

O inciso LXIX do art. 5º da Constituição Federal estabelece que "conceder-se-á mandado de segurança para proteger direito líquido e certo, não amparado por 'habeas corpus' ou 'habeas data', quando o responsável pela ilegalidade ou abuso de poder for autoridade pública ou agente de pessoa jurídica no exercício de atribuições do Poder Público".

Pela leitura do dispositivo transcrito, nota-se que a finalidade do mandado de segurança é proteger as pessoas contra a violação de um seu direito, líquido e certo, em razão da realização de um ato ilegal ou abusivo praticado por autoridade pública.

Ora, para que seja possível o recurso ao mandado de segurança não basta a prática de um ato ilegal ou abusivo por parte de autoridade pública, sendo necessário que tal ato ostente a aptidão de violar direito líquido e certo de terceiro, o que não será verificável sempre que a eficácia do ato praticado estiver suspensa.[27]

Nessa linha de entendimentos, a própria Lei nº 12.016/09 estabelece, no inciso I de seu art. 5º, não caber mandado de segurança contra "ato do qual caiba recurso administrativo com efeito suspensivo, independentemente de caução".

Essa restrição ao direito de impetração de mandado de segurança em nada viola o direito de acesso à Justiça, uma vez que não impede o ajuizamento de demanda judicial pela via ordinária, somente obstando o mandado de segurança em face de não haver o risco de lesão a direito líquido e certo.

Note-se que no caso de o recurso administrativo ser subordinado à apresentação de caução é possível a impetração do *writ*, uma vez que os efeitos do ato ilegal ou abusivo já estarão se fazendo sentir sobre a pessoa.

Resumindo o posicionamento acima exposto, vale a pena transcrever a seguinte passagem de Lucia Valle Figueiredo "na pendência de recursos administrativos com efeito suspensivo sem que se exija caução – aliás, a

---

[27] No processo administrativo federal a regra geral é no sentido de os recursos não possuírem efeito suspensivo, resguardando-se a possibilidade de a autoridade a quem o recurso é dirigido atribuir tal efeito casuisticamente. Nesse sentido é a disposição contida no art. 61 da Lei nº 9.784/99, cuja redação é a seguinte:
"Art. 61. Salvo disposição legal em contrário, o recurso não tem efeito suspensivo.
Parágrafo único. Havendo justo receio de prejuízo de difícil ou incerta reparação decorrente da execução, a autoridade recorrida ou a imediatamente superior poderá, de ofício ou a pedido, dar efeito suspensivo ao recurso."
Vale a pena destacar que o pedido de revisão de lançamento tributário (formalizado por meio de auto de infração ou notificação fiscal de lançamento de débito) acarreta a suspensão da exigibilidade do crédito tributário, por força do disposto no inciso III do art. 151 do Código Tributário Nacional.

caução não pode ser exigida, a lume da Constituição de 1988, por força do texto constitucional (art. 5º, LV) do devido processo legal – não há possibilidade da impetração de mandado de segurança. Não porque a lei proíba, mas pelo estado do ato. É só examinarmos o ato para verificar que, submetido a recurso administrativo com efeito suspensivo, não haveria condições de o ato constranger alguém".[28]

O entendimento defendido acima, embora pareça aplicável aos processos administrativos em geral, *não seria aplicável ao processo administrativo fiscal*, por força do que dispõe o parágrafo único do art. 38 da Lei nº 6.830/80, que reconhece expressamente a possibilidade de impetração de mandado de segurança no curso de processo administrativo.[29]

12.4. O Novo Código de Processo Civil e o Processo Administrativo Fiscal

O Novo Código de Processo Civil (Lei nº 13.105/2015), reforçou a inter-relação entre o processo administrativo e o processo civil. Segundo o artigo 15 do Código, "na ausência de normas que regulem processos eleitorais, trabalhistas ou administrativos, as disposições deste Código lhes serão aplicadas supletiva e subsidiariamente".

Uma primeira observação que se deve fazer cuida da diferenciação entre *aplicação supletiva* e *aplicação subsidiária*. No primeiro caso, cuida-se da falta de uma regra sobre a matéria, enquanto no segundo da presença de uma regra e sua complementação pelo dispositivo do Código de Processo Civil. A distinção

---

[28] FIGUEIREDO, Lucia Valle. *Mandado de Segurança*. 4ª ed. São Paulo: Malheiros, 2002, p. 22. Como assevera CASTRO NUNES: "O essencial no recurso é o efeito suspensivo e a possibilidade de interpô-lo sem prestar caução, fiança ou depósito, como dizia a Lei nº 191, ou 'independentemente de caução', como se exprime equivalentemente o Cód. de Processo.
Atendido o objetivo da lei, verificadas essas duas condições, todo e qualquer recurso (contencioso ou hierárquico) deve ser admitido como suficiente para precluir o mandado de segurança" (NUNES, Castro. *Do Mandado de Segurança*. 9ª ed. Rio de Janeiro: Forense, 1988, p. 154). No mesmo sentido, ver: DALLARI, Adilson Abreu. Recurso administrativo e mandado de segurança. In: SUNDFELD, Carlos Ari; MUÑOZ, Guillermo Andrés (Coord.). *As Leis de Processo Administrativo*. São Paulo: Malheiros, p. 240.

[29] Nesse sentido ver: MACHADO, Hugo de Brito. *Mandado de Segurança em Matéria Tributária*. 4ª ed. São Paulo: Dialética, 2000, p. 41; LOPES, Mauro Luís Rocha. *Processo Judicial Tributário*: Execução Fiscal e Ações Tributárias. 3ª ed. Rio de Janeiro: Lumen Juris, 2005, p. 365.

foi bem explicitada por Paulo Cesar Conrado e Rodrigo Dalla Pria, para quem:

> "Na primeira situação, a da supletividade, o que se supõe é a total ausência de especial norma reguladora do processo administrativo, caso em que o Código de Processo Civil acaba por assumir a função 'normativa-substitutiva'.
>
> Na seguna hipótese, quando o assunto é subsidiariedade, pressupõe alguma regulamentação, ostentando o Código de Processo Civil de 2015 função 'normativo-complementar'".[30]

Com a entrada em vigor do Novo Código de Processo Civil, uma primeira crítica ao referido dispositivo foi no sentido de que o mesmo invadiria a competência estadual e municipal, ao prever a aplicação supletiva e subsidiária do Código em relação aos processos administrativos de tais unidades da federação. A este respeito, concordamos com Marcílio da Silva Ferreira Filho, para quem:

> "Todavia, compreendemos que a norma do art. 15 do NCPC/15 não viola a Constituição de 1988, com base nas seguintes justificativas: (i) o dispositivo não aborda minúcias do procedimento administrativo, restringindo-se a estabelecer uma orientação integrativa do direito para os casos de lacuna (o que, diga-se de passagem, poderia ser construído jurisprudencial e doutrinariamente, sem disposição legal); (ii) a União possui competência legislativa sobre processo (CF/88, art. 22, inciso I). (iii) existem previsões semelhantes a nível federal, como se pode observar do art. 769 da CLT em relação ao processo do trabalho e do art. 3º do CPP em relação ao processo penal; (iv) a atividade integrativa pode ser encontrada também no art. 4º da LINDB. Assim é que não há que se falar em inconstitucionalidade do novo dispositivo processual.[31]

No capítulo seguinte examinaremos a relação da Lei nº 9.784/99 com o processo administrativo fiscal. Neste momento, ao analisarmos o artigo 15 do Novo Código de Processo Civil temos que deixar registrado que há uma ordem de precedência entre a referida Lei e o Código. Com efeito, parece-nos que apenas será possível cogitar da aplicação supletiva ou subsidiária

---

[30] CONRADO, Paulo Cesar; PRIA, Rodrigo Dalla. Aplicação do Código de Processo Civil ao Processo Administrativo Tributário. In: CONRADO, Paulo Cesar; ARAUJO, Juliana Furtado Costa (Coords.). *O Novo CPC e seu Impacto no Direito Tributário*. São Paulo: Fiscosoft, 2016. p. 256.
[31] FERREIRA FILHO, Marcílio da Silva. A Aplicação Subsidiária e Supletiva do Novo CPC ao Processo Tributário. In: BUENO, Cassio Scarpinella; RODRIGUES, Marco Antonio (Coords.). *Repercussões do Novo CPC*: Processo Trbiutário. Salvador: Juspodium, 2017. p. 326.

do Código caso haja uma omissão no Decreto nº 70.235/72 e também na Lei nº 9.784/99. Do contrário, havendo uma regra aplicável nesta última, não há que se cogitar de aplicação do Código de Processo Civil.

Capítulo 13

Aplicabilidade da Lei nº 9.784/99 ao Processo Administrativo Fiscal

Pretende-se analisar, neste capítulo, a aplicabilidade da Lei nº 9.784/99 ao processo administrativo fiscal, mormente em face da disposição contida em seu art. 69, segundo o qual "os processos administrativos específicos continuarão a reger-se por lei própria, aplicando-se-lhes apenas subsidiariamente os preceitos desta Lei".

De início, nota-se que a aplicação subsidiária da Lei nº 9.784/99 ao processo administrativo fiscal encontra-se expressamente prevista, sendo amplamente reconhecida pelo Conselho Administrativo de Recursos Fiscais.

Nesse contexto, a questão que merece ser estudada com um pouco mais de vagar consiste em determinar qual o alcance da aludida aplicação subsidiária da Lei nº 9.784/99.

A questão em tela foi examinada por JOSÉ DOS SANTOS CARVALHO FILHO, para quem, em relação aos processos administrativos com regência específica, como os processos fiscais, "a Lei 9.784 ... será aplicável naquilo em que não houver contrariedade alguma das normas especiais".[1]

A determinação da aplicabilidade da Lei nº 9.784/99 aos processos administrativos fiscais passa pela análise da *ocasio legis* da edição dessa lei e da *ocasio legis* da edição do Decreto nº 70.235/72, que traz a regência do processo fiscal.

Com efeito, ao se examinar as regras do Decreto nº 70.235/72, nota-se que o mesmo traz disposições meramente procedimentais de realização do processo administrativo fiscal. Embora sua edição possa ser considerada um

---

[1] *Processo Administrativo Fiscal*: Comentários à Lei nº 9.784 de 29/1/1999, 2001, p. 321.

avanço na sistematização do processo administrativo fiscal federal, é de se reconhecer que àquela época, em plena ditadura militar, princípios jurídicos e direitos dos administrados que hoje dão os contornos das relações em que toma parte o Poder Público não eram considerados.

A seu turno, a Lei nº 9.784/99 veio a lume sob um cenário jurídico distinto, tratando-se de texto legal comprometido com a realização, pelo processo, dos direitos dos administrados, o que gerou a positivação, no aludido diploma normativo, dos direitos processuais dos administrados, bem como dos deveres da Administração no âmbito do processo. Como acentua EDUARDO DOMINGOS BOTALLO, "a Lei nº 9.784, de 29 de janeiro de 1999, é merecedora de elogios, sobretudo pelo equilíbrio, que revela, no propósito de conciliar, dentro do processo administrativo federal, a 'proteção dos direitos dos administrados', com o 'melhor cumprimento dos fins da Administração'".[2]

Nesse contexto, a partir da contraposição entre esses dois diplomas de natureza tão distinta, chega-se à conclusão de que a aplicação subsidiária da Lei nº 9.784/99 aos preceitos rituais previstos no Decreto nº 70.235/72 é tão ampla que não são muitos os dispositivos da referida lei que não se fazem aplicáveis ao processo administrativo fiscal federal.

Diante desse quadro, são procedentes as observações de JAMES MARINS, para quem:

> *Enquanto veículo introdutório de normas gerais às diversas modalidades de processo administrativo no âmbito da Administração Federal, direta e indireta, a Lei nº 9.784/99 (Lei Geral do Processo Administrativo Federal – LGPAF) se presta seguramente para a colmatação subsidiária de lacunas principiológicas das quais se ressente o Decreto 70.235/72, tornando sua interpretação e aplicação mais compatíveis com o atual estágio de evolução do processo administrativo brasileiro.*[3]

---

[2] A Prova no Processo Administrativo Tributário Federal, 2002, p. 10. Como pontua MARCOS VINICIUS NEDER, "com o advento da Lei nº 9.784/99, foi possível identificar mais claramente o conjunto de princípios aplicáveis ao processo administrativo fiscal. Esta matriz principiológica estabelecida pelo legislador é de grande valia na solução de lides fiscais, pois evidencia quais são os princípios próprios do processo administrativo que lhe dão forma e o caracterizam como sistema" (NEDER, Marcos Vinicius. A Lei nº 9.784/99 – a norma geral que informa o sistema processual administrativo tributário. In: TÔRRES, Heleno Taveira; QUEIROZ, Mary Elbe; FEITOSA, Raymundo Juliano (Coords.). *Direito Tributário e Processo Administrativo Aplicados*. São Paulo: Quartier Latin, 2005, p. 44).

[3] *Direito Processual Tributário Brasileiro*: Administrativo e Judicial, 2001, p. 248. Sobre a aplicação, ao processo administrativo fiscal, das normas principiológicas previstas na Lei nº 9.784/99 ver: TROIANELLI, Gabriel Lacerda, Os Princípios do Processo Administrativo Fiscal, 1999, p. 61.

Como se infere da passagem acima transcrita, a doutrina empresta grande ênfase à aplicação, ao processo administrativo fiscal, dos princípios jurídicos positivados na Lei nº 9.784/99[4], previstos no seu art. 2º transcrito a seguir:

> Art. 2º A Administração Pública obedecerá, dentre outros, aos princípios da legalidade, finalidade, motivação, razoabilidade, proporcionalidade, moralidade, ampla defesa, contraditório, segurança jurídica, interesse público e eficiência.
> Parágrafo único. Nos processos administrativos serão observados, entre outros, os critérios de:
> I – atuação conforme a lei e o Direito;
> II – atendimento a fins de interesse geral, vedada a renúncia total ou parcial de poderes ou competências, salvo autorização em lei;
> III – objetividade no atendimento do interesse público, vedada a promoção pessoal de agentes ou autoridades;
> IV – atuação segundo padrões éticos de probidade, decoro e boa-fé;
> V – divulgação oficial dos atos administrativos, ressalvadas as hipóteses de sigilo previstas na Constituição;
> VI – adequação entre meios e fins, vedada a imposição de obrigações, restrições e sanções em medida superior àquelas estritamente necessárias ao atendimento do interesse público;
> VII – indicação dos pressupostos de fato e de direito que determinarem a decisão;
> VIII – observância das formalidades essenciais à garantia dos direitos dos administrados;
> IX – adoção de formas simples, suficientes para propiciar adequado grau de certeza, segurança e respeito aos direitos dos administrados;
> X – garantia dos direitos à comunicação, à apresentação de alegações finais, à produção de provas e à interposição de recursos, nos processos de que possam resultar sanções e nas situações de litígio;
> XI – proibição de cobrança de despesas processuais, ressalvadas as previstas em lei;
> XII – impulsão, de ofício, do processo administrativo, sem prejuízo da atuação dos interessados;
> XIII – interpretação da norma administrativa da forma que melhor garanta o atendimento do fim público a que se dirige, vedada aplicação retroativa de nova interpretação.

Todavia, parece que a aplicabilidade do diploma normativo em questão é muito mais amplo, indo além da regência principiológica. Concorda-se, portanto, com MARCOS VINICIUS NEDER, para quem:

---

[4] Nesse sentido: QUEIROZ, Mary Elbe. A Revisão do Lançamento Tributário (o Controle do Ato de Lançamento como Fator de Segurança Jurídica). In: ROCHA, Valdir de Oliveira (Coord.). *Processo Administrativo Fiscal*: 6º Volume. São Paulo: Dialética, 2002, p. 123.

... é importante ressaltar que a Lei nº 9.784/99 formula critérios processuais administrativos e direitos e deveres dos administrados, compondo um rol de regras de grande abrangência a serem seguidos pela Administração Federal. Insere-se, portanto, nos domínios do Direito Público, em que a atenção ao interesse da sociedade é primordial e a tutela do mesmo constitui o fim principal do preceito obrigatório. Assim, na exegese dessa lei, o intérprete deve atribuir a esta o sentido que lhe permite a realização de suas finalidades e a preservação da harmonia do sistema jurídico, aplicando-se ao caso em tela o adágio "prefira-se a inteligência dos textos que torne viável o seu objetivo, ao invés da que os reduza à inutilidade".

Se a Lei nº 9.784/99, de iniciativa do próprio Poder Executivo, formula disciplina de princípios e garantias aplicáveis ao processo administrativo federal, por lógico não se espera que a regra do artigo 69 inviabilize sua aplicação. A inteligência desse dispositivo, ao mencionar expressamente a utilização subsidiária, é no sentido de limitar a abrangência da norma, mas tão-somente para ressalvar a eficácia de leis especiais. Deve-se, portanto, recorrer, inicialmente, à norma específica e, se não for possível, à norma geral. Se a norma geral confere ao intérprete princípios, como o da moralidade, proporcionalidade e razoabilidade, ele terá que empregá-los para alcançar o sentido da norma especial. Se esta é omissa, ao aplicador cabe a tarefa de investigar se há disposição expressa e precisa na norma geral.[5]

Diante das considerações anteriormente apresentadas, é possível afirmar que, salvo os dispositivos de índole estritamente procedimental, todas as normas veiculadas pela Lei nº 9.784/99 são aplicáveis ao processo administrativo fiscal federal. Nessa linha de entendimentos, somente deixariam de ser aplicadas a tais processos as provisões contidas no art. 6º, que traz os dados que devem constar nos requerimentos administrativos; o art. 26, que trata das formalidades envolvendo as intimações processuais; o art. 44, referente ao prazo para a apresentação de alegações finais; os arts. 56 a 65, que tratam dos recursos; e os arts. 66 e 67, que dispõem acerca dos prazos processuais.[6]

O Conselho Administrativo de Recursos Fiscais vem aplicando dispositivos da Lei nº 9.784/99 ao processo administrativo fiscal em variadas situações. Assim, há decisão do então Terceiro Conselho de Contribuintes em que se permitiu a apresentação de prova documental posteriormente à impugação da autuação fiscal com base no art. 38 da aludida lei, segundo o qual "o interessado poderá, na fase instrutória e antes da tomada da decisão, juntar

---

[5] NEDER, Marcos Vinicius. A Inserção da Lei nº 9.784/99 no Processo Administrativo Fiscal. In: ROCHA, Valdir de Oliveira (Coord.). *Processo Administrativo Fiscal*: 6º Volume. São Paulo: Dialética, 2002, pp. 82-83.

[6] Sobre o tema em tela, ver: PECORARO, Camila Filippi. A Lei Geral do Processo Administrativo – Lei nº 9.784/99 – Aplicada ao Processo Administrativo Tributário. In: PIZOLIO, Reinaldo (Coord.). *Processo Administrativo Tributário*. São Paulo: Quartier Latin, 2007, pp. 35-51.

documentos e pareceres, requerer diligências e perícias, bem como aduzir alegações referentes à matéria objeto do processo".[7]

Em outro caso anulou-se ato declaratório de exclusão do SIMPLES por falta de motivação, buscando-se respaldo no art. 50 da Lei nº 9.784/99, que prevê as situações em que se faz obrigatória a motivação do ato administrativo.[8]

Também há decisões reconhecendo o direito de vista dos autos do processo administrativo com respaldo específico no inciso II do art. 3º da Lei nº 9.784/99;[9] a impossibilidade de aplicação de critério interpretativo de forma retroativa, conforme vedado pelo inciso XIII do parágrafo único do art. 2º da mesma lei;[10] para fundamentar a anulação de atos inválidos pela própria

---

[7] Processo nº 10283.100179/2004-61. Data da Sessão: 22/05/2007:
"JUNTADA DE DOCUMENTAÇÃO DEPOIS DO PRAZO IMPUGNATÓRIO. POSSIBILIDADE. PROCESSO ADMINISTRATIVO. INFORMALISMO. A Lei nº 9.784/99, em seu art. 69, autoriza a juntada de documentos e pareceres em toda a fase instrutória do processo administrativo. JUNTADA DE DOCUMENTOS PELAS RECORRENTES. INDEFERIMENTO. SUPOSTA IRRELEVÂNCIA. CERCEAMENTO DE DEFESA CARACTERIZADA. Não é defeso à autoridade administrativa fazer juízo de valor acerca de quais documentos são ou não relevantes ao pleno exercício do direito constitucional à ampla defesa, mormente quando tais documentos permaneceram em poder do fisco por longo lapso temporal e embasaram a autuação em escopo.
Recurso voluntário julgado procedente, para que seja anulada a decisão recorrida, e reaberto o prazo para que as recorrentes promovam a juntada dos documentos que julguem necessários ao exercício pleno da sua defesa".

[8] Processo nº 13893.001417/2003-85. Data da Sessão: 22/03/2006:
"SIMPLES – EXCLUSÃO INDEVIDA. ATO DECLARATÓRIO DE EXCLUSÃO GENÉRICO. NULIDADE INSANÁVEL POR CERCEAMENTO DE DEFESA E VIOLAÇÃO AO PRINCÍPIO DA LEGALIDADE. POSSIBILIDADE DE PERMANÊNCIA NO REGIME DO SIMPLES. De fato, não sendo capitulado no Ato Declaratório de Exclusão, taxativamente, a atividade vedada ao optante pelo regime tributário simplificado, restam violados os princípios da legalidade, da ampla defesa e da motivação prévia ao ato administrativo, nos termos do artigo 50 e parágrafo primeiro, da Lei de Processo Administrativo Tributário nº 9.784/99. PROCESSO ANULADO AB INITIO".

[9] Processo nº 10120.000297/2003-51. Data da Sessão: 26/01/2006:
"CERCEAMENTO DO DIREITO DE DEFESA – Tendo direito a vistas do processo na forma do artigo 3º, II, da Lei nº 9.784, de 1999, a cobrança de cópias das peças processuais não constitui óbice à ampla defesa".

[10] Processo nº 10680.001498/99-38. Data da Sessão: 17/02/2004:
"FINSOCIAL RESTITUIÇÃO/COMPENSAÇÃO/DECADÊNCIA. Reforma-se a decisão de primeira instância que aplica retoativamente nova interpretação (art. 2º, nº 9.784/99). RECURSO PROVIDO, AFASTANDO-SE A DECADÊNCIA E DETERMINANDO-SE O RETORNO DOS AUTOS À DRJ, PARA PRONUNCIAMENTO SOBRE AS DEMAIS QUESTÕES DE MÉRITO".

Administração, conforme previsto no art. 53 da Lei nº 9.784/99;[11] e como fundamento do direito à ampla defesa do contribuinte, previsto no art. 2º da referida lei.[12]

Também em casos de *reformatio in prejus* há decisões do Conselho Administrativo de Recursos Fiscais que aplicam o disposto no art. 65 da Lei nº 9.784/99, que estabelece que "os processos administrativos de que resultem sanções poderão ser revistos, a qualquer tempo, a pedido ou de ofício, quando surgirem fatos novos ou circunstâncias relevantes suscetíveis de justificar a inadequação da sanção aplicada", sendo que, de acordo com seu parágrafo único "da revisão do processo não poderá resultar agravamento da sanção". Veja-se, nesse sentido, a seguinte decisão:

> *Obrigações Acessórias Data do fato gerador: 30/09/2004 PROCESSO ADMINISTRATIVO FISCAL. REFORMATIO IN PEJUS. IMPOSSIBILIDADE. Na forma do disposto no parágrafo único do art. 65 da Lei nº 9.784/99, não é possível ao Conselho de Contribuintes a reforma de decisão ou revisão de ato administrativo que piore a situação jurídica do contribuinte. PRINCÍPIO DA INSIGNIFICÂNCIA. ALEGAÇÃO GENÉRICA. A alegação genérica de violação do Princípio da Insignificância ou da Bagatela não autoriza o afastamento da multa aplicada com base na legislação vigente. RECURSO VOLUNTÁRIO NEGADO.*
>
> *(Acórdão nº 302-39977. Data da Sessão: 13/11/2008)*

Em recente decisão proferida pelo Superior Tribunal de Justiça, nos autos do Recurso Especial nº 1.091.042 (publicação no Diário da Justiça em 21/08/2009), a aplicação da Lei nº 9.784/99 ao processo administrativo fiscal se fez para determinar que o processo administrativo fiscal não pode trasncorrer indefinidamente:

---

[11] Processo nº 10783.005241/96-45. Data da Sessão: 15/04/2004:
"NORMAS PROCESSUAIS – VÍCIO DE FORMA – A exigência que deixou de conter requisito legal deve ser anulada em obediência à autotutela do poder público, na forma do artigo 53, da Lei nº 9784, de 1999".

[12] Processo nº 18471.002145/2003-15. Data da Sessão: 16/06/2004:
"CERCEAMENTO DO DIREITO DE DEFESA – PRAZO PARA ENTREGA DE DOCUMENTOS – Comprovada a viabilização de oportunidade para que o contribuinte pudesse oferecer prova para elidir a presunção legal de renda, bem assim garantidos os prazos para a ampla defesa, na forma do artigo 5º, LV, da Constituição Federal de 1988, e artigo 2º da Lei nº 9784, de 1999, rejeita-se o óbice à sequência processual pela falta de manifestação do sujeito passivo na fase procedimental".

TRIBUTÁRIO – PROCESSO CIVIL – PROCESSO ADMINISTRATIVO FISCAL FEDERAL – PEDIDO DE RESTITUIÇÃO – PRAZO PARA ENCERRAMENTO – ANALOGIA – APLICAÇÃO DA LEI 9.784/99 – POSSIBILIDADE – NORMA GERAL – DEMORA INJUSTIFICADA.

1. A conclusão de processo administrativo fiscal em prazo razoável é corolário do princípio da eficiência, da moralidade e da razoabilidade da Administração pública.

2. Viável o recurso à analogia quando a inexistência de norma jurídica válida fixando prazo razoável para a conclusão de processo administrativo impede a concretização do princípio da eficiência administrativa, com reflexos inarredáveis na livre disponibilidade do patrimônio.

3. A fixação de prazo razoável para a conclusão de processo administrativo fiscal não implica em ofensa ao princípio da separação dos Poderes, pois não está o Poder Judiciário apreciando o mérito administrativo, nem criando direito novo, apenas interpretando sistematicamente o ordenamento jurídico.

4. Mora injustificada porque os pedidos administrativos de ressarcimento de créditos foram protocolados entre 10-12-2004 e 10-08-2006, há mais de 3 (três) anos, sem solução ou indicação de motivação razoável.

5. Recurso especial não provido.

Capítulo 14

Da Constituição do Crédito Tributário

14.1. Notas Introdutórias

Tendo-se analisado até o presente momento os contornos fundamentais do processo administrativo, cumpre-nos agora examinar mais detidamente o processo administrativo fiscal, como instrumento do controle da legalidade do lançamento tributário, lembrado que, como já afirmado, o processo administrativo fiscal fundamenta-se na mesma base teória aplicável ao processo administrativo em geral.

Para tanto é importante procedermos ao exame do *lançamento tributário*, com vistas a delinear sua natureza jurídica e seus contornos gerais.

É importante salientar, entretanto, que o lançamento tributário é por si só tema que já deu origem a trabalhos de vulto na literatura jurídica nacional, como os estudos dos Professores JOSÉ SOUTO MAIOR BORGES,[1] PAULO DE BARROS CARVALHO,[2] ALFREDO AUGUSTO BECKER,[3] EURICO MARCOS DINIZ DE SANTI,[4] AURÉLIO PITANGA SEIXAS FILHO,[5] RUY BARBOSA NOGUEIRA[6] e ALBERTO XAVIER,[7]

---

[1] BORGES, José Souto Maior Borges. *Lançamento Tributário*. 2ª ed. São Paulo: Malheiros, 1999.
[2] CARVALHO, Paulo de Barros. *Direito Tributário*: Fundamentos Jurídicos da Incidência. São Paulo: Saraiva, 1998.
[3] BECKER, Alfredo Augusto. *Teoria Geral do Direito Tributário*. 3ª ed. São Paulo: Lejus, 1998.
[4] DE SANTI, Eurico Marcos Diniz. *Lançamento Tributário*. 2ª ed. São Paulo: Max Limonad, 2001.
[5] SEIXAS FILHO, Aurélio Pitanga. *Princípios Fundamentais do Direito Administrativo Tributário*: A Função Fiscal. 2ª ed. Rio de Janeiro: Forense, 2001.
[6] NOGUEIRA, Ruy Barbosa. *Teoria do Lançamento Tributário*. São Paulo: Resenha Tributária, 1973.
[7] XAVIER, Alberto. *Do Lançamento*: Teoria Geral do Ato, do Procedimento e do Processo Tributário. 2ª ed. Rio de Janeiro: Forense, 2002; XAVIER, Alberto. *Do Lançamento no Direito Tributário Brasileiro*. 3ª ed. Rio de Janeiro: Forense, 2005.

de forma que não se pretende, nas seguintes linhas, esgotar tão profícuo tema, mas, tão somente, analisá-lo tendo em vista os aspectos que importam aos estritos lindes deste estudo, cujo objeto é o exame do instrumento que visa ao seu controle, ou seja, *o processo administrativo fiscal*.

14.2. Lançamento Tributário – Conceito

Na doutrina tributária pátria são encontráveis variados conceitos de lançamento tributário, citando-se, a seguir, apenas alguns.

Para RUBENS GOMES DE SOUZA, define-se o lançamento tributário "como o ato ou a série de atos de administração vinculada e obrigatória que tem como fim a constatação e a valoração quantitativa das situações que a lei define como pressupostos da incidência e, como consequência, a criação da obrigação tributária em sentido formal".[8]

A seu turno, PAULO DE BARROS CARVALHO define lançamento tributário como "ato jurídico administrativo, da categoria dos simples, constitutivos e vinculados, mediante o qual se insere na ordem jurídica brasileira uma norma individual e concreta, que tem como antecedente o fato jurídico tributário e, como consequente, a formalização do vínculo obrigacional, pela individualização dos sujeitos ativo e passivo, a determinação do objeto da prestação, formado pela base de cálculo e correspondente alíquota, bem como pelo estabelecimento dos termos espaço-temporais em que o crédito há de ser exigido".[9]

ALBERTO XAVIER conceitua o lançamento "como o ato administrativo de aplicação da norma tributária material praticado pelo órgão da administração".[10]

---

[8] SOUZA, Rubens Gomes de. *Compêndio de Legislação Tributária*. São Paulo: Resenha Tributária, 1975, p. 102; ver também: SOUZA, Rubens Gomes de. A Revisão do Lançamento de Impostos. *Revista de Direito Administrativo*, Rio de Janeiro, nº 40, abr.-jun. 1955, p. 15.

[9] CARVALHO, Paulo de Barros. *Curso de Direito Tributário*. 13ª ed. São Paulo: Saraiva, 2000, p. 383. A esse conceito expressamente aderiu: TÔRRES, Heleno Taveira. Crédito Tributário e Lançamento. In: AMARAL, Antonio Carlos Rodrigues do (Coord.). *Curso de Direito Tributário*. São Paulo: Celso Bastos Editor, 2002, pp. 192-193.

[10] XAVIER, Alberto. Lançamento no Direito Brasileiro. In: ATALIBA, Geraldo; CARVALHO, Paulo de Barros (Coord.). *VI Curso de Especialização em Direito Tributário*. São Paulo: Resenha Tributária, p. 435. Em uma definição, segundo o próprio autor, aperfeiçoada de lançamento tributário, este foi conceituado como "ato administrativo de aplicação da norma tributária material que se traduz na declaração da existência e quantitativo da prestação tributária e na sua consequente exigência" (XAVIER, Alberto, *Do Lançamento no Direito Tributário Brasileiro*, 2005, p. 67).

EURICO MARCOS DINIZ DE SANTI assevera que o lançamento é "o ato-norma administrativo que apresenta estrutura hipotético-condicional, associando à ocorrência do fato jurídico tributário (hipótese) uma relação jurídica intranormativa (consequência) que tem por termos o sujeito ativo e o sujeito passivo, e por objeto a obrigação deste em prestar a conduta de pagar quantia determinada pelo produto matemático da base de cálculo pela alíquota".[11]

MIZABEL ABREU MACHADO DERZI manifesta entendimento no sentido de que "o lançamento é ato jurídico administrativo vinculado e obrigatório, de individuação e concreção da norma jurídica ao caso concreto (ato aplicativo), desencadeando efeitos confirmatórios-extintivos (no caso de homologação do pagamento) ou conferindo exigibilidade ao direito de crédito que lhe é preexistente para fixar-lhe os termos e possibilitar a formação do título executivo".[12]

Por fim, permite-se transcrever os comentários de AURÉLIO PITANGA SEIXAS FILHO, para quem o lançamento é o ato por intermédio do qual o Fisco aplica "a lei tributária para individualizar o dever tributário de um determinado contribuinte, seguindo os princípios fundamentais que regem o exercício da função administrativa, como o da verdade material, oficialidade, informalidade e legalidade objetiva".[13]

14.2.1. Crítica

A despeito da autoridade dos citados juristas, ousa-se divergir parcialmente dessas definições.

Com efeito, os conceitos apresentados anteriormente compreendem o lançamento tributário como um ato ou um conjunto de atos praticado(s) pela Administração Pública com a finalidade de estabelecer, no mundo factual, a norma individual correspondente ao comando abstrato previsto na regra de incidência tributária.

Contudo, parece-nos que o lançamento tributário, considerado ontologicamente, *por não constituir uma atividade exclusiva da Administração Pública*, não corresponde a um *ato administrativo específico de aplicação da norma jurídica*, mas sim a uma *atividade de concretização de seu comando*, por vezes materializada em

---

[11] *Lançamento Tributário*, 2001, pp. 155-156.
[12] DERZI, Mizabel Abreu Machado. Comentários aos Artigos 139 a 155 do Código Tributário Nacional. *In*: NASCIMENTO, Carlos Valder do (Coord.). *Comentários ao Código Tributário Nacional*. 6ª ed. Rio de Janeiro: Forense, 2001, p. 355.
[13] *Princípios Fundamentais do Direito Administrativo Tributário*: A Função Fiscal, 2001, p. 99.

um ato específico e realizada pelo sujeito ativo, pelo sujeito passivo ou por ambos os sujeitos da relação jurídica tributária em conjunto.

De fato, a realização factual do comando abstrato contido na norma jurídica tributária, ou seja, sua concretização, depende de uma série de *condutas* a serem realizadas ora pela Administração Fazendária, ora pelo sujeito passivo do dever jurídico tributário e ora por ambos.[14]

Assim, por exemplo, no caso do ICMS, a atividade de concretização da regra jurídica de incidência tributária passa pela realização de diversas condutas pelo sujeito passivo, como o levantamento e escrituração dos créditos que o mesmo deve utilizar para a compensação com os montantes devidos, de forma que se possa apurar o valor total efetivamente devido a título de imposto. Essas atividades restam formalmente registradas em declaração encaminhada ao Fisco Estadual.[15]

---

[14] O saudoso ALIOMAR BALEEIRO reconheceu, mesmo que apenas de passagem, a possibilidade de lançamento realizado pelo contribuinte. De fato, ao comentar o artigo 142 do Código Tributário, aduz o mestre que: "Esse procedimento compete à autoridade administrativa – diz o CTN. No imposto de transmissão *causa mortis*, entretanto, compete à autoridade judicial dirigir essas fases do lançamento.

E há tributos, e técnicas tributárias, que não comportam lançamento ou são lançados pelo próprio contribuinte" (BALEEIRO, Aliomar. *Direito Tributário Brasileiro*. 10ª ed. Rio de Janeiro: Forense, 1995, p. 502).

[15] José Luís SALDANHA SANCHES, ao analisar a questão da delegação de atribuições liquidatárias aos particulares no Direito português, faz ponderações semelhantes em relação ao IVA, como se infere da passagem transcrita a seguir: "Estamos assim, no caso do Imposto sobre Valor Acrescentado, perante um método de aplicação da lei fiscal, que leva até às últimas consequências a delegação de funções para os particulares. Recordemos por exemplo que a tradicional atividade de elaboração da versão atual do rol nominativo dos contribuintes, no sentido da lista de sujeitos passivos com um conjunto sistematizado de direitos e obrigações, cabe a estes, dentro do quadro geral criado pela lei. Onde o conceito de sujeito passivo – que permite a inclusão no tal 'rol nominativo' – tem uma particular definição legal, com uma preocupação restritiva, que só pode explicar-se pela concepção global do imposto e pelo complexo de direitos e obrigações que ela atribui. (...)

No Imposto sobre Valor Acrescentado, o sujeito passivo do imposto vai ter um complexo de deveres e direitos – deveres declarativos que serão a base do processo de liquidação do imposto e deveres de prestação acompanhados da possibilidade tendencialmente integral de repercutir o imposto ou de obter a repetição das prestações que não deverá suportar – que lhe dão, como esclarece Xavier de Basto, características novas em relação ao conceito tradicional". Como conclui o mestre português, no IVA o "sujeito passivo é considerado fundamentalmente como o ponto de imputação de um conjunto de deveres de cooperação e de direitos – entrega do imposto liquidado, declaração de início, de alteração e cessação de atividade, organização de contabilidade, emissão de faturas e declaração periódica – que tornam inteiramente acessória e complementar a atividade da Administração" (SANCHES, José Luís Saldanha. *A Quantificação da Obrigação Tributária*: Deveres de Cooperação, Autoavaliação e Avaliação Administrativa. 2ª ed. Lisboa: LEX, 2000, p. 46).

Tais atividades realizadas pelo sujeito passivo do imposto estadual, entre outras, uma vez formalizadas documentalmente e apresentadas pelo contribuinte configuram exatamente o seu lançamento, ou seja, o conjunto de atividades necessárias para a concretização do dever jurídico tributário constante na regra geral e abstrata de incidência fiscal.[16]

---

[16] Sobre o tema, vale a pena trazer à colação os ensinamentos de PAULO DE BARROS CARVALHO, que reconhece que as atividades de apuração tributária exercidas pelos contribuintes equivalem àquelas realizadas pela Administração Fazendária, embora, por opção legal, não tenham sido incluídas no conceito de lançamento: "Deixando de lado as qualificações jurídicas inerentes à categoria, poderíamos mesmo dizer que, em substância, nenhuma diferença existe, *como atividade*, entre o ato praticado por agente do Poder Público e aquele empreendido pelo particular. Nas duas situações, opera-se a descrição de um acontecimento do mundo físico-social, ocorrido em condições determinadas de espaço e tempo, que guarda estreita consonância com os critérios estabelecidos na hipótese de norma geral e abstrata (regra-matriz de incidência). Por isso mesmo, a consequência desse enunciado será, por motivo de necessidade deôntica, o surgimento de outro enunciado protocolar, denotativo, com a particularidade de ser relacional, vale dizer, instituidor de uma relação entre dois ou mais sujeitos de direito. Este segundo enunciado, como sequência lógica, *não cronológica*, há de manter-se, também, em rígida conformidade ao que for estabelecido nos critérios da consequência da norma geral e abstrata (regra-matriz)._
Por sua extraordinária relevância, penso que não seria excessivo reiterar a insuficiência da norma geral e abstrata, em termos de regulação concreta da conduta tipificada. Por mais prático e objetivo que seja o súdito do Estado, vivamente empenhado em cumprir a prestação tributária que lhe incumbe, não poderá fazê-lo simplesmente com procedimentos mentais, alimentados por sua boa vontade. Terá de, impreterivelmente, seguir os comandos da lei, implementando os deveres instrumentais previstos, com o preenchimento de formulários e documentos específicos para, desse modo, estruturar a norma individual e concreta que acredita ser devido ao Fisco, a título de tributo. Pois bem. Tendo consciência de que esse quadro há de estar presente no dinamismo de várias figuras impositivas, sendo até uma tendência uniforme nos sistemas tributários dos países modernos, creio que nada custaria ao legislador brasileiro chamar a todos os atos – o praticado pelo Fisco (lançamento) e o realizado pelo contribuinte – pelo mesmo nome, apenas acrescentando uma prefixo ou sufixo que pudesse diferençá-los quanto à autoria. Estabeleceria uma paridade que se comprova, renovadamente, no campo das atividades concretas, sobre simplificar a compreensão da matéria, por si só já tão árida.
Não foi essa a opção do nosso sistema, que resolveu contornar o assunto colocando, num singelo ato de verificação (homologação), a força de selo conformatório de que toda autuosidade do particular se transformaria em ato jurídico administrativo. Caminho estranho e complexo, que somente se justifica na medida em que dá a conhecer uma tendência ideológica: expandir as iniciativas do Poder Público, invadindo, desnecessariamente, setores privativos do administrado" (CARVALHO, Paulo de Barros. *Direito Tributário*: Fundamentos Jurídicos da Incidência. São Paulo: Saraiva, 1998, pp. 238-239). No mesmo sentido, ver: PEIXOTO, Daniel Monteiro. *Competência Administrativa na Aplicação do Direito Tributário*. São Paulo: Quartier Latin, 2006, pp. 161-162; HORVATH, Estevão. *Lançamento Tributário e "Autolançamento"*. São Paulo: Dialética, 1997, pp. 37-38.

Alguns autores como DINO JARACH,[17] JOSÉ SOUTO MAIOR BORGES,[18] SAINZ DE BUJANDA[19] e ALBERTO XAVIER[20] negam às atividades desenvolvidas pelos sujeitos passivos a natureza jurídica de lançamento ("accertamento" ou "determinación"), referindo-se às mesmas como simples atos de aplicação da lei mediante o cumprimento da obrigação tributária.

Ao que nos parece, o entendimento dos citados autores, ao negar a natureza de lançamento às atividades de apuração desenvolvidas pelos sujeitos passivos de deveres tributários, parte de uma premissa equivocada, qual seja, a de que tais atividades consistem em meras operações intelectuais de aplicação das normas jurídico-tributárias. Olvida-se que as atividades de lançamento realizadas pelos particulares compreendem procedimentos de escrituração fiscal e contábil que levam à determinação do montante a ser recolhido aos cofres públicos e que, ao cabo, são formalizadas em documentos onde o contribuinte declara às autoridades fiscais o resultado de sua atividade de liquidação. Nessa ordem de convicções, temos que a atividade de lançamento desenvolvida pelos sujeitos passivos é tão concreta quanto a realizada pelas autoridades administrativas, e não meramente intelectual como pretendido pelos citados autores.

Vale ressaltar que, em linha com o que estamos aqui defendendo, o autolançamento, ou o lançamento realizado pelo contribuinte, consuma-se não com o mero cálculo do tributo devido pelo sujeito passivo, nem mesmo com seu pagamento, mas sim com a formalização de tal débito perante a Fazenda Pública, mediante a apresentação de declaração.

Assim, segundo entendemos, para falarmos em lançamento tributário não basta o cálculo por parte do contribuinte e o consequente pagamento do valor devido, *sendo necessário que tenhamos um ato do contribuinte, consubstanciado na declaração, formalizando a liquidação feita.* A tal ato seria então atribuído o mesmo efeito do lançamento feito pelas autoridades administrativas, de modo que em

---

[17] Cf. JARACH, Dino. *El Hecho Imponible*: Teoria General del Derecho Tributario Sustantivo. 3ª ed. Buenos Aires: Abeledo-Perrot, [199-], pp. 35-36; JARACH, Dino. *Finanzas Públicas y Derecho Tributario*. 3ª ed. Buenos Aires: Abeledo-Perrot, [199-], pp. 429-433.

[18] *Lançamento Tributário*, 1999, pp. 369-370.

[19] BUJANDA, Fernando Sainz de. *Notas de Derecho Financiero*. Madrid: Universidad Complutense de Madrid, 1975, t. I, v. III, pp. 97-102.

[20] XAVIER, Alberto, *Do Lançamento no Direito Tributário Brasileiro*, 2005, pp. 80-85. Mais recentemente ALBERTO XAVIER reiterou seu entendimento em: XAVIER, Alberto. O Conceito de Autolançamento e a Recente Jurisprudência do Superior Tribunal de Justiça. In: SCHOUERI, Luís Eduardo (Coord.). *Direito Tributário: Homenagem a Paulo de Barros Carvalho*. São Paulo: Quartier Latin, 2008, pp. 568-571.

caso de não pagamento do crédito tributário constituído pelo autolançamento abrir-se-ia a via judicial para sua cobrança pela Fazenda Pública.

Nessa linha de idéias o conceito de lançamento tributário corresponderia *ao conjunto de atividades desenvolvidas pela Administração Fazendária, pelos sujeitos passivos dos deveres jurídicos-tributários, ou por ambos,* por vezes materializada em ato específico, *cuja finalidade é concretizar o comando de norma jurídico-tributária, verificando a ocorrência de sua hipótese no mundo dos fatos e identificando os elementos da relação jurídica da mesma decorrente (sujeito ativo, sujeito passivo e objeto).*[21]

Similar é a definição de lançamento tributário de CARLOS M. GIULIANI FONROUGE, para quem "o lançamento da obrigação tributária consiste no ato ou conjunto de atos emanados da administração, dos particulares ou de ambos coordenadamente, destinados a estabelecer em cada caso particular a configuração do pressuposto de fato, a medida imponível e alcance quantitativo da obrigação".[22]

Também ALFREDO AUGUSTO BECKER manifesta-se em sentido aproximado, como se pode inferir da seguinte passagem:

O lançamento ("accertamento") tributário consiste na série de atos psicológicos e materiais e ou jurídicos praticados pelo sujeito passivo (contribuinte), ou pelo sujeito ativo (Estado) da relação jurídico-tributária, ou por ambos, ou por um terceiro, com a finalidade de, investigando e analisando fatos pretéritos: a) constatar a realização da hipótese de incidência e a incidência infalível (automática) da regra jurídica tributária que ocorreu no momento em que aquela sua hipótese de incidência se realizou; b) captar o fato que realizou o núcleo

---

[21] Essa concepção ampla do lançamento, de origem italiana, sofreu crítica fundada por parte do Professor ALBERTO XAVIER. Com efeito, para o citado jurista tal concepção, além de ser objeto de importantes objeções formais, sofrem ainda sérias objeções substanciais, por "abarcar sob um mesmo conceito atividades profundamente heterogêneas pelo seu conteúdo e pelos seus efeitos". Assim , para ALBERTO XAVIER "para que o conceito amplo e complexo de *accertamento* fosse dotado de rigor jurídico, haveria, na verdade, que explicar qual o fundamento de uma hipotética unificação dos seus elementos heterogêneos. Tal unidade não pode, porém, descortinar-se sob o ponto de vista estrutural, posto terem natureza muito diversa, sob este prisma, os atos e as operações integrados no conceito, conforme já se observou" (*Do Lançamento no Direito Tributário Brasileiro*, 2005, pp. 30-32). As ponderações do Professor XAVIER devem ser respondidas à luz natureza atribuída aos atos de liquidação realizados pelo contribuinte hodiernamente. De fato, como será examinado a seguir atualmente tem-se reconhecido ao ato de liquidação praticado pelo contribuinte os mesmos efeitos daquele praticado pelas autoridades fiscais, no sentido de que tal ato é bastante para a constituição da exigibilidade do crédito tributário, tanto que pode servir de base para a inscrição em dívida ativa de tal crédito.
[22] FONROUGE, C. M. Giuliani. *Conceitos de Direito Tributário*. Tradução Geraldo Ataliba e Marco Aurélio Greco. São Paulo: LAEL, 1973, p. 155.

(base de cálculo) daquela hipótese de incidência e que já estava predeterminado pela regra jurídica ao indicar a base de cálculo do tributo; c) proceder à transfiguração daquele núcleo (base de cálculo) em uma cifra aritmética, mediante a aplicação do método de conversão (peso, medida ou valor) já preestabelecido pela regra jurídica; d) calcular a quantidade aritmética do tributo, mediante a aplicação da alíquota (que fora prefixada pela regra jurídica) sobre o núcleo da hipótese de incidência (base de cálculo) agora já transfigurado numa cifra aritmética.[23]

Não discrepa desse entendimento o magistério de JOSÉ JUAN FERREIRO LAPATZA, para quem:

As atividades liquidatórias, a atividade de liquidação (entendida agora também esta palavra em sentido amplo), podem ser desenvolvidas pela Administração e pelos administrados. A primeira e os outros deverão seguir em tal atividade o caminho, o procedimento estabelecido pelas normas de Direito tributário formal. Estas regulam os atos da Administração e dos administrados tendentes a fixar em cada caso a quantia da dívida. Regulam o procedimento liquidatório.[24]

Por fim, merece menção a lição do tributarista argentino OSVALDO H. SOLER:

A determinação tributária é o ato pelo qual se chega a estabelecer a existência de uma dívida tributária, se individualiza o obrigado a pagá-la e se fixa o valor da mesma.

O ato de determinação pode estar a cargo do obrigado ou da administração, ou de ambos concorrentemente, por cujo império a estes três sistemas mais difundidos se os reconhece como: a) autoliquidação; b) determinação de ofício ou administrativa; c) determinação mista.[25]

A posição adotada no presente estudo pode ser contraditada pela interpretação literal da regra insculpida no art. 142 do C.T.N., que, como visto, ao

---

[23] BECKER, Alfredo Augusto. *Teoria Geral do Direito Tributário*. 3ª ed. São Paulo: Lejus, 1998, p. 359.
[24] LAPATZA, José Juan Ferreiro. *Curso de Derecho Financiero Español*. 22ª ed. Madrid: Marcial Pons, 2000, v. II, p. 147.
[25] SOLER, Osvaldo H. *Derecho Tributario*. Buenos Aires: La Ley, 2002, p. 241. No mesmo sentido ver ainda: AYALA, José Luis Perez de; BECERRIL, Miguel Perez de Ayala. *Fundamentos de Derecho Tributario*. 4ª ed. Madrid: Edersa, 2000, pp. 149-150; ROYO, Fernando Pérez. *Derecho Financiero y Tributario*. 10ª ed. Madrid: Civitas, 2000, pp. 205-206; GIANNINI, A. D. *Istituzioni di Diritto Tributario*. Milano: Giuffrè, 1938, pp. 135-136; NABAIS, José Casalta. *Direito Fiscal*. Coimbra: Almedina, 2001, p. 257; MARTÍNEZ, Soares. *Direito Fiscal*. 10ª ed. Coimbra: Almedina, 2000, p. 312; ROCHA, Valdir de Oliveira. Processo Administrativo Tributário. MARTINS, Ives Gandra da Silva (Coord.). *Processo Administrativo Tributário*. São Paulo: Saraiva, 2002, p. 253.

eleger o lançamento como procedimento de constituição de todo e qualquer crédito tributário estabelece que o mesmo é atividade privativa das autoridades administrativas.[26]

Primeiramente, importa assinalar que até o presente momento se analisou o lançamento sob prisma estritamente científico, buscando-se os contornos fundamentais desse instituto para, somente após, proceder-se ao exame das prescrições de direito positivo que lhe dão os delineamentos no Direito Tributário brasileiro.

Por outro lado, *não se pode perder de vista que a disposição contida no art. 142 do Código Tributário não guarda coerência com a realidade factual em que se desenvolvem as relações jurídico-tributárias,* em que a maior parte dos deveres fiscais são apurados pelos próprios contribuintes,[27] tendo tal incoerência gerado a previsão do lançamento por homologação, contida no art. 150 do C.T.N.

---

[26] A maioria da doutrina nacional, seguindo essa postura, manifesta entendimento no sentido de que apenas os atos praticados pela autoridade administrativa podem constituir um lançamento tributário. Nesse sentido: VAZ, Carlos. O Lançamento Tributário e a Decadência. In: MACHADO, Hugo de Brito (Coord.) *Lançamento Tributário e Decadência.* São Paulo: Dialética, 2002, p. 99; MORAES, Bernardo Ribeiro de. *Compêndio de Direito Tributário.* Rio de Janeiro: Forense, 1999, v. II, p. 388; AMARO, Luciano. *Direito Tributário Brasileiro.* 7ª ed. São Paulo: Saraiva, 2001, pp. 334-335; NOGUEIRA, Ruy Barbosa. *Curso de Direito Tributário.* 13ª ed. São Paulo: Saraiva, 1994, p. 221; SEIXAS FILHO, Aurélio Pitanga. O Lançamento Tributário e a Decadência. In: MACHADO, Hugo de Brito (Coord.) *Lançamento Tributário e Decadência.* São Paulo: Dialética, 2002, p. 24; MARTINS, Ives Gandra da Silva. Lançamento Tributário e a Decadência. In: MACHADO, Hugo de Brito (Coord.) *Lançamento Tributário e Decadência.* São Paulo: Dialética, 2002, pp. 279-280; MELO, José Eduardo Soares de. O Lançamento Tributário e a Decadência. In: MACHADO, Hugo de Brito (Coord.). *Lançamento Tributário e Decadência.* São Paulo: Dialética, 2002, pp. 350-351; TORRES, Ricardo Lobo. *Curso de Direito Financeiro e Tributário.* 10ª ed. Rio de Janeiro: Renovar, 2003, p. 251; BORGES, José Souto Maior, *Lançamento Tributário,* 1999, p. 373.

[27] Cf. COÊLHO, Sacha Calmon Navarro. *Curso de Direito Tributário Brasileiro.* 6ª ed. Rio de Janeiro: Forense, 2001, p. 653; FANUCCHI, Fábio. *Curso de Direito Tributário Brasileiro.* São Paulo: Resenha Tributária, 1971, v. I, p. 149; CARVALHO, Paulo de Barros, *Direito Tributário*: Fundamentos Jurídicos da Incidência, 1998, p. 213; COSTA, Ramon Valdes, *Estudios de Derecho Tributario Latinoamericano,* 1982, p. 152; XAVIER, Alberto, *Do Lançamento*: Teoria Geral do Ato, do Procedimento e do Processo Tributá rio, 2002, p. 4; SANCHES, José Luís Saldanha, *A Quantificação da Obrigação Tributária*: Deveres de Cooperação, Autoavaliação e Avaliação Administrativa, 2000, pp. 75 e 76; LAPATZA, José Juan Ferreiro. Solución Convencional de Conflictos en el Ámbito Tributario: una Propuesta Concreta. In: TÔRRES, Heleno Taveira (Coord.). *Direito Tributário Internacional Aplicado.* São Paulo: Quartier Latin, 2004, v. II, pp. 294-296; RIBAS, Lídia Maria Lopes Rodrigues; RIBAS, Antonio Souza. Arbitragem como meio Alternativo na Solução de Controvérsias Tributárias. *Revista Tributária e de Finanças Públicas,* São Paulo, n. 60, jan.-fev. 2005, pp. 224-225; QUERALT, Juan Martín; SERRANO, Carmelo Lozano; BLANCO, Francisco Poveda. *Derecho Tributario.* 9ª ed. Navarra: Aranzadi, 2004, pp. 148 e 149; GARCÍA, Euzebio Gonzales. Requerimiento y Uso de la Información en Materia Tributaria. In: TÔRRES, Heleno Taveira (Coord.). *Teoria Geral da Obrigação Tributária*:

De fato, a figura do lançamento por homologação decorre do reconhecimento de que há deveres jurídico-tributários cujo adimplemento pelo sujeito passivo independe de prévia apuração e exigência por parte das autoridades fiscais, sendo as diversas condutas mencionadas no art. 142 ("verificar a ocorrência do fato gerador da obrigação correspondente, determinar a matéria tributável, calcular o montante do tributo devido, identificar o sujeito passivo"), *as quais caracterizam a atividade de lançamento*, realizadas pelo próprio contribuinte[28].

Para o Código Tributário Nacional, o lançamento por homologação ocorre quando o sujeito passivo, após realizar as atividades mencionadas acima (previstas no art. 142), antecipa o pagamento do tributo, extinguindo o crédito tributário sob condição resolutória de ulterior *homologação, expressa* (nos casos em que a Administração Fazendária formalmente concorda com a antecipação

---

estudos em homenagem ao Professor José Souto Maior Borges. São Paulo: Malheiros, 2005, p. 446; WEISS, Fernando Lemme. *Princípios Tributários e Financeiros*. Rio de Janeiro: Lumen Juris, 2006, p. 69; SILVA, Sergio André R. G. da Silva. A Importância Processo Administrativo Fiscal. *Revista de Direito Administrativo*, Rio de Janeiro, v. 239, jul.-ago. 2003, pp. 39-41; COSTA, Regina Helena, *Praticabilidade e Justiça Tributária*: Exiquibilidade de Lei Tributária e Direitos do Contribuinte, 2007, p. 273; HORVATH, Estevão, *Lançamento Tributário e "Autolançamento"*, 1997, pp. 37 e 47; FANTOZZI, Augusto. Lançamento Tributário. Tradução Brandão Machado. In: TAVOLARO, Agostinho Toffoli; MACHADO, Brandão; MARTINS, Ives Gandra da Silva (Coords.). *Princípios Tributários no Direito Brasileiro e Comparado*: Estudos em Homenagem a Gilberto de Ulhôa Canto. Rio de Janeiro: Forense, 1988, pp. 50-51; GUIMARÃES, Vasco Branco. O papel da vontade na relação jurídico-tributária. In: SARAIVA FILHO, Oswaldo Othon Pontes; GUIMARÃES, Vasco Branco (Orgs.). *Transação e Arbitragem no Âmbito Tributário*. Belo Horizonte: Editora Fórum, 2008, pp. 138-139. Segundo o testemunho de Torsten Ehmche e Diego Marín-Barnuevo, situação diversa ocorre na Alemanha, onde a atividade de liquidação tributária é exercida pelas autoridades tributárias e não pelos contribuintes, ocorrendo de forma semelhante ao nosso *lançamento por declaração*. Segundo tais autores: "Em relação ao procedimento de liquidação tributária devemos destacar, em primeiro lugar, que a liquidação da maioria dos tributos tem lugar na Alemanha conforme o sistema tradicional, isto é, mediante declaração dos sujeitos passivos e posterior liquidação administrativa. Não se há produzido, portanto, uma generalização do sistema de declaração-liquidação ou de autoliquidação, como na Espanha, pois este sistema somente se aplica em alguns casos concretos do Imposto sobre Valor Agregado. Portanto, os deveres do sujeito passivo são limitados, na maioria dos casos, à apresentação da declaração tributária, que em alguns casos deve ser apresentada acompanhada de alguns documentos de contabilidade" (EMCKE, Torsten; MARÍN-BARNUEVO, Diego. La Revisión e Impugnación de los Actos Tributarios en Derecho Aleman. In: TÔRRES, Heleno Taveira (Coord.). *Direito Tributário Internacional Aplicado*. São Paulo: Quartier Latin, 2004, v. II, pp. 367-368). Sobre o processo de exigência fiscal no Direito Tributário Alemão, ver: TIPKE, Klaus; LANG, Joachim. *Direito Tributário*. Tradução Luiz Dória Furquim. Porto Alegre: Sergio Antonio Fabris, 2008. v. I. p. 97.

[28] OLIVEIRA, Vivian de Freitas e Rodrigues de. *Lançamento Tributário como Ato Administrativo: Procedimento e Controle*. São Paulo: Quartier Latin, 2009, pp. 97-98.

feita pelo sujeito passivo) ou *tácita* (quando há o silêncio da Administração quanto à mesma no prazo de cinco anos contados da data da ocorrência do fato gerador), da antecipação realizada.

De acordo com essa sistemática, o lançamento ocorreria, efetivamente, no momento da homologação da antecipação de pagamento realizada.[29]

Como a prática tributária nos está a demonstrar, nesses casos a dita homologação é quase sempre tácita, ou seja, não há qualquer manifestação formal da Fazenda Pública quanto ao recolhimento efetuado pelo sujeito passivo nas hipóteses em que o mesmo se afigura em conformidade com os ditames legais.

Assim, o ato administrativo, supostamente exigido para que se pudesse constituir o crédito tributário, *quase nunca acontece no mundo factual, consistindo o lançamento tributário, regra geral, na omissão da Administração Fazendária.*

Ora, como é possível sustentar que o lançamento visa "verificar a ocorrência do fato gerador da obrigação correspondente, determinar a matéria tributável, calcular o montante do tributo devido, identificar o sujeito passivo e, sendo caso, propor a aplicação da penalidade cabível", quando, na verdade, ele é um não-ato, uma omissão.

Lição que podemos importar do Direito Penal e da Teoria da Responsabilidade Civil é que não há nexo causal natural entre a omissão e qualquer resultado factual,[30] sendo certo que a relevância jurídica da conduta omissiva se dá por mediante uma causalidade jurídica. Nas palavras de LOURIVAL VILANOVA:

> *Sob o ponto de vista causal natural, a omissão, o não-fazer importa em inexistência de causa. Se efeito sobreviesse, quebrar-se-ia a conexidade de causas e efeitos, ou dar-se-ia uma ocorrência incausada. Não é assim no domínio do direito, onde tanto a ação quanto a omissão podem ser suportes fáticos de hipóteses normativas. A conduta omissiva bem pode tornar-se fato jurídico e dela decorrem efeitos. É o que se constata ali onde o omitir é pressuposto ilícito de uma consequência penal.*
>
> *A estrutura causal verifica-se, pois, à omissão, como fato jurídico ilícito, segue o efeito sancionador. É o sistema jurídico que tece essa causalidade, inexistente sob o ponto de vista naturalístico. Aqui, não se juridiciza a causalidade natural (como no caso em que A é causa eficiente da morte de B) elevando, a suporte fático do fato jurídico penal, a relação causal*

---

[29] Cf. BORGES, José Souto Maior, *Lançamento Tributário*, 1999, pp. 372-373.
[30] Sobre o tema, ver: ZAFARONI, Eugenio Raul; PIERANGELI, José Henrique. *Manual de Direito Penal Brasileiro*: Parte Geral. 4ª ed. São Paulo: Revista dos Tribunais, 2002, p. 539; PRADO, Luiz Regis. *Curso de Direito Penal Brasileiro*. 3ª ed. São Paulo: Revista dos Tribunais, 2002, pp. 259-260; CAVALIERI FILHO, Sergio. *Programa de Responsabilidade Civil*. 5ª ed. São Paulo: Malheiros, 2003, pp. 81-82.

da conduta de A em face da morte de B. É o sistema jurídico que transforma a causa ineficiente em autor. A conexidade entre o fato jurídico omisso e o evento é, manifestamente, normativa.[31]

Dessa forma, afirmar que a omissão fazendária constitui a exigibilidade do crédito tributário é uma contradição de termos. A omissão nada constitui, nada altera. A relevância da omissão estabelecida por norma jurídica serve apenas para se atribuírem os efeitos que cairão sobre o agente da conduta omissiva. Coisa bem diferente é afirmar que algo foi constituído em razão da conduta omissiva.

Assim, a omissão fazendária no lançamento por homologação tem sim relevância jurídica, na medida em que dá nascimento à decadência do direito potestativo de fiscalização do recolhimento feito pelo contribuinte. Nada obstante, de forma alguma pode tal omissão ser alçada à categoria de lançamento tributário.

São precisas, a esse respeito, as palavras de Luís Eduardo Schoueri, quando afirma que "o legislador 'faz de conta' que houve uma homolagação. É o que se chama *homologação tácita*. Com isso, o legislador não entra em contradição e continua afirmando que todo tributo tem lançamento e que todo lançamento é uma atividade administrativa; o que faltou dizer é que essa atividade pode considerar-se feita tacitamente".[32]

Ao que nos parece, o entendimento de que conduta omissiva constitui lançamento tributário é insustentável, correspondendo a figura do lançamento por homologação à situação em que a *atividade de lançamento é transferida ao sujeito passivo*, responsável por "verificar a ocorrência do fato gerador da obrigação correspondente, determinar a matéria tributável, calcular o montante do tributo devido, identificar o sujeito passivo", reservando-se à Fazenda Pública, como não poderia deixar de ser, a potestade de verificar se o lançamento feito pelo sujeito passivo se amolda às disposições do comando legal.[33]

---

[31] VILANOVA, Lourival. *Causalidade e Relação no Direito*. 4ª ed. São Paulo: Revista dos Tribunais, 2000, p. 65.
[32] SCHOUERI, Luís Eduardo. *Direito Tributário*. 3 ed. São Paulo: Saraiva, 2013, p. 594.
[33] Diverso é o entendimento de Hugo de Brito Machado, para quem, nos casos em que há a homologação tácita do pagamento feito pelo contribuinte, verifica-se a presença do lançamento como ficção jurídica. Eis as palavras do citado tributarista: "Quando o tributo é apurado e pago pelo contribuinte, existe tributo e existe lançamento, ainda que por simples ficção jurídica. Configura-se o lançamento, neste caso, pelo ato da autoridade administrativa que afirma estar correta a apuração feita pelo contribuinte, e se tal ato não é praticado, o lançamento existirá como ficção jurídica, com o decurso do prazo de que dispunha a autoridade para lançar. Isto é uma exigência da segurança

É procedente, nesse contexto, a crítica de AURÉLIO PITANGA SEIXAS FILHO, para quem a figura do "lançamento por homologação, expressa ou tácita, é uma *ficção inoperante*, já que é uma criação legal absolutamente fora da realidade, além de não modificar em nada os atos jurídicos praticados pelo contribuinte".[34]

14.2.2. Lançamento Tributário: Um Enfoque Realista

Diante do exposto, é possível concluir que *negar que no chamado lançamento por homologação a atividade de lançamento é efetivamente realizada pelo contribuinte é fechar os olhos para a natureza do lançamento tributário e a realidade das circunstâncias em que se desenvolvem as relações jurídico-tributárias, para se apegar à literalidade de disposição legal cujo conteúdo é afastado pelo próprio Código Tributário Nacional,* como se infere da análise técnica e crítica da disposição contida no art. 150 desse diploma legal.

---

jurídica, que estaria degradada se a autoridade dispusesse de tempo interminado para verificar a apuração feita pelo contribuinte" (MACHADO, Hugo de Brito. Impossibilidade de Tributo sem Lançamento. In: SCHOUERI, Luís Eduardo (Coord.). *Direito Tributário*: Homenagem a Alcides Jorge Costa. São Paulo: Quartier Latin, 2003, v. I, p. 122). Na mesma esteira é o entendimento de LUCIANO AMARO, conforme se infere da seguinte passagem: "É tão forte no Código a idéia de que o lançamento é atividade administrativa *necessária* que o diploma fez obra de engenharia sofisticada para conceber o lançamento por homologação, o qual compreende algo muito diferente do mero cumprimento de obrigações acessórias por parte do contribuinte: este não só deve identificar-se como sujeito passivo da obrigação – sem provocação da autoridade fiscal – mas também efetuar o próprio pagamento do tributo. E, mesmo com tudo isso, o lançamento só advém quando a autoridade toma conhecimento do que fez o sujeito passivo e expressamente homologa essa atuação do devedor. Observe-se que o *pagamento do tributo* não é o bastante para dispensar o ato administrativo de lançamento. Mesmo paga corretamente o tributo, o Código *exige o lançamento* (que se opera – diz o art. 150 – pelo ato de homologação praticado pela autoridade fiscal). E o Código não se dá por vencido nem mesmo diante da omissão da autoridade, já que a inércia desta implica – *ex vi legis* – a realização ficta do lançamento pela homologação tacitamente realizada pela autoridade administrativa (art. 150, § 4º)"(AMARO, Luciano. Lançamento, essa formalidade! In: TÔRRES, Heleno Taveira (Coord.). *Teoria Geral da Obrigação Tributária*: Estudos em Homenagem ao Professor José Souto Maior Borges. São Paulo: Malheiros, 2005, pp. 377-378). Nesse mesmo sentido: BRAGHETTA, Daniela de Andrade. Decadência e Prescrição em Direito Tributário – Concepções Introdutórias. In: CARVALHO, Aurora Tomazini de (Org.). *Decadência e Prescrição em Direito Tributário*. São Paulo: MP Editora, 2007, p. 11.

[34] *Princípios Fundamentais do Direito Administrativo Tributário*: A Função Fiscal, 2001, p. 111.

Esse entendimento encontra respaldo na jurisprudência do Supremo Tribunal Federal[35] e do Superior Tribunal de Justiça, consolidada em casos em que se discute a cobrança de débitos fiscais declarados pelos contribuintes e não recolhidos aos cofres públicos.

Nessas situações, entende a Fazenda ser dispensável a lavratura de auto de infração ou notificação de lançamento de débito, por sustentar ter havido confissão espontânea do débito, cujo pagamento pode ser exigido diretamente pela inscrição em dívida ativa, com o consequente ajuizamento de execução fiscal.[36]

---

[35] "DECLARADO E NÃO PAGO. AUTOLANCAMENTO. DESNECESSIDADE DE INSTAURAÇÃO DE PROCEDIMENTO ADMINISTRATIVO PARA COBRANÇA DO TRIBUTO. Em se tratando de autolancamento de débito fiscal declarado e não pago, desnecessaria a instauração de procedimento administrativo para a inscrição da dívida e posterior cobrança. Agravo regimental improvido". (Agravo Regimental no Agravo de Instrumento nº 144609. Publicação no Diário da Justiça em 01.09.1995).

"TRIBUTO – AUTOLANÇAMENTO – EXIGIBILIDADE. O instituto do autolançamento do tributo, a revelar, em última análise, a confissão do contribuinte, dispensa a notificação para ter-se a exigibilidade – precedentes: Recursos Extraordinários nº 107.741-7/SP, relator ministro Francisco Rezek, com acórdão publicado no Diário da Justiça de 4 de abril de 1986; nº 102.059-8/SP, relator ministro Sydney Sanches, com acórdão publicado no Diário da Justiça de 1º de março de 1985; nº 93.039-6/SP, relator ministro Djaci Falcão, com acórdão publicado no Diário da Justiça de 12 de abril de 1982; nº 93.036-1/SP, relator ministro Rafael Mayer, com acórdão publicado no Diário da Justiça de 17 de outubro de 1980; e nº 87.229/SP, relator ministro Cordeiro Guerra, com acórdão publicado no Diário da Justiça de 31 de março de 1978". (Agravo Regimental no Agravo de Instrumento nº 539891. Publicação no Diário da Justiça em 21.09.2007).

[36] Esse foi o entendimento manifestado pela 7ª Câmara do 1º Conselho de Contribuintes nos autos do Recurso nº 123.697, em cuja ementa restou consignado que: "A cobrança do saldo devedor do valor do imposto a pagar apurado e lançado pela contribuinte na declaração de rendimentos não constitui lançamento. É confissão espontânea de débito e o instrumento hábil para cobrança é a inscrição em dívida ativa. Não há, na espécie, discussão de crédito tributário constituído de competência privativa e exclusiva da autoridade tributária" (Data da Sessão: 22/05/2001). Em sentido contrário, manifestando-se pela ilegalidade da inscrição em dívida ativa de valores declarados à Fazenda pelo próprio contribuinte, ver: SIQUEIRA, Natércia Sampaio. *Crédito Tributário*: Constituição e Exigências Administrativas. Belo Horizonte: Mandamentos, 2004, pp. 298-301; MARQUES, Márcio Severo; COIMBRA, Ronaldo. Procedimento Administrativo, Lançamento e os Débitos Declarados e Não Pagos. In: PIZOLIO, Reinaldo (Coord.). *Processo Administrativo Tributário*. São Paulo: Quartier Latin, 2007, p. 175; OLIVEIRA, Angelina Mariz de. Inscrição em Dívida Ativa sem Lançamento de Crédito Classificado como Tributário. *Revista Dialética de Direito Tributário*, São Paulo, n. 146, nov. 2007, p. 12; MACHADO, Hugo de Brito. Aspectos do Lançamento Tributário. In: SANTI, Eurico Marcos Diniz (Coord.). *Curso de Direito Tributário e Finanças Públicas*: Do Fato à Norma, da Realidade ao Conceito Jurídico. São Paulo: Saraiva, 2008, p. 847; CAMPOS, Marcelo. O débito fiscal declarado e não pago e o procedimento administrativo tributário – A incidência da norma tributária e os atos do homem. In: CAMPOS, Marcelo (Coord.). *Direito Processual Tributário*: Estudos em Homenagem ao Professor Dejalma de Campos. São Paulo: Revista dos Tribunais, 2008, pp. 167-175.

Nesse sentido, dispõe o § 1º do art. 8º da Instrução Normativa nº 1.599/2015, o qual estabelece que:

§ 1º Os saldos a pagar relativos a cada imposto ou contribuição informados na DCTF, bem como os valores das diferenças apuradas em procedimentos de auditoria interna, relativos às informações indevidas ou não comprovadas prestadas na DCTF sobre pagamento, parcelamento, compensação ou suspensão de exigibilidade, poderão ser objeto de cobrança administrativa com os acréscimos moratórios devidos e, caso não liquidados, serão enviados para inscrição em Dívida Ativa da União (DAU).

Ora, como já mencionado, o art. 142 determina que só se constitui o crédito tributário pelo lançamento, sendo que o mesmo, de acordo com esse artigo, seria atividade privativa de autoridade administrativa. Sendo assim, como justificar que uma obrigação tributária que não tenha sido objeto de lançamento, expresso ou tácito, por autoridade administrativa e, assim, que não se tenha constituído em crédito tributário, seja cobrada diretamente por intermédio do ajuizamento de execução fiscal?

A única resposta possível é que *isso se dá porque já houve o lançamento realizado pelo sujeito passivo*, a quem a lei delegou a prática dos diversos atos que consubstanciam esta atividade.

Essa prática da Fazenda vem a confirmar que: *ou se entende que o sujeito passivo pode realizar lançamento tributário* ou a *Fazenda tem inscrito em dívida ativa créditos tributários não constituídos*, pois pendentes de homologação expressa ou tácita da antecipação efetuada ou de sua não homologação, corporificada na lavratura de auto de infração ou notificação de lançamento.

Como referido, essa praxe encontra-se referendada por copiosa jurisprudência do Superior Tribunal de Justiça, como se infere das ementas abaixo transcritas, citadas a título exemplificativo:

TRIBUTÁRIO. CERTIDÃO NEGATIVA DE DÉBITO (CND). RECUSA DO FISCO NA EXPEDIÇÃO. CRÉDITO DECLARADO EM DCTF. CONSTITUIÇÃO DO DÉBITO.
1. A Declaração de Contribuições e Tributos Federais – DCTF, constitui confissão de dívida e instrumento hábil e suficiente a exigência do referido crédito, ex vi do art. 5º, § 1º, do DL 2.124/84.
2. O reconhecimento do débito tributário pelo contribuinte, mediante a DCTF, com a indicação precisa do sujeito passivo e a quantificação do montante devido, equivale ao próprio lançamento, restando o Fisco autorizado a proceder à inscrição do respectivo crédito

em dívida ativa. Assim, não pago o débito no vencimento, torna-se imediatamente exigível, independentemente de qualquer procedimento administrativo ou de notificação ao contribuinte, sendo indevida a expedição de certidão negativa de sua existência.

3. Recurso especial desprovido (Recurso Especial nº 416.701. Publicação no Diário da Justiça em 06/10/2003).

TRIBUTÁRIO – DÉBITO DECLARADO E NÃO PAGO – AUTO-LANÇAMENTO. *Tratando-se de débito declarado e não pago pela recorrente, a cobrança do imposto decorre de autolançamento, não dando lugar à homologação formal, sendo exigível o débito independentemente de notificação prévia ou de instauração de qualquer procedimento administrativo. Recurso improvido (Recurso Especial nº 236.054. Publicação no Diário da Justiça em 21/02/2000).*

TRIBUTÁRIO. ICMS. EXECUÇÃO PROPOSTA COM BASE EM DECLARAÇÃO PRESTADA PELO CONTRIBUINTE. PREENCHIMENTO DA GUIA – GUIA DE INFORMAÇÃO E APURAÇÃO DO ICMS. DÉBITO DECLARADO E NÃO PAGO. AUTOLANÇAMENTO. PRÉVIO PROCESSO ADMINISTRATIVO. DESNECESSIDADE. PRESCRIÇÃO. INCIDÊNCIA.

1. Tratando-se Guia de Informação e Apuração do ICMS, cujo débito declarado não foi pago pelo contribuinte, torna-se prescindível a homologação formal, passando a ser exigível independentemente de prévia notificação ou da instauração de procedimento administrativo fiscal... (Recurso Especial nº 500.191. Publicação no Diário da Justiça em 23/06/2003).

PROCESSUAL CIVIL. TRIBUTÁRIO. ICMS. ACÓRDÃO. MOTIVAÇÃO. OMISSÃO. MULTA LITIGÂNCIA DE MÁ-FÉ. ARTS. 17, 128, 458, II, E 460, CPC. DÉBITO DECLARADO E NÃO PAGO. DISPENSA DE PRÉVIA NOTIFICAÇÃO ADMINISTRATIVA PARA A INSCRIÇÃO E COBRANÇA EXECUTIVA DA DÍVIDA FISCAL. CORREÇÃO MONETÁRIA. UFESP. IPC/FIPE. ÍNDICE APLICÁVEL. CTN. LEI 6.899/81. LEI 8.177/91.

(...)

3. Tratando-se de débito declarado e não pago pelo contribuinte, torna-se despicienda a homologação formal, passando a ser exigível independentemente de prévia notificação ou da instauração de procedimento administrativo fiscal. Descogita-se de ofensa ao devido processo legal (Recurso Especial nº 150.071. Publicação no Diário da Justiça em 10/08/1998).

De acordo com a orientação do STJ, o autolançamento realizado pelo contribuinte tem os mesmíssimos efeitos da constituição do crédito tributário pela Fazenda Pública, inclusive no que se refere ao termo inicial do prazo prescricional para o ajuizamento da execução fiscal. A decisão abaixo evidencia esse posicionamento:

TRIBUTÁRIO. CSLL. DECLARAÇÃO DO DÉBITO PELO CONTRIBUINTE. FORMA DE CONSTITUIÇÃO DO CRÉDITO TRIBUTÁRIO, INDEPENDENTE

DE QUALQUER OUTRA PROVIDÊNCIA DO FISCO. PRESCRIÇÃO. TERMO INICIAL. DATA DE ENTREGA DA DCTF.

1. A apresentação, pelo contribuinte, de Declaração de Débitos e Créditos Tributários Federais – DCTF (instituída pela IN-SRF 129/86, atualmente regulada pela IN8 SRF 395/2004, editada com base no art. 5º do DL 2.124/84 e art. 16 da Lei 9.779/99) ou de Guia de Informação e Apuração do ICMS – GIA, ou de outra declaração dessa natureza, prevista em lei, é modo de constituição do crédito tributário, dispensada, para esse efeito, qualquer outra providência por parte do Fisco. A falta de recolhimento, no devido prazo, do valor correspondente ao crédito tributário assim regularmente constituído acarreta, entre outras consequências, as de (a) autorizar a sua inscrição em dívida ativa; (b) fixar o termo a quo do prazo de prescrição para a sua cobrança; (c) inibir a expedição de certidão negativa do débito; (d) afastar a possibilidade de denúncia espontânea.

2. Não pago o débito, ou pago a menor, torna-se imediatamente exigível, incidindo, quanto à prescrição, o disposto no art. 174, do CTN, de modo que, decorridos cinco anos da data do vencimento sem que tenha havido a citação na execução fiscal, estará prescrita a pretensão.

3. Recurso especial a que se nega provimento. (Recurso Especial nº 695.605. Publicação no DJ em 26.03.2007).

O tema encontra-se atualmente sumulado pelo STJ, sendo objeto da Súmula nº 436 nos seguintes termos: "A entrega de declaração pelo contribuinte, reconhecendo o débito fiscal, constitui o crédito tributário, dispensada qualquer providencia por parte do Fisco".

Vê-se, portanto, que improcede a crítica do Professor ALBERTO XAVIER, no sentido de que a noção ampla de lançamento confundiria atividades praticadas pela Fazenda e pelos contribuintes cujos efeitos são diversos.[37] Na verdade, na correta construção jurisprudencial do Superior Tribunal de Justiça se está a atribuir os mesmos efeitos ao lançamento feito pela Fazenda e ao autolançamento feito pelos contribuintes.

Tendo em consideração o cenário acima apresentado, no qual se verifica que os órgãos institucionais de aplicação do Direito Tributário (Poder Judiciário e Fazenda Pública) estão concordes quanto ao fato de que o contribuinte realiza lançamento tributário, o qual prescindiria de qualquer ato fazendário de liquidação, *há que se reconhecer a mutação das regras hoje contidas no Código Tributário Nacional sobre a matéria.*[38]

---

[37] *Do Lançamento no Direito Tributário Brasileiro*, 2005, pp. 30-32.
[38] Ao falar aqui em *mutação legislativa* estamos nos referindo a uma modificação do Código Tributário Nacional que não é decorrente de uma alteração de seu texto via atividade legislativa.

Adotando-se aqui os fundamentos defendidos pelo realismo jurídico, cujo cultor mais difundido no Brasil é o Professor dinamarquês Alf Ross, temos que o direito vigente em matéria de lançamento é aquele efetivamente aplicado pelos órgãos competentes.[39]

Nessa linha de raciocínio, considerando que os tribunais de cúpula do Poder Judiciário brasileiro (STF e STJ) referendam o entendimento de que também os contribuintes realizam lançamento tributário (autolançamento), parece-nos ser este o direito vigente, uma vez que é este o direito efetivamente aplicado às relações que se estabelecem no mundo dos fatos.

14.2.3. Tributos sem lançamento?

Como salientado, a posição até o presente momento defendida apresenta notada contradição com a interpretação literal e desprendida da realidade da norma prevista no art. 142 do C.T.N. Com vistas a evitar tal contradição, sem negar a existência de atividades de apuração do dever tributário desenvolvidas

---

Este tema é examinado no âmbito do Direito Constitucional, onde são estudados os *processos informais de mudança da Constituição*. Sobre o tema, é de se destacar a seguinte passagem de Anna Cândida da Cunha Ferraz, que faz uma distinção entre reforma constitucional e mutação constitucional: "Daí a distinção que a doutrina convencionou registrar entre *reforma constitucional* e *mutação constitucional*; a primeira consiste nas modificações constitucionais reguladas no próprio texto da Constituição (acréscimos, supressões, emendas), pelos processos por ela estabelecidos para a sua reforma; a segunda consiste na alteração, não da letra ou do texto expresso, mas do significado, do sentido e do alcance das disposições constitucionais, através ora da interpretação judicial, ora dos costumes, ora das leis, alterações essas que, em geral, se processam lentamente, e só se tornam claramente perceptíveis quando se compara o entendimento atribuído às cláusulas constitucionais em momentos diferentes, cronologicamente afastados um do outro, ou em épocas distintas e diante de circunstâncias diversas" (FERRAZ, Anna Cândida da Cunha. *Processos Informais de Mudança da Constituição*. São Paulo: Max Limonad, 1986, p. 9). Neste mesmo sentido: JELLINEK, G. *Reforma y Mutación de la Constitución*. Tradução Christian Förster. Madrid: Centro de Estudios Constitucionales, 1991, p. 7.

[39] Para Alf Ross "um ordenamento jurídico nacional, considerado como um sistema vigente de normas, pode ser definido como o conjunto de normas que efetivamente operam na mente do juiz, porque ele as sente como socialmente obrigatórias e por isso as acata. O teste da vigência é que nesta hipótese – ou seja, aceitando o sistema de normas como um esquema interpretativo – podemos compreender as ações do juiz (as decisões dos tribunais) como respostas plenas de sentido a dadas condições e, dentro de certos limites, podemos predizer essas decisões – do mesmo modo que as normas do xadrez nos capacitam a compreender os movimentos dos jogadores como respostas plenas de sentido e predizê-los" (ROSS, Alf. *Direito e Justiça*. Tradução Edson Bini. Bauru: EDIPRO, 2000, p. 59). Para uma análise da teoria realista de Ross ver: MÁYNEZ, Eduardo García. *Positivismo Jurídico, Realismo Sociológico y Iusnaturalismo*. 3ª ed. México: Distribuciones Fontamara, 1999, pp. 77-125.

pelos contribuintes, antes as reconhecendo, o Professor AURÉLIO PITANGA SEIXAS FILHO apresentou importante contribuição, a qual, em última análise, encontra-se em linha com o posicionamento defendido acima.

Em suas considerações, parte o citado autor da premissa de que "o tributo é um dever imposto ao cidadão, por uma norma jurídica, de contribuir para as despesas governamentais, com dinheiro e em proporção à respectiva capacidade econômica. Em consequência, toda vez que surgir o dever de pagar o tributo será necessário e obrigatório liquidá-lo, no sentido que empresta à palavra o art. 1.533 do Código Civil: 'Considera-se líquida a obrigação certa, quanto à sua existência, e determinada quanto ao seu objeto'".[40]

Assim, "conhecendo o sujeito passivo da obrigação tributária, a sua existência, e a respectiva matéria fática, resta torná-la certa com a valoração jurídica do *fato imponível*, e *determinar* o seu valor em moeda".[41]

Ao examinar a previsão contida no art. 150 do C.T.N., o Professor AURÉLIO PITANGA SEIXAS FILHO reconhece que, de acordo com esta regra legal, "cabe unicamente ao devedor acertar e liquidar o valor do tributo, que deverá ser pago sem qualquer interveniência *direta* do Fisco".[42] Vale a pena transcrever integralmente a seguinte passagem:

> *Nesse procedimento, o contribuinte tem integral responsabilidade pela valoração jurídica dos fatos que houver praticado – (fato imponível na lição de Geraldo Ataliba) – bem como pela liquidação do tributo que deverá pagar no prazo predeterminado pela legislação tributária.*
>
> *Assim, quando o devedor enquadrar juridicamente os fatos imponíveis, estará auto--acertando por sua própria conta e risco, assumindo, consequentemente, integral responsabilidade por essa valoração jurídico-tributária e por eventual erro ou incorreção na liquidação e pagamento do tributo.*[43]

Nessa linha de raciocínio, em conformidade com o magistério de AURÉLIO PITANGA SEIXAS FILHO, reconhece-se ao contribuinte a atribuição de apurar o montante de tributo pelo mesmo devido, designando-se esta atividade de *auto-acertamento*.[44]

---

[40] SEIXAS FILHO, Aurélio Pitanga. A Função do Lançamento Tributário. In: *Estudos de Procedimento Administrativo Fiscal*. Rio de Janeiro: Freitas Bastos, 2000, p. 22.
[41] A Função do Lançamento Tributário, 2000, p. 23.
[42] A Função do Lançamento Tributário, 2000, p. 24.
[43] A Função do Lançamento Tributário, 2000, p. 24.
[44] Nesse mesmo sentido, ver: SEIXAS FILHO, Aurélio Pitanga. Aplicação da Lei Tributária. *Revista Dialética de Direito Tributário*, São Paulo, n. 140, maio 2007, pp. 16-17. Sobre o tema, é interessante

Por outro lado, o vocábulo *"lançamento"* seria o *nomem juris* selecionado pela legislação para designar a atividade de acertamento desenvolvida pela Administração Pública, com o que se compatibilizam as assertivas acima com a disposição contida no art. 142 do C.T.N., segundo a qual lançamento tributário somente pode ser realizado por autoridade administrativa. Citando uma vez mais suas lições:

> *Por definição do Código Tributário Nacional, artigo 142, lançamento tributário é o nomem juris reservado para ato praticado pela administração fiscal que torna líquido e certo tributo devido por um determinado contribuinte.*
> *(...)*
> *Agindo o Fisco ordinária, ou extraordinariamente, a função do lançamento tributário, é de tornar certo o dever jurídico-tributário, e de* liquidá-lo *para que possa ser cobrado administrativamente ou através do Judiciário pelo Executivo-Fiscal.*[45]

a seguinte passagem de TEORI ALBINO ZAVASCKI, comentando o art. 142 do CTN: "Com base na leitura desse preceito normativo, a doutrina tradicional é no sentido de que apenas pelo lançamento é que se constitui o crédito tributário. Quando se diz 'compete privativamente à autoridade administrativa constituir o crédito tributário pelo lançamento', a leitura que se faz não é apenas que a autoridade administrativa tem competência privativa para lançar; se diz também – e acho que aqui reside o grande equívoco – que a constituição do crédito tributário só se faz pelo lançamento. Ou seja, não se constitui o crédito tributário a não se com a participação do Estado.
Essa é a doutrina tradicional e isso tem gerado consequências importantes no plano da jurisprudência. De uns tempos para cá – e acho que foi Professor Paulo de Barros Carvalho quem inaugurou um modo diferente de interpretar esse dispositivo –, por força até mesmo de novas técnicas de arrecadação de tributos impostas pela realidade e pelo desenvolvimento dos negócios, não se tem dado uma interpretação assim tão estrita a este dispositivo. Esse dispositivo diz, sim, que o lançamento é ato privativo da autoridade fiscal, mas dele não se pode deduzir de modo absoluto que apenas o lançamento constitui o crédito tributário. É possível uma outra leitura, de que o lançamento é atividade privativa do fisco, sim, mas o lançamento não é necessariamente o único modo de constituir o crédito tributário, ou seja, de verificar a ocorrência do fato gerador e determinar a matéria tributável, calculando o valor" (ZAVASCKI, Teori Albino. A participação do contribuinte na formação do crédito tributário. *Revista Internacional de Direito Tributário*, Belo Horizonte, v. 8, jul-dez 2007, p. 411).

[45] A Função do Lançamento Tributário, 2000, p. 26. Esse entendimento é corroborado por SOUTO MAIOR BORGES que, com base em GARCÍA MÁYNEZ e ULRICH KLUG, salienta que a definição de lançamento é normativa, de forma que "não pode, consequentemente, a definição do lançamento contida no art.142 do CTN ser havida como uma definição puramente teórica, sem implicações intra-sistemáticas. O mencionado dispositivo exprime precisamente que essa categoria jurídico--positiva deve ter as características mencionadas na definição. O conceito de lançamento, portanto, corresponde a uma norma, e não a uma definição puramente teórica" (*Lançamento Tributário*, 1999, p. 97). Também JAMES MARINS, a despeito de reconhecer que no sistema pátrio a exigibilidade dos tributos independe de ato da Fazenda, critica a utilização do termo autolançamento, afirmando que este "não se reveste dos elementos essenciais do ato administrativo de lançamento, quer por não

Coerente com o posicionamento acima delineado, afirma AURÉLIO PITANGA SEIXAS FILHO que em relação à grande maioria dos tributos a arrecadação tributária prescinde do ato de lançamento, bastando, portanto, o acertamento realizado pelo contribuinte.[46]

se tratar efetivamente de ato administrativo, mas de ato praticado por particular (ainda que com finalidades administrativas), faltando-lhe portanto o requisito da competência, quer por não estar previsto no nosso Código Tributário Nacional, que, ao contrário, preceitua didaticamente que o ato de lançamento é privativo da autoridade fazendária" (MARINS, James. Suspensão Judicial do Crédito Tributário, Lançamento e Exigibilidade. In: ROCHA, Valdir de Oliveira (Coord). *Processo Administrativo Fiscal 2º Volume*. São Paulo: Dialética, 1997, p. 52).

[46] A Função do Lançamento Tributário, 2000, p. 26; SEIXAS FILHO, Aurélio Pitanga. A Função do Lançamento Tributário. In: MARTINS, Ives Gandra da Silva (Coord.). *Do Lançamento*. São Paulo: Resenha Tributária, 1987, p. 390. Essa mesma orientação é seguida por ROQUE ANTONIO CARRAZA, como se infere da passagem a seguir transcrita: "O nascimento e a vida desses tributos (sujeitos ao lançamento por homologação) é bastante simples: ocorrido o *fato imponível*, o contribuinte deve – de imediato ou com a maior brevidade possível – extinguir a obrigação tributária. Entre a ocorrência do *fato imponível* e a 'solutio' (o pagamento) da obrigação tributária, não se coloca de permeio nenhum lançamento da Administração Pública.
Estes tributos prescindem, pois, da celebração de ato administrativo, para se tornarem exigíveis. Neles, o próprio sujeito passivo – pelo menos em circunstâncias normais – realiza as operações necessárias e suficientes à formalização do crédito tributário. Nestes casos, a autoridade fazendária apenas confere a regularidade formal do recolhimento, o que faz por meio *da homologação*, ato distinto do lançamento.
O ICMS é um tributo deste mesmo tipo. É, pois, um tributo sem lançamento, já que a Fazenda Pública pode exigi-lo desde o instante de seu nascimento, sem necessidade de celebrar um ato jurídico administrativo para apurar o 'quantum debeatur'. (...)" (*ICMS*. São Paulo: Malheiros, 2000, pp. 355-356). No mesmo sentido manifesta-se AMÉRICO MASSET LACOMBE: "(...) Parece-nos muito mais lógica a posição daqueles que dividem os impostos em lançados e não lançados, não considerando, assim, como lançamento aquilo que muitos denominam, com impropriedade técnica, autolançamento. Alguns autores, inclusive, estabelecem o traço diferencial entre os impostos diretos e indiretos – outra classificação tecnicamente falha no fato de haver ou não lançamento. (...)" (LACOMBE, Américo Masset. Lançamento. In: MARTINS, Ives Gandra da Silva (Coord.). *Curso de Direito Tributário*. 7ª ed. São Paulo: Saraiva, 2000, pp. 245-246). Também o Professor EURICO DINIZ DE SANTI manifesta externa entendimento semelhante, aduzindo que "o 'ato-norma formalizador instrumental' realizado pelo sujeito passivo, não obstante configure um lançamento em sentido material (operativo), não é 'ato-norma administrativo. Portanto não recebe a chancela de lançamento tributário. Com efeito, neste sentido, a tese proposta se alinha àquela dos 'tributos sem lançamento', defendida por Paulo de Barros Carvalho" (*Lançamento Tributário*, 2001, pp. 220 e 221). Esse posicionamento também foi sustentado por GILBERTO DE ULHÔA CANTO, para quem "nenhuma norma legal declara que o lançamento é indispensável, como condição de exigibilidade de todos os tributos. Se é certo que ele se faz mister na maioria das situações, há que reconhecer a possibilidade de, em relação a algum tributo, o lançamento não ser necessário". Todavia, tal posicionamento fundamenta-se na concepção de que, para que seja possível a dispensa do lançamento, é necessário que a própria lei tenha "definido como fato gerador a mera existência do contribuinte, como o montante do imposto uma soma fixa, o que faria desnecessária qualquer

A despeito da coerência do entendimento manifestado pelo Professor AURÉLIO PITANGA SEIXAS FILHO, é de se reconhecer que apenas em uma primeira aproximação consegue o mesmo superar as dificuldades impostas pela literalidade do art. 142 do C.T.N.

Isso se dá porque, conforme referido, optou o Código por estabelecer que o crédito tributário somente se constitui pelo lançamento.[47] Assim, ao afirmar

---

determinação quantificadora, e o sujeito passivo, pelo carater geral e indiscriminado do tributo". Reconhecendo que tal hipótese é remota, conclui ULHÔA CANTO que "o lançamento é necessário na generalidade dos casos, pois permite verificar a ocorrência do fato gerador, determinar a matéria imponível, calcular o montante do tributo e identificar o sujeito passivo. Para que o lançamento seja dispensável – já que nenhuma lei o declara absolutamente necessário na totalidade das hipóteses – basta que a constituição e a exigibilidade do crédito tributário independam de apuração daqueles elementos" (CANTO, Gilberto de Ulhôa. O Lançamento. In: MARTINS, Ives Gandra da Silva (Coord.). *Do Lançamento*. São Paulo: Resenha Tributária, 1987, pp. 6-8). No mesmo sentido, defendendo que o lançamento não é necessário para a constituição de todo e qualquer tributário, veja-se: GRECO, Marco Aurélio. Lançamento. In: MARTINS, Ives Gandra da Silva (Coord.). *Do Lançamento*. São Paulo: Resenha Tributária, 1987, p. 152; GUIMARÃES, Carlos da Rocha. Do Lançamento: Natureza e Eficácia. In: MARTINS, Ives Gandra da Silva (Coord.). Do Lançamento. São Paulo: Resenha Tributária, 1987, p. 243; GUIMARÃES, Carlos da Rocha. Lançamento por Homologação. *Revista de Direito Tributário*, São Paulo, nº 31, jan.-mar. 1985, p. 146; GUIMARÃES, Ylves José de Miranda. Do Lançamento. In: MARTINS, Ives Gandra da Silva (Coord.). *Do Lançamento*. São Paulo: Resenha Tributária, 1987, p. 314; FERRAGUT, Maria Rita. Crédito Tributário, Lançamento e Espécies de Lançamento Tributário. In: DE SANTI, Eurico Marcos Diniz (Coord.). *Curso de Especialização em Direito Tributário*: Estudos Analíticos em Homenagem a Paulo de Barros Carvalho. Rio de Janeiro: Forense, 2005, pp. 320 e 321; REDENSCHI, Ronaldo. Lançamento (?!) por homologação – Críticas e Considerações. In: ROCHA, Sergio André (Coord.). *Processo Administrativo Tributário*: Estudos em Homenagem ao Professor Aurélio Pitanga Seixas Filho. São Paulo: Quartier Latin, 2007, pp. 593-610; PAULSEN, Leandro. Crédito Tributário: da Noção de Lançamento à de Formalização. *Revista de Estudos Tributários*, São Paulo, nº 56, jul.-ago. 2007, p. 9; HORVATH, Estevão, *Lançamento Tributário e "Autolançamento"*, 1997, p. 116; HORVATH, Estevão. Lançamento Tributário e sua Imprescindibilidade. In: SCHOUERI, Luís Eduardo (Coord.). *Direito Tributário: Homenagem a Paulo de Barros Carvalho*. São Paulo: Quartier Latin, 2008, p. 602;. SANTIAGO, Igor Mauler; BREYNER, Frederico Menezes. Eficácia Suspensiva dos Embargos à Execução Fiscal em face do art. 739-A do Código de Processo Civil. *Revista Dialética de Direito Tributário*, São Paulo, n. 145, out. 2007, p. 59; TOMÉ, Fabiana Del Padre. Restituição do Indébito Tributário nos Tributos Sujeitos ao "Lançamento por Homologação" e o art. 3º da Lei Complementar nº 118/2005. In: CARVALHO, Aurora Tomazini de (Org.). *Decadência e Prescrição em Direito Tributário*. São Paulo: MP Editora, 2007, pp. 278-279; CORREIA, Andrei Lapa de Barros. O Lançamento Tributário e a Modalidade do art. 150 do CTN. *Revista Fórum de Direito Tributário*, Belo Horizonte, nº 24, nov.-dez. 2006, p. 169. Sobre os tributos sem imposição, ver: GRECO, Marco Aurélio, *Dinâmica da Tributação – uma Visão Funcional*, 2007, p. 171; SCHOUERI, Luís Eduardo. Direito Tributário. 3 ed. São Paulo: Saraiva, 2013, pp. 594-595.

[47] Vale transcrever aqui trecho do Parecer de RUBENS GOMES DE SOUZA sobre o Projeto do Código Tributário Nacional, o qual considerava as contribuições da Comissão Especial dedicada à sua

que nos casos em que a apuração do dever tributário recai sobre o sujeito passivo, se está diante de auto-acertamento, e não de autolançamento, fica-se diante da estranha situação do recolhimento de tributo sem a constituição do crédito tributário respectivo, o que, pela redação do aludido artigo, só se dá com a realização do lançamento.

O que se pode inferir de tudo quanto se afirmou anteriormente é que, sem espaço para dúvidas, a interpretação literal e desapegada da realidade das previsões contidas no C.T.N. acerca da matéria em comento não se prestam ao esclarecimento da presente questão. De fato, ou se procura, pelas vias interpretativas, a modificação do comando das mesmas decorrentes, como têm empreendido os órgãos do Poder Judiciário e da Fazenda Pública, ou há de se reconhecer, não sem certo desapontamento, que nas situações em que o acertamento do dever tributário é realizado pelo sujeito passivo há um lançamento realizado pela Fazenda, o qual, como mencionado, consuma-se a partir de sua omissão, por intermédio da homologação tácita, ficando pendente de explicação o que ocorre nos casos em que há a inscrição em dívida

---

elaboração, no qual se registra a intenção de que todo crédito tributário fosse constituído mediante ato administrativo: "O Projeto incorporou, entre as demais modalidades de lançamento, a matéria dos arts. 175 e 176 do Anteprojeto, que figuravam em capítulo intitulado "Dos tributos que não dependem de lançamento", e adotou a terminologia "lançamento por homologação". Visou-se, com isso, acentuar o que já decorria, embora com menor clareza, da sistemática do Anteprojeto, a saber, que todos os tributos dependem de lançamento. É o que resulta da circunstância de o lançamento ser atividade privativa da autoridade fiscal (art. 105): nessas condições, segundo conclui a doutrina o chamado auto-lançamento nada mais é do que uma obrigação acessória" (SOUZA, Rubens Gomes de. Relatório apresentado pelo Prof. Rubens Gomes de Souza, relator geral, e aprovado pela Comissão Especial nomeada pelo Ministro da Fazenda para elaborar o Projeto de Código Tributário Nacional. In: MINISTÉRIO DA FAZENDA. *Trabalhos da Comissão Especial do Código Tributário Nacional*. Rio de Janeiro, 1954, p. 211). Este entendimento encontra-se refletido em: COÊLHO, Sacha Calmon Navarro. *Liminares e Depósitos antes do Lançamento por Homologação – Lançamento e Prescrição*. São Paulo: Dialética, 2000, pp. 16-17; MARTINS, Ives Gandra da Silva. Do Lançamento. In: MARTINS, Ives Gandra da Silva (Coord.). *Do Lançamento*. São Paulo: Resenha Tributária, 1987, p. 39; MELO, José Eduardo Soares. Lançamento. In: MARTINS, Ives Gandra da Silva (Coord.). *Do Lançamento*. São Paulo: Resenha Tributária, 1987, p. 69; OLIVEIRA, Ricardo Mariz de. Lançamento. In: MARTINS, Ives Gandra da Silva (Coord.). *Do Lançamento*. São Paulo: Resenha Tributária, 1987, p. 131; NASCIMENTO, Carlos Valder do. Lançamento Tributário. In: MARTINS, Ives Gandra da Silva (Coord.). *Do Lançamento*. São Paulo: Resenha Tributária, 1987, p. 179; MACHADO, Hugo de Brito. Lançamento Tributário. In: MARTINS, Ives Gandra da Silva (Coord.). *Do Lançamento*. São Paulo: Resenha Tributária, 1987, p. 226; AKSELRAD, Moisés. Lançamento. In: MARTINS, Ives Gandra da Silva (Coord.). *Do Lançamento*. São Paulo: Resenha Tributária, 1987, p. 296; BRAGHETTA, Daniela de Andrade, Decadência e Prescrição em Direito Tributário – Concepções Introdutórias, 2007, p. 11; AMARAL, Paulo Adyr Dias do. *A Motivação do Lançamento Tributário*. Rio de Janeiro: Lumen Juris, 2012, p. 113-117.

ativa de valores declarados e não recolhidos pelo contribuinte sem prévio lançamento, expresso ou tácito.

14.2.4. Consequências da constituição do crédito tributário pelo contribuinte

Independentemente da posição que se adote, no sentido de que há tributos que prescindem de lançamento ou de que o contribuinte também o realiza, o fato é que prevalece o entendimento no sentido de que o contribuinte, mediante ato próprio (declaração), constitui crédito tributário, sendo que, como visto acima, esta posição é coerente com as características da arrecadação tributária em um sistema massificado.

A consolidação desse posicionamento tem importantes reflexos sobre a dinâmica da relação jurídica tributária, ocasionando (i) a inaplicabilidade do processo administrativo fiscal como instrumento de revisão do crédito tributário; (ii) a inaplicabilidade da multa de ofício, quando o débito declarado não houver sido pago; (iii) a incidência do prazo prescricional para o exercício da pretensão da Fazenda Pública; e (iv) o afastamento, segundo a jurisprudência do STJ, do benefício da denúncia espontânea. Analisaremos cada um desses itens a seguir.[48]

14.2.4.1. Não cabimento do processo administrativo fiscal nos casos em que o crédito tenha sido constituído pelo contribuinte

Nos chamados tributos "lançados" por homologação, sempre que o crédito tributário for constituído em declaração apresentada pelo contribuinte, sem que se tenha verificado o pagamento do tributo devido, a cobrança do valor em aberto pela Fazenda Pública não é controlável por intermédio de processo administrativo fiscal.

Com efeito, conforme sustentado ao longo deste estudo, trata-se o processo administrativo fiscal de um instrumento de controle da legalidade de atos administrativos de cobrança tributária. Ora, nas situações em que o próprio contribuinte constituiu o crédito tributário mediante a apresentação de

---

[48] Refletimos aqui as conclusões apresentadas em: ROCHA, Sergio André. Confissão Cria Tributo? Efeitos da Vontade do Contribuinte sobre o Crédito Tributário. In: ROCHA, Valdir de Oliveira (Coord.). *Grandes Questões Atuais do Direito Tributário – 12º Volume*. São Paulo: Dialética, 2008, pp. 489-510.

declaração à Fazenda Pública, não há que se falar em controle da legalidade de ato administrativo tributário, de modo que cobrança encaminhada pela Fazenda ao contribuinte no caso de inadimplemento não pode ser objeto de processo administrativo fiscal.

Nessas situações, diante da cobrança formalizada pela Fazenda Pública de crédito tributário constituído pelo próprio contribuinte, a alternativa de que este dispõe é apenas a de identificar a ocorrência de erro em sua declaração, retificando-a de modo a demonstrar para as autoridades fiscais a inexistência do crédito tributário.

De fato, uma questão que em nenhum momento deve ser olvidada consiste no fato de não poder o contribuinte gerar, mediante mera manifestação de vontade, o nascimento de obrigação tributária[49]. Conforme determina o art. 114 do C.T.N.[50] a obrigação tributária decorre diretamente de lei, sendo que, na ausência de lei estabelecendo a tributação de determinada riqueza não pode a vontade do contribuinte, por si só, ser a gênese do dever tributário.

Não há, desta forma, qualquer irregularidade no procedimento da Fazenda de encaminhar para inscrição em dívida e posterior execução fiscal créditos tributários constituídos pelo contribuinte.

14.2.4.2. Inaplicabilidade da multa de ofício

Outra consequência da constituição do crédito pelo contribuinte mediante a apresentação de declaração à Fazenda Pública é que, no caso de inadimplemento dos valores declarados e a necessidade de cobrança por parte das autoridades fiscais, não será cabível a cobrança de multa de ofício, a qual somente se justifica nas situações em que a constituição do crédito tributário se formaliza mediante a lavratura de auto de infração.[51]

A não-incidência da multa de ofício nesses casos já se encontrava prevista no § 2º do art. 5º do Decreto-lei nº 2.124/84, segundo o qual "não pago

---

[49] Cf. SEIXAS FILHO, Aurélio Pitanga. Natureza Jurídica da Obrigação Tributária. *Revista Dialética de Direito Tributário*, São Paulo, n. 152, mai. 2008, p. 71; ALMEIDA JÚNIOR, Fernando Osório de. A Confissão de Dívida Fiscal – Meio Inábil ao Surgimento de Obrigação Tributária. *Revista Dialética de Direito Tributário*, São Paulo, n. 32, mai. 1998, p. 30.

[50] "Art. 114. Fato gerador da obrigação principal é a situação definida em lei como necessária e suficiente à sua ocorrência."

[51] Sobre essa questão, ver: ZILE, Alberto Sodré. A Fiscalização no Âmbito da Secretaria da Receita Federal: Poderes e Limites. In: ROCHA, Sergio André (Coord.). *Processo Administrativo Tributário*: Estudos em Homenagem ao Professor Aurélio Pitanga Seixas Filho. São Paulo: Quartier Latin, 2007. p. 55-57.

no prazo estabelecido pela legislação o crédito, corrigido monetariamente e acrescido da multa de vinte por cento e dos juros de mora devidos, poderá ser imediatamente inscrito em dívida ativa, para efeito de cobrança executiva, observado o disposto no § 2º do art. 7º do Decreto-lei nº 2.065, de 26 de outubro de 1983".

Conforme destaca ALBERTO SODRÉ ZILE, esta foi a posição adotada pela Coordenação-geral de Tributação na Solução de Consulta Interna nº 22, de 24 de agosto de 2004:

> Por todo o exposto, conclui-se que o valor apurado e informado pelo sujeito passivo a título de "imposto de renda a pagar", constante na declaração de ajuste anual das pessoas físicas, inclusive o incidente sobre ganho de capital na alienação de bens e direitos de qualquer natureza, apurado e informado no Demonstrativo de Apuração de Ganhos de Capital anexo à declaração, quando não quitado no prazo estabelecido na legislação, deve ser objeto de cobrança amigável, com os acréscimos moratórios devidos, e, caso não seja pago, deve ser encaminhado à Procuradoria da Fazenda Nacional, para fins de inscrição como Dívida Ativa da União, sendo incabível se falar em lançamento de ofício do referido valor.[52]

Dessa forma, constituído o crédito tributário pelo contribuinte mediante a sua declaração à Fazenda Pública, no caso de inadimplemento não há mais que se falar na incidência da multa de ofício, sendo cabível apenas a cobrança da multa de mora e dos juros, observados os comentários que faremos no item 14.2.4.4 sobre a questão da denúncia espontânea.

14.2.4.3. Incidência do prazo prescricional

A constituição do crédito tributário pelo contribuinte tem como efeito a configuração do termo inicial do prazo prescricional para o exercício da pretensão Fazendária ao crédito tributário. Já estando constituído o crédito não há mais que se falar na incidência do prazo decadencial[53], seja o previsto no §4º do art. 150, seja o estabelecido no art. 173, ambos do C.T.N., passando a incidir o art. 174 do Código, que prevê o prazo prescricional para a cobrança do crédito tributário.

---

[52] Cf. ZILE, Alberto Sodré, A Fiscalização no Âmbito da Secretaria da Receita Federal: Poderes e Limites, 2007, p. 55.

[53] Para um estudo acerca das distinções entre os institutos da prescrição e da decadência o nosso estudo: SILVA, Sergio André R. G. da. Alguns apontamentos sobre os institutos da prescrição e da decadência. *Revista Dialética de Direito Processual*, São Paulo, n. 7, out. 2003, p. 86-107.

Neste sentido, vale a pena transcrever o seguinte trecho do voto proferido pelo Ministro TEORI ALBINO ZAVASCKI, nos autos do Recurso Especial nº 958.024 (publicação no Diário da Justiça em 09 de junho de 2008), onde os efeitos da declaração do contribuinte foram bem expostos:

Segundo jurisprudência do STJ, a apresentação, pelo contribuinte, de Declaração de Débitos e Créditos Tributários Federais – DCTF (instituída pela IN-SRF 129/86, atualmente regulada pela IN8 SRF 395/2004, editada com base no art. 5º do DL 2.124/84 e art. 16 da Lei 9.779/99) ou de Guia de Informação e Apuração do ICMS – GIA, ou de outra declaração dessa natureza, prevista em lei, é modo de constituição do crédito tributário, dispensada, para esse efeito, qualquer outra providência por parte do Fisco. A falta de recolhimento, no devido prazo, do valor correspondente ao crédito tributário assim regularmente constituído acarreta, entre outras consequências, as de (a) autorizar a sua inscrição em dívida ativa; (b) fixar o termo a quo do prazo de prescrição para a sua cobrança; (c) inibir a expedição de certidão negativa do débito; (d) afastar a possibilidade de denúncia espontânea.

Portanto, não pago o débito, ou pago a menor, torna-se imediatamente exigível, incidindo, quanto à prescrição, o disposto no art. 174 do CTN, de modo que, decorridos cinco anos da data prevista para o vencimento, sem que tenha havido a citação na execução fiscal ou ocorrido outra causa interruptiva, a pretensão estará prescrita. Nesse sentido, os seguintes julgados: EREsp 576661/RS, 1ª Seção, Min. Teori Albino Zavascki, DJ de 26.10.2006; REsp 839220/RS, 1ª T., Ministro José Delgado, DJ de 26.10.2006; RESP 437363/SP, 1ª T., Min. Teori Albino Zavascki, DJ de 19.04.2004; AGA n. 87.366/SP, 2ª T., Min. Antônio de Pádua Ribeiro, DJ de 25.11.1996; RESP 510.802/SP, 1ª T., Min. José Delgado, DJ de 14.06.2004; RESP 389.089/RS, 1ª T., Min. Luiz Fux, DJ de 16.12.2002, RESP 652.952/PR, 1ª T., Min. José Delgado, DJ de 16.11.2004; RESP 600.769/PR, 1ª T., Min. Teori Albino Zavascki, DJ de 27.09.2004; RESP 510.802/SP, 1ª T., Min. José Delgado, DJ de 14.06.2004.

Desta forma, constituído definitivamente o crédito tributário em 1999 e realizada a citação em 26.06.2005 (fl. 103), deve ser declarada a prescrição.

Em relação a este aspecto, considerando a falta de regência legislativa, surge dúvida relativa ao termo inicial do prazo prescricional. A análise da jurisprudência do STJ descortina a necessidade da conjugação de dois elementos para que tenha início a contagem do prazo prescricional: o vencimento do débito e a apresentação da declaração pelo contribuinte. Nesse sentido foi a decisão tomada no Recurso Especial nº 1024278, onde se reconheceu que no caso "de tributo sujeito a lançamento por homologação declarado e não pago pelo contribuinte, o prazo prescricional tem início a partir da data em que tenha sido realizada a entrega da declaração do tributo e tenha escoado o prazo para pagamento espontâneo. Para identificar-se o marco inicial da prescrição, conjugam-se a constituição do crédito pela entrega da declaração e o surgimento da pretensão com o não-pagamento da dívida no prazo estipulado administrativamente" (publicação no Diário da Justiça em 21 de maio de 2008).

14.2.4.4. Inaplicabilidade da denúncia espontânea

Nos idos dos anos 2000/2001, começaram a ser proferidas, no âmbito do Superior Tribunal de Justiça, decisões no sentido de que, nos tributos sujeitos a lançamento por homologação, sempre que o contribuinte declarar um determinado montante à Fazenda, sem fazer o respectivo pagamento, não seria aplicável o art. 138 do C.T.N.[54], que prevê os requisitos para a configuração da denúncia espontânea de uma infração fiscal[55].

Este entendimento foi pacificado pela Primeira Seção do STJ no julgamento dos Embargos de Divergência em Agravo nº 621.481 (publicação no Diário da Justiça em 18 de dezembro de 2006).[56] O tema foi objeto da Súmula nº 360

---

[54] "Art. 138. A responsabilidade é excluída pela denúncia espontânea da infração, acompanhada, se for o caso, do pagamento do tributo devido e dos juros de mora, ou do depósito da importância arbitrada pela autoridade administrativa, quando o montante do tributo dependa de apuração. Parágrafo único. Não se considera espontânea a denúncia apresentada após o início de qualquer procedimento administrativo ou medida de fiscalização, relacionados com a infração."

[55] Em uma das primeiras decisões nesse sentido, a ementa foi redigida nos seguintes termos: "TRIBUTÁRIO. RECURSO ESPECIAL. ICMS. DÉBITO DECLARADO E NÃO PAGO. DESNECESSIDADE DE PROCEDIMENTO ADMINISTRATIVO. LANÇAMENTO POR HOMOLOGAÇÃO. NÃO CONFIGURAÇÃO DA DENÚNCIA ESPONTÂNEA. IMPOSIÇÃO DE MULTA DEVIDA. PRECEDENTES.
1. O art. 138, do CTN, ao estabelecer a denúncia espontânea, condicionou sua incidência a tributos cujo fato gerador não fosse de conhecimento do Fisco e precedido do seu pagamento, inclusive com os juros, para ver excluída a multa. Assim, há vedação legal para o entendimento adotado no sentido de sua extensão a casos onde o tributo é declarado e não houve o pagamento.
2. A hipótese de tributo previamente declarado pelo próprio contribuinte e não honrado na data legal, não se subsume ao dispositivo em comento, posto que não se cogita da importância arbitrada pela autoridade administrativa, quando o montante do tributo dependa de apuração. [...].
(Recurso Especial nº 302.928. Publicação no Diário da Justiça em 10 de setembro de 2001).

[56] "TRIBUTÁRIO. EMBARGOS DE DIVERGÊNCIA. DENÚNCIA ESPONTÂNEA. PARCELAMENTO DO DÉBITO OU SUA QUITAÇÃO COM ATRASO. MULTA MORATÓRIA. CABIMENTO. APLICABILIDADE DA LC Nº 104/2001. ART. 155-A DO CTN. ENTENDIMENTO DA 1ª SEÇÃO. PRECEDENTES.
1. O instituto da denúncia espontânea exige que nenhum lançamento tenha sido feito, isto é, que a infração não tenha sido identificada pelo fisco nem se encontre registrada nos livros fiscais e/ou contábeis do contribuinte. A denúncia espontânea não foi prevista para que favoreça o atraso

do STJ, segundo a qual "O benefício da denúncia espontânea não se aplica aos tributos sujeitos a lançamento por homologação regularmente declarados, mas pagos a destempo".

Verifica-se, portanto, uma nítida vinculação entre a decisão tomada pela Primeira Seção do STJ a respeito da configuração da denúncia espontânea com a questão da constituição do crédito tributário pelo contribuinte. Com efeito, em linhas gerais a posição adotada pela corte foi no sentido de que estando o crédito tributário já constituído não mais seria cabível a denúncia espontânea da infração.

Essa linha jurisprudencial faria todo o sentido, não fosse a Primeira Seção ter pacificado também o entendimento de que no caso da denúncia espontânea de uma infração não seria cobrável do contribuinte a multa de mora.[57]

Como se infere do parágrafo único do art. 138 do C.T.N., o limite para que o contribuinte possa realizar a denúncia espontânea de uma infração é iminência de um lançamento de ofício, ou seja, de um ato manifesto da Administração Pública de constituição e exigência do crédito tributário.

Nas situações em que o crédito tributário foi constituído pelo contribuinte, o afastamento da denúncia espontânea deve depender também da prática de um ato concreto de cobrança por parte da Fazenda Pública.

No período de tempo entre a constituição do crédito tributário pelo contribuinte, mediante a apresentação de declaração à Fazenda Pública, e a formalização pelas autoridades fiscais de cobrança do valor declarado e não recolhido, não há razão que justifique a inaplicabilidade do art. 138 e, portanto, do afastamento da cobrança da multa de mora.

Vale a pena observar que o art. 138 cuida da exclusão da responsabilidade pelo cometimento de infrações tributárias. Ora, a não ser que fosse possível excluir o inadimplemento de créditos tributários constituídos pelo contribuinte do reino das infrações tributárias, não há como excluí-lo do espectro de incidência do art. 138.

Em artigo publicado no ano de 2003, dedicado ao tema em epígrafe, identificamos que um dos principais aspectos negativos desta linha jurisprudencial seria o tratamento mais desvantajoso dado àqueles que, cumprindo seus deveres tributários instrumentais, de boa fé e sem qualquer intenção de sonegação

do pagamento do tributo. Ela existe como incentivo ao contribuinte para denunciar situações de ocorrência de fatos geradores que foram omitidas, como é o caso de aquisição de mercadorias sem nota fiscal, de venda com preço registrado aquém do real, etc. [...]".
[57] Nesse sentido, ver: Agravo Regimental nos Embargos de Divergencia no Recurso Especial nº 202.881 (publicação no Diário da Justiça em 25 de junho de 2001).

fiscal, em comparação aos que, ao omitirem informações à Fazenda Pública, podem inclusive estar consumando um crime contra a ordem tributária.[58]

O grande erro da linha jurisprudencial em tela é desconsiderar que a denúncia espontânea nada mais é do que um instrumento para o contribuinte, diante da omissão da Fazenda, afastar algumas das consequências de uma infração tributária.

No caso de tributos declarados e não pagos, a imposição da multa de ofício, como visto, é afastada pela própria declaração do contribuinte. Todavia, segundo o STJ, o arrependimento eficaz do sujeito passivo, conforme o art. 138, impede ainda a aplicação da multa de mora. Seguindo este entendimento, cremos que somente um ato da Fazenda, anterior à denúncia espontânea do contribuinte (quitação do valor declarado e não pago), teria o condão de afastar a aplicação do art. 138. Esta, inclusive, era a posição adotada pela Segunda Turma da corte anteriormente ao julgamento da matéria pela Primeira Seção.[59]

A verdade aqui é que, embora a doutrina e jurisprudência tributárias venham se direcionando para o reconhecimento do autolançamento como forma de constituição do crédito tributário, o C.T.N. originariamente não encampava tal linha de pensamento, de forma que várias questões, como a contagem do prazo prescricional, vista no item anterior, e os efeitos do autolançamento sobre a denúncia espontânea, não estão previstas de forma expressa no Código, sendo objeto de construção pelo STJ. Particularmente em relação a este último item, parece-nos que a posição da corte vem se mostrando equivocada.

Assim sendo, e como já tivemos oportunidade de sustentar[60], seria importante uma alteração no C.T.N. na parte dedicada à constituição do crédito tributário, de modo a se prever de forma expressa as formas em que a mesma se dá por ato do contribuinte, determinando-se, também, aspectos relacionados, como os mencionados no parágrafo anterior.

---

[58] SILVA, Sergio André R. G. da. Denúncia Espontânea e Lançamento por Homologação: Comentários acerca da Jurisprudência do STJ. *Revista Dialética de Direito Tributário*, São Paulo, n. 98, nov. 2003, p. 106-112.

[59] "TRIBUTÁRIO. DENÚNCIA ESPONTÂNEA. EXCLUSÃO DA MULTA NOS TRIBUTOS SUJEITOS AO LANÇAMENTO POR HOMOLOGAÇÃO. Nada importa que o contribuinte tenha cumprido a obrigação acessória de declarar mensalmente o tributo devido, nem que esta circunstância dispense o Fisco de formalizar o lançamento tributário; nos tributos sujeitos a autolançamento, o pagamento pode ser feito sem a multa enquanto o débito não for inscrito em dívida ativa. Recurso especial conhecido e provido." (Recurso Especial nº 169.738. Publicação no Diário da Justiça em 16 de novembro de 1998).

[60] ROCHA, Sergio André. Constituição do Crédito Tributário pelo Contribuinte. *Revista Dialética de Direito Tributário*, São Paulo, n. 151, abr. 2008, p. 115.

14.2.4.5. Constituição do crédito tributário pelo contribuinte e depósito judicial

Durante algum tempo discutiu-se no STJ acerca da natureza do depósito judicial integral feito pelo contribuinte com vistas à suspensão da exigibilidade do crédito tributário, na forma do inciso II do art. 151. Em 2007 esta questão foi pacificada pela Primeira Seção, cuja posição foi no sentido de que o depósito do montante integral devido pelo contribuinte constitui o crédito tributário. Veja-se, nesse sentido, a ementa da decisão proferida nos Embargos de Divergência em Recurso Especial nº 898.992 (publicação no Diário da Justiça em 27 de agosto de 2007):

> *PROCESSO CIVIL E TRIBUTÁRIO. DEPÓSITO DO MONTANTE INTEGRAL. ART. 151, II, DO CTN. SUSPENSÃO DA EXIGIBILIDADE DO CRÉDITO TRIBUTÁRIO. CONVERSÃO EM RENDA. DECADÊNCIA.*
> *1. Com o depósito do montante integral tem-se verdadeiro lançamento por homologação. O contribuinte calcula o valor do tributo e substitui o pagamento antecipado pelo depósito, por entender indevida a cobrança. Se a Fazenda aceita como integral o depósito, para fins de suspensão da exigibilidade do crédito, aquiesceu expressa ou tacitamente com o valor indicado pelo contribuinte, o que equivale à homologação fiscal prevista no art. 150, § 4º, do CTN.*
> *2. Uma vez ocorrido o lançamento tácito, encontra-se constituído o crédito tributário, razão pela qual não há mais falar no transcurso do prazo decadencial nem na necessidade de lançamento de ofício das importâncias depositadas. [...]*

Em doutrina, algumas vozes sustentavam posição idêntica à do STJ, como é o caso de DENISE LUCENA CAVALCANTI, para quem "pode acontecer a situação em que o cidadão-contribuinte se antecipe ao fisco e, mesmo antes de o crédito tributário estar constituído, faça o depósito judicial. Neste caso, sua efetivação implica a constituição do crédito tributário".[61]

A questão aqui, ao que parece, merece uma abordagem distinta. Com efeito, nas situações em que o contribuinte tem a exibilidade do crédito tributário suspensa em decorrência de depósito judicial integral, o mesmo tem que declarar, em sua Declaração de Débitos e Créditos Tributários Federais – DCTF – o montante de tributo devido. Dessa forma, é possível sustentar que nos casos em que realizado depósito judicial, o crédito tributário, em princípio, teria sido constituído pelo contribuinte mediante a entrega da DCTF,

---

[61] CAVALCANTE, Denise Lucena. *Crédito Tributário*: a função do cidadão-contribuinte na relação tributária. São Paulo: Malheiros, 2004. p. 125.

estando com a exigibilidade suspensa por força do disposto no inciso II do art. 151 do C.T.N.

Contudo, caso o contribuinte não constitua o crédito tributário objeto do depósito em sua DCTF, parece que a solução deveria ser diversa daquela acolhida pelo STJ. De fato, cremos que o depósito judicial, por si só, não representa um ato de constituição do crédito tributário passível de substituir a declaração em DCTF. Até porque, diga-se, tais atos tem motivações completamente distintas: enquanto a declaração em DCTF é um ato de reconhecimento de dívida, o depósito judicial é um ato normalmente praticado em um contexto de não reconhecimento de uma dívida fiscal

14.3. Auto de Infração e Lançamento Tributário

Conforme restou asseverado anteriormente, nos casos do chamado lançamento por homologação, quando a atividade de lançamento é efetivamente realizada pelo sujeito passivo do dever jurídico-tributário, resguarda-se às autoridades fazendárias a potestade de verificar se a apuração levada a efeito pelo particular se amolda às prescrições da legislação tributária.

Caso a fiscalização verifique que o sujeito passivo deixou de adimplir seus deveres jurídicos, a autoridade fazendária realizará atividade de lançamento, por intermédio da qual verificará o montante devido exigindo, por via de consequência, seu recolhimento.

Nessas situações, em que o sujeito passivo infringe comando emanado de norma tributária material, bem como naqueles em que o sujeito passivo tiver inadimplido deveres jurídicos de natureza formal, a autoridade fiscal impõe--lhe uma sanção, cuja apuração demanda uma atividade de lançamento (ou seja, uma atividade de apuração e determinação).

Entretanto, embora em ambos os casos se esteja diante de uma atividade de lançamento (lançamento de ofício), impõe-se reconhecer que as mesmas têm natureza distinta, quer se trate de lançamento de tributo ou da sanção aplicável em razão do inadimplemento de dever jurídico-tributário.

Essa circunstância é decorrência de não se poder falar em sanções tributárias, como se passa a demonstrar.

14.3.1. Da Inexistência de Sanções Tributárias

De acordo com as idéias desenvolvidas no décimo capítulo *supra*, tem-se que é característica das normas jurídicas poderem as mesmas ser violadas, sendo que a não observância do comando decorrente da norma jurídica corresponde à hipótese de incidência de outra norma, de caráter sancionatório a qual visa assegurar a sua eficácia.

Ora, desnecessário acrescentar que, sendo as normas tributárias integrantes do ordenamento jurídico total, sendo o adjetivo "tributárias" apenas uma decorrência da *autonomia didática* conferida aos diversos "ramos" do Direito, também elas podem ser violadas, podendo-se falar, então, em *infrações tributárias*, as quais corresponderiam, nessa linha de entendimentos, ao inadimplemento de um dever jurídico-tributário.

Vale a pena reiterar que a individualização de infrações tributárias tem caráter meramente didático, uma vez que o ordenamento jurídico é uno e incindível, sendo o ilícito, de igual maneira, unitário, não havendo, portanto, qualquer distinção ontológica entre um ilícito dito cível ou tributário.

Em consonância com o que foi afirmado, à infração tributária deve-se aplicar uma sanção, como resposta à violação do comando prescrito pela norma jurídica.

Ao examinar as sanções imponíveis à violação da norma jurídico-tributária, a doutrina atribui às mesmas natureza jurídica variada, vislumbrando, basicamente, a possibilidade da aplicação de sanções cíveis, administrativas, penais e tributárias.

Tal variedade de sanções aplicáveis em decorrência da infração à legislação tributária, a seu turno, enseja a questão relativa à metodologia de que se pode valer o intérprete para distinguir cada uma dessas "espécies" de sanções, conforme se analisará no seguinte item.

14.3.1.1. Critério para a Distinção entre as Diversas Formas de Sanção

Como já tivemos oportunidade de pontuar, há uma unidade do ilícito, no sentido de que a distinção entre as diversas "espécies" de comportamentos antijurídicos é uma decorrência da divisão didática do ordenamento jurídico em subsistemas.

Feita essa afirmação, surge o problema relativo a se determinar os critérios para se estabelecer a natureza da sanção a ser aplicada em razão da violação de determinada prescrição do ordenamento jurídico, sendo certo que esta não terá, necessariamente, a mesma natureza da infração cometida.

Com efeito, a natureza da infração (se cível, tributária, administrativa, etc.), ao que nos parece, encontra-se vinculada à *natureza do dever jurídico inadimplido* pelo sujeito ativo do ilícito, se cível, tributário, administrativo, comercial, trabalhista, etc.

Exemplificando, poder-se-á falar em infração tributária sempre que se estiver diante do inadimplemento de um dever jurídico componente de uma relação jurídico-tributária, como o pagamento de determinado tributo.

Nessa linha de idéias, vinculando-se a natureza jurídica da infração àquela do dever jurídico inadimplido pelo sujeito passivo da regra de conduta,[62] já se pode manifestar adesão ao entendimento de que as infrações tributárias (ressalte-se, as infrações, *não as sanções*, como se verá adiante) encontram-se didaticamente inseridas no âmbito do Direito Tributário.[63]

Nada obstante, tem-se que o mesmo raciocínio não pode ser aplicado para fins de se determinar a natureza da sanção aplicável em decorrência da infração, não sendo correto dizer, por exemplo, que em razão do inadimplemento de um dever jurídico-tributário aplicar-se-á uma sanção tributária.

Qual então o critério para se estabelecer a natureza da sanção aplicável em decorrência do cometimento da infração? Este só pode ser *a finalidade visada com a sua imputação, a qual determina o regime jurídico que lhe será aplicável*.[64]

De fato, ao se prever certa sanção como resposta ao cometimento de uma infração ao ordenamento jurídico, visa-se alcançar determinado objetivo, que, na esfera tributária, pode corresponder à compensação do sujeito passivo (da infração), à imposição de uma restrição de natureza administrativa ou à penalização do infrator.

---

[62] Para FERNANDO PÉREZ ROYO, a determinação quanto à natureza jurídica das infrações tributárias "não pode ser pronunciada a não ser com base no direito positivo" (*Infraciones y Sanciones Tributarias*. Madrid: Ministerio de Hacienda – Instituto de Estudios Fiscales, 1972, p. 18). Não parece correta a assertiva apresentada pelo citado professor, uma vez que a natureza dos institutos jurídicos independe da forma como os mesmos se encontram dispostos no Direito Positivo. Dessa forma, a natureza jurídica de determinada infração deverá ser correspondente ao dever jurídico violado, o qual se encontrava previsto na norma primária prescritiva de conduta, até mesmo porque o não-cumprimento do dever jurídico é a hipótese de incidência da norma que prevê a infração.

[63] Sobre as diversas teorias acerca da natureza jurídica das infrações tributárias, ver: VILLEGAS, Héctor B. *Derecho Penal Tributário*. Buenos Aires: Ediciones Lerner, 1965, pp. 26-47.

[64] Conforme salienta EDUARDO GARCÍA MÁYNEZ, em sua *Introdução ao Estudo do Direito*, "as sanções jurídicas devem ser classificadas atendendo à finalidade que perseguem e à relação entre a conduta ordenada pela norma infringida e a que constitui o conteúdo da sanção" (MÁYNEZ, Eduardo García. *Introduccion al Estudio del Derecho*. 53ª ed. México: Editorial Porrúa, 2002, p. 298).

No primeiro caso, em que a finalidade que se visa alcançar com a previsão da regra sancionatória limita-se a estabelecer a compensação/indenização dos prejuízos suportados pelo sujeito passivo, estar-se-á diante de uma *sanção cível*. A seu turno, quando a sanção impuser ao sujeito ativo restrições a relações jurídicas deste com a Administração Pública, ou lhe restringir o exercício de direitos em benefício da coletividade, estar-se-á diante de uma *sanção administrativa*. Por fim, quando a finalidade da sanção for, única e exclusivamente, penalizar o sujeito ativo pelo inadimplemento de seu dever jurídico, tratar-se-á de uma *sanção penal*, isso independentemente do objetivo visado com a penalização do sujeito, se a *prevenção geral*, "para que os que não tenham delinquido não o façam", ou a *prevenção especial*, produzindo efeitos apenas sobre o delinquente "para que não volte a delinquir".[65]

A caracterização do fim visado pela consequência prevista na norma sancionatória a submete, por via de consequência, a um regime jurídico específico, correspondente à sua natureza, respectivamente, em conformidade com o que restou aduzido acima, cível, administrativa ou penal.[66]

Em resumo, é possível assinalar que as diversas sanções aplicáveis às infrações tributárias podem ser classificadas em função da finalidade visada pela sua previsão, se compensatória, restritiva de direitos perante a Administração Pública ou para viabilizar a consecução de fins públicos, ou penal, apenas podendo-se falar, portanto, em sanções de natureza cível, administrativa ou penal, as quais são regidas por regimes jurídicos correspondentes a cada natureza específica.

Da assertiva acima é possível inferir a impossibilidade de se falar na existência de sanções tributárias.[67]

Com efeito, em um conceito amplo, como o defendido por PAULO DE BARROS CARVALHO,[68] o Direito Tributário corresponde ao conjunto das normas que regem as relações jurídicas relativas à instituição, arrecadação e fiscalização de tributos.

---

[65] Cf. ZAFFARONI, Eugenio Raul; PIERANGELI, José Henrique. *Manual de Direito Penal Brasileiro*. 4ª ed. São Paulo: Revista dos Tribunais, 2002, p. 92.
[66] Note-se que se falar em sanção penal não significa que esta esteja incorporada ao denominado Direito Penal, o qual compreende específicas normas sancionatórias, mas, por evidente, não todas as regras que ostentam natureza penal.
[67] Em sentido contrário, sustentando a existência de sanções tributárias, ver: SILVA, Paulo Roberto Coimbra. *Direito Tributário Sancionador*. São Paulo: Quartier Latin, 2007, pp. 110-118.
[68] *Curso de Direito Tributário*, 2000, p. 15.

Tal concepção conjuga os conceitos de Direito Tributário Material e Direito Tributário Formal, conforme apresentado por Héctor Villegas, tendo o primeiro "a específica missão de prever os aspectos substanciais da futura relação jurídica que travará entre o Estado e os sujeitos passivos, tendo por objeto o tributo", enquanto o segundo contém "as normas que a administração fiscal utiliza para comprovar (acertar) se certa pessoa deve pagar determinado tributo, e – nesse caso – qual será o importe que por tal razão deverá perceber".[69]

Ao que nos parece, esse conceito é excessivamente abrangente, incluindo no âmbito do Direito Tributário relações jurídicas objeto de regulação pelo Direito Administrativo (atividades de arrecadação e fiscalização).

Nada obstante, mesmo que adotado esse conceito mais amplo de Direito Tributário, tem-se que somente terão natureza tributária deveres jurídicos consistentes no pagamento de tributo ou em se fazer, deixar de fazer ou tolerar alguma coisa em benefício da fiscalização tributária.

Como se pode inferir da própria definição de tributo insculpida no art. 3º do Código Tributário Nacional,[70] nota-se que caracteriza o tributo não corresponder o mesmo a uma sanção a ato ilícito, o que significa que a hipótese da norma jurídico-tributária terá como aspecto material sempre a descrição de um fato lícito, cuja ocorrência dá nascimento à relação jurídico-tributária dita pelo Código principal.

A seu turno, a norma jurídico-tributária que prescreve deveres instrumentais também ostenta em sua hipótese a descrição de um fato lícito, cuja ocorrência gera, de acordo com a concepção ampla do conteúdo do Direito Tributário, relação jurídica tributária que tem por objeto o dever do sujeito passivo de fazer, deixar de fazer ou tolerar algo em benefício da fiscalização.

Assim sendo, tem-se que tanto o dever jurídico principal como o dever instrumental são consequências da ocorrência, no mundo factual, de um fato lícito, e não de um ilícito.

Nessa esteira de raciocínio, não se poderia afirmar, de forma acurada, existirem *sanções tributárias*, uma vez que deveres jurídicos tributários jamais comporão o consequente de normas sancionatórias, somente estando presentes em regras prescritivas de conduta.

---

[69] *Curso de Finanzas, Derecho Financiero y Tributario*, 1998, pp. 245-325. Sobre as noções de Direito Tributário Material e Direito Tributário Formal ver, ainda: FONROUGE, Carlos M. Giuliani, *Derecho Financiero*, 2001, v. I, pp. 44-51.

[70] "Art. 3º Tributo é toda prestação pecuniária compulsória, em moeda ou cujo valor nela se possa exprimir, que não constitua sanção de ato ilícito, instituída em lei e cobrada mediante atividade administrativa plenamente vinculada".

Dentro desse contexto, tendo por critério para a definição da natureza jurídica das sanções a finalidade pelas mesmas visada, pode-se concluir que deveres jurídico-tributários jamais serão impostos como consequência de ilícitos, não havendo, por este critério, sanções tributárias.

Nota-se, portanto, que qualquer referência a um Direito Tributário Penal ou a um Direito Penal Tributário não tem fundamento em um critério científico. No primeiro caso porque, como visto, não há tributação penal, ou melhor, não se estabelecem deveres jurídico-tributários com finalidades sancionatórias. No segundo caso porque as normas sancionatórias que penalizam infrações tributárias, e se encontram didaticamente inseridas no âmbito do Direito Penal, não se distinguem de quaisquer outras normas penais, sendo o adjetivo *tributárias* apenas sinalizador de que as hipóteses de incidência (tipos penais) dessas normas sancionatórias são compostas por *conceitos normativos* de natureza tributária.

É pertinente mencionar, nesse sentido, o entendimento de SACHA CALMON NAVARRO COÊLHO:

> *Se formos adjetivar o direito penal, iremos ter Direito Penal Tributário, Direito Penal Administrativo, Direito Penal Eleitoral, Direito Penal Civil, Direito Penal Comercial, Direito Penal Falimentar* et coetera. *Ora, o direito penal tutela toda sorte de direitos e interesses e continua Direito Penal. Por isso mesmo concordamos com Ranieri e Flores Zavalla: "Não existe nenhum Direito Penal Tributário nem tampouco Direito Tributário Penal".*[71]

Postas e analisadas as espécies de sanções passíveis de serem aplicadas em razão das infrações tributárias, é de se assinalar que, enquanto as sanções de natureza cível podem ser lançadas (apuradas) pelo sujeito passivo do dever jurídico-tributário, as sanções penais administrativas só podem ser objeto de lançamento pela Autoridade Pública.

Por outro lado, nota-se que somente a atividade de determinação da incidência de norma tributária impositiva configura lançamento tributário, enquanto que a atividade de concretização das diversas normas sancionatórias, embora possa ser qualificada como lançamento, não trata de matéria inserida no âmbito do Direito Tributário, podendo-se falar, portanto, em lançamento, mas não em lançamento tributário.

---

[71] COÊLHO, Sacha Calmon Navarro. *Teoria e Prática das Multas Tributárias*: Infrações Tributárias – Sanções Tributárias. 2ª ed. Rio de Janeiro: Forense, 1998, p. 47.

14.4. Conclusão

A partir das considerações anteriores, é possível afirmar que a aplicação das normas tributárias de incidência bem como daquelas que prevêem sanções a infrações à legislação fiscal depende de um procedimento (atividade) prévio de lançamento tributário ou administrativo.

Sempre que a atividade de lançamento é desenvolvida pela autoridade administrativa com vistas a exigir o recolhimento de tributo que deixou de ser pago espontaneamente pelo contribuinte, com a imposição das respectivas sanções, *tal atividade vem consubstanciada, formalizada em um ato administrativo*, cuja denominação, praticamente uniforme nas legislações de todos os entes tributantes, é *auto de infração*.

Em conformidade com tudo quanto restou asseverado até o momento, importa destacar que o auto de infração não é um lançamento tributário ou administrativo-sancionatório, mas sim o ato administrativo que veicula a apuração decorrente da atividade de lançamento, ou seja, ato administrativo que consuma, conclui a atividade de lançamento, como reiteradas vezes decidido pelo Supremo Tribunal Federal,[72] impondo ao sujeito passivo o recolhimento dos valores pelo mesmo exigidos.

Por outro lado, é de se assinalar que quando por intermédio de auto de infração se exige o pagamento de crédito tributário conjuntamente com o de penalidade, o mesmo consubstanciará lançamentos de natureza distinta: *lançamento tributário*, referente ao débito fiscal, e *lançamento administrativo* (aplicação de norma de natureza administrativo-sancionatória), relacionado à aplicação da sanção, a qual, como visto, não tem natureza tributária.[73]

---

[72] Nesse sentido ver os acórdãos proferidos nos seguintes processos: Recurso Extraordinário nº 91.812 (publicação no Diário da Justiça em 08/02/1980; Embargos no Recurso Extraordinário nº 94.462 (publicação no Diário da Justiça em 17/12/1982; Recurso Extraordinário nº 95.424 (publicação no Diário da Justiça em 25/11/1983) e no Recurso Extraordinário nº 90.926 (publicação no Diário da Justiça em 30/05/1980).

[73] Conforme aduz Estevão Horvath: "Apesar do que relatamos, ao jurista cabe tentar compaginar, procurar harmonia daquilo que aparentemente é inconciliável. Na hipótese ora estudada, temos de ter presente que, embora englobados sob um mesmo nome – lançamento – há dois atos distintos na previsão do artigo 142 do CTN, a saber: o ato de lançamento propriamente dito e o ato de aplicação de sanção – normalmente demoninado de auto de infração. Noutros termos, embora geralmente plasmados num mesmo documento, importa vislumbrar neste as duas distintas realidades jurídicas a que mais atrás nos referimos" (HORVATH, Estevão, *Lançamento Tributário e "Autolançamento"*, 1997, p. 60).

14.5. Processo Administrativo Fiscal

Vista a natureza do ato administrativo de exigência tributária e imposição de sanções denominado auto de infração, é possível assinalar, tendo em vista os contornos delineados na primeira parte desse trabalho, que *o processo administrativo fiscal consiste no instrumento de controle de sua legalidade.*

O processo administrativo fiscal é de vital importância para o funcionamento do sistema tributário como um todo, podendo-se afirmar, com ANTONIO BERLIRI, que o problema relativo ao controle da legalidade dos atos administrativos-fiscais é o problema central do Direito Tributário, "na medida em que de sua solução depende o correto funcionamento do sistema tributário".[74]

---

[74] BERLIRI, Antonio. Per un Miglior Funzionamento della Giustizia Tributaria. In: *Scritti Scelti di Diritto Tributario*. Milano: Giuffrè, 1990, p. 899. Nesse mesmo sentido: HORVATH, Estevão, *Lançamento Tributário e "Autolançamento"*, 1997, p. 28. Sobre o tema, ver nosso recente estudo: ROCHA, Sergio André. *Da Lei à Decisão*: A Segurança Jurídica Possível na Pós-Modernidade. Rio de Janeiro: Lumen Juris, 2017.

Capítulo 15

Panorama do Processo Administrativo Fiscal Federal

Nos capítulos precedentes procurou-se apresentar os fundamentos dos processos administrativos em geral, enquanto instrumentos de controle da legalidade dos atos administrativos. Tendo-se em conta que, como já afirmado, os processos fiscais não discrepam, salvo pelo procedimento, dos processos administrativos aplicados em outros campos da Administração Pública, pretende-se neste capítulo proceder à análise do controle da legalidade dos atos administrativos fiscais federais, tendo como paradigma as disposições contidas no Decreto nº 70.235/72.

15.1. Breve Histórico do Decreto nº 70.235/72

A edição do Decreto nº 70.235/72 decorreu de delegação de competência legislativa ao Poder Executivo levada a efeito pelo art. 2º do Decreto-lei nº 822/69, o qual, previa que "o Poder Executivo regulará o processo administrativo de determinação e exigência de créditos tributários federais, penalidades, empréstimos compulsórios e o de consulta".[1]

Exaurida tal delegação legislativa e sob a égide do regime democrático restaurado com a promulgação da Constituição Federal de 1988, o Decreto nº 70.235/72 encontra-se sob o pálio dos *princípios do devido processo legal* e da *legalidade*, de forma que seu texto não pode ser alterado por diplomas normativos

---

[1] A legitimidade da delegação de competência constante no Decreto-lei nº 822/69 foi referendada pelo Tribunal Federal de Recursos (Apelação em Mandado de Segurança nº 106.747), bem como pelo Superior Tribunal de Justiça, como se pode inferir do Recurso Especial nº 1.314 (publicação no Diário da Justiça em 18/12/1989).

de sua mesma hierarquia formal, ou seja, decretos presidenciais editados em conformidade com o inciso IV do art. 84 da Constituição Federal, *sendo sua alteração ou revogação matéria submetida à reserva legal*.

Todavia, é de se observar que o fato de, sob o regime atual, não serem os decretos instrumento normativo adequado para a edição de normas sobre o processo administrativo fiscal em nada afeta a validade do Decreto nº 70.235/72, em face da inexistência de *inconstitucionalidade formal superveniente* no regime constitucional brasileiro, devendo-se verificar a compatibilidade constitucional do processo de produção do ato normativo com as regras previstas na Carta Política vigente à época de sua edição, com aplicação do princípio *tempus regit actum*.[2]

Em 2011 foi editado o Decreto nº 7.574, o qual "Regulamenta o processo de determinação e de exigência de créditos tributários da União, o processo de consulta relativo à interpretação da legislação tributária e aduaneira, à classificação fiscal de mercadorias, à classificação de serviços, intangíveis e de outras operações que produzam variações no patrimônio e de outros processos que especifica, sobre matérias administradas pela Secretaria da Receita Federal do Brasil".

Este Decreto trata-se de verdeiro regulamento, subordinando-se ao disposto no Decreto nº 70.235/72, que é a "lei" do processo administrativo fiscal federal.

15.2. Procedimento e Processo Administrativo Fiscal

No capítulo segundo deste trabalho, afirmou-se que, na seara administrativa, há situações em que se verifica a presença de mero procedimento administrativo, o qual, por se encontrar excluído da incidência do princípio do devido processo legal, não configura a noção teleológica de processo.

Partindo dessa orientação, tem-se que o Decreto nº 70.235/72 cuida do *procedimento de determinação e exigência* dos créditos tributários bem como do *processo de controle da legalidade dos atos administrativos de exigência fiscal*.

---

[2] Sobre a inconstitucionalidade formal superveniente ver: BARROSO, Luís Roberto, *Interpretação e Aplicação da Constituição*: Fundamentos de uma Dogmática Constitucional Transformadora, 1999, pp. 83-87.

Com efeito, há que se distinguir o *procedimento de fiscalização* empreendido pelas autoridades fazendárias, de natureza inquisitória[3] e regido apenas pelos princípios gerais que subordinam o atuar administrativo, do *processo administrativo fiscal*, que se inicia no momento em que o sujeito passivo do dever

---

[3] Como decide o Conselho Administrativo de Recursos Fiscais, sendo o procedimento de fiscalização inquisitório não há que se falar, em seu âmbito, do exercício do direito de defesa por parte do contribuinte: "NORMAS PROCESSUAIS. CERCEAMENTO DO DIREITO DE DEFESA. A fase litigiosa do processo administrativo tem início no momento da impugnação pela contribuinte. Não há que se falar em cerceamento do direito de defesa por descumprimento de prazo dado pela fiscalização para esclarecimentos pela fiscalizada na fase inquisitória do procedimento" (Segundo Conselho de Contribuintes. Acórdão nº 204-00243. Data da Sessão: 14/06/2005); "PROCEDIMENTO FISCAL – CERCEAMENTO DE DIREITO DE DEFESA – Por ter o procedimento fiscal natureza inquisitória, não se aplica nessa fase o direito ao contraditório e à ampla defesa. Somente após cientificado da exigência e dos elementos em que se funda, pode o contribuinte impugnar a exigência, devendo para tanto ser-lhe franqueadas amplas condições para o exercício do direito de defesa. Verificando-se que o auto de infração e seus anexos permitem ao autuado amplas condições de conhecer os fundamentos da exigência e, portanto, exercer o amplo direito ao contraditório, não há falar-se em cerceamento do direito de defesa" (Primeiro Conselho de Contribuintes. Acórdão nº 104-21003. Data da Sessão: 13/09/2005); "NORMAS PROCESSUAIS. CERCEAMENTO DO DIREITO DE DEFESA. A fase litigiosa do processo administrativo tem início no momento da impugnação pela contribuinte. Não há que se falar em cerceamento do direito de defesa por descumprimento de prazo dado pela fiscalização para esclarecimentos pela fiscalizada na fase inquisitória do procedimento" (Primeiro Conselho de Contribuintes. Acórdão nº 204-00243. Data da Sessão: 14/06/2005). Vale ressaltar que, em alguns casos específicos vem se entendendo que a intimação do contribuinte para a prestação de esclarecimentos é necessária para a validade do ato de cobrança. Tal se dá *exclusivamente* nos casos em que a atuação decorre da não apresentação de determinadas declarações ou de sua apresentação com incorreções ou omissões, sendo que, neste caso, a exigência da intimação do contribuinte decorre não de uma exceção ao princípio inquisitório que rege o procedimento de fiscalização, mas por determinação expressa do artigo 7º da Lei nº 10.426/02, segundo o qual "o sujeito passivo que deixar de apresentar Declaração de Informações Econômico-Fiscais da Pessoa Jurídica – DIPJ, Declaração de Débitos e Créditos Tributários Federais – DCTF, Declaração Simplificada da Pessoa Jurídica, Declaração de Imposto de Renda Retido na Fonte – DIRF e Demonstrativo de Apuração de Contribuições Sociais – Dacon, nos prazos fixados, ou que as apresentar com incorreções ou omissões, será intimado a apresentar declaração original, no caso de não-apresentação, ou a prestar esclarecimentos, nos demais casos, no prazo estipulado pela Secretaria da Receita Federal – SRF [...]". Esse entendimento pode ser extraído de decisões como a seguinte: "DCTF – AUSÊNCIA DE INTIMAÇÃO PARA PRESTAR ESCLARECIMENTOS – NULIDADE – PROCESSO ADMINISTRATIVO FISCAL – Deve ser declarada a nulidade do lançamento, com fundamento no art. 59 do Decreto nº 70.235, de 1972, por preterição do direito de defesa do contribuinte, se a fiscalização não o intimou, conforme determina a Lei nº 10.426, de 2002, anteriormente à lavratura do auto de infração, para prestar esclarecimentos sobre as inconsistências detectadas em auditoria de sua DCTF" (Primeiro Conselho de Contribuintes. Acórdão nº 102-47733. Data da Sessão: 23/06/2006).

tributário apresenta à Administração seu pedido de revisão (impugnação) da legalidade do ato administrativo de exigência fiscal editado.

É pertinente, nessa quadratura, o entendimento manifestado por MARCOS VINICIUS NEDER e MARIA TERESA MARTÍNEZ LÓPEZ, para quem:

> *O processo administrativo fiscal é composto de dois momentos distintos: o primeiro caracteriza-se por procedimento em que são prolatados atos inerentes ao poder fiscalizatório da autoridade administrativa cuja finalidade é verificar o correto cumprimento dos deveres tributários por parte do contribuinte, examinando registros contábeis, pagamentos, retenções na fonte, culminando com o lançamento. Este é, portanto, o ato final que reconhece a existência da obrigação tributária e constitui o respectivo crédito, vale dizer, cria o direito à pretensão estatal. Nesta fase, a atividade administrativa pode ser inquisitória e destinada tão-somente à formalização da exigência fiscal. O segundo inicia-se com o inconformismo do contribuinte em face da exigência fiscal ou, nos casos de iniciativa do contribuinte, com a negativa do direito pleiteado. A partir daí está formalizado o conflito de interesses, momento em que se considera existente um verdadeiro processo, impondo-se a aplicação dos princípios inerentes ao devido processo legal, entre eles o da ampla defesa e o do contraditório. Na verdade, a participação daqueles que serão afetados pelas decisões implica a qualificação do procedimento como processo. A atividade procedimental, via de regra, precede a etapa contenciosa.*[4]

Nesse contexto, vale a pena trazer à colação o questionamento colocado aos debatedores no XXIII Simpósio Nacional de Direito Tributário, quando se perguntou se "a Constituição Federal de 1988 assegura ao contribuinte o processo administrativo fiscal como instrumento de acertamento da relação jurídico-tributária".

É possível responder a esse questionamento de duas formas distintas, a depender do alcance que se atribua ao termo *acertamento* no mesmo empregado.

---

[4] NEDER, Marcos Vinicius; LÓPEZ, Maria Teresa Martínez. *Processo Administrativo Fiscal Federal Comentado*. São Paulo: Dialética, 2002, pp. 75-76. No mesmo sentido, ver: RIBAS, Lídia Maria Lopes Rodrigues, *Processo Administrativo-Tributário*, 2000, p. 119; MARINS, James, *Princípios Fundamentais do Direito Processual Tributário*, 1998, p. 25; BARROS, José Fernando Cedeño de, *Aplicação dos Princípios Constitucionais do Processo no Direito Tributário*, 1996, p. 119; QUEIROZ, Mary Elbe. O Processo Administrativo Tributário e a Propositura da Ação Penal por Crime contra a Ordem Tributária. In: Machado, Hugo de Brito (Coord.). *Sanções Penais Tributárias*. São Paulo: Dialética, 2005, p. 567; FIGUEIREDO, Lúcia Valle. Possibilidade Jurídica de Anulação, Mediante Ação Judicial, de Decisão de Mérito Proferida pelo Conselho de Contribuintes. In: MARTINS, Ives Gandra da Silva *et al.* (Coords.). *Coisa Julgada Tributária*. São Paulo: MP Editora, 2005, p. 280.

Caso se entenda acertamento como sinônimo de lançamento, ou seja, de atividade desenvolvida para fins de se determinar o dever tributário, a resposta será certamente *negativa*, uma vez que *a atividade de lançamento, quando empreendida por autoridade administrativa, não é desenvolvida no âmbito de um processo administrativo, mas de mero procedimento administrativo inquisitório.*

Por outro lado, caso se esteja tratando por acertamento o ato final de exigência fiscal praticado pelos órgãos com competência decisória da Administração Pública ao cabo da revisão do ato de exigência editado pela fiscalização, a resposta será afirmativa, pois, como visto, tal decisão, proferida no processo em que se controla a atividade da Administração Fazendária, deve estar inserida no âmbito de uma relação jurídica protegida pelos postulados do devido processo legal.[5]

Entretanto, a maioria absoluta dos doutrinadores que responderam ao questionamento ora examinado manifestou-se no sentido de que a Constituição Federal garante o processo administrativo como instrumento de acertamento da relação jurídica-tributária, isso sem proceder à distinção antes mencionada.[6]

---

[5] Entendimento semelhante foi exarado por MARCO AURÉLIO GRECO, em resposta ao referido questionamento: "Responder a esta questão supõe definir o momento da aplicação da norma tributária que está sendo tomado em consideração.
Ensina a doutrina que o procedimento é o modo de ser do exercício da função administrativa. Sempre que a Administração Pública tiver de exercer sua atividade, estará agindo mediante procedimentos de maior ou menor complexidade.
Se a pergunta dirige-se ao momento em que houver uma discordância entre o Fisco quanto à existência ou montante de determinado tributo, a resposta será sim, pois, havendo litígio, este deverá ser composto mediante um determinado procedimento, que é o instrumento natural para assegurar o contraditório e a ampla defesa que configuram direito do contribuinte, a teor do art. 5º, LV, da CF/88.
Porém, se a pergunta disser respeito ao fenômeno da incidência da norma tributária e do nascimento da situação jurídica subjetiva (obrigacional ou não) que viabilizará a transferência patrimonial do contribuinte ao Fisco, a resposta é no sentido de que o procedimento administrativo *não é necessariamente* o único instrumento de aplicação da norma tributária" (*Processo Administrativo Tributário*, 2002, p. 702). Ver, ainda, MALERBI, Diva, *Processo Administrativo Tributário*, 2002, p. 125; ROCHA, Valdir de Oliveira, *Processo Administrativo Tributário*, 2002, p. 253.

[6] MARTINS, Ives Gandra da Silva, *Processo Administrativo Tributário*, 2002, p. 60; TORRES, Ricardo Lobo, *Processo Administrativo Tributário*, 2002, p. 160; COÊLHO, Sacha Calmon Navarro. Processo Administrativo Tributário. In: MARTINS, Ives Gandra da Silva Coord.). *Processo Administrativo Tributário*. São Paulo: Saraiva, p. 182; OLIVEIRA, Ricardo Mariz, *Processo Administrativo Tributário*, 2002, p. 199; LOBO, Maria Teresa de Cácomo, *Processo Administrativo Tributário*, 2002, p. 240; MELO, José Eduardo Soares de 2002). Processo Administrativo Tributário. In: MARTINS, Ives Gandra da Silva (Coord.) . *Processo Administrativo Tributário*. São Paulo: Saraiva, p. 287.

15.3. Do Procedimento de Fiscalização

De acordo com o art. 7º do Decreto nº 70.235/72, o procedimento de fiscalização tem início com: (a) o primeiro ato de ofício, escrito, praticado por servidor competente, cientificado o sujeito passivo da obrigação tributária ou seu preposto; (b) a apreensão de mercadorias, documentos ou livros; ou (c) o começo de despacho aduaneiro de mercadoria importada.

O procedimento de fiscalização instaurado com fundamento na alínea "a" tem origem em Termo de Distribuição de Procedimento Fiscal de Fiscalização (TDPF-F) emitido pela autoridade competente, na forma prevista na Portaria RFB nº 6.478, de 29 de dezembro de 2017. Tal TDPF-F deve conter os seguintes dados (art. 5º da Portaria RFB nº 6.478/2017):

> *I – a numeração de identificação e controle;*
> *II – os dados identificadores do sujeito passivo;*
> *III – a natureza do procedimento fiscal a ser executado (fiscalização ou diligência);*
> *IV – o prazo para a realização do procedimento fiscal;*
> *V – o nome e a matrícula do(s) Auditor(es)-Fiscal(ais) da Receita Federal do Brasil responsável(is) pelo procedimento fiscal;*
> *VI – o número do telefone e endereço funcional para contato; e*
> *VII – o nome e a matrícula do responsável pela expedição do TDPF.*

Além desses dados, "no caso de procedimento de fiscalização, além dos elementos relacionados no caput, o TDPF-F ou TDPF-E conterá a indicação do tributo objeto do procedimento fiscal a ser executado e o respectivo período de apuração do fato punível, e, facultativamente, o relatório de verificação da correspondência entre os valores declarados e os apurados na escrituração contábil e fiscal do sujeito passivo, em relação aos tributos administrados pela RFB, podendo alcançar os fatos geradores ocorridos nos últimos 5 (cinco) anos e os do período de execução do procedimento fiscal" (art. 5º, § 1º, da Portaria RFB nº 6.478/2017).

Devendo o TDPF-F determinar qual tributo que será objeto de fiscalização, há que se entender que a lavratura de auto de infração referente a tributo diverso daquele mencionado no mandado fulmina de nulidade tal ato administrativo. Nesse sentido, antes da criação do Conselho Administrativo de Recursos Fiscais já havia se posicionado o então Primeiro Conselho de Contribuintes, como se infere da decisão abaixo transcrita:

NORMAS PROCESSUAIS-NULIDADE – Afora as hipóteses de expressa dispensa do MPF, é inválido o lançamento de crédito tributário formalizado por agente do Fisco relativo a tributo não indicado no MPF-F, bem assim cujas irregularidades apuradas não repousam nos mesmos elementos de prova que serviram de base a lançamentos de tributo expressamente indicado no mandado. Recurso de ofício a que se nega provimento (Primeiro Conselho de Contribuintes. Acórdão nº 101-94.116. Publicado no DOU em: 07.05.2003).[7]

15.3.1. Vícios no Termo de Distribuição de Procedimento Fiscal de Fiscalização

Vale a pena observar que, de acordo com o entendimento predominante no Conselho Administrativo de Recursos Fiscais, sendo o procedimento de fiscalização inquisitório, eventuais incorreções formais no TDPF-F, que sucedeu o Mandado de Procedimento Fiscal, não inviabilizam a realização de fiscalização, nem servem de fundamento para a arguição da invalidade de auto de infração porventura lavrado. Vejam-se, nesse sentido, as decisões abaixo transcritas:

NULIDADE DO LANÇAMENTO – VÍCIOS NO MANDADO DE PROCEDIMENTO FISCAL – MPF – INOCORRÊNCIA – O Mandado de Procedimento Fiscal é instrumento interno de planejamento e controle das atividades de fiscalização. Eventuais falhas nesses procedimentos, por si só, não contaminam o lançamento decorrente da ação fiscal. (Primeiro Conselho de Contribuintes. Acórdão nº 104-21610. Data da Sessão: 25/05/2006)

NORMAS PROCESSUAIS – INOCORRÊNCIA DE NULIDADE – MANDADO DE PROCEDIMENTO FISCAL – O MPF, primordialmente, presta-se como um instrumento de controle criado pela Administração Tributária para dar segurança e transparência à relação Fisco-contribuinte, que objetiva assegurar ao sujeito passivo que seu nome foi selecionado segundo critérios objetivos e impessoais, e que o agente fiscal nele indicado recebeu do Fisco a incumbência para executar aquela ação fiscal. Pelo MPF o auditor está autorizado a dar início ou a levar adiante o procedimento fiscal. O MPF sozinho não é suficiente para demarcar o início do procedimento fiscal, o que reforça o seu caráter de subsidiariedade aos atos de fiscalização e implica em que, ainda que ocorram problemas com o MPF, não teria como efeito tornar inválidos os trabalhos de fiscalização desenvolvidos, nem dados por imprestáveis os documentos obtidos para respaldar o lançamento de créditos tributários apurados.

---

[7] Em sentido contrário, veja-se decisão proferida pelo Segundo Conselho: "NORMAS PROCESSUAIS. NULIDADE DO LANÇAMENTO. MANDADO DE PROCEDIMENTO FISCAL. TRIBUTO E PERÍODO DE APURAÇÃO DIVERSOS. POSSIBILIDADE. As verificações obrigatórias do procedimento fiscal instaurado podem resultar em constituição de crédito tributário relativo a outro tributo ou contribuição e abranger período de apuração distinto daquele indicado no MPF" (Segundo Conselho de Contribuintes. Acórdão nº 202-17731. Data da Sessão: 27/02/2007).

A prorrogação após o vencimento do prazo do mandado de procedimento fiscal (MPF) não se constitui hipótese legal de nulidade do lançamento. Recurso ao qual se nega provimento (Segundo Conselho de Contribuintes. Acórdão nº 123381. Data da Sessão: 14/10/2003).

NORMAS PROCESSUAIS – INOCORRÊNCIA DE NULIDADE – MANDADO DE PROCEDIMENTO FISCAL – O MPF, primordialmente, presta-se como um instrumento de controle criado pela Administração Tributária para dar segurança e transparência à relação Fisco-contribuinte, que objetiva assegurar ao sujeito passivo que seu nome foi selecionado segundo critérios objetivos e impessoais e que o agente fiscal nele indicado recebeu do Fisco a incumbência para executar aquela ação fiscal. Convalidação da nulidade do ato, gerada na falta de especificação adequada do tributo fiscalizado, pela entrega de documentos e planilhas solicitadas, tornando válido os trabalhos de fiscalização desenvolvidos. Preliminar rejeitada (Segundo Conselho de Contribuintes. Acórdão nº 122354. Data da Sessão: 02/12/2003).

Essa orientação não parece refletir a finalidade do TDPF-F, qual seja a de garantia do contribuinte quanto ao exercício regular do direito de fiscalização por parte das autoridades fazendárias. Estamos, portanto, com EDMAR OLIVEIRA ANDRADE FILHO, para quem "o MPF *[que antecereu o TDPF-F]* deveria ser encarado como um instrumento de garantia do sujeito passivo que dá maior eficácia normativa ao princípio que consagra o devido processo legal. Logo, a inobservância das regras sobre sua emissão e vigência deveria ter alguma consequência; a nulidade do procedimento fiscal. Se existe uma regra e se ela não é cumprida sem sanção, a regra fica destituída de valor deôntico e o instrumento por ela criado fica desmoralizado".[8]

15.3.2. Efeitos do Início da Fiscalização

A instauração do procedimento de fiscalização exclui a espontaneidade do sujeito passivo em relação aos atos anteriores e, independentemente de intimação, a dos demais envolvidos nas infrações verificadas (art. 7º, § 1º, do

---

[8] ANDRADE FILHO, Edmar Oliveira. *Imposto de Renda das Empresas*. São Paulo: Atlas, 2004, p. 562. Nesse mesmo sentido, ver: ZILE, Alberto Sodré. A Fiscalização no Âmbito da Secretaria da Receita Federal: Poderes e Limites. In: ROCHA, Sergio André (Coord.). *Processo Administrativo Tributário*: Estudos em Homenagem ao Professor Aurélio Pitanga Seixas Filho. São Paulo: Quartier Latin, 2007, p. 53-54; QUEIROZ, Mary Elbe. O Mandado de Procedimento Fiscal. Formalidade essencial, vinculante e obrigatória para o início do procedimento fiscal. *Revista Fórum de Direito Tributário*, Belo Horizonte, n. 37, jan-fev. 2009, p. 62. Em sentido contrário: VALERO, Luiz Martins. Fiscalização Tributária: Poderes do Fisco e Direitos dos Contribuintes. In: TÔRRES, Heleno Taveira; QUEIROZ, Mary Elbe; FEITOSA, Raymundo Juliano (Coords.). *Direito Tributário e Processo Administrativo Aplicados*. São Paulo: Quartier Latin, 2005, pp. 236-237.

Decreto nº 70.235/72). Para que tal efeito seja produzido, o procedimento de fiscalização valerá pelo prazo de cento e vinte dias (art. 11, I, da Portaria RFB nº 6.478/2017), prorrogável, sucessivamente, por períodos de sessenta dias, (art. § 1º do artigo 11 da Portaria RFB nº 6.478/2017).[9]

O início da fiscalização impede, portanto, a realização de denúncia espontânea por parte do sujeito passivo,[10] conforme previsto no art. 138 do Código Tributário, segundo o qual "a responsabilidade é excluída pela denúncia espontânea da infração, acompanhada, se for o caso, do pagamento do tributo devido e dos juros de mora, ou do depósito da importância arbitrada pela autoridade administrativa, quando o montante do tributo dependa de apuração".

O instituto da denúncia espontânea gerou, ao longo dos anos, algumas discussões de natureza jurídica, todas atualmente pacificadas pelo Superior Tribunal de Justiça.

Uma dessas discussões dizia respeito ao afastamento ou não da multa de mora cobrada na esfera federal pela denúncia espontânea, tendo o STJ se posicionado em sentido afirmativo, conforme se infere da decisão abaixo transcrita:

NULIDADE. AUSÊNCIA. PRESTAÇÃO JURISDICIONAL. ART. 535 DO CPC. TRIBUTÁRIO. DENÚNCIA ESPONTÂNEA. MULTA MORATÓRIA. INEXIGIBILIDADE. COMPENSAÇÃO. TRIBUTO. IMPOSSIBILIDADE.
[...]
2. A denúncia espontânea afasta a multa moratória quando realizado o pagamento integral do débito tributário acrescido de juros de mora antes de qualquer procedimento administrativo ou medida fiscalizatória adotada pelo Fisco. [...]
(Recurso Especial nº 509926. Publicação no DJ em 13.10.2006)

---

[9] O STJ já se manifestou sobre a legitimidade das prorrogações no âmbito do procedimento de fiscalização, isso nos autos do Recurso Especial nº 666.277, cuja ementa tem a seguinte redação: "RECURSO ESPECIAL – PROCEDIMENTO ADMINISTRATIVO FISCAL – PRAZO PARA A FISCALIZAÇÃO – INTERPRETAÇÃO DO ART. 7º, § 2º, DO DECRETO 70.235/72 – SÚMULA 282/STF. 1. Aplica-se o teor da Súmula 282/STF quanto aos dispositivos não prequestionados. 2. Segundo o art. 7º, § 2º, do Decreto 70.235/72, o Fisco dispõe de 60 (sessenta) dias para concluir o procedimento administrativo fiscal, podendo ser prorrogado o prazo por igual período, sucessivamente, até que se concluam os trabalhos, desde que justificada a necessidade de prorrogação por ato administrativo vinculado e motivado. 3. Interpretação literal no sentido de que a prorrogação somente pode se dar uma única vez, por igual período, que não encontra respaldo na técnica legislativa. 4. Recurso especial conhecido em parte e improvido" (Publicação no DJ em 21.11.2005).

[10] Na verdade, aplica-se aqui o art. 47 da Lei nº 9.430/96, segundo o qual "a pessoa física ou jurídica submetida a ação fiscal por parte da Secretaria da Receita Federal poderá pagar, até o vigésimo dia subsequente à data de recebimento do termo de início de fiscalização, os tributos e contribuições já declarados, de que for sujeito passivo como contribuinte ou responsável, com os acréscimos legais aplicáveis nos casos de procedimento espontâneo".

Outro aspecto controvertido é a posição, igualmente pacificada no Superior Tribunal de Justiça, no sentido de ser inaplicável o instituto da denúncia espontânea em relação aos tributos lançados por homologação, sempre que o débito tributário houver sido declarado à Fazenda sem a correspondente quitação pelo contribuinte. Nesse sentido foi a seguinte decisão, proferida pela Primeira Seção da aludida Corte:

> *TRIBUTÁRIO. EMBARGOS DE DIVERGÊNCIA. DENÚNCIA ESPONTÂNEA. PARCELAMENTO DO DÉBITO OU SUA QUITAÇÃO COM ATRASO. MULTA MORATÓRIA. CABIMENTO. APLICABILIDADE DA LC Nº 104/2001. ART. 155-A DO CTN. ENTENDIMENTO DA 1ª SEÇÃO. PRECEDENTES.*
>
> *1. O instituto da denúncia espontânea exige que nenhum lançamento tenha sido feito, isto é, que a infração não tenha sido identificada pelo fisco nem se encontre registrada nos livros fiscais e/ou contábeis do contribuinte. A denúncia espontânea não foi prevista para que favoreça o atraso do pagamento do tributo. Ela existe como incentivo ao contribuinte para denunciar situações de ocorrência de fatos geradores que foram omitidas, como é o caso de aquisição de mercadorias sem nota fiscal, de venda com preço registrado aquém do real, etc.*
>
> *(Embargos de Divergência em Agravo nº 621481. Publicação no DJ em 18.12.2006)*

Nesse contexto, e atendo-nos à posição manifestada pelo Superior Tribunal de Justiça, atualmente somente se reconhece a exclusão da multa moratória pela denúncia espontânea nos casos em que o tributo quitado não foi previamente declarado à Fazenda, como resta consignado na seguinte decisão do STJ:

> *DENÚNCIA ESPONTÂNEA. TRIBUTO NÃO DECLARADO. MULTA MORATÓRIA. EXCLUSÃO. COMPENSAÇÃO.*
>
> *I – Nos tributos sujeitos a lançamento por homologação, quando não há o denominado autolançamento, por meio de prévia declaração de débitos pelo contribuinte, não se encontra constituído o crédito tributário, razão pela qual, nesta situação, a confissão da dívida acompanhada do seu pagamento integral, anteriormente a qualquer ação fiscalizatória ou processo administrativo, configura denúncia espontânea, capaz de afastar a multa moratória. Precedentes: AgRg no REsp nº 868.680/SP, Rel. Min. CASTRO MEIRA, DJ de 27.11.2006; AgRg no Ag nº 600.847/PR, Rel. Min. LUIZ FUX, DJ de 05.09.2005 e REsp nº 836.564/PR, Rel. Min. TEORI ALBINO ZAVASCKI, DJ 03.08.2006. [...]*
>
> *(Recurso Especial nº 903594. Publicação no DJ em 02.04.2007)*

15.3.3. Reabertura de Período já Fiscalizado

Questão interessante, referente ao procedimento de fiscalização, é relativa à possibilidade de ser reaberta fiscalização encerrada anteriormente pelas autoridades fazendárias.

Digamos, por exemplo, que os fiscais da Receita Federal do Brasil realizem auditoria sobre os recolhimentos de determinado contribuinte referentes ao ano de 2006, encerrando a fiscalização sem a lavratura de auto de infração. Posteriormente, dentro do prazo decadencial do art. 150, § 4º, do Código Tributário Nacional, decidem os auditores reabrir a fiscalização do referido ano de 2006 para novo exame. Pergunta-se: É legítima a reabertura da fiscalização?

Alguns especialistas, quando confrontados com o presente questionamento, sustentam que não seria possível a rebertura da fiscalização, sob o argumento de que o encerramento do procedimento anterior equivaleria à homologação dos recolhimentos realizados pelo contribuinte. Esse entendimento, todavia, não parece ser o mais adequado.

Com efeito, o simples encerramento de fiscalização não pode ser comparado a um ato de homologação. Ao encerrar determinado procedimento fiscal o auditor responsável não declara que os recolhimentos feitos pelo contribuinte o foram em conformidade com a legislação, apenas dando por fim o exercício de sua função.

Ademais, é decorrência do princípio da legalidade que a simples omissão da autoridade fazendária em exigir o recolhimento do tributo devido não pode ser óbice a que se proceda tal exigência, desde que esta seja formalizada dentro do prazo decadencial.

Diante do exposto é possível concluir que, dentro do prazo decadencial do art. 150, § 4º do Código Tributário Nacional, podem as autoridades fiscais abrir procedimento de fiscalização sobre períodos já fiscalizados, sem que isso represente violação a qualquer direito ou garantia dos contribuintes.

A solução dessa questão encontra-se positivada no art. 906 do Regulamento do Imposto de Renda, segundo o qual "em relação ao mesmo exercício, só é possível um segundo exame, mediante ordem escrita do Superintendente, do Delegado ou do Inspetor da Receita Federal (Lei nº 2.354, de 1954, art. 7º, § 2º, e Lei nº 3.470, de 1958, art. 34)".

O Conselho Administrativo de Recursos Fiscais reconhece a possibilidade de novo exame sobre período já fiscalizado, ressalvando, contudo, que a atuação sobre tal período, sem que haja a autorização mencionada acima, deve ser considerada ilegítima. Transcrevemos abaixos algumas decisões sobre a questão:

NOVA AÇÃO FISCAL – No curso do quinquênio, e enquanto não consumada a decadência, novos fatos podem justificar o início de ação fiscal, ainda que referente ao mesmo exercício anteriormente investigado. É inaplicável à pessoa física o disposto no artigo 642 do RIR/80 (Ac. 1º CC 102-20.057/83).

NULIDADE – VÍCIO DE FORMA – A autorização prevista no § 3º do artigo 951 do RIR/94, constitui requisito indispensável à formação do lançamento tributário. Sua falta vicia o lançamento tornando-o nulo. (Ac. 1º CC 106-10668).

REFISCALIZAÇÃO – ORDEM ESCRITA – É imprescindível a ordem por escrito do Superintendente, do Delegado ou do Inspetor da Receita Federal para que, em relação a um mesmo exercício, seja procedido a novo exame do contribuinte pelo fisco. O dever de lançar determinado pela lei à qual o fisco está plenamente vinculado deve ser implementado respeitando as formalidades, também, legalmente exigidas (Ac. 1º CC 106-12.815).

AUTO DE INFRAÇÃO COMPLEMENTAR – REEXAME DE PERÍODO JÁ FISCALIZADO – AUTORIZAÇÃO PRÉVIA DO DELEGADO DA RECEITA FEDERAL – NULIDADE DO LANÇAMENTO – A revisão do lançamento em reexame de exercício já fiscalizado, se ausente a autorização prevista no artigo 906 do Regulamento do Imposto de Renda, aprovado pelo Decreto nº 3.000, de 1999, firmada por autoridade competente, acarreta a nulidade do auto de infração complementar resultante do procedimento, por vício formal (Ac. 1º CC 104-18.939).

Vale observar, por fim, que a Medida Provisória nº 449/08 trazia, em seu art. 53, regra no sentido de que "Em relação aos tributos administrados pela Secretaria da Receita Federal do Brasil, é possível mais de um procedimento de fiscalização sobre o mesmo período de apuração de um mesmo tributo, mediante ordem emitida por autoridade administrativa competente, nos termos definidos pelo Poder Executiv". Este dispositivo, contudo, não se encontra presente na lei de conversão da aludida medida provisória, Lei nº 11.941/09.

15.3.4. Limites à Solicitação de Documentos

Outro aspecto que merece destaque é referente aos limites que devem ser respeitados pelas autoridades fiscais no que se refere à solicitação de documentos aos contribuintes no curso de fiscalização.

Não há regra específica sobre a matéria na legislação e não raro contribuintes vêem-se confrontados com solicitações de documentos que lhes parecem desnecessários à fiscalização.

Parece-nos que, no que tange a este aspecto, o limite imposto às autoridades fazendárias para a socilitação de informações e documentos encontra-se delimitado pelo *objeto da fiscalização* e a *competência atribuída ao agente administrativo*.

A regra, portanto, é a razoabilidade da solicitação e a sua continência no âmbito objetivo da fiscalização e na competência da autoridade.

Não se pode perder de vista que a própria Constituição Federal condicionou o exercício do poder tributário ao respeito dos direitos individuais e às restrições legais, prevendo, no § 1º de seu art. 145 que "sempre que possível, os impostos terão caráter pessoal e serão graduados segundo a capacidade econômica do contribuinte, facultado à administração tributária, especialmente para conferir efetividade a esses objetivos, identificar, respeitados os direitos individuais e nos termos da lei, o patrimônio, os rendimentos e as atividades econômicas do contribuinte".

Essa regra constitucional deve servir de pauta hermenêutica para a interpretação do art. 195 do CTN, segundo o qual "para os efeitos da legislação tributária, não têm aplicação quaisquer disposições legais excludentes ou limitativas do direito de examinar mercadorias, livros, arquivos, documentos, papéis e efeitos comerciais ou fiscais, dos comerciantes industriais ou produtores, ou da obrigação destes de exibi-los".

Já em 1964 o Supremo Tribunal Federal havia formalizado súmula condicionando o exercício da fiscalização ao cumprimento de determinada finalidade. De acordo com o verbete da Súmula nº 439, de 01 de outubro de 1964, "estão sujeitos à fiscalização, tributária ou previdenciária, quaisquer livros comerciais, limitado o exame aos pontos objeto da investigação".

Mais recentemente o Supremo Tribunal Federal tornou a se manifestar sobre os limites impostos pelo ordenamento constitucional à fiscalização tributária, isso nos autos do *Habeas Corpus* nº 82.788, de cuja ementa foi extraído o seguinte trecho:

FISCALIZAÇÃO TRIBUTÁRIA – APREENSÃO DE LIVROS CONTÁBEIS E DOCUMENTOS FISCAIS REALIZADA, EM ESCRITÓRIO DE CONTABILIDADE, POR AGENTES FAZENDÁRIOS E POLICIAIS FEDERAIS, SEM MANDADO JUDICIAL – INADMISSIBILIDADE – ESPAÇO PRIVADO, NÃO ABERTO AO PÚBLICO, SUJEITO À PROTEÇÃO CONSTITUCIONAL DA INVIOLABILIDADE DOMICILIAR (CF, ART. 5º, XI) – SUBSUNÇÃO AO CONCEITO NORMATIVO DE "CASA" – NECESSIDADE DE ORDEM JUDICIAL – ADMINISTRAÇÃO PÚBLICA E FISCALIZAÇÃO TRIBUTÁRIA – DEVER DE OBSERVÂNCIA, POR PARTE DE SEUS ÓRGÃOS E AGENTES, DOS LIMITES JURÍDICOS IMPOSTOS PELA CONSTITUIÇÃO E PELAS LEIS DA REPÚBLICA – IMPOSSIBILIDADE DE UTILIZAÇÃO, PELO MINISTÉRIO PÚBLICO, DE PROVA OBTIDA EM TRANSGRESSÃO À GARANTIA DA INVIOLABILIDADE DOMICILIAR – PROVA

ILÍCITA – INIDONEIDADE JURÍDICA – "HABEAS CORPUS" DEFERIDO. ADMINISTRAÇÃO TRIBUTÁRIA – FISCALIZAÇÃO – PODERES – NECESSÁRIO RESPEITO AOS DIREITOS E GARANTIAS INDIVIDUAIS DOS CONTRIBUINTES E DE TERCEIROS. – Não são absolutos os poderes de que se acham investidos os órgãos e agentes da administração tributária, pois o Estado, em tema de tributação, inclusive em matéria de fiscalização tributária, está sujeito à observância de um complexo de direitos e prerrogativas que assistem, constitucionalmente, aos contribuintes e aos cidadãos em geral. Na realidade, os poderes do Estado encontram, nos direitos e garantias individuais, limites intransponíveis, cujo desrespeito pode caracterizar ilícito constitucional. – A administração tributária, por isso mesmo, embora podendo muito, não pode tudo. É que, ao Estado, é somente lícito atuar, "respeitados os direitos individuais e nos termos da lei" (CF, art. 145, § 1º), consideradas, sobretudo, e para esse específico efeito, as limitações jurídicas decorrentes do próprio sistema instituído pela Lei Fundamental, cuja eficácia – que prepondera sobre todos os órgãos e agentes fazendários – restringe-lhes o alcance do poder de que se acham investidos, especialmente quando exercido em face do contribuinte e dos cidadãos da República, que são titulares de garantias impregnadas de estatura constitucional e que, por tal razão, não podem ser transgredidas por aqueles que exercem a autoridade em nome do Estado. A GARANTIA DA INVIOLABILIDADE DOMICILIAR COMO LIMITAÇÃO CONSTITUCIONAL AO PODER DO ESTADO EM TEMA DE FISCALIZAÇÃO TRIBUTÁRIA – CONCEITO DE "CASA" PARA EFEITO DE PROTEÇÃO CONSTITUCIONAL – AMPLITUDE DESSA NOÇÃO CONCEITUAL, QUE TAMBÉM COMPREENDE OS ESPAÇOS PRIVADOS NÃO ABERTOS AO PÚBLICO, ONDE ALGUÉM EXERCE ATIVIDADE PROFISSIONAL: NECESSIDADE, EM TAL HIPÓTESE, DE MANDADO JUDICIAL (CF, ART. 5º, XI). – Para os fins da proteção jurídica a que se refere o art. 5º, XI, da Constituição da República, o conceito normativo de "casa" revela-se abrangente e, por estender-se a qualquer compartimento privado não aberto ao público, onde alguém exerce profissão ou atividade (CP, art. 150, § 4º, III), compreende, observada essa específica limitação espacial (área interna não acessível ao público), os escritórios profissionais, inclusive os de contabilidade, "embora sem conexão com a casa de moradia propriamente dita" (NELSON HUNGRIA). Doutrina. Precedentes. – Sem que ocorra qualquer das situações excepcionais taxativamente previstas no texto constitucional (art. 5º, XI), nenhum agente público, ainda que vinculado à administração tributária do Estado, poderá, contra a vontade de quem de direito ("invito domino"), ingressar, durante o dia, sem mandado judicial, em espaço privado não aberto ao público, onde alguém exerce sua atividade profissional, sob pena de a prova resultante da diligência de busca e apreensão assim executada reputar-se inadmissível, porque impregnada de ilicitude material. Doutrina. Precedentes específicos, em tema de fiscalização tributária, a propósito de escritórios de contabilidade (STF). – O atributo da auto-executoriedade dos atos administrativos, que traduz expressão concretizadora do "privilège du préalable", não prevalece sobre a garantia constitucional da inviolabilidade domiciliar, ainda que se cuide de atividade exercida pelo Poder Público em sede de fiscalização tributária. Doutrina. Precedentes.

Em uma das poucas decisões sobre esta questão, o Superior Tribunal de Justiça anulou autuação fiscal do Município de São Paulo, que exigia o cumprimento de deveres formais por parte de empresa que não figurava entre os contribuintes do Imposto sobre Serviços. Essa posição foi acolhida no julgamento do Recurso Especial nº 539.084, relatado pelo Ministro FRANCISCO FALCÃO, cuja ementa encontra-se abaixo transcrita:

> TRIBUTÁRIO. IMPOSTO SOBRE SERVIÇOS DE QUALQUER NATUREZA – ISSQN. EMPRESA NÃO CONTRIBUINTE. OBRIGATORIEDADE DE EXIBIÇÃO DOS LIVROS COMERCIAIS. INEXISTÊNCIA. ART. 113, § 2º, DO CTN.
> *I – A discussão dos autos cinge-se à necessidade, ou não, de a empresa recorrida, pelo fato de não ser contribuinte do Imposto sobre Serviços de Qualquer Natureza – ISSQN, ainda assim ser obrigada a exibir seus livros fiscais ao Município de São Paulo.*
> *II – Restou incontroverso o fato de que a empresa Recorrida não recolhe ISSQN aos cofres do Município de São Paulo.*
> *III – Nesse contexto, verifica-se que, mesmo que haja o Poder Estatal, ex vi legis, de impor o cumprimento de certas obrigações acessórias, a Administração Tributária deve seguir o parâmetro fixado no § 2º do art. 113 do CTN, isto é, a exigibilidade dessas obrigações deve necessariamente decorrer do interesse na arrecadação.*
> *IV – In casu, não se verifica o aludido interesse, porquanto a própria Municipalidade reconhece que a Recorrida não consta do Cadastro de Contribuintes do ISSQN.*
> *V – Mesmo que o ordenamento jurídico tributário considere certo grau de independência entre a obrigação principal e a acessória, notadamente quanto ao cumprimento desta última, não há como se admitir o funcionamento da máquina estatal, nos casos em que não há interesse direto na arrecadação tributária.*
> *VI – Se inexiste tributo a ser recolhido, não há motivo/interesse para se impor uma obrigação acessória. (...)*

Vale a pena a transcrição do seguinte trecho do voto do Ministro FRANCISCO FALCÃO, relator do acórdão:

> *Restou incontroverso nos autos, o fato de que a empresa Recorrida não recolhe ISSQN aos cofres do Município de São Paulo.*
> *Nesse contexto, verifica-se que, mesmo que haja o Poder Estatal, ex vi legis, de impor o cumprimento de certas obrigações acessórias, a Administração Tributária deve seguir o parâmetro fixado no § 2º do art. 113 do CTN, isto é, a exigibilidade dessas obrigações deve necessariamente decorrer do interesse na arrecadação.*
> *In casu, não se verifica o aludido interesse, porquanto a própria Municipalidade reconhece que a Recorrida não consta do Cadastro de Contribuintes do ISSQN.*

Mesmo que o ordenamento jurídico tributário considere certo grau de independência entre a obrigação principal e a acessória, notadamente quanto ao cumprimento desta última, não há como se admitir o funcionamento da máquina estatal, nos casos em que não há interesse direto na arrecadação tributária.

Diferentemente do que ocorre no Direito Civil, em que a obrigação acessória segue a principal, no Direito Tributário, como ressaltado, elas possuem certo grau de independência, porquanto a obrigação tributária pode até não existir, mas a função fiscalizadora da Administração Fiscal tem, ainda assim, o direito de exigir o cumprimento daquelas obrigações, uma vez que esta é a sua função. Quem tem os fins, deve ter os meios.

Entretanto, não se pode desconsiderar, data maxima venia, que a função principal da obrigação acessória é tornar possível a realização da obrigação principal, que é o recolhimento do tributo devido aos cofres públicos.

Ora, se inexiste tributo a ser recolhido, não há motivo?interesse para se impor uma obrigação acessória, exatamente porque não haverá prestação posterior correspondente. Exatamente por isso, o legislador incluiu no aludido § 2º do art. 113 do CTN a expressão "no interesse da arrecadação".

Vê-se, portanto, que embora o contribuinte tenha um dever de colaborar com a fiscalização tributária, tal dever não se confunde com a sua submissão a exigências eventualmente formuladas pelas autoridades administrativas fora do fim de sua atuação. Qualquer exigência formulada pela fiscalização que desborde os limites do fim de sua atribuição de competência configura *desvio de poder*, entendido este como "afastamento na prática de determinado ato; poder exercido em direção diferente daquela em vista da qual a lei estabelecera; distorção de finalidade; distorção de fim; direção diversa da que deveria ter".[11]

---

[11] CRETELLA JÚNIOR, José. *O "Desvio de Poder" na Administração Pública*. 4. ed. Rio de Janeiro: Forense, 1997, p. 14. Nas palavras de Estevão Horvath: "Trate-se do direito brasileiro ou do direito espanhol, o que deve pautar a atividade fiscalizatória ao exigir informações, seja do contribuinte ou de terceiros, é sempre a necessidade desses dados para o atingimento do fim dessa atividade, isto é, a apuração do débito tributário" (HORVATH, Estevão. Deveres Instrumentais e seus Limites. In: *III Congresso Nacional de Estudos Tributários*: Interpretação e Estado de Direito. São Paulo: Noeses, 2006, p. 213). Também cuidando da presente questão sob o prisma da previsão de deveres instrumentais, ver: CHIESA, Clélio. ISS – Limites da Competência Fiscalizatória. In: ROCHA, Valdir de Oliveira (Coord.). *Grandes Questões Atuais do Direito Tributário: 11º Volume*. São Paulo: Dialética, 2007, p. 47.

15.3.5. Limites ao Acesso do Estabelecimento do Contribuinte

A questão do acesso da fiscalização ao estabelecimento do contribuinte deve ser examinada em linha com o tema analisado acima. Ou seja, a regra de ouro neste particular é o reconhecimento de que o poder de fiscalizar está diretamente vinculado ao exercício de uma finalidade pública específica. Ausente a finalidade, descabida a presença do agente público no estabelecimento empresarial.

Como costumamos dizer, agente fiscal não é cliente, não é fornecedor, não é patrão e não é funcionário. Sendo assim, a sua presença no estabelecimento do contribuinte somente se justifica quando ali estiver para exercer a sua função pública.

15.4. Dos Prazos

Os prazos aplicáveis no âmbito do processo administrativo fiscal devem ser analisados separadamente, tendo em vista seus destinatários, se as autoridades administrativas ou os administrados.

Os arts. 3º e 4º do Decreto nº 70.235/72 estabelecem prazos que devem ser observados pelos servidores, devendo ser interpretados à luz da natureza dos prazos que são impostos às autoridades administrativas, os quais configuram *prazos impróprios*, ou seja, prazos em relação aos quais não se configura a *preclusão temporal*.

Nessa ordem de raciocínio, o não-cumprimento dos prazos referidos nesses artigos não obstaculiza a sua prática intempestiva, dando ensejo, tão-somente: (a) à possibilidade de punição administrativa do servidor pelo descumprimento do preceito normativo; e (b) à configuração de ato coator omissivo, a viabilizar o recurso ao Poder Judiciário, nos casos em que a omissão administrativa causar danos ao administrado.

Como já mencionado, atualmente essa questão deve ser examinada sob o influxo da regra contida no inciso LXXVIII do art. 5º da Constituição Federal, segundo a qual "a todos, no âmbito judicial e administrativo, são assegurados a razoável duração do processo e os meios que garantam a celeridade de sua tramitação" (ver o item 3.1.7).

Na seara tributária, tendo em vista que a apresentação da impugnação suspende a exigibilidade do crédito tributário (art. 151, III, do CTN), a demora da Administração na apreciação da matéria dificilmente causará prejuízos ao sujeito passivo, uma vez que tal suspensão faz recair o ônus do tempo do processo sobre a Fazenda Pública.

De acordo com o Decreto nº 70.235/72, os prazos a serem observados pelos administrados "serão contínuos, excluindo-se na sua contagem o dia do início e incluindo-se o do vencimento" (art. 5º), sendo certo que "os prazos só se iniciam ou vencem no dia de expediente normal no órgão em que corra o processo ou deva ser praticado o ato" (parágrafo único). Essa regra se encontra em consonância com o disposto no Código de Processo Civil (arts. 178 e 184) quanto à contagem dos prazos processuais.

Assim, em caso de greve dos servidores, ou mesmo da paralisação específica da repartição onde o ato será praticado em razão de comemoração ou outro evento anormal, transfere-se o vencimento do prazo para o próximo dia útil em que o expediente da repartição esteja normalizado. Nesse sentido já decidiu a Câmara Superior de Recursos Fiscais:

> *PROCESSO ADMINISTRATIVO FISCAL – PRAZOS – INÍCIO E VENCIMENTO – EXPEDIENTE NA REPARTIÇÃO. A paralisação, total ou parcial, por motivo de greve ou qualquer outro, do órgão em que corra o processo ou deva ser praticado o ato, ainda que funcione regularmente o seu protocolo, ou outro setor com recebimento normal de petições, configura anormalidade no expediente desse órgão. Assim acontecendo, não se dá o vencimento de prazo enquanto o expediente não tornar à sua normalidade por completo. Inteligência do art. 5º, parágrafo único, do Decreto nº 70.235/72. (Processo: 10715.005062/93-04. Data da Sessão: 09/11/2004).*

Ademais, parece aplicável ao processo administrativo fiscal o dispositivo contido no art. 223 do Código de Processo Civil, que estabelece que, uma vez "decorrido o prazo, extingue-se o direito de praticar ou de emendar o ato processual, independentemente de declaração judicial, ficando assegurado, porém, à parte provar que não o realizou por justa causa", reputando-se justa causa "o evento alheio à vontade da parte e que a impediu de praticar o ato por si ou por mandatário" (§ 1º)".

O Superior Tribunal de Justiça, interpretando o citado dispositivo legal sob o prisma do processo civil, tem considerado justa causa para a perda de prazo processual: (a) o erro constante nas informações prestadas por intermédio dos sistemas de computadores operadas pelo Poder Judiciário (Recurso Especial nº 390.561, publicado no Diário da Justiça em 26/08/2002); (b) o fechamento da agência bancária onde deveria ser feito o preparo do recurso no último dia do prazo processual (Recurso Especial nº 198.467, publicado no Diário da Justiça em 07/02/2000); (c) "o internamento do pai do advogado em UTI, dois dias antes do vencimento do prazo, exigindo do profissional, único constituído para a defesa da ré, viajar a outro Estado" (Recurso Especial nº 215.999, publicação no Diário da Justiça em 06/09/1999); (d) a doença acometida pelo advogado, desde que imprevisível e capaz de impedir a prática do ato processual (Recurso Ordinário em Mandado de Segurança nº 1.209, publicado no Diário da Justiça em 30/11/1992).

Vale a pena acrescentar que, especificamente em relação ao processo administrativo, estabelece o art. 61 da Lei nº 9.784/99 que, comprovando a parte a ocorrência de evento de força maior, suspende-se o prazo processual.

15.5. Do Auto de Infração e da Notificação de Lançamento

De acordo com o disposto no art. 9º do Decreto nº 70.235/72, "a exigência do crédito tributário e a aplicação de penalidade isolada serão formalizados em autos de infração ou notificações de lançamento, distintos para cada tributo ou penalidade, os quais deverão estar instruídos com todos os termos, depoimentos, laudos e demais elementos de prova indispensáveis à comprovação do ilícito". O § 4º deste mesmo art. 9º complementa esta regra ao estabelecer que "o disposto no caput deste artigo aplica-se também nas hipóteses em que, constatada infração à legislação tributária, dela não resulte exigência de crédito tributário". Com isso quer-se alcançar situações como as de glosa de prejuízos fiscais ou créditos de PIS e COFINS.

Percebe-se, portanto, que o auto de infração e a notificação de lançamento fiscal são atos administrativos que formalizam exigências fiscais (referentes a tributos que não tenham sido recolhidos aos cofres públicos), formalizando, ademais, as sanções que sejam aplicáveis ao contribuinte inadimplente (as quais, como vimos, não têm natureza tributária).

A diferença entre os autos de infração e as notificações de lançamento consiste na forma como as autoridades fazendárias tiveram conhecimento da infração cometida.

No auto de infração a autoridade toma conhecimento acerca da infração ao cabo de procedimento de fiscalização realizado no contribuinte, no qual se verificam irregularidades em seus recolhimentos ou no adimplemento de deveres de natureza formal.

Por sua vez, a notificação de lançamento é decorrente da verificação de uma infração cometida pelo contribuinte, isso no âmbito de análise realizada pela autoridade a partir de informações que lhe foram fornecidas pelo próprio contribuinte. É o que se tem verificado com grande frequência no âmbito da Receita Federal do Brasil.

Os arts. 10 e 11 do Decreto nº 70.235/72 estabelecem, respectivamente, os requisitos formais que devem ser observados pela autoridade administrativa quando da lavratura de auto de infração ou notificação de lançamento fiscal. É importante examinarmos, então, a questão da eventual nulidade do ato administrativo em razão de vícios formais no mesmo presentes.

Parece-nos que "nesse campo" a orientação que normalmente é seguida pelo Conselho Administrativo de Recursos Fiscais é a de apenas reconhecer a nulidade do auto de infração ou notificação de lançamento quando a imperfeição formal tiver como consequência o prejuízo da capacidade do contribuinte de impugnar a cobrança. Do contrário, sempre que, a despeito do vício, consegue o contribuinte entender a natureza da exigência e apresentar defesa contra a mesma, entende o Conselho que a nulidade do auto de infração não deve ser reconhecida, não se verificando o cerceamento do direito de defesa do contribuinte. Nesse sentido, vejam-se as seguintes decisões:

> *AUTO DE INFRAÇÃO. NULIDADE. CERCEAMENTO DO DIREITO DE DEFESA. Não restando comprovada a preterição do direito de defesa, não há que se falar em nulidade do lançamento ou da decisão recorrida. Se a autuada revela conhecer as acusações que lhe foram imputadas, rebatendo-as de forma meticulosa, com impugnação que abrange questões preliminares e de mérito, não é possível acolher a tese de cerceamento à defesa (Primeiro Conselho de Contribuintes. Processo nº 10183.003238/2004-81. Data da Sessão: 22/02/2006).*
>
> *CERCEAMENTO AO DIREITO DE DEFESA – PRELIMINAR DE NULIDADE DO FEITO – IMPROCEDÊNCIA – Tendo sido dado ao contribuinte, no decurso da ação fiscal, todos os meios de defesa aplicáveis ao caso, improcede a preliminar suscitada (Primeiro Conselho de Contribuintes. Processo nº 11020.002639/2001-05. Data da Sessão: 01/07/2003).*
>
> *NORMAS GERAIS DE DIREITO TRIBUTÁRIO – NULIDADE – Não está inquinado de nulidade o auto de infração lavrado por autoridade competente e que não tenha causado preterição do direito de defesa. Quando efetuado em consonância com o que preceitua o art. 142 do CTN, especialmente se o sujeito passivo, em sua defesa, demonstra pleno conhecimento dos fatos que ensejaram a lavratura do auto de infração, exercendo, atentamente, o seu direito de defesa (Primeiro Conselho de Contribuintes. Processo nº 10480.001238/99--37. Data da Sessão: 16/10/2001).*
>
> *NULIDADE DO AUTO DE INFRAÇÃO POR CERCEAMENTO DO DIREITO DE DEFESA – CAPITULAÇÃO LEGAL E DESCRIÇÃO DOS FATOS*

INCOMPLETA – O auto de infração deverá conter, obrigatoriamente, entre outros requisitos formais, a capitulação legal e a descrição dos fatos. Somente a ausência total dessas formalidades é que implicará na invalidade do lançamento, por cerceamento do direito de defesa. Ademais, se a Pessoa Jurídica revela conhecer plenamente as acusações que lhe foram imputadas, rebatendo-as, uma a uma, de forma meticulosa, mediante extensa e substanciosa impugnação, abrangendo não só outras questões preliminares como também razões de mérito, descabe a proposição de cerceamento do direito de defesa (Primeiro Conselho de Contribuintes. Processo nº 10783.002630/98-62. Data da Sessão: 09/11/1999).

Em outra assentada, caso o vício presente no auto de infração ou na notificação de lançamento impeça o exercício do direito de defesa por parte do contribuinte será declarada a nulidade do ato administrativo, como reconheceu o então Terceiro Conselho de Contribuintes na decisão cuja ementa encontra-se abaixo transcrita:

PROCESSO ADMINISTRATIVO FISCAL – CERCEAMENTO DE DEFESA – NULIDADE – É nulo o acórdão que se silencia sobre alegações e documentos apresentados pelo contribuinte, por cerceamento do direito à ampla defesa. (Primeiro Conselho de Contribuintes. Processo nº 13830.002606/2005-71. Data da Sessão: 13/06/2007).

CERCEAMENTO DO DIREITO DE DEFESA – NULIDADE DA DECISÃO – A não apreciação, no julgamento, de alegações de impugnação, caracteriza cerceamento do direito de defesa e desobediência aos princípios da ampla defesa e contraditório, tornando nulo o Acórdão recorrido. (Primeiro Conselho de Contribuintes. Processo nº 13808.001754/97--30. Data da Sessão: 25/05/2006)

FINSOCIAL. DESCRIÇÕES DA INFRAÇÃO E DA BASE DE CÁLCULO. INEXISTÊNCIAS. INSTRUÇÃO PROCESSUAL DÉBIL. VÍCIO FORMAL. NULIDADE. A imprecisa descrição dos fatos associada à má formulação da base de cálculo – exacerbadas por débil instrução do processo – macula o lançamento fiscal de vício insanável (Processo nº 13805.008431/95-62. Data da Sessão: 21/02/2002).

Questão que por vezes é evocada pelos contribuintes como motivo para a anulação do ato administrativo de exigência fiscal é o recebimento do mesmo por funcionário desqualificado para tanto.

Aqui há que se fazer a necessária distinção entre as formas de intimação pessoal e postal.

Com efeito, enquanto na intimação pessoal exige-se que seja aposta na notificação a assinatura do sujeito passivo, seu mandatário ou preposto, na intimação por via postal exige-se, tão-somente, que seja o documento entregue no domicílio escolhido pelo contribuinte.

Assim, no caso de intimação por via postal, o fato de ser a correspondência recebida por funcionário que não tenha qualidade para representar o contribuinte não será razão bastante para o reconhecimento da nulidade do ato de comunicação. Nesse sentido posicionou-se o Primeiro Conselho de Contribuintes na decisão abaixo transcrita:

PROCESSO ADMINISTRATIVO FISCAL – PRELIMINAR DE NULIDADE – INTIMAÇÃO RECEBIDA POR PESSOA NÃO REPRESENTANTE LEGAL DA EMPRESA – Considera-se válida a intimação entregue pelos correios, no estabelecimento da contribuinte, ainda que recepcionada por pessoa não representante legal da empresa (Processo nº 10215.000709/99-93. Data da Sessão: 18/03/2004).

Este entendimento acabou formalizado no verbete da Súmula nº 9 do Primeiro Conselho de Contribuintes, segundo a qual "é válida a ciência da notificação por via postal realizada no domicílio fiscal eleito pelo contribuinte, confirmada com a assinatura do recebedor da correspondência, ainda que este não seja o representante legal do destinatário". Também o Superior Tribunal de Justiça se pronunciou no mesmo sentido, como se infere da seguinte decisão:

PROCESSO ADMINISTRATIVO FISCAL. INTIMAÇÃO POSTAL. PESSOA FÍSICA. ART. 23, II DO DECRETO Nº 70.235/72. VALIDADE.
1. Conforme prevê o art. 23, II do Decreto nº 70.235/72, inexiste obrigatoriedade para que a efetivação da intimação postal seja feita com a ciência do contribuinte pessoa física, exigência extensível tão-somente para a intimação pessoal, bastando apenas a prova de que a correspondência foi entregue no endereço de seu domicílio fiscal, podendo ser recebida por porteiro do prédio ou qualquer outra pessoa a quem o senso comum permita atribuir a responsabilidade pela entrega da mesma, cabendo ao contribuinte demonstrar a ausência dessa qualidade. Precedente: Resp. nº. 1.029.153/DF, Primeira Turma, Rel. Min. Francisco Falcão, DJ de 05.05.2008.
2. Validade da intimação e consequente ausência de impugnação ao procedimento administrativo fiscal e inexistência do direito ao pagamento com desconto.
3. Recurso especial provido.
(Recurso Especial nº 754.210. Publicação no Diário da Justiça em 24/09/2008).

Por fim, vale a pena destacar que, em linha com o disposto no artigo 173, II, do Código Tributário Nacional, em sendo reconhecida a nulidade de auto de infração ou notificação de lançamento fiscal terão as autoridades fazendárias novo prazo decadencial de cinco anos para a formalização de cobrança.

15.6. Pedido de Revisão da Legalidade do Ato Administrativo Fiscal – A Impugnação

Em conformidade com o disposto no art. 14 do Decreto nº 70.235/72, "a impugnação da exigência instaura a fase litigiosa do procedimento".[12] Na linha do entendimento que se vem defendendo nesta dissertação, parece equivocada tal disposição.

De fato, a impugnação do auto de infração ou da notificação de lançamento é o divisor de águas entre o *procedimento de fiscalização* e o *processo administrativo fiscal* (processo de revisão da legalidade do ato administrativo-tributário), não sendo este último uma fase contenciosa daquele, tratando-se, isso sim, de seu instrumento de controle, estanque e independente do mesmo.

Vale a pena mencionar, aqui, as palavras de FERNANDO NETTO BOITEUX, que destaca que "nosso país não conta com um verdadeiro contencioso administrativo, composto por tribunais de jurisdição plena; o nosso processo administrativo fiscal se desenvolve em tribunais de anulação de atos administrativos".[13]

Por outro lado, tem-se defendido ao longo deste trabalho a impropriedade de se falar em uma lide no âmbito do processo administrativo em geral, e no processo administrativo fiscal em especial, sendo certo que este tem por finalidade não a solução de um conflito de interesses, mas sim a verificação quanto ao respeito ao postulado fundamental da legalidade.

Somente se cogitará da existência de um litígio entre o sujeito passivo do dever tributário e o Estado quando, ao cabo do processo de revisão da legalidade do ato fiscal, pronuncia-se a Fazenda pela sua procedência. Até este momento não há que se falar na existência de um conflito de interesses qualificado por um contraste de vontades.[14]

---

[12] Vale ressaltar que este é o efeito da impugnação *tempestiva*. Como bem expressa o Ato Declaratório Normativo nº 15/96, "expirado o prazo para impugnação da exigência, deve ser declarada a revelia e iniciada a cobrança amigável, sendo que eventual petição, apresentada fora do prazo, não caracteriza impugnação, não instaura a fase litigiosa do procedimento, não suspende a exigibilidade do crédito tributário nem comporta julgamento de primeira instância, salvo se caracterizada ou suscitada a tempestividade como preliminar".

[13] BOITEUX, Fernando Netto. Aspectos (pouco Examinados) do Processo Administrativo Fiscal. *Revista Dialética de Direito Tributário*, São Paulo, nº 119, ago. 2005, p. 33. Sobre o tema, ver: CASTRO, Alexandre Barros. O atual contorno do "contencioso administrativo tributário" em nosso país. In: CAMPOS, Marcelo (Coord.). *Direito Processual Tributário*: Estudos em Homenagem ao Professor Dejalma de Campos. São Paulo: Revista dos Tribunais, 2008, p. 157.

[14] Cf. CARNELUTTI, Francesco, *Teoria Geral do Direito*, 1999, pp. 108-109.

Com efeito, de maneira alguma se pode afirmar, no plano jurídico, que no momento em que o sujeito passivo apresenta sua impugnação manifesta um interesse diverso daquele do ente tributante.

Como já afirmado, no processo administrativo fiscal Administração e contribuinte (usando-se o termo em sentido lato) coadjuvam na revisão do ato de exigência fiscal editado pela fiscalização tributária, com vistas a verificar se o mesmo reflete as diretrizes contidas na norma impositiva fiscal ou na norma sancionatória aplicável.

Nessa ordem de idéias, deve-se entender que o artigo em referência estabelece a partir de que momento nasce o *processo* administrativo fiscal, regido pelo devido processo legal, e tem fim o *procedimento* administrativo fiscalizatório, por natureza, inquisitório.

Os requisitos da impugnação encontram-se previstos no art. 16 do Decreto nº 70.235/72, cuja redação é a seguinte:

> Art. 16. A impugnação mencionará:
> I – a autoridade julgadora a quem é dirigida;
> II – a qualificação do impugnante;
> III – os motivos de fato e de direito em que se fundamenta, os pontos de discordância e as razões e provas que possuir;
> IV – as diligências, ou perícias que o impugnante pretenda sejam efetuadas, expostos os motivos que as justifiquem, com a formulação dos quesitos referentes aos exames desejados, assim como, no caso de perícia, o nome, o endereço e a qualificação profissional do seu perito.
> V – se a matéria impugnada foi submetida à apreciação judicial, devendo ser juntada cópia da petição.

Os três primeiros itens mencionados pelo art. 16 não exigem maiores comentários. Por outro lado, a Lei nº 11.196/2005 incluiu um inciso V do art. 16 em questão, estabelecendo ser requisito da impugnação o esclarecimento, pelo contribuinte, "se a matéria impugnada foi submetida à apreciação judicial, devendo ser juntada cópia da petição". Com isso visou-se resguardar a possibilidade de a autoridade julgadora verificar eventual renúncia ao processo administrativo em razão da apresentação de discussão idêntica à apreciação judicial (sobre essa questão ver o item 12.1).

Questão sobre a qual vale a pena digressarmos com um pouco mais de vagar consiste nos dispositivos que cuidam da *concentração da defesa* por ocasião da impugnação, aos quais será dedicado o item seguinte.

15.6.1. Impugnação Administrativa e Concentração da Defesa[15]

De acordo com o inciso IV art. 16 do Decreto nº 70.235/72, os pedidos de perícia e diligência devem ser apresentados juntamente com a impugnação, sendo que os mesmos somente são deferidos pela autoridade julgadora caso demonstrada sua necessidade para a elucidação da questão. Nesse sentido, vejam-se as decisões abaixo do Conselho Administrativo de Recursos Fiscais:

CERCEAMENTO DE DEFESA – NULIDADE – Não há que se falar em preterição do direito de defesa se o contribuinte revela conhecer plenamente as acusações que lhe foram imputadas, rebatendo-as, uma a uma, abrangendo não só questões preliminares como também de mérito. PEDIDO DE DILIGÊNCIA – Estando presentes nos autos todos os elementos essenciais ao lançamento, é de se indeferir o pedido de perícia e diligência, não podendo este servir para suprir a omissão do contribuinte na obtenção de provas, que a ele competia produzir (Primeiro Conselho de Contribuintes. Processo nº 10945.011980/2002-30. Data da Sessão: 29/03/2007).

PAF – DILIGÊNCIA – CABIMENTO – A diligência deve ser determinada pela autoridade julgadora, de ofício ou a requerimento do impugnante, quando entendê-la necessária. Deficiências da defesa na apresentação de provas, sob sua responsabilidade, não implica a necessidade de realização de diligência com o objetivo de produzir essas provas. NULIDADE DA DECISÃO RECORRIDA – INDEFERIMENTO DE PEDIDO DE DILIGÊNCIA – CERCEAMENTO DE DIREITO DE DEFESA – INOCORRÊNCIA – A autoridade julgadora de primeira instância indeferirá pedidos de diligência ou perícia que entender impraticáveis ou prescindíveis para a formação de sua convicção sem que isto se constitua cerceamento de direito de defesa (Primeiro Conselho de Contribuintes. Processo nº 11516.003285/2004-89. Data da Sessão: 23/03/2006).

NORMAS PROCESSUAIS – DILIGÊNCIA – O pedido de diligência deve estar apropriadamente fundamentado, não se prestando para esse fim os dispositivos do Regimento Interno dos Conselhos de Contribuintes, aprovado pela Portaria MF nº 55/98, contidos no art. 18, § 3º, que se destina a procedimentos que são privativos do Conselheiro-Relator, e § 7º, que diz respeito a pedido de diligência, que deve ser endereçado ao Presidente da Câmara, ao qual compete apreciar sua viabilidade, procedimentos esses que são preparatórios e anteriores ao julgamento da lide. O pedido de diligência, para ser acatado, requer, ainda, que a exposição dos motivos em que se fundamenta demonstre sua absoluta necessidade, visando fornecer ao julgador informações que não possam ser obtidas nos autos do processo fiscal (2º Conselho de Contribuintes – 3ª Câmara. Acórdão 203-07235).

---

[15] Para uma análise mais detida da questão, veja-se: ROCHA, Sergio André; CASANOVA, Vivian. Apresentação extemporânea de provas no processo administrativo fiscal. *Revista Dialética de Direito Tributário*, São Paulo, n. 168, set. 2009, pp. 144-156.

PEDIDO DE PERÍCIA – O pedido de perícia deve observar os requisitos legais, sendo prescindível quanto a fatos que possam ser corroborados com a juntada de documentos. (1º Conselho de Contribuintes – 1ª Câmara. Acórdão 101-92.604).

PERÍCIA – CERCEAMENTO DE DEFESA – A perícia se reserva à elucidação de pontos duvidosos que requerem conhecimentos especializados para o deslinde do litígio, não se justificando a sua realização quando o fato probando puder ser demonstrado pela apresentação de livros e documentos. O indeferimento motivado de realização de perícia não acarreta cerceamento do direito de defesa da parte, com a consequente nulidade do julgado (1º Conselho de Contribuintes – 2ª Câmara. Acórdão 108-05.550).

Vale notar que se o pedido de diligência somente deve ser deferido caso necessária a mesma para a solução da questão, em sendo este o caso não pode a autoridade julgadora indeferir tal pedido, como já decidido pelo Superior Tribunal de Justiça:

PROCESSUAL CIVIL E TRIBUTÁRIO. VIOLAÇÃO AO ART. 535 DO CPC. INOCORRÊNCIA. IPI. ALÍQUOTA ZERO. NECESSIDADE DE COMPROVAÇÃO DA COMPOSIÇÃO QUÍMICA DA MATÉRIA-PRIMA UTILIZADA NA INDUSTRIALIZAÇÃO DE PRODUTOS. REQUERIMENTO DE PROVA PERICIAL NO PROCESSO ADMINISTRATIVO FISCAL. DEFERIMENTO OU INDEFERIMENTO. PODER DISCRICIONÁRIO DA ADMINISTRAÇÃO PÚBLICA. ART. 18 DO DECRETO N. 70.235/72. POSSIBILIDADE DE CONTROLE PELO JUDICIÁRIO.

1. Os órgãos julgadores não estão obrigados a examinar todas as teses levantadas durante um processo judicial, bastando que as decisões proferidas estejam devida e coerentemente fundamentadas, em obediência ao que determina o art. 93, inc. IX, da Lei Maior. Isso não caracteriza ofensa aos arts. 131, 458 e 535, inc. II, do CPC. Neste sentido, existem diversos precedentes desta Corte.

2. Hoje em dia, parte da doutrina e da jurisprudência já admite que o Poder Judiciário possa controlar o mérito do ato administrativo (conveniência e oportunidade) sempre que, no uso da discricionariedade admitida legalmente, a Administração Pública agir contrariamente ao princípio da razoabilidade. Lições doutrinárias.

3. Isso se dá porque, ao extrapolar os limites da razoabilidade, a Administração acaba violando a própria legalidade, que, por sua vez, deve pautar a atuação do Poder Público, segundo ditames constitucionais (notadamente do art. 37, caput).

4. Dessa forma, por mais que o art. 18 do Decreto n. 70.235/72 diga que, em processo administrativo fiscal, a autoridade competente pode indeferir os pedidos de perícia formulados pelo interessado sempre que considerá-los prescindíveis para o deslinde da questão, se o Judiciário, apreciando pretensão ventilada pelo contribuinte, observa que "[a] matéria objeto do auto de infração envolve conhecimentos técnicos específicos que implicam no necessário auxílio de produção de prova pericial, pois se discute a composição química da matéria-prima e dos produtos industrializados pela impetrante, para fins de comprovação de que estariam sujeito à alíquota zero" (fl. 214), então, por meio do controle de legalidade, o pedido de produção de prova deve ser deferido.

5. Note-se que a subsunção de determinado insumo ou matéria-prima ao regime de alíquota zero, isenção ou não-tributação não é uma questão de conveniência e oportunidade da Administração, vale dizer, se o produto está enquadrado na hipótese fática descrita na lei, então devem incidir as consequências nela previstas.

6. Se o único modo de se demonstrar o cumprimento do substrato fático da norma é através da realização de perícia (conforme conclusão da origem), fica fácil concluir que eventual oposição da Administração acaba violando o direito subjetivo constitucional do administrado-contribuinte ao devido processo legal (art. 5º, inc. LIV).

7. Na verdade, mais do que malferir o citado dispositivo constitucional, a Administração fere a própria regra vertida pelo art. 18 do Decreto n. 70.235/72 (que supostamente embasaria sua pretensão recursal), pois ficou constatado que não há caso de prescindibilidade da prova pericial – ao contrário, ela é decisiva. Como dito anteriormente, tem-se aqui clássica situação em que, a pretexto de um juízo de conveniência e oportunidade, o Poder Público acaba indo de encontro à legalidade.

8. Recurso especial não-provido.
(Recurso Especial nº 778.648. Publicação no Diário da Justiça em 01/12/2008)

Já o § 4º do art. 16 do Decreto nº 70.235/72 estabelece que "a prova documental será apresentada na impugnação, precluindo o direito de o impugnante fazê-lo em outro momento processual".[16] Dessa maneira, não apenas os pedidos de diligência e perícia devem acompanhar a impugnação, como também todos os documentos que o contribuinte pretenda utilizar para demonstrar suas alegações. Vejam-se, nesse sentido, as seguintes decisões:

PAF – É preclusa juntada de provas, laudos ou outros documentos pelo contribuinte em momento posterior à apresentação da peça impugnatória, ressalvadas as hipóteses de impossibilidade de fazê-lo ou de força maior, que devem ser devidamente provadas. A competência

---

[16] Em textual: "§ 4º A prova documental será apresentada na impugnação, precluindo o direito de o impugnante fazê-lo em outro momento processual, a menos que:
a) fique demonstrada a impossibilidade de sua apresentação oportuna, por motivo de força maior;
b) refira-se a fato ou a direito superveniente;
c) destine-se a contrapor fatos ou razões posteriormente trazidos aos autos.
§ 5º A juntada de documentos após a impugnação deverá ser requerida à autoridade julgadora, mediante petição em que se demonstre, com fundamentos, a ocorrência de uma das condições previstas nas alíneas do parágrafo anterior".

para julgar a matéria em grau de recurso é do Segundo Conselho de Contribuintes (3º Conselho de Contribuintes – 3ª Câmara. Acórdão 303-00.968).

PAF – PRODUÇÃO DE PROVA DOCUMENTAL – PRECLUSÃO. Na forma do § 4º do artigo 16 do Decreto nº 70.235/72, a prova documental será apresentada na impugnação, precluindo o direito de o impugnante fazê-lo em outro momento processual, a menos que fique demonstrada a impossibilidade de sua apresentação oportuna, por motivo de força maior; refira-se a fato ou direito superveniente; ou destine-se a contrapor fatos ou razões posteriormente trazidas aos autos. (2º Conselho de Contribuintes – 2ª Câmara. Acórdão 202-15.541).

PAF – PRODUÇÃO DE PROVA DOCUMENTAL – PRECLUSÃO. Na forma do § 4º do artigo 16 do Decreto nº 70.235/72, a prova documental será apresentada na impugnação, precluindo o direito de o impugnante fazê-lo em outro momento processual, a menos que fique demonstrada a impossibilidade de sua apresentação oportuna, por motivo de força maior; refira-se a fato ou direito superveniente; ou destine-se a contrapor fatos ou razões posteriormente trazidas aos autos. (2º Conselho de Contribuintes – 2ª Câmara. Acórdão 202-15.803).

Seguindo a mesma linha de raciocínio, dispõe o art. 17 do Decreto nº 70.235/72 que "considerar-se-á não impugnada a matéria que não tenha sido expressamente contestada pelo impugnante". Com base neste dispositivo o Conselho Administrativo de Recursos Fiscais de regra nega ao contribuinte a possibilidade de suscitar, em segunda instância, matéria não arguida perante a Delegacia de Julgamento em sua impugnação. Vejam-se as decisões abaixo:

PROCESSO ADMINISTRATIVO FISCAL – MATÉRIA NÃO CONTESTADA – O não questionamento de determinada matéria implica preclusão, impedindo o julgador de examiná-la, seja em primeira instância, ou no âmbito dos Conselhos de Contribuintes. (1º Conselho de Contribuintes – 3ª Câmara. Acórdão 103-21509).

ITR – PRECLUSÃO – A preclusão atinge elementos novos trazidos ao Processo Administrativo Fiscal após a impugnação, portanto, não cabe à autoridade administrativa de segunda instância conhecê-los quando do recurso voluntário (artigo 17, Decreto nº 70.235/72). Recurso a que se nega provimento (2º Conselho de Contribuintes – 1ª Câmara. Acórdão 201-71731).

NORMAS GERAIS – PRECLUSÃO – Questão não provocada a debate em primeira instância, quando se instaura a fase litigiosa do procedimento administrativo e somente vem a ser demandada na petição de recurso, constitui matéria preclusa da qual não se toma conhecimento. PIS – Irreparável o lançamento da contribuição fundamentada nas Leis Complementares nºs 07/70 e 17/73, decorrente do descumprimento da obrigação tributária principal. Recurso negado (2º Conselho de Contribuintes – 3ª Câmara. Acórdão 203-06885).

PROCESSO ADMINISTRATIVO-FISCAL. NORMAS GERAIS – PRECLU-SÃO – Quando não provocada a debate em primeira instância, quando se instaura a fase litigiosa do procedimento administrativo e somente vem a ser demandada na petição de recurso, constitui matéria preclusa da qual não se toma conhecimento. (3º Conselho de Contribuintes – 1ª Câmara. Acórdão 301-31737).

Contudo, já se decidiu que quando a contestação referir-se a matéria de fato, afasta-se a preclusão caso, mesmo não tendo sido a questão suscitada na impugnação, possa ser a mesma extraída de elementos de prova apresentados pelo contribuinte:

PROCESSO ADMINISTRATIVO FISCAL. PRINCÍPIO DA VERDADE MATERIAL. PRECLUSÃO. INOCORRÊNCIA. Afasta-se a ocorrência de preclusão se, tratando-se de matéria de fato, embora não expressamente impugnada, das provas trazidas pela recorrente decorrerem alterações em cálculos já retificados ou ratificados na 1ª instância (2º Conselho de Contribuintes – 3ª Câmara. Acórdão 203-10.157).

Discute-se, em sede doutrinária, acerca da compatibilidade dessas regras de concentração da defesa com o princípio da verdade material. Como destaca JOSÉ EDUARDO SOARES DE MELO, "se, de um lado, evita-se a confusão processual (provas apresentadas desordenadamente ao longo do trâmite processual, obrigando a concessão de vista às partes – princípio do contraditório); de outro, restam prejudicados os princípios do informalismo e da verdade material, que sempre permitiram o oferecimento de provas, e a obtenção de documentos, durante o curso do processo, para que o crédito tributário somente possa ser constituído quando revestido de segurança e liquidez".[17]

Nesse mesmo sentido, argumenta EDUARDO GONZAGA OLIVEIRA DE NATAL que "é da lógica do processo administrativo fiscal a função inquisitória. Portanto, no percurso empreendido pelo órgão dotado de competência para julgar no âmbito do processo administrativo fiscal (*v.g.*, Conselhos de Contribuintes) não é possível desconsiderar a possibilidade da parte impugnante suscitar, em qualquer estágio do processo, matérias que se fazem avivar do simples cotejo de dados que demonstrem a insubsistência do ato de lançamento".[18]

---

[17] MELO, José Eduardo Soares de. Instrução Probatória no Processo Administrativo de Natureza Tributária – Amplitude e Limites. In: PIZOLIO, Reinaldo (Coord.). *Processo Administrativo Tributário*. São Paulo: Quartier Latin, 2007, p. 121.
[18] NATAL, Eduardo Gonzaga Oliveira de. A Preclusão Consumativa nos Conselhos de Contribuintes: Análise da aplicabilidade da regra edificada a partir do enunciado do artigo 17 do

Por fim, traz-se o entendimento de Natanael Martins e Juliano Di Pietro, no sentido de que "se a subsunção do fato à norma, como já dito, depende da completa identidade entre os enunciados da hipótese normativa e do fato imponível ou determinação do princípio da estrita legalidade, não podemos admitir que um fato que não esteja perfeitamente adequado aos ditames legais seja juridicamente eficaz, dando causa à tributação. Consequentemente, se há prova que demonstre essa imperfeição, deve ela ser apreciada independentemente do momento em que apresentada, haja vista que demonstra a ilegalidade do lançamento, para a qual a administração pública não pode concorrer".[19]

Concordamos com o pensamento dos citados autores. De fato, parece-nos que a noção de preclusão do direito de apresentação de provas e argumentos que demonstrem a inconsistência do auto de infração com os dispositivos legais que lhe serviram de suporte representa uma incorporação indevida de institutos aplicáveis no campo do processo civil ao processo administrativo fiscal.

Há que se reiterar aqui a posição adotada neste estudo no sentido de que no processo administrativo não há litígio entre a Fazenda e o contribuinte, sendo aquele um instrumento de revisão interna da legalidade do ato administrativo de cobrança.

Assim sendo, a razão existencial do processo administrativo fiscal é a verificação da legalidade da autuação, de modo que não se pode conceber que ato que leve a uma tributação contrária à lei seja mantido apenas por não ter o contribuinte apresentado as provas que demonstram tal ilegalidade tempestivamente.

A lei, e apenas a lei, pode ser fonte de dever jurídico tributário, de modo que a intempestividade do contribuinte no que se refere à apresentação de provas ou argumentos não pode ensejar a tributação de fato ou situação não tributável.

De outra parte, não se pode perder de vista que, como visto no Capítulo XIII, o art. 38 da Lei nº 9.784/99 expressamente prevê que "o interessado poderá, na fase instrutória e antes da tomada da decisão, juntar documentos e pareceres, requerer diligências e perícias, bem como aduzir alegações

---

Decreto nº 70.235, de 06 de março de 1972. In: PIZOLIO, Reinaldo (Coord.). *Processo Administrativo Tributário*. São Paulo: Quartier Latin, 2007, p. 87.

[19] MARTINS, Natanael; DI PIETRO, Juliano. A Preclusão Probatória no Processo Administrativo Tributário Federal e o Princípio da Verdade Material. In: PIZOLIO, Reinaldo (Coord.). *Processo Administrativo Tributário*. São Paulo: Quartier Latin, 2007, p. 204.

referentes à matéria objeto do processo", havendo decisão do então Terceiro Conselho de Contribuintes aplicando tal dispositivo em caso concreto.[20]

Apenas no caso em que o contribuinte não tenha solicitado a revisão de parte do auto de infração é que há de se entender ocorrida a preclusão, já que não pode a Fazenda permanecer eternamente à espera de decisão do contribuinte a respeito da impugnação ou não da cobrança. Nessa linha de raciocínio, tratando-se de um auto de infração em que alega a Fazenda ter o contribuinte omitido receitas e mantido escriturado passivo fictício, apresentando o contribuinte questionamento apenas quanto a uma dessas questões, há que se considerar que não solicitou a revisão do ato no que se refere à outra, fazendo sentido, neste caso, a previsão da hipótese de preclusão.

15.7. Comunicação dos Atos Processuais

A comunicação dos atos processuais ao administrado-contribuinte é realização dos princípios do contraditório e da ampla defesa, postulados fundamentais do processo administrativo. Dessa forma, a falta de intimação da parte quanto a qualquer ato praticado pelo Estado-administração faz com que o mesmo não produza efeitos para o contribuinte.

De outra sorte, não sendo a parte comunicada quanto a qualquer ato relevante praticado no processo pela Administração, não lhe poderão ser opostos os atos praticados subsequentemente, em relação aos quais não teve oportunidade de se manifestar.

Da mesma forma, qualquer irregularidade da intimação que impeça a parte de tomar o devido conhecimento de atos da Administração caracteriza cerceamento de defesa e assim violação aos princípios do contraditório e da

---

[20] Processo nº 10283.100179/2004-61. Data da Sessão: 22/05/2007:
"JUNTADA DE DOCUMENTAÇÃO DEPOIS DO PRAZO IMPUGNATÓRIO. POSSIBILIDADE. PROCESSO ADMINISTRATIVO. INFORMALISMO. A Lei nº 9.784/99, em seu art. 69, autoriza a juntada de documentos e pareceres em toda a fase instrutória do processo administrativo. JUNTADA DE DOCUMENTOS PELAS RECORRENTES. INDEFERIMENTO. SUPOSTA IRRELEVÂNCIA. CERCEAMENTO DE DEFESA CARACTERIZADA. Não é defeso à autoridade administrativa fazer juízo de valor acerca de quais documentos são ou não relevantes ao pleno exercício do direito constitucional à ampla defesa, mormente quando tais documentos permaneceram em poder do fisco por longo lapso temporal e embasaram a autuação em escopo. Recurso voluntário julgado procedente, para que seja anulada a decisão recorrida, e reaberto o prazo para que as recorrentes promovam a juntada dos documentos que julguem necessários ao exercício pleno da sua defesa".

ampla defesa. Nesse sentido têm sido as decisões do Conselho Administrativo de Recursos Fiscais.[21]

O reconhecimento de tal nulidade encontra guarida mesmo no disposto no inciso II do art. 59 do Decreto, segundo o qual são nulos "os despachos e decisões proferidos por autoridade incompetente ou com preterição do direito de defesa".

Ainda nesse sentido, vale a pena destacar o disposto no inciso II do art. 3º da Lei nº 9.784/99, segundo o qual é direito do administrado "ter ciência da tramitação dos processos administrativos em que tenha a condição de interessado", estabelecendo-se no art. 28 desse mesmo diploma legal que "devem ser objeto de intimação os atos do processo que resultem para o interessado em imposição de deveres, ônus, sanções ou restrição ao exercício de direitos e atividades e os atos de outra natureza, de seu interesse".

Outra disposição contida na Lei nº 9.784/99 e que é plenamente aplicável no âmbito do processo administrativo fiscal é a prevista em seu art. 27, segundo o qual "o desatendimento da intimação não importa o reconhecimento da verdade dos fatos, nem a renúncia a direito pelo administrado".

Como já analisado no curso da presente dissertação, sendo o dever jurídico tributário regido pelo princípio da legalidade, não pode a desídia do

---

[21] "PAF – CERCEAMENTO DO DIREITO DE DEFESA – Descumprimento do princípio da cientificação. É garantida ao sujeito passivo a ciência de todos os passos processuais. Atividades administrativas de interesse jurídico dos administrados devem ser formalmente comunicadas, a fim de assegurar o contraditório e o devido processo legal. Procedimentos de fiscalização ou julgamento não comunicados não são eficazes" (Processo nº 13808.002654/98 – 10. 8ª Câmara – 1º Conselho de Contribuintes. Data da Sessão: 17/10/2002). "NULIDADE DE ATOS PROCESSUAIS – CERCEAMENTO DO DIREITO DE DEFESA – Serão anulados os atos processuais, retomando-se o curso processual a partir do ato que estiver contaminado por vício que afronte o devido processo legal, o contraditório e a ampla defesa, devendo ser prolatada nova decisão pela autoridade julgadora singular em prestígio às garantias constitucionais e ao duplo grau de jurisdição administrativa. FALTA DE INTIMAÇÃO DE ATO PROCESSUAL – DILIGÊNCIA FISCAL. Caracteriza-se como violação ao contraditório e à ampla defesa a falta de intimação para que o sujeito passivo da relação jurídico-tributária tome conhecimento e manifeste-se acerca de diligência fiscal efetuada após a autuação e a apresentação de impugnação perante a autoridade administrativo-julgadora *a quo*" (Processo no 10880.010678/00-04. 3ª Câmara – 1º Conselho de Contribuintes. Data da Sessão: 05/12/2000). "NULIDADE – CERCEAMENTO DE DEFESA – Provido em parte o recurso de ofício para cancelar a decadência relativa a um exercício, se o julgador singular profere nova decisão para apreciar o mérito quanto ao referido exercício sem que tenha sido dada ciência ao interessado do acórdão do Conselho de Contribuintes que deu provimento em parte ao recurso de ofício do julgador singular, com abertura de prazo para recurso voluntário à Câmara Superior de Recursos Fiscais, resta caracterizado o cerceamento de defesa, anulando-se a decisão" (Processo nº 10140.001382/95-73. 1ª Câmara – 1º Conselho de Contribuintes. Data da Sessão: 07/11/2001).

contribuinte constituir dever jurídico que não se encontre previsto em lei, de forma que sua revelia no processo administrativo não se equipara, como é tão ao gosto das Autoridades Fazendárias, à confissão de dívida. Dessa forma, a inércia do contribuinte em se opor à cobrança exarada pela Fazenda somente passará a ter efeitos jurídicos uma vez ultrapassado o prazo prescricional previsto na legislação, com vistas a se estabelecer a almejada estabilização das relações jurídicas.

É de se assinalar que a declaração da nulidade do ato de intimação deve ser informada pelos princípios analisados neste estudo quando se tratou das nulidades processuais. Assim, comparecendo o administrado espontaneamente para apresentar defesa, não há que se falar em nulidade do processo pela falta do ato de comunicação, uma vez que atingida a sua finalidade. Não é outra a solução adotada pela Lei nº 9.784/99, no § 5º de seu art. 26.

As regras acerca da comunicação dos atos processuais encontram-se previstas no art. 23 do Decreto nº 70.235/72, cuja redação é a seguinte:

Art. 23. Far-se-á a intimação:
I – pessoal, pelo autor do procedimento ou por agente do órgão preparador, na repartição ou fora dela, provada com a assinatura do sujeito passivo, seu mandatário ou preposto, ou, no caso de recusa, com declaração escrita de quem o intimar;
II – por via postal, telegráfica ou por qualquer outro meio ou via, com prova de recebimento no domicílio tributário eleito pelo sujeito passivo;
III – por meio eletrônico, com prova de recebimento, mediante:
a) envio ao domicílio tributário do sujeito passivo; ou
b) registro em meio magnético ou equivalente utilizado pelo sujeito passivo.
§ 1º Quando resultar improfícuo um dos meios previstos no caput deste artigo ou quando o sujeito passivo tiver sua inscrição declarada inapta perante o cadastro fiscal, a intimação poderá ser feita por edital publicado:
I – no endereço da administração tributária na internet;
II – em dependência, franqueada ao público, do órgão encarregado da intimação; ou
III – uma única vez, em órgão da imprensa oficial local.
§ 2º Considera-se feita a intimação:
I – na data da ciência do intimado ou da declaração de quem fizer a intimação, se pessoal;
II – no caso do inciso II do caput deste artigo, na data do recebimento ou, se omitida, quinze dias após a data da expedição da intimação;
III – se por meio eletrônico:
a) 15 (quinze) dias contados da data registrada no comprovante de entrega no domicílio tributário do sujeito passivo;
b) na data em que o sujeito passivo efetuar consulta no endereço eletrônico a ele atribuído pela administração tributária, se ocorrida antes do prazo previsto na alínea a; ou

c) na data registrada no meio magnético ou equivalente utilizado pelo sujeito passivo;

IV – 15 (quinze) dias após a publicação do edital, se este for o meio utilizado.

§ 3º Os meios de intimação previstos nos incisos do caput deste artigo não estão sujeitos a ordem de preferência.

§ 4º Para fins de intimação, considera-se domicílio tributário do sujeito passivo:

I – o endereço postal por ele fornecido, para fins cadastrais, à administração tributária; e

II – o endereço eletrônico a ele atribuído pela administração tributária, desde que autorizado pelo sujeito passivo.

§ 5º O endereço eletrônico de que trata este artigo somente será implementado com expresso consentimento do sujeito passivo, e a administração tributária informar-lhe-á as normas e condições de sua utilização e manutenção.

§ 6º As alterações efetuadas por este artigo serão disciplinadas em ato da administração tributária.

§ 7º Os Procuradores da Fazenda Nacional serão intimados pessoalmente das decisões do Conselho de Contribuintes e da Câmara Superior de Recursos Fiscais, do Ministério da Fazenda na sessão das respectivas câmaras subseqüente à formalização do acórdão.

§ 8º Se os Procuradores da Fazenda Nacional não tiverem sido intimados pessoalmente em até 40 (quarenta) dias contados da formalização do acórdão do Conselho de Contribuintes ou da Câmara Superior de Recursos Fiscais, do Ministério da Fazenda, os respectivos autos serão remetidos e entregues, mediante protocolo, à Procuradoria da Fazenda Nacional, para fins de intimação.

§ 9º Os Procuradores da Fazenda Nacional serão considerados intimados pessoalmente das decisões do Conselho de Contribuintes e da Câmara Superior de Recursos Fiscais, do Ministério da Fazenda, com o término do prazo de 30 (trinta) dias contados da data em que os respectivos autos forem entregues à Procuradoria na forma do § 8o deste artigo.

O inciso III do art. 23, que dispõe sobre a intimação por meio eletrônico foi incluído pela Lei nº 11.196/2005. Em 14 de março de 2006 foi editada a Portaria SRF nº 259, a qual "dispõe sobre a prática de atos e termos processuais, de forma eletrônica, no âmbito da Secretaria da Receita Federal" e que foi Alterada pela Portaria RFB nº 574, de 10 de fevereiro de 2009.

15.8. Competência Decisória

Pode-se definir a competência para apreciação do processo administrativo fiscal como a reserva de atribuições alocada em determinado agente ou órgão para proferir decisão acerca da matéria sobre a qual o contribuinte pede a revisão da Administração Fazendária.

15.9. Do Julgamento em Primeira Instância

Em primeira instância, o julgamento cabe às Delegacias da Receita Federal de Julgamento (art. 25, I, do Decreto nº 70.235/72), órgãos colegiados compostos por agentes fazendários, criados com vistas à realização do princípio da imparcialidade, na medida em que desde a sua instituição se separou a atividade de fiscalização da de julgamento dos pedidos de revisão por parte dos contribuintes.

Nesse sentido é o entendimento manifestado por ORMEZINDO RIBEIRO DE PAIVA, para quem:

> *A criação destas Delegacias especializadas no julgamento de processos fiscais, dentre outras importantes razões, teve como principal motivação a necessidade e conveniência de separar a competência das autoridades para o exercício das atividades concernentes à fiscalização e lançamento tributários e a de julgamento das questões litigiosas. Esta separação de poder/dever, com efeito, busca potencializar o cumprimento do princípio da imparcialidade que melhor atende aos interesses das partes no processo.*[22]

O procedimento aplicável às Delegacias da Receita Federal de Julgamento encontra-se previsto na Portaria MF nº 341/2011.

De acordo com o disposto no art. 2º da Portaria MF nº 341/2011 as Delegacias de Julgamento "As DRJ são constituídas por Turmas Ordinárias e Especiais de julgamento, cada uma delas integrada por 5 (cinco) julgadores, podendo funcionar com até 7 (sete) julgadores, titulares ou pro tempore". "julgador deve ser ocupante do cargo de Auditor-Fiscal da Receita Federal do Brasil (AFRFB), preferencialmente com experiência na área de tributação e julgamento ou habilitado em concurso público nessa área de especialização." (art. 3º).

---

[22] PAIVA, Ormezino Ribeiro de. Delegacias da Receita Federal de Julgamento e Evolução das Normas do Processo Administrativo Fiscal. ROCHA, Valdir de Oliveira (Coord.). *Processo Administrativo Fiscal*: 4º Volume. São Paulo: Dialética, 1999, p. 135. Conforme noticiam LEANDO PAULSEN, RENÉ BERGMANN ÁVILA e INGRID SCHRODER SLIWKA, "até a edição da MP 2158--35/2001, o julgamento de primeira instância era feito pela pessoa do Delegado de Julgamento, que homologava os pareceres dos funcionários ao mesmo subordinados. A decisão era sempre pessoal do Delegado, que fazia valer sua opinião em todas as questões levadas a julgamento. A partir da nova redação, as delegacias de julgamento deixaram de ser órgãos monocráticos e passaram a ser ógãos colegiados, com composição em câmaras compostas por auditores fiscais. As decisões são tomadas por maioria de votos, e não mais pela decisão do delegado" (PAULSEN, Leandro; ÁVILA, René Bergmann; SLIWKA, Ingrid Schroder. *Direito Processual Tributário*. 4ª ed. Porto Alegre: Livraria do Advogado, 2007, p. 68).

Como mencionado na passagem de ORMEZINDO RIBEIRO DE PAIVA antes transcrita, a criação das Delegacias da Receita Federal de Julgamento teve por fim a separação das atividades de fiscalização e revisão de autos de infração.

Todavia, a realização prática dessa finalidade pode encontrar óbice no disposto no inciso I do art. 7º da Portaria MF nº 341/2011, segundo o qual é dever do julgador "observar o disposto no inciso III do art. 116 da Lei nº 8.112, de 1990, bem como o entendimento da RFB expresso em atos normativos".

Verifica-se, assim, que as Delegacias da Receita Federal de Julgamento encontram-se, em princípio, vinculadas às posições formalizadas pela Secretaria da Receita Federal em atos tributários e aduaneiros, de modo que não é plena a separação pretendida entre as atividades de julgamento e cobrança.

A imparcialidade dos julgadores foi buscada pela Portaria MF nº 341/2011, a qual previu, em seu art. 18, as seguintes hipóteses de impedimento de qualquer julgador para participar do julgamento:

> *Art. 18. O julgador está impedido de deliberar nos processos em que:*
> *I – tenha participado da ação fiscal, praticado ato decisório ou proferido parecer no processo;*
> *II – sejam parte seu cônjuge, companheiro, parentes consanguíneos ou afins até o 3º (terceiro) grau; ou*
> *III – tenha interesse direto ou indireto na matéria.*

Além dos casos de impedimento, a Portaria prevê também a suspeição do julgador, prevendo que "incorre em suspeição o julgador que tenha amizade íntima ou inimizade notória com o sujeito passivo ou com pessoa interessada no resultado do processo, ou com seus respectivos cônjuges, companheiros, parentes e afins até o 3º (terceiro) grau" (artigo 19).

De acordo com o art. 20 da Portaria em comento "o impedimento ou a suspeição pode ser declarado pelo julgador ou suscitado por qualquer membro da Turma, cabendo ao arguído, nesse caso, pronunciar-se sobre a alegação, que, não sendo por ele reconhecida, é submetida à deliberação da Turma.".

A Portaria MF nº 341/2011 não prevê a possibilidade de o impugnante sustentar oralmente as suas razões, o que leva ao questionamento acerca da configuração ou não de um cerceamento de defesa em razão desta omissão.

Há decisões sobre esta matéria nas quais prevaleceu o entendimento de que de fato não há previsão para a sustentação oral por parte do impugnante, sendo que não decorreria daí uma restrição ao direito à ampla defesa administrativa. Em textual:

*PAF - NORMAS PROCESSUAIS - SUSTENTAÇÃO ORAL - NEGATIVA - CERCEAMENTO AO DIREITO DE DEFESA - IMPROCEDÊNCIA - Nos termos da legislação que rege o PAF, o julgamento de processos em primeira instancia se faz no âmbito interno das DRJs, não havendo nesta fase, pois, a possibilidade de sustentação oral, não se podendo daí se afirmar, contudo, vulneração ao princípio da ampla defesa (Primeiro Conselho de Contribuintes. Processo nº 10384.003412/2002-68. Data da Sessão: 15/06/2005).
SUSTENTAÇÃO ORAL. INDEFERIMENTO. Não existe, no âmbito da legislação processual tributária, previsão para realização de sustentação oral, pela defesa durante a sessão de julgamento administrativo de primeira instância (Primeiro Conselho de Contribuintes. Processo nº 10384.003376/2002-32. Data da Sessão: 11/11/2005).*

De fato, a linha de entendimento defendida nas deciões acima parece refletir a posição do Supremo Tribunal Federal sobre a matéria, havendo diversas decisões do Pretório Excelso no sentido de que a sustentação oral não seria ato inerente à defesa. Veja-se a decisão abaixo:

RECURSO ORDINÁRIO EM HABEAS CORPUS. ALEGAÇÃO DE NULIDADE DA DECISÃO QUE RECEBEU A DENÚNCIA EM FACE DO PREJUÍZO CAUSADO À DEFESA PELA AUSÊNCIA DE INTIMAÇÃO DO PACIENTE E DO ADVOGADO PARA A SESSÃO, INVIABILIZANDO A SUSTENTAÇÃO ORAL. É de se reconhecer a preclusão quando o vício não é apontado na primeira oportunidade de manifestação nos autos. No caso, o recorrente teve numerosas oportunidades para alegar o defeito processual, quedando silente. Transcorridos mais de 8 anos da decisão, já não é possível a anulação do julgamento. A jurisprudência do STF é firme no sentido de que a sustentação oral não é ato essencial à defesa (HC 85.845, HC 83.792). Inexistência de prejuízo. Recurso improvido. (Recurso Ordinário em *Habeas Corpus* nº 86.085. Publicação no DJ em 31/03/2006).

Não há, no âmbito do julgamento pela primeira instância administrativa, a previsão para a interposição de embargos de declaração para sanar eventuais erros formais e/ou obscuridades. Ainda assim, o artigo 27 da Portaria MF nº 341/2011 prevê que "o requerimento da autoridade incumbida da execução do acórdão ou do sujeito passivo, para correção de inexatidões materiais devidas a lapso manifesto e a erros de escrita ou de cálculo existentes na decisão, será rejeitado por despacho irrecorrível do Presidente da Turma, quando não demonstrar, com precisão, a inexatidão ou o erro".[23] A despeito desta

---

[23] Reflete-se aqui o art. 32 do Decreto nº 70.235/72, segundo o qual "as inexatidões materiais devidas a lapso manifesto e os erros de escrita ou de cálculos existentes na decisão poderão ser corrigidos de ofício ou a requerimento do sujeito passivo".

regra, como não há a previsão da interposição de embargos de declaração, não se estabelece, por exemplo, a suspensão do prazo para a apresentação do Recurso Voluntário.

15.10. Do Recurso Voluntário e do Recurso de Ofício

Os recursos administrativos foram analisados, em linhas gerais, no capítulo 9 do presente estudo, onde restou consignado que, havendo mais de um órgão ou agente administrativo com competência decisória hierarquizada, tem o administrado direito a ter seu processo examinado pela instância mais alta de julgamento, observados os requisitos procedimentais legalmente estabelecidos. Nisso consistiria o direito ao duplo grau de cognição no processo administrativo.

Nesse contexto, poderia o processo administrativo fiscal ser decidido em instância colegiada única, restringindo-se as hipóteses de recurso à finalidade de uniformização das decisões administrativas, nos moldes do que já ocorre com o processo administrativo-fiscal de consulta (art. 48 da Lei nº 9.430/96).

O direito à interposição de recurso se encontra expressamente previsto no Decreto nº 70.235/72 (e também na Lei nº 9.784/99), não se podendo limitar o direito do contribuinte de postular a revisão do ato administrativo de exigência fiscal perante o Conselho Administrativo de Recursos Fiscais. Segundo o art. 33 do aludido Decreto, "da decisão caberá recurso voluntário, total ou parcial, com efeito suspensivo, dentro dos trinta dias seguintes à ciência da decisão".

O § 2º do art. 33 do Decreto nº 70.235/72 determinava que o seguimento do recurso voluntário interposto dependeria do arrolamento de bens em valor equivalente a 30% (trinta por cento) da exigência fiscal formulada.

Essa exigência do arrolamento de bens substituiu a previsão anterior, de duvidosa constitucionalidade, que estabelecia que o recurso voluntário somente teria seguimento mediante o depósito, pelo impugnante-recorrente, de valor correspondente a 30% da exação fiscal questionada.

Segundo a visão que defendemos no Capítulo 5 deste trabalho a previsão do arrolamento de bens se mostrava completamente compatível com os princípios informadores do processo administrativo fiscal, ainda mais se levando em conta a parte final do § 2º do art. 33, que limitava o arrolamento, sem prejuízo do seguimento do recurso, "ao total do ativo permanente se pessoa jurídica ou ao patrimônio se pessoa física", de forma que, caso a empresa ou a pessoa física não possua bens em valor equivalente a 30% do débito fiscal, ainda assim poderão apresentar recurso voluntário.

Todavia, como mencionado no referido Capítulo 5, o § 2º do art. 33 do Decreto nº 70.235/72 foi declarado inconstitucional pelo Supremo Tribunal Federal, nos autos da Ação Direta de Inconstitucionalidade nº 1.976 (publicação no Diário da Justiça em 18/05/2007), de modo que a partir de então deixou de haver fundamento legal para a exigência do arrolamento como condição de admissibilidade do recurso voluntário apresentado pelo contribuinte.

Segundo o art. 34 do Decreto nº 70.235/72, a autoridade julgadora de 1ª instância recorrerá de ofício sempre que: (a) exonerar o contribuinte do pagamento de débito superior ao valor de alçada estabelecido pelo Ministro da Fazenda (hoje equivalente a R$ 2.500.000, conforme previsto pela Portaria MF nº 63/2017); ou (b) deixar de aplicar pena de perda de mercadorias, quando cabível.

Sobre o recurso de ofício, vale a pena transcrever a seguinte lição de MARCOS VINICIUS NEDER, que nos dá clara visão acerca de sua natureza:

> *Repare, contudo, que o recurso de ofício não é decorrente do princípio do duplo grau de jurisdição administrativa, o qual é garantia do particular, sendo que somente haverá esse recurso hierárquico obrigatório quando previsto em lei. O segundo exame não é provocado pela interposição de recurso do Procurador da Fazenda Nacional, eis que não lhe é dado insurgir contra a decisão da Delegacia da Receita Federal de Julgamento (DRJ). Apenas a matéria relativa à parcela exonerada de crédito tributário é reexaminada de ofício por outra autoridade julgadora.*
>
> *Nesse caso, está-se diante de um ato complexo em que a decisão é formada por dois atos de autoridades distintas. No dizer de Celso Antônio Bandeira de Mello, "os chamados atos complexos, em que para a constituição de certo efeito jurídico é necessária a integração de vontades de diferentes órgãos administrativos, sendo todas expressões da administração ativa. É que uma só vontade não pode modificar o que a lei faz depender do concurso de mais de uma.*
>
> *A decisão da DRJ é o primeiro momento desse ato complexo. O ato proferido pela turma da Delegacia de Julgamento, apenas quando aprovado ou reformado, se transformará em decisão apta a produzir efeitos. Ao final do primeiro ato decisório (DRJ), ainda não está completa a decisão de primeira instância por lhe faltar um dos seus pressupostos de eficácia que é atendido pela confirmação ou rejeição do primeiro ato por outra autoridade (Conselho de Contribuintes). Essa segunda autoridade toma conhecimento da matéria por um ato de impulso (impropriamente chamado de "recurso") realizado obrigatoriamente pela turma de julgamento ao final de sua decisão".*[24]

---

[24] NEDER, Marcos Vinicius. A Impossibilidade de Revisão pela Câmara Superior de Recursos Fiscais da Decisão Favorável ao Contribuinte Proferida pela Delegacia de Julgamento e Confirmada pelos Conselhos de Contribuintes. In: ROCHA, Sergio André (Coord.). *Processo Administrativo*

Vale a pena mencionar, ainda no campo do recurso de ofício, que segundo o entendimento manifestado pelo Conselho Administrativo de Recursos Fiscais a interposição do mesmo em processos cujo montante envolvido é inferior à alçada acima mencionada (R$ 2.500.000) é ilegítima. Veja-se, nesse sentido, as decisões a seguir transcritas:

> *Imposto sobre a Renda de Pessoa Física – IRPF Ano-calendário: 1999 RECURSO DE OFÍCIO. NÃO CONHECIMENTO. LIMITE DE ALÇADA. NORMA PROCESSUAL. APLICAÇÃO IMEDIATA. Não deve ser conhecido o recurso de ofício contra decisão de primeira instância que exonerou o contribuinte do pagamento de tributo e/ou multa no valor inferior a R$ 1.000.000,00 (Um milhão de reais), nos termos do artigo 34, inciso I, do Decreto nº 70.235/72, c/c o artigo 1º da Portaria MF nº 03/2008, a qual, por tratar-se norma processual, é aplicada imediatamente, em detrimento à legislação vigente à época da interposição do recurso, que estabelecia limite de alçada inferior ao hodierno. Recurso especial negado. (Câmara Superior de Recursos Fiscais. Acórdão nº 9202-003.129. Publicado no DOU em 02.06.2014).*
>
> *RECURSO DE OFÍCIO – ALÇADA – A Portaria MF nº 333, de 11.12.97, estabeleceu que cabe a interposição de recurso de ofício por parte da autoridade julgadora somente quando o valor do tributo e encargo de multa ultrapassar o valor de R$ 500.00,00 (quinhentos mil reais). Recurso de ofício não conhecido, por falta de objeto (Segundo Conselho de Contribuintes. Acórdão nº 201-73565. Publicado no DOU em 25.08.2000).*
>
> *RECURSO DE OFÍCIO – LIMITE DE ALÇADA – Não se conhece da matéria submetida a reexame necessário, quando o crédito tributário exonerado em primeira instância está abaixo do limite de alçada, fixado pela Portaria MF nº 333/97 (Primeiro Conselho de Contribuintes. Acórdão nº 108-05.616. Publicado no DOU em 20.05.1999).*
>
> *RECURSO DE OFÍCIO – LIMITE DE ALÇADA – Não se conhece de recurso de ofício interposto em decisão que exonera o sujeito passivo de crédito tributário (tributo e multa) inferior ao limite de alçada previsto no artigo 34, I, do Decreto nº 70.235/72, com as alterações introduzidas por meio da Lei nº 8.748/93 e Portaria MF nº 333/97 (Primeiro Conselho de Contribuintes. Acórdão nº 108-05.561. Publicado no DOU em 24.03.1999).*

15.11. Do Julgamento em Segunda Instância

Em segunda instância o julgamento do processo administrativo cabe ao Conselho Administrativo de Recursos Fiscais, órgão colegiado de composição

---

Tributário: Estudos em Homenagem ao Professor Aurélio Pitanga Seixas Filho. São Paulo: Quartier Latin, 2007, pp. 448-449.

paritária (art. 25, II, do Decreto nº 70.235/72, com a redação dada pela Lei nº 11.941/2009), ou seja, composto parte por representantes da Fazenda Nacional e parte por representantes dos contribuintes.

15.11.1. Histórico do Conselho Administrativos de Recursos Fiscais[25]

O primeiro Conselho de Contribuintes foi criado no ano de 1924, pelo Decreto nº 16.580, segundo o qual cada Estado e o Distrito Federal instalariam um Conselho para o julgamento de recursos referentes ao Imposto sobre a Renda. Somente o Conselho do Distrito Federal foi criado, iniciando suas atividades no ano de 1925. Este conselho de contribuintes seria composto por mebros indicados pelos contribuintes e membros indicados pelo Ministro da Fazenda. Nota-se, então, que já em sua formatação inicial a Corte Administrativa já se configurava como um órgão de julgamento formado por membros apontados pelos contribuintes e outros selecionados pela Fazenda.

Todavia, a composição paritária, da forma como existente atualmente, só veio a ser implementada com a edição do Decreto nº 5.157/27, o qual cuidou do julgamento de recursos relacionados ao Imposto sobre Consumo, atribuído ao Conselho de Contribuintes da Capital. Este órgão não tinha competência para julgamentos referentes ao Imposto de Renda.

Posteriormente, o Decreto nº 24.036/34 criou o Primeiro e o Segundo Conselhos de Contribuintes. Um Terceiro Conselho foi criado pelo Decreto nº 54.767/64 e um Quarto instituído já em 1972, pelo próprio Decreto nº 70.235. Em 1977 o Terceiro Conselho foi extinto, sendo as suas atribuições transferidas para o Segundo. O Quarto Conselho for renomeado Terceiro Conselho de Contribuintes.

No dia 04 de dezembro de 2008 foi publicada a Medida Provisória nº 449, a qual alterou o Decreto nº 70.235/72 e criou o Conselho Administrativo de

---

[25] As informações aqui apresentadas foram extraídas do sítio do Conselho Administrativo de Recursos Fiscais na na internet. Ver: https://carf.fazenda.gov.br/sincon/public/pages/ConsultarInstitucional/Historico/HistoricoPopup.jsf. Sobre a história dos Conselhos de Contribuintes, atual Conselho Administrativo de Recursos Fiscais, ver: OLIVEIRA, Leonardo Henrique M. de. Processo Administrativo e Judicial Tributário. In: TÔRRES, Heleno Taveira; QUEIROZ, Mary Elbe; FEITOSA, Raymundo Juliano (Coords.). *Direito Tributário e Processo Administrativo Aplicados*. São Paulo: Quartier Latin, 2005, pp. 75-79; CASTARDO, Hamilton Fernando. *Processo Tributário Administrativo*. 2ª ed. São Paulo: IOB Thompson, 2006, pp. 307-312; MOREIRA, Bernardo Motta. *Controle do Lançamento Tributário pelos Conselhos de Contribuintes*. Rio de Janeiro: Lumen Juris, 2013, pp. 28-31; MARTINS, Ana Luísa. *Conselho Administrativo de Recursos Fiscais*: 85 Anos de Imparcialidade na Solução de Litígios Fiscais. Rio de Janeiro: Capivara, 2010.

Recursos Fiscais, órgão para o qual foram transferidas as competências decisórias dos Conselhos de Contribuintes e da Câmara Superior de Recursos Fiscais. A aludida Medida Provisória foi convertida na Lei nº 11.941/2009. O Conselho Administrativo de Recursos Fiscais foi instalado pela Portaria MF nº 41/2009 e regulamentado pela Portaria MF nº 256/09. Atualmente, o Conselho encontra-se regido pela Portaria MF nº 343/15.

15.11.2. Competência do Conselho Administrativo de Recursos Fiscais

A competência decisória do Conselho Administrativo de Recursos Fiscais é definida por matéria. O Conselho é dividido em três Seções, compostas por quatro Câmaras cada. As Câmaras são integradas por Turmas, ordinárias e especiais. A competência das três Seções do Conselho é por matéria, e encontra-se prevista nos arts. 2º a 4º do Anexo II do Regimento Interno do Conselho Administrativo de Recursos Fiscais (Portaria MF nº 343/15). [26]

---

[26] Art. 2º. À 1ª (primeira) Seção cabe processar e julgar recursos de ofício e voluntário de decisão de 1ª (primeira) instância que versem sobre aplicação da legislação relativa a:
I – Imposto sobre a Renda da Pessoa Jurídica (IRPJ);
II – Contribuição Social sobre o Lucro Líquido (CSLL);
III – Imposto sobre a Renda Retido na Fonte (IRRF), quando se tratar de antecipação do IRPJ;
IV – CSLL, IRRF, Contribuição para o PIS/Pasep ou Contribuição para o Financiamento da Seguridade Social (Cofins), quando reflexos do IRPJ, formalizados com base nos mesmos elementos de prova em um mesmo Processo Administrativo Fiscal;
V – exclusão, inclusão e exigência de tributos decorrentes da aplicação da legislação referente ao Sistema Integrado de Pagamento de Impostos e Contribuições das Microempresas e das Empresas de Pequeno Porte (Simples) e ao tratamento diferenciado e favorecido a ser dispensado às microempresas e empresas de pequeno porte no âmbito dos Poderes da União, dos Estados, do Distrito Federal e dos Municípios, na apuração e recolhimento dos impostos e contribuições da União, dos Estados, do Distrito Federal e dos Municípios, mediante regime único de arrecadação (SimplesNacional);
VI – penalidades pelo descumprimento de obrigações acessórias pelas pessoas jurídicas, relativamente aos tributos de que trata este artigo; e
VII – tributos, empréstimos compulsórios, anistia e matéria correlata não incluídos na competência julgadora das demais Seções.
Art. 3º. À 2ª (segunda) Seção cabe processar e julgar recursos de ofício e voluntário de decisão de 1ª (primeira) instância que versem sobre aplicação da legislação relativa a:
I – Imposto sobre a Renda da Pessoa Física (IRPF);
II – IRRF;
III – Imposto sobre a Propriedade Territorial Rural (ITR);
IV – Contribuições Previdenciárias, inclusive as instituídas a título de substituição e as devidas a terceiros, definidas no art. 3º da Lei nº 11.457, de 16 de março de 2007; e
V – penalidades pelo descumprimento de obrigações acessórias pelas pessoas físicas e jurídicas, relativamente aos tributos de que trata este artigo.

15.11.3. A Questão da Composição Paritária

Como visto, de acordo com sua regência normativa, o Conselho Administrativo de Recursos Fiscais trata-se de órgão de composição paritária, o que leva à discussão quanto à obrigatoriedade da presença de representantes dos contribuintes para a legitimidade de suas decisões.

Art. 4º À 3ª (terceira) Seção cabe processar e julgar recursos de ofício e voluntário de decisão de 1ª (primeira) instância que versem sobre aplicação da legislação referente a:
I – Contribuição para o PIS/Pasep e Cofins, inclusive quando incidentes na importação de bens e serviços;
II – Contribuição para o Fundo de Investimento Social (FINSOCIAL);
III – Imposto sobre Produtos Industrializados (IPI);
IV – crédito presumido de IPI para ressarcimento da Contribuição para o PIS/Pasep e da Cofins;
V – Contribuição Provisória sobre Movimentação ou Transmissão de Valores e de Créditos e Direitos de Natureza Financeira (CPMF);
VI – Imposto Provisório sobre a Movimentação ou a Transmissão de Valores e de Créditos e Direitos de Natureza Financeira (IPMF);
VII – Imposto sobre Operações de Crédito, Câmbio e Seguro, ou relativas a Títulos ou Valores Mobiliários (IOF);
VIII – Contribuições de Intervenção no Domínio Econômico (CIDE);
IX – Imposto sobre a Importação (II);
X – Imposto sobre a Exportação (IE);
XI – contribuições, taxas e infrações cambiais e administrativas relacionadas com a importação e a exportação;
XII – classificação tarifária de mercadorias;
XIII – isenção, redução e suspensão de tributos incidentes na importação e na exportação;
XIV – vistoria aduaneira, dano ou avaria, falta ou extravio de mercadoria;
XV – omissão, incorreção, falta de manifesto ou documento equivalente, bem como falta de volume manifestado;
XVI – infração relativa à fatura comercial e a outros documentos exigidos na importação e na exportação;
XVII – trânsito aduaneiro e demais regimes aduaneiros especiais, e regimes aplicados em áreas especiais, salvo a hipótese prevista no inciso XVII do art. 105 do Decreto-Lei nº 37, de 18 de novembro de 1966;
XVIII – remessa postal internacional, salvo as hipóteses previstas nos incisos XV e XVI, do art. 105, do Decreto-Lei nº 37, de 1966;
XIX – valor aduaneiro;
XX – bagagem; e
XXI – penalidades pelo descumprimento de obrigações acessórias pelas pessoas físicas e jurídicas, relativamente aos tributos de que trata este artigo.
Parágrafo único. Cabe, ainda, à 3ª (terceira) Seção processar e julgar recursos de ofício e voluntário de decisão de 1ª (primeira) instância relativos aos lançamentos decorrentes do descumprimento de normas antidumping ou de medidas compensatórias.

Segundo entendemos, considerando que não há qualquer previsão constitucional que estabeleça a necessidade da presença dos representantes dos contribuintes nos órgãos administrativos decisórios, não pode ser a mesma considerada requisito essencial da legitimidade da decisão proferida no processo administrativo.

Como tivemos a oportunidade de analisar no início deste estudo, a legitimação democrática da decisão proferida em processo administrativo se dá pela *participação* do administrado, a qual deve ser qualificada pela incidência do princípio do devido processo legal. Dessa forma, a adoção da composição paritária do Conselho seria uma opção política, como forma de ressaltar a imparcialidade desses órgãos decisórios, e não uma imposição a que se encontre adstrita a Administração Pública.[27]

Dessa forma, parece-nos equivocado o entendimento exarado por Fábio Junqueira de Carvalho e Maria Inês Murgel, para quem:

> *O processo administrativo apenas estará cumprindo todas as determinações constitucionais quando houver uma participação efetiva dos administrados na gestão da atividade estatal, assim entendida como a sua participação em órgãos colegiados julgadores realmente paritários, onde a busca da justiça se dará com a participação de todos, ficando o País cada vez mais próximo do Estado Democrático de Direito que se almeja.*[28]

Embora se refira a uma atividade jurisdicional da Administração Pública, o que não se encontra em linha com a tese aqui defendida, José Antônio Minatel equaciona bem a questão ao afirmar que "o princípio norteador da atividade jurisdicional, ainda que administrativa, é a existência de órgão autônomo, independente e imparcial, preceitos que se sobrepõem a qualquer outro critério delimitador da origem dos seus integrantes".[29]

---

[27] No mesmo sentido, ver: RODRIGUES, Valter Piva. A Pluralidade de Instâncias no Processo Administrativo Tributário. In: ROCHA, Valdir de Oliveira (Coord.). *Processo Administrativo Fiscal*: 4º Volume. São Paulo: Dialética, 2000, p. 168. Em sentido contrário, José Eduardo Soares de Melo ressalta a vinculação entre a composição paritária dos Conselhos de Contribuintes e a realização do imperativo de imparcialidade que deve guiar suas decisões (cf. MELO, José Eduardo Soares. Composição paritária dos órgãos julgadores administrativos. In: ROCHA, Valdir de Oliveira (Coord.). *Processo Administrativo Fiscal*: 5º Volume. São Paulo: Dialética, 2000, pp. 100-101).

[28] CARVALHO, Fábio Junqueira de; MURGEL, Maria Inês. Órgão julgador administrativo – necessidade de o mesmo ser paritário. In: ROCHA, Valdir de Oliveira (Coord.). *Processo Administrativo Fiscal*: 4º Volume. São Paulo: Dialética, 1999, p. 56.

[29] MINATEL, José Antônio. Dupla Instância, Formação Paritária e Avocatória no Processo Administrativo Tributário. In: ROCHA, Valdir de Oliveira (Coord.). *Processo Administrativo Fiscal*: 4º Volume. São Paulo: Dialética, 1999, p. 100. Eduardo Bottallo apresenta crítica à composição

A composição paritária pode acabar por tornar o órgão decisório administrativo em um balcão de defesa de interesses, obscurecendo a sua função de interpretação/aplicação da legislação tributária aos casos concretos.

Portanto, concordamos absolutamente com a seguinte lição do Professor RICARDO LOBO TORRES que, referindo-se ainda aos Conselhos de Contribuintes, afirma que:

> *A representação paritária nos Conselhos de Contribuintes, a nosso ver, é arcaísmo que se precisa eliminar do direito brasileiro. Aqui penetrou por influência das idéias corporativas prevalecentes na Itália dos anos 30. A representação classista já vai desaparecendo até mesmo do Direito Trabalhista.*
>
> *A eficiência dos órgãos administrativos julgadores depende do conhecimento jurídico e técnico dos seus aplicadores, coisa que se não obtém com a paridade, salvo em raríssimos casos, como parece ser o do Tribunal de Impostos e Taxas de São Paulo. Seria necessário, portanto, que se criassem cargos para a nomeação de pessoas com sólidos conhecimentos da matéria tributária e com reputação ilibada, funcionários públicos ou não. A matéria, não tendo raiz constitucional, poderia ser alterada pelos entes da Federação que se sentissem prejudicados pelas insuficiências geradas pelo regime paritário.*[30]

paritária dos órgãos administrativos de julgamento de segunda instância que se alinha com a tese defendida neste trabalho: "Cabem, agora, algumas observações a propósito da *representação paritária* adotada na composição dos órgãos administrativos de julgamento de segunda instância. A presença de julgadores 'representantes' da Fazenda e dos contribuintes, tal como atualmente se dá, em nada concorre – antes, se opõe – ao aprimoramento desses órgãos colegiados.

Em regra, aludidos 'representantes' ocupam cargos em comissão (de confiança) e por prazo certo – o que acaba por sujeita-los a um tipo de *avaliação de desempenho* tendente a levar em conta menos a competência técnica revelada no exercício das funções judicantes, e mais aquilo que poderia ser designado de 'fidelidade' às posições defendidas pelas instituição ou endidade que os indicou. Em consequência, o sistema de representação paritária apenas na aparência mostra-se capaz de atender aos objetivos de isonomia que parecem tê-lo inspirado.

Seria muito mais consistente com o espírito da Constituição que os julgadores tributários fossem concursados e nomeados em caráter permanente, levando-se em conta apenas os requisitos de sólidos conhecimentos da matéria tributária e reputação ilibada" (BOTTALLO, Eduardo Domingos, *Curso de Processo Administrativo Tributário*, 2006, pp. 62-63).

[30] TORRES, Ricardo Lobo. Processo Administrativo Fiscal: Caminhos para o seu Desenvolvimento. *Revista Dialética de Direito Tributário*, São Paulo, nº 46, jul. 1999, p. 79. Em estudo mais recente, RICARDO LOBO TORRES reiterou este entendimento nos seguintes termos: "A mim me parece que uma das medidas mais importantes, que por vezes é discutida, é a supressão da paridade do Conselho de Contribuintes. O Conselho de Contribuintes é um órgão do poder público, um órgão da Administração Federal e dos Estados, que desde a sua criação, ao tempo do Estado Novo Getuliano, tem a forma paritária. Metade dos seus membros é proveniente da Fazenda, e a outra metade é indicada pelas forças produtoras – pelo comércio, pela indústria, e agora também advogados e outros representantes. O fato é que,

A discordância que temos em relação ao prosicionamento do Professor RICARDO LOBO acima transcrito consiste em preferirmos a seleção dos julgadores por concurso público do que a sua nomeação, já que esta pode não ser bastante para a solução da indicação de julgadores que não tenham condições técnicas para o exercício da função que lhes é entregue.

15.11.4. Seleção dos Julgadores do Conselho Administrativo de Recursos Fiscais

Uma das principais alterações promovidas após a criação do Conselho Administrativo de Recursos Fiscais foi relativa à seleção dos julgadores que compõem seu quadro. Como tivemos a oportunidade de observar, em artigo escrito juntamente com GABRIEL LACERDA TROIANELLI:

> *Ainda quanto às alterações na estrutura do CARF, será criado o Comitê de Seleção de Conselheiros (CSC) previsto no art. 32 do Regimento Interno, integrado por representantes: do CARF, indicado por seu Presidente e que presidirá o Comitê; da Secretaria da Receita Federal do Brasil; da Procuradoria da Fazenda Nacional; das confederações representativas das categorias econômicas de nível nacional; e da sociedade civil, indicado pelo Ministro de Estado de Fazenda. Ao CSC caberá selecionar os candidatos à função de conselheiro indicados em lista tríplice para cada vaga, mediante a análise de currículo profissional e a realização de entrevista para a avaliação dos conhecimentos específicos inerentes à função, bem como a disponibilidade do candidato para o exercício do mandato. Ainda que a designação do novo conselheiro continue sendo do Ministro de Estado da Fazenda, espera-se, naturalmente, que*

nessa mudança da processualidade, manter-se o Conselho de Contribuintes de forma paritária, a meu ver, é um atraso, é manter uma situação que não existe. Não há paralelo de monta na legislação estrangeira, ninguém pensa nisso, e tira-se a oportunidade de se ter um corpo de julgadores profissionalizados, um corpo de julgadores concursados, bem remunerados, mas com independência, com formação teórica – porque o Direito Tributário hoje é cada vez mais complicado, e se não se tiver formação, se não se tiver uma iniciação, não se consegue penetrar nas grandes questões que preocupam o segundo grau de solução de controvérsias na Administração Pública. Conselheiros mal preparados, que desconhecem o Direito Tributário, que desconhecem noções de contabilidade, que não têm domínio da instrumentalidade do Direito Tributário, infelizmente não podem julgar a contento" (TORRES, Ricardo Lobo. O papel dos Conselhos de Contribuintes na redução da litigiosidade. *Revista Internacional de Direito Tributário*, Belo Horizonte, v. 8, jul.-dez. 2007, pp. 284-285). Outro a criticar a composição paritária é o Professor Aurélio Pitanga Seixas Filho. Porém, sua crítica é em sentido diverso, defendendo o Professor um órgão julgador composto exclusivamente com "representantes" da Fazenda (Cf. SEIXAS FILHO, Aurélio Pitanga. Métodos para Revisão do Lançamento Tributário. In: ROCHA, Valdir de Oliveira (Coord.). *Grandes Questões Atuais do Direito Tributário – 13º Volume*. São Paulo: Dialética, 2009, pp. 32-33.)

os resultados das avaliações do CSC sejam levados em conta, o que representará reforço do critério técnico da escolha dos novos conselheiros.[31]

O processo de seleção de conselheiros encontra-se previsto nos arts. 31 a 34 do Anexo II do Regimento Interno do Conselho Administrativo de Recursos Fiscais:

> Art. 31. As listas tríplices das representações serão encaminhadas ao Presidente do CARF, acompanhadas dos currículos dos candidatos e demais documentos necessários à instrução do processo seletivo pelo CSC.
> Parágrafo único. As listas tríplices elaboradas pelas entidades mencionadas nos incisos I e II do caput do artigo 29 e os respectivos currículos mínimos dos candidatos deverão ser publicados no sítio do CARF antes do início do processo de seleção de que trata o Anexo III.
> Art. 32. O conselheiro suplente terá preferência nas indicações pelas representações na designação para o mandato de conselheiro titular.
> Parágrafo único. Os servidores do quadro de que trata o art. 8º da Portaria que aprova este Regimento Interno terão preferência na designação para conselheiros, observado o disposto no inciso I do caput do art. 29.
> Art. 33. A representação, no caso de recondução de conselheiro, indicará esta condição, sendo dispensada a apresentação de lista tríplice.
> § 1º Se a representação optar pela recondução, caberá ao CSC avaliar o desempenho do conselheiro no exercício do mandato.
> § 2º O processo de avaliação para recondução de conselheiro deverá observar a limitação prevista no § 2º do art. 40.
> Art. 34. A nomeação de Presidente de Seção ou de Câmara deverá ser precedida de análise pelo CSC quanto aos requisitos requeridos para o exercício de mandato de Conselheiro.

O Regimento Interno do Comitê de Seleção de Conselheiros foi aprovado pela Portaria MF nº 438/09.

15.11.5. O Polêmico Voto de Qualidade

O chamado "voto de qualidade", ou "voto duplo", está previsto no § 9º do artigo 25 do Decreto nº 70.235/72 nos seguintes termos: "os cargos de Presidente das Turmas da Câmara Superior de Recursos Fiscais, das câmaras, das suas

---

[31] TROIANELLI, Gabriel Lacerda; ROCHA, Sergio André. O CARF: A Nova Fisionomia do Velho Conselho de Contribuintes. In: ROCHA, Valdir de Oliveira (Coord.). *Grandes Questões Atuais do Direito Tributário – 13º Volume*. São Paulo: Dialética, 2009, p. 123.

turmas e das turmas especiais serão ocupados por conselheiros representantes da Fazenda Nacional, que, em caso de empate, terão o voto de qualidade, e os cargos de Vice-Presidente, por representantes dos contribuintes".

Recentemente, o "voto de qualidade" ganhou destaque na mídia, em razão do número extremamente reduzido onde o mesmo foi proferido favoravelmente ao contribuinte.[32]

Esses dados empíricos reforçaram teses que vinham sendo desenvolvidas por alguns autores, os quais questionam a constitucionalidade da utilização do "voto de qualidade" no processo administrativo fiscal.

As polêmicas sobre o voto de qualidade fizeram ressurgir debates sobre o vetusto aforismo "in dubio pro contribuinte", há muito considerado superado,[33] argumentando-se que, no caso de empate no julgamento do processo administrativo, deveria o auto de infração ser cancelado. Esta tese tem utilizado como fundamento o artigo 112 do Código Tributário Nacional. Posição nesse sentido é sustentada, por exemplo, por Hugo de Brito Machado. Para este autor:

> "Embora não tenhamos dúvida de que, mesmo em face da legislação vigente, ocorrendo empate na votação nos órgãos administrativos de julgamento, deve prevalecer o princípio do in dubio pro contribuinte, o certo é que, na prática, tem ocorrido o contrário em face do voto de desempate. E no mais importante desses órgãos, o Conselho Administrativo de Recursos Fiscais – CARF, o tema já foi discutido e prevaleceu a tese segundo a qual o regimento daquele órgão merece respeito e deve prevalecer. Assim, estamos diante de uma situação na qual se impõe uma solução legislativa para que possa prevalecer o aludido princípio".[34]

Esta tese foi rechaçada de forma veemente por Marciano Seabra de Godoi, cujas palavras transcrevemos a seguir:

---

[32] Em estudo feito por Cristiane Leme, Eurico Marcos Diniz de Santi e Susy Gomes Hoffmann, os autores apresentaram estatística no sentido de que, no período analisado, 100% dos votos de qualidade proferidos pelo CARF foram favoráveis ao Fisco. Ver: (LEME, Cristiane; SANTI, Eurico Marcos Dinis de; HOFFMANN, Suzy Gomes. *Observatório do Carf: o voto de qualidade em números*. Disponível em: http://jota.info/observatorio-carf-o-voto-de-qualidade-em-numeros. Acesso em 30 de outubro de 2016.

[33] Ver: TORRES, Ricardo Lobo. *Normas de Interpretação e Integração do Direito Tributário*. 4 ed. Rio de Janeiro: Renovar, 2006. p. 55.

[34] MACHADO, Hugo de Brito. O Voto de Desempate nos Julgamentos Administrativo-Tributários. In: VIANA, Michel (Coord.). *Código Tributário Nacional*: Análises e Reflexões para Mais 50 Anos de Vigência. São Paulo: Quartier Latin, 2016. p. 240. Nessa mesma linha de entendimento, ver: VILLAS-BÔAS, Marcos de Aguiar. In Dubio pro Contribuinte: *Visão Constitucional em Busca da Proteção dos Direitos Fundamentais*. São Paulo: MP Editora, 2012.

"Não consideramos procedentes as iniciativas doutrinárias recentes de recobrar a força do ultrapassado argumento in dubio pro contribuinte. Esse argumento, cuja premissa básica é a superada visão do tributo como uma cria espoliação de direitos fundamentais do indivíduo e do ordenamento tributário como um direito de exceção, não quadra nem com o Estado Fiscal consolidado há mais de um século no mundo contemporâneo, nem muito menos com o Estado Democrático de Direito inaugurado em 1988 em nossa ordem jurídico-constitucional.

No Direito Processual, o adjetivo acusatório é geralmente trabalhado e desenvolvido doutrinariamente no contexto de sua comparação com o processo inquisitivo ou inquisitório. Com base nessa tradicional comparação, não cabe sustentar que o lançamento tributário seja um procedimento ou um ato de conteúdo acusatório. Caso se queira utilizar o adjetivo acusatório em sentido amplo, e defender que o lançamento é acusatório porque, nele, o Fisco 'acusa o sujeito passivo de haver cometido uma irregularidade' contra o patrimônio público, então serão também acusatórios os processos judiciais em que uma parte imputa a outra o descumprimento de determinada obrigação legal ou contratual, pois nesses casos também se pode sustentar, em sentido lato, que o autor 'acusa' o réu de haver 'cometido uma irregularidade contra o seu patrimônio'".[35]

Realmente, as teses que sustentam o "in dubio pro contribuinte" como solução para se afastar o chamado "voto de qualidade" no âmbito do CARF carecem de fundamentação jurídica, parecendo ser consequência de uma indevida judicialização do processo administrativo.

Como mencionamos algumas vezes ao longo desta obra, o processo administrativo é uma *autorevisão* do lançamento tributário. Ou seja, *cabe à Fazenda Pública* rever seu ato administrativo de cobrança fiscal. Trata-se de um processo administrativo sem lide e, portanto, não requer a presença de um terceiro imparcial.

A referida composição paritária, que é uma mera opção da legislação ordinária, sem fundamento constitucional, é um instrumento que, quando muito, possibilita uma maior dialética na discussão dos fundamentos dos autos de infração. Contudo, sua presença na legislação não faz com que o processo *administrativo* deixe de pertencer à *Administração*. Afinal, a sua finalidade é a obtenção da última palavra, da Administração Pública, a respeito da legalidade do auto de infração. Não concordando com a decisão administrativa cabe ao contribuinte recorrer ao Poder Judiciário, a quem cabe solucionar lides.

---

[35] GODOI, Marciano Seabra de. A Volta do *in dubio pro* Contribuinte: Avanço ou Retrocesso? In: ROCHA, Valdir de Oliveira (Coord.). *Grandes Questões Atuais do Direito Tributário: 17º Volume*. São Paulo: Quartier Latin, 2013. p. 197.

Ao apresentarmos afirmação nesse sentido normalmente a reação é no sentido de que o Poder Judiciário não tem o conhecimento técnico para tratar de temas fiscais específicos. Não discordo desta colocação. Entretanto, se há problemas estruturais no Poder Judiciário, cabe à sociedade abrir um debate a respeito de uma reforma do processo judicial tributário. Certamente a saída para esses problemas não é a transformação do processo *administrativo* em um processo *semijudicial*.

15.11.6. Indelegabilidade da Competência Decisória

Questão relevante no que tange à competência para o julgamento dos processos administrativos consiste na possibilidade de sua delegação.

Tendo em vista que o Decreto nº 70.235/72 é silente quanto à matéria, aplicam-se subsidiariamente as disposições contidas na Lei nº 9.784/99, que tratou da questão em seus arts. 11 e seguintes.

Segundo o art. 11, "a competência é irrenunciável e se exerce pelos órgãos administrativos a que foi atribuída como própria, salvo os casos de delegação e avocação legalmente admitidos". Pela redação desse dispositivo legal nota-se, de plano, que a possibilidade de delegação de competência é exceção e não a regra.

Já o art. 13 traz limitação à possibilidade de delegação, ao estabelecer que "não podem ser objeto de delegação: I – a edição de atos de caráter normativo; II – a decisão de recursos administrativos; III – as matérias de competência exclusiva do órgão ou autoridade".

Conjugando-se esses dois dispositivos, chega-se à conclusão de que a competência para proferir decisão no âmbito de processo administrativo é indelegável por ato administrativo, como tem reconhecido as decisões do Conselho.[36]

---

[36] "PIS – COMPETÊNCIA PARA JULGAMENTO EM PRIMEIRA INSTÂNCIA NÃO DELEGÁVEL – A competência para efetuar o julgamento de Primeira Instância é dos Delegados da Receita Federal, titulares de Delegacias especializadas nas atividades concernentes a julgamento de processos, quanto aos tributos e contribuições administrados pela Secretaria da Receita Federal – art. 25 do Decreto nº 70.235/72, com a redação dada pelo art. 1º da Lei nº 8.748/93. A competência pode ser delegada ou avocada somente nos casos legalmente admitidos – art. 11 da Lei nº 9.784/99. NULIDADE – São nulos os atos e termos lavrados por pessoa incompetente – art. 59, I, do Decreto nº 70.235/72. Processo anulado a partir da decisão de primeira instância, inclusive" (Processo nº 10783.000487/93-13. Data da Sessão: 18/06/2002).

15.11.7. Decisão com Base na Inconstitucionalidade de Lei e Efeitos das Decisões do Supremo Tribunal Federal sobre o Conselho

Questão já analisada, referente ao julgamento pelo Conselho Administrativo de Recursos Fiscais, consiste na (im)possibilidade de o mesmo proferir decisão com base no reconhecimento da inconstitucionalidade de lei, questão essa objeto de pormenorizado estudo no Capítulo 8, ao qual remetemos o leitor.

Para os propósitos desta parte cabe apenas ressaltar que o Conselho manifesta posição quase pacífica no sentido de não ser o mesmo órgão competente para afastar a aplicação de lei sob o argumento de sua inconstitucionalidade. Nesse sentido foi a decisão abaixo transcrita, proferida pelo então Terceiro Conselho de Contribuintes:

> *NORMAS PROCESSUAIS – INCONSTITUCIONALIDADE DE LEI – O exame da constitucionalidade de lei é prerrogativa exclusiva do Poder Judiciário. O processo administrativo não é meio próprio para exame de questões relacionadas com a adequação da lei à Constituição Federal. Preliminar rejeitada (Processo nº 15374.002466/99-55. Data da Sessão: 21/08/2002).*

Como já vimos, este posicionamento encontra-se refletido no verbete da Súmula nº 2 do antigo Primeiro Conselho de Contribuintes, segundo a qual "o Primeiro Conselho de Contribuintes não é competente para se pronunciar sobre a inconstitucionalidade de lei tributária" (tem igual teor a Súmula nº 2 do Segundo Conselho de Contribuintes).

Até a edição da Medida Provisória nº 449/2008, a questão da análise da inconstitucionalidade de lei pelo órgão julgador administrativo estava prevista apenas nos Regimentos Internos dos Conselhos de Contribuintes e da Câmara Superior de Recursos Fiscais. A Lei nº 11.941/2009, que converteu a referida medida provisória, incluiu um art. 26-A no Decreto nº 70.235/72, cuja redação é a seguinte:

> *Art 26-A. No âmbito do processo administrativo fiscal, fica vedado aos órgãos de julgamento afastar a aplicação ou deixar de observar tratado, acordo internacional, lei ou decreto, sob fundamento de inconstitucionalidade..*
>
> *§ 6º O disposto no caput deste artigo não se aplica aos casos de tratado, acordo internacional, lei ou ato normativo:*
>
> *I – que já tenha sido declarado inconstitucional por decisão definitiva plenária do Supremo Tribunal Federal;*

II – que fundamente crédito tributário objeto de:

a) dispensa legal de constituição ou de ato declaratório do Procurador-Geral da Fazenda Nacional, na forma dos arts. 18 e 19 da Lei nº 10.522, de 19 de julho de 2002;

b) súmula da Advocacia-Geral da União, na forma do art. 43 da Lei Complementar nº 73, de 10 de fevereiro de 1993; ou

c) pareceres do Advogado-Geral da União aprovados pelo Presidente da República, na forma do art. 40 da Lei Complementar nº 73, de 10 de fevereiro de 1993."

Esta mesma regra encontra-se prevista no art. 62 do Anexo II do Regimento Interno do Conselho Administrativo de Regursos Fiscais.

A seu turno, os efeitos de decisões proferidas pelo Supremo Tribunal Federal, nos controles de constitucionalidade difuso ou concentrado, encontram-se previstos no Decreto nº 2.346/97, cujo art. 1º possui a seguinte redação:

Art. 1º As decisões do Supremo Tribunal Federal que fixem, de forma inequívoca e definitiva, interpretação do texto constitucional deverão ser uniformemente observadas pela Administração Pública Federal direta ou indireta, obedecidos aos procedimentos estabelecidos neste Decreto.

§ 1º – Transitada em julgado decisão do Supremo Tribunal Federal que declare a inconstitucionalidade de lei ou ato normativo, em ação direta, a decisão, dotada de eficácia ex tunc, produzirá efeitos desde a entrada em vigor da norma declarada inconstitucional não mais for suscetível de revisão administrativa ou judicial.

§ 2º – O disposto no parágrafo anterior aplica-se, igualmente, à lei ou ao ato normativo que tenha sua inconstitucionalidade proferida, incidentalmente, pelo Supremo Tribunal Federal, após a suspensão de sua execução pelo Senado Federal.

§ 3º – O Presidente da República, mediante proposta de Ministro de Estado, dirigente de órgão integrante da Presidência da República ou do Advogado-Geral da União, poderá autorizar a extensão dos efeitos jurídicos de decisão proferida em caso concreto.

Art. 1º-A. Concedida cautelar em ação direta de inconstitucionalidade contra lei ou ato normativo federal, ficará também suspensa a aplicação dos atos normativos regulamentadores da disposição questionada.

Inovação trazida pelo art. 26-A do Decreto nº 70.235/72 é a previsão expressa de que *havendo decisão plenária do STF* pode o Conselho julgar questão com base na inconstitucionalidade de ato normativo.

Neste particular a legislação segue posição que já se encontrava em julgados do Conselho Administrativo de Recursos Fiscais, conforme se vê abaixo:

COFINS. IMUNIDADE. As entidades beneficentes que prestam assistência social no campo de educação, para gozarem da imunidade constante do § 7º do art. 195 da

Constituição Federal, devem atender ao rol de exigências determinado pelo art. 55 da Lei nº 8.212/91. BASE DE CÁLCULO. A base de cálculo da contribuição para o PIS e da Cofins é o faturamento, assim compreendido a receita bruta da venda de mercadorias, de serviços e mercadorias e serviços, afastado o disposto no § 1º do art. 3º da Lei nº 9.718/98, por sentença proferida pelo plenário do Supremo Tribunal Federal em 09/11/2005, transitada em julgado em 29/09/2006. (Processo nº 10875.002304/2002-46. Data da Sessão: 08/11/2006).

INCONSTITUCIONALIDADE DE ATOS NORMATIVOS – Rejeita a preliminar de falta de apreciação da inconstitucionalidade de atos normativos, ante o princípio do plenário, prerrogativa esta outorgada pela Constituição Federal ao Poder Judiciário, eis que, em matéria de direito administrativo, presumem-me constitucionais todas as normas emanadas dos Poderes Legislativo e Executivo. Em sede administrativa somente é dada a apreciação de inconstitucionalidade ou ilegalidade após a consagração pelo plenário do STJ ou STF (art. 97, 102, III "a" e "b", da CF). (Processo nº 13005.000201/96-70. Data da Sessão: 15/04/1999).

INCONSTITUCIONALIDADE DE ATOS NORMATIVOS – Esse colegiado não pode apreciar inconstitucionalidade de atos normativos, ante o princípio do plenário, prerrogativa esta outorgada pela Constituição Federal ao Poder Judiciário, eis que se presumem constitucionais todas as normas emanadas dos Poderes Legislativo e Executivo. Em sede administrativa somente é dado a apreciação de inconstitucionalidade ou ilegalidade após a consagração pelo plenário do STF (art. 97, 102, III "a" e "b" da CF). (Processo nº 11065.000378/99-24. Data da Sessão: 09/12/1999).

O Regimento Interno do Conselho Administrativo de Recursos Fiscais repete, em seu artigo 62, o dispositivo previsto no art. 26-A no Decreto nº 70.235/72. Estabelece, ainda, em seu art. 80, que no caso de ser proferida decisão em desconformidade com o disposto no art. 62, estar-se-á diante de decisão nula, na forma do inciso II do art. 59 do Decreto nº 70.235/72.

Neste caso, tratando-se de nulidade, seria possível que o questionamento da decisão proferida pelo Conselho Administrativo de Recursos Fiscais fosse feito por intermédio de recurso hierárquico a ser apresentado ao Ministro da Fazenda, solução esta que já era defendida por MARCOS AURÉLIO PEREIRA VALADÃO antes de acolhida pela legislação.[37]

---

[37] VALADÃO, Marcos Aurélio Pereira. Conselho de Contribuintes, Processo Administrativo Fiscal e Controle da Legislação Tributária. *Revista Fórum de Direito Tributário*, Belo Horizonte, nº 4, jul.-ago. 2003, p. 71.

15.11.8. Embargos de Declaração

Quando o acórdão proferido "contiver obscuridade, omissão ou contradição entre a decisão e os seus fundamentos, ou for omitido ponto sobre o qual deveria pronunciar-se a turma", cabem embargos de declaração (art. 65 do Anexo II do Regimento Interno do Conselho Administrativo de Recursos Fiscais).

Segundo o § 1º deste mesmo art. 65, "os embargos de declaração poderão ser interpostos por conselheiro da turma, pelo Procurador da Fazenda Nacional, pelos Delegados de Julgamento, pelo titular da unidade da administração tributária encarregada da execução do acórdão ou pelo recorrente, mediante petição fundamentada dirigida ao presidente da Câmara, no prazo de 5 (cinco) dias contado da ciência do acórdão".

É importante destacar que "os embargos de declaração opostos tempestivamente interrompem o prazo para a interposição de recurso especial" (§ 5º do art. 65).

A retificação de "inexatidões materiais devidas a lapso manifesto e os erros de escrita ou de cálculo existentes na decisão serão retificados pelo presidente de turma, mediante requerimento de conselheiro da turma, do Procurador da Fazenda Nacional, do titular da unidade da administração tributária encarregada da execução do acórdão ou do recorrente" (art. 66).

15.11.9. Uniformização das Decisões

O Regimento Interno do Conselho, no art. 72 de seu Anexo II, estabelece mecanismo de uniformização das decisões dos Conselhos, ao estabelecer que "as decisões reiteradas e uniformes do CARF serão consubstanciadas em súmula de observância obrigatória pelos membros do CARF".

De acordo com § 1º deste mesmo art. 72, compete ao Pleno da Câmara Superior de Recursos Fiscais aprovar a súmula mencionada no parágrafo anterior.

Já o seu § 2º estabelece que "será indeferido pelo Presidente da Câmara, ou por proposta do relator e despacho do Presidente, o recurso que contrarie súmula em vigor, quando não houver outra matéria objeto do recurso".

"Por proposta do Presidente do CARF, do Secretário da Receita Federal do Brasil ou do Procurador-Geral da Fazenda Nacional, o Ministro de Estado da Fazenda poderá atribuir à súmula do CARF efeito vinculante em relação à administração tributária federal" (Art. 75).

A questão referente à edição de súmulas uniformizadoras do entendimento do Conselho Administrativo de Recursos Fiscais acerca de determinada matéria foi examinada no item 3.1.6.5.4 acima, inclusive no que tange às críticas apresentadas a tal mecanismo de simplificação.

Vale a pena, todavia, destacar uma vez mais que a legislação prevê duas sistemáticas de uniformização de decisões: a primeira, cuida da uniformização de decisões para a produção de efeitos apenas no âmbito do próprio Conselho; enquanto que a segunda, prevista cuida de hipótese de edição de súmula com efeito vinculante para toda a Administração Pública, desde que seguido o procedimento ali previsto.

Além das súmulas, o Regimento Interno do Conselho prevê também, nos seus arts. 76 e 77 a edição de Resoluções da Câmara Superior de Recursos Fiscais, as quais têm por finalidade unificar entendimentos divergentes entre Turmas da própria Câmara Superior.

A Portaria nº 69/09 aprovou o regulamento para a proposição, discussão e edição de súmulas e resoluções no âmbito do Conselho Administrativo de Recursos Fiscais.

15.11.10. Pedido de Reconsideração

Vale a pena destacar que o art. 50 da Lei nº 8.541/92 revogou o § 3º do art. 37 do Decreto nº 70.235/73, de modo que não é admitido pedido de reconsideração de julgamento proferido pelos Conselho. Nesse sentido vem decidindo foram as seguintes decisões:

> *PEDIDO DE RECONSIDERAÇÃO. Impossibilidade de conhecer de pedido de reconsideração formulado após o advento da Lei nº 8.541/92. (Processo: 13964.000271/2004-51. Data da Sessão: 25/04/2007).*
>
> *PEDIDO DE RECONSIDERAÇÃO – Não se conhece de pedido de reconsideração formulado após o advento da Lei nº 8.541/92, salvo na hipótese de haver decisão judicial determinando a sua apreciação, o que não é o caso dos autos. (Processo nº 10820.000947/88-17. Data da Sessão: 16/10/2003).*

15.12. Do Recurso Especial e do Julgamento pela Câmara Superior de Recursos Fiscais

A Câmara Superior de Recursos Fiscais é composta de um órgão Pleno e três Turmas de julgamento (art. 9º do Regimento Interno do Conselho). Segundo o art. 26 do Regimento, "as turmas da CSRF são constituídas pelo presidente e vice-presidente do CARF e pelos presidentes e vice-presidentes das Câmaras da respectiva Seção". O Pleno da Câmara Superior de Recursos Fiscais é "composto pelo Presidente e Vice-Presidente do CARF e pelos demais membros das turmas da CSRF" (artigo 27).

15.12.1 Do Recurso Especial

De acordo com o art. 67 do anexo II do Regimento Interno, "compete à CSRF, por suas turmas, julgar recurso especial interposto contra decisão que der à lei tributária interpretação divergente da que lhe tenha dado outra câmara, turma de câmara, turma especial ou a própria CSRF".

Este dispositivo é reflexo da Lei nº 11.941/09, que alterando o regime anterior pôs fim ao recurso contra decisão por maioria, contrária à lei ou prova dos autos, que só podia ser interposto pela representação da Fazenda Nacional. Este recurso, agora extinto, desbordava os limites impostos pelos princípios da isonomia e da ampla defesa, sendo manifestamente inconstitucional.[38]

Quando o Recurso Especial for interposto com fundamento na contrariedade entre a decisão recorrida e outra decisão proferida por outra Câmara do respectivo Conselho ou da Câmara Superior, tal contrariedade deve estar demonstrada, sendo que não será admitida como paradigma decisão que houver manifestado entendimento posteriormente reformado pela Câmara Superior (art. 67). O prazo para a interposição do Recurso é de 15 dias (art. 68).

15.12.2. Recurso Hierárquico contra Decisão do Conselho Administrativo de Recursos Fiscais

Como visto anteriormente, debate-se acerca da possibilidade de interposição de recurso hierárquico ao Ministro da Fazenda contra decisões pelo Conselho Administrativo de Recursos Fiscais. Esse tema, que foi objeto de discussão

---

[38] Como destaca DEJALMA DE CAMPOS: "Surpreendentemente, no primeiro caso (decisão não unânime de Câmara de Conselho de Contribuintes) é privativo do Procurador da Fazenda Nacional, sendo a interposição facultada também ao sujeito passivo unicamente nas situações de existência de dissídio jurisprudencial. A surpresa decorre da existência de possibilidade normativa de manutenção de ilegalidade em ato administrativo em virtude da 'parte' que a apontar. Como se somente as ilegalidades apontadas pela Procuradoria implicassem a anulação do ato administrativo" (CAMPOS, Dejalma de. *Direito Processual Tributário*. 7ª ed. São Paulo: Atlas, 2001, p. 60). Reconhecendo a violação ao princípio da isonomia na presente situação: MARINS, James, *Direito Tributário Processual Brasileiro*: Administrativo e Judicial, 2001, pp. 275--276; MACHADO SEGUNDO, Hugo de Brito, *Processo Tributário*, 2004, pp. 192-193.

mais detida no item 9.3, será referido aqui de forma mais resumida, apenas para fins didáticos.

MARCOS VINICIUS NEDER e MARIA TEREZA MARTÍNEZ LÓPEZ noticiam que há duas correntes quanto ao tema em apreço: uma que defende a impossibilidade de interposição de recursos contra decisão proferida pelos órgãos julgadores colegiados paritários e outra, sustentada pela Fazenda Nacional, no sentido de ser legítima tal interposição.[39]

Como temos defendido na presente dissertação, um dos pilares principais sobre o qual se constrói o processo administrativo consiste na independência técnica dos órgãos administrativos responsáveis pela apreciação das manifestações de contrariedade dos administrados.

A necessidade da independência do julgador aparece como um requisito fundamental do processo administrativo fiscal, garantindo-se que a decisão que será proferida seja uma decisão técnica, fundada estritamente na análise dos fatos e da legislação aplicável, *evitando-se, dessa forma, que necessidades arrecadatórias decorrentes do imediatismo das ações políticas condicionem os resultados dos processos administrativos em matéria tributária*, o que faria ruir todo o sistema, causando o descrédito dos contribuintes e a insegurança nas relações jurídico-fiscais.

Assim, há que se afastar a possibilidade de a decisão final no processo administrativo fiscal ser atribuição do Ministro de Estado de Fazenda, cuja decisão tende a ser influenciada mais pelos imperativos da política do que pela impessoal aplicação dos mandamentos do ordenamento jurídico.

O entendimento ora defendido encontra amparo no disposto no art. 42 do Decreto nº 70.235/72, segundo o qual as decisões proferidas pelas diversas instâncias do Processo Administrativo Fiscal, quando definitivas, esgotam a competência decisória administrativa.[40]

---

[39] *Processo Administrativo Fiscal Federal Comentado*, 2002, p. 298.

[40] Em sentido contrário, vale destacar o entendimento de MARY ELBE QUEIROZ, para quem: "Apesar de o artigo 42 do Decreto nº 70.235/72 e alterações preverem que as decisões emanadas do órgão julgador em instância especial, Câmara Superior de Recursos Fiscais, são definitivas na esfera administrativa, deve-se salientar que, pelo fato de a competência daquele órgão, para apreciação e julgamento dos recursos especiais, nos termos do Decreto nº 83.304/79, decorrer de ato de competência delegada, haja vista que a originária é do Ministro da Fazenda, ao qual aquele órgão se encontra subordinado (Regimento Interno da Câmara Superior de Recursos Fiscais, Portaria MF nº 55/98), consoante o Decreto nº 70.235/72, com as alterações da Lei nº 8.748/93, conclui-se que eles se encontram submetidos também a controle hierárquico, pois a autoridade delegante sempre poderá avocar a si o poder que foi outorgado à autoridade delegada,..." (*Do Lançamento Tributário – Execução e Controle*, 1999, p. 171). No mesmo sentido, ver: ALVIM, Eduardo Arruda. Apontamentos

Esse posicionamento foi referendado pela Primeira Seção do Superior Tribunal de Justiça, que, nos autos do Mandado de Segurança nº 8.810, proferiu decisão cuja ementa tem a seguinte redação (publicação no Diário da Justiça em 06/10/2003):

> ADMINISTRATIVO – MANDADO DE SEGURANÇA – CONSELHO DE CONTRIBUINTES – DECISÃO IRRECORRIDA – RECURSO HIERÁRQUICO – CONTROLE MINISTERIAL – ERRO DE HERMENÊUTICA.
> *I – A competência ministerial para controlar os atos da administração pressupõe a existência de algo descontrolado, não incide nas hipóteses em que o órgão controlado se conteve no âmbito de sua competência e do devido processo legal.*
> *II – O controle do Ministro da Fazenda (Arts. 19 e 20 do DL 200/67) sobre os acórdãos dos Conselhos de Contribuintes tem como escopo e limite o reparo de nulidades. Não é lícito ao Ministro cassar tais decisões, sob o argumento de que o colegiado errou na interpretação da Lei.*
> *III – As decisões do Conselho de Contribuintes, quando não recorridas, tornam-se definitivas, cumprindo à Administração, de ofício, "exonerar o sujeito passivo "dos gravames decorrentes do litígio" (Dec. 70.235/72, Art. 45).*
> *IV – Ao dar curso a apelo contra decisão definitiva de Conselho de Contribuintes, o Ministro da Fazenda põe em risco direito líquido e certo do beneficiário da decisão recorrida.*

Vale ressaltar, todavia, que a posição manifestada pelo Superior Tribunal de Justiça na decisão acima transcrita teve lastro em disposição expressa contida no art. 42 do Decreto nº 70.235/72. Em outras situações, em que previsto o recurso hierárquico na legislação de processo administrativo do ente tributante, a jurisprudência do Tribunal ainda não é pacífica. Para um estudo mais detido desta problemática remete-se o leitor, uma vez mais, ao item 9.3.

15.12.3. Agravo

A reforma empreendida pela Lei nº 11.941/09 havia acabado também com o recurso de Agravo contra decisão que não admite o Recurso Especial. Sobre o fim do recurso de Agravo, apresentamos os seguintes comentários juntamente com GABRIEL LACERDA TROIANELLI:

---

sobre o Recurso Hierárquico no Procedimento Administrativo Tributário Federal. In: FICHER, Octavio Campos (Coord.). *Tributos e Direitos Fundamentais*. São Paulo: Dialética, 2004, pp. 31-44.

Encerrando as alterações pertinentes ao recurso especial, o artigo 71 do Regimento Interno estabelece que "o despacho de rejeitar, total ou parcialmente, a admissibilidade do recurso especial será submetido à apreciação do Presidente da CSRF", instituindo, portanto, mecanismo de revisão de ofício, pelo Presidente da CSRF, da decisão que não admitir recurso especial, sendo definitiva a decisão do Presidente da CSRF que negar seguimento ao recurso (§ 3º). Pelo regimento antigo dos Conselhos, negada a admissibilidade do recurso especial, o processo baixava para a delegacia da jurisdição do contribuinte, ao qual era facultada a interposição de agravo. Interposto o agravo, o Presidente da CSRF distribuía os autos a um dos membros da Turma, que acolhia ou rejeitava o pedido de reexame da admissibilidade, decisão esta que devia ser aprovada pelo Presidente da CSRF. Se o Presidente discordasse da conclusão do relator (o membro da Turma anteriormente designado), a questão era apreciada pelo colegiado da Turma. Bem se vê que o procedimento foi bastante simplificado pelo novo Regimento Interno. Mas fica uma dúvida decorrente do fato de que por um lado foi mantida, pelo § 1º do artigo 71, a regra segundo a qual "o presidente do CARF poderá designar conselheiro da CSRF para se pronunciar sobre a admissibilidade do recurso especial interposto", e por outro, não é mais regimentalmente prevista a solução anteriormente adotada para solucionar divergência entre o entendimento do conselheiro designado e do Presidente, qual seja, a sua submissão ao colegiado da Turma: o que acontece se o Presidente designar conselheiro para se pronunciar sobre a admissibilidade do recurso especial e, depois, não concordar com sua conclusão? Como o § 3º é bem claro no sentido de que o despacho do Presidente será definitivo, e que o conselheiro designado é chamado a se pronunciar sobre a admissibilidade do recurso, e não, como era no regimento antigo, a acolher ou rejeitar o pedido de reexame, parece que o novo Regimento Interno atribui ao resultado do pronunciamento do conselheiro designado apenas um caráter consultivo, devendo a palavra final do Presidente prevalecer em caso de divergência, decisão esta que deverá ser fundamentada. Mas nada impede que o Presidente, caso sua opinião divirja do pronunciamento do conselheiro designado, opte por submeter a questão ao colegiado da Turma, até mesmo como forma de prestigiar o pronunciamento do conselheiro designado.[41]

Em 2016 o Regimento Interno do CARF foi alterado pela Portaria MF nº 152/2016, que reintroduziu o recurso de agravo, dando nova redação ao artigo 71 do referido regimento, conforme abaixo:

Art. 71. Cabe agravo do despacho que negar seguimento, total ou parcial, ao recurso especial.
§ 1º O agravo será requerido em petição dirigida ao Presidente da Câmara Superior de Recursos Fiscais, no prazo de cinco dias contado da ciência do despacho que lhe negou seguimento.

---

[41] TROIANELLI, Gabriel Lacerda; ROCHA, Sergio André. O CARF: A Nova Fisionomia do Velho Conselho de Contribuintes. In: ROCHA, Valdir de Oliveira (Coord.). *Grandes Questões Atuais do Direito Tributário – 13º Volume*. São Paulo: Dialética, 2009, p. 123.

§ 2º O agravo não é cabível nos casos em que a negativa de seguimento tenha decorrido de:
I – inobservância de prazo para a interposição do recurso especial;
II – falta de juntada do inteiro teor do acórdão ou cópia da publicação da ementa que comprove a divergência, ou da transcrição integral da ementa no corpo do recurso, nos termos dos §§ 9º e 11 do art. 67;
III – utilização de acórdão da própria Câmara do Conselho de Contribuintes, de Turma de Câmaras e de Turma Especial do CARF que apreciou o recurso;
IV – utilização de acórdão que já tenha sido reformado; V – falta de pré-questionamento da matéria, no caso de recurso interposto pelo sujeito passivo; ou
VI – observância, pelo acórdão recorrido, de súmula de jurisprudência dos Conselhos de Contribuintes, da Câmara Superior de Recursos Fiscais ou do CARF, bem como das decisões de que tratam os incisos I a III do § 12 do art. 67, salvo nos casos em que o recurso especial verse sobre a não aplicação, ao caso concreto, dos enunciados ou dessas decisões.
§ 3º O Presidente da Câmara Superior de Recursos Fiscais rejeitará liminarmente e de forma definitiva o agravo nas hipóteses previstas no § 2º.
§ 4º No agravo não será admitida a produção de novas provas da divergência.
§ 5º O Presidente da CSRF, em despacho fundamentado, acolherá ou rejeitará, total ou parcialmente, o agravo.
§ 6º Será definitivo o despacho do Presidente da CSRF que negar ou der seguimento ao recurso especial, não sendo cabível pedido de reconsideração ou qualquer outro recurso.
§ 7º Na hipótese de o Presidente do CSRF entender presentes os pressupostos de admissibilidade e der seguimento ao recurso especial, este terá a tramitação prevista nos arts. 69 ou 70, conforme o caso.
§ 8º Na hipótese do § 6º, será dada ciência às partes do despacho que negar total ou parcialmente seguimento ao recurso especial.

15.13. Coisa Julgada Administrativa

O art. 42 do Decreto nº 70.235/72 enumera as situações em que se torna definitiva a decisão proferida no processo administrativo. Como visto anteriormente, diante do princípio da inafastabilidade da jurisdição, esta definitividade da decisão administrativa alcança apenas a própria Administração Pública, sendo possível o seu questionamento judicial por parte do contribuinte. Em qualquer das situações previstas no artigo em tela há a formação da coisa julgada administrativa (ver, sobre o tema, o Capítulo 8 desta dissertação).

Nessa linha de raciocínio, proferida a decisão final no processo administrativo, podem acontecer duas situações distintas:

(a) A decisão declara a legalidade do ato administrativo impugnado. Nesse caso, o contribuinte pode concordar com a decisão administrativa, procedendo

ao pagamento do crédito tributário; ou discordar do entendimento manifestado pela Administração, caso em que surgirá um conflito de interesses entre Administração e administrado, o qual somente poderá ser pacificado pela substituição das partes pelo Estado-juiz.
(b) A decisão administrativa declara a ilegalidade do ato administrativo, anulando-o. Nesse caso, haverá a formação da coisa julgada administrativa, com a preclusão, para Administração, da análise do critério jurídico da decisão. Com isso, em conformidade com o inciso IX do art. 156 do Código Tributário Nacional, há a extinção do crédito tributário, não se podendo falar na possibilidade de a Fazenda Pública postular a anulação da decisão administrativa perante o Poder Judiciário.

Uma vez proferida decisão pela legalidade do ato administrativo impugnado, segue-se a fase de cobrança amigável do crédito tributário, conforme previsto no art. 43.

Questão relevante, relacionada ao fim do processo administrativo fiscal, é relativa ao fenecimento da suspensão da exigibilidade do crédito tributário, que se inicia com a apresentação da impugnação pelo contribuinte (art. 151, III, do Código Tributário Nacional).

Sobre esse ponto, é de se assinalar que a suspensão da exigibilidade do crédito tributário tem fim no momento em que o contribuinte é intimado acerca da decisão final no processo administrativo. Todavia, até que o prazo para pagamento do crédito tributário pelo contribuinte se esgote, o mesmo não pode ser considerado em mora, de modo que deve ser reconhecida sua regularidade fiscal, com a consequente concessão de certidão positiva com efeitos de negativa.

15.14. Das Nulidades

Os incisos I e II do art. 59 do Decreto nº 70.235/72, ao prescreverem acerca das nulidades dos atos praticados no âmbito do processo administrativo fiscal, estabelecem nulidades vinculadas à incompetência do agente e ao cerceamento do direito de defesa do impugnante.

Sobre a noção de competência, vale transcrever as seguintes palavras de DIOGENES GASPARINI:

> *O ato administrativo não surge* spont sua. *Deve ter um editor. Esse é o agente público. Isso, no entanto, não é tudo, pois o agente público há de ser competente, isto é, ser dotado de*

força legal para produzir esse ato. Agente público é o que recebe da lei o devido poder para o desempenho de suas funções. Vê-se, pois, que o ato administrativo há de resultar do exercício das atribuições de um agente competente, sob pena de invalidação.[42]

Assim, sempre que o ato processual for praticado por agente público incompetente, isto é, que não possua atribuição legal para sua prática, será o mesmo nulo, seja tal ato praticado no curso do processo (inciso I) ou tenha ele conteúdo decisório (inciso II).

No que se refere a estes últimos, ou seja, aos atos que ostentem conteúdo decisório, implica ainda a nulidade do processo a preterição do direito de defesa. Ou seja, caso seja proferida determinada decisão no âmbito do processo administrativo fiscal sem que se tenha resguardado o direito do contribuinte de *participar ativamente* do processo, será nula a decisão, por violação do princípio do devido processo legal e seus corolários.

Nessa ordem de idéias, acarretam a nulidade da decisão, pelo cerceamento do direito de defesa do contribuinte, por exemplo: (a) a falta de motivação do auto de infração ou da decisão proferida em instância inferior, para o que se exige a explicitação clara das razões de fato e de direito que levaram à pratica de determinado ato pela Administração Fazendária;[43] (b) a falta de intimação do contribuinte acerca de ato processual sobre o qual deveria manifestar-se; (c) a injustificada negativa da Autoridade Julgadora a proceder às diligências e perícias necessárias para a elucidação da questão; (d) a não-apreciação dos argumentos jurídicos sustentados pelo contribuinte em sua impugnação,[44] etc.

---

[42] GASPARINI, Diogenes. *Direito Administrativo*. 8ª ed, São Paulo: Saraiva, 2003, p. 59.

[43] Nesse sentido são as seguintes decisões: "NULIDADE – APURAÇÃO DE ACRÉSCIMO PATRIMONIAL A DESCOBERTO – PRELIMINAR – NULIDADE DO LANÇAMENTO POR CERCEAMENTO DO DIREITO DE DEFESA – A ausência, nos autos, de descrição minuciosa dos fatos e, ainda, de demonstrativos hábeis a esclarecer o critério adotado para apurar o montante de recursos e aplicações, consignados nos demonstrativos de acréscimo patrimonial a descoberto, além de cercear a garantia constitucional de ampla defesa, impede o exame da matéria pela autoridade julgadora de segunda instância" (Primeiro Conselho de Contribuintes – Sexta Câmara. Acórdão 106-11750. Sessão de 22.02.2001). "NULIDADE – LANÇAMENTO SEM ENQUADRAMENTO LEGAL – NULIDADE – A ausência no lançamento da capitulação prevista para as infrações imputadas ao contribuinte implica nulidade da exigência, uma vez que foi emitido em desacordo com o disposto no artigo 142 da Lei nº 5.172/66 (CTN) e no artigo 11 do Decreto nº 70.235/72" (Primeiro Conselho de Contribuintes – Quarta Câmara. Acórdão 104-17.440. Sessão de 12.04.2000).

[44] Ver as seguintes decisões: "NULIDADE – Decisão omissa quanto ao exame de argumentos apresentados para defesa do contribuinte deve ser declarada nula, por ensejar cerceamento do direito de defesa e supressão de instância (Decreto nº 70.235/72, artigos 31-59)" (Segundo Conselho de Contribuintes – Terceira Câmara. Acórdão 203-06323. Sessão de 22.02.2000).

O parágrafo § 1º do art. 59 consagra o princípio da causalidade[45], segundo o qual somente se deve reconhecer a nulidade de atos que se encontram diretamente relacionados com o ato nulo, e assim contaminados por tal nulidade.

A seu turno, o § 3º desse mesmo artigo concretiza os princípios da instrumentalidade do processo e do prejuízo[46] (este mais expressamente previsto no art. 60), de forma que, verificando-se que é possível o reconhecimento da ilegalidade do ato objeto de revisão independentemente do reconhecimento da nulidade, dispensa-se a sua pronúncia assim como a repetição do ato nulo.

"NULIDADE – É nula a decisão de primeira instância que deixar de apreciar os argumentos expendidos na impugnação. Anulada decisão de primeiro grau. Decisão nula" (Primeiro Conselho de Contribuintes – Oitava Câmara. Acórdão 108-06.480. Sessão de 18.04.2001). "NULIDADE – É nula a decisão singular que deixa de apreciar fatos relevantes apresentados pelo Contribuinte, cerceando o seu direito de defesa" (Segundo Conselho de Contribuintes – Terceira Câmara. Acórdão 203-06718. Sessão de 15.08.2000).

[45] Ver: AURÉLIO, Marco Meirelles. Invalidades no Processo Administrativo Tributário. In: *I Prêmio CARF de Monografias em Direito Tributário*. Conselho Administrativo de Recursos Fiscais: Brasília, 2011, pp. 86-87.

[46] Ver: AURÉLIO, Marco Meirelles. Invalidades no Processo Administrativo Tributário. In: *I Prêmio CARF de Monografias em Direito Tributário*. Conselho Administrativo de Recursos Fiscais: Brasília, 2011, p. 88.

Capítulo 16

A Criação de uma Agência como Órgão Administrativo de Decisão no Âmbito do Processo Administrativo Fiscal

16.1. Breve Contextualização do Surgimento das Agências Reguladoras no Brasil

Diante das considerações apresentadas no primeiro capítulo deste trabalho, nota-se que, hodiernamente, vive-se um período em que são muitas e variadas as atribuições estatais, acumulando o Estado-Administração as funções de prestação de serviços, planejamento, regulação e fomento das atividades econômicas, podendo, ainda, em determinadas situações e sob certas condições, emitir normas de conduta, regendo a vida em sociedade.

Nada obstante, a referida concentração de funções no Poder Executivo trouxe consigo a ineficiência da intervenção estatal na economia e o *déficit* orçamentário, os quais demandaram uma alteração estrutural do Estado. No dizer de ALEXANDRE SANTOS DE ARAGÃO "a partir principalmente do Segundo Pós-Guerra, o Estado, diante de uma sociedade complexa e dinâmica, verificou a impotência dos seus instrumentos tradicionais de atuação, o que impõe a adoção de mecanismos mais ágeis e tecnicamente especializados".[1]

Tal mudança dos paradigmas da gerência estatal chegou tardiamente ao Brasil, encontrando-se constitucionalmente viabilizada desde a promulgação da Constituição Federal de 1988, mas sendo efetivamente implementada ao longo da década de 90.

---

[1] ARAGÃO, Alexandre Santos. O poder normativo das agências reguladoras independentes e o Estado Democrático de Direito. *Revista de Informação Legislativa*, Brasília, nº 148, out.-dez. 2000, p. 276.

Essa reforma do Estado brasileiro, e consequente alteração do âmbito de intervenção estatal no domínio econômico, passou: (1) pela extinção das restrições ao capital estrangeiro, empreendida pela edição das Emendas Constitucionais n°s 5 e 7; (2) pela flexibilização dos monopólios estatais, levada a efeito com a promulgação das Emendas Constitucionais n°s 5, 8 e 9; e (3) pela privatização, a qual foi implementada sem a alteração do texto constitucional.[2]

Trazendo à colação o magistério de SEBASTIÃO BOTTO DE BARROS TOJAL, "a reforma do Estado, que compreende o ajuste fiscal, o abandono da estratégia protecionista de substituição das importações e o programa de privatizações das empresas estatais – iniciado com o Plano Nacional de Desestatização (Lei nº 8.031/90) –, consolida a idéia de que a transferência da produção para o setor privado torna-a mais eficiente. Pretende-se que o Estado reduza o seu papel de executor ou prestador direto de serviços, mantendo-se, entretanto, no papel de regulador e provedor ou promotor destes".[3]

A redefinição do papel do Estado, com a transferência para os agentes privados de atividades antes executadas pelo Poder Público, não alterou, no entanto, a natureza das mesmas, mantendo-se estas vinculadas aos interesses públicos, razão pela qual, nas palavras de LUÍS ROBERTO BARROSO, a privatização trouxe "drástica transformação no papel do Estado: em lugar de protagonista na execução dos serviços, suas funções passam a ser as de planejamento, regulamentação e fiscalização das empresas concessionárias".[4] Como destaca MARCOS JURUENA VILLELA SOUTO, "o que se propõe, em obediência ao princípio da subsidiariedade, é que o Estado se concentre na execução daquilo que é essencial, transferindo funções que podem ser desenvolvidas

---

[2] Cf. BARROSO, Luís Roberto. Apontamentos sobre as Agências Reguladoras. In: MORAES, Alexandre de (Org.). *Agências Reguladoras*. São Paulo: Atlas, 2002, p. 113. Nas palavras de Henrique Ribeiro Cardoso "Surge tal modalidade de Estado *(o Estado Regulador)* como consequência da redefinição do papel do Esta do social. Relaciona-se especificamente com a atribuição à iniciativa privada da prestação de bens e serviços antes ofertados, com exclusividade ou não, pelo Estado. O Estado sai de cena como prestador e surge como agente normativo e regulador da atividade econômica" (CARDOSO, Henrique Ribeiro. *O Papel Normativo das Agências Reguladoras*. Rio de Janeiro: Lumen Juris, 2005, p. 46).

[3] TOJAL, Sebastião de Barros. Controle Judicial da Atividade Normativa das Agências Reguladoras. In: MORAES, Alexandre de (Org.). *Agências Reguladoras*. São Paulo: Atlas, 2002, p. 154.

[4] BARROSO, Luís Roberto, Apontamentos sobre as Agências Reguladoras, 2002, pp. 116-117. Ver ainda: DERANI, Cristiane. *Privatização e Serviços Públicos*: As Ações do Estado na Produção Econômica. São Paulo: Max Limonad, 2002, pp. 89-90.

pelos particulares, seja em regime de livre iniciativa, seja em regime de direito público (serviços públicos universais), ambas sob regulação estatal".[5]

É nesse contexto que se desenvolve, no Direito brasileiro, o debate quanto às *agências reguladoras*, entes especializados, com personalidade jurídica própria, criados pelo Estado para a consecução das mencionadas tarefas de planejamento, regulação e fiscalização de atividades econômicas específicas,[6] cuja realização foi transferida para a iniciativa privada.

Tendo em vista as finalidades a que se destinam as agências reguladoras, uma de suas características fundamentais repousa em sua *independência* em relação à Administração Direta, *de forma a garantir que suas decisões serão fundamentalmente técnicas e não políticas.*[7] Como destaca DIOGO DE FIGUEIREDO MOREIRA NETO:

> *Tais agências, que no Brasil têm assumido a forma de autarquias especiais, devem obedecer aos seguintes princípios setoriais, necessários para assegurar sua independência funcional e a cabal satisfação de suas respectivas funções:*
>
> *1º) independência política dos dirigentes, a serem nomeados pelo Chefe do Poder Executivo, mas sob aprovação do Poder Legislativo, com mandatos estáveis, durante prazo determinado, e preferentemente defasado dos períodos dos mandatos políticos do Executivo;*

---

[5] SOUTO, Marcos Juruena Villela, *Direito Administrativo Regulatório*, 2002, pp. 32-33.
[6] Cf. FONSECA, João Bosco Leopoldino da, *Direito Econômico*, 2002, p. 259.
[7] Cf. MORAES, Alexandre de. Agências Reguladoras. In: MORAES, Alexandre de (Org.). *Agências Reguladoras*. São Paulo: Atlas, 2002, p. 25; FERREIRA FILHO, Manoel Gonçalves. Reforma do Estado: O Papel das Agências Reguladoras e Fiscalizadoras. In: MORAES, Alexandre de (Org.). *Agências Reguladoras*. São Paulo: Atlas, 2002, p. 139; BARROSO, Luís Roberto, Apontamentos sobre as Agências Reguladoras, 2002, p. 121; FONSECA, João Bosco Leopoldino da. *Direito Econômico*. 4ª ed. Rio de Janeiro: Forense, 2002, p. 260; MOREIRA NETO, Diogo de Figueiredo. *Direito Regulatório*. Rio de Janeiro: Renovar, 2003, pp. 165-166. Vale salientar que a destacada independência das agências não as exclui da subordinação a diversos mecanismos de controle de sua atividade, exercido pelo Poder Delegante (ver item 16.2), pelo Poder Judiciário e pela própria Administração Pública, uma vez que tais agências encontram-se sempre vinculadas a um determinado Ministério. A independência em questão é instrumento da prevalência da técnica sobre os interesses políticos, e não forma de se criar um corpo soberano no âmago da Administração. Como destaca MARCOS JURUENA VILLELA SOUTO: "A figura do agente regulador *independente* não afasta as regras de controle. A expressão, no entanto, tem causado algumas perplexidades entre os juristas, embora esteja em absoluta compatibilidade com o sistema constitucional brasileiro; o que se deseja, pela *independência*, é, apenas, afastar a incidência de interferência *política* sobre o juízo *técnico* que deve orientar a atuação da agência" (SOUTO, Marcos Juruena Villela, *Direito Administrativo Regulatório*, 2002, p. 341).

2º) *independência técnico-decisional, com predomínio da discricionariedade técnica sobre a discricionariedade político-administrativa e sem recurso hierárquico impróprio de suas decisões para o Poder Executivo;*

3º) *independência normativa, necessária para a disciplina autônoma dos serviços públicos e das atividades econômicas submetidos à sua regulação e controle;*

4º) *independência gerencial, orçamentária e financeira, preferentemente ampliada por meio de contratos de gestão (acordos de programa) celebrados com o órgão supervisor da Administração Direta.*[8]

Essa técnica de descentralização administrativa que se desenvolveu recentemente no Brasil, embora tenha se proliferado no campo da regulação de setores específicos da economia, de relevância para toda a coletividade, *pode ser utilizada em outras áreas em que a independência técnica da autoridade administrativa se faz necessária*, como ocorre no caso da revisão dos atos administrativos-fiscais.

16.2. A Delegação de Competências Executivas

Como foi salientado anteriormente, uma das características principais da administração por agências consiste na independência técnica às mesmas atribuída para tomar decisões diante das situações concretas, sem a interferência hierárquica de órgãos da Administração Direta.

Em outras palavras, as agências exercem de maneira independente parcela da competência do Poder Executivo, a qual, antes de sua criação, estava incorporada à Administração Direta.

Nessa esteira de raciocínio, para que os entes reguladores possam legitimamente exercer sua atividade administrativa, é imperioso, antes de mais nada, que lhes tenham sido delegadas competências executivas para a consecução de suas tarefas.

Para a realização de tal delegação executiva, é imperioso que a lei de criação das agências seja de iniciativa do Presidente da República, uma vez que não poderia o Poder Legislativo decidir pela separação de atividades exercidas pela Administração Direta, o que violaria o princípio da separação dos poderes.

Diante do exposto, tendo em vista que as agências são delegatárias de parcela da competência executiva, sua criação ou extinção deve ser de iniciativa

---

[8] *Curso de Direito Administrativo*, 2003, p. 437.

do Poder Executivo, sendo imperiosa também a participação do Chefe do Poder Executivo na indicação de seus dirigentes, como será analisado a seguir.

16.3. Processo de Nomeação dos Dirigentes das Agências

A legitimação democrática da atuação das agências passa pelo processo de indicação e aprovação de seus dirigentes, já que estes exercerão competências delegadas pelo Poder Executivo.

Nesse aspecto, é exemplar o processo adotado pelo ordenamento jurídico pátrio, ao menos no âmbito federal, que, como regra, prevê que a indicação dos diretores das agências será feita pelo Presidente da República, mas sua nomeação dependerá da chancela do Senado Federal.

Essa é a regra prevista no art. 5º da Lei nº 9.986/2000, que estabelece que:

> *O Presidente ou o Diretor-Geral ou o Diretor-Presidente (CD I) e os demais membros do Conselho Diretor ou da Diretoria (CD II) serão brasileiros, de reputação ilibada, formação universitária e elevado conceito no campo de especialidade dos cargos que serão nomeados, devendo ser escolhidos pelo Presidente da República e por ele nomeados, após aprovação pelo Senado Federal, nos termos da alínea f do inciso III do art. 52 da Constituição Federal.*

Tanto a iniciativa do Executivo para a criação da agência como o processo de nomeação de seus dirigentes prestam-se à legitimação das competências executivas pela mesma exercidas.

16.4. A Criação da Agência Federal de Revisão de Atos Fiscais

Nas breves linhas precedentes fez-se alguns apontamentos básicos acerca de aspectos relevantes das agências reguladoras, caracterizadas como entes delegatários de competências executivas para, com independência técnica, atuarem em setores específicos.

Embora não seja comum na ordenação administrativa brasileira, cremos que a mesma justificativa que levou à criação das agências reguladoras de setores econômicos fundamenta a criação de uma agência independente com competência exclusiva para a revisão de atos administrativos-tributários praticados pela Secretaria da Receita Federal (lembre-se sempre que se tomou como paradigma, neste trabalho, o processo administrativo em âmbito federal).

Como se pode inferir da análise das asserções apresentadas anteriormente, muitas das dificuldades relacionadas à valorização do processo administrativo no Brasil encontram-se vinculadas aos órgãos perante os quais tal processo se desenvolve.

Normalmente se tratam de órgãos subordinados à Administração Direta, mesmo quando tal subordinação é exercida por vias indiretas, o que faz com que em muitas oportunidades se transforme o processo administrativo em um mero instrumento de protelação da inevitável discussão judicial do ato administrativo de exigência fiscal.

Assim, com vistas a superar esse paradigma, a alternativa que se propõe é a substituição do Conselho Administrativo de Recursos Fiscais (lembrando-se que neste trabalho estamos usando como paradigma o processo administrativo fiscal federal) por uma agência delegatária da atribuição de revisar a legalidade dos atos administrativos de exigência fiscal.[9]

Essa formatação jurídica traria ao órgão administrativo decisório a necessária *independência técnica*, a qual passaria, sem sombra de dúvidas, pelos instrumentos de seleção dos julgadores (revisores).

Assim, a agência criada nos moldes ora propostos não deveria ter como revisores membros dos quadros de fiscais da Fazenda Nacional, muito menos havendo-se que falar na necessidade de participação de pessoas indicadas por entidades representativas de categorias econômicas. Tratando-se de agência decisora de natureza eminentemente técnica, seus quadros deveriam ser compostos por intermédio da realização de concurso específico, do qual poderiam participar pessoas com comprovada experiência na área tributária (seja como fiscal ou procurador da Fazenda, seja como advogado, etc.). Tendo em vista a importância da tarefa a ser desempenhada por esses profissionais, poder-se-ia exigir um mínimo de dez anos de experiência.

---

[9] Não se pode negar a similitude existente entre a proposta ora apresentada e aquela desenvolvida por Gilberto de Ulhôa Canto em seu Anteprojeto de Lei Orgânica do Processo Tributário, notadamente quando se analisa os dispositivos constantes no Título III do referido Anteprojeto, que tratam dos Conselhos de Recursos Fiscais. Ao analisar tais disposições, o próprio Ulhôa Canto assevera: "O Título III reformula a estrutura dos atuais Conselhos de Contribuintes, prevendo a constituição dos Conselhos de Recursos Fiscais, que os substituirão, em moldes que assegurem conhecimentos técnicos aos seus integrantes, e emprestem relevância ao exercício das suas funções, tanto no que toca às qualificações exigidas e ao processo da respectiva indicação, com o *placet* do Senado Federal, como à remuneração que lhes será devida e à independência total com que funcionarão" (*Processo Tributário*: Anteprojeto de Lei Orgânica elaborado por Gilberto de Ulhôa Canto, 1964, p. 79).

Outro aspecto muito relevante para a proteção da independência da agência em questão repousaria na vedação da advocacia para aquele que tome parte em seus quadros, com que se evitaria a criação de um inevitável conflito de interesses que pode levar à corrupção do julgador administrativo e à chamada "advocacia administrativa".

Tendo em vista a necessidade de se resguardar a imparcialidade desses "revisores", haveria que se lhes proteger contra ações que visem constranger o exercício de sua função pública, o que se faria garantindo-lhes estabilidade e irredutibilidade de vencimentos.

Por óbvio, considerando ainda a importância da função que seria atribuída a essa agência, a mesma deveria ser composta por Câmaras ou Turmas, com cinco revisores cada, sendo o julgamento, portanto, colegiado, nos moldes de como funciona atualmente o Conselho Administrativo de Recursos Fiscais, subtraindo-se, entretanto, o chamado "voto de qualidade" do presidente das Turmas, o qual perderia mesmo sua função em razão da composição das Câmaras por um número ímpar de revisores.

Da mesma forma que as agências reguladoras, a agência de que se cogita deveria ser criada como uma autarquia especial,[10] sendo vinculada ao Ministério da Fazenda – embora completamente independente deste.

Na última edição deste livro, apresentamos os comentários abaixo, os quais refletem ideias que, nos últimos anos, abandonamos. Nada obstante, como esta matéria é um tema ainda em evolução, antes de apresentarmos a maneira como vemos o tema hoje, transcreveremos as ideias que vinhamos sustentando:

Como não haveria de se cogitar do exercício de poder hierárquico da Administração Direta sobre as decisões da agência, seria aquela legitimada para contestar judicialmente tais decisões, conforme delineado quando da análise da coisa julgada administrativa, empreendida no oitavo capítulo.

Por fim, uma vez estruturado o novo processo administrativo a ser submetido à Agência Federal de Revisão de Atos Fiscais (esta seria uma denominação

---

[10] Como leciona ODETE MEDAUAR: "A expressão *autarquias de regime especial* surgiu, pela primeira vez, na Lei 5.540, de 28.11.1968, art. 4º, para indicar uma das formas institucionais das universidades públicas. Nem esta lei nem o Dec.-lei 200/67 estabeleceram a diferença geral entre as autarquias comuns e as autarquias de regime especial. As notas características das últimas vão decorrer da lei que instituir cada uma ou de uma lei que abranja um conjunto delas (como ocorre com as autarquias universitárias).
Por vezes, a diferença de regime está no modo de escolha ou nomeação do dirigente. Por vezes está na existência de mandato do dirigente, insuscetível de cessação por ato do Chefe do Executivo. Por vezes, no grau menos intenso dos controles. Por vezes, no tocante à gestão financeira..." (*Direito Administrativo Moderno*, 2001, p. 81).

possível deste ente), poder-se-ia cogitar da implementação de antigas idéias de tributaristas pátrios, relativas ao aproveitamento da instância administrativa quando a mesma é sucedida pela discussão judicial da legalidade do ato administrativo.

Nessa linha de idéias, poder-se-ia examinar, por exemplo, a possibilidade de interposição de recursos contra as decisões da referida agência diretamente perante o Superior Tribunal de Justiça ou o Supremo Tribunal Federal, ou, ao menos, perante os Tribunais Regionais Federais, uma vez que, tendo-se um instrumento independente e institucionalizado de controle administrativo dos atos fiscais, não haveria que se cogitar de nova discussão judicial iniciada "do zero".

Com essa medida evitar-se-ia o que acontece em nosso sistema atual, no qual, após pelo menos três longos anos de discussão administrativa, no caso de ulterior questionamento judicial, pode o contribuinte (e também a Fazenda) se desfazer dos arquivos referentes ao processo administrativo, já que não terão os mesmos qualquer valia no curso da discussão judicial.

Assim se procedendo, é desperdiçado todo um processo realizado sob o devido processo legal, em que presentes a ampla defesa e o contraditório, em um evidente atentado ao princípio da eficiência. Esse estado de coisas sofre importante crítica de JAMES MARINS, nos seguintes termos:

> *No Brasil, entretanto, contrariando as recomendações de nossas mais brilhantes mentes jurídicas, criamos o seguinte sistema: a) diante de controvérsias em matéria tributária laboram independentemente a administração e o judiciário, pois o material produzido no seio do contencioso administrativo não é aproveitado pelos juízes; b) via de regra a etapa administrativa somente é útil quando, o que raramente acontece, vence o contribuinte; c) se o contribuinte, o que é a regra, se vê derrotado em suas pretensões no processo administrativo (muitas vezes após um trâmite de três, quatro ou mais anos), repropõe todo o seu petitório perante a instância judicial, em mais cinco ou oito anos de desgaste do aparelho estatal; d) não existe a fundamental "harmonia de instâncias" senão pela singela regra de que o processo judicial prefere ao administrativo.*[11]

Diante desse quadro, o aproveitamento do processo desenvolvido perante a Agência Federal de Revisão de Atos Fiscais seria imperativo, dependendo, para sua implementação, de uma maior compatibilização entre o procedimento seguido no processo administrativo e aquele subjacente ao processo judicial.

---

[11] MARINS, James. As Microreformas do Processo Tributário, o Arrolamento Administrativo e a Medida Cautelar Fiscal. In: ROCHA, Valdir de Oliveira (Coord). *Processo Administrativo Fiscal 3º Volume*. São Paulo: Dialética, 1998, pp. 95-96.

Vale ressaltar que, adotando-se essa solução, não se estaria, de maneira alguma, vulnerando o princípio do duplo grau de jurisdição, uma vez que: (a) parte doutrina e a própria Suprema Corte relativizam seu conteúdo, reconhecendo a possibilidade de se lhe imporem restrições; e (b) como defendido no presente estudo, ressalvada a competência do órgão julgador de cúpula, não há que se falar em violação ao princípio do duplo grau por supressão de instância. Como visto, esse princípio não pode significar a necessidade de apreciação da questão por mais de uma instância, mas sim o direito a ver a questão solucionada pela corte mais alta com competência para se manifestar sobre determinada pretensão.

Adotando-se essa estrutura, o ideal seria que se estabelecesse regra determinando a obrigatoriedade da discussão administrativa da legalidade do ato de exigência fiscal como requisito de admissibilidade da discussão judicial, nos moldes do que foi estabelecido no passado pela Emenda Constitucional nº 7/77.

Pela própria natureza das modificações que seriam decorrentes da implementação da sistemática proposta, a qual passa pela redefinição das competências dos órgãos do Poder Judiciário para conhecerem das lides tributárias, seria necessária modificação do Texto Constitucional, com a consequente adaptação da legislação complementar e ordinária.

Tudo o quanto foi exposto acima se encontra parcialmente em linha com as idéias que já na década de sessenta eram defendidas por GILBERTO DE ULHÔA CANTO, de quem se extrai a seguinte passagem que, mesmo longa, merece ser transcrita em sua integralidade:

> *Tem sido frisado que a atual sistemática de processo tributário brasileiro, no âmbito federal, importa superposição de fases administrativa e judicial, nesta se podendo proceder a uma recomposição completa daquela, e, em cada qual, havendo condições suficientes para espantoso alongamento. Com efeito, no estágio processual administrativo, além do tempo que se perde até o proferimento da decisão de primeira instância, há, na segunda, o recurso propriamente dito, e um esdrúxulo pedido de reconsideração ao mesmo conselho. Depois de tudo isso, tendo sido a decisão daquele órgão tomada por maioria, poderá ser reformada pelo Ministro da Fazenda, o que, de per se, já é uma aberração, que reduz o tribunal a uma condição subalterna e quase humilhante.*
>
> *Por outro lado, se o contribuinte é vencido na instância administrativa, pode ele recolocar a questão perante o Judiciário, em processo que se inicia pelo juiz singular e sobe, em recurso ordinário, ao Tribunal Federal de Recursos, onde, eventualmente, cabe o recurso de embargos, sem se aludir ao extraordinário para o Supremo Tribunal Federal, nas hipóteses previstas na Constituição.*

É de toda evidência que uma tão emperrada e lenta sistemática não pode subsistir. Dentre as possíveis soluções, afastada a que consistiria na supressão da interferência do Judiciário, em face dos motivos precedentemente expostos, haveria de ter em conta, ou o apressamento da fase administrativa, ou o da judicial. Foi lembrado que uma instância única administrativa, com duas judiciárias, daria maior celeridade ao processo. A nós, porém, essa maneira de abreviar o curso da discussão parece a menos indicada. Com efeito, pelo crivo técnico dos julgadores administrativos, muita controvérsia chega ao fim, de sorte que é mais conveniente outorgar ao contribuinte o ensejo de submeter a sua pretensão a dois níveis de jurisdição administrativa do que a um só, ainda que lhe reservando a dualidade de etapas no Judiciário.

Por outro lado, e uma vez que se opte pela manutenção das duas instâncias na esfera administrativa, logicamente se indica reduzir a apenas uma na fase judicial, o que, de resto, não ofereceria dificuldade de execução, já que a regra da dupla jurisdição nas causas da Fazenda Pública, sendo de lei ordinária (art. 822, § único, III, do Código de Processo Civil), pode sofrer derrogação por outra lei ordinária. É claro que, em qualquer caso, o problema não se resolveria sem modificação constitucional porque, sob outro ângulo, o art. 104, II, a, da Carta de 1946, atribui competência ao Tribunal Federal de Recursos para decidir como instância recursal aquelas mesmas causas, de sorte que, se devesse prevalecer apenas o juízo singular, não se poderia fugir à alteração do texto acima citado. Entretanto, a fórmula simplificadora da intervenção judicial não nos parece que deva ser buscada com a eliminação de um julgamento de órgão superior colegiado, porque este, e não o juiz singular, é que mais segurança oferece, tanto para a Fazenda Pública como para o contribuinte, em razão do menor arbítrio e da maior possibilidade de acerto que a combinação de vontades dos membros de um órgão colegiado para formular a opinião deste obviamente apresenta em confronto com a jurisdição pessoal.

A alternativa restante, após aceitos os pressupostos acima enunciados, seria atribuir a um tribunal federal competência originária e única (salvo o recurso extraordinário constitucional, que não se deveria pensar em suprimir) para o deslinde judicial das controvérsias de que se está a tratar. No estado atual da estrutura do Judiciário, esse Tribunal seria o Federal de Recursos, que já dispõe de competência para decidir, em segunda instância, todas as causas da União...[12]

Como disse antes, minha ideia sobre o melhor modelo a ser utilizado modificou-se nos últimos anos.

Com efeito, uma vez criada a Agência Federal de Revisão de Atos Fiscais, a reformulação do processo tributário que me parece mais adequada, que foi ventilada originalmente pelo Professor Aurélio Pitanga Seixas Filho, seria o tratamento deste novo ente como uma espécie de tribunal arbitral. Vejam-se,

---

[12] *Processo Tributário*: Anteprojeto de Lei Orgânica elaborado por Gilberto de Ulhôa Canto, 1964, pp. 61-62.

abaixo, as palavras do saudoso professor, que foram desenvolvidas quando ainda existiam os Conselhos de Contribuintes:

"Considerando, então, a existência antiga e com aceitação geral dos Conselhos de Contribuintes, cujo sistema paritário é um modelo similar à arbitragem, bastaria então a legislação conceder o efeito de coisa julgada a estas decisões, significando, assim, que o recurso dirigido aos mencionados colegiados administrativos teria o mesmo efeito da cláusula compromissória.

Ficaria, desta maneira, o contribuinte frente a um verdadeiro Contencioso Administrativo, porém, não obrigatório, podendo escolher o sistema de decisão que considere mais adequado para qualificar o fato gerador (exame pericial) e competente para interpretar a legislação tributária.

Não tem sentido retirar da Administração fiscal o controle hierárquico do lançamento tributário, criando um colegiado paritário, um órgão administrativo mas não um órgão da Administração, conforme Carlos da Rocha Guimarães, com poderes de tomar uma decisão definitiva, exclusivamente, quando favorável ao recurso do contribuinte, permitindo-lhe, ainda, duplicar e prolongar o exame da legalidade do ato administrativo quando a decisão colegiada não atender aos seus interesses.

Com um sistema de arbitragem, decidindo definitivamente a controvérsia, dentro, também, de um verdadeiro Contencioso Administrativo, o contribuinte poderá optar livremente qual o caminho que deverá escolher para constituir o seu dever jurídico tributário.

Como já mencionado, a Administração Pública tem o dever de controlar a legalidade dos atos administrativos por sua forma jurídica natural através da hierarquia, podendo o cidadão recorrer ao Judiciário quando lhe for mais conveniente e obedecendo aos prazos prescricionais.

O que está demonstrado não ser mais conveniente é a existência de um simulacro de Contencioso Administrativo, desnaturado o recurso administrativo apropriado com o desvio para o colegiado paritário, e sendo permitido, ao mesmo tempo ao descontente, a prorrogação da discussão no Poder Judiciário, e, em regra geral, sem qualquer garantia que a dívida tributária seja cumprida com a decisão final.

Portanto, o contribuinte, ao escolher um verdadeiro sistema de arbitragem, como numa cláusula compromissória, estará renunciando ao processo judicial. Se, por outro lado, preferir o processo do Judiciário, não poderá mais socorrer-se do sistema paritário, encolhendo, desta forma, o tempo para solucionar as divergências tributárias."[13]

Não concordamos integralmente com esta proposta do Professor Aurélio Pitanga, uma vez que, segundo cremos, não poderia a mesma ser implementada sem que antes as modificações estruturais aqui consideradas fossem

---

[13] SEIXAS FILHO, Aurélio Pitanga. Arbitragem em Direito Tributário. In: ROCHA, Valdir de Oliveira (Coord.). *Grandes Questões Atuais do Direito Tributário: 11º Volume.* São Paulo: Dialética, 2007. p. 21-22.

realizadas. Em outras palavras, não nos parece que o CARF, tal como estruturado hoje, possa ser convertido em câmara arbitral.

Nada obstante, inspirados nas ideias do saudoso professor, a quem rendemos nossa homenagem, parece-nos ser possível sustentar o caráter definitivo, para ambas as partes, da decisão administrativa.

De acordo com o modelo que propomos, diante da lavratura de um auto de infração, todos teriam direito à revisão pela primeira instância administrativa.

Uma vez proferida a decisão de primeira instância, sendo esta favorável ao contribuinte poderíamos ter um sistema de recurso de ofício parecido com o que temos hoje, aumentando-se, contudo, o valor dos casos que seriam submetidos a revisão.

Por outro lado, na hipótese de decisão favorável à Fazenda, o contribuinte teria duas possibilidades: ou questionaria a decisão perante o Poder Judiciário ou recorreria para a Agência Federal de Revisão de Atos Fiscais.[14] No primeiro caso, teria início o processo judicial nos moldes em que conhecemos hoje. Por outro lado, interposto recurso para a Agência, o contribuinte teria que aceitar esta decisão desta como definitiva, sem ter direito de acessar o Poder Judiciário no caso de decisão final desfavorável.

Para que não haja prejuízos àqueles que optarem pelo ingresso diretamente no Poder Judiciário, seria necessário alterar o Código Tributário Nacional para que o ajuizamento da ação anulatória ou mandado de segurança contra o auto de infração suspendesse a exigibilidade do crédito tributário até a decisão final em primeira instância.

Não creio que esta alternativa restrinja qualquer garantia constitucional dos sujeitos passivos tributários. Em primeiro lugar, a opção pela decisão administrativa seria feita pelo próprio sujeito passivo que, em preferindo, poderia levar a questão diretamente ao Poder Judiciário, com a suspensão da exigibilidade do crédito tributário. Ademais, a possibilidade de opção por uma decisão "não judicial" já existe há tempos no ordenamento jurídico brasileiro, no instituto da arbitragem, não havendo nenhuma peculiaridade no campo tributário que exclua controvérsias entre Fisco e os sujeitos passivos da possibilidade de uma solução "não judicial".

Mais uma vez é importante reforçar: esta sugestão só faz sentido acaso seja criado um ente com personalidade jurídica própria e composto por julgadores

---

[14] Na falta de um nome melhor, estamos chamando de Novo CARF – novo ente que seria criado na forma proposta neste texto: administrativamente independente do Ministério da Fazenda e composto por julgadores selecionados por concurso público específico.

selecionados por concurso, com prerrogativas próprias dos juízes. Por outro lado, instituído tal Tribunal Administrativo, não faria nenhum sentido que suas decisões se sujeitassem a revisão.

A única exceção a este modelo (decisão definitiva para a Fazenda e os contribuintes) seria aquela onde determinada matéria jurídica fosse aceita, no Supremo Tribunal Federal ou no Superior Tribunal de Justiça, no regime de repercussão geral ou dos recursos repetitivos, respectivamente. Nestes casos, os processos em curso na Agência Federal de Revisão de Atos Fiscais poderiam ficar suspensos até a decisão final pelo Tribunal competente, a qual, uma vez proferida, teria aplicação aos processos administrativos sobrestados.

Como os Tribunais Superiores não raro tardam muito, por vezes décadas, para proferir suas decisões, uma alternativa ao modelo de suspensão poderia ser a previsão de alguma espécie de ação rescisória, de modo que fosse possível rever a decisão contrária a decisão posterior do Supremo Tribunal Federal ou do Superior Tribunal de Justiça.[15]

---

[15] Sobre o tema, ver: ROCHA, Sergio André. *Da Lei à Decisão*: A Segurança Jurídica Possível na Pós-Modernidade. Rio de Janeiro: Lumen Juris, 2017.

Capítulo 17

Meios Alternativos de Solução de Conflitos no Direito Tributário Brasileiro

17.1. Introdução

Ao se examinar o sistema tributário brasileiro, verifica-se que transferência de atividades liquidatórias para os contribuintes assim como a presença cada vez mais constante de conceitos indeterminados nas leis fiscais deram impulso à discussão quanto à utilização de meios alternativos para a solução de controvérsias entre a Fazenda e os contribuintes, ainda que a mesma seja ainda incipiente. Tais meios alternativos compreendem as *técnicas arbitrais (mediação ou conciliação* e *arbitragem)*, bem como a *transação*.

Pode-se afirmar, portanto, que a discussão quanto à utilização de meios alternativos para a solução de controvérsias na seara tributária encontra-se vinculada:

a) à necessidade de se desenvolverem meios de superação da complexidade característica da sociedade pós-moderna, a qual, na arena tributária vem sendo bastante injusta com o contribuinte, já que este se encontra no *front* da interpretação/aplicação dos textos normativos fiscais; e
b) à necessidade de se superar a insegurança causada pelo uso de conceitos indeterminados nas leis tributárias.

Buscar-se-á, nas seguintes linhas, analisar as causas que vêm dando impulso à temática de que ora nos ocupamos, acima descritas, para, ato contínuo, apresentarmos comentários acerca da utilização dos referidos meios alternativos de soluções de controvérsias no âmbito do Direito Tributário brasileiro.

17.2. Sociedade de Risco, Complexidade e Delegação de Competências Liquidatórias aos Contribuintes

O homem contemporâneo vive cercado pela contingência. Uma das principais consequências da pós-modernidade é que o nosso avanço técnico-científico, que deveria servir para nos dar controle sobre o mundo exterior, acabou servindo para a sua paulatina deterioração.

As transformações iniciadas no século passado e que continuam se processando no atual trouxeram consigo o fenômeno referido como *modernização reflexiva*,[1] o qual, nas palavras de ULRICH BECK, representa a "possibilidade de uma (auto)destruição criativa para toda uma era: aquela da sociedade industrial". Como complementa o sociólogo alemão, "o 'sujeito' dessa destruição coletiva não é a revolução, não é a crise, mas a vitória da modernização ocidental".[2]

Com a superação dos paradigmas da sociedade industrial por intermédio da modernização reflexiva, emerge o conceito de *sociedade de risco*, o qual "designa uma fase no desenvolvimento da sociedade moderna, em que os riscos sociais, políticos, econômicos e individuais tendem cada vez mais a escapar das instituições para o controle e a proteção da sociedade industrial".[3]

A sociedade de risco e seus pontos de interseção com o direito têm sido objeto de pesquisa do Professor RICARDO LOBO TORRES, para quem "a sociedade de risco se caracteriza por algumas notas relevantes: a ambivalência, a insegurança, a procura de novos princípios e o redesenho do relacionamento entre as atribuições das instituições do Estado e da própria sociedade".[4]

Tais traços fundamentais da sociedade de risco são evidentes no campo tributário.

---

[1] Importa mencionar que, como destacado por EDUARDO C. B. BITTAR, a denominação desse momento histórico não é pacífica, falando-se em *modernidade reflexiva, pós-modernidade, super- -modernidade, etc.* (BITTAR, Eduardo C. B. *O Direito na Pós-Modernidade*. Rio de Janeiro: Forense Universitária, 2005, pp. 96-97).

[2] BECK, Ulrich. A Reinvenção da Política: Rumo a uma Teoria da Modernização Reflexiva. In: GIDDENS, Anthony; BECK, Ulrich; LASH, Scott. *Modernização Reflexiva*: Política, Tradição e Estética na Ordem Social Moderna. Tradução Magda Lopes. São Paulo: Editora UNESP, 1997, p. 12. Sobre a reflexividade da modernidade ver também: GIDDENS, Anthony. *As Consequ*ências da Modernidade. Tradução Raul Fiker. São Paulo: Editora UNESP, 1991, p. 16.

[3] Cf. BECK, Ulrich, A Reinvenção da Política: Rumo a uma Teoria da Modernização Reflexiva, 1997, p. 15.

[4] TORRES, Ricardo Lobo. *Tratado de Direito Constitucional, Financeiro e Tributário*: Valores e Princípios Constitucionais Tributários. Rio de Janeiro: Renovar, 2005, v. II, p. 177.

A ambivalência é notada na medida em que *as relações Fisco-contribuintes são pontuadas por valores que não raro entram em colisão*, corporificados, de um lado, na necessidade de proteção da arrecadação tributária, mediante o reconhecimento de que o recolhimento de tributos é um dever fundamental[5] e que do Tesouro Público depende a manutenção da própria coletividade, e de outro, na importância da proteção do contribuinte contra exigências fiscais indevidas ou confiscatórias.[6]

A insegurança também é notória no campo fiscal, sendo decorrência de três razões principais:

---

[5] Cf. ROCHA, Sergio André; GODOI, Marciano Seabra de. *O Dever Fundamental de Pagar Impostos*. Belo Horizonte: Editora D'Plácido, 2017; TORRES, Ricardo Lobo. *Curso de Direito Financeiro e Tributário*. 10ª ed. Rio de Janeiro: Renovar, 2003, p. 336; PIRES, Adilson Rodrigues. O Processo de Inclusão Social sob a Ótica do Direito Tributário. In: PIRES, Adilson Rodrigues; TÔRRES, Heleno Taveira (Org.). *Princípios de Direito Financeiro e Tributário*: Estudos em Homenagem ao Professor Ricardo Lobo Torres. Rio de Janeiro: Renovar, 2006, pp. 80-82; TÔRRES, Heleno. *Direito Tributário e Direito Privado*. São Paulo: Revista dos Tribunais, 2003. pp. 16; TIPKE, Klaus; YAMASHITA, Douglas. *Justiça Fiscal e Princípio da Capacidade Contributiva*. São Paulo: Malheiros, 2002, p. 15; NABAIS, José Casalta. *O Dever Fundamental de Pagar Impostos*. Coimbra: Almedina, 1998; SACCHETTO, Cláudio. Ética e Tributação. *Revista Direito Tributário Atual*, São Paulo, n. 20, 2006, pp. 10-11; ABRAHAM, Marcus, *O Planejamento Tributário e o Direito Privado*, 2007, p. 399. Sobre a relação entre arrecadação tributária e custeio de direitos, ver: ESTEVAN, Juan Manuel Barquero. *La Función del Tributo en el Estado Democrático de Derecho*. Madrid: Centro de Estudios Constitucionales, 2002, p. 33; HOLMES, Stephen; SUNSTEIN, Cass R. *The Cost of Rights*: Why Liberty Depends on Taxes. New York: W. W. Norton & Company, 1999, p. 15; ROIG, Rafael de Asis. *Deberes y Obligaciones en la Constitución*. Madrid: Centro de Estudios Constitucionales, 1991, p. 401; GALDINO, Flávio. *Introdução à Teoria dos Custos dos Direitos*: Direitos não nascem em árvores. Rio de Janeiro: Lumen Juris, 2005; AMARAL, Gustavo. *Direito, Escassez & Escolha*: Em busca de critérios jurídicos para lidar com a escassez de recursos e as decisões trágicas. Rio de Janeiro: Renovar, 2001.

[6] Conforme destaca DINO JARACH: "O reconhecimento de que os impostos são elementos necessários para a vida em coletividade e de que não se tratam de princípios excepcionais, mas de princípios inerentes à própria organização da vida social e que, se alguns os consideram como um mal necessário, algumas vezes são elementos benfazejos, quando servem para proporcionar bem-estar à coletividade, para produzir serviços úteis para os cidadãos e para cumprir finalidades que os particulares, por si sós, não poderiam atingir. Por tudo isso se admite que a instituição dos tributos tem seu respaldo em limitações constitucionais, que estabelecem quais são as garantias que se oferecem aos indivíduos, quais são os bens individuais que devem ser respeitados pelo Estado, na sua atividade, como entidade de direito público. Em todos esses casos, as leis que se ajustam aos princípios constitucionais não são nem odiosas, nem limitadoras de direitos [...]" (JARACH, Dino. Hermenêutica no Direito Tributário. In: SOUZA, Rubens Gomes de; JARACH, Dino; CANTO, Gilberto de Ulhôa *et al*. *Interpretação no Direito Tributário*. São Paulo: Saraiva, 1975, p. 92).

a) a complexidade da legislação;
b) a revisão de antigos dogmas, como a ilusão de segurança jurídica absoluta na lei; e
c) a inevitável presença de conceitos indeterminados nos textos das leis fiscais.

A complexidade da legislação fiscal é natural em um sistema em que o Poder Legislativo vai paulatinamente deixando de editar atos gerais e abstratos e passando a editar atos individuais e concretos.

Trata-se aqui do fenômeno da *inflação legislativa*, o qual é decorrência da tentativa do Poder Legislativo de através da "produção" de novas leis acompanhar as mudanças sociais.[7] Tal esforço legislativo raras vezes se dá de forma a permitir a coerência do sistema jurídico, de modo que a legiferação compulsiva leva ao estado caótico atual, em que muitas vezes torna-se difícil identificar o diploma legal aplicável a determinado caso fático.

Essa problemática encontra-se presente na seara fiscal, onde é cada vez mais difícil para o contribuinte compreender o complexo emaranhado da legislação tributária.

De outro lado, também a revisão do alcance de princípios como a legalidade e a tipicidade tem mitigado *a ilusão* de segurança absoluta que nutria as aspirações dos operadores do Direito Tributário.

Com efeito, o princípio da legalidade tributária é normalmente conceituado como uma garantia de que os tributos serão cobrados somente nas situações *objetivamente* descritas no texto legal.[8]

A visão do princípio da legalidade como uma forma de garantia de uma segurança jurídica absoluta, mediante a previsão, na lei, de uma descrição

---

[7] Sobre o problema da inflação legislativa, ver: VERGOTTINI, Giuseppe de. A "Delegificação" e a sua Incidência no Sistema de Fontes do Direito. Tradução Fernando Aurélio Zilveti. In: BARROS, Sérgio Resende; ZILVETI, Fernando Aurélio (Coord.). *Direito Constitucional*: Estudos em Homenagem a Manoel Gonçalves Ferreira Filho. São Paulo: Dialética, 1999, p. 167; MARTINES, Temistocle. *Diritto Costituzionale*. 10ª ed. Milano: Giuffrè, 2000, p. 51; ITALIA, Vittorio. *Diritto Costituzionale*. Milano: Giuffrè, 2002, p. 27; FERREIRA FILHO, Manoel Gonçalves. *Do Processo Legislativo*. 5ª ed. São Paulo: Saraiva, 2002, p. 13; CLÈVE, Clèmerson Merlin. *Atividade Legislativa do Poder Executivo*. 2ª ed. São Paulo: Revista dos Tribunais, 2000, pp. 54-61; GRAU, Eros Roberto. *O Direito Posto e o Direito Pressuposto*. 3ª ed. São Paulo: Malheiros, 2000, p. 23; RIBEIRO, Ricardo Lodi. *A Segurança Juríica do Contribuinte*. Rio de Janeiro: Lumen Juris, 2008, pp. 67-69.

[8] Nesse sentido, ver: MACHADO, Hugo de Brito. *Princípios Jurídicos da Tributação na Constituição de 1988*. 5ª ed. São Paulo: Dialética, 2004, p. 21.

objetiva do tipo tributário, foi sustentada na obra de ALBERTO XAVIER,[9] a qual ilumina o pensamento da doutrina formalista do Direito Tributário.[10]

Juntamente com o princípio da legalidade tal doutrina formalista apregoa que os conceitos utilizados na lei devem ser determinados, afastando-se os conceitos incertos, dotados de uma fluidez que traga insegurança quanto ao comando contido na regra fiscal.[11]

A despeito dessa linha de entendimentos ser ainda predominante na doutrina tributária pátria, verifica-se que a mesma não mais se sustenta[12]: em primeiro lugar, é assente na teoria hermenêutica contemporânea que a interpretação tem um viés criativo, não podendo ser compreendida como um método que seria *aplicado* por um intérprete, alheio ao processo hermenêutico, a um objeto também externo; em segundo lugar, como veremos no item seguinte, a utilização de conceitos indeterminados é uma realidade com a qual convivemos há muito tempo (basta lembrar que "renda" é um conceito indeterminado), e com a qual, feliz ou infelizmente, continuaremos convivendo (até mesmo porque, como tornaremos a afirmar, a indeterminação é natural da linguagem).

Todos esses aspectos têm efeito ainda maior em um sistema em que as tarefas de liquidação tributária foram delegadas aos contribuintes, que hoje assumem completamente os riscos decorrentes de terem o encargo de interpretar e aplicar a legislação fiscal.[13]

---

[9] Cf. XAVIER, Alberto. *Os Princípios da Legalidade e da Tipicidade da Tributação*. São Paulo: Revista dos Tribunais, 1978, pp. 36-37; XAVIER, Alberto. *Tipicidade da Tributação, Simulação e Norma Antielisiva*. São Paulo: Dialética, 2001, pp. 17-18.

[10] Sobre o tema ver o nosso: Ética, Moral e Justiça Tributária. *Revista Tributária e de Finanças Públicas*, São Paulo, nº 51, jul.-ago. 2003, pp. 111-116.

[11] Nesse sentido, ver: ROLIM, João Dácio. *Normas Antielisivas Tributárias*. São Paulo: Dialética, 2001, p. 48; DERZI, Misabel Abreu Machado. A Desconsideração dos Atos e Negócios Jurídicos Dissimulatórios, segundo a Lei Complementar nº 104, de 10 de janeiro de 2001. In: ROCHA, Valdir de Oliveira (Coord.). *O Planejamento Tributário e a Lei Complementar 104*. São Paulo: Dialética, 2001, p. 224; CARRAZZA, Roque Antonio. *Curso de Direito Constitucional Tributário*. 20ª ed. São Paulo: Malheiros, 2004, pp. 235-236; OLIVEIRA, Yonne Dolácio de. Princípio da Legalidade. In: MARTINS, Ives Gandra da Silva (Coord.). *Princípio da Legalidade*. São Paulo: Resenha Tributária, 1981, pp. 506-507; MANEIRA, Eduardo. Princípio da Legalidade: Especificação Conceitual X Tipicidade. *Revista Internacional de Direito Tributário*, Belo Horizonte, nº 1, jan.-jun. 2004, p. 54.

[12] Para uma análise de textos apresentando uma nova visão a respeito dos princípios da legalidade e da tipicidade no direito tributário, ver: RIBEIRO, Ricardo Lodi; ROCHA, Sergio André (Coords.). *Legalidade e Tipicidade no Direito Tributário*. São Paulo: Quartier Latin, 2008.

[13] Sobre este tema, ver: CAVALCANTE, Denise Lucena. *Crédito Tributário*: a função do cidadão contribuinte na relação tributária. São Paulo: Malheiros, 2004; SILVA, Sergio André R. G. da.

Esse estado de coisas impõe a necessidade da utilização de um novo repertório de princípios pelos operadores do Direito Tributário, despontando a importância de princípios como a transparência,[14] a praticidade,[15] a proporcionalidade,[16] a ponderação,[17] a tolerância e a responsabilidade,[18] os quais devem iluminar a construção de um novo estágio nas relações Fisco-contribuintes.

De fato, o cenário acima descrito impõe a reforma do sistema de liquidação tributária e da forma de se controlar as atividades liquidatórias realizadas

A Importância do Processo Administrativo Fiscal. *Revista de Direito Administrativo*, Rio de Janeiro, v. 239, jan.-mar. 2005, pp. 39-41.

[14] Sobre o princípio da transparência, ver: TORRES, Ricardo Lobo, *Tratado de Direito Constitucional, Financeiro e Tributário*: Valores e Princípios Constitucionais Tributários, 2005, pp. 243-244; e TORRES, Ricardo Lobo. O Princípio da Transparência Fiscal. *Revista de Direito Tributário*, São Paulo, nº 79, 2001, p. 10.

[15] Sobre o princípio da praticidade, ver: COSTA, Regina Helena. *Praticabilidade e Justiça Tributária*: Exiquibilidade de Lei Tributária e Direitos do Contribuinte. São Paulo: Malheiros, 2007; TÔRRES, Heleno Taveira. Transação, Arbitragem e Conciliação Judicial como Medidas Alternativas para Resolução de Conflitos entre Administração e Contribuintes – Simplificação e Eficiência Administrativa. *Revista de Direito Tributário*. São Paulo, nº 86, 2003, pp. 40-64; DERZI, Misabel Abreu Machado. A Praticidade, a Substituição Tributária e o Direito Fundamental à Justiça Individual. In: FISCHER, Octavio Campos (Coord.). *Tributos e Direitos Fundamentais*. São Paulo: Dialética, 2004, p. 264; DERZI, Misabel Abreu Machado. Pós-modernismo e tributos: complexidade, descrença e corporativismo. *Revista Dialé-tica de Direito Tributário*, São Paulo, nº 100, jan. 2004, pp. 75-78; PONTES, Helenílson Cunha. O princípio da praticidade no Direito Tributário (substituição tributária, plantas de valores, retenções de fonte, presunções e ficções, etc.): sua necessidade e seus limites. *Revista Internacional de Direito Tributário*, Belo Horizonte, nº 2, jul.-dez. 2004, pp. 51-60; MANEIRA, Eduardo. O princípio da praticidade no Direito Tributário (substituição tributária, plantas de valores, retenções de fonte, presunções e ficções, etc.): sua necessidade e seus limites. *Revista Internacional de Direito Tributário*, Belo Horizonte, nº 2, jul.-dez. 2004, pp. 61-67; ANDRADE, Alberto Guimarães. O princípio da praticidade no Direito Tributário (substituição tributária, plantas de valores, retenções de fonte, presunções e ficções, etc.): sua necessidade e seus limites. *Revista Internacional de Direito Tributário*, Belo Horizonte, nº 2, jul.-dez. 2004, pp. 68-72.

[16] Sobre o princípio da proporcionalidade, com a discussão sobre a evolução histórica do princípio e a apresentação dos principais aportes doutrinários sobre o mesmo, ver o item 3.1.10.

[17] Sobre o princípio da ponderação, ver: SARMENTO, Daniel. *A Ponderação de Interesses na Constituição Federal*. Rio de Janeiro: Lumen Juris, 2002; BARCELLOS, Ana Paula de. Alguns Parâmetros Normativos para a Ponderação Constitucional. In: BARROSO, Luís Roberto (Org.). *A Nova Interpretação Constitucional*: Ponderação, Direitos Fundamentais e Relações Privadas. Rio de Janeiro/São Paulo: Renovar, 2003, pp. 49-118; BARCELLOS, Ana Paula de. *Ponderação, Racionalidade e Atividade Jurisdicional*. Rio de Janeiro: Renovar, 2005; ÁVILA, Humberto. *Teoria dos Princípios*: da definição à aplicação dos princípios jurídicos. São Paulo: Malheiros, 2003, pp. 86-88.

[18] Sobre os princípios da tolerância e da responsabilidade, ver: KAUFMANN, Arthur. *Filosofía del Derecho*. Tradução Luis Villar Borda e Ana María Montoya. Bogotá: Universidad Externado de Colombia, 1999, pp. 558-582.

pelos contribuintes, sendo uma das causas que impulsionam o debate quanto à necessidade, oportunidade e possibilidade de utilização de meios alternativos de solução de controvérsias na área fiscal.

17.3. A Problemática Envolvendo os Conceitos Indeterminados

17.3.1. Breves Apontamentos sobre os Conceitos Indeterminados

São conceitos indeterminados aqueles cujo conteúdo é incerto, de modo que "a lei refere uma esfera de realidade cujos limites não aparecem bem precisados em seu enunciado".[19] Nas palavras de KARL ENGISCH:

> Por conceito indeterminado entendemos um conceito cujo conteúdo e extensão são em larga medida incertos. Os conceitos absolutamente determinados são muito raros no Direito. Em todo caso devemos considerar tais os conceitos numéricos (especialmente em combinação com os conceitos de medida e os valores monetários: 50 km, prazo de 24 horas, 10 marcos). Os conceitos jurídicos são predominantemente indeterminados, pelo menos em parte. É o que pode afirmar-se, por exemplo, a respeito daqueles conceitos naturalísticos que são recebidos pelo Direito, como os de "escuridão", "sossego noturno", "ruído", "perigo", "coisa". E com mais razão se pode dizer o mesmo dos conceitos predominantemente jurídicos, como os de "assassinato" ("homicídio qualificado"), "crime", "ato administrativo", "negócio jurídico", etc. Com Philipp Heck podemos distinguir nos conceitos jurídicos indeterminados um núcleo conceitual e um halo conceitual. Sempre que temos uma noção clara do conteúdo e da extensão dum conceito, estamos no domínio do núcleo conceitual. Onde as dúvidas começam, começa o halo do conceito.[20]

---

[19] ENTERRÍA, Eduardo Garcia de; FERNÁNDEZ, Tomás-Ramón. *Curso de Derecho Administrativo.* 10ª ed. Madrid: Civitas, 2000, v. I, p. 457.

[20] ENGISCH, Karl. *Introdução ao Pensamento Jurídico.* Tradução J. Baptista Machado. 7ª ed. Lisboa: Fundação Calouste Gulbenkian, 1996, pp. 208 e 209. Sobre a vaguidade dos conceitos jurídicos, ver: CARRIÓ, Genaro R. *Notas sobre Derecho y Lenguage.* 4ª ed. Buenos Aires: Abeledo-Perrot, 1994, p. 31. Sobre os conceitos jurídicos indeterminados ver, ainda: MAURER, Hartmut. *Elementos de Direito Administrativo Alemão.* Tradução Luís Afonso Heck. Porto Alegre: Sergio Antonio Fabris Editor, 2001, p. 54; DI PIETRO, Maria Sylvia Zanella. *Discricionariedade Administrativa na Constituição de 1988.* 2ª ed. São Paulo: Atlas, 2001, p. 97; KRELL, Andreas J. A Recepção das Teorias Alemãs sobre "Conceitos Jurídicos Indeterminados" e o Controle da Discricionariedade no Brasil. *Interesse Público*, Porto Alegre, nº 23, jan.-fev. 2004, pp. 21-49; COSTA, Regina Helena. Conceitos indeterminados e discricionariedade administrativa. *Revista de Direito Público*, São Paulo, jul.-set. 1990, pp. 125-138; FILGUEIRAS JÚNIOR, Marcus Vinícius. *Conceitos Indeterminados e Discricionariedade Administrativa.* Rio de Janeiro: Lumen Juris, 2007, p. 99.

Como bem percebido por RODRIGO REIS MAZZEI, "através da vagueza" busca o legislador "obter predicados tanto no *plano temporal* (com maior duração na aplicação do dispositivo) como também no *plano da extensão* (com maior amplitude na incidência do dispositivo)".[21]

Parte da doutrina, ainda influenciada pelo senso comum teórico (WARAT) prevalecente no período anterior, sustenta que os conceitos indeterminados permitiriam ao intérprete descobrir a vontade única contida no texto legal. Entendimento nesse sentido é defendido, por exemplo, por JOSÉ ALFREDO DE OLIVEIRA BARACHO[22] e JOSÉ MARCOS DOMINGUES DE OLIVEIRA.[23]

Com a devida vênia, tal entendimento não é compatível com a compreensão atual acerca do papel da interpretação jurídica.

17.3.2. A Interpretação como uma Atividade Criativa

É vetusto o entendimento de que a interpretação jurídica seria um método para a descoberta *da norma* contida no texto normativo ou, melhor dizendo, para a descoberta do verdadeiro sentido do texto legal.

Não se reconhecia qualquer caráter criativo a tal atividade, pressupondo que, por via da interpretação, seria possível a descoberta *do único sentido* contido no texto legal.

Exposição nesse sentido encontra-se, por exemplo, em CARLOS MAXIMILIANO, para quem "*interpretar* é explicar, esclarecer; dar o significado de vocábulo, atitude ou gesto; reproduzir por outras palavras um pensamento exteriorizado; mostrar o sentido verdadeiro de uma expressão; extrair, de frase, sentença ou norma, tudo o que na mesma se contém".[24]

---

[21] MAZZEI, Rodrigo Reis. Notas Iniciais à Leitura do Novo Código Civil. In: ALVIM, Arruda; ALVIM, Theresa (Coords.). *Comentários ao Código Civil Brasileiro*. Rio de Janeiro: Forense, 2005, v. I, p. LXXXII.

[22] BARACHO, José Alfredo de Oliveira. Teoria Geral dos Conceitos Indeterminados. *Cadernos de Direito Tributário e Finanças Públicas*, São Paulo, nº 27, p. 99.

[23] OLIVEIRA, José Marcos Domingues de. Legalidade Tributária – O Princípio da Proporcionalidade e a Tipicidade Aberta, *Revista de Direito Tributário*, nº 70, 2003, p. 114; DOMINGUES, José Marcos. *Direito Tributário e Meio Ambiente*. 3ª ed. Rio de Janeiro: Forense, 2007. p. 129. No mesmo sentido: CARNÉ, Maria Dolors Torregrosa. Técnicas Procedimentales Alternativas en los Supuestos de Aplicación de Conceptos Jurídicos Indeterminados. In: MESTRES, Magin Pont; CLEMENTE, Joan Francesc Pont (Coords.). *Alternativas Convencionales en el Derecho Tributario*. Madrid/Barcelona: Marcial Pons, 2003, p. 241.

[24] MAXIMILIANO, Carlos. *Hermenêutica e Aplicação do Direito*. 18ª ed. Rio de Janeiro: Forense, 1999, p. 9. A idéia de que a interpretação consiste em uma atividade voltada para a descoberta do "verdadeiro" sentido de um texto legal encontra-se presente nos trabalhos de estudiosos da teoria

Essa linha de entendimentos, todavia, não mais se sustenta no atual estágio da teoria hermenêutica.

Com efeito, um primeiro aspecto presente na teoria hermenêutica contemporânea é o reconhecimento de que o texto subjacente às normas legais, estando vertido em linguagem, não enseja a possibilidade de uma única e exclusiva compreensão.[25]

Esse entendimento já estava presente na doutrina de HANS KELSEN, com o desenvolvimento da noção de que o texto da lei é uma *moldura*, dentro da qual há diversas possibilidades interpretativas.[26]

Posteriormente, HERBERT HART sustenta a *textura aberta das normas*. Para o jusfilósofo inglês a abertura da linguagem normativa é decorrência da impossibilidade de previsão, pelo legislador, das questões que surgirão e clamarão a solução legal.[27] Assim, para HART "a textura aberta da lei significa que há, de fato, áreas de conduta onde deve ser deixado para ser desenvolvido pelas cortes ou autoridades ponderar, diante das circunstâncias, entre interesses concorrentes os quais variem em peso de caso para caso".[28]

Nota-se, portanto, que o próprio positivismo jurídico, representado aqui por dois de seus mais ilustres cultores, já havia superado a idéia de que os textos normativos permitem ao intérprete a descoberta "da norma jurídica" nos mesmos contida, o que evidencia que parte (majoritária, diga-se) da doutrina tributária pátria ainda se encontra sustentando posições pré-kelsenianas, de

---

geral do direito e nos compêndios gerais dos diversos "ramos" jurídicos, como em: MÁYNEZ, Eduardo García. *Introducción al Estudio del Derecho*. 53ª ed. México: Porrúa, 2002, p. 327; COING, Helmut. *Elementos Fundamentais da Filosofia do Direito*. Tradução Elisete Antoniuk. Porto Alegre: Sergio Antonio Fabris Editor, 2002, p. 326; GUSMÃO, Paulo Dourado de. *Introdução ao Estudo do Direito*. 26ª ed. Rio de Janeiro: Forense, 1999, p. 219; DINIZ, Maria Helena. *Compêndio de Introdução à Ciência do Direito*. 5ª ed. São Paulo: Saraiva, 1993, p. 381; LOPES, Miguel Maria de Serpa. *Curso de Direito Civil*. 7ª ed. Rio de Janeiro: Freitas Bastos, 1989, v. I, p. 114; RODRIGUES, Silvio. *Direito Civil*. 20ª ed. São Paulo: Saraiva, 1989, v. I, p. 24; ESPÍNOLA, Eduardo. *Sistema de Direito Civil*. Rio de Janeiro: Editora Rio, 1977, p. 157; BEVILÁQUA, Clovis. *Teoria Geral do Direito Civil*. Rio de Janeiro: Editora Rio, 1975, p. 45; JESUS, Damásio E. de. *Direito Penal*. 19ª ed. São Paulo: Saraiva, 1995, v. I, p. 27; MIRABETE, Julio Fabrini. *Manual de Direito Penal*. São Paulo: Atlas, 1998, v. I, p. 51.

[25] Cf. ROSS, Alf. *Direito e Justiça*. Tradução Edson Bini. Bauru: EDIPRO, 2000, p. 167; GRAU, Eros Roberto. *O Direito Posto e o Direito Pressuposto*. 3ª ed. São Paulo: Malheiros, 2000, p. 33.

[26] KELSEN, Hans. *Teoria Pura do Direito*. 6ª ed. Tradução João Baptista Machado. Coimbra: Almedina, 1984, pp. 466 e 467.

[27] HART, H. L. A. *The Concept of Law*. 2nd. ed. Oxford: Oxford University Press, 1997, p. 129.

[28] *The Concept of Law*, 1997, p. 135. Sobre a textura aberta das normas jurídicas em Hart, veja-se: STRUCHINER, Noel. *Direito e Linguagem*: Uma Análise da Textura Aberta da Linguagem e sua Aplicação ao Direito. Rio de Janeiro/São Paulo: Renovar, 2002, p. 68.

matiz napoleônico, por assim dizer, incompatíveis com o atual estágio da hermenêutica jurídica.

É importante notar que o reconhecimento de que a interpretação compreende uma função criativa[29] não significa que o intérprete crie a norma do nada, *ex nihilo*. Como afirma EROS ROBERTO GRAU, "o produto da interpretação é a norma expressada como tal. Mas ela (a norma) parcialmente preexiste, potencialmente, no invólucro do texto, invólucro do enunciado".[30]

Por todo o exposto é possível concluir que, por intermédio da interpretação, cria-se uma norma jurídica a partir de um texto legal, sendo certo que os signos linguísticos quase sempre abrem espaço para a criação de normas jurídicas distintas a partir de um mesmo texto.[31] Como destaca RICARDO GUASTINI:

> *Em primeiro lugar, toda disposição é (mais ou menos) vaga e ambígua, de um tal modo que tolera diversas e conflitantes atribuições de significado. Neste sentido, a uma única disposição – a cada disposição – corresponde não apenas uma só norma, mas uma multiplicidade de normas dissociadas. Uma única disposição exprime mais normas dissociadamente: uma ou outra norma, de acordo com as diversas interpretações possíveis.*
>
> *[...]*

---

[29] Sobre a função criativa da interpretação, ver: ROCHA, Sergio André. *Interpretação dos Tratados para Evitar a Bitributação da Renda*. 2 ed. São Paulo: Quartier Latin, 2013, pp. 124-130; TORRES, Ricardo Lobo. *Normas de Interpretação e Integração do Direito Tributário*. 3ª ed. Rio de Janeiro: Renovar, 2000, pp. 47-48; LATORRE, Angel. *Introdução ao Direito*. Tradução Manuel de Alarcão. Coimbra: Almedina, 2002, pp. 109-111; GRAU, Eros Roberto. *Ensaio sobre a Interpretação/Aplicação do Direito*. São Paulo: Malheiros, 2002, pp. 73-75; STRECK, Lenio Luiz. *Hermenêutica Jurídica e(m) crise*: uma exploração hermenêutica da constituição do direito. 4ª ed. Porto Alegre: Livraria do Advogado, 2003, pp. 91-92; SCHROTH, Ulrich. Hermenêutica Filosófica e Jurídica. In: KAUFMANN, A.; HASSMER, N. (Orgs.). *Introdução à Filosofia do Direito e à Teoria do Direito Contemporâneas*. Lisboa: Fundação Calouste Gulbenkian, 2002, pp. 383 e 384; GADAMER, Hans-Georg. *Verdade e Método*: traços fundamentais de uma hermenêutica filosófica. 5ª ed. Petrópolis: Vozes, 2003, pp. 432 e 433; LARENZ, Karl. *Metodologia da Ciência do Direito*. 3ª ed. Tradução José Lamego. Lisboa: Fundação Calouste Gulbenkian, 1997, pp. 283-284; ROSS, Alf, *Direito e Justiça*, 2000, p. 139; RADBRUCH, Gustav. *Filosofia do Direito*. 6ª ed. Tradução L. Cabral de Moncada. Coimbra: Arménio Amado, 1997, pp. 230 e 231; SILVA, Sergio André R. G. da Silva. A Hermenêutica Jurídica sob o Influxo da Hermenêutica Filosófica de Hans-Georg Gadamer. *Revista Tributária e de Finanças Públicas*, São Paulo, nº 64, set.-out. 2005, pp. 284-290; LIMA, Maria Ednalva de. *Interpretação e Direito Tributário*: O Processo de Construção da Regra-Matriz de Incidência e da Decorrente Norma Individual e Concreta. Rio de Janeiro: Forense, 2004, p. 87.

[30] GRAU, Eros Roberto, *Ensaio sobre a Interpretação/Aplicação do Direito*, 2002, pp. 72-73.

[31] GRAU, Eros Roberto, *Ensaio sobre a Interpretação/Aplicação do Direito*, 2002, p. 30. Em sentido contrário ao defendido neste estudo, ver: BORGES, José Souto Maior. *Direito Comunitário*. São Paulo: Saraiva, 2005, p. 19.

Em segundo lugar, mesmo pondo à parte as controvérsias e dúvidas interpretativas, muitas disposições – talvez todas as disposições – têm um conteúdo de significado complexo: exprimem não apenas uma única norma, mas sim uma multiplicidade de normas associadas.[32]

Percebe-se, assim, que a utilização nos textos legais de conceitos cujo conteúdo e extensão são em larga medida incertos torna ainda mais abertas as possibilidades hermenêuticas, não havendo como sustentar posição, como as mencionadas anteriormente, no sentido de que os conceitos indeterminados possibilitam ao intérprete encontrar aquela "única norma" contida no texto legal.

17.3.3. Conceitos Jurídicos Indeterminados no Direito Tributário

Ao se discutir a presença de conceitos indeterminados na seara fiscal, deve-se ter como premissa a assertiva de RICARDO LOBO TORRES, no sentido de que "os *conceitos indeterminados* são inevitáveis no direito tributário".[33]

Uma das grandes discussões que a utilização de tais conceitos vagos no âmbito do Direito Tributário traz é relacionada à sustentabilidade da segurança jurídica em um sistema que utilize os mesmos.[34]

---

[32] GUASTINI, Ricardo. *Das Fontes às Normas*. Tradução Edson Bini. São Paulo: Quartier Latin, 2006, pp. 34-35.

[33] TORRES, Ricardo Lobo. *Tratado de Direito Constitucional Financeiro e Tributário*: Valores e Princípios Constitucionais Tributários. Rio de Janeiro: Renovar, 2005, v. II, pp. 485 e 486. Sobre a temática dos conceitos indeterminados no Direito Tributário, ver: RIBEIRO, Ricardo Lodi. *Justiça, Interpretação e Elisão Tributária*. Rio de Janeiro: Lumen Juris, 2003, pp. 40-47; OLIVEIRA, José Marcos Domingues de. Legalidade Tributária – O Princípio da Proporcionalidade e a Tipicidade Aberta. *Revista de Direito Tributário*, nº 70, 2003, pp. 114-115; COSTA, Regina Helena, *Praticabilidade e Justiça Tributária*: Exiqui bilidade de Lei Tributária e Direitos do Contribuinte, 2007, p. 183; BARBOSA, Henrique Corredor Cunha. A Consulta Fiscal e a Segurança Jurídica: uma Nova Perspectiva Diante dos Conceitos Indeterminados. In: ROCHA, Sergio André (Coord.). *Processo Administrativo Tributário*: Estudos em Homenagem ao Professor Aurélio Pitanga Seixas Filho. São Paulo: Quartier Latin, 2007, pp. 293-298.

[34] Nas palavras de ALBERTO XAVIER: "Sem embargo de se denotarem neste campo algumas imprecisões terminológicas, pode dizer-se que a doutrina dominante – especialmente a alemã – tende a ver a essência da segurança jurídica na susceptibilidade de previsão objetiva por parte dos particulares, das suas situações jurídicas (*Vorhersehbarkeit* e *Vorausberecchenbarkeit*), de tal modo que estes possam ter uma expectativa precisa dos seus direitos e deveres, dos benefícios que lhe serão concedidos ou dos encargos que hajam de suportar" (*Os Princípios da Legalidade e da Tipicidade da Tributação*, 1978, pp. 43-45).

Parte da doutrina aduz que a utilização de conceitos indeterminados reduz a proteção e a possibilidade previsibilidade objetiva das situações tributáveis por parte dos contribuintes.

No lado diametralmente oposto há autores como Marco Aurélio Greco, que entendem que a segurança jurídica pretendida pela da doutrina formalista do Direito Tributário seria inalcançável, sendo a segurança jurídica, como tudo o mais, relativa;[35] e tributaristas que, como Ricardo Lodi Ribeiro, defendem que os conceitos indeterminados não abalam a segurança jurídica na tributação, conforme se depreende da passagem abaixo transcrita:

> *A estrutura tipológica adotada no direito penal e no direito tributário, embora avessa à discricionariedade, não é incompatível com os conceitos indeterminados. Bem ao contrário. Como bem destacado por Engisch, os tipos constituem subespécies dos conceitos indeterminados, apresentando toda a fluidez que caracterizam estes.*
>
> *A indeterminação do conceito legal utilizado pelo legislador tributário não gera a incerteza apregoada pelos positivistas, pois, como assinalou Amílcar de Araújo Falcão, o instituto é utilizado pelo legislador não porque o conceito é indeterminável, "mas porque, na norma em que está indicado, a determinação integral do seu conteúdo não foi possível, por isso que para tanto é necessário considerar dados empíricos, fáticos, técnicos ou científicos de que somente o intérprete e o aplicador, em cada hipótese concreta, disporão".*[36]

Analisando ambas as linhas de pensamento, somos da opinião de que a legislação tributária não pode forjar-se a partir de conceitos absolutamente determinados, como querem os defensores do formalismo fiscal.

Com efeito, como bem destacam Karl Engisch[37] e Arthur Kaufmann,[38] conceitos absolutamente determinados são apenas os conceitos numéricos, sendo certo, portanto, que, salvo no que se refere às alíquotas não pode a legislação tributária ser construída a partir de conceitos absolutamente determi-

---

[35] Cf. GRECO, Marco Aurélio. *Planejamento Tributário*. São Paulo: Dialética, 2004, pp. 57-58.
[36] *Justiça, Interpretação e Elisão Tributária*, 2003, pp. 44 e 45. Ver tamém: RIBEIRO, Ricardo Lodi. A Elisão Fiscal e a LC nº 104/01. *Revista Dialética de Direito Tributário*, v. 83, ago. 2002, pp. 141-149. RIBEIRO, Ricardo Lodi. A Interpretação da Lei Tributária na Era da Jurisprudência dos Valores. In: TORRES, Ricardo Lobo (Org.). *Temas de Interpretação do Direito Tributário*. Rio de Janeiro: Renovar, 2003, pp. 331-368; TORRES, Ricardo Lobo. Normas Gerais Antielisivas. In: TORRES, Ricardo Lobo (Org.). *Temas de Interpretação do Direito Tributário*. Rio de Janeiro: Renovar, 2003, pp. 264--266. PAULSEN, Leandro. *Segurança Jurídica, Certeza do Direito e Tributação*. Porto Alegre: Livraria do Advogado, 2006, p. 167.
[37] *Introdução ao Pensamento Jurídico*, 1996, pp. 208-209;
[38] KAUFMANN, Arthur. *Filosofía del Derecho*. Tradução Villar Borda e Ana Maria Montoya. Bogotá: Universidad Externado de Colombia, 1999, p. 108.

nados. Como destaca Henrique Corredor Cunha Barbosa, "a existência de conceitos jurídicos indeterminados é um fenômeno cuja ocorrência se dá de forma quase natural, do qual o legislador não tem como se afastar quando do exercício de sua competência legislativa".[39]

Assim, é de se reconhecer que não raro as leis fiscais são forjadas com conceitos indeterminados, os quais não possibilitam ao contribuinte, responsável pela sua interpretação, uma compreensão clara acerca da incidência fiscal, ou, de outro lado, fazem com que seja possível a presença *de uma legítima controvérsia interpretativa entre o Fisco e o contribuinte, decorrente da atribuição de significados distintos, porém igualmente possíveis, a um conceito indeterminado.*

Diante desses breves comentários, resta claro que a indeterminação natural da linguagem faz com que seja necessária a criação de novas formas de relação entre Fazenda e contribuintes, contexto dentro do qual se discute sobe a implementação de meios alternativos para a solução de controvérsias na seara fiscal.

17.4. Conceitos Indeterminados e Litigiosidade Tributária

Um dos problemas a serem equacionados pelos especialistas em tributação é a crescente litigiosidade envolvendo matérias fiscais,[40] a qual é decorrente dos aspectos tratados acima, notadamente a utilização de conceitos indeterminados nos textos das leis tributárias e a complexidade da legislação. Essa questão foi bem examinada pelo Professor José Juan Ferreiro Lapatza, em texto publicado no Brasil do qual foi extraído o seguinte trecho:

> *E resulta igualmente, de outro lado, claro que a utilização exagerada de termos ambíguos e imprecisos e de conceitos indeterminados nas normas tributárias; a utilização exagerada de presunções e ficções que mudam a realidade e a oferta de meios de prova – por exemplo, nas bases presumidas pela administração – que excedem aos normalmente admitidos pelo resto do ordenamento, brindam à Administração umas possibilidades de interpretação e qualificação que conduzirão com frequência a Administração – na defesa de seu legítimo*

---

[39] BARBOSA, Henrique Corredor Cunha. *A Consulta Fiscal e a Segurança Jurídica: uma Nova Perspectiva Diante dos Conceitos Indeterminados*, 2007, p. 295.

[40] Sobre a vinculação entre a difusão de meios alternativos de solução de controvérsias e a litigiosidade no campo fiscal, com ênfase da incapacidade do Poder Judiciário de cumprir propriamente sua função, ver: BERTAZZA, Humberto J.; ORTIZ, José A. Díaz. *La Relación Fisco Contribuyente*. Buenos Aires: ERREPAR, 2003, pp. 107 e 108.

interesse arrecadatório – a assumir posições de conflito ao estimar e qualificar novamente os fatos estimados e qualificados antes pelos contribuintes no desenvolvimento dos trabalhos de comprovação que é preciso intensificar no sistema de autoliquidação, em detrimento, talvez, dos trabalhos de investigação de fatos não declarados.[41]

O aspecto diferencial da litigiosidade gerada pela utilização em larga escala de conceitos indeterminados na composição dos textos legais tributários *refere-se ao fato de que, como dito anteriormente, muitas vezes ambas as partes, a Fazenda e o contribuinte, têm razão, no sentido de que a interpretação da lei fiscal por ambos sustentada pode ser considerada legítima.*

De fato, partindo da premissa, antes apresentada, de que na interpretação de conceitos indeterminados pode-se chegar à compreensão de normas jurídicas distintas, é possível que a Fazenda, ao interpretar determinada lei, crie a norma "A", enquanto o contribuinte, após passar pelo mesmo processo, crie a norma "B", sendo ambas passíveis de justificação, cabendo ao órgão de aplicação do direito (em caso de conflito, o Poder Judiciário), determinar qual norma será aplicada ao caso concreto.[42]

Como dito, é nesse contexto que vem à tona a discussão quanto à utilização de meios alternativos para a solução de controvérsias na seara tributária, cujos contornos serão apresentados a seguir.

---

[41] LAPATZA, José Juan Ferreiro. Solución Convencional de Conflictos en el Ámbito Tributario: una Propuesta Concreta. In: TORRES, Heleno (Coord.). *Direito Tributário Internacional Aplicado*. São Paulo: Quartier Latin, 2004, v. II, p. 295. Nesse mesmo sentido: RIBAS, Lídia Maria Lopes Rodrigues; RIBAS, Antonio Souza. Arbitragem como meio Alternativo na Solução de Controvérsias Tributárias. *Revista Tributária e de Finanças Públicas*, São Paulo, nº 60, jan.-fev. 2005, pp. 224 e 225; EZCURRA, Marta Villar. La Aplicación del Arbitraje a las Causas Tributárias. *Revista de Direito Tributário*, São Paulo, nº 86, 2003, p. 166; TESO, Ángeles de Palma del. Las Técnicas Convencionales en los Procedimientos Administrativos. In: MESTRES, Magin Pont; CLEMENTE, Joan Francesc Pont (Coords.). *Alternativas Convencionales en el Derecho Tributario*. Madrid/Barcelona: Marcial Pons, 2003, p. 22; PÉREZ, Juan Zornoza. ¿Qué Podemos Aprender de las Experiencias Comparadas? Admisibilidad de los Convenios y otras Técnicas Transaccionales en el Derecho Tributario Español. In: PISARIK, Gabriel Elorriaga (Coord). *Convención y Arbitraje en el Derecho Tributario*. Madrid: Marcial Pons, 1996, p. 167; BERTAZZA; MACHADO, Hugo de Brito. Transação e arbitragem no âmbito tributário. In: SARAIVA FILHO, Oswaldo Othon de Pontes; GUIMARÃES, Vasco Branco (Orgs.). *Transação e Arbitragem no Âmbito Tributário*. Belo Horizonte: Editora Fórum, 2008, p. 127.

[42] Cf. KELSEN, Hans, *Teoria Pura do Direito*, 1984, p. 464.

17.5. Meios Alternativos de Solução de Conflitos na Área Fiscal

Conforme vimos discorrendo até o presente momento, a transferência de atividades liquidatórias para os contribuintes aliada à complexidade do fenômeno tributário e à presença cada vez mais constante de conceitos indeterminados nas leis fiscais deram impulso à discussão quanto à utilização de meios alternativos para a solução de controvérsias entre a Fazenda e os contribuintes[43]. Tais meios alternativos compreendem as *técnicas arbitrais (mediação ou conciliação e arbitragem)*, bem como a *transação*.[44]

Segundo LEON FREJDA SZKLAROWSKY, "a arbitragem é uma forma alternativa de composição de litígio entre partes. É a técnica, pela qual o litígio pode ser solucionado, por meio da intervenção de terceiro (ou terceiros), indicado por elas, gozando da confiança de ambas. Com a assinatura da cláusula compromissória ou do compromisso arbitral, a arbitragem assume o caráter obrigatório e a sentença tem força judicial".[45]

Ainda segundo o citado autor, "a mediação ou conciliação é também uma forma alternativa de solução de pendência, em que o terceiro, alheio à demanda e isento, em relação às partes, tenta conseguir a composição do litígio, de forma amigável, sem entrar no mérito da questão, diferenciando-se, pois, da arbitragem. Pode ser tanto judicial como extrajudicial, optativa ou obrigatória, ocorrendo também no campo do direito internacional".[46]

---

[43] No mesmo sentido: MORAIS, Carlos Yuri Araújo. Transação e arbitragem em matéria tributária: a experiência extrangeira e sua aplicabilidade ao direito brasileiro. In: SARAIVA FILHO, Oswaldo Othon de Pontes; GUIMARÃES, Vasco Branco (Orgs.). *Transação e Arbitragem no Âmbito Tributário*. Belo Horizonte: Editora Fórum, 2008, pp. 485-487.

[44] Vale a pena mencionar o entendimento dissonante do Professor argentino JOSÉ OSVALDO CASÁS, para quem os problemas decorrentes da utilização de conceitos indeterminados não devem ser solucionados pela utilização de mecanismos alternativos de solução de conflitos, mas pela elaboração de uma legislação que possibilite uma maior certeza das relações entre Fisco e contribuinte. Eis sua lição: "Entendemos, por outro lado, que a transação não é o meio adequado para resolver outras situações de incerteza, as quais têm origem nos preceitos tributários aplicáveis, como as que se derivam da utilização de *conceitos jurídicos indeterminados*, pois que o que ali está em jogo não são os fatos, mas o direito. Nesse caso, como em outros análogos, a solução deve ser alcançada por outros meios tais como: a) uma *transparente técnica legislativa*, garantindo a intervenção de juristas na redação dos projetos; e b) o ditado de normas gerais de interpretação, a pedido dos contribuintes, responsáveis e ou entidades que os agrupem e representem, como um meio de garantir a previsibilidade da ação estatal" (CASÁS, José Osvaldo. *Los Mecanismos Alternativos de Resolución de las Controversias Tributarias*. Buenos Aires: Ad-Hoc, 2003, pp. 282-284).

[45] SZKLAROWSKY, Leon Frejda. Arbitragem – Uma Nova Visão. *Revista Tributária e de Finanças Públicas*, São Paulo, nº 58, set.-out. 2004, pp. 226-227.

[46] Arbitragem – Uma Nova Visão, 2004, p. 227.

Por fim, tem-se a transação sempre que as partes põem fim a uma disputa mediante concessões recíprocas.

Para que possamos desenvolver melhor a análise da pertinência de cada um desses mecanismos para fins de solução de controvérsias no campo fiscal, tendo como pano de fundo o ordenamento jurídico pátrio, faz-se necessário superar algumas das principais objeções apresentadas contra os mesmos. Tais objeções consistem, basicamente, na alegação de que o uso de tais meios alternativos representaria uma violação dos princípios da legalidade, da indisponibilidade do crédito tributário e da capacidade contributiva.

17.5.1. Uso de Meios Alternativos para a Solução de Controvérsias em Matéria Tributária e a Suposta Violação dos Princípios da Legalidade, da Indisponibilidade do Crédito Tributário e da Capacidade Contributiva – Uma Abordagem Teórica

A fim de delimitar o contexto em que serão apresentadas as seguintes ponderações, é importante relembrar que a utilização de meios alternativos para a solução de controvérsias fiscais está sendo aqui examinada como um instrumento de superação do fenômeno da complexidade fiscal, a qual é decorrente da utilização de conceitos ambíguos e indeterminados no campo tributário, bem como da incerteza muitas vezes fomentada pela própria legislação.

Dessa forma, não se estará aqui a debater o uso de meios alternativos em situações em que não há dúvidas quanto à existência do crédito tributário, mas sim apenas nos casos em que a mesma seja duvidosa em razão da indeterminação do texto legal ou dos fatos envolvidos. Como assinala Ferreiro Lapatza:

> *O que ocorre é que toda lei tem um âmbito possível de interpretação e todo fato ou caso concreto tem um âmbito possível de percepção. Nesse âmbito – em ocasiões muito amplo, em ocasiões praticamente inexistente – movem-se os acordos a que nos estamos referindo.*
>
> *Somente quando há incertezas a respeito da lei ou a respeito dos fatos podem tais acordos ser inseridos no procedimento de aplicação da lei e são conformes com a lei e o Direito.*
>
> *Por isso tais acordos têm um induvidável caráter transacional, possibilitando ao mesmo tempo – através precisamente da transação – a mais estrita e rigoroso aplicação da lei.*[47]

---

[47] Solución Convencional de Conflictos en el Ámbito Tributario: una Propuesta Concreta, 2004, p. 301. Ver, também: LAPATZA, José Juan Ferreiro. Arbitrage sobre Relaciones Tributarias. In: PISARIK, Gabriel Elorriaga (Coord). *Convención y Arbitraje en el Derecho Tributario*. Madrid: Marcial Pons, 1996, p. 264. Nesse mesmo sentido, são precisas as palavras do Professor Heleno Taveira Tôrres: "Perplexidade – essa é a sensação de todos que iniciam leituras mais atentas sobre as

É nesse cenário que devem ser analisados aqueles que são os principais argumentos sustentados pelos opositores da utilização desses mecanismos alternativos, quais sejam, sua incompatibilidade com os princípios da legalidade, da indisponibilidade do crédito tributário e da capacidade contributiva.

propostas de aplicação de mecanismos pactícios ou soluções típicas de regimes de direito privado nos campos em que se permita mediação, conciliação, transação ou, mesmo, a adoção de medidas arbitrais na composição de conflitos em matéria tributária. Na verdade, esta sensação decorre mais do modo equivocado como estes argumentos são apresentados do que propriamente das contingências que eles projetam sobre os princípios alegados como sendo afetados na sua construção axiológica, como os da isonomia, preservação da capacidade contributiva, indisponibilidade do crédito tributário e legalidade material (tipicidade) – os maiores elementos de resistência para que se possa estender aos domínios das lides tributárias os citados mecanismos.

De fato, se encarados como meios ordinários disponíveis para qualquer modalidade de conflito, seria algo deveras preocupante, tendo em vista as implicações com o princípio da legalidade estrita em matéria tributária. Cabe estabelecer, portanto, antes que uma cortina de preconceitos, os limites para a adoção desses regimes, como bem já o fizeram outros países de bases democráticas sólidas como França (*Conciliation; Transaction; Régler Autrment les Conflicts*, de 1984), Alemanha, Itália (*Accertamento com Adesione e Conciliazione Giudiciale*), Inglaterra (*Alternative Dispute Resolution* – ADR) e Estados Unidos (*Alternative Dispute Resolution Act*, de 1990; *Closing Agreement*, Sec. 7, 121, IRC), empregando-os de forma prévia à utilização da via judicial ou no seu curso, como nos casos de conciliação.

Tal como houve mudanças nos mecanismos de arrecadação e cobrança dos tributos devidos, passando de um regime baseado exclusivamente em lançamentos de ofício ou por declaração para um modelo típico de tributação de massa, como é o regime de antecipação do pagamento por autolançamento (sujeito à homologação e controle por parte da Administração), onde o contribuinte declara, qualifica o fato jurídico, quantifica e liquida a dívida; o que se quer é que tais medidas de simplificação fiscal alarguem-se em seus horizontes, como prática de justiça, nos moldes do que ocorreu com o instituto da compensação, sem que se tenha qualquer notícia de prejuízo para o Erário Público.

Esses meios propostos serão sempre úteis para resolver conflitos baseados na interpretação do texto normativo, naquilo que não for claro e determinável, quando sirvam para resolver os problemas decorrentes do uso excessivamente prolixo, casuístico e obscuro da linguagem das normas tributárias, propositadamente ambígua e imprecisa, repleta de indeterminações e vaguezas. Aplicando-se onde a Administração não tenha certeza da ocorrência do fato jurídico tributário, na interpretação dos fatos jurídicos, portanto, especialmente nos casos sujeitos a regimes de presunções, quando houver dificuldade de demarcação dos conceitos fáticos, quando não houver provas ou sejam estas insuficientes" (TÔRRES, Heleno Taveira. Transação, Arbitragem e Conciliação Judicial como Medidas Alternativas para Resolução de Conflitos entre Administração e Contribuintes – Simplificação e Eficiência Administrativa. *Revista de Direito Tributário*, São Paulo, nº 86, 2003, pp. 47--50). Mais recentemente, o autor reiterou seu entendimento em: TÔRRES, Heleno Taveira. Princípios de segurança jurídica e transação em matéria tributária. Os limites da revisão administrativa dos acordos tributários. In: SARAIVA FILHO, Oswaldo Othon de Pontes; GUIMARÃES, Vasco Branco (Orgs.). *Transação e Arbitragem no Âmbito Tributário*. Belo Horizonte: Editora Fórum, 2008, pp. 305--307. Ver, também: CARVALHO, Rubens Miranda de. *Transação Tributária, Arbitragem e Outras Formas Convencionais de Solução de Lides Tributárias*. São Paulo: Editora Juarez de Oliveira, 2008, p. 39.

Nota-se, desde já, que o princípio da legalidade não aparece aqui como uma garantia individual, mas como determinante de um dever da autoridade pública de exigir o recolhimento de todos os tributos devidos em conformidade com os mandamentos legais.

Corolário do princípio da legalidade, nesta assentada, é o princípio da indisponibilidade do crédito tributário, segundo o qual, não sendo a Fazenda Pública titular dos valores que arrecada, exercendo, na verdade, uma *função pública*,[48] não podem as autoridades fazendárias decidir sobre a conveniência e oportunidade de demandar o recolhimento do montante de tributos devido.[49]

Discute-se também, nesse contexto, eventual violação do princípio da capacidade contributiva (seria mais próprio falar em violação aos princípios da isonomia e da generalidade da tributação), sob a alegação de que os meios alternativos estariam a permitir que sujeitos em situações idênticas tenham tratamentos diversos.

A questão aqui é que, como tivemos a oportunidade de destacar anteriormente, a legalidade tributária não pode ser entendida como uma fórmula para que se encontre no texto legal um único mandamento normativo que será extraído, de forma uniforme e inequívoca, por tantos quantos venham a ter contato com o mesmo.

Do contrário, mesmo a utilização de termos relativamente determinados dá azo por vezes a mais de uma interpretação legítima do texto legal, dentro dos marcos de sua moldura linguística. É exatamente nesse âmbito que se tem discutido quanto à utilização de técnicas arbitrais e da transação como meios alternativos para a terminação de disputas entre a Fazenda e os contribuintes.

Tais instrumentos teriam lugar, por exemplo, na fase de determinação da norma jurídica aplicável a determinado caso, nas situações em que for evidentemente possível a extração de comandos distintos de um mesmo texto legal, ou quando da apreciação de determinados fatos, cuja subsunção à norma não seja evidente.

Nessa linha de idéias, percebe-se que a utilização desses instrumentos na seara tributária não afasta a incidência dos princípios da legalidade e indisponibilidade do crédito fiscal, uma vez que todo o procedimento se daria integralmente dentro dos marcos legais, sem que haja espaço para se argumentar

---

[48] Ver: MELLO, Celso Antônio Bandeira de. *Discricionariedade e Controle Jurisdicional*. 2ª ed. São Paulo: Malheiros, 2001, p. 14. Ver também: SEIXAS FILHO, Aurélio Pitanga. *Princípios Fundamentais do Direito Administrativo Tributário*: A Função Fiscal. 2ª ed. Rio de Janeiro: Forense, 2001, pp. 6-7.

[49] Para um breve apanhado sobre essas posições ver: MASSANET, Juan Ramallo. La Eficacia de la Voluntad de las Partes en las Obligaciones Tributarias. In: PISARIK, Gabriel Elorriaga (Coord.). *Convención y Arbitraje en el Derecho Tributario*. Madrid: Marcial Pons, 1996, p. 217.

que o ente tributante está deixando de aplicar a lei ao caso concreto, ou renunciando a crédito tributário devido.[50]

Assim sendo, não há que se falar, de igual modo, em violação do princípio da capacidade contributiva, uma vez que não se estará deixando de tributar a capacidade econômica manifestada pelo contribuinte, mas apenas definindo qual o comportamento tributável selecionado pelo legislador.

Diante de todo o exposto, é de se concluir este subitem aduzindo que (a) diante da determinação apenas relativa dos termos utilizados nos textos legais, há campo para o desenvolvimento de instrumentos alternativos para redução da litigiosidade fiscal, os quais têm por escopo harmonizar as relações entre Fazenda e contribuintes; (b) considerando a tendência no sentido da ampliação da utilização de conceitos indeterminados nas leis tributárias, a necessidade de desenvolvimento de tais mecanismos torna-se ainda mais

---

[50] Nesse sentido, ver: RIBAS, Lídia Maria Lopes Rodrigues; RIBAS, Antonio Souza, Arbitragem como meio Alternativo na Solução de Controvérsias Tributárias, 2005, pp. 237-238; FALCÓN Y TELLA, Ramón. El Arbitraje Tributario. In: PISARIK, Gabriel Elorriaga (Coord.). *Convención y Arbitraje en el Derecho Tributario*. Madrid: Marcial Pons, 1996, p. 260; COSTA, Regina Helena, *Praticabilidade e Justiça Tributária*: Exiquibilidade de Lei Tributária e Direitos do Contribuinte, 2007, p. 200; SZKLAROWSKY, Leon Frejda. Arbitragem na área tributária. In: SARAIVA FILHO, Oswaldo Othon de Pontes; GUIMARÃES, Vasco Branco (Orgs.). *Transação e Arbitragem no Âmbito Tributário*. Belo Horizonte: Editora Fórum, 2008, p. 472; OLIVEIRA, Phelippe Toledo Pires de. *A Transação em Matéria Tributária*. São Paulo: Quartier Latin, 2015. p. 252. Sobre esta questão, vale a pena transcrever a seguinte lição de HUGO DE BRITO MACHADO: "Para aceitarmos a transação no Direito Tributário, realmente, basta entendermos que o tributo, como os bens públicos em geral, é patrimônio do Estado. Indisponível na atividade administrativa, no sentido de que na prática ordinária dos atos administrativos a autoridade dele não dispõe. Disponível, porém, para o Estado, no sentido de que este, titular do patrimônio, dele pode normalmente dispor, desde que atuando pelos meios adequados para a proteção do interesse público, vale dizer, atuando pela via legislativa, e para a realização dos fins públicos.

Em algumas situações é mais conveniente para o interesse público transigir e extinguir o litígio do que levar este até a última instância, com a possibilidade de restar a Fazenda Pública a final vencida. Daí a possibilidade de transação. Em casos estabelecidos na lei, naturalmente, e realizada pela autoridade à qual a lei atribuiu especial competência para esse fim" (MACHADO, Hugo de Brito. Transação e arbitragem no âmbito tributário. *Revista Fórum de Direito Tributário*, Belo Horizonte, n. 28, jul.-ago. 2007, pp. 54-55). Em sentido contrário parece ser o entendimento do Professor EURICO MARCOS DINIZ DE SANTI, para quem "não é possível transação no direito tributário, pois as partes não podem dispor com suas vontades e interesses sobre o crédito tributário que decorre da lei (*ex lege*). No direito privado, a transação é possível, pois as mesmas pessoas que fazem a 'lei' entre as partes, compondo suas vontades, podem, em outro momento, também com suas vontades, recompor a 'lei' que rege as suas relações. No direito tributário, quem pode dispor sobre a vontade da lei que fundamenta e justifica o crédito tributário?" (SANTI, Eurico Marcos Diniz. Transação e arbitragem no direito tributário: paranóia ou mistificação? *Revista Fórum de Direito Tributário*, Belo Horizonte, n. 29, set.-out. 2007, p. 36).

premente, uma vez que um dos principais efeitos colaterais do uso de tais conceitos é o aumento dos litígios no campo tributário.

17.5.2. Complexidade dos Fatos

Vale a pena ressaltar que, embora se tenha dedicado especial atenção à questão da indeterminação linguística, é possível que a indeterminação se encontre não no texto legislativo, mas sim nos fatos envolvidos.

Com efeito, muitas vezes o problema não é compreender o texto, mas os fatos que juntamente com o mesmo devem ser interpretados, de modo a se concluir pela incidência ou não da tributação.

É neste campo que se pode tratar da utilização dos meios alternativos como instrumento de solução de controvérsias em áreas como a desconsideração de planejamentos fiscais e a aplicação de regras de preços de transferência, como destaca Oswaldo Othon Pontes Saraiva, "campos férteis para proliferar a transação tributária, onde é tolerável relativa discricionariedade administrativa, podem ser identificados, por exemplo, no caso da interpretação dos atos ou fatos 'esquisitos', praticados pelo contribuinte no seu planejamento tributário, e tidos como tais pela Administração fiscal, em face da norma antielisiva do parágrafo único, do art. 116, do Código Tributário Nacional, ou nos casos de real avaliação do valor venal dos bens, para efeito de incidência do ITBI, do ITCMD, ou da verdadeira valorização dos imóveis vizinhos à obra pública, com vista à incidência da contribuição de melhoria, no caso da substituição tributária para frente no ICMS, bem como sobre fatos e regras relativas aos preços de transferência e etc".[51]

Também para a solução desses casos tem-se falado na adoção de meios alternativos para a solução de controvérsias entre Fazenda e contribuintes.

---

[51] SARAIVA FILHO, Oswaldo Othon Pontes. A transação e a arbitragem no direito constitucional brasileiro. In: SARAIVA FILHO, Oswaldo Othon de Pontes; GUIMARÃES, Vasco Branco (Orgs.). *Transação e Arbitragem no Âmbito Tributário*. Belo Horizonte: Editora Fórum, 2008, pp. 55-56. Ver, também: TORRES, Ricardo Lobo. Transação, conciliação e processo administrativo equitativo. In: SARAIVA FILHO, Oswaldo Othon de Pontes; GUIMARÃES, Vasco Branco (Orgs.). *Transação e Arbitragem no Âmbito Tributário*. Belo Horizonte: Editora Fórum, 2008, pp. 91-92.

17.5.3. Problemas Quanto à Utilização de Meios Alternativos no Direito Tributário Brasileiro

Como dito logo no início deste estudo, as pesquisas nacionais quanto ao tema em apreço são ainda incipientes,[52] embora a questão da utilização de meios alternativos de solução de controvérsias entre Fisco e contribuintes já esteja em estágio muito mais avançado em países como França,[53] Itália,[54] Alemanha,[55] Espanha[56] e Estados Unidos.[57]

---

[52] O tema ganhou projeção com os debates acerca do Projeto sobre Transação e Conciliação Administrativa e Judicial de Litígios Tributários, ou outras Soluções Alternativas de Controvérsias Tributárias. Não havendo perspectivas quanto à aprovação deste projeto, nesta edição deixaremos de comentar-lhe diretamente. Sobre o tema, ver: MACHADO, Hugo de Brito. Transação e arbitragem no âmbito tributário. *Revista Fórum de Direito Tributário*, Belo Horizonte, n. 28, jul.-ago. 2007, pp. 50-74; SANTI, Eurico Marcos Diniz. Transação e arbitragem no direito tributário: paranóia ou mistificação? *Revista Fórum de Direito Tributário*, Belo Horizonte, n. 29, set.-out. 2007, pp. 29-53. No ano de 2008 foi publicada obra coletiva sobre o tema, já algumas vezes referida, na qual vários autores apresentaram sua visão sobre o projeto de lei: SARAIVA FILHO, Oswaldo Othon de Pontes; GUIMARÃES, Vasco Branco (Orgs.). *Transação e Arbitragem no Âmbito Tributário*. Belo Horizonte: Editora Fórum, 2008.

[53] Ver: ROSEMBUJ, Tulio. *Procedimientos Tributarios Consensuados*: La Transación Tributaria. Buenos Aires: Instituto de Estudios de las Finanzas Públicas Argentinas, 2001, pp. 75-84. RIBAS, Lídia Maria Lopes Rodrigues; RIBAS, Antonio Souza, Arbitragem como meio Alternativo na Solução de Controvérsias Tributárias, 2005, p. 232; DACOMO, Natalia De Nardi. *Direito Tributário Participativo*. São Paulo: Quartier Latin, 2009, pp. 243-251.

[54] Ver: MOCSCHETTI, Francesco. Las Posibilidades de Acuerdo entre la Administración Financiera y el Contribuyente en el Ordenamiento Italiano. In: PISARIK, Gabriel Elorriaga (Coord). *Convención y Arbitraje en el Derecho Tributario*. Madrid: Marcial Pons, 1996, pp. 117-131; ROSEMBUJ, Tulio, *Procedimientos Tributarios Consensuados*: La Transación Tributaria, 2001, pp. 88--99; DACOMO, Natalia De Nardi, *Direito Tributário Participativo*, 2009, pp. 251-266.

[55] Ver: SEER, Roman. Contratos, Transaciones y Otros Acuerdos en Derecho Tributario Alemán. In: PISARIK, Gabriel Elorriaga (Coord.). *Convención y Arbitraje en el Derecho Tributario*. Madrid: Marcial Pons, 1996, pp. 133-159.

[56] Ver: LAPATZA, José Juan Ferreiro, Solución Convencional de Conflictos em el Âmbito Tributário: una Propuesta Concreta, 2004, pp. 293-312; PISARIK, Gabriel Elorriaga (Coord). Convención y Arbitraje en el Derecho Tributario. Madrid: Marcial Pons, 1996; MESTRES, Magin Pont; CLEMENTE, Joan Francesc Pont (Coords.). Alternativas Convencionales en el Derecho Tributario. Madrid/Barcelona: Marcial Pons, 2003; DACOMO, Natalia De Nardi. *Direito Tributário Participativo*. São Paulo: Quartier Latin, 2009, pp. 266-271.

[57] Ver: ROSEMBUJ, Tulio. *Procedimientos Tributarios Consensuados*: La Transación Tributaria, 2001, pp. 99-105; RIBAS, Lídia Maria Lopes Rodrigues; RIBAS, Antonio Souza, Arbitragem como meio Alternativo na Solução de Controvérsias Tributárias, 2005, p. 234; DACOMO, Natalia De Nardi, *Direito Tributário Participativo*, 2009, pp. 273-281.

É de se reconhecer, desde já, as dificuldades da discussão da questão no Brasil, a qual é devida principalmente à preponderância de ultrapassadas doutrinas, principalmente no que se refere ao conteúdo do princípio da legalidade.

Somado a isso, há que se ressaltar os problemas institucionais que teríamos que enfrentar antes de podermos discutir com seriedade a implementação de mecanismos alternativos de solução de controvérsias entre a Fazenda e os contribuintes.

Como se sabe, infelizmente a realidade nacional ainda é povoada por casos de corrupção que poderiam fazer com que iniciativas em direção à adoção de tais instrumentos alternativos se transformassem em novos caminhos para a evasão tributária.[58]

Assim, discutir a utilização desses meios alternativos sem um debate prévio quanto à reforma das instituições administrativo-fiscais, principalmente daquelas responsáveis pela apreciação de pedidos de revisão da legalidade dos atos administrativos de exigência tributária, como é o caso do Conselho Administrativo de Recursos Fiscais, parece-nos sem sentido.

No capítulo 16 acima defendemos a substituição do Conselho Administrativo de Recursos Fiscais por uma agência com atribuição para a revisão da legalidade dos atos tributários.

Sendo uma autarquia especial, ou seja, um ente com personalidade jurídica própria e sem subordinação hierárquica à União Federal, tal agência teria uma maior independência e imparcialidade em relação à Administração Direta, sendo que suas decisões seriam protegidas contra qualquer tentativa de influência política.

Como visto algumas páginas atrás, nossa sugestão é que o referido ente seja composto por agentes julgadores contratados por concurso, entre especialistas em tributação (não necessariamente advogados) sendo os presidentes das turmas de julgamento e o presidente da agência indicados pelo Presidente da República e referendados pelo Senado Federal.

A existência de um órgão nesses moldes certamente abriria um maior espaço para a discussão da adoção de meios alternativos para a solução de controvérsias na seara fiscal, a qual, em nossa opinião, sob um ponto de vista pragmático, é hoje impensável.

---

[58] Ver: ROCHA, Sergio André. Ética da Administração Fazendária e o Processo Administrativo Fiscal. In: ROCHA, Sergio André (Coord.). *Processo Administrativo Fiscal*: Estudos em Homenagem ao Professor Aurélio Pitanga Seixas Filho. São Paulo: Quartier Latin, 2007, pp. 612-660.

17.5.4. O que Mudaria na Realidade Brasileira com a Adoção de tais Métodos Alternativos?

Outro questionamento procedente, ao se examinar a temática em tela, é referente às reais mudanças que adviriam caso passássemos a adotar tais mecanismos no Direito Tributário Administrativo pátrio.

De fato, já temos na legislação brasileira alguns instrumentos de superação da complexidade legislativa e da indeterminação dos textos normativos, papel exercido, principalmente, pelo processo de consulta.[59]

Assim, no caso de qualquer dúvida quando à interpretação/aplicação da legislação tributária, pode sempre o contribuinte apresentar consulta às autoridades fazendárias acerca da melhor forma de proceder, sendo que em sua petição o contribuinte pode apresentar sua compreensão sobre o tratamento fiscal de determinada questão e indicar as razões de seu entendimento para que o mesmo seja considerado pela Fazenda.

Os grandes problemas do processo de consulta são: a falta de confiança do contribuinte na consulta fiscal (a qual se justifica no plano empírico, em razão da parcialidade[60] normalmente ostentada pela Fazenda em suas decisões) e a demora na resposta.

O primeiro problema não seria resolvido apenas com a adoção dos meios alternativos, necessitando, como por nós proposto, uma reforma administrativa dos órgãos de julgamento administrativos.

De outro lado, no que tange à questão da demora da resposta, também aqui se está diante de problema que não seria resolvido pela mera adoção dos mecanismos alternativos.

---

[59] Sobre o processo de consulta, ver: ROCHA, Valdir de Oliveira. *A Consulta Fiscal*. São Paulo: Dialética, 1996. Para uma análise do processo de consulta como instrumento de redução da complexidade tributária, ver: BARBOSA, Henrique Corredor Cunha. A Consulta Fiscal e a Segurança Jurídica: uma Nova Perspectiva Diante dos Conceitos Indeterminados. In: ROCHA, Sergio André (Coord.). *Processo Administrativo Tributário*: Estudos em Homenagem ao Professor Aurélio Pitanga Seixas Filho. São Paulo: Quartier Latin, 2007, pp. 287-320.

[60] Vale ressaltar que, ao nos referirmos à parcialidade não estamos sustentando que os agentes julgadores de forma intencional tomam posições pró-arrecadação. Todavia, considerando os aportes da hermenêutica filófica de HANS-GEORG GADAMER e o papel da pré-compreensão no fenômeno hermenêutico, cremos que os agentes fiscais de carreira, ao examinarem determinada situação concreta, não estão dispostos a abrirem-se às opiniões contrárias, fechando-se na cela de seus conceitos prévios. Sobre o tema, ver: SILVA, Sergio André R. G. da. A Hermenêutica Jurídica sob o Influxo da Hermenêutica Filosófica de Hans-Georg Gadamer. *Revista Tributária e de Finanças Públicas*, São Paulo, nº 64, set.-out. 2005, pp. 276-295.

17.5.5. Técnicas Arbitrais no Direito Tributário Pátrio?

As técnicas arbitrais (a conciliação ou mediação e a arbitragem propriamente dita) envolvem a participação de um terceiro na composição de um conflito de interesses. Esse terceiro pode participar tomando uma decisão sobre a disputa (arbitragem) ou auxiliando as partes para que cheguem a um acordo sobre a contenda (conciliação).

Diante dessa noção acerca das técnicas arbitrais formamos, de plano, duas convicções: uma primeira, já externada anteriormente, no sentido de que o Brasil não possui instituições para implementar a arbitragem ou a mediação como instrumentos de solução de divergências no campo tributário; uma segunda segundo a qual a utilização de tais meios alternativos passaria necessariamente pela constituição de um ente como a proposta agência para a revisão de atos tributários.

Com efeito, considerando que tanto a arbitragem como a conciliação/mediação dependem da participação de um terceiro no processo de decisão,[61] parece-nos carente de lógica que tal terceiro seja um particular.

Do mesmo modo, também não tem sentido que tal função seja atribuída ao Poder Judiciário, tanto que nas XXII Jornadas Latinoamericanas de Derecho Tributário, realizadas no ano de 2004 no Equador, concluiu-se que "a denominação de arbitragem fiscal deve ser reservada exclusivamente para a técnica de solução de controvérsias em matéria tributária consistente em submeter a decisão de uma controvérsia *a um órgão não pertencente à jurisdição ordinária estatal, cujo laudo tenha a mesma força que uma sentença*" (o grifo é nosso).

Assim, tal papel somente poderia ser desempenhado por um ente especializado personalizado, público, mas independente da Administração Pública, o qual se colocaria entre a Fazenda e o contribuinte na tomada de decisão. Esse entendimento também foi aquele a que chegaram os especialistas reunidos nas aludidas jornadas latino-americanas, onde ficou decidido que:

---

[61] A necessidade da participação de um terceiro, neutro e imparcial, como árbitro ou mediador é ressaltada por TULIO ROSEMBUJ, para quem "o ato de consenso pode contar com um intérprete dos interesses, um terceiro neutro e imparcial, que 'através da organização dos intercâmbios entre as partes lhes permita confrontar seus pontos de vista e buscar com sua assistência uma solução ao conflito que os opõem' (Bonafé-Schmitt)". Assim, conclui o catedrático da Universidade de Barcelona que os meios alternativos correspondem a "qualquer forma alternativa de resolução de disputa em que participa um terceiro neutro, em um procedimento alheio ou diverso ao poder judiciário" (ROSEMBUJ, Tulio. La Resolución Alternativa de Conflictos Tributarios. In: MESTRES, Magin Pont; CLEMENTE, Joan Francesc Pont (Coords.). *Alternativas Convencionales en el Derecho Tributario*. Madrid/Barcelona: Marcial Pons, 2003, p. 127).

> Os acordos tributários deveriam prever a intervenção de órgãos administrativos dotados de independência funcional em relação àqueles agentes fiscais que tenham intervido previamente nos procedimentos de verificação, fiscalização ou liquidação.[62]

É de se assinalar, todavia, que tal fórmula, caso implementada, representaria uma mudança mais pela criação do novo ente do que pela utilização das técnicas arbitrais, já que, no final das contas, a arbitragem de conflitos é o que toda corte, administrativa ou judicial, faz. Ou seja, a mudança que se precisa implementar é muito mais institucional do que procedimental.

17.5.6. A transação no Direito Tributário pátrio

Trata-se a transação de uma forma de terminação de litígios mediante concessões mútuas das partes envolvidas (art. 840 do Código Civil).

Como é sabido, o Código Tributário Nacional prevê a transação como forma de extinção do crédito tributário no inciso III de seu art. 156, tratando especificamente do instituto em seu art. 171, cuja redação é a seguinte:

> Art. 171. A lei pode facultar, nas condições que estabeleça, aos sujeitos ativo e passivo da obrigação tributária celebrar transação que, mediante concessões mútuas, importe em determinação de litígio e consequente extinção de crédito tributário.
>
> Parágrafo único. A lei indicará a autoridade competente para autorizar a transação em cada caso.

Ao se proceder ao estudo desse dispositivo, percebe-se que o mesmo trata de momento distinto do que vimos analisando no presente texto.

Com efeito, o art. 171 refere-se a momento em que *o crédito tributário já terá sido constituído*, tanto que a transação, nesse caso, configura modalidade de sua extinção.

Durante todo este estudo, ao tratarmos das incertezas legais e factuais em que se encontra submerso o fenômeno tributário, estávamos tratando de outro momento, prévio à constituição do crédito tributário, a qual era prejudicada pela própria incerteza.

Nessa linha de idéias, parece-nos impróprio falar em transação no âmbito específico para o qual se voltou este texto, ou seja, aquele da superação da

---

[62] Disponível na Internet no sítio <http://www.iladt.org/documentos/detalle_doc.asp?id=394>. Acesso em 15 de julho de 2005.

complexidade e da incerteza presentes no sistema tributário pátrio, já que, por natureza, ocorre a transação em momento posterior, em que já terá se tornado certo o crédito tributário.

17.7. Conclusão

As transformações vividas na sociedade pós-moderna, as quais nem sempre são percebidas, seja por insensibilidade, seja em razão de um esforço intencional e consciente de manutenção da segurança trazida por referenciais conhecidos, mesmo que ultrapassados, motivam uma revisão das formas de relacionamento Fazenda-contribuintes.

As características da sociedade de risco, notadamente a ambivalência, a insegurança e a incerteza, tornam muitas vezes opaca nossa visão de mundo, impondo uma mudança de paradigmas, com o surgimento de novos princípios que devem guiar o jurista da pós-modernidade (praticidade, ponderação, proporcionalidade, transparência, tolerância e responsabilidade).

Como vimos, é nesse contexto que, diante do reconhecimento de que a lei não traz a segurança esperada pela doutrina fiscal de formalismo napoleônico ainda predominante no Brasil, discute-se a questão dos meios alternativos de solução de controvérsias na arena tributária.

Depois de todas as considerações aqui apresentadas, concluímos nosso estudo afirmando que tais discussões, que se encontram bastante avançadas alhures, parecem não serem passíveis de importação para nossa realidade.

Com efeito, conforme defendemos, o que se precisa para alcançarmos uma valorização das soluções administrativas de controvérsias tributárias é uma reforma institucional e não de procedimentos.

O processo administrativo de revisão de atos tributários, assim como o processo de consulta, são instrumentos hábeis para a superação das incertezas presentes (e inevitáveis) na legislação fiscal e nos fatos tributáveis.

Todavia, o seu manejo por autoridades vinculadas a referencias jurídicos ultrapassados impede o desenvolvimento de seu potencial de pacificação de controvérsias.

Dessa forma, parece-nos que a discussão quanto à implementação dos ditos meios alternativos de solução de controvérsias é descabida, caso não se discuta, simultaneamente, uma reforma institucional das cortes administrativas, e desnecessária, caso tal reforma um dia venha a ser implementada com sucesso.

Post Scriptum

Este texto foi originariamente escrito para o derradeiro volume da coleção "Grandes Questões Atuais do Direito Tributário". Ele traz uma continuidade dos comentários constantes no presente livro, de modo que nos pareceu interessante incluí-lo neste trabalho.

Desafios Presentes e Futuros do Processo Administrativo Fiscal

Introdução

O tema proposto para este texto, "Desafios Presentes e Futuros do Processo Administrativo Fiscal", não poderia ser mais contemporâneo, tendo em vista a repercussão da chamada "Operação Zelotes", que colocou em xeque o Conselho Administrativo de Recursos Fiscais ("CARF"), mais importante órgão administrativo de revisão de lançamentos de ofício em atuação no Brasil.

Diante da multiplicidade de processos administrativos fiscais, tendo em vista o sistema tributário federativo adotado pela Constituição Federal, para que possamos ter um único modelo como paradigma focaremos nossas atenções, neste artigo, no processo administrativo fiscal federal.

Embora planejemos dedicar a maior parte deste texto ao processo administrativo fiscal, seria um equívoco focar apenas neste, desconsiderando a importância do processo judicial tributário. O processo tributário deve ser visto em sua unidade, e não olhando para as esferas administrativa e judicial como instâncias absolutamente estanques e separadas.

Como já afirmava ANTONIO BERLIRI, o controle da legalidade dos atos administrativo-fiscais é problema central do Direito Tributário, "na medida em que de sua solução depende o correto funcionamento do sistema tributário"[1]. Dessa forma, não é possível justiça tributária sem um processo tributário justo e equilibrado.

É importante observar que este texto não pretende apresentar soluções prontas e acabadas. O tema do processo tributário necessita, hoje, de um debate aberto de ideias, sem medo e receios que limitem a discussão. Percebe-se que muitas vezes determinados modelos não são objeto de análise porque seriam contrários a estes ou aqueles interesses, públicos ou privados. Neste breve artigo lançaremos ideias para o debate sem este tipo de preocupação, buscando contribuir para a evolução do sistema de controle dos atos administrativos tributários adotado no Brasil.

1º Desafio: Redução da Importância Sistêmica do Processo Administrativo. Por uma Justiça Fiscal

O inciso XXXV do artigo 5º da Constituição Federal traz a regra da inafastabilidade da jurisdição, ao enunciar que "a lei não excluirá da apreciação do Poder Judiciário lesão ou ameaça a direito". Esta regra evidencia o sistema de jurisdição una adotado no Brasil, onde cabe ao Poder Judiciário decidir, definitivamente, sobre conflitos de interesses.

A situação que temos vivenciado no Direito Tributário é patológica, e foge à lógica constitucional.

Com efeito, na área tributária, em razão principalmente das deficiências técnicas do Poder Judiciário para solucionar conflitos de interesses entre o Poder Tributante e os contribuintes, as instâncias administrativas passaram a ter uma relevância que não lhes foi outorgada pela Constituição Federal.

Nesse contexto, os contribuintes passaram a se ver reféns de órgãos administrativos, compostos por julgadores sem garantias constitucionais, sujeitos a pressões de ordens diversas, públicas e privadas. Em outras palavras, órgãos que deveriam ser coadjuvantes no sistema de controle da legalidade de atos administrativos de cobrança tributária, passaram à condição de protagonistas.

O primeiro desafio da reforma do processo tributário passa pelo necessário reequacionamento da função dos órgãos administrativos de julgamento. Seu papel deveria ser secundário em relação ao Poder Judiciário, servindo para

---

[1] BERLIRI, Antonio. Per un Miglior Funzionamento della Giustizia Tributaria. In: *Scritti Scelti di Diritto Tributario*. Milano: Giuffrè, 1990, p. 899.

evitar que situações onde a própria Administração Fazendária reconheça que um erro foi cometido cheguem aos tribunais.

Problemas atinentes ao funcionamento do órgão administrativo, portanto, não deveriam gerar comoção nacional nem virar tópico a atrair todas as atenções de Fazenda e contribuintes. Contudo, a realidade fática não poderia estar mais distante deste estado ideal.

De fato, como afirmado acima, a relevância dos órgãos administrativos de julgamento não foi atribuída pela Constituição Federal. Ela é fruto, isto sim, das dificuldades técnicas enfrentadas pelo Poder Judiciário, em todas as instâncias, para lidar com temas tributários complexos[2].

A verdade é que o juiz médio não foi treinado e preparado, desde os bancos da graduação na Faculdade de Direito, para apreciar questões tributárias que fujam dos debates envolvendo princípios constitucionais e outras matérias de natureza essencialmente jurídica, normalmente radicadas na interpretação da Constituição Federal ou do Código Tributário Nacional.

Nada obstante, sabe-se que a tributação vai muito além de tais tópicos, principalmente quando não se está discutindo teses jurídicas em ações ativas iniciadas pelos contribuintes, mas sim autos de infração lavrados considerando matérias concretas e a legislação especial de cada tributo.

Nesses casos, que muitas vezes envolvem e requerem conhecimentos contábeis, tornados ainda mais intricados com a adoção dos *International Financial Reporting Standards – IFRS* a partir da Lei nº 11.638/2007, o instrumental do juiz médio mostra-se insuficiente. Em verdade, não seria surpresa encontrar um magistrado, responsável pelo julgamento de temas tributários na Justiça Federal, por exemplo, que jamais tenha ouvido falar em *IFRS*, embora já estejamos nos aproximando da primeira década de sua implementação no Brasil.

Este cenário impulsiona a importância adquirida por órgãos de julgamento como o CARF. Tornou-se lugar comum o reconhecimento de que no Conselho, independentemente das probabilidades de sucesso da demanda, ao menos encontra-se um corpo de julgadores que, na maioria das vezes, possui os conhecimentos técnicos necessários para solucionar a controvérsia apresentada para julgamento.

Em decorrência dos problemas encontrados na Operação Zelotes, está sendo feito um grande esforço em direção à reformulação do CARF. Como

---

[2] Ver: ROCHA, Sergio André. Ética da Administração Fazendária e o Processo Administrativo Fiscal. In: ROCHA, Sergio André (Coord.). *Processo Administrativo Tributário*: Estudos em Homenagem ao Professor Aurélio Pitanga Seixas Filho. São Paulo: Quartier Latin, 2007. p. 631-633.

veremos, realmente, mudanças são necessárias. Nada obstante, a alteração que nos parece mais fundamental não foi ventilada até o momento: a criação de uma Justiça Tributária especial.

A convicção de que apenas uma Justiça Tributária seria a instância adequada para a solução de conflitos entre Estado e contribuintes parte da leitura de que a Constituição Federal não garante apenas o direito à tutela jurisdicional, mas o direito à tutela jurisdicional adequada, o que ressalta a necessidade da existência de um órgão capaz de examinar os fatos postos à apreciação do Poder Judiciário em toda sua complexidade.

Ou seja, a reforma que devia estar em análise é a reforma do próprio Poder Judiciário, e não do CARF. Uma reformulação que diminuísse a importância do Conselho e que levasse para o Poder Judiciário boa parte das demandas que atualmente são analisadas na esfera administrativa. Uma reforma pela criação de uma Justiça Tributária especial e especializada.

Quando se fala na criação de uma Justiça Tributária, uma reação frequente é no sentido de que a mesma não seria necessária, posto que já há alguma especialização em virtude da criação de varas especializadas.

Entretanto, não é desse tipo de especialização que se está cogitando, mas sim da seleção, por concurso específico, de tributaristas de carreira, com sólidos conhecimentos prévios sobre os tributos em espécie e sua legislação de regência, conhecimentos contábeis e do próprio cálculo dos tributos.

Outra crítica à defesa de uma Justiça Tributária especial é a de que a tônica do mundo contemporâneo é a "desjudicialização" das controvérsias. Realmente, a redução dos litígios postos à apreciação pelo Poder Judiciário tem sido buscada a todo custo.

Nada obstante, não se pode perder de vista que o sistema tributário brasileiro, calcado em uma legislação complexa, altamente constitucionalizada e em um modelo aplicativo baseado no autolançamento é altamente litigioso.

Dessa maneira, não parece possível fechar os olhos para a realidade fática e, diante de um modelo impositivo gerador de litígio negar à Fazenda e aos contribuintes um julgador imparcial e independente, tecnicamente capaz de solucionar as lides na área fiscal.

Na falta de um Poder Judiciário capaz de atender às demandas da Fazenda e dos contribuintes, resta-nos focar no processo administrativo fiscal, que aparece como último bastião do debate tributário técnico no que se refere a temas concretos relacionados à aplicação da legislação de cada tributo no dia a dia da atividade empresarial no Brasil.

2º Desafio: Composição Paritária e Seleção dos Julgadores

A composição paritária de órgãos de julgamento como o CARF tem sido apontada, por alguns autores, como tendo fundamento constitucional, de modo que, de acordo com esta visão, não poderia ser excluída, sequer por Emenda Constitucional. Esta posição vem sendo sustentada com base no princípio da impessoalidade (artigo 37 da Constituição Federal), que demandaria imparcialidade, a qual seria materializada na composição paritária.

Temos nos posicionado em sentido contrário. A impessoalidade e a imparcialidade do órgão administrativo prescindem da composição paritária. Acreditamos que esta se trata de criação do legislador ordinário, de modo que pode ser alterada ou mesmo suprimida a qualquer momento por lei ordinária. Concordamos, aqui, com o Professor Ricardo Lobo Torres, para quem:

> *"A representação paritária nos Conselhos de Contribuintes, a nosso ver, é arcaísmo que se precisa eliminar do direito brasileiro. Aqui penetrou por influência das ideias corporativas prevalecentes na Itália dos anos 30. A representação classista já vai desaparecendo até mesmo do Direito Trabalhista.*
>
> *A eficiência dos órgãos administrativos julgadores depende do conhecimento jurídico e técnico dos seus aplicadores, coisa que se não obtém com a paridade, salvo em raríssimos casos, como parece ser o do Tribunal de Impostos e Taxas de São Paulo. Seria necessário, portanto, que se criassem cargos para a nomeação de pessoas com sólidos conhecimentos da matéria tributária e com reputação ilibada, funcionários públicos ou não. A matéria, não tendo raiz constitucional, poderia ser alterada pelos entes da Federação que se sentissem prejudicados pelas insuficiências geradas pelo regime paritário."* [3]

---

[3] TORRES, Ricardo Lobo. Processo Administrativo Fiscal: Caminhos para o seu Desenvolvimento. *Revista Dialética de Direito Tributário*, São Paulo, nº 46, jul. 1999, p. 79. Em estudo mais recente, RICARDO LOBO TORRES reiterou este entendimento nos seguintes termos: "A mim me parece que uma das medidas mais importantes, que por vezes é discutida, é a supressão da paridade do Conselho de Contribuintes. O Conselho de Contribuintes é um órgão do poder público, um órgão da Administração Federal e dos Estados, que desde a sua criação, ao tempo do Estado Novo Getuliano, tem a forma paritária. Metade dos seus membros é proveniente da Fazenda, e a outra metade é indicada pelas forças produtoras – pelo comércio, pela indústria, e agora também advogados e outros representantes. O fato é que, nessa mudança da processualidade, manter-se o Conselho de Contribuintes de forma paritária, a meu ver, é um atraso, é manter uma situação que não existe. Não há paralelo de monta na legislação estrangeira, ninguém pensa nisso, e tira--se a oportunidade de se ter um corpo de julgadores profissionalizados, um corpo de julgadores concursados, bem remunerados, mas com independência, com formação teórica – porque o Direito Tributário hoje é cada vez mais complicado, e se não se tiver formação, se não se tiver uma iniciação, não se consegue penetrar nas grandes questões que preocupam o segundo grau de solução de

Apoiados nesta lição de RICARDO LOBO TORRES, sustentamos que a representação classista é um modelo superado, de modo que o CARF deveria ser composto integralmente por julgadores selecionados por concurso, com carreira própria.

Nota-se que nos referimos à composição integral do CARF. Em razão da Operação Zelotes, a "representação" dos contribuintes foi alvo de inúmeros questionamentos, pondo-se em evidência a estranheza de um modelo que fazia com que profissionais trabalhem pelo duas semanas do mês "de graça".

Concordamos em absoluto que a forma de indicação dos conselheiros "representantes" dos contribuintes está longe do ideal (embora seja absolutamente equivocado inferir que tais conselheiros exerceriam a função com vistas a obter qualquer forma de favorecimento indevido).

Contudo, parece miopia sistêmica acreditar e defender que o problema encontra-se apenas na "representação" dos contribuintes (ao menos se a preocupação é um processo administrativo fiscal justo, e não um instrumento de mera legitimação da arrecadação).

De fato, a "representação" da Fazenda mostra-se, igualmente, patológica. Julgador imparcial é julgador independente. E julgador independente deve gozar de garantias constitucionais, tais como vitaliciedade, inamovibilidade e irredutibilidade de vencimentos e subsídios, as quais, para os juízes, encontram-se previstas no artigo 95 da Constituição Federal.

Os chamados conselheiros "representantes" da Fazenda são auditores fiscais de carreira. Esta era a função que desempenhavam antes de se tornarem conselheiros e que voltarão a desempenhar após o fim do mandato no Conselho. Ou seja, não se pode desconsiderar que tais conselheiros estão sujeitos à mais variada gama de pressões institucionais. Afinal, caso não estejam alinhados, em especial nos casos de maior relevo, com a posição de seus chefes, poderiam sofrem sanções políticas que vão desde a não recondução

---

controvérsias na Administração Pública. Conselheiros mal preparados, que desconhecem o Direito Tributário, que desconhecem noções de contabilidade, que não têm domínio da instrumentalidade do Direito Tributário, infelizmente não podem julgar a contento" (TORRES, Ricardo Lobo. O papel dos Conselhos de Contribuintes na redução da litigiosidade. *Revista Internacional de Direito Tributário*, Belo Horizonte, v. 8, jul.-dez. 2007, p. 284-285). Outro a criticar a composição paritária é o Professor AURÉLIO PITANGA SEIXAS FILHO. Porém, sua crítica é em sentido diverso, defendendo o Professor um órgão julgador composto exclusivamente com "representantes" da Fazenda (Cf. SEIXAS FILHO, Aurélio Pitanga. Métodos para Revisão do Lançamento Tributário. In: ROCHA, Valdir de Oliveira (Coord.). *Grandes Questões Atuais do Direito Tributário – 13º Volume*. São Paulo: Dialética, 2009. p. 32-33).

ao cargo até transferências para postos menos desejados na carreira depois do término do mandato.

Esta preocupação torna-se ainda mais evidente em um período como o que passa o Brasil nos dias atuais, onde as necessidades financeiras do Estado são enormes e os valores autuados e que estão "parados" no CARF são apontados pela Fazenda como um dinheiro "em caixa", como se a conclusão dos julgamentos fosse mera formalidade para seu ingresso nos cofres públicos.

Dessa maneira, entendemos, e não é de agora, que o modelo de "representação" é patológico e deveria ser extinto, sendo substituído por uma seleção dos julgadores, todos eles, por concurso público.

Porém, é importante reforçar que só faz sentido debater mudanças radicais na estrutura do modelo de julgamento administrativo caso se tenha chegado à conclusão de que a criação de uma Justiça Tributária é inviável. De fato, se fosse criada uma Justiça Tributária especial, o CARF poderia ser extinto, realizando-se a revisão administrativa apenas na primeira instância (que se tornaria instância única) colegiada. Nesse cenário, a revisão administrativa seria basicamente fático-procedimental, deixando-se toda a discussão de fundo jurídico para ser apresentada e apreciada pelo Poder Judiciário.

No entanto, não sendo factível uma modificação tão profunda no processo judicial, mantendo-se o modelo atual, aí sim faria sentido investir em um órgão administrativo de julgamento a ser composto por julgadores verdadeiramente independentes, o que passa pela sua seleção por concurso público, pelo pagamento de uma remuneração compatível com a função (que poderia ser equivalente àquela de um juiz federal), e pela previsão de garantias constitucionais que há muito são conhecidas como fundamentais para o exercício da atividade judicante (vitaliciedade, inamovibilidade e irredutibilidade de vencimentos e subsídios).

3º Desafio: Independência Administrativa

Outro aspecto importante é a independência administrativa deste Tribunal Administrativo.

Com efeito, por mais que se argumente que o CARF é independente, na verdade, em termos administrativos ele nada mais é do que um órgão do Ministério da Fazenda. Tanto que é assim que todo o debate sobre as superficiais reformas recentemente feitas foi coordenado pelo Ministério da Fazenda, preocupado, como já apontado, com o recolhimento dos valores em discussão no Conselho.

Há toda uma argumentação jurídica no sentido de que não há, entre o CARF e o Ministério a que se encontra vinculado, uma relação hierárquica no que se refere ao conteúdo técnico das decisões. Todavia, não se pode perder de vista que, ainda sim, o CARF integra a estrutura orgânica do Ministério da Fazenda.

Parece-nos, assim, que outro desafio importante seria alcançar uma verdadeira independência administrativa para o Tribunal Administrativo. Provavelmente, a saída seria seguir o mesmo modelo de autarquia especial que é utilizado pelas agências reguladoras. De toda maneira, a criação deste Tribunal Administrativo deveria ser implementado via Emenda Constitucional, de modo que seu fundamento tenha assento na Lei Maior, onde também deveriam estar previstas todas as garantias aplicáveis aos julgadores.

4º Desafio: Decisões Definitivas para Ambas as Partes

Uma das maiores patologias do sistema atual de controle da legalidade dos atos administrativos tributários é a sobreposição de instâncias. A falta de relação entre o processo administrativo e o judicial gera um desperdício de esforços, inaceitável em um mundo onde os recursos são escassos. A questão foi bem apresentada por JAMES MARINS, nos seguintes termos:

> *"No Brasil, entretanto, contrariando as recomendações de nossas mais brilhantes mentes jurídicas, criamos o seguinte sistema: a) diante de controvérsias em matéria tributária laboram independentemente a administração e o judiciário, pois o material produzido no seio do contencioso administrativo não é aproveitado pelos juízes; b) via de regra a etapa administrativa somente é útil quando, o que raramente acontece, vence o contribuinte; c) se o contribuinte, o que é a regra, se vê derrotado em suas pretensões no processo administrativo (muitas vezes após um trâmite de três, quatro ou mais anos), repropõe todo o seu petitório perante a instância judicial, em mais cinco ou oito anos de desgaste do aparelho estatal; d) não existe a fundamental 'harmonia de instâncias' senão pela singela regra de que o processo judicial prefere ao administrativo."*[4]

Há algumas formulações que podem ser pensadas para se lidar com este problema. Uma delas, por exemplo, consiste em tratar a fase administrativa

---

[4] MARINS, James. As Microreformas do Processo Tributário, o Arrolamento Administrativo e a Medida Cautelar Fiscal. In: ROCHA, Valdir de Oliveira (Coord). *Processo Administrativo Fiscal 3º Volume*. São Paulo: Dialética, 1998. p. 95-96.

como instrução da etapa judicial, com recurso contra a decisão administrativa diretamente para a segunda instância do Poder Judiciário.

A ideia está longe de ser nova, já tendo sido analisada por GILBERTO DE ULHÔA CANTO na década de 60. Pela atualidade das considerações de ULHÔA CANTO, transcrevemos a seguinte passagem em sua íntegra, mesmo que longa:

> "Tem sido frisado que a atual sistemática de processo tributário brasileiro, no âmbito federal, importa superposição de fases administrativa e judicial, nesta se podendo proceder a uma recomposição completa daquela, e, em cada qual, havendo condições suficientes para espantoso alongamento. Com efeito, no estágio processual administrativo, além do tempo que se perde até o proferimento da decisão de primeira instância, há, na segunda, o recurso propriamente dito, e um esdrúxulo pedido de reconsideração ao mesmo conselho. Depois de tudo isso, tendo sido a decisão daquele órgão tomada por maioria, poderá ser reformada pelo Ministro da Fazenda, o que, de per se, já é uma aberração, que reduz o tribunal a uma condição subalterna e quase humilhante.
>
> Por outro lado, se o contribuinte é vencido na instância administrativa, pode ele recolocar a questão perante o Judiciário, em processo que se inicia pelo juiz singular e sobe, em recurso ordinário, ao Tribunal Federal de Recursos, onde, eventualmente, cabe o recurso de embargos, sem se aludir ao extraordinário para o Supremo Tribunal Federal, nas hipóteses previstas na Constituição.
>
> É de toda evidência que uma tão emperrada e lenta sistemática não pode subsistir. Dentre as possíveis soluções, afastada a que consistiria na supressão da interferência do Judiciário, em face dos motivos precedentemente expostos, haveria de ter em conta, ou o apressamento da fase administrativa, ou o da judicial. Foi lembrado que uma instância única administrativa, com duas judiciárias, daria maior celeridade ao processo. A nós, porém, essa maneira de abreviar o curso da discussão parece a menos indicada. Com efeito, pelo crivo técnico dos julgadores administrativos, muita controvérsia chega ao fim, de sorte que é mais conveniente outorgar ao contribuinte o ensejo de submeter a sua pretensão a dois níveis de jurisdição administrativa do que a um só, ainda que lhe reservando a dualidade de etapas no Judiciário.
>
> Por outro lado, e uma vez que se opte pela manutenção das duas instâncias na esfera administrativa, logicamente se indica reduzir a apenas uma na fase judicial, o que, de resto, não ofereceria dificuldade de execução, já que a regra da dupla jurisdição nas causas da Fazenda Pública, sendo de lei ordinária (art. 822, § único, III, do Código de Processo Civil), pode sofrer derrogação por outra lei ordinária. É claro que, em qualquer caso, o problema não se resolveria sem modificação constitucional porque, sob outro ângulo, o art. 104, II, a, da Carta de 1946, atribui competência ao Tribunal Federal de Recursos para decidir como instância recursal aquelas mesmas causas, de sorte que, se devesse prevalecer apenas o juízo singular, não se poderia fugir à alteração do texto acima citado. Entretanto, a

fórmula simplificadora da intervenção judicial não nos parece que deva ser buscada com a eliminação de um julgamento de órgão superior colegiado, porque este, e não o juiz singular, é que mais segurança oferece, tanto para a Fazenda Pública como para o contribuinte, em razão do menor arbítrio e da maior possibilidade de acerto que a combinação de vontades dos membros de um órgão colegiado para formular a opinião deste obviamente apresenta em confronto com a jurisdição pessoal.

A alternativa restante, após aceitos os pressupostos acima enunciados, seria atribuir a um tribunal federal competência originária e única (salvo o recurso extraordinário constitucional, que não se deveria pensar em suprimir) para o deslinde judicial das controvérsias de que se está a tratar. No estado atual da estrutura do Judiciário, esse Tribunal seria o Federal de Recursos, que já dispõe de competência para decidir, em segunda instância, todas as causas da União...".[5]

Percebe-se, assim, o quão antigo é o debate sobre a reforma do processo tributário. Acreditamos que uma sistemática que transforme o processo administrativo na primeira instância do processo judicial não poderia ser implementada considerando a estrutura do CARF tal como se apresenta hoje.

Obviamente, uma movimentação nesta direção demandaria uma emenda à Constituição Federal. Porém, ainda assim, a substituição do julgamento hoje realizado pelo juiz de primeira instância por uma instrução e julgamento administrativos somente seria constitucional se o julgador administrativo fosse independente. E, neste passo, somente o julgador selecionado por concurso próprio, portador das garantias já referidas, e membro de uma instituição independente, teria condições de exercer a função que atualmente é atribuída aos juízes togados de primeira instância.

Dessa maneira, para que se possa cogitar de uma mudança nesta direção, antes de mais nada, seria necessária, a meu ver, a reforma do modelo de revisão administrativa dos lançamentos tributários como um todo, conforme anteriormente sugerido.

Há outra possibilidade, que nos parece mais adequada, que foi ventilada originalmente pelo Professor AURÉLIO PITANGA SEIXAS FILHO, que sustentou a tese de transformação dos então Conselhos de Contribuintes em câmaras arbitrais. Vejam-se suas ideias na seguinte passagem:

"Considerando, então, a existência antiga e com aceitação geral dos Conselhos de Contribuintes, cujo sistema paritário é um modelo similar à arbitragem, bastaria então

---

[5] *Processo Tributário*: Anteprojeto de Lei Orgânica elaborado por Gilberto de Ulhôa Canto, 1964, pp. 61-62.

a legislação conceder o efeito de coisa julgada a estas decisões, significando, assim, que o recurso dirigido aos mencionados colegiados administrativos teria o mesmo efeito da cláusula compromissória.

Ficaria, desta maneira, o contribuinte frente a um verdadeiro Contencioso Administrativo, porém, não obrigatório, podendo escolher o sistema de decisão que considere mais adequado para qualificar o fato gerador (exame pericial) e competente para interpretar a legislação tributária.

Não tem sentido retirar da Administração fiscal o controle hierárquico do lançamento tributário, criando um colegiado paritário, um órgão administrativo mas não um órgão da Administração, conforme Carlos da Rocha Guimarães, com poderes de tomar uma decisão definitiva, exclusivamente, quando favorável ao recurso do contribuinte, permitindo-lhe, ainda, duplicar e prolongar o exame da legalidade do ato administrativo quando a decisão colegiada não atender aos seus interesses.

Com um sistema de arbitragem, decidindo definitivamente a controvérsia, dentro, também, de um verdadeiro Contencioso Administrativo, o contribuinte poderá optar livremente qual o caminho que deverá escolher para constituir o seu dever jurídico tributário.

Como já mencionado, a Administração Pública tem o dever de controlar a legalidade dos atos administrativos por sua forma jurídica natural através da hierarquia, podendo o cidadão recorrer ao Judiciário quando lhe for mais conveniente e obedecendo aos prazos prescricionais.

O que está demonstrado não ser mais conveniente é a existência de um simulacro de Contencioso Administrativo, desnaturado o recurso administrativo apropriado com o desvio para o colegiado paritário, e sendo permitido, ao mesmo tempo ao descontente, a prorrogação da discussão no Poder Judiciário, e, em regra geral, sem qualquer garantia que a dívida tributária seja cumprida com a decisão final.

Portanto, o contribuinte, ao escolher um verdadeiro sistema de arbitragem, como numa cláusula compromissória, estará renunciando ao processo judicial. Se, por outro lado, preferir o processo do Judiciário, não poderá mais socorrer-se do sistema paritário, encolhendo, desta forma, o tempo para solucionar as divergências tributárias."[6]

Não concordamos integralmente com esta proposta do Professor AURÉLIO PITANGA, uma vez que, segundo cremos, não poderia a mesma ser implementada sem que antes as modificações estruturais aqui consideradas fossem realizadas. Em outras palavras, não nos parece que o CARF, tal como estruturado hoje, possa ser convertido em câmara arbitral.

---

[6] SEIXAS FILHO, Aurélio Pitanga. Arbitragem em Direito Tributário. In: ROCHA, Valdir de Oliveira (Coord.). *Grandes Questões Atuais do Direito Tributário: 11º Volume.* São Paulo: Dialética, 2007. p. 21-22.

Nada obstante, inspirados nas ideias do saudoso professor, falecido neste ano e a quem rendemos nossa homenagem, parece-nos ser possível sustentar a o caráter definitivo, para ambas as partes, da decisão administrativa.

De acordo com o modelo que propomos, diante da lavratura de um auto de infração, todos teriam direito à revisão pela primeira instância administrativa.

Uma vez proferida a decisão de primeira instância, sendo esta favorável ao contribuinte poderíamos ter um sistema de recurso de ofício parecido com o que temos hoje, aumentando-se, contudo, o valor dos casos que seriam submetidos a revisão.

Por outro lado, na hipótese de decisão favorável à Fazenda, o contribuinte teria duas possibilidades: ou questionaria a decisão perante o Poder Judiciário ou recorreria ao Novo CARF[7]. No primeiro caso, teria início o processo judicial nos moldes em que conhecemos hoje. Por outro lado, interposto recurso para o Novo CARF, o contribuinte assumiria o compromisso de aceitar esta decisão como definitiva, sem ter direito de acessar o Poder Judiciário no caso de decisão final desfavorável.

Para que não haja prejuízos àqueles que optarem pelo ingresso diretamente no Poder Judiciário, seria necessário alterar o Código Tributário Nacional para que o ajuizamento da ação anulatória ou mandado de segurança contra o auto de infração suspendesse a exigibilidade do crédito tributário até a decisão final em primeira instância.

Não creio que esta alternativa restrinja qualquer garantia constitucional dos sujeitos passivos tributários. Em primeiro lugar, a opção pela decisão administrativa seria feita pelo próprio sujeito passivo que, em preferindo, poderia levar a questão diretamente ao Poder Judiciário, com a suspensão da exigibilidade do crédito tributário. Ademais, a possibilidade de opção por uma decisão "não judicial" já existe há tempos no ordenamento jurídico brasileiro, no instituto da arbitragem, não havendo nenhuma peculiaridade no campo tributário que exclua controvérsias entre Fisco e os sujeitos passivos da possibilidade de uma solução "não judicial".

Mais uma vez é importante reforçar: esta sugestão só faz sentido acaso seja criado um ente com personalidade jurídica própria e composto por julgadores selecionados por concurso, com prerrogativas próprias dos juízes. Por outro

---

[7] Na falta de um nome melhor, estamos chamando de Novo CARF – novo ente que seria criado na forma proposta neste texto: administrativamente independente do Ministério da Fazenda e composto por julgadores selecionados por concurso público específico.

lado, instituído tal Tribunal Administrativo, não faria nenhum sentido que suas decisões se sujeitassem a revisão.

A única exceção a este modelo (decisão definitiva para a Fazenda e os contribuintes) seria aquela onde determinada matéria jurídica fosse aceita, no Supremo Tribunal Federal ou no Superior Tribunal de Justiça, no regime de repercussão geral ou dos recursos repetitivos, respectivamente. Nestes casos, os processos em curso no Novo CARF poderiam ficar suspensos até a decisão final pelo Tribunal competente, a qual, uma vez proferida, teria aplicação aos processos administrativos sobrestados.

Como os Tribunais Superiores não raro tardam muito, por vezes décadas, para proferir suas decisões, uma alternativa ao modelo de suspensão poderia ser a previsão de alguma espécie de ação rescisória, de modo que fosse possível rever a decisão contrária a decisão posterior do Supremo Tribunal Federal ou do Superior Tribunal de Justiça.

5º Desafio: Reforma e Estabilidade

Depois de um semestre perdido, o CARF, pautado no mesmo modelo institucional existente desde sua criação, retoma suas atividades. Contudo, o momento ainda não é de estabilidade, mas de incerteza. Talvez não tenha havido, nos últimos anos, momento mais propício para uma reforma estrutural mais ampla, que tocasse nesses temas mais controvertidos e delicados.

Assim sendo, parece-nos que não deveria ser perdida esta ocasião favorável à reforma. Várias ideias foram postas e há espaço para a inclusão do tema na agenda do Congresso Nacional. Entretanto, o ponto de partida é necessariamente o entendimento de que o modelo atual não é o ideal.

Nada obstante, é importante também reconhecer que um eterno estado de reforma tampouco é benéfico. É imprescindível que reformas mais drásticas sejam debatidas e implementadas com a maior rapidez possível, caso seja o caso realmente de realizá-las.

Com efeito, enquanto se fala em reforma, novos conselheiros estão sendo apontados e o órgão retoma seus trabalhos. Ora, caso alterações mais amplas venham a ser efetivadas todos os esforços que estão sendo feitos agora terão sido desperdiçados.

Além disso, o CARF tem uma missão de recuperação de credibilidade, a qual, enquanto penderem dúvidas quanto à sua continuidade, será difícil de ser realizada a contento.

Portanto, é importantíssimo que se alcance, o quanto antes, estabilidade institucional. Seja no modelo atual, seja com um novo modelo.

Uma reforma como a proposta neste texto não poderia entrar em vigor sem alguma forma de transição. Como os atuais conselheiros do CARF não passariam ao Novo CARF (salvo se devidamente aprovados em concurso público), talvez o prazo de três anos de mandato desses conselheiros fosse o bastante para que o novo Tribunal Administrativo esteja pronto para assumir o julgamento dos casos.

6º Desafio: Continuidade e Legitimação

Este texto voltou suas atenções, prioritariamente, ao debate de temas relacionados a uma ampla reforma do processo tributário. Nada obstante, há que se reconhecer que a lei das probabilidades indica uma chance muito grande de que tudo siga como dantes, sem que grandes modificações estruturais do sistema de controle da legalidade dos atos administrativos de cobrança tributária sejam implementadas.

Nesse cenário, é importante debatermos quais seriam os principais desafios a serem enfrentados na hipótese de continuidade do modelo atual.

O primeiro grande desafio é a reconquista da legitimidade técnica do CARF. Ao longo dos anos, como já apontamos, o Conselho conseguiu um reconhecimento reputacional importante, sendo tido como um órgão onde um enfrentamento técnico de questões complexas era possível.

Após a Operação Zelotes, com a modificação expressiva ocorrida na "representação" dos contribuintes, apontou-se, de maneira geral, que haveria um enfraquecimento técnico do CARF, sustentando-se que os conselheiros "representantes" dos contribuintes deixariam de ser técnicos com larga experiência profissional e passariam a ser, em sua grande maioria, jovens tributaristas que não teriam o cabedal técnico necessário para o exercício da função.

É provável que esta conclusão inicial mostre-se equivocada e que os novos julgadores, em pouco tempo, demonstrem estar tão preparados para o julgamento dos casos quanto seus antecessores. Entretanto, não se pode deixar de notar que existe uma desconfiança sobre a qualidade técnica do CARF em sua composição atual, a qual somente será superada com o tempo e a percepção empírica de que o órgão segue tão competente quanto no passado.

Agora, confiança e legitimidade não é algo que se ganha. É algo que se conquista. Entram em cena, aqui, algumas sugestões apresentadas por Eurico

POST SCRIPTUM

Marcos Diniz de Santi que certamente podem ser úteis na reconquista do prestígio que o CARF já teve.

Um dos princípios mais caros ao Direito Financeiro e ao Direito Tributário é o princípio da transparência[8]. Eurico Marcos Diniz de Santi faz importante conexão entre a transparência e a legalidade, ao afirmar que "a transparência prática da legalidade permite a prova e a verificação da aplicação dos fatos descritos hipoteticamente na lei: sem prova da realização da aplicação da lei e do correspectivo ato administrativo compromete-se a garantia do primado da igualdade"[9].

Portanto, uma das chaves para a recuperação do prestígio do CARF é, de fato, a transparência.

Partindo dessa premissa, Eurico Marcos Diniz de Santi, Breno Ferreira Martins Vasconcelos e Daniel Souza Santiago da Silva apresentaram algumas sugestões em direção à transparência do CARF, entre as quais[10]:

> "Publicidade dos nomes e compõem as listas tríplices de candidatos à posição de conselheiro, com a divulgação dos seus currículos para escrutínio público."

> "Estabelecimento de metas claras, objetivas e previamente definidas a serem atingidas pelos Conselheiros para submissão ao Comitê de Seleção de Conselheiros. A recondução dos conselheiros representantes da Fazenda Nacional e dos contribuintes deveria ficar a cargo exclusivamente do Comitê de Seleção, pautado por critérios técnicos e objetivos, sendo desnecessária nova indicação pela Secretaria da Receita Federal ou pelas confederações representativas de categorias econômicas e centrais sindicais. Criação de regras objetivas para a eventual transferência de Conselheiros entre as Turmas. A decisão que embasar a transferência deverá ser motivada".

> "Disponibilização de espaço no site do CARF para que os Conselheiros divulguem sua agenda de audiências com as partes (advogados, procuradores da Fazenda e, ou, interessados). Regulamentar regra de audiências em sala na sede do CARF. O espaço disponibilizado para a realização das audiências poderá comportar mais de uma audiência ao mesmo tempo, sendo

---

[8] Ver: ROCHA, Sergio André. *Troca Internacional de Informações para Fins Fiscais*. São Paulo: Quartier Latin, 2015. p. 58-62.
[9] SANTI, Eurico Marcos Diniz de. *Kafka, Alienação e Deformidades da Legalidade: Exercício do Controle Social Rumo à Cidadania Fiscal*. São Paulo: Revista dos Tribunais, 2014. p. 168.
[10] SANTI, Eurico Marcos Diniz de; VASCONCELOS, Breno Ferreira Martins; SILVA, Daniel Souza Santiago da. Dez sugestões institucionais para o Carf. Disponível em: http://jota.info/dez-sugestoes-institucionais-para-o-carf. Acesso em 26 de julho de 2015.

permitida a presença dos representantes de ambas as partes do processo, bem como a presença de outros interessados. Os Conselheiros deverão divulgar semestralmente uma relação de pessoas físicas e jurídicas em relação às quais haja conflito de interesses para o julgamento".

Essas sugestões efetivamente seriam passos importantes em direção à recuperação da credibilidade do CARF.

Outro aspecto já referido neste texto, relevante no processo de recuperação, é o reconhecimento público da independência técnica do CARF. Ou seja, o Conselho não pode ser apontado como instrumento de arrecadação do Ministério da Fazenda. Quanto mais próximo do Ministério e maiores as referências ao CARF como instrumento de arrecadação menor será a confiança na sua independência e efetiva imparcialidade.

Por mais que se tenham jogado todas as incertezas sobre a qualidade dos novos "representantes" dos contribuintes, acredito que a verdadeira incerteza neste retorno das atividades do CARF é se os "representantes" da Fazenda, em um ano de ajuste fiscal e pressões orçamentárias, terão liberdade técnica e independência para decidir os grandes casos, ou se testemunharemos uma sequência de decisões pautadas no voto de qualidade, como, de resto, já vinha ocorrendo no passado recente.

Aqui, retornamos ao primeiro desafio comentado neste texto. O contribuinte não pode depender de um julgador administrativo vinculado e de certa forma gerido pela Fazenda. Já passou o tempo de se ter um Tribunal, preferencialmente judicial, mas, em não sendo possível, administrativo, que julgue as controvérsias tributárias com a qualidade técnica necessária, mas também com a independência imprescindível.

Conclusão

Por tudo que foi exposto neste texto, cremos que é a hora de se aproveitar o momento favorável para efetivamente discutir uma reforma estrutural profunda do processo tributário, que vá além de pequenos ajustes no rito do CARF. Idealmente, tal reforma deveria estar centrada, principalmente, na criação de uma Justiça Tributária especial e especializada, que pudesse dar rápida solução a controvérsias entre Fisco e contribuintes.

REFERÊNCIAS

ABERASTURY, Pedro; CILURZO, María Rosa. *Curso de Procedimiento Administrativo*. Buenos Aires: Abeledo-Perrot, 1998.

ABRAHAM, Marcus. *O Planejamento Tributário e o Direito Privado*. São Paulo: Quartier Latin, 2007.

ABRÃO, Carlos Henrique. Limitações ao Poder Impositivo e Segurança Jurídica. In: MARTINS, Ives Gandra da Silva (Coord.). *Limitações ao Poder Impositivo e Segurança Jurídica*. São Paulo: Revista dos Tribunais, 2005, pp. 302-310.

_____. Sanções Penais Tributárias. In: MACHADO, Hugo de Brito. *Sanções Penais Tributárias*. São Paulo: Dialética, 2005, pp. 199-209.

ADEODATO, João Maurício. *Ética e Retórica: Para uma Teoria da Dogmática Jurídica*. São Paulo: Saraiva, 2002.

ADOMEIT, Klaus. *Introducción a la Teoria del Derecho*. Tradução Enrique Bacigalupo. Madrid: Civitas, 1984.

AKSELRAD, Moisés. Lançamento. In: MARTINS, Ives Gandra da Silva (Coord.). *Do Lançamento*. São Paulo: Resenha Tributária, 1987, pp. 275-302.

ALDER, John. *General Principles of Constitutional and Administrative Law*. 4th. ed. Hampshire: Palgrave Macmillan, 2002.

ALENCAR, Gustavo Kelly. A ação penal nos crimes contra a ordem tributária praticados por particular e o exaurimento da discussão administrativa sobre o crédito tributário. In: TÔRRES, Heleno Taveira; QUEIROZ, Mary Elbe; FEITOSA, Raymundo Juliano (Coords.). *Direito Tributário e Processo Administrativo Aplicados*. São Paulo: Quartier Latin, 2005, pp. 467-491.

ALEXY, Robert. *Teoria de los Derechos Fundamentales*. Tradução Ernesto Garzón Valdés. Madrid: Centro de Estudios Políticos y Constitucionales, 2002.

_____. *El Concepto y la Validez del Derecho*. Tradução Jorge M. Seña. Barcelona: Gedisa, 1997.

ALLORIO, Enrico. *Diritto Processuale Tributario*. Milano: Giuffrè, 1942.

ALMEIDA JÚNIOR, Fernando Osório de. A Confissão de Dívida Fiscal – Meio Inábil ao Surgimento de Obrigação Tributária. *Revista Dialética de Direito Tributário*, São Paulo, n. 32, mai. 1998.

ALTAMIRA, Pedro Guillermo. *Curso de Derecho Administrativo*. Buenos Aires: Depalma, 1971.

ALTAMIRANO, Alejandro. La Discrecionaridad Administrativa y la Motivación del Ato de Determinación Tributaria. In:

ALTAMIRANO, Alejandro (Coord.). *El Procedimiento Tributario*. Buenos Aires, Editorial Ábaco de Rodolfo Depalma, 2003, pp. 153 e 198.

____. La Discrecionalidad Administrativa en el Procedimiento Tributario. In: SCHOUERI, Luís Eduardo (Coord.). *Direito Tributário*: Homenagem a Alcides Jorge Costa. São Paulo: Quartier Latin, 2003, pp. 246-282.

ALTOÉ, Marcelo Martins. *Direito versus Dever Tributário*. São Paulo: Revista dos Tribunais, 2009.

ALVEZ, Francisco de Assis; BASTOS, Celso Ribeiro. Crimes Contra a Ordem Tributária. In: MARTINS, Ives Gandra da Silva (Coord.). *Crimes Contra a Ordem Tributária*. 4ª ed. São Paulo: Revista dos Tribunais, 2002, pp. 86-97.

ALVIM, Eduardo Arruda. Apontamentos sobre o Processo das Ações Coletivas. In: MAZZEI, Rodrigo; NOLASCO, Rita Dias (Coords.). *Processo Civil Coletivo*. São Paulo: Quartier Latin, 2005, pp. 27-64.

____. Apontamentos sobre o Recurso Hierárquico no Procedimento Administrativo Tributário Federal. In: FICHER, Octavio Campos (Coord.). *Tributos e Direitos Fundamentais*. São Paulo: Dialética, 2004, pp. 31-44.

____. Devido Processo Legal Judicial – Enfoque Tributário do Princípio. *Revista Tributária e de Finanças Públicas,* São Paulo, nº 36, jan.-fev. 2001, pp. 72-84.

____. *Mandado de Segurança no Direito Tributário*. São Paulo: Revista dos Tribunais, 1998.

AMAN JR. Alfred C.; MAYTON, Willian T. *Administrative Law*. 2nd. ed. St. Paul: West Group, 2001.

AMARAL, Antônio Carlos Cintra do. *Teoria do Ato Administrativo*. Belo Horizonte: Editora Fórum, 2008.

AMARAL, Diogo Freitas do. *Conceito e Natureza do Recurso Hierárquico*. 2ª ed. Coimbra: Almedina, 2005.

AMARAL, Gustavo. *Direito, Escassez & Escolha*: Em busca de critérios jurídicos para lidar com a escassez de recursos e as decisões trágicas. Rio de Janeiro: Renovar, 2001.

AMARAL, Paulo Adyr Dias do. *A Motivação do Lançamento Tributário*. Rio de Janeiro: Lumen Juris, 2012.

____. Processo Tributário na França: A Garantia do Contraditório. Algumas Comparações com o Sistema Brasileiro. *Revista Internacional de Direito Tributário*, Belo Horizonte, v. 7, jan.-jun. 2007, pp. 139-172.

AMARAL, Roberto. Apontamentos para a Reforma Política: A democracia representativa está morta – viva a democracia participativa. *Revista de Informação Legislativa*, Brasília, nº 151, jul.-dez. 2001, pp. 29-65.

AMARO, Luciano. Lançamento, essa formalidade! In: TÔRRES, Heleno Taveira (Coord.). *Teoria Geral da Obrigação Tributária*: Estudos em Homenagem ao Professor José Souto Maior Borges. São Paulo: Malheiros, 2005, pp. 374-390.

____. *Direito Tributário Brasileiro*. 7ª ed. São Paulo: Saraiva, 2001.

ANDRADE, Alberto Guimarães. O princípio da praticidade no Direito Tributário (substituição tributária, plantas de valores, retenções de fonte, presunções e ficções, etc.): sua necessidade e seus limites. *Revista Internacional de Direito Tributário*, Belo Horizonte, nº 2, jul.-dez. 2004, pp. 68-72.

ANDRADE, André Martins de. Transação em matéria tributária – marco legal ou marco civilizatório. In: SARAIVA FILHO, Oswaldo Othon de Pontes; GUIMARÃES, Vasco Branco (Orgs.). *Tran-

REFERÊNCIAS

sação e Arbitragem no Âmbito Tributário. Belo Horizonte: Editora Fórum, 2008, pp. 365-372.

ANDRADE FILHO, Edmar Oliveira. Decadência e o Tempo Máximo de Duração do Processo Administrativo Tributário. In: PIZOLIO, Reinaldo (Coord.). *Processo Administrativo Tributário*. São Paulo: Quartier Latin, 2007, pp. 53-70.

_____. *Imposto de Renda das Empresas*. São Paulo: Atlas, 2004.

ANDRADE, José Carlos Viera de. *A Justiça Administrativa*: Lições. 2ª ed. Coimbra: Almedina, 1999.

ANDRADE, Manuel A. Domingues de. *Teoria Geral da Relação Jurídica*. Coimbra: Almedina, 1997, v. I.

ANDREAU, Mirta G. Sotelo. El Silencio de la Administración. In: *Procedimento Administrativo*: Jornadas Organizadas por la Universidad Austral – Facultad de Derecho. Buenos Aires: Editorial Ciencias de la Administración, 1998, pp. 48-58.

ANNONI, Danielle. *A Responsabilidade do Estado pela Demora na Prestação Jurisdicional*. Rio de Janeiro: Forense, 2003.

ARAGÃO, Alexandre Santos de. *Direito dos Serviços Públicos*. Rio de Janeiro: Forense, 2007.

_____. O poder normativo das agências reguladoras independentes e o Estado Democrático de Direito. *Revista de Informação Legislativa*, Brasília, nº 148, out.-dez. 2000, pp. 275-299.

ARAGÃO, Carolina; MACHADO, Tiziane. Sanções Penais Tributárias. In: MACHADO, Hugo de Brito. *Sanções Penais Tributárias*. São Paulo: Dialética, 2005, pp. 593-609.

ARAÚJO, Ana Clarissa Masuko dos Santos. Efeitos da Concomitância entre Processos Judicial e Administrativo – Análise do parágrafo único do art. 38 da Lei nº 6.830/80. In: CONRADO, Paulo Cesar (Coord.). *Processo Tributário Analítico*. São Paulo: Dialética, 2003, pp. 139-158.

ARAÚJO, Edmir Netto de. Atos Administrativos e Recomposição da Legalidade. *Revista de Direito Administrativo*, Rio de Janeiro, nº 207, jan.-mar. 1997, pp. 7-18.

ARCIA, Sebastian. Derechos Humanos y Tributación. In: *Anais das XX Jornadas do ILADT*. Salvador: Associação Brasileira de Direito Financeiro, 2000, v. I, pp. 407-468.

ARENHART, Sérgio Cruz; MARINONI, Luiz Guilherme. *Manual do Processo de Conhecimento*: A Tutela Jusrisdicional Através do Processo de Conhecimento. São Paulo: Revista dos Tribunais, 2001.

ARNAUD, André-Jean. *O Direito Traído pela Filosofia*. Tradução Wanda de Lemos Capeller e Luciano Oliveira. Porto Alegre: Sergio Antonio Fabris Editor, 1991.

ARZUA, Heron. Processo Administrativo Fiscal – Função, Hierarquia, Imparcialidade e Responsabilidade do Julgador Administrativo. *Revista Dialética de Direito Tributário*, São Paulo, nº 33, jun. 1998, pp. 40-45.

ASCARELLI, Tullio. *Problemas das Sociedades Anônimas e o Direito Comparado*. Campinas: Bookseller, 2001.

ASIS ROIG, Rafael de. *Deberes y Obligaciones en la Constitución*. Madrid: Centro de Estudios Constitucionales, 1991.

ATALIBA, Geraldo. Princípios Constitucionais do Processo e Procedimento em Matéria Tributária. *Revista de Direito Tributário*, São Paulo, nº 46, out.-dez. 1998, pp. 118-132.

_____. Prova no Processo Tributário. *Revista dos Tribunais*, São Paulo, nº 473, mar. 1975, pp. 42-50.

_____. Princípios de Procedimento Tributário. In: PRADE, Péricles Luiz Medeiros; CARVALHO, Célio Benevides (Coord.). *Novo Processo Tributário*. São Paulo: Resenha Tributária, 1975.

ATIENZA, Manuel. *El Sentido Del Derecho*. 2ª ed. Barcelona: Ariel, 2003.

AURÉLIO, Marco Meirelles. Invalidades no Processo Administrativo Tributário. In: *I Prêmio CARF de Monografias em Direito Tributário*. Conselho Administrativo de Recursos Fiscais: Brasília, 2011, pp. 11--106.

ÁVILA, Humberto. *Segurança Jurídica*. São Paulo: Malheiros, 2011.

____. Legalidade Tributária Multidimensional. In: FERRAZ, Roberto (Coord.). *Princípios e Limites da Tributação*. São Paulo: Quartier Latin, 2005, pp. 279-291.

____. *Sistema Constitucional Tributário*. São Paulo: Saraiva, 2004.

____. *Teoria dos Princípios*: da definição à aplicação dos princípios jurídicos. São Paulo: Malheiros, 2003.

ÁVILA, René Bergmann; SLIWKA, Ingrid Schroder; PAULSEN, Leandro. *Direito Processual Tributário*. 4. ed. Porto Alegre: Livraria do Advogado, 2007.

AZEVEDO, Antônio Junqueira. *Negócio Jurídico*: Existência, Validade e Eficácia. 4ª ed. São Paulo: Saraiva, 2002.

AZEVEDO, Eurico de Andrade. A Exaustão da Via Administrativa como Condição da Ação. *Revista de Direito Administrativo*, Rio de Janeiro, nº 152, abr.-jun. 1983, pp. 16-26.

AZEVEDO, Plauto Faraco de. *Direito, Justiça Social e Neoliberalismo*. São Paulo: Revista dos Tribunais, 2000.

BACELLAR FILHO, Romeu Felipe. *Princípios Constitucionais do Processo Administrativo Disciplinar*. São Paulo: Max Limonad, 1998.

____. Breves Reflexões sobre a Jurisdição Administrativa: Uma Perspectiva de Direito Comparado. *Revista de Direito Administrativo*, Rio de Janeiro, nº 221, jan.-mar. 1998, pp. 65-77.

BALEEIRO, Aliomar. *Direito Tributário Brasileiro*. 10ª ed. Rio de Janeiro: Forense, 1995.

BANCO MUNDIAL. *Relatório Sobre o Desenvolvimento Mundial*: 1997. Whashington: Banco Mundial, 1997.

BAPTISTA, Patrícia. *Transformações do Direito Administrativo*. Rio de Janeiro: Renovar, 2003.

BARACHO, José Alfredo de Oliveira. Teoria Geral dos Conceitos Indeterminados. *Cadernos de Direito Tributário e Finanças Públicas*, São Paulo, nº 27.

____. *Processo Constitucional*. Rio de Janeiro: Forense, 1984.

BARBEITAS, André Terrigno. *O Sigilo Bancário e a Necessidade da Ponderação dos Interesses*. São Paulo: Malheiros, 2003.

BARBER, Sotirios. *The Constitution and the Delegation of Congressional Power*. Chicago/London: The University of Chicago Press, 1975.

BARBOSA, Ana Carolina Silva. O princípio da praticidade e uma análise do entendimento do Supremo Tribunal Federal frente aos princípios da moralidade e da eficiência administrativa. *Revista Internacional de Direito Tributário*, Belo Horizonte, v. 3, jan.-jun. 2005, pp. 197-215.

BARBOSA, Henrique Corredor Cunha. A Consulta Fiscal e a Segurança Jurídica: uma Nova Perspectiva Diante dos Conceitos Indeterminados. In: ROCHA, Sergio André (Coord.). *Processo Administrativo Tributário*: Estudos em Homenagem ao Professor Aurélio Pitanga Seixas Filho. São Paulo: Quartier Latin, 2007, pp. 287-320.

BARCELLOS, Ana Paula de. *Ponderação, Racionalidade e Atividade Jurisdicional*. Rio de Janeiro: Renovar, 2005.

____. Alguns Parâmetros Normativos para a Ponderação Constitucional. In: BARROSO, Luís Roberto (Org.). *A Nova Interpre-*

tação Constitucional: Ponderação, Direitos Fundamentais e Relações Privadas. Rio de Janeiro/São Paulo: Renovar, 2003, pp. 49-118.

____; BARROSO, Luís Roberto. A Nova Interpretação Constitucional: Ponderação, Argumentação e Papel dos Princípios. In: LEITE, George Salomão. *Dos Princípios Constitucionais*: Considerações em torno das normas principiológicas da Constituição. São Paulo: Malheiros, 2003, pp. 101-135.

BARROS, Durval Ferro. Boa-fé, Reexame, Valoração das Provas e os "Recursos de Divergência" no Processo Administrativo-Tributário. *Revista de Direito Tributário*, São Paulo, n. 97, 2007, pp. 97-108.

BARROS, José Fernando Cedeño de. *Aplicação dos Princípios Constitucionais do Processo no Direito Tributário*. São Paulo: Saraiva, 1996.

BARROS, Suzana de Toledo. *O Princípio da Proporcionalidade e o Controle de Constitucionalidade das Leis Restritivas de Direitos Fundamentais*. 3ª ed. Brasília: Brasília Jurídica, 2003.

BARROSO, Luís Roberto. *O Controle da Constitucionalidade no Direito Brasileiro*. São Paulo: Saraiva, 2004.

____. Apontamentos sobre as Agências Reguladoras. In: MORAES, Alexandre (Org.). *Agências Reguladoras*. São Paulo: Atlas, 2002, pp. 109-132.

____. *O Direito Constitucional e a Efetividade de suas Normas*. 4ª ed. Rio de Janeiro: Renovar, 2000.

____. *Interpretação e Aplicação da Constituição*: Fundamentos de uma Dogmática Constitucional Transformadora. 3ª ed. São Paulo: Saraiva, 1999.

____. Poder Executivo – Lei Inconstitucional – Descumprimento. *Revista de Direito Administrativo*, Rio de Janeiro, nº 181-182, jul.-dez. 1990, pp. 387-414.

____; BARCELOS, Ana Paula de. A Nova Interpretação Constitucional: Ponderação, Argumentação e Papel dos Princípios. In: LEITE, George Salomão. *Dos Princípios Constitucionais*: Considerações em torno das normas principiológicas da Constituição. São Paulo: Malheiros, 2003, pp. 101-135.

BASTOS, Celso Ribeiro. *Curso de Direito Administrativo*. São Paulo: Celso Bastos Editor, 2002.

____; ALVEZ, Francisco de Assis. Crimes Contra a Ordem Tributária. In: MARTINS, Ives Gandra da Silva (Coord.). *Crimes Contra a Ordem Tributária*. 4ª ed. São Paulo: Revista dos Tribunais, 2002, pp. 86-97.

BATALHA, Wilson de Souza Campos. *Direito Intertemporal*. Rio de Janeiro: Forense, 1980.

BAUMAN, Zygmunt. *Modernidade e Ambivalência*. Tradução Marcus Penchel. Rio de Janeiro: Jorge Zahar Editor, 1999.

BECK, Ulrich. *Liberdade ou Capitalismo*. Tradução Luiz Antônio Oliveira de Araújo. São Paulo: Editora UNESP, 2003.

____. A Reinvenção da Política: Rumo a uma Teoria da Modernização Reflexiva. In: GIDDENS, Anthony; BECK, Ulrich; LASH, Scott. *Modernização Reflexiva*: Política, Tradição e Estética na Ordem Social Moderna. Tradução Magda Lopes. São Paulo: Editora UNESP, 1997, pp. 11-71.

BECKER, Alfredo Augusto. *Teoria Geral do Direito Tributário*. 3ª ed. São Paulo: Lejus, 1998.

BERCOVICI, Gilberto. *Desigualdades Regionais, Estado e Constituição*. São Paulo: Max Limonad, 2003.

BERLIRI, Antonio. *Scritti Scelti di Diritto Tributario*. Milano: Giuffrè, 1990.

BERMUDES, Sérgio. *Direito Processual Civil*: Estudos e Pareceres – 2ª Série. São Paulo: Saraiva, 1994.

BERTAZZA, Humberto J. Direitos Humanos e Tributação. In: *Anais das XX Jornadas do ILADT*. Salvador: Associação Brasileira de Direito Financeiro, 2000, v. I, pp. 37-208.

____; ORTIZ, José A. Díaz. *La Relación Fisco Contribuyente*. Buenos Aires: ERREPAR, 2003.

BETTI, Emilio. *Teoría General del Negocio Jurídico*. Tradução A. Martín Pérez. Granada: Editorial Comares, 2000.

BEVILÁQUA, Clovis. *Teoria Geral do Direito Civil*. Rio de Janeiro: Editora Rio, 1975.

BEZERRA, Márcia Fernandes. O Direito à Razoável Duração do Processo e a Responsabilidade do Estado pela Demora na Outorga da Prestação Jurisdicional. In: WAMBIER, Teresa Arruda Alvim et. al. (Coords.). *Reforma do Judiciário*: Primeiras Reflexões sobre a Emenda Constitucional n. 45/2004. São Paulo: Revista dos Tribunais, 2005.

BIANCO, João Francisco; OLIVEIRA, Ricardo Mariz de. A Questão da Apreciação da Constitucionalidade de Lei pelos Conselhos Federais de Contribuintes. In: ROCHA, Valdir de Oliveira (Coord.). *Processo Administrativo Fiscal 2º Volume*. São Paulo: Dialética, 1997, pp. 117-128.

BIANCHINI, Alice; GOMES, Luiz Flávio. Reflexões e Anotações sobre os Crimes Tributários. In: MACHADO, Hugo de Brito. *Sanções Penais Tributárias*. São Paulo: Dialética, 2005, pp. 509-526.

BIELSA, Rafael. *Derecho Administrativo*. 4ª ed. Buenos Aires: El Ateneo, 1947, t. IV.

BIGOLIN, Giovani. *Segurança Jurídica*: A Estabilização do Ato Administrativo. Porto Alegre: Livraria do Advogado, 2007, pp. 26-27.

BINENBOJM, Gustavo. Da Supremacia do Interesse Público ao Dever de Proporcionalidade: Um novo Paradigma para o Direito Administrativo. In: SARMENTO, Daniel (Org.). *Interesses Públicos versus Interesses Privados*: Desconstruindo o Princípio da Supremacia do Interesse Público. Rio de Janeiro: Lumen Juris, 2007, pp. 117-169.

____. *Uma Teoria do Direito Administrativo*. Rio de Janeiro: Renovar, 2006.

BITTAR, Djalma. Processo Tributário. In: DE SANTI, Eurico Marcos Diniz (Coord.). *Curso de Especialização em Direito Tributário*: Estudos Analíticos em Homenagem a Paulo de Barros Carvalho. Rio de Janeiro: Forense, 2005, pp. 579-600.

____. Prescrição Intercorrente em Processo Administrativo de Consolidação do Crédito Tributário. *Revista Dialética de Direito Tributário*, São Paulo, n. 92, set. 2001.

BITTAR, Eduardo C. B. *O Direito na Pós-Modernidade*. Rio de Janeiro: Forense Universitária, 2005.

BOBBIO, Norberto. Democracia e Segedo. In: José Fernández Santillán (Org.). *Norberto Bobbio*: O Filósofo e a Política. Rio de Janeiro: Contraponto, 2003, pp. 300-313.

____. *Teoria da Norma Jurídica*. Tradução Fernando Pavan Baptista e Ariani Bueno Sudatti. São Paulo: EDIPRO, 2001.

____. *Estado, Governo, Sociedade*: Para uma Teoria Geral da Política. 7ª ed. Tradução Marco Aurélio Nogueira. São Paulo: Paz e Terra, 1999.

____. *O Positivismo Jurídico*. Tradução Márcio Pugliesi; Edson Bini e Carlos E. Rodrigues. São Paulo: Ícone, 1995.

____. *El Futuro de la Democracia*. Tradução José F. Fernandez Santillan. México: Fondo de Cultura Económica, 1986.

BOITEUX, Fernando Netto. Os Conselhos de Contribuintes do Ministério da Fazenda e seu Regime Jurídico. In: ROCHA, Sergio André Rocha (Coord.). *Processo Administrativo Fiscal*: Estudos em Homenagem ao Professor Aurélio Pitan-

REFERÊNCIAS

ga Seixas Filho. São Paulo: Quartier Latin, 2006, pp. 180-202.

____. Os Conselhos de Contribuintes e os Tribunais Superiores. *Revista Dialética de Direito Tributário*, São Paulo, nº 121, out. 2005, pp. 55-68.

____. Aspectos (pouco Examinados) do Processo Administrativo Fiscal. *Revista Dialética de Direito Tributário*, São Paulo, nº 119, ago. 2005, pp. 33-46.

BONAVIDES, Paulo. *Do Estado Liberal ao Estado Social*. 7ª ed. São Paulo: Malheiros, 2001.

____. *Curso de Direito Constitucional*. 11ª ed. São Paulo: Malheiros, 2001.

____. O Poder Legislativo no Moderno Estado Social. In: *As Tendências Atuais do Direito Público*: Estudos em Homenagem ao Prof. Afonso Arinos. Rio de Janeiro: Forense, 1976, pp. 21-42.

BONILHA, Paulo Celso B. *Da Prova no Processo Administrativo Tributário*. 2ª ed. São Paulo: Dialética, 1997.

____. Processo Administrativo Viciado, Inscrição do Débito na Dívida Ativa, Seguido de Execução Fiscal e Exceção de Pré-Executividade. In: ROCHA, Valdir de Oliveira (Coord.). *Processo Administrativo Fiscal 2º Volume*. São Paulo: Dialética, 1997, pp. 109-116.

____. Contraditório e Provas no Processo Administrativo Tributário (Ônus, Direito a Perícia, Prova Ilícita). In: ROCHA, Valdir de Oliveira (Coord.). *Processo Administrativo Fiscal*. São Paulo: Dialética, 1995, pp. 127-135.

BORGES, José Alfredo. Possibilidade de a Fazenda pública questionar em juízo as decisões definitivas do conselho de contribuintes. *Revista Internacional de Direito Tributário*, Belo Horizonte, v. 8, jul.-dez. 2007, pp. 365-371.

BORGES, José Souto Maior. *Direito Comunitário*. São Paulo: Saraiva, 2005.

____. Direitos Humanos e Tributação. In: *Anais das XX Jornadas do ILADT*. Salvador: Associação Brasileira de Direito Financeiro, 2000, v. I, pp. 607-654.

____. *Lançamento Tributário*. 2ª ed. São Paulo: Malheiros, 1999.

BOTTALLO, Eduardo Domingos. O CARF: a Nova Fisionomia do Conselho de Contribuintes. In: ROCHA, Valdir de Oliveira (Coord.). *Grandes Questões Atuais do Direito Tributário – 13º Volume*. São Paulo: Dialética, 2009, PP. 75-86.

____. *Curso de Processo Administrativo Tributário*. São Paulo: Malheiros, 2006.

____. Súmulas Obrigatórias do Primeiro Conselho de Contribuintes e Direitos dos Administrados. In: ROCHA, Valdir de Oliveira (Coord.). *Grandes Questões Atuais do Direito Tributário: 10º Volume*. São Paulo: Dialética, 2006, pp. 62-75.

____. Processo Administrativo Tributário: Princípios, amplitude, natureza e alcance das funções nele exercidas. *Revista de Direito Tributário*, São Paulo, nº 89, 2004, pp. 173-179.

____. A Prova no Processo Administrativo Fiscal Federal. In: ROCHA, Valdir de Oliveira (Coord.). *Processo Administrativo Fiscal*: 6º Volume. São Paulo: Dialética, 2002, pp. 7-18.

____. Visão Atual do Processo Administrativo Tributário. In: SCHOUERI, Luís Eduardo (Coord.). *Direito Tributário*: Homenagem a Alcides Jorge Costa. São Paulo: Quartier Latin, 2003, v. II, pp. 835-847.

____. Algumas Reflexões sobre o Processo Administrativo Tributário e os Direitos que lhe cabe assegurar. In: ROCHA, Valdir de Oliveira (Coord). *Processo Administrativo Fiscal 3º Volume*. São Paulo: Dialética, 1998, pp. 51-62.

BRAGHETTA, Daniela de Andrade. Decadência e Prescrição em Direito Tributário

– Concepções Introdutórias. In: CARVALHO, Aurora Tomazini de (Org.). *Decadência e Prescrição em Direito Tributário*. São Paulo: MP Editora, 2007, pp. 9-24.

BRANCO, Paulo Gustavo Gonet; MENDES, Gilmar Ferreira; COELHO, Inocêncio Mártires. *Curso de Direito Constitucional*. São Paulo: Saraiva, 2007.

BRANDÃO, Antônio José. Moralidade Administrativa. *Revista de Direito Administrativo*, Rio de Janeiro, nº 25, jul.-set. 1951, pp. 454-467.

BRANDÃO, Cláudio. O Controle das Omissões e do Silêncio da Administração Pública. In: OSÓRIO, Fábio Medina; SOUTO, Marcos Juruena Villela. *Direito Administrativo*: Estudos em Homenagem a Diogo de Figueiredo Moreira Neto. Rio de Janeiro: Lumen Juris, 2006, pp. 3-15.

BRECHBUHLER, Gustavo. Da Imprescindível Aplicação do Princípio da Praticidade na Tributação em Massa. In: ROCHA, Sergio André (Coord.). *Processo Administrativo Tributário*: Estudos em Homenagem ao Professor Aurélio Pitanga Seixas Filho. São Paulo: Quartier Latin, 2007, pp. 213-234.

BREYNER, Frederico Menezes; SANTIAGO, Igor Mauler. Eficácia Suspensiva dos Embargos à Execução Fiscal em face do art. 739-A do Código de Processo Civil. *Revista Dialética de Direito Tributário*, São Paulo, n. 145, out. 2007, pp. 54-69.

BRITO, Edvaldo. Quebra de Sigilo Bancário pela Administração Tributária: Impossibilidade. In: ROCHA, Valdir de Oliveira (Coord.). *Grandes Questões Atuais do Direito Tributário: 5º Volume*. São Paulo: Dialética, 2001, pp. 77-82.

_____. Ampla Defesa e Competência dos Órgãos Julgadores Administrativos para Conhecer de Argumentos de Inconstitucionalidade e/ou Ilegalidade de Atos em que se Fundamentem Autuações. In:

ROCHA, Valdir de Oliveira (Coord.). *Processo Administrativo Fiscal*. São Paulo: Dialética, 1995, pp. 37-69.

BUFFON, Marciano. *Tributação e Dignidade Humana: entre os direitos e deveres fundamentais*. Porto Alegre: Livraria do Advogado, 2009.

CAETANO, Marcello. *Manual de Direito Administrativo*. 10ª ed. Coimbra: Almedina, 1999, t. I.

_____. *Princípios Fundamentais do Direito Administrativo*. Rio de Janeiro: Forense, 1977.

_____. *Curso de Ciência Política e Direito Constitucional*. Coimbra: Coimbra Editora, 1959, v. I.

CAIS, Cleide Previtalli. *O Processo Tributário*. 6. ed. São Paulo: Revista dos Tribunais, 2009.

_____. *O Processo Tributário*. 4ª ed. São Paulo: Revista dos Tribunais, 2004.

CALAMANDREI, Piero. *Instituições de Direito Processual Civil*. 2ª ed. Tradução Douglas Dias Ferreira. Campinas: Bookseller, 2003, v. III.

CALASANS, Jorge Thierry; SILVA, Solange Teles da. A Jurisdição Administrativa na França. In: *1º Congresso Brasileiro de Advocacia Pública*. São Paulo: Max Limonad, 1998, pp. 217-234.

CALSAMIGLIA, Albert. Postpositivismo. *Doxa. Cuadernos de Filosofía del Derecho*, Alicante, n. 21, 1998.

CÂMARA, Alexandre. *Lições de Direito Processual Civil*. 2ª ed. Rio de Janeiro: Lumen Juris, 1999, v. I.

CAMARGO, Maria Margarida Lacombe. Eficácia Constitucional: Uma Questão Hermenêutica. In: BOUCALT, Carlos E. de Abreu; RODRIGUEZ, José Rodrigo (Coords.). *Hermenêutica Plural*. São Paulo: Martins Fontes, 2002.

REFERÊNCIAS

_____. *Hermenêutica e Argumentação*: Uma Contribuição ao Estudo do Direito. 2ª ed. Rio de Janeiro: Renovar, 2001.

CAMBI, Eduardo. *A Prova Civil*: Admissibilidade e relevância. São Paulo: Revista dos Tribunais, 2006.

CAMPOS, Dejalma de. *Direito Processual Tributário*. 7ª ed. São Paulo: Atlas, 2001.

CAMPOS, Marcelo. O débito fiscal declarado e não pago e o procedimento administrativo tributário – A incidência da norma tributária e os atos do homem. In: CAMPOS, Marcelo (Coord.). *Direito Processual Tributário*: Estudos em Homenagem ao Professor Dejalma de Campos. São Paulo: Revista dos Tribunais, 2008, pp. 167-175.

CANOTILHO, J. J. Gomes. *Direito Constitucional*. 3ª ed. Coimbra: Almedina, [199-].

CANTO, Gilberto de Ulhôa. O Lançamento. In: MARTINS, Ives Gandra da Silva (Coord.). *Do Lançamento*. São Paulo: Resenha Tributária, 1987, pp. 1-23.

_____. *Processo Tributário*: Anteprojeto de Lei Orgânica elaborado por Gilberto de Ulhôa Canto. Rio de Janeiro: Fundação Getúlio Vargas, 1964.

CAPPELLETTI, Mauro. *O Controle Judicial de Constitucionalidade das Leis no Direito Comparado*. 2ª ed. Tradução Aroldo Plínio Gonçalves. Porto Alegre: Sergio Antonio Fabris Editor, 1992.

CARDOSO, Henrique Ribeiro. *O Papel Normativo das Agências Reguladoras*. Rio de Janeiro: Lumen Juris, 2005.

CARNEIRO, Claudio. *Processo Tributário*: Administrativo e Judicial. Rio de Janeiro: Lumen Juris, 2009.

CARNELUTTI, Francesco. *A Prova Civil*. Tradução Lisa Pary Scarpa. Campinas: Bookseller, 2001.

_____. *Teoria Geral do Direito*. Tradução Antônio Carlos Ferreira. São Paulo: Lejus, 1999.

CARRAZZA, Roque Antonio. *Curso de Direito Constitucional Tributário*. 20ª ed. São Paulo: Malheiros, 2004.

_____. *ICMS*. São Paulo: Malheiros, 2000.

CARRIÓ, Genaro R. *Notas sobre Derecho y Lenguage*. 4ª ed. Buenos Aires: Abeledo-Perrot, 1994.

CARVALHO, Fabiano. EC n. 45: Reafirmação da Garantia da Razoável Duração do Processo. In: WAMBIER, Teresa Arruda Alvim *et al.* (Coords.). *Reforma do Judiciário*: Primeiras Reflexões sobre a Emenda Constitucional n. 45/2004. São Paulo: Revista dos Tribunais, 2005.

CARVALHO, Fábio Junqueira de; MURGEL, Maria Inês. Órgão julgador administrativo – necessidade de o mesmo ser paritário. In: ROCHA, Valdir de Oliveira. *Processo Administrativo Fiscal*: 4º Volume. São Paulo: Dialética, 1999, pp. 47-56.

CARVALHO FILHO, José dos Santos. *Processo Administrativo Federal*: Comentários à Lei 9.784/1999. Rio de Janeiro: Lumen Juris, 2001.

CARVALHO, Márcia Haydée Porto de. *Sigilo Bancário*: à Luz da Doutrina e da Jurisprudência. Curitiba: Juruá, 2007.

CARVALHO, Paulo de Barros. *Direito Tributário, Linguagem e Método*. São Paulo: Noeses, 2008.

_____. Notas sobre a Prova no Procedimento Administrativo Tributário. In: SCHOUERI, Luís Eduardo (Coord.). *Direito Tributário*: Homenagem a Alcides Jorge Costa. São Paulo: Quartier Latin, 2003, v. II, pp. 855-863.

_____. *Curso de Direito Tributário*. 13ª ed. São Paulo: Saraiva, 2000.

_____. A Prova no Procedimento Administrativo Tributário. *Revista de Dialética de Direito Tributário*, São Paulo, nº 34, jul. 1998, pp. 104-116.

_____ *Direito Tributário*: Fundamentos Jurídicos da Incidência. São Paulo: Saraiva, 1998.

_____. Processo Administrativo Tributário. *Revista de Direito Tributário*, São Paulo, nº 9-10, jul.-dez. 1979, pp. 276-294.

CARVALHO, Rubens Miranda de. *Transação Tributária, Arbitragem e Outras Formas Convencionais de Solução de Lides Tributárias.* São Paulo: Editora Juarez de Oliveira, 2008.

CASANOVA, Vivian; ROCHA, Sergio André. Apresentação extemporânea de provas no processo administrativo fiscal. *Revista Dialética de Direito Tributário*, São Paulo, n. 168, set. 2009, pp. 144-156.

CASÁS, José Osvaldo. El marco constitucional del procedimiento y del proceso tributario. In: ALTAMIRANO, Alejandro (Coord). *El procedimiento tributario.* Buenos Aires: Ábaco, 2003, pp. 35-73.

_____. *Los Mecanismos Alternativos de Resolución de las Controversias Tributarias.* Buenos Aires: Ad-Hoc, 2003.

CASSAGNE, Juan Carlos. *Derecho Administrativo.* 7ª ed. Buenos Aires: Abeledo-Perrot, 2002, t. I e II.

_____. Principios Generales del Procedimiento Administrativo. In: *Procedimento Administrativo*: Jornadas Organizadas por la Universidad Austral – Facultad de Derecho. Buenos Aires: Editorial Ciencias de la Administración, 1998, pp. 17-22.

CASSONE, Vittorio. Decadência e Prescrição. In: MARTINS, Ives Gandra da Silva (Coord.). *Decadência e Prescrição.* São Paulo: Revista dos Tribunais, 2007, pp. 204-223.

_____. Processo Administrativo Tributário. In: MARTINS, Ives Gandra da Silva (Coord.). *Processo Administrativo Tributário.* São Paulo: Saraiva, 2002, pp. 375-382.

CASTARDO, Hamilton Fernando. *Processo Tributário Administrativo.* 2ª ed. São Paulo: IOB Thompson, 2006.

_____; MURPHY, Celia Maria de Souza. *Processo Administrativo de Consulta Tributária.* São Paulo: MP Editora, 2006.

CASTILLO, Niceto Alcalá-Zamora y. *Proceso, Autocomposición y Autodefensa*: Contribuición al Estudio de los Fines del Proceso. México: Universidad Nacional Autónoma de México, 2000.

CASTRO, Alexandre Barros. O atual contorno do "contencioso administrativo tributário" em nosso país. In: CAMPOS, Marcelo (Coord.). *Direito Processual Tributário*: Estudos em Homenagem ao Professor Dejalma de Campos. São Paulo: Revista dos Tribunais, 2008, pp. 155-166.

_____. *Procedimento Administrativo Tributário.* São Paulo: Saraiva, 2007.

_____. *Procedimento Administrativo Tributário.* São Paulo: Atlas, 1996.

CASTRO, Carlos Roberto Siqueira. *A Constituição Aberta e os Direitos Fundamentais.* Rio de Janeiro: Forense, 2003.

_____. *O Congresso e as Delegações Legislativas.* Rio de Janeiro: Forense, 1989.

_____. *O Devido Processo Legal e a Razoabilidade das Leis na Nova Constituição do Brasil.* 2ª ed. Rio de Janeiro: Forense, 1989.

_____. Desvio de Poder na Administração Pública. *Arquivos do Ministério da Justiça*, Rio de Janeiro, nº 138, abr.-jun. 1976, pp. 92-105.

CATÃO, Marcos André Vinhas. Conselhos de Contribuintes: A solução de controvérsias no âmbito da própria Administração. *Revista de Direito Tributário*, São Paulo, nº 84, 2003, pp. 174-184.

CAVALCANTE, Denise Lucena. *Crédito Tributário*: a função do cidadão contribuinte na relação tributária. São Paulo: Malheiros, 2004.

CAVALCANTI, Themístocles B. *Direito e Processo Disciplinar.* 2ª ed. Rio de Janeiro: FGV, 1966.

_____. *Tratado de Direito Administrativo.* 3ª ed. Rio de Janeiro: Freitas Bastos, 1955, t. I.

CAVALIERI FILHO, Sergio. *Programa de Responsabilidade Civil*. 5ª ed. São Paulo: Malheiros, 2003.

CHIESA, Clélio. ISS – Limites da Competência Fiscalizatória. In: ROCHA, Valdir de Oliveira (Coord.). *Grandes Questões Atuais do Direito Tributário: 11º Volume*. São Paulo: Dialética, 2007, pp. 34-54.

CHIOVENDA, Giuseppe. *Instituições de Direito Processual Civil*. Tradução Paolo Capitano. Campinas: Bookseller, 1998, vols. I e III.

CILURZO, María Rosa; ABERASTURY, Pedro. *Curso de Procedimiento Administrativo*. Buenos Aires: Abeledo-Perrot, 1998.

CINTRA, Antônio Carlos de Araújo; DINAMARCO, Cândido Rangel; GRINOVER, Ada Pellegrini. *Teoria Geral do Processo*. 12ª ed. São Paulo: Malheiros, 1996.

CINTRA, Carlos César Souza; COÊLHO, Ivson. Ponderações sobre as Sanções Penais Tributárias. In: MACHADO, Hugo de Brito. *Sanções Penais Tributárias*. São Paulo: Dialética, 2005, pp. 152-198.

CLÈVE, Clèmerson Merlin. *Atividade Legislativa do Poder Executivo*. 2ª ed. São Paulo: Revista dos Tribunais, 2000.

____; SEHN, Sólon. Crimes Fiscais e Sigilo Bancário: Pressupostos e Limites Constitucionais. In: SALOMÃO, Heloisa Estellita (Coord.). *Direito Penal Empresarial*. São Paulo: Dialética, 2001, pp. 57-74.

COELHO, Inocêncio Mártires. Princípios Constitucionais da Administração Pública. In: MENDES, Gilmar Ferreira; COELHO, Inocêncio Mártires; BRANCO, Paulo Gustavo Gonet. *Curso de Direito Constitucional*. São Paulo: Saraiva, 2007.

____; BRANCO, Paulo Gustavo Gonet; MENDES, Gilmar Ferreira. *Curso de Direito Constitucional*. São Paulo: Saraiva, 2007.

COÊLHO, Sacha Calmon Navarro. Processo Administrativo Tributário. In: MARTINS, Ives Gandra da Silva (Coord.). *Processo Administrativo Tributário*. São Paulo: Revista dos Tribunais, 2002, pp. 182-194.

____. *Curso de Direito Tributário Brasileiro*. 6ª ed. Rio de Janeiro: Forense, 2001.

____. *Liminares e Depósitos antes do Lançamento por Homologação – Lançamento e Prescrição*. São Paulo: Dialética, 2000.

____. *Teoria e Prática das Multas Tributárias: Infrações Tributárias – Sanções Tributárias*. 2ª ed. Rio de Janeiro: Forense, 1998.

____; DERZI, Misabel Abreu Machado. Denúncia Penal antes do Témino do Processo Administrativo Tributário – Impossibilidade. *Revista Dialética de Direito Tributário*, São Paulo, nº 118, jul. 2005, pp. 119-138.

COIMBRA, Ronaldo; MARQUES, Márcio Severo. Procedimento Administrativo, Lançamento e os Débitos Declarados e Não Pagos. In: PIZOLIO, Reinaldo (Coord.). *Processo Administrativo Tributário*. São Paulo: Quartier Latin, 2007, pp. 157-175.

COING, Helmut. *Elementos Fundamentais da Filosofia do Direito*. Tradução Elisete Antoniuk. Porto Alegre: Sergio Antonio Fabris Editor, 2002.

COMPARATO, Fábio Konder. *A Afirmação Histórica dos Direitos Humanos*. 3ª ed. São Paulo: Saraiva, 2004.

CONRADO, Paulo César. Coisa Julgada e Art. 38, Parágrafo Único, da Lei nº 6.830/80. In: MARTINS, Ives Gandra da Silva; PEIXOTO, Marcelo Magalhães; ELALI, André (Coords.). *Coisa Julgada Tributária*. São Paulo: MP Editora, 2005, pp. 337-348.

____. *Processo Tributário*. São Paulo: Quartier Latin, 2004.

____. Controle de Constitucionalidade pelos Tribunais Administrativos. *Revista de Direito Tributário*, São Paulo, nº 71, 1998, pp. 162-196.

CONRADO, Paulo Cesar; PRIA, Rodrigo Dalla. Aplicação do Código de Processo Civil ao Processo Administrativo Tributário. In: CONRADO, Paulo Cesar; ARAUJO, Juliana Furtado Costa (Coords.). *O Novo CPC e seu Impacto no Direito Tributário*. São Paulo: Fiscosoft, 2016.

COOLEY, Thomas M. *A Treatise on the Constitutional Limitations which Rest upon the Legislative Power of the United States of the American Union*. New Jersey: TheLawbookExchange, 1998.

____. *The General Principles of Constitutional Law in the United States of America*. 3rd. ed. Boston: Little, Brow, and Company, 1898.

CORREIA, Andrei Lapa de Barros. O Lançamento Tributário e a Modalidade do art. 150 do CTN. *Revista Fórum de Direito Tributário*, Belo Horizonte, n. 24, nov.-dez. 2006, pp. 163-169.

CORSO, Guido. El Procedimiento Administrativo en Italia. In: *El Procedimiento Administrativo en el Derecho Comparado*. Madrid: Civitas, 1993, pp. 477-502.

COSTA-CORRÊA, André L. Decadência e Prescrição. In: MARTINS, Ives Gandra da Silva (Coord.). *Decadência e Prescrição*. São Paulo: Revista dos Tribunais, 2007, pp. 273-297.

COSTA, Antonio José da. Limitações ao Poder Impositivo e Segurança Jurídica. In: MARTINS, Ives Gandra da Silva (Coord.). *Limitações ao Poder Impositivo e Segurança Jurídica*. São Paulo: Revista dos Tribunais, 2005, pp. 311-326.

COSTA, Nelson Nery. *Processo Administrativo e suas Espécies*. 3ª ed. Rio de Janeiro: Forense, 2001.

COSTA JR., Paulo José da; DENARI, Zelmo. *Infrações Tributárias e Delitos Fiscais*. 2ª ed. São Paulo: Saraiva, 2002.

COSTA, Ramón Valdés. *Instituciones de Derecho Tributario*. Buenos Aires: Depalma, 2004.

____. *Estudios de Derecho Tributario Latinoamericano*. Montevideo: AMF, 1982.

COSTA, Regina Helena. *Curso de Direito Tributário*. São Paulo: Saraiva, 2009.

____. *Praticabilidade e Justiça Tributária*: Exiquibilidade de Lei Tributária e Direitos do Contribuinte. São Paulo: Malheiros, 2007.

____. Conceitos indeterminados e discricionariedade administrativa. *Revista de Direito Público*, São Paulo, jul.-set. 1990, pp. 125-138.

COTRIM NETO, A. B. Código de Processo Administrativo – Sua Necessidade no Brasil. *Revista de Direito Público*, São Paulo, nº 80, out.-dez. 1986, pp. 34-44.

COUTO E SILVA, Almiro. Notas sobre o Conceito de Ato Administrativo. In: OSÓRIO, Fábio Medina; SOUTO, Marcos Juruena Villela (Coords.). *Direito Administrativo*: Estudos em Homenagem a Diogo de Figueiredo Moreira Neto. Rio de Janeiro: Lumen Juris, 2006, pp. 271--291.

COUTURE, Eduardo J. *Fundamentos do Processo Civil*. Tradução Benedicto Giaccobini. Campinas: Red Livros, 1999.

____. *Introdução ao Estudo do Processo Civil*. 3ª ed. Tradução Mozart Victor Russomano. Rio de Janeiro: José Konfino, [19—].

COVELLO, Sergio Campos. *O Sigilo Bancário*. São Paulo: Leud, 1991.

CRETELLA JR., José. *Prática do Processo Administrativo*. 4ª ed. São Paulo: Revista dos Tribunais, 2004.

____. *O "Desvio de Poder" na Administração Pública*. 4ª ed. Rio de Janeiro: Forense, 1997.

____. *Controle Jurisdicional do Ato Administrativo*. 4ª ed. Rio de Janeiro: Forense, 2001.

____. *Direito Administrativo Comparado*. Rio de Janeiro: Forense, 1992.

____. Contencioso Administrativo na Constituição Brasileira. *Revista de Direito Pú-*

blico, São Paulo, nº 19, jan.-mar. 1972, pp. 37-50.

CRETON, Ricardo Aziz. *Os Princípios da Proporcionalidade e da Razoabilidade e sua Aplicação no Direito Tributário*. Rio de Janeiro: Lumen Juris, 2001.

CRISTÓVAM, José Sérgio da Silva. *Colisões entre Princípios Constitucionais*: Razoabilidade, Proporcionalidade e Argumentação Jurídica. Curitiba: Juruá, 2006.

CRUZ E TUCCI, José Rogério. *Tempo e Processo*. São Paulo: Revista dos Tribunais, 1997.

DABUL, Alessandra. *Da Prova no Processo Administrativo Tributário*. 2ª ed. Curitiba, Juruá, 2007.

DACOMO, Natalia De Nardi. *Direito Tributário Participativo*. São Paulo: Quartier Latin, 2009.

DALLARI, Adilson Abreu. Recurso administrativo e mandado de segurança. In: SUNDFELD, Carlos Ari; MUÑOZ, Guillermo Andrés (Coord.). *As Leis de Processo Administrativo*. São Paulo: Malheiros, 2000, pp. 227-241.

____; FERRAZ, Sérgio. *Processo Administrativo*. 2ª ed. São Paulo: Malheiros, 2007.

____; FERRAZ, Sérgio. *Processo Administrativo*. São Paulo: Malheiros, 2002.

DALLARI, Dalmo de Abreu. *Elementos de Teoria Geral do Estado*. 24ª ed. São Paulo: Saraiva, 2003.

DANTAS, San Tiago. *Programa de Direito Civil*: Parte Geral. Rio de Janeiro: Editora Rio, 1979.

____. O Humanismo e o direito moderno. *Revista Forense*, Rio de Janeiro, nº 116, mar. 1948, pp. 21-28.

DAVID, René. *Os Grandes Sistemas do Direito Contemporâneo*. 3ª ed. Tradução Hermínio A. Carvalho. São Paulo: Martins Fontes, 1998.

DELGADO, José Augusto. Reflexões sobre o Processo Administrativo Tributário. In: MARTINS, Ives Gandra da Silva (Coord.). *Processo Administrativo Tributário*. São Paulo: Revista dos Tribunais, 2002, pp. 81-115.

DENARI, Zelmo. Sanções Penais Tributárias. In: MACHADO, Hugo de Brito. *Sanções Penais Tributárias*. São Paulo: Dialética, 2005, pp. 643-655.

____; COSTA JR., Paulo José da. *Infrações Tributárias e Delitos Fiscais*. 2ª ed. São Paulo: Saraiva, 2002.

DERANI, Cristiane. *Privatização e Serviços Públicos*: As Ações do Estado na Produção Econômica. São Paulo: Max Limonad, 2002.

DERZI, Misabel Abreu Machado. *Modificações da Jurisprudência no Direito Tributário*. São Paulo: Noeses, 2009.

____. Justiça Prospectiva no Imposto sobre a Renda. In: TÔRRES, Heleno Taveira (Coord.). *Direito Tributário Internacional Aplicado*. São Paulo: Quartier Latin, 2007, v. IV, pp. 39-78.

____. Pós-modernismo e Tributos: Complexidade, Diferença e Corporativismo. *Revista Dialética de Direito Tributário*, São Paulo, nº 100, jan. 2004, pp. 65-80.

____. A Praticidade, a Substituição Tributária e o Direito Fundamental à Justiça Individual. In: FISCHER, Octavio Campos (Coord.). *Tributos e Direitos Fundamentais*. São Paulo: Dialética, 2004, pp. 261-277.

____. O Sigilo Bancário e a Administração Tributária. In: ROCHA, Valdir de Oliveira (Coord.). *Grandes Questões Atuais do Direito Tributário: 5º Volume*. São Paulo: Dialética, 2001, pp. 285-314.

____. A Desconsideração dos Atos e Negócios Jurídicos Dissimulatórios, segundo a Lei Complementar nº 104, de 10 de janeiro de 2001. In: ROCHA, Valdir de Oliveira (Coord.). *O Planejamento Tribu-*

tário e a Lei Complementar 104. São Paulo: Dialética, 2001, pp. 205-232.

____. [Comentários aos Artigos 139 a 155 do Código Tributário Nacional]. In: NASCIMENTO, Carlos Valder do (Coord.). *Comentários ao Código Tributário Nacional*. 6ª ed. Rio de Janeiro: Forense, 2001.

____. *Direito tributário, direito penal e tipo*. São Paulo: Revista dos Tribunais, 1988.

____; COÊLHO, Sacha Calmon Navarro. Denúncia Penal antes do Témino do Processo Administrativo Tributário – Impossibilidade. *Revista Dialética de Direito Tributário*, São Paulo, nº 118, jul. 2005, pp. 119-138.

DEVILLER, Jacqueline Morand. Le Droit Français et ses Révolutions Tranquiles. In: ÁVILA, Humberto (Org.). *Fundamentos do Estado de Direito: Estudos em Homenagem ao Professor Almiro do Couto e Silva*. São Paulo: Malheiros, 2005, pp. 35-53.

DÍAZ, Vocente Oscar. *La Seguridad Juridica en los Procesos Tributarios*. Depalma: Buenos Aires, 1994.

DINAMARCO, Cândido Rangel. *A Reforma da Reforma*. 3ª ed. São Paulo: Malheiros, 2002.

____. *Instituições de Direito Processual Civil*. São Paulo: Malheiros, 2001, vols. I, II e III.

____. *A Instrumentalidade do Processo*. 7ª ed. São Paulo: Malheiros 1999.

____; GRINOVER, Ada Pellegrini; CINTRA, Antônio Carlos de Araújo. *Teoria Geral do Processo*. 12ª ed. São Paulo: Malheiros, 1996.

DINAMARCO, Pedro da Silva. A Sentença e seus Efeitos no Mandado de Segurança Individual e Coletivo. In: BUENO, Cassio Scarpinella et al. (Coord.). *Aspectos Polêmicos e Atuais do Mandado de Segurança*. São Paulo: Revista dos Tribunais, pp. 684-721.

DINIZ, Maria Helena. *Compêndio de Introdução à Ciência do Direito*. 5ª ed. São Paulo: Saraiva, 1993.

DI PIETRO, Juliano; MARTINS, Natanael. A Preclusão Probatória no Processo Administrativo Tributário Federal e o Princípio da Verdade Material. In: PIZOLIO, Reinaldo (Coord.). *Processo Administrativo Tributário*. São Paulo: Quartier Latin, 2007, pp. 193-208.

____; MARTINS, Natanael. A Ampla Defesa e a Inconstitucionalidade no Processo Administrativo: Limites da Portaria nº 103/2002. *Revista Dialética de Direito Tributário*, São Paulo, nº 103, abr. 2004, pp. 99-117.

DI PIETRO, Maria Sylvia Zanella. *Discricionariedade Administrativa na Constituição de 1988*. 2ª ed. São Paulo: Atlas, 2001.

____. *Parcerias na Administração Pública*. São Paulo: Atlas, 1999.

____. *Direito Administrativo*. 9ª ed. São Paulo: Atlas, 1998.

DOMINGUES, José Marcos. *Direito Tributário e Meio Ambiente*. 3ª ed. Rio de Janeiro: Forense, 2007.

____. Legalidade Tributária – O Princípio da Proporcionalidade e a Tipicidade Aberta. *Revista de Direito Tributário*, São Paulo, nº 70, 2003, pp. 106-116.

DÓRIA, Antônio Roberto Sampáio. *Direito Constitucional Tributário e Due Process of Law*. 2ª ed. Rio de Janeiro: Forense, 1986.

____. Decisão Administrativa. Efeitos e Revogabilidade. *Revista dos Tribunais*, São Paulo, v. 363, jan. 1966, pp. 41-58.

____. *Direito Constitucional*. 5ª ed. São Paulo: Max Limonad, 1962, v. I.

DROMI, Roberto. *El Derecho Público en la Hipermodernidad*. Madrid: Hispania Libros, 2005.

____. La Seguridad Administrativa. In: DROMI, Roberto; ALFONSO, Luciano Parejo. *Seguridad Pública y Derecho Admi-*

nistrativo. Madrid: Marcial Pons, 2001.
____. *El Procedimiento Administrativo*. Buenos Aires: Ediciones Ciudad Argentina, 1996.
DUARTE, Clenício da Silva. Delegação de Competência. *Revista de Direito Público*, São Paulo, nº 27, jan.-mar. 1974.
DUARTE, David. *Procedimentalização, Participação e Fundamentação*: Para uma Concretização do Princípio da Imparcialidade Administrativa como Parâmetro Decisório. Coimbra: Almedina, 1996.
DWORKIN, Ronald. *Taking Rights Seriously*. Cambridge: Harvard University Press, 1999.

ECHANDÍA, Hernando Devis. *Teoría General del Proceso*: Aplicable a toda clase de procesos. 2ª ed. Buenos Aires: Editorial Universidad, 1997.
____. *Teoria General de la Prueba Judicial*. Buenos Aires: Víctor P. de Zavalía Editor, 1972.
EINAUDI, Luigi. *Mitos e Paradojas de la Justicia Tributária*. Tradução Gabriel Solé Villalonga. Barcelona: Ariel, 1963.
EISELE, Andreas. *Crimes Contra a Ordem Tributária*. 2ª ed. São Paulo: Dialética, 2002.
ELORRIAGA PISARIK, Gabriel (Coord.). Convención y Arbitraje en el Derecho Tributario. Madrid: Marcial Pons, 1996.
EMCKE, Torsten; MARÍN-BARNUEVO, Diego. La Revisión e Impugnación de los Actos Tributarios en Derecho Aleman. In: TÔRRES, Heleno Taveira (Coord.). *Direito Tributário Internacional Aplicado*. São Paulo: Quartier Latin, 2004, v. II, pp. 365-383.
ENGISCH, Karl. *Introdução ao Pensamento Jurídico*. 7ª ed. Tradução J. Baptista Machado. Lisboa: Fundação Calouste Gulbenkian, 1996.

ESPÍNOLA, Eduardo. *Sistema de Direito Civil*. Rio de Janeiro: Editora Rio, 1977.
____; ESPÍNOLA FILHO, Eduardo. *Lei de Introdução ao Código Civil Brasileiro*. 3ª ed. Rio de Janeiro: Renovar, 1999.
ESPÍNOLA FILHO, Eduardo; ESPÍNOLA, Eduardo. *Lei de Introdução ao Código Civil Brasileiro*. 3ª ed. Rio de Janeiro: Renovar, 1999.
ESPÍNOLA, Ruy Samuel. Princípios Constitucionais e Atividade Jurídico-Administrativa: Anotações em Torno de Questões Contemporâneas. In: LEITE, George Salomão (Coord.). *Dos Princípios Constitucionais*: Considerações em torno das normas principiológicas da Constituição. São Paulo: Malheiros, 2003, pp. 254-293.
ESTELLITA, Heloísa. Sanções Penais Tributárias. In: MACHADO, Hugo de Brito. *Sanções Penais Tributárias*. São Paulo: Dialética, 2005, pp. 327-385.

FALCÃO, Amílcar de Araújo. *Introdução ao Direito Administrativo*. São Paulo: Resenha Universitária, 1977.
FALCÓN Y TELLA, Ramón. El Arbitraje Tributario. In: PISARIK, Gabriel Elorriaga (Coord). *Convención y Arbitraje en el Derecho Tributario*. Madrid: Marcial Pons, 1996.
FALEIRO, Kelly Magalhães. *Procedimento de Consulta Fiscal*. São Paulo: Noeses, 2007.
FALLA, Garrido. La Protección Jurisdicional del Particular contra el Poder Ejecutivo en el Derecho Español. *Revista de Direito Público*, São Paulo, nº 15, jan.-mar. 1971, pp. 7-23.
FANTOZZI, Augusto. Lançamento Tributário. Tradução Brandão Machado. In: TAVOLARO, Agostinho Toffoli; MACHADO, Brandão; MARTINS, Ives Gandra da Silva (Coords.). *Princípios Tri-*

butários no Direito Brasileiro e Comparado: Estudos em Homenagem a Gilberto de Ulhôa Canto. Rio de Janeiro: Forense, 1988, pp. 34-61.

FANUCCHI, Fábio. Processo Administrativo Tributário. In: PRADE, Péricles Luiz Medeiros; CARVALHO, Célio Benevides (Coord.). *Novo Processo Tributário*. São Paulo: Resenha Tributária, 1975.

____. *Curso de Direito Tributário Brasileiro*. São Paulo: Resenha Tributária, 1971, v. I.

FARO, Maurício Pereira; ROCHA, Sergio André. A Reforma Tributária e a Reforma do Processo Tributário. *Revista Brasileira de Direito Tributário e Finanças Públicas*, São Paulo, n. 8, mai-jun 2008, pp. 22-29.

FEITOSA, Celso Alves. A Questão da "Prescrição Intercorrente" no Processo Administrativo Fiscal. *Revista Dialética de Direito Tributário*, São Paulo, n. 94, jul. 2003.

____. Da Possibilidade dos Tribunais Administrativos, que Julgam Matéria Fiscal, Decidirem sobre Exação com Fundamento em Norma Considerada Ilegítima em Oposição à Constituição Federal. In: ROCHA, Valdir de Oliveira (Coord.). *Processo Administrativo Fiscal*. São Paulo: Dialética, 1995, pp. 17-36.

FERNANDES, Antonio Scarance; GRINOVER, Ada Pellegrini; GOMES FILHO, Antonio Magalhães. *As Nulidades no Processo Penal*. 6ª ed. São Paulo: Revista dos Tribunais, 1998.

FERNANDES, Bruno Rocha Cesar. Praticidade no Direito Tributário: Princípio ou Técnica? Uma Análise à Luz da Justiça Fiscal. *Revista de Estudos Tributários*, São Paulo, n. 56, jul.-ago. 2007, pp. 96-108.

FERNANDES, Edison Carlos. Decadência e Prescrição. In: MARTINS, Ives Gandra da Silva (Coord.). *Decadência e Prescrição*. São Paulo: Revista dos Tribunais, 2007, pp. 371-384.

____. A Ampla Defesa no Procedimento Administrativo Tributário. In: SCHOUERI, Luís Eduardo (Coord.). *Direito Tributário*: Homenagem a Alcides Jorge Costa. São Paulo: Quartier Latin, 2003, v. II, pp. 825-833.

FERNÁNDEZ, Tomás-Ramón. *El Derecho Administrativo al Comienzo de su Tercera Centuria*. Buenos Aires: La Ley, 2002.

____; GARCÍA DE ENTERRÍA, Eduardo. *Curso de Derecho Administrativo*. Madrid: Civitas, 2001, v. I.

FERRAGUT, Maria Rita. Crédito Tributário, Lançamento e Espécies de Lançamento Tributário. In: DE SANTI, Eurico Marcos Diniz (Coord.). *Curso de Especialização em Direito Tributário*: Estudos Analíticos em Homenagem a Paulo de Barros Carvalho. Rio de Janeiro: Forense, 2005, pp. 307 e 333.

FERRAZ, Anna Cândida da Cunha. *Processos Informais de Mudança da Constituição*. São Paulo: Max Limonad, 1986.

FERRAZ, Diogo. A impossibilidade jurídica do questionamento judicial, pela PGFN, das decisões do Conselho de Contribuintes. *Revista Fórum de Direito Tributário*, Belo Horizonte, n. 24, nov.-dez. 2004, pp. 149-162.

FERRAZ, Roberto. Limitações ao Poder Impositivo e Segurança Jurídica – O Princípio da Transparência Tributária. In: MARTINS, Ives Gandra da Silva (Coord.). *Limitações ao Poder Impositivo e Segurança Jurídica*. São Paulo: Revista dos Tribunais, 2005, pp. 442-472.

FERRAZ, Sergio. Processo Administrativo e Constituição de 1988. *Revista Trimestral de Direito Público*. São Paulo, nº 1, jan.-mar. 1993, pp. 84-87.

____; DALLARI, Adilson Abreu. *Processo Administrativo*. 2ª ed. São Paulo: Malheiros, 2007.

____; DALLARI, Adilson Abreu. *Processo*

Administrativo. São Paulo: Malheiros, 2002.

FERRAZ JÚNIOR, Tercio Sampaio. *Direito Constitucional*: Liberdade de Fumar, Privacidade, Estado, Direitos Humanos e outros temas. São Paulo: Manole, 2007.

____. Anterioridade e Irretroatividade no Campo Tributário. *Revista Dialética de Direito Tributário*, São Paulo, nº 65, fev. 2001, pp. 123-131.

FERREIRA, Sérgio de Andréa. Ampla Defesa no Processo Administrativo. *Revista de Direito Público*. São Paulo, nº 19, jan.-mar. 1972, pp. 60-68.

FERREIRA FILHO, Manoel Gonçalves. *Aspectos do Direito Constitucional Contemporâneo*. São Paulo: Saraiva, 2003.

____. Reforma do Estado: O Papel das Agências. In: MORAES, Alexandre (Org.). *Agências Reguladoras*. São Paulo: Atlas, 2002, pp. 133-144.

____. *Do Processo Legislativo*. 5ª ed. São Paulo: Saraiva, 2002.

____. *A Democracia no Limiar do Século XXI*. São Paulo: Saraiva, 2001.

FERREIRA FILHO, Marcílio da Silva. A Aplicação Subsidiária e Supletiva do Novo CPC ao Processo Tributário. In: BUENO, Cassio Scarpinella; RODRIGUES, Marco Antonio (Coords.). *Repercussões do Novo CPC: Processo Trbiutário*. Salvador: Juspodium, 2017.

FERREIRO LAPATZA, José Juan. Solución Convencional de Conflictos en el Ámbito Tributario: una Propuesta Concreta. In: TÔRRES, Heleno Taveira (Coord.). *Direito Tributário Internacional Aplicado*. São Paulo: Quartier Latin, 2004, v. II, pp. 294-312.

____. *Curso de Derecho Financiero Español*. 22ª ed. Madrid: Marcial Pons, 2000, v. II.

____. Arbitrage sobre Relaciones Tributarias. In: PISARIK, Gabriel Elorriaga (Coord.). *Convención y Arbitraje en el Derecho Tributario*. Madrid: Marcial Pons, 1996.

FERRER BELTRÁN, Jordi. *Prueba y Verdad en el Derecho*. Barcelona: Marcial Pons, 2002.

FERRIER, Jean-Pierre. El Procedimento Administrativo en Francia. In: *El Procedimiento Administrativo en el Derecho Comparado*. Madrid: Civitas, 1993, pp. 355-380.

FIGUEIREDO, Lúcia Valle. Possibilidade Jurídica de Anulação, Mediante Ação Judicial, de Decisão de Mérito Proferida pelo Conselho de Contribuintes. In: MARTINS, Ives Gandra da Silva et al. (Coords.). *Coisa Julgada Tributária*. São Paulo: MP Editora, 2005, pp. 271-292.

____. *Mandado de Segurança*. 4ª ed. São Paulo: Malheiros, 2002.

____. *Curso de Direito Administrativo*. 5ª ed. São Paulo: Malheiros, 2001.

____. O Princípio da Moralidade Administrativa e o Direito Tributário. In: MELLO, Celso Antônio Bandeira de (Org.). *Estudos em Homenagem a Geraldo Ataliba*: Direito Administrativo e Constitucional. São Paulo: Malheiros, 1997, pp. 417-433.

____. Estado de Direito e Devido Processo Legal. *Revista de Direito Administrativo*, Rio de Janeiro, v. 209, jul.-set. 1997, pp. 7 e 18.

____. *Estudos de Direito Tributário*. São Paulo: Malheiros, 1996.

FIGUEIREDO, Marcelo. *O Controle da Moralidade na Constituição*. São Paulo: Malheiros, 1999.

FILGUEIRAS JÚNIOR, Marcus Vinícius. *Conceitos Indeterminados e Discricionariedade Administrativa*. Rio de Janeiro: Lumen Juris, 2007.

FIORINI, Bartolomé A. *Qué es el Contencioso*. Buenos Aires: Abeledo-Perrot, 1997.

____. *Procedimiento Administrativo y Recurso Jerarquico*. 2ª ed. Buenos Aires: Abeledo-Perrot, [19—].

FISCHER, Octavio Campos. Recurso Hierárquico e Devido Processo Constitucional: o Processo Administrativo Tributário não Pertence à Administração Pública! *Revista Dialética de Direito Tributário*, São Paulo, n. 141, jun. 2007, pp. 127-142.

FLOREZ-VALDÉS, Joaquín Arce y. *Los Princípios Generales del Derecho y su Formulación Constitucional*. Madrid: Civitas, 1990.

FONROUGE, Carlos M. Giuliani. *Derecho Financiero*. 7ª ed. Atualizada por Susana Camila Navarrine e Rubén Oscar Asorey. Buenos Aires: Depalma, 2001, vols. I e II.

____. *Conceitos de Direito Tributário*. Tradução Geraldo Ataliba e Marco Aurélio Greco. São Paulo: LAEL, 1973.

FONSECA, João Bosco Leopoldino da. *Direito Econômico*. 4ª ed. Rio de Janeiro: Forense, 2002.

FORTES, Bonifácio. Delegação Legislativa. *Revista de Direito Administrativo*, Rio de Janeiro, v. 62, out.-dez. 1960, pp. 353-387.

FRAGA, Gabino. *Derecho Administrativo*. 14ª ed. México: Editorial Porrua, 1971.

FRANCO, Fernão Borba. *Processo Administrativo*. São Paulo: Atlas, 2008.

FRANCO SOBRINHO, Manuel de Oliveira. *Curso de Direito Administrativo*. São Paulo: Saraiva, 1979.

____. As Garantias Jurídicas no Processo Administrativo. *Revista dos Tribunais*. São Paulo, nº 448, fev. 1973, pp. 11-23.

FREITAS, Juarez. Reexame dos Conceitos de Convalidação, Anulação, Revogação e Autorização no Direito Administrativo. In: CARVALHO, Cristiano; PEIXOTO, Marcelo Magalhães (Coords.). *Temas de Direito Público*: Estudos em Homenagem ao Ministro José Augusto Delgado. Curitiba: Juruá, 2005, pp. 312-332.

____. *O Controle dos Atos Administrativos e os Princípios Constitucionais*. 3ª ed. São Paulo: Malheiros, 2004.

FRONTONI, Elisabetta. Spunti in Tema di Delegificazione: "Rilegificazione" e Sottrazione dei Regolamenti in Delegificazione All'Abrogazione Referendaria. In: MODUGNO, Franco. *Trasformazioni della Funzione Legislativa*: Crisi della Legge e Sistema delle Fonti. Milano: Giuffrè, 2000.

FURLAN, Anderson. Sanções Penais Tributárias. In: MACHADO, Hugo de Brito. *Sanções Penais Tributárias*. São Paulo: Dialética, 2005, pp. 13-99.

FUX, Luiz. *Curso de Direito Processual Civil*. Rio de Janeiro: Forense, 2001.

GABARDO, Emerson. *Princípio Constitucional da Eficiência Administrativa*. São Paulo: Dialética, 2002.

GADAMER, Hans-Georg. *Verdade e Método*: traços fundamentais de uma hermenêutica filosófica. 5ª ed. Petrópolis: Vozes, 2003.

GALDINO, Flávio. *Introdução à Teoria dos Custos dos Direitos*: Direitos não nascem em árvores. Rio de Janeiro: Lumen Juris, 2005.

GALIANO, Leonardo de Faria. Decadência e Prescrição. In: MARTINS, Ives Gandra da Silva (Coord.). *Decadência e Prescrição*. São Paulo: Revista dos Tribunais, 2007, pp. 445-470.

GALLEGO ANABITARTE, Alfredo; MENÉDEZ REXACH, Angel. *Acto y Procedimiento Administrativo*. Barcelona: Marcial Pons, 2001.

GALLIGAN, D. J. *Due Process and Fair Procedure*. Oxford: Claredon Press, 1996.

GALVÃO, Rodrigo. Devido Processo Legal, Ampla Defesa e Contraditório no Processo Administrativo. *Revista IOB de Direito Administrativo*, São Paulo, n. 21, set. 2007, pp. 121-132.

GARCÍA NOVOA, César. *El Silencio Administrativo en Derecho Tributario*. Navarra: Aranzadi, 2001.

GARCÍA DE ENTERRÍA, Eduardo. *Problemas del Derecho Público al Comienzo de Siglo*. Madrid: Civitas, 2001.

____. *Justicia y Seguridad Jurídica en un Mundo de Leys Desbocadas*. Madrid: Civitas, 2000.

____. *Legislación Delegada, Potestad Reglamentaria y Control Judicial*. Madrid: Civitas, 1998.

____. O Princípio da Legalidade na Constituição Espanhola. *Revista de Direito Público*, São Paulo, nº 86, abr.-jun. 1988, pp. 5-13.

____; FERNÁNDEZ, Tomás-Ramón. *Curso de Derecho Administrativo*. Madrid: Civitas, 2001, v. I.

GARCIA, Emerson. *Conflito Entre Normas Constitucionais*: Esboço de uma Teoria Geral. Rio de Janeiro: Lumen Juris, 2007.

GARCÍA-PELAYO, Manuel. *As Transformações do Estado Contemporâneo*. Tradução Agassiz Almeida Filho. Rio de Janeiro: Forense, 2009.

GARCÍA, Rubén Spila. *Principios de Derecho Procesal Tributario*. Buenos Aires: Depalma, 1978.

GASPARINI, Diogenes. *Direito Administrativo*. 8ª ed. São Paulo: Saraiva, 2003.

GAUDAMET, Yves; VENEZIA, Jean--Claude; LAUBADÈRE, André de. *Traité de Droit Administratif*. 14ª ed. Paris: L.G.D.J., 1996.

GELLHORN, Ernest; LEVIN, Ronald M. *Administrative Law and Process*. 4th. ed. St. Paul: West Publishing CO, 1997.

GIANNINI, A. D. *Istituzioni di Diritto Tributario*. Milano: Giuffrè, 1938.

GIDDENS, Anthony. Risco, Confiança e Reflexividade. In: GIDDENS, Anthony; BECK, Ulrich; LASH, Scott. *Modernização Reflexiva*: Política, Tradição e Estética na Ordem Social Moderna. Tradução Magda Lopes. São Paulo: Editora UNESP, 1997, pp. 219-234.

____. *As Consequências da Modernidade*. Tradução Raul Fiker. São Paulo: Editora UNESP, 1991.

GODOI, Marciano Seabra de. A Volta do in dubio pro Contribuinte: Avanço ou Retrocesso? In: ROCHA, Valdir de Oliveira (Coord.). Grandes Questões Atuais do Direito Tributário: 17º Volume. São Paulo: Quartier Latin, 2013.

____. Sobre a Possibilidade de a Fazenda Pública reverter, em Juízo, Decisões Definitivas dos Conselhos de Contribuintes. In: ROCHA, Valdir de Oliveira (Coord.). *Grandes Questões Atuais de Direito Tributário*: 9º Volume. São Paulo: Dialética, 2005, pp. 396-410.

____. Tributo e Solidariedade Social. In: GRECO, Marco Aurélio; GODOI, Marciano Seabra de (Coords.). *Solidariedade Social e Tributação*. São Paulo: Dialética, 2005, pp. 141-167.

GÓES, Gisele Santos Fernandes. Razoável Duração do Processo. In: WAMBIER, Teresa Arruda Alvim et al. (Coords.). *Reforma do Judiciário*: Primeiras Reflexões sobre a Emenda Constitucional n. 45/2004. São Paulo: Revista dos Tribunais, 2005.

GOMES FILHO, Antonio Magalhães; FERNANDES, Antonio Scarance; GRINOVER, Ada Pellegrini. *As Nulidades no Processo Penal*. 6ª ed. São Paulo: Revista dos Tribunais, 1998.

GOMES, Luiz Flávio; BIANCHINI, Alice. Reflexões e Anotações sobre os Crimes Tributários. In: MACHADO, Hugo de Brito. *Sanções Penais Tributárias*. São Paulo: Dialética, 2005, pp. 509-526.

GOMES, Luiz Roldão de Freitas. Invalidade dos Atos Jurídicos – Nulidades – Anulabilidades – Conversão. *Revista de Direito Civil*, São Paulo, nº 53, jul.-set. 1990, pp. 7-16.

GOMES, Marcus Lívio. O Princípio da Segurança Jurídica no Direito Tributário e a Unidade de Critério Através da Interpretação Administrativa dos Órgãos de Revisão Administrativa no Brasil e na Espanha. In: ROCHA, Sergio André (Coord.). *Processo Administrativo Tributário*: Estudos em Homenagem ao Professor Aurélio Pitanga Seixas Filho. São Paulo: Quartier Latin, 2007, pp. 461-498.

GOMES, Orlando. *Introdução ao Direito Civil*. 10ª ed. Rio de Janeiro: Forense, 1988.

GONÇALVES, Antonio Manoel. Limitações ao Poder Impositivo e Segurança Jurídica. In: MARTINS, Ives Gandra da Silva (Coord.). *Limitações ao Poder Impositivo e Segurança Jurídica*. São Paulo: Revista dos Tribunais, 2005, pp. 427-436.

GONÇALVES, Aroldo Plínio. *Nulidades no Processo*. Rio de Janeiro: AIDE Editora, 2000.

GONÇALVES, Fábio Fraga. Princípio da Proteção da Confiança – Análise a Luz dos Postulados da Moralidade e da Eficiência. *Revista Internacional de Direito Tributário*, Belo Horizonte, n. 3, jan.-jun. 2005, pp. 217-231.

GONZÁLES-CUÉLLAR SERRANO, Nicolas. *La Prueba en el Proceso Administrativo (objeto, carga y valoración)*. Madrid: Colex, 1992.

GONZÁLEZ GARCÍA, Eusébio. Los Recursos Administrativos y Judiciales. In: AMATUCCI, Andrea (Coord.). *Tratado de Derecho Tributario*. Bogotá: Themis, 2001, t. II, pp. 643-662.

_____. Requerimiento y Uso de la Información en Materia Tributaria. In: TÔRRES, Heleno Taveira (Coord.). *Teoria Geral da Obrigação Tributária*: estudos em homenagem ao Professor José Souto Maior Borges. São Paulo: Malheiros, 2005, pp. 445-470.

GONZÁLEZ PEREZ, Jesús. *La Etica en la Administración Pública*. 2ª ed. Madrid: Civitas, 2000.

_____. *Manual de Derecho Procesal Administrativo*. 2ª ed. Madrid: Civitas, 1992.

GORDILLO, Agustín. *Tratado de Derecho Administrativo*. 4ª ed. Buenos Aires: Fundación de Derecho Administrativo, 2000, t. II e III.

_____. La Legitimación. In: *Procedimento Administrativo*: Jornadas Organizadas por la Universidad Austral – Facultad de Derecho. Buenos Aires: Editorial Ciencias de la Administración, 1998, pp. 441-447.

_____. *Procedimiento Administrativo y Recursos Administrativos*. Buenos Aires: Jorge Alvarez Editor, [19—].

GRAMSTRUP, Erik Frederico. Do Mandado de Segurança Tributário. In: BUENO, Cassio Scarpinella et al. (Coord.). *Aspectos Polêmicos e Atuais do Mandado de Segurança*. São Paulo: Revista dos Tribunais, pp. 317-353.

GRANDO, Felipe Esteves. A Apreciação de Inconstitucionalidade no Contencioso Administrativo como Direito Fundamental do Contribuinte. *Revista Dialética de Direito Tributário*, São Paulo, n. 163, abr. 2009, pp. 33-43.

GRAU, Eros Roberto. *Ensaio sobre a Interpretação/Aplicação do Direito*. São Paulo: Malheiros, 2002.

_____. *O Direito Posto e o Direito Pressuposto*. 3ª ed. São Paulo: Malheiros, 2000.

GRECO, Leonardo. As Garantias Fundamentais do Processo na Execução Fiscal. In: ROCHA, Sergio André (Coord.). *Processo Administratvo Tributário*: Estudos em Homenagem ao Professor Aurélio Pitanga Seixas Filho. São Paulo: Quartier Latin, 2007, pp. 361-382.

_____. *Jurisdição Voluntária Moderna*. São Paulo: Dialética, 2003.

GRECO, Marco Aurélio. Do Poder à Função. In: FERRAZ, Roberto (Coord). *Princípios e Limites da Tributação 2*. São Paulo: Quartier Latin, 2009, pp. 165-176.

REFERÊNCIAS

_____. *Dinâmica da Tributação – uma Visão Funcional*. 2ª ed. Rio de Janeiro: Forense, 2007.

_____. *Planejamento Tributário*. São Paulo: Dialética, 2004.

_____. Sigilo Bancário e a Lei Complementar nº 105/01. *Revista Fórum de Direito Tributário*, Belo Horizonte, n. 1, jan.-fev. 2003, pp. 81-89.

_____. Processo Administrativo Tributário. In: MARTINS, Ives Gandra da Silva (Coord.). *Processo Administrativo Tributário*. São Paulo: Saraiva, 2002, pp. 702-709.

_____. Lançamento. In: MARTINS, Ives Gandra da Silva (Coord.). *Do Lançamento*. São Paulo: Resenha Tributária, 1987, pp. 141-171.

GRIESBACH, Fabricio. O Processo Administrativo Tributário como Garantia Fundamental: Inconstitucionalidade do Recurso Hierrárquico. In: FISCHER, Octavio (Coord.). *Tributos e Direitos Fundamentais*. São Paulo: Dialética, 2004, pp. 45-61.

GRINOVER, Ada Pellegrini. Provas Ilícitas. In: *O Processo em sua Unidade II*. Rio de Janeiro: Forense, 1984, pp. 170-181.

_____. O Princípio da Ampla Defesa no Processo Civil, Penal e Administrativo. In: *O Processo em sua Unidade II*. Rio de Janeiro: Forense, pp. 56-69.

_____; FERNANDES, Antonio Scarance; GOMES FILHO, Antonio Magalhães. *As Nulidades no Processo Penal*. 6ª ed. São Paulo: Revista dos Tribunais, 1998.

GRINOVER, Ada Pellegrini; DINAMARCO, Cândido Rangel; CINTRA, Antônio Carlos de Araújo. *Teoria Geral do Processo*. 12ª ed. São Paulo: Malheiros, 1996.

GUASP, Jaime. *Concepto y Método de Derecho Procesal*. Madrid: Civitas, 1997.

GUASTINI, Ricardo. *Das Fontes às Normas*. Tradução Edson Bini. São Paulo: Quartier Latin, 2005.

_____. *Teoria e Dogmatica Delle Fonti*. Milano: Giuffrè, 1998, v. I, t. I.

GUEDES, Demian. *Processo Administrativo e Democracia*: Uma Reavaliação da Presunção de Veracidade. Belo Horizonte: Fórum, 2007.

_____. Breve Análise do Processo Administrativo nos Estados Unidos: a Suprema Corte e as Garantias dos Administrados. *Revista de Direito Administrativo*, São Paulo, jan.-abr. 2007, pp. 82-102.

GUERRA, Cláudia Magalhães. *Lançamento Tributário e sua Invalidação*. Curitiba: Juruá, 2004.

GUERRA, Sérgio. *Discricionariedade e Reflexividade*: Uma nova teoria sobre as escolhas administrativas. Belo Horizonte: Editora Fórum, 2008.

GUERRA FILHO, Willis Santiago. Epistemologia Sistêmica para Fundamentação de um Direito Tributário da Cidadania Democrática e Global. In: TÔRRES, Heleno Taveira (Org.). *Direito Tributário Ambiental*. São Paulo: Malheiros, 2005, pp. 587-596.

_____. *Teoria Processual da Constituição*. 2ª ed. São Paulo: Celso Bastos Editor, 2002.

_____. *Processo Constitucional e Direitos Fundamentais*. 2ª ed. São Paulo: Celso Bastos Editor, 2001.

GUIMARÃES, Carlos da Rocha. Do Lançamento: Natureza e Eficácia. In: MARTINS, Ives Gandra da Silva (Coord.). *Do Lançamento*. São Paulo: Resenha Tributária, 1987, pp. 241-247.

_____. Lançamento por Homologação. *Revista de Direito Tributário*, São Paulo, nº 31, jan.-mar. 1985, pp. 142-146.

_____. O Processo Fiscal. In: *Problemas de Direito Tributário*. Rio de Janeiro: Edições Financeiras, 1962, pp. 99-154.

GUIMARÃES, Ylves José de Miranda. Do Lançamento. In: MARTINS, Ives Gandra da Silva (Coord.). *Do Lançamento*.

São Paulo: Resenha Tributária, 1987, pp. 303-318.

GUIMARÃES, Vasco Branco; SARAIVA FILHO, Oswaldo Othon Pontes (Orgs.). *Transação e Arbitragem no Âmbito Tributário*. Belo Horizonte: Editora Fórum, 2008.

____. O papel da vontade na relação jurídico-tributária. In: SARAIVA FILHO, Oswaldo Othon Pontes; GUIMARÃES, Vasco Branco (Orgs.). *Transação e Arbitragem no Âmbito Tributário*. Belo Horionte: Editora Fórum, 2008, pp. 137-166.

GUSMÃO, Paulo Dourado de. *Introdução ao Estudo do Direito*. 26ª ed. Rio de Janeiro: Forense, 1999.

HARADA, Kiyoshi. Decadência e Prescrição. In: MARTINS, Ives Gandra da Silva (Coord.). *Decadência e Prescrição*. São Paulo: Revista dos Tribunais, 2007, pp. 385-406.

____. Tentativas de Desestabilização dos Conselhos de Contribuintes. Tributario.net, São Paulo, a. 5, 29/8/2007. Disponível em: <http://www.tributario.net/artigos/artigos_ler.asp?id=33477>. Acesso em: 30/8/2007.

HART, H. L. A. *The Concept of Law*. 2nd. ed. New York: Oxford University Press, [199-].

HAURIOU, Maurice. *Principios de Derecho Público y Constitucional*. Tradução Carlos Ruiz del Castillo. Granada: Editorial Comares, 2003.

HAYEK, Friedrich A. *The Constitution of Liberty*. Chicago: The University of Chicago Press, 1992.

HENRIQUE, Walter Carlos Cardoso. As Funções e Autonomia Atípicas dos Tribunais Administrativos – Breve Ensaio. In: FIGUEIREDO, Lucia Valle. *Processo Administrativo Tributário e Previdenciário*. São Paulo: Max Limonad, 2001, pp. 41-90.

HENSEL, Albert. *Derecho Tributario*. Tradução Leandro Stok e Francisco M. B. Cejas. Rosario: Nova Tesis, 2004.

HERNANDEZ, Fernanda Guimarães. Limitações ao Poder Impositivo e Segurança Jurídica. In: MARTINS, Ives Gandra da Silva (Coord.). *Limitações ao Poder Impositivo e Segurança Jurídica*. São Paulo: Revista dos Tribunais, 2005, pp. 345-391.

HESSE, Konrad. *Elementos de Direito Constitucional da República Federal da Alemanha*. Tradução Luís Afinso Heck. Porto Alegre: Sergio Antonio Fabris Editor, 1998.

HOFMANN, Paulo. *Razoável Duração do Processo*. São Paulo: Quartier Latin, 2006.

HOLMES, Stephen; SUNSTEIN, Cass R. *The Cost of Rights*: Why Liberty Depends on Taxes. New York: W. W. Norton & Company, 1999.

HORVATH, Estevão. Lançamento Tributário e sua Imprescindibilidade. In: SCHOUERI, Luís Eduardo (Coord.). *Direito Tributário: Homenagem a Paulo de Barros Carvalho*. São Paulo: Quartier Latin, 2008, pp. 593-602.

____. Deveres Instrumentais e seus Limites. In: *III Congresso Nacional de Estudos Tributários*: Interpretação e Estado de Direito. São Paulo: Noeses, 2006, pp. 201-222.

____. *Lançamento Tributário e "Autolançamento"*. São Paulo: Dialética, 1997.

ICHIHARA, Yoshiaki. Processo Administrativo Tributário. In: MARTINS, Ives Gandra da Silva (Coord.). *Processo Administrativo Tributário*. São Paulo: Revista dos Tribunais, 2002.

ITALIA, Vittorio. *Diritto Costituzionale*. Milano: Giuffrè, 2002.

JARACH, Dino. *El Hecho Imponible:* Teoria General del Derecho Tributario Sus-

tantivo. 3ª ed. Buenos Aires: Abeledo-
-Perrot, [199-].
_____. *Finanzas Públicas y Derecho Tributario*. 3ª ed. Buenos Aires: Abeledo-Perrot, [199-].
_____. Hermenêutica no Direito Tributário. In: SOUZA, Rubens Gomes de; JARACH, Dino; CANTO, Gilberto de Ulhôa *et al*. *Interpretação no Direito Tributário*. São Paulo: Saraiva, 1975, pp. 83-102.

JARDIM, Afrânio Silva. *Direito Processual Penal*. 8ª ed. Rio de Janeiro: Forense, 1999.
JELLINEK, G. *Reforma y Mutación de la Constitución*. Tradução Christian Förster. Madrid: Centro de Estudios Constitucionales, 1991.
JESUS, Damásio E. de. *Direito Penal*. 19ª ed. São Paulo: Saraiva, 1995, v. I.
JUNQUEIRA, Helena Marques. A Importância da Prova Produzida no Processo Administrativo Fiscal. In: PIZOLIO, Reinaldo (Coord.). *Processo Administrativo Tributário*. São Paulo: Quartier Latin, 2007, pp. 95-107.
_____. A *Reformatio in Pejus* no Processo Administrativo. In: FIGUEIREDO, Lucia Valle. *Processo Administrativo Tributário e Previdenciário*. São Paulo: Max Limonad, 2001, pp. 91-114.
JUSTEN FILHO, Marçal. *Curso de Direito Administrativo*. São Paulo: Saraiva, 2005.
_____. *O Direito das Agências Reguladoras Independentes*. São Paulo: Dialética, 2002.
_____. Considerações sobre o "Processo Administrativo Fiscal". *Revista Dialética de Direito Tributário*, São Paulo, nº 33, jun. 1998, pp. 108-132.
_____. Ampla Defesa e Conhecimento de Arguições de Inconstitucionalidade e Ilegalidade no Processo Administrativo. *Revista Dialética de Direito Tributário*, São Paulo, nº 25, out. 1997, pp. 68-79.

KAUFMANN, Arthur. *Filosofía del Derecho*. Tradução Luis Villar Borda e Ana María Montoya. Bogotá: Universidad Externado de Colombia, 1999.
KELSEN, Hans. *A Democracia*. Tradução Ivone Castilho Benedetti *et al*. São Paulo: Martins Fontes, 2000.
_____. *Teoria Pura do Direito*. 6ª ed. Tradução João Baptista Machado. Coimbra: Almedina, 1984.
KEYNES, Edward. *Liberty, Property, and Privacy*: Toward a Jurisprudence of Substantive Due Process. Pennsylvania: Penn State Press, 1996.
KRELL, Andreas J. A Recepção das Teorias Alemãs sobre "Conceitos Jurídicos Indeterminados" e o Controle da Discricionariedade no Brasil. *Interesse Público*, Porto Alegre, nº 23, jan.-fev. 2004, pp. 21-49.
KOCH, Deonísio. *Processo Administrativo Tributário e Lançamento*. 2 ed. São Paulo: Malheiros, 2012.
KOMMERS, Donald P. *The Constitutional Jurisprudence of the Federal Republic of Germany*. 2nd. ed. Durham: Duke University Press, 1997.

LACOMBE, Américo Masset. A Moralidade e a Eficiência na Administração Tributária. *Revista Internacional de Direito Tributário*, Belo Horizonte, nº 1, jan.-jun. 2004, pp. 1-12.
_____. Lançamento. In: MARTINS, Ives Gandra da Silva (Coord.). *Curso de Direito Tributário*. 7ª ed. São Paulo: Saraiva, 2000.
LALANNE, Guillermo A. Las Faculdades de la Administración Tributaria: Las actuaciones de los inspetores y deberes de colaboración. In: ALTAMIRANO, Alejandro. *El Procedimiento Tributario*. Buenos Aires: Editorial Ábaco de Rodolfo Depalma, 2003, pp. 109-152.

LANG, Joachim; TIPKE, Klaus. *Direito Tributário*. Tradução Luiz Dória Furquim. Porto Alegre: Sergio Antonio Fabris, 2008. v. I.

LARENZ, Karl. *Derecho Justo*: Fundamentos de Etica Juridica. Tradução Luis Díez Picazo. Madrid: Civitas, 2001.

____. *Metodologia da Ciência do Direito*. 3ª ed. Tradução José Lamego. Lisboa: Fundação Calouste Gulbenkian, 1997.

LATORRE, Angel. *Introdução ao Direito*. Tradução Manuel de Alarcão. Coimbra: Almedina, 2002.

LAUBADÈRE, André de. *Traité Élémentaire de Droit Administratif*. Paris: L.G.D.J., 1953.

____; VENEZIA, Jean-Claude; GAUDAMET, Yves. *Traité de Droit Administratif*. 14ª ed. Paris: L.G.D.J., 1996.

LEME, Cristiane; SANTI, Eurico Marcos Dinis de; HOFFMANN, Suzy Gomes. Observatório do Carf: o voto de qualidade em números. Disponível em: http://jota.info/observatorio-carf-o-voto-de--qualidade-em-numeros. Acesso em 30 de outubro de 2016.

LEVIN, Ronald M.; GELLHORN, Ernest. *Administrative Law and Process*. 4th. ed. St. Paul: West Publishing CO, 1997.

LEITÃO, Maria Beatriz Mello. A Possibilidade de Revisão pelo Poder Judiciário das Decisões do Conselho de Contribuintes Contrárias à Fazenda Pública. In: ROCHA, Sergio André (Coord.). *Processo Administrativo Tributário*: Estudos em Homenagem ao Professor Aurélio Pitanga Seixas Filho. São Paulo: Quartier Latin, 2007, pp. 499-520.

LIEBMAN, Enrico Tullio. *Eficácia e Autoridade da Sentença*. 2ª ed. Tradução Alfredo Buzaid e Benvindo Aires. Rio de Janeiro: Forense, 1981.

LIMA, Fernando E. Juan. El Silencio Administrativo en el Derecho Argentino. In: ROCHA, Sergio André (Coord.). *Processo Administrativo Tributário*: Estudos em Homenagem ao Professor Aurélio Pitanga Seixas Filho. São Paulo: Quartier Latin, 2007, pp. 151-176.

LIMA, Maria Ednalva de. *Interpretação e Direito Tributário*: O Processo de Construção da Regra-Matriz de Incidência e da Decorrente Norma Individual e Concreta. Rio de Janeiro: Forense, 2004.

LIMA, Ruy Cirne. *Princípios de Direito Administrativo*. 7ª ed. São Paulo: Malheiros, 2007.

LOBO, Maria Tereza Cárcomo. Processo Administrativo Tributário. In: MARTINS, Ives Gandra da Silva (Coord.). *Processo Administrativo Tributário*. São Paulo: Revista dos Tribunais, 2002, pp. 240-252.

LOPES, Mauro Luís Rocha. *Processo Judicial Tributário: Execução Fiscal e Ações Tributárias*. 3ª ed. Rio de Janeiro: Lumen Juris, 2005, p. 365.

LOPES, Miguel Maria de Serpa. *Curso de Direito Civil*. 7ª ed. Rio de Janeiro: Freitas Bastos, 1989, v. I.

LÓPEZ, Maria Teresa Martínez; NEDER, Macos Vinicius. *Processo Administrativo Fiscal Federal Comentado*. São Paulo: Dialética, 2002.

LOUREIRO, João Carlos Simões Gonçalves. *O Procedimento Administrativo entre a Eficiência e a Garantia dos Particulares*. Coimbra: Coimbra Editora, 1995.

LOZANO SERRANO, Carmelo; MARTÍN QUERALT, Juan; POVEDA BLANCO, Francisco. *Derecho Tributario*. 9ª ed. Navarra: Aranzadi, 2004.

LUHMANN, Niklas. *Sociologia do Direito*. Rio de Janeiro: Tempo Universitário, 1983, vols. I e II.

____. *Legitimação pelo Procedimento*. Tradução Maria da Conceição Côrte-Real. Brasília: UNB, 1980.

REFERÊNCIAS

LUNARDELLI, Maria Rita Gradilone Sampaio. *Lançamento, Processo Administrativo e Extinção do Crédito Tributário*. São Paulo: Quartier Latin, 2010.

LUSTOZA, Helton Kramer. A análise da constitucionalidade de norma tributária pelo Conselho de Contribuintes. *Revista Tributária e de Finanças Públicas*, São Paulo, nº 78, jan.-fev. 2008, pp. 93-121.

MACEI, Demetrius Nichele. *A Verdade Material no Direito Tributário*. São Paulo: Malheiros, 2013.

MACHADO, Hugo de Brito. O Voto de Desempate nos Julgamentos Administrativo-Tributários. In: VIANA, Michel (Coord.). *Código Tributário Nacional: Análises e Reflexões para Mais 50 Anos de Vigência*. São Paulo: Quartier Latin, 2016.

____. Não-aplicação de Lei Inconstitucional pelos Órgãos de Julgamento Administrativo. In: ROCHA, Valdir de Oliveira (Coord.). *Grandes Questões Atuais do Direito Tributário – 13º Volume*. São Paulo: Dialética, 2009, pp. 203-213.

____. Transação e arbitragem no âmbito tributário. In: SARAIVA FILHO, Oswaldo Othon de Pontes; GUIMARÃES, Vasco Branco (Orgs.). *Transação e Arbitragem no Âmbito Tributário*. Belo Horizonte: Editora Fórum, 2008, pp. 111-135.

____. Decadência do Direito de Constituir Crédito Tributário em Face da Inocorrência de Decisão Tempestiva da Autoridade Administrativa. *Revista Dialética de Direito Tributário*, São Paulo, n. 163, abr. 2009, pp. 57-63.

____. Processo Administrativo Tributário: Eficiência e Direitos Fundamentais do Contribuinte. In: CAMPOS, Marcelo (Coord.). *Direito Processual Tributário*: Estudos em Homenagem ao Professor Dejalma de Campos. São Paulo: Revista dos Tribunais, 2008, pp. 50-82.

____. Aspectos do Lançamento Tributário. In: SANTI, Eurico Marcos Diniz (Coord.). *Curso de Direito Tributário e Finanças Públicas*: do Fato à Norma, da Realidade ao Conceito Jurídico. São Paulo: Saraiva, 2008, pp. 830-848.

____. Transação e arbitragem no âmbito tributário. *Revista Fórum de Direito Tributário*, Belo Horizonte, n. 28, jul.-ago. 2007, pp. 50-74.

____. Ação da Fazenda Pública para anular Decisão da Administração Tributária. *Revista Dialética de Direito Tributário* São Paulo, nº 112, jan. 2005, pp. 46-66.

____. *Princípios Jurídicos da Tributação na Constituição de 1988*. 5ª ed. São Paulo: Dialética, 2004.

____. *Mandado de Segurança em Matéria Tributária*. 4ª ed. São Paulo: Dialética, 2000, p. 41.

____. Impossibilidade de Tributo sem Lançamento. In: SCHOUERI, Luís Eduardo (Coord.). *Direito Tributário*: Homenagem a Alcides Jorge Costa. São Paulo: Quartier Latin, 2003, v. I, pp. 118-124.

____. Algumas Questões do Processo Administrativo Tributário. In: MARTINS, Ives Gandra da Silva (Coord.). *Processo Administrativo Tributário*. São Paulo: Revista dos Tribunais, 2002, pp. 134-159.

____. Crimes Contra a Ordem Tributária. In: MARTINS, Ives Gandra da Silva (Coord.). *Crimes Contra a Ordem Tributária*. 4ª ed. São Paulo: Revista dos Tribunais, 2002, pp. 116-136.

____. Lançamento Tributário. In: MARTINS, Ives Gandra da Silva (Coord.). *Do Lançamento*. São Paulo: Resenha Tributária, 1987, pp. 217-240.

MACHADO SEGUNDO, Hugo de Brito. Notas sobre as Alterações no Processo Administrativo Fiscal Federal. In: RO-

CHA, Valdir de Oliveira (Coord.). *Grandes Questões Atuais do Direito Tributário – 13º Volume*. São Paulo: Dialética, 2009, pp. 214-226.

____. *Processo Tributário*. São Paulo: Atlas, 2004.

____. Inconstitucionalidade de Declaração de Inconstitucionalidade de Lei pela Autoridade Administrativa de Julgamento. *Revista Dialética de Direito Tributário*. São Paulo, nº 98, nov. 2003, pp. 91-99.

____; MACHADO, Raquel Cavalcanti Ramos. Sanções Penais Tributárias. In: MACHADO, Hugo de Brito. *Sanções Penais Tributárias*. São Paulo: Dialética, 2005, pp. 413-447.

MACHADO, Raquel Cavalcanti Ramos. *Interesse Público e Direitos do Contribuinte*. São Paulo: Dialética, 2007.

____; MACHADO SEGUNDO, Hugo de Brito. Sanções Penais Tributárias. In: MACHADO, Hugo de Brito. *Sanções Penais Tributárias*. São Paulo: Dialética, 2005, pp. 413-447.

MACHADO, Schubert Farias. Sanções Penais Tributárias. In: MACHADO, Hugo de Brito. *Sanções Penais Tributárias*. São Paulo: Dialética, 2005, pp. 579-592.

MACHADO, Tiziane; ARAGÃO, Carolina. Sanções Penais Tributárias. In: MACHADO, Hugo de Brito. *Sanções Penais Tributárias*. São Paulo: Dialética, 2005, pp. 593-609.

MAFFINI, Rafael. *Princípio da Proteção Substancial da Confiança no Direito Administrativo Brasileiro*. Porto Alegre: Verbo Jurídico, 2006.

MAIA, Tatiana Zuconi Viana. Considerações Críticas sobre o Novo Regimento Interno dos Conselhos de Contribuintes. Tributario.net, São Paulo, a. 5, 23/8/2007. Disponível em: <http://www.tributario.net/artigos/artigos_ler.asp?id=33471>. Acesso em: 30/8/2007.

MAIHOFER, Werner. Principios de una Democracia en Libertad. In: HESSE, Konrad et al. (Orgs.). *Manual de Derecho Constitucional*. 2ª ed. Barcelona: Marcial Pons, 2001, pp. 217-324.

MALATESTA, Nicola Framarino dei. *Lógica de las Pruebas em Materia Criminal*. 4ª ed. Tradução Simón Carrejo e Jorge Guerrero. Bogotá: Temis, 1995, v. I.

MALBERG, R. Carré de. *Teoría General del Estado*. Tradução José Lión Depetre. México: Fondo de Cultura Económica, 2001.

MALERBI, Diva. Processo Administrativo Tributário. In: MARTINS, Ives Gandra da Silva (Coord.). *Processo Administrativo Tributário*. São Paulo: Revista dos Tribunais, 2002, pp. 116-133.

MANEIRA, Eduardo. O princípio da praticidade no Direito Tributário (substituição tributária, plantas de valores, retenções de fonte, presunções e ficções, etc.): sua necessidade e seus limites. *Revista Internacional de Direito Tributário*, Belo Horizonte, nº 2, jul.-dez. 2004, pp. 61-67.

____. Princípio da Legalidade: Especificação Conceitural X Tipicidade. *Revista Internacional de Direito Tributário*, Belo Horizonte, nº 1, jan.-jun. 2004, pp. 47-58.

MARIENHOFF, Miguel S. *Tratado de Derecho Administrativo*. Buenos Aires: Abeledo-Perrot, [s/d], t. I.

MARÍN-BARNUEVO, Diego. La Distribución de la Carga de la Prueba en Derecho Tributario. In: TÔRRES, Heleno Taveira (Coord.). *Direito Tributário Internacional Aplicado*. São Paulo: Quartier Latin, 2003, pp. 57-70.

____; EMCKE, Torsten. La Revisión e Impugnación de los Actos Tributarios en Derecho Aleman. In: TÔRRES, Heleno Taveira (Coord.). *Direito Tributário Internacional Aplicado*. São Paulo: Quartier Latin, 2004, v. II, pp. 365-383.

MARINONI, Luiz Guilherme. *Novas Linhas do Processo Civil*. 4ª ed. São Paulo: Malheiros, 2000.

____; ARENHART, Sérgio Cruz. *Manual do Processo de Conhecimento*: A Tutela Jusrisdicional Através do Processo de Conhecimento. São Paulo: Revista dos Tribunais, 2001.

MARINS, James. *Direito Processual Tributário Brasileiro*. 9 ed. São Paulo: Revista dos Tribunais, 2016.

____. *Defesa e Vulnerabilidade do Contribuinte*. São Paulo: Dialética, 2009.

____. Princípio da Razoável Duração do Processo e o Processo Tributário. In: SCHOUERI, Luís Eduardo (Coord.). *Direito Tributário: Homenagem a Paulo de Barros Carvalho*. São Paulo: Quartier Latin, 2008, pp. 629-652.

____. Lançamento Tributário e Decadência: Fragmentos de um Estudo. In: MACHADO, Hugo de Brito (Coord.). *Lançamento Tributário e Decadência*. São Paulo: Dialética, 2002, pp. 308-329.

____. *Direito Processual Tributário Brasileiro*: Administrativo e Judicial. São Paulo: Dialética, 2001.

____. *Princípios Fundamentais de Direito Processual Tributário*. São Paulo: Dialética, 1998.

____. As Microreformas do Processo Tributário, o Arrolamento Administrativo e a Medida Cautelar Fiscal. In: ROCHA, Valdir de Oliveira (Coord). *Processo Administrativo Fiscal 3º Volume*. São Paulo: Dialética, 1998, pp. 93-104.

____. Suspensão Judicial do Crédito Tributário, Lançamento e Exigibilidade. In: ROCHA, Valdir de Oliveira (Coord.). *Processo Administrativo Fiscal 2º Volume*. São Paulo: Dialética, 1997, pp. 49-64.

MARQUES, José Frederico. *Instituições de Direito Processual Civil*. Campinas: Millenium, 2000, v. II.

____. A Garantia do "Due Process of Law" no Direito Tributário. *Revista de Direito Público*, São Paulo, nº 5, jul.-set. 1968, pp. 28-33.

MARQUES, Márcio Severo; COIMBRA, Ronaldo. Procedimento Administrativo, Lançamento e os Débitos Declarados e Não Pagos. In: PIZOLIO, Reinaldo (Coord.). *Processo Administrativo Tributário*. São Paulo: Quartier Latin, 2007, pp. 157-175.

MARTÍN, José María; USÉ, Guillermo F. Rodriguez. *Derecho Procesal Tributario*. Buenos Aires: Depalma, 1987.

MARTÍN QUERALT, Juan; POVEDA BLANCO, Francisco; LOZANO SERRANO, Carmelo. *Derecho Tributario*. 9ª ed. Navarra: Aranzadi, 2004.

MARTINES, Temistocle. *Diritto Costituzionale*. 10ª ed. Milano: Giuffrè, 2000.

MARTÍNEZ, Soares. *Direito Fiscal*. 10ª ed. Coimbra: Almedina, 2000.

MARTINS, Ana Luísa. *Conselho Administrativo de Recursos Fiscais: 85 Anos de Imparcialidade na Solução de Litígios Fiscais*. Rio de Janeiro: Capivara, 2010.

MARTINS, André Felipe Saide. *A Prova do Fato Jurídico no Direito & Processo Tributários*. Rio de Janeiro: Lumen Juris, 2011.

MARTINS, Ives Gandra da Silva. Lançamento Tributário e a Decadência. In: MACHADO, Hugo de Brito (Coord.). *Lançamento Tributário e Decadência*. São Paulo: Dialética, 2002, pp. 278-307.

____. Crimes Contra a Ordem Tributária. In: MARTINS, Ives Gandra da Silva (Coord.). *Crimes Contra a Ordem Tributária*. 4ª ed. São Paulo: Revista dos Tribunais, 2002, pp. 23-53.

____. Lançamento: Procedimento Administrativo. In: ROCHA, Valdir de Oliveira (Coord). *Processo Administrativo Fiscal 2º Volume*. São Paulo: Dialética, 1997, pp. 43-46.

_____. Do Lançamento. In: MARTINS, Ives Gandra da Silva (Coord.). *Do Lançamento*. São Paulo: Resenha Tributária, 1987, pp. 25-51.

MARTINS, Natanael. Questões de Processo Administrativo Tributário. In: ROCHA, Valdir de Oliveira (Coord.). *Processo Administrativo Fiscal 2º Volume*. São Paulo: Dialética, 1997, pp. 91-105.

_____. A Questão do Ônus da Prova e do Contraditório no Contencioso Administrativo Federal. In: ROCHA, Valdir de Oliveira (Coord.). *Processo Administrativo Fiscal*. São Paulo: Dialética, 1995, pp. 107-117.

_____; DI PIETRO, Juliano. A Preclusão Probatória no Processo Administrativo Tributário Federal e o Princípio da Verdade Material. In: PIZOLIO, Reinaldo (Coord.). *Processo Administrativo Tributário*. São Paulo: Quartier Latin, 2007, pp. 193-208.

_____; DI PIETRO, Juliano. A Ampla Defesa e a Inconstitucionalidade no Processo Administrativo: Limites da Portaria nº 103/2002. *Revista Dialética de Direito Tributário*, São Paulo, nº 103, abr. 2004, pp. 99-117.

MARTINS, Ricardo Marcondes. O Conceito Científico de Processo Administrativo. *Revista de Direito Administrativo*, Rio de Janeiro, v. 235, jan.-mar. 2004, pp. 231-281.

MARTINS JÚNIOR, Wallace Paiva. *Transparência Administrativa*: Publicidade, motivação e participação popular. São Paulo: Saraiva, 2004.

MASSAGÃO, Mário. *Curso de Direito Administrativo*. São Paulo: Max Limonad, [19—].

MASSANET, Juan Ramallo. La Eficacia de la Voluntad de las Partes en las Obligaciones Tributarias. In: PISARIK, Gabriel Elorriaga (Coord.). *Convención y Arbitraje en el Derecho Tributario*. Madrid: Marcial Pons, 1996.

MASTRANGELO, Claudio. *Agências Reguladoras e Participação Pupular*. Porto Alegre: Livraria dos Advogados, 2005.

MAURER, Hartmut. *Contributos para o Direito do Estado*. Tradução Luís Afonso Heck. Porto Alegre: Livraria do Advogado, 2007.

_____. *Direito Administrativo Geral*. Tradução Luís Afonso Heck. Barueri: Manole, 2006.

_____. *Elementos de Direito Administrativo Alemão*. Tradução Luís Afonso Heck. Porto Alegre: Sergio Antonio Fabris Editor, 2001.

MAXIMILIANO, Carlos. *Hermenêutica e Aplicação do Direito*. 18ª ed. Rio de Janeiro: Forense, 1999.

_____. *Direito Intertemporal ou Teoria da Irretroatividade das Leis*. Rio de Janeiro: Freitas Bastos, 1946.

MÁYNEZ, Eduardo García. *Introducción al Estudio del Derecho*. 53ª ed. México: Editorial Porrua, 2002.

_____. *Positivismo Jurídico, Realismo Sociológico y Iusnaturalismo*. 3ª ed. México: Distribuciones Fontamara, 1999.

MAYTON, Willian T.; AMAN JR. Alfred C. *Administrative Law*. 2nd. ed. St. Paul: West Group, 2001.

MAZZEI, Rodrigo Reis. Notas Iniciais à Leitura do Novo Código Civil. In: ALVIM, Arruda; ALVIM, Theresa (Coords.). *Comentários ao Código Civil Brasileiro*. Rio de Janeiro: Forense, 2005, v. I, pp. IX-CXLVI.

_____; NOLASCO, Rita Dias (Coords.). *Processo Civil Coletivo*. São Paulo: Quartier Latin, 2005.

MAZZILLI, Hugo Nigro. Notas sobre a Mitigação da Coisa Julgada no Processo Coletivo. In: MAZZEI, Rodrigo; NOLASCO, Rita Dias (Coords.). *Processo*

Civil Coletivo. São Paulo: Quartier Latin, 2005, pp. 325-332.

McCLOSKEY, Robert G. *The American Supreme Court*. 3rd. ed. Chicago: The University of Chicago Press, 2000.

MEDAUAR, Odete. *A Processualidade no Direito Administrativo*. 2. ed. São Paulo: Revista dos Tribunais, 2008.

_____. Segurança Jurídica e Confiança Legítima. In: ÁVILA, Humberto (Org.). *Fundamentos do Estado de Direito*: Estudos em Homenagem ao Professor Almiro do Couto e Silva. São Paulo: Malheiros, 2005, pp. 114-119.

_____. *Direito Administrativo Moderno*. São Paulo: Revista dos Tribunais, 2001.

_____. Processualização e Publicidade dos Atos do Processo Administrativo Fiscal. In: ROCHA, Valdir de Oliveira (Coord.). *Processo Administrativo Fiscal*. São Paulo: Dialética, 1995, pp. 121-126.

_____. *A Processualidade no Direito Administrativo*. São Paulo: Revista dos Tribunais, 1993.

_____. *O Direito Administrativo em Evolução*. São Paulo: Revista dos Tribunais, 1992.

MEIRELLES, Hely Lopes. *Mandado de Segurança*. 23ª ed. Atualização por Arnaldo Wald e Gilmar Ferreira Mendes. São Paulo: Malheiros, 2001.

_____. *Direito Administrativo Brasileiro*. 23ª ed. São Paulo: Malheiros, 1998.

_____. O Processo Administrativo (Teoria Geral, Processo Disciplinar e Processo Fiscal). In: ABUJAMRA JÚNIOR, João (Coord.). *Direito Administrativo Aplicado e Comparado*. São Paulo: Resenha Universitária, 1979, t. I.

MELLO, Carlos André Ribas de. O Depósito Recursal – Constitucionalidade Condicionada à sua Adequada Aplicação à Luz dos Princípios Constitucionais da Isonomia e do Devido Processo Legal – Por uma Defesa de Interpretação Conforme. *Revista Dialética de Direito Tributário*, São Paulo, nº 85, out. 2002, pp. 16-31.

MELLO, Celso Antônio Bandeira de. *Discricionariedade e Controle Jurisdicional*. 2. ed. São Paulo: Malheiros, 2001.

_____. *Conteúdo Jurídico do Princípio da Igualdade*. 3ª ed. São Paulo: Malheiros, 2001.

_____. *Curso de Direito Administrativo*. 13ª ed. São Paulo: Malheiros, 2001.

_____. O Controle da Constitucionalidade pelos Tribunais Administrativos no Processo Administrativo Fiscal. *Revista de Direito Tributário*, São Paulo, nº 75, 1999, pp. 12-18.

_____. Legalidade – Discricionariedade – Seus Limites e Controle. *Revista de Direito Público*, São Paulo, nº 86, abr.-jun. 1988, pp. 42-59.

_____. Controle Judicial dos Atos Administrativos. *Revista de Direito Público*, São Paulo, nº 65, jan.-mar. 1983, pp. 26-38.

MELLO, Cláudio Ari. Fragmentos Teóricos sobre a Moralidade Administrativa. *Revista de Direito Administrativo*, Rio de Janeiro, v. 235, jan.-mar. 2004, pp. 93-116.

MELLO, Oswaldo Aranha Bandeira de. *Princípios Gerais de Direito Administrativo*. Rio de Janeiro: Forense, 1969, v. I.

MELLO, Shirlei Silmara de Freitas. *Tutela Cautelar no Processo Administrativo*. Belo Horizonte: Mandamentos, 2003.

MELLO, Antônio Carlos de Martins. Sanções Penais Tributárias. In: MACHADO, Hugo de Brito. *Sanções Penais Tributárias*. São Paulo: Dialética, 2005, pp. 100-114.

MELO, José Eduardo Soares de. *Processo Tributário Administrativo e Judicial*. 4 ed. São Paulo: Quartier Latin, 2015.

_____. Instrução Probatória no Processo Administrativo de Natureza Tributária – Amplitude e Limites. In: PIZOLIO, Reinaldo (Coord.). *Processo Administrativo Tributário*. São Paulo: Quartier Latin, 2007, pp. 117-132.

____. *Processo Tributário Administrativo*: Federal, Estadual e Municipal. São Paulo: Quartier Latin, 2006.

____. Limitações ao Poder Impositivo e Segurança Jurídica. In: MARTINS, Ives Gandra da Silva (Coord.). *Limitações ao Poder Impositivo e Segurança Jurídica*. São Paulo: Revista dos Tribunais, 2005, pp. 183-210.

____. O Lançamento Tributário e a Decadência. In: MACHADO, Hugo de Brito (Coord.). *Lançamento Tributário e Decadência*. São Paulo: Dialética, 2002, pp. 348-365.

____. Processo Administrativo Tributário. In: MARTINS, Ives Gandra da Silva (Coord.). *Processo Administrativo Tributário*. São Paulo: Saraiva, 2002.

____. Crimes Contra a Ordem Tributária. In: MARTINS, Ives Gandra da Silva (Coord.). *Crimes Contra a Ordem Tributária*. 4ª ed. São Paulo: Revista dos Tribunais, 2002, pp. 194-216.

____. Composição paritária dos órgãos julgadores administrativos. ROCHA, Valdir de Oliveira (Coord.). *Processo Administrativo Fiscal*: 5º Volume. São Paulo: Dialética, 2000, pp. 97-104.

____. Processo Administrativo Tributário. In: ROCHA, Valdir de Oliveira (Coord.). *Processo Administrativo Fiscal*. São Paulo: Dialética, 1995, pp. 93-104.

____. Lançamento. In: MARTINS, Ives Gandra da Silva (Coord.). *Do Lançamento*. São Paulo: Resenha Tributária, 1987, pp. 53-96.

MENDES, Aluisio Gonçalves de Castro. *Ações Coletivas*: no direito comparado e nacional. São Paulo: Revista dos Tribunais, 2002.

MENDES, Gilmar Ferreira. Limitações dos Direitos Fundamentais. In: MENDES, Gilmar Ferreira; COELHO, Inocêncio Mártires; BRANCO, Paulo Gustavo Gonet. *Curso de Direito Constitucional*. São Paulo: Saraiva, 2007.

____. Da Prova dos Negócios Jurídicos. In: FRANCIULLI NETO, Domingos et al. (Org.). *O Novo Código Civil*: Estudos em Homenagem ao Professor Miguel Reale. São Paulo: Ltr., 2003, pp. 164-177.

____. O Poder Executivo e o Poder Legislativo no Controle de Constitucionalidade. In: *Direitos Fundamentais e Controle de Constitucionalidade*. 2ª ed. São Paulo: Celso Bastos Editor, 1999, pp. 305-362.

____; COELHO, Inocêncio Mártires; BRANCO, Paulo Gustavo Gonet. *Curso de Direito Constitucional*. São Paulo: Saraiva, 2007.

MENÉDEZ REXACH, Angel; GALLEGO ANABITARTE, Alfredo. *Acto y Procedimiento Administrativo*. Barcelona: Marcial Pons, 2001.

MERKL, Adolfo. *Teoría General del Derecho Administrativo*. Granada: Editorial Comares, 2004.

MEYER, Hans. El Procedimiento Administrativo en la Republica Federal de Alemania. In: *El Procedimiento Administrativo en el Derecho Comparado*. Madrid: Civitas, 1993, pp. 281-316.

MINATEL, José Antonio. Procedimento e Processo Administrativo Tributário: Dupla Função Administrativa, com Diferentes Regimes Jurídicos. In: ROCHA, Sergio André (Coord.). *Processo Administrativo Tributário*: Estudos em Homenagem ao Professor Aurélio Pitanga Seixas Filho. São Paulo: Quartier Latin, 2007, pp. 321-344.

____. Dupla Instância, Formação Paritária e Avocatória no Processo Administrativo Tributário. In: ROCHA, Valdir de Oliveira (Coord.). *Processo Administrativo Fiscal*: 4º Volume. São Paulo: Dialética, 1999, pp. 93-103.

____. O Depósito Compulsório como Requisito para Recurso Administrativo e o Prazo para pleitear judicialmente Desconstituição de Exigência Fiscal Definida pela Primeira Instância Administrativa. In: ROCHA, Valdir de Oliveira (Coord). *Processo Administrativo Fiscal 3º Volume*. São Paulo: Dialética, 1998, pp. 107-122.

MIRABETE, Julio Fabrini. *Manual de Direito Penal*. São Paulo: Atlas, 1998, v. I.

MIRANDA, Jorge. *Manual de Direito Constitucional*. 2ª ed. Coimbra: Coimbra Editora, 2000.

____. *Textos Históricos do Direito Constitucional*. Lisboa: Imprensa Nacional – Casa da Moeda, 1990.

MIRANDA, Pontes. *De Tratado de Direito Privado*. Atualizado por Vilson Rodrigues Alves. Campinas: Bookseller, 2001, t. 4.

____. *Tratado das Ações*. Campinas: Bookseller, 1998, t. 1.

____. Independência e Harmonia dos Poderes. *Revista de Direito Público*, São Paulo, nº 20, abr.-jun. 1972, pp. 9-20.

MOCSCHETTI, Francesco. Las Posibilidades de Acuerdo entre la Administración Financiera y el Contribuyente en el Ordenamiento Italiano. In: PISARIK, Gabriel Elorriaga (Coord). *Convención y Arbitraje en el Derecho Tributario*. Madrid: Marcial Pons, 1996.

MONTI, Laura. El Principio del Informalismo en el Procedimiento Administrativo. In: *Procedimiento Administrativo*: Jornadas Organizadas por la Universidad Austral – Facultad de Derecho. Buenos Aires: Editorial Ciencias de la Administración, 1998, pp. 29-40.

MORAES, Alexandre de. Agências Reguladoras. In: MORAES, Alexandre (Org.). *Agências Reguladoras*. São Paulo: Atlas, 2002, pp. 13-38.

MORAES, Bernardo Ribeiro de. *Compêndio de Direito Tributário*. Rio de Janeiro: Forense, 1999, v. II.

MORAES, Germana de Oliveira. *Controle Jurisdicional da Administração Pública*. 2ª ed. São Paulo: Dialética, 2004.

MORAIS, Carlos Yuri Araújo. Transação e arbitragem em matéria tributária: a experiência extrangeira e sua aplicabilidade ao direito brasileiro. In: SARAIWA FILHO, Oswaldo Othon de Pontes; GUIMARÃES, Vasco Branco (Orgs.). *Transação e Arbitragem no Âmbito Tributário*. Belo Horizonte: Editora Fórum, 2008, pp. 483-503.

MORAIS, José Luis Bolzan de; STRECK, Lenio Luiz. *Ciência Política e Teoria Geral do Estado*. 3ª ed. Porto Alegre: Livraria do Advogado, 2003.

MOREIRA, Bernardo Motta. *Controle do Lançamento Tributário pelos Conselhos de Contribuintes*. Rio de Janeiro: Lumen Juris, 2013.

MOREIRA NETO, Diogo de Figueiredo. *Mutações do Direito Administrativo*. 3ª ed. Rio de Janeiro: Renovar, 2007.

____. Juridicidade, Pluralidade Normativa, Democracia e Controle Social. In: ÁVILA, Humberto (Org.). *Fundamentos do Estado de Direito*: Estudos em Homenagem ao Professor Almiro do Couto e Silva. São Paulo: Malheiros, 2005, pp. 91-113.

____. *Direito Regulatório*. Rio de Janeiro: Renovar, 2003.

____. *Curso de Direito Administrativo*. 12ª ed. Rio de Janeiro: Forense, 2001.

MOREIRA, Egon Bockmann. *Processo Administrativo*: Princípios Constitucionais e a Lei nº 9.784/99. São Paulo: Malheiros, 2000.

____. Processo administrativo e princípio da eficiência. In: SUNDFELD, Carlos Ari; MUÑOZ, Guillermo Andréz (Coord.). *As Leis de Processo Administrativo*. São Paulo: Malheiros, 2000, pp. 320-341.

MOREIRA, José Carlos Barbosa. *Comentários ao Código de Processo Civil*. 7ª ed. Rio de Janeiro: Forense, 1998, v. V.

_____. A Constituição e as Provas Ilicitamente Obtidas. In: *Temas de Direito Processual*: Sexta série. São Paulo: Saraiva, 1997.

MOREIRA, Lycia Braz. Os Postulados da Proporcionalidade, da Razoabilidade e da Proibição de Excesso como Instrumentos da Ponderação de Interesses: o Caso do Depósito Prévio como Condição de Admissibilidade do Recurso Administrativo Fiscal. In: ROCHA, Sergio André (Coord.). *Processo Administrativo Tributário*: Estudos em Homenagem ao Professor Aurélio Pitanga Seixas Filho. São Paulo: Quartier Latin, 2007, pp. 423-440.

MULLER, Friedrich. *Quem é o Povo?* A questão Fundamental da Democracia. 3ª ed. São Paulo: Max Limonad.

MUÑOZ, Guillermo Andrés. Los Plazos. In: *Procedimento Administrativo*: Jornadas Organizadas por la Universidad Austral – Facultad de Derecho. Buenos Aires: Editorial Ciencias de la Administración, 1998, pp. 41-47.

MURGEL, Maria Inês; CARVALHO, Fábio Junqueira de. Órgão julgador administrativo – necessidade de o mesmo ser paritário. In: ROCHA, Valdir de Oliveira. *Processo Administrativo Fiscal*: 4º Volume. São Paulo: Dialética, 1999, pp. 47-56.

MURPHY, Celia Maria de Souza; CASTARDO, Hamilton Fernando. *Processo Administrativo de Consulta Tributária*. São Paulo: MP Editora, 2006.

MUSSOLINI JÚNIOR, Processo Administrativo Tributário do Estado de São Paulo. *Revista Tributária e de Finanças Públicas*, São Paulo, nº 66, jan.-fev. 2006, pp. 256-275.

_____. *Processo Administrativo Tributário*: Das Decisões Terminativas Contrárias à Fazenda Pública. Barueri: Manole, 2004.

NABAIS, José Casalta. *Por uma Liberdade com Responsabilidade*: Estudos sobre Direitos e Deveres Fundamentais. Coimbra: Coimbra Editora, 2007.

_____. *Direito Fiscal*. Coimbra: Almedina, 2001.

_____. *O Dever Fundamental de Pagar Impostos*. Coimbra: Almedina, 1998.

NASCIMENTO, Carlos Valder do. Lançamento Tributário. In: MARTINS, Ives Gandra da Silva (Coord.). *Do Lançamento*. São Paulo: Resenha Tributária, 1987, pp. 173-190.

NASCIMENTO, Rogério José Bento Soares do. *Abuso do Poder de Legislar*: Controle Judicial da Legislação de Urgência no Brasil e na Itália. Rio de Janeiro: Lumen Juris, 2004.

NATAL, Eduardo Gonzaga Oliveira de. A Preclusão Consumativa nos Conselhos de Contribuintes: Análise da aplicabilidade da regra edificada a partir do enunciado do artigo 17 do Decreto nº 70.235, de 06 de março de 1972. In: PIZOLIO, Reinaldo (Coord.). *Processo Administrativo Tributário*. São Paulo: Quartier Latin, 2007, pp. 71-93.

NEDER, Marcos Vinicius. Aspectos Formais e Materiais no Direito Probatório. In: NEDER, Marcos Vinicius et. al. (Coords). *A Prova no Processo Tributário*. São Paulo: Dialética, 2010, p. 13-33.

_____. A Impossibilidade de Revisão pela Câmara Superior de Recursos Fiscais da Decisão Favorável ao Contribuinte Proferida pela Delegacia de Julgamento e Confirmada pelos Conselhos de Contribuintes. In: ROCHA, Sergio André (Coord.). *Processo Administrativo Tributário*: Estudos em Homenagem ao Professor Aur;élio Pitanga Seixas Filho. São Paulo: Quartier Latin, 2007, pp. 441-460.

_____. Alcance e Efeitos da Súmula Vinculante Administrativa. In: *III Congresso*

Nacional de Estudos Tributários: Interpretação e Estado de Direito. São Paulo: Noeses, 2006, pp. 565-589.

____. A Lei nº 9.784/99 – a norma geral que informa o sistema processual administrativo tributário. In: TÔRRES, Heleno Taveira; QUEIROZ, Mary Elbe; FEITOSA, Raymundo Juliano (Coords.). *Direito Tributário e Processo Administrativo Aplicados*. São Paulo: Quartier Latin, 2005, pp. 39-62.

____. A Inserção da Lei nº 9.784/99 no Processo Administrativo Fiscal. In: ROCHA, Valdir de Oliveira (Coord.). *Processo Administrativo Fiscal*: 6º Volume. São Paulo: Dialética, 2002, pp. 75-95.

____; LÓPEZ, Maria Teresa Martínez. *Processo Administrativo Fiscal Federal Comentado*. São Paulo: Dialética, 2002.

NEPOMUCENO, Raul; SALES, Deborah. Sanções Penais Tributárias. In: MACHADO, Hugo de Brito. *Sanções Penais Tributárias*. São Paulo: Dialética, 2005, pp. 274-305.

NERY JÚIOR, Nelson. *Princípios do Processo Civil na Constituição Federal*. 6ª-ed. São Paulo: Revista dos Tribunais, 2000.

____. *Princípios Fundamentais*: Teoria Geral dos Recursos. 4ª ed. São Paulo: Revista dos Tribunais, 1997.

NICOLITT, André Luiz. *A Duração Razoável do Processo*. Rio de Janeiro: Lumen Juris, 2006.

NOGUEIRA, Alberto. *O Devido Processo Legal Tributário*. 3ª ed. Rio de Janeiro: Renovar, 2002.

____. *Os Limites da Legalidade Tributária no Estado Democrático de Direito*: Fisco X Contribuinte na arena jurídica: ataque e defesa. Rio de Janeiro: Renovar, 1999.

NOGUEIRA, Ruy Barbosa. *Curso de Direito Tributário*. 13ª ed. São Paulo: Saraiva, 1994.

____. *Teoria do Lançamento Tributário*. São Paulo: Resenha Tributária, 1973.

____. *Da Interpretação e da Aplicação das Leis Tributárias*. 2ª ed. São Paulo: Revista dos Tribunais, 1965.

NOLASCO, Rita Dias; MAZZEI, Rodrigo Reis (Coords.). *Processo Civil Coletivo*. São Paulo: Quartier Latin, 2005.

NOVELLI, Flávio Bauer. Eficácia do Ato Administrativo. *Revista de Direito Administrativo*, Rio de Janeiro, nº 61, jul.-set. 1960, pp. 15-43.

NUNES, Castro. *Do Mandado de Segurança*. 9ª ed. Rio de Janeiro: Forense, 1988.

OLIVEIRA, Angelina Mariz de. Inscrição em Dívida Ativa sem Lançamento de Crédito Classificado como Tributário. *Revista Dialética de Direito Tributário*, São Paulo, n. 146, nov. 2007, pp. 7-17.

____. Recursos Administrativos do Contribuinte e Decisões Proferidas em Mandado de Segurança Coletivo. *Revista Dialética de Direito Tributário*, São Paulo, nº 108, set. 2004, pp. 16-28.

OLIVEIRA, Gustavo Henrique Justino de. Participação Administrativa. In: OSÓRIO, Fábio Medina; SOUTO, Marcos Juruena Villela (Coords.). *Direito Administrativo*: Estudos em Homenagem a Diogo de Figueiredo Moreira Neto. Rio de Janeiro: Lumen Juris, 2006, pp. 401-427.

OLIVEIRA, Joyce Chagas de. *Responsabilidade Pessoal do Agente Público por Danos ao Contribuinte*. Curitiba: Juruá, 2014.

OLIVEIRA, Leonardo Henrique M. de. Processo Administrativo e Judicial Tributário. In: TÔRRES, Heleno Taveira; QUEIROZ, Mary Elbe; FEITOSA, Raymundo Juliano (Coords.). *Direito Tributário e Processo Administrativo Aplicados*. São Paulo: Quartier Latin, 2005, pp. 63-87.

OLIVEIRA, Regis Fernandes de. *Ato Administrativo*. 4ª ed. São Paulo: Revista dos Tribunais, 2001.

____. Processo Administrativo Tributário. In: MARTINS, Ives Gandra da Silva (Coord.). *Processo Administrativo Tributário*. São Paulo: Revista dos Tribunais, 2002, pp. 194-221.

OLIVEIRA, Ricardo Mariz de. Lançamento. In: MARTINS, Ives Gandra da Silva (Coord.). *Do Lançamento*. São Paulo: Resenha Tributária, 1987, pp. 97-139.

____; BIANCO, João Francisco. A Questão da Apreciação da Constitucionalidade de Lei pelos Conselhos Federais de Contribuintes. In: ROCHA, Valdir de Oliveira (Coord.). *Processo Administrativo Fiscal 2º Volume*. São Paulo: Dialética, 1997, pp. 117-128.

OLIVEIRA, Robson Carlos de. O princípio constitucional da razoável duração do processo, explicitado pela EC n. 45 de 08.12.2004, e sua aplicação à execução civil: necessidade de que o Poder Judiciário através dessa norma-princípio flexibilize as regras jurídicas e passe a aplicá-las, garantindo um efetivo e qualificado acesso à justiça. In: WAMBIER, Teresa Arruda Alvim *et al.* (Coords.). *Reforma do Judiciário*: Primeiras Reflexões sobre a Emenda Constitucional n. 45/2004. São Paulo: Revista dos Tribunais, 2005.

OLIVEIRA, Vivian de Freitas e Rodrigues de. *Lançamento Tributário como Ato Administrativo: Procedimento e Controle*. São Paulo: Quartier Latin, 2009.

OLIVEIRA, Yonne Dolácio de. Presunções no Direito Tributário. In: MARTINS, Ives Gandra da Silva. *Presunções no Direito Tributário*. São Paulo: Resenha Tributária, 1984, pp. 357-412.

ORTIZ, José A. Díaz; BERTAZZA, Humberto J. *La Relación Fisco Contribuyente*. Buenos Aires: ERREPAR, 2003.

OTERO, Paulo. *Legalidade e Administração Pública*: O Sentido da Vinculação Administrativa à Juridicidade. Coimbra: Almedina, 2007.

OTTO, Ignacio de. *Derecho Constitucional*: Sistema de Fuentes. Barcelona: Ariel, 1998.

PAIVA, Ormezino Ribeiro de. Delegacias da Receita Federal de Julgamento e Evolução das Normas do Processo Administrativo Fiscal. In: ROCHA, Valdir de Oliveira (Coord.). *Processo Administrativo Fiscal*: 4º Volume. São Paulo: Dialética, 1999, pp. 133-145.

PALEOLOGO, Giovani. *Steps of the Italian Administrative Law-suit*. Disponível em: http://www.giustizia-amministrativa.it/Mie.html. Acesso em: 12 de nov. 2002.

PALHARINI JÚNIOR, Sidney. Celeridade Processual – Garantia Constitucional Pré-Existente à EC N. 45 – Alcance da "Nova" Norma (art. 5º, LXXVIII, da CF). In: WAMBIER, Teresa Arruda Alvim *et al.* (Coords.). *Reforma do Judiciário*: Primeiras Reflexões sobre a Emenda Constitucional n. 45/2004. São Paulo: Revista dos Tribunais, 2005.

PALMA DEL TESO, Ángeles de. Las Técnicas Convencionales en los Procedimientos Administrativos. In: MESTRES, Magin Pont; CLEMENTE, Joan Francesc Pont (Coords.). *Alternativas Convencionales en el Derecho Tributario*. Madrid/Barcelona: Marcial Pons, 2003.

PASIN, João Bosco Coelho. Limitações ao Poder Impositivo e Segurança Jurídica. In: MARTINS, Ives Gandra da Silva (Coord.). *Limitações ao Poder Impositivo e Segurança Jurídica*. São Paulo: Revista dos Tribunais, 2005, pp. 412-426.

PASSOS, J. J. Calmon de. *Esboço de uma Teoria das Nulidades Aplicada às Nulidades Processuais*. Rio de Janeiro: Forense, 2002.

PAULSEN, Leandro. Crédito Tributário: da Noção de Lançamento à de Formalização. *Revista de Estudos Tributários*, São Paulo, n. 56, jul.-ago. 2007, pp. 7-16.

____. *Segurança Jurídica, Certeza do Direito e Tributação*. Porto Alegre: Livraria do Advogado, 2006.

____; ÁVILA, René Bergmann; SLIWKA, Ingrid Schroder. *Direito Processual Tributário*. 4. ed. Porto Alegre: Livraria do Advogado, 2007.

PECORARO, Camila Filippi. A Lei Geral do Processo Administrativo – Lei nº 9.784/99 – Aplicada ao Processo Administrativo Tributário. In: PIZOLIO, Reinaldo (Coord.). *Processo Administrativo Tributário*. São Paulo: Quartier Latin, 2007, pp. 35-51.

PEIXOTO, Daniel Monteiro. *Competência Administrativa na Aplicação do Direito Tributário*. São Paulo: Quartier Latin, 2006.

PELLEGRINO, Carlos Roberto. Acerca da Motivação do Ato Administrativo. In: MELLO, Celso Antônio Bandeira de. (Org.). *Estudos em Homenagem a Geraldo Ataliba*: Direito Administrativo e Constitucional. São Paulo: Malheiros, pp. 179-192.

PEREIRA, Flávio Machado Galvão. O processo administrativo fiscal frente ao princípio da celeridade processual. *Revista Fórum de Direito Tributário*, Belo Horizonte, n. 37, jan.-fev. 2009, pp. 131-148.

PEREIRA, João Luís de Souza. O Direito a um Processo Administrativo Fiscal com Duração Razoável. In: PIRES, Adilson Rodrigues Pires; TÔRRES, Heleno Taveira (Orgs.). *Princípios de Direito Financeiro e Tributário*: Estudos em Homenagem ao Professor Ricardo Lobo Torres. Rio de Janeiro: Renovar, 2006, pp. 1055-1070.

PEREZ DE AYALA, José Luis; PEREZ DE AYALA BECERRIL, Miguel. *Fundamentos de Derecho Tributario*. 4ª ed. Madrid: Edersa, 2000.

PEREZ, Marcos Augusto. *A Administração Pública Democrática*: Institutos de Participação Popular na Administração Pública. Belo Horizonte: Fórum, 2004.

PEREZ DE AYALA BECERRIL, Miguel; PEREZ DE AYALA, José Luis. *Fundamentos de Derecho Tributario*. 4ª ed. Madrid: Edersa, 2000.

PERTENCE, Sepúlveda. A Exigência ou não da Decisão Final do Processo Administrativo de Lançamento para Viabilizar a Denúncia por Crimes Contra a Ordem Tributária. *Revista de Direito Tributário*, São Paulo, nº 91, 2003, pp. 224-237.

PESTANA, Márcio. *A Prova no Processo Administrativo Tributário*. Rio de Janeiro: Elsevier, 2007.

PIERCE JR., Richard J.; SHAPIRO, Sidney A.; VERKUIL, Paul R. *Administrative Law and Process*. New York: Foundation Press, 1999.

PIMENTA, Marcos Rogério Lyrio. A Prescrição Intercorrente no Processo Administrativo Tributário. *Revista Dialética de Direito Tributário*, São Paulo, n. 71, ago. 2001.

PIRES, Adilson Rodrigues. Algumas Reflexões sobre o Processo Administrativo Fiscal. Prazo para Conclusão do Processo em Primeira e Segunda Instâncias. In: ROCHA, Sergio André Rocha (Coord.). *Processo Administrativo Fiscal*: Estudos em Homenagem ao Professor Aurélio Pitanga Seixas Filho. São Paulo: Quartier Latin, 2007, pp. 20-42.

____. O Processo de Inclusão Social sob a Ótica do Direito Tributário. In: PIRES, Adilson Rodrigues; TÔRRES, Heleno Taveira (Org.). *Princípios de Direito Financeiro e Tributário*: Estudos em Homenagem ao Professor Ricardo Lobo Torres. Rio de Janeiro: Renovar, 2006, pp. 75-98.

PIZOLIO, Reinaldo. Decisão Administrativa Favorável ao Contribuinte e Impossibilidade de Ingresso da Fazenda Pública em Juízo. In: PIZOLIO, Reinaldo (Coord.). *Processo Administrativo Tributário*. São Paulo: Quartier Latin, 2007, pp. 271-282.

PONDÉ, Lafayette. Considerações sobre o Processo Administrativo. *Revista de Direito Administrativo*, Rio de Janeiro, nº 130, out.-dez. 1977, pp. 1-11.

____. O Ato Administrativo, sua Perfeição e Eficácia. *Revista de Direito Administrativo*, Rio de Janeiro, nº 29, jul.-set. 1952, pp. 16-21.

PONT MESTRES, Magin; PONT CLEMENTE, Joan Francesc (Coords.). *Alternativas Convencionales en el Derecho Tributario*. Madrid/Barcelona: Marcial Pons, 2003.

PONTES, Ítalo Farias. Sanções Penais Tributárias. In: MACHADO, Hugo de Brito. *Sanções Penais Tributárias*. São Paulo: Dialética, 2005, pp. 448-461.

PONTES, Helenilson Cunha. Segurança Jurídica e Tributação. In: MARTINS, Ives Gandra da Silva (Coord.). *Limitações ao Poder Impositivo e Segurança Jurídica*. São Paulo: Revista dos Tribunais, 2005, pp. 266-287.

____. O princípio da praticidade no Direito Tributário (substituição tributária, plantas de valores, retenções de fonte, presunções e ficções, etc.): sua necessidade e seus limites. *Revista Internacional de Direito Tributário*, Belo Horizonte, nº. 2, jul.-dez. 2004, pp. 51-60.

____. *O Princípio da Proporcionalidade e o Direito Tributário*. São Paulo: Dialética, 2000.

PORTA, Marcos. *Processo Administrativo e o Devido Processo Legal*. São Paulo: Quartier Latin, 2003.

POVEDA BLANCO, Francisco; MARTÍN QUERALT, Juan; LOZANO SERRANO, Carmelo. *Derecho Tributario*. 9ª ed. Navarra: Aranzadi, 2004.

PRADO, Luiz Regis. *Curso de Direito Penal Brasileiro*. 3ª ed. São Paulo: Revista dos Tribunais, 2002.

PREVIDE, Renato Maso. A Importância da Decisão Final Administrativa Frente ao Recebimento da Denúncia. *Revista Tributária e de Finanças Públicas*, nº 62, maio-jun. 2005, pp. 184-191.

PRIA, Rodrigo Dalla; CONRADO, Paulo Cesar. Aplicação do Código de Processo Civil ao Processo Administrativo Tributário. In: CONRADO, Paulo Cesar; ARAUJO, Juliana Furtado Costa (Coords.). *O Novo CPC e seu Impacto no Direito Tributário*. São Paulo: Fiscosoft, 2016.

QUEIROZ, Mary Elbe. O Mandado de Procedimento Fiscal. Formalidade essencial, vinculante e obrigatória para o início do procedimento fiscal. *Revista Fórum de Direito Tributário*, Belo Horizonte, n. 37, jan-fev. 2009, pp. 53-98.

____. Princípios que Norteiam a Constituição e o Controle Administrativo do Crédito Tributário. In: TÔRRES, Heleno (Coord.). *Teoria Geral da Obrigação Tributária*: estudos em homenagem ao Professor José Souto Maior Borges. São Paulo: Malheiros, 2005, pp. 471-499.

____. O Processo Administrativo Tributário e a Propositura da Ação Penal por Crime contra a Ordem Tributária. In: Machado, Hugo de Brito (Coord.). *Sanções Penais Tributárias*. São Paulo: Dialética, 2005, pp. 565-578.

____. Concomitância de Processos nas Vias Administrativas e Judicial. *Revista Internacional de Direito Tributário*, Belo Horizonte, nº 1, jan.-jun. 2004, pp. 263-276.

____. A Revisão do Lançamento Tributário (o Controle do Ato de Lançamento como Fator de Segurança Jurídica). In: ROCHA, Valdir de Oliveira (Coord.). *Processo Administrativo Fiscal*: 6º Volume. São Paulo: Dialética, 2002, pp. 113-139.

____. *Do Lançamento Tributário*: Execução e Controle. São Paulo: Dialética, 1999.

QUINTANA, Segundo V. Linares. *El Poder Impositivo y la Libertad Individual*. Buenos Aires: Editorial "Alfa", [19—].

RADBRUCH, Gustav. *Filosofía do Direito*. 6ª ed. Tradução L. Cabral de Moncada. Coimbra: Armênio Amado, 1997.

RÁO, Vicente. *O Direito e a Vida dos Direitos*. 5ª ed. São Paulo: Revista dos Tribunais, 1999.

RASPI, Arturo Emilio. El Silencio de la Administración. In: *Procedimento Administrativo*: Jornadas Organizadas por la Universidad Austral – Facultad de Derecho. Buenos Aires: Editorial Ciencias de la Administración, 1998, pp. 121-132.

REALE, Miguel. *Filosofia do Direito*. 19ª ed. São Paulo: Saraiva, 1999.

____. Da Democracia Liberal à Democracia Social. *Revista de Direito Público*, São Paulo, nº 71, jul.-set. 1984, pp. 23-39.

REDENSCHI, Ronaldo. Lançamento (?!) por homologação – Críticas e Considerações. In: ROCHA, Sergio André (Coord.). *Processo Administrativo Tributário*: Estudos em Homenagem ao Professor Aurélio Pitanga Seixas Filho. São Paulo: Quartier Latin, 2007, pp. 593-610.

____. Processo Administrativo Tributário. In: GOMES, Marcus Lívio; ANTONELLI, Leonardo Pietro (Coords.). *Curso de Direito Tributário Brasileiro*. São Paulo: Quartier Latin, 2005, pp. 171-236.

REIMER, Ekkehart. Proteção do Contribuinte na Alemanha. *Revista Direito Tributário Atual*, São Paulo, v. 22, 2008, pp. 53-77.

RIBAS, Lídia Maria Lopes; RIBAS, Antonio Souza. Arbitragem como meio Alternativo na Solução de Controvérsias Tributárias. *Revista Tributária e de Finanças Públicas*, São Paulo, nº 60, jan.-fev. 2005, pp. 223-247.

RIBAS, Lídia Maria Lopes. Processo Administrativo Tributário em Perspectiva de Cidadania Democrática. In: ROCHA, Sergio André (Coord.). *Processo Administrativo Tributário*: Estudos em Homenagem ao Professor Aurélio Pitanga Seixas Filho. São Paulo: Quartier Latin, 2007, pp. 383-422.

____. *Processo Administrativo Tributário*. São Paulo: Malheiros, 2000.

____; RIBAS, Antonio Souza. Arbitragem como meio Alternativo na Solução de Controvérsias Tributárias. *Revista Tributária e de Finanças Públicas*, São Paulo, nº 60, jan.-fev. 2005, pp. 223-247.

RIBEIRO, Maria Teresa de Melo. *O Princípio da Imparcialidade da Administração Pública*. Coimbra: Almedina, 1996.

RIBEIRO, Ricardo Lodi. *A Segurança Juríica do Contribuinte*. Rio de Janeiro: Lumen Juris, 2008.

____. A Proteção da Confiança Legítima do Contribuinte. *Revista Dialética de Direito Tributário*, São Paulo, n. 145, out. 2007, pp. 99-115.

____. *Justiça, Interpretação e Elisão Tributária*. Rio de Janeiro: Lumen Juris, 2003.

____. A interpretação da Lei Tributária na Era da Jurisprudência dos Valores. In: TORRES, Ricardo Lobo (Org.). *Temas de Interpretação do Direito Tributário*. Rio de Janeiro: Renovar, 2003, pp. 331-368.

____. A Elisão Fiscal e a LC nº 104/01. *Revista Dialética de Direito Tributário*, v. 83, ago. 2002, pp. 141-149.

RIBEIRO, Ricardo Lodi; ROCHA, Sergio André. *Legalidade e Tipicidade no Direito Tributário*. São Paulo: Quartier Latin, 2008.

RIOS, Rodrigo Sánchez. *O Crime Fiscal*. Porto Alegre: Sergio Antonio Fabris Editor, 1998.

RIPERT, Georges. *A Regra Moral nas Obrigações Civis*. 2ª ed. Tradução Osório de Oliveira. Campinas: Bookseller, 2002.

ROCHA, Carmen Lúcia Antunes. Princípios Constitucionais do Processo Administrativo no Direito Brasileiro. *Revista de Informação Legislativa*, Brasília, nº 136, out.-dez. 1997, pp. 5-29.

ROCHA, Sergio André. *Da Lei à Decisão*: A Segurança Jurídica Possível na Pós-Modernidade. Rio de Janeiro: Lumen Juris, 2017.

____. Sergio André. *Troca Internacional de Informações para Fins Fiscais*. São Paulo: Quartier Latin, 2015.

____. *Desafios Presentes e Futuros do Processo Administrativo Fiscal*. In: ROCHA, Valdir de Oliveira (Coord.). *Grandes Questões Atuais do Direito Tributário: 19º Volume*. São Paulo: Dialética, 2015, pp. 428-446.

____. *Interpretação dos Tratados para Evitar a Bitributação da Renda*. 2 ed. São Paulo: Quartier Latin, 2013.

____. *Interpretação dos Tratados contra a Bitributação da Renda*. Rio de Janeiro: Lumen Juris, 2008.

____. Confissão Cria Tributo? Efeitos da Vontade do Contribuinte sobre o Crédito Tributário. In: ROCHA, Valdir de Oliveira (Coord.). *Grandes Questões Atuais do Direito Tributário – 12º Volume*. São Paulo: Dialética, 2008, pp. 489-510.

____. Constituição do Crédito Tributário pelo Contribuinte. *Revista Dialética de Direito Tributário*, São Paulo, n. 151, abr. 2008, pp. 105-115.

____. *Treaty Override no Ordenamento Jurídico Brasileiro*: O Caso das Convenções para Evitar a Dupla Tributação da Renda. São Paulo: Quartier Latin, 2007.

____. (Coord.). *Processo Administrativo Tributário*: Estudos em Homenagem ao Professor Aurélio Pitanga Seixas Filho. São Paulo: Quartier Latin, 2007.

____. Ética da Administração Fazendária e o Processo Administrativo Fiscal. In: ROCHA, Sergio André (Coord.). *Processo Administrativo Fiscal*: Estudos em Homenagem ao Professor Aurélio Pitanga Seixas Filho. São Paulo: Quartier Latin, 2007, pp. 612-660.

____. A Tributação na Sociedade de Risco. In: PIRES, Adilson Rodrigues; TÔRRES, Heleno Taveira (Orgs.). *Princípios de Direito Financeiro e Tributário*: Estudos em Homenagem ao Professor Ricardo Lobo Torres. Rio de Janeiro: Renovar, 2006, pp. 179-223.

____. A Hermenêutica Jurídica sob o Influxo da Hermenêutica Filosófica de Hans-Georg Gadamer. *Revista Tributária e de Finanças Públicas*, São Paulo, nº 64, set.-out. 2005, pp. 276-295.

____. Apontamentos sobre o Mandado de Segurança Coletivo Tributário: Coisa Julgada e Concomitância com o Processo Administrativo Fiscal. In: MAZZEI, Rodrigo; NOLASCO, Rita Dias (Coords.). *Processo Civil Coletivo*. São Paulo: Quartier Latin, 2005, pp. 590-606.

____. Meios Alternativos de Solução de Conflitos no Direito Tributário Brasileiro. *Revista Dialética de Direito Tributário*, São Paulo, n. 122, nov. 2005, pp. 90-106.

____. A Importância do Processo Administrativo Fiscal. *Revista de Direito Administrativo*, Rio de Janeiro, v. 239, jan.-mar. 2005, pp. 33-44.

____. Alguns Apontamentos sobre os Institutos da Prescrição e da Decadência. *Revista Dialética de Direito Processual*, São Paulo, n. 7, out. 2003.

____. Denúncia Espontânea e Lançamento por Homologação: Comentários acerca da Jurisprudência do STJ. *Revista Dialética de Direito Tributário*, São Paulo, n. 98, nov. 2003, p. 106-112.

____. Ética, Moral e Justiça Tributária. *Revista Tributária e de Finanças Públicas*, São Paulo, nº 51, jul. ago. 2003, pp. 111-116.

____. Incostitucionalide da exigência do depósito de 30% do valor do tributo para que se possa interpor recurso na esfera administrativa federal. *Revista Dialética de Direito Tributário*, São Paulo, nº 57, jun. 2000, pp. 115-123.

____; GODOI, Marciano Seabra de. *O Dever Fundamental de Pagar Impostos*. Belo Horizonte: Editora D'Plácido, 2017.

____; CASANOVA, Vivian. Apresentação extemporânea de provas no processo administrativo fiscal. *Revista Dialética de Direito Tributário*, São Paulo, n. 168, set. 2009, pp. 144-156.

____; TROIANELLI, Gabriel Lacerda. O CARF: A Nova Fisionomia do Velho Conselho de Contribuintes. In: ROCHA, Valdir de Oliveira (Coord.). *Grandes Questões Atuais do Direito Tributário – 13º Volume*. São Paulo: Dialética, 2009, p. 117-134.

____; RIBEIRO, Ricardo Lodi. *Legalidade e Tipicidade no Direito Tributário*. São Paulo: Quartier Latin, 2008.

____; FARO, Maurício Pereira. A Reforma Tributária e a Reforma do Processo Tributário. *Revista Brasileira de Direito Tributário e Finanças Públicas*, São Paulo, n. 8, mai-jun 2008, pp. 22-29.

ROCHA, Valdir de Oliveira. Processo Administrativo Tributário. In: MARTINS, Ives Gandra da Silva (Coord.). *Processo Administrativo Tributário*. São Paulo: Revista dos Tribunais, 2002, pp. 253-258.

____. O Princípio da Moralidade no Direito Tributário. In: MARTINS, Ives Gandra da Silva (Coord.). *O Princípio da Moralidade no Direito Tributário*. 2ª ed. São Paulo: Revista dos Tribunais, 1998, pp. 120-128.

____. *A Consulta Fiscal*. São Paulo: Dialética, 1996.

RODRIGUES, Horácio Wanderlei. EC n. 45: Acesso à Justiça e Prazo Razoável na Prestação Jurisdicional. In: WAMBIER, Teresa Arruda Alvim *et al.* (Coords.). *Reforma do Judiciário*: Primeiras Reflexões sobre a Emenda Constitucional n. 45/2004. São Paulo: Revista dos Tribunais, 2005.

RODRIGUES, Marilene Talarico Martins. Decadência e Prescrição. In: MARTINS, Ives Gandra da Silva (Coord.). *Decadência e Prescrição*. São Paulo: Revista dos Tribunais, 2007, pp. 147-188.

RODRIGUES, Marilene Talarico Martins. Processo Administrativo Tributário e a Impossibilidade de Anulação de Decisão Administrativa de Mérito "Coisa Julgada" pelo Poder Judiciário. In: MARTINS, Ives Gandra da Silva *et al.* (Coords.). *Coisa Julgada Tributária*. São Paulo: MP Editora, 2005, pp. 313-336.

RODRIGUES, Silvio. *Direito Civil*: Parte Geral. 20ª ed. São Paulo: Saraiva, 1989.

RODRIGUES, Valter Piva. A Pluralidade de Instâncias no Processo Administrativo Tributário. In: ROCHA, Valdir de Oliveira (Coord.). *Processo Administrativo Fiscal*: 4º Volume. São Paulo: Dialética, 2000, pp. 163-169.

RODRIGUEZ, María José. *El Acto Administrativo Tributario*. Buenos Aires: Ábaco, 2004.

ROLIM, João Dácio. *Normas Antielisivas Tributárias*. São Paulo: Dialética, 2001.

ROMERO, Maria Feria. *Aplicabilidad de las Normas Éticas en la Administración Pública Gallega*. Santiago de Compostela: Xunta de Galicia, 1999.

ROSA JR. Luiz Emygdio F. *Manual de Direito Financeiro e Direito Tributário*. 17ª ed. Rio de Janeiro: Renovar, 2004.

ROSA, Maria Daniela Bachega Feijó. Impossibilidade de os julgadores administrativos se esquivarem de apreciar alegações de inconstitucionalidade sob o argumento de que lhes é defeso interpretar. *Revista Tributária e de Finanças Públicas*, São Paulo, n. 67, mar.-abr. 2006, pp. 195-211.

ROSEMBUJ, Tulio. La Resolución Alternativa de Conflictos Tributarios. In: MESTRES, Magin Pont; CLEMENTE, Joan Francesc Pont (Coords.). *Alternativas Convencionales en el Derecho Tributario*. Madrid/Barcelona: Marcial Pons, 2003.

____. *Procedimientos Tributarios Consensuados*: La Transación Tributaria. Buenos Aires: Instituto de Estudios de las Finanzas Públicas Argentinas, 2001.

ROSSI, Júlio Cesar. Limitações ao Poder Impositivo e Segurança Jurídica. In: MARTINS, Ives Gandra da Silva (Coord.). *Limitações ao Poder Impositivo e Segurança Jurídica*. São Paulo: Revista dos Tribunais, 2005, pp. 473-491.

ROYO, Fernando Pérez. *Derecho Financiero y Tributario*. 10ª ed. Madrid: Civitas, 2000.

____. *Infraciones y Sanciones Tributarias*. Madrid: Ministerio de Hacienda – Instituto de Estudios Fiscales, 1972.

SAAD NETO, Patrícia M. dos Santos. A Constitucionalidade da Exigência do Arrolamento de Bens e Direitos como Requisito de Seguimento do Recurso Voluntário. In: PIZOLIO, Reinaldo (Coord.). *Processo Administrativo Tributário*. São Paulo: Quartier Latin, 2007, pp. 231-263.

SALDANHA, Nelson. *Sociologia do Direito*. 5ª ed. Rio de Janeiro: Renovar, 2003.

SACCHETTO, Cláudio. Ética e Tributação. Revista Direito Tributário Atual, São Paulo, n. 20, 2006.

SAINZ DE BUJANDA, Fernando. *Notas de Derecho Financiero*. Madrid: Universidad Complutense de Madrid, 1975, t. I., v. III.

SALES, Deborah; NEPOMUCENO, Raul. Sanções Penais Tributárias. In: MACHADO, Hugo de Brito. *Sanções Penais Tributárias*. São Paulo: Dialética, 2005, pp. 274-305.

SANCHES, José Luís Saldanha. *A Quantificação da Obrigação Tributária*: Deveres de Cooperação, Autoavaliação e Avaliação Administrativa. 2ª ed. Lisboa: LEX, 2000.

____. O Novo Processo Tributário Português. *Revista de Direito Tributário*, nº 59, 1993, pp. 47-55.

____. *A Segurança Jurídica no Estado Social de Direito*: Conceitos Indeterminados, Analogia e Reotroactividade no Direito Tributário. Lisboa: Centro de Estudos Fiscais, 1985.

SANDULLI, Aldo M. *Il Procedimento Amministrativo*. Milano: Giuffrè, 1959.

SANTAMARIA, Baldassarre. *Diritto Tributario*: Parte Generale. 3ª ed. Milano: Giuffrè, 2002.

SANTI, Eurico Marcos Diniz de. *Kafka, Alienação e Deformidades da Legalidade: Exercício do Controle Social Rumo à Cidadania Fiscal*. São Paulo: Revista dos Tribunais, 2014.

____. Transação e arbitragem no direito tributário: paranóia ou mistificação? *Revista Fórum de Direito Tributário*, Belo Horizonte, n. 29, set.-out. 2007, pp. 29-53.

____. *Lançamento Tributário*. 2ª ed. São Paulo: Max Limonad, 2001.

____. *Decadência e Prescrição no Direito Tributário*. 2ª ed. São Paulo: Max Limonad, 2001.

____; VASCONCELOS, Breno Ferreira Martins; SILVA, Daniel Souza Santiago da. Dez sugestões institucionais para o Carf. Disponível em: http://jota.info/dez-sugestoes-institucionais-para-o--carf. Acesso em 26 de julho de 2015.

SANTIAGO, Igor Mauler; BREYNER, Frederico Menezes. Eficácia Suspensiva dos

Embargos à Execução Fiscal em face do art. 739-A do Código de Processo Civil. *Revista Dialética de Direito Tributário*, São Paulo, n. 145, out. 2007, pp. 54-69.

SANTIAGO, Julio Cesar. Processo Administrativo Fiscal e sua Concomitância com o Judicial: Relfexões sobre o Parágrafo Único do Artigo 38 da LEF. *Revista Brasileira de Direito Tributário e Finanças Públicas*, São Paulo, n. 30, jan.-fev. 2012, pp. 20-36.

SANTOS, Cairon Ribeiro dos. Sanções Penais Tributárias. In: MACHADO, Hugo de Brito. *Sanções Penais Tributárias*. São Paulo: Dialética, 2005, pp. 134-151.

SANTOS, Moacyr Amaral. *Primeiras Linhas de Direito Processual Civil*. 14ª ed. São Paulo: Forense, 1989-1990, v. I.

SANTOS NETO, João Antunes dos. *Da Anulação Ex Officio do Ato Administrativo*: Belo Horizonte: Editora Fórum, 2004.

SARAIVA, Marcia Tamburini Porto. *A Lei Federal nº 9.784/99*: Base para uma Codificação Nacional de um Direito Processual Administrativo? Rio de Janeiro: Lumen Juris, 2005.

SARAIVA FILHO, Oswaldo Othon Pontes. A transação e a arbitragem no direito constitucional brasileiro. In: SARAIVA FILHO, Oswaldo Othon de Pontes; GUIMARÃES, Vasco Branco (Orgs.). *Transação e Arbitragem no Âmbito Tributário*. Belo Horizonte: Editora Fórum, 2008, pp. 43-88.

____. Efeitos das Decisões no Processo Administrativo Fiscal e o Acesso ao Poder Judiciário. In: ROCHA, Sergio André (Coord.). *Processo Administrativo Tributário*: Estudos em Homenagem ao Professor Aurélio Pitanga Seixas Filho. São Paulo: Quartier Latin, 2007, pp. 521-542.

____. Limitações ao Poder Impositivo e Segurança Jurídica. In: MARTINS, Ives Gandra da Silva (Coord.). *Limitações ao Poder Impositivo e Segurança Jurídica*. São Paulo: Revista dos Tribunais, 2005, pp. 520-543.

____; GUIMARÃES, Vasco Branco (Orgs.). *Transação e Arbitragem no Âmbito Tributário*. Belo Horizonte: Editora Fórum, 2008.

SARMENTO, Daniel. *Direitos Fundamentais e Relações Privadas*. Rio de Janeiro: Lumen Juris, 2004.

____. *A Ponderação de Interesses na Constituição Federal*. Rio de Janeiro: Lumen Juris, 2002.

SATTA, Filipo. *Giustizia Amministrativa*. 3ª ed. Padova: CEDAM, 1997.

SAVARIS, José Antonio. O Processo Administrativo e a Lei nº 9.784/99. *Revista Dialética de Direito Tributário*, São Paulo, nº 94, jul. 2003, pp. 79-97.

SCAFF, Fernando Facury. Direitos Fundamentais, Depósito Recursal Administrativo e Controle de Constitucionalidade. In: ROCHA, Valdir de Oliveira (Coord.). *Grandes Questões Atuais de Direito Tributário: 10º Volume*. São Paulo: Dialética, 2006, pp. 76-95.

SCARTEZZINI, Ana Maria Goffi Flaquer. Limitações ao Poder Impositivo e Segurança Jurídica. In: MARTINS, Ives Gandra da Silva (Coord.). *Limitações ao Poder Impositivo e Segurança Jurídica*. São Paulo: Revista dos Tribunais, 2005, pp. 288-301.

____. Da Magna Carta ao Poder Constituinte: Os Fundamentos da Teoria Constitucional Contemporânea nas Experiências Históricas Inglesa e Francesa. In: *As Tendências Atuais do Direito Público*: Estudos em Homenagem ao Professor Afonso Arinos. Rio de Janeiro: Forense, 1976, pp. 287-320.

SCHERKERKEWITZ, Isso Chaitz. *Presunções e Ficções no Direito Tributário e no Direito Penal Tributário*. Rio de Janeiro: Renovar, 2002.

SCHIER, Adriana da Costa Ricardo. *A Participação Popular na Administração Pública*:

o Direito de Reclamação. Rio de Janeiro: Renovar, 2002.

SCHOUERI, Luís Eduardo. *Direito Tributário*. 3 ed. São Paulo: Saraiva, 2013.

____. *Direito Tributário*. São Paulo: Saraiva, 2011.

____. Presunções Simples e Indícios no Procedimento Administrativo Fiscal. In: ROCHA, Valdir de Oliveira (Coord.). *Processo Administrativo Fiscal 2º Volume*. São Paulo: Dialética, 1997, pp. 81-88.

____; SOUZA, Gustavo Emílio Contrucci A. de. Verdade Material no "Processo" Tributário. In: ROCHA, Valdir de Oliveira (Coord.). *Processo Administrativo Fiscal 3º Volume*. São Paulo: Dialética, 1998, pp. 141-159.

SCHROTH, Ulrich. Hermenêutica Filosófica e Jurídica. In: KAUFMANN, A.; HASSMER, N. (Orgs.). *Introdução à Filosofia do Direito e à Teoria do Direito Contemporâneas*. Lisboa: Fundação Calouste Gulbenkian, 2002, pp. 381-408.

SEER, Roman. Contratos, Transaciones y Otros Acuerdos en Derecho Tributario Alemán. In: PISARIK, Gabriel Elorriaga (Coord). *Convención y Arbitraje en el Derecho Tributario*. Madrid: Marcial Pons, 1996.

SEHN, Sólon; CLÈVE, Clèmerson Merlin. Crimes Fiscais e Sigilo Bancário: Pressupostos e Limites Constitucionais. In: SALOMÃO, Heloisa Estellita (Coord.). *Direito Penal Empresarial*. São Paulo: Dialética, 2001, pp. 57-74.

SEIXAS FILHO, Aurélio Pitanga. Métodos para Revisão do Lançamento Tributário. In: ROCHA, Valdir de Oliveira (Coord.). *Grandes Questões Atuais do Direito Tributário – 13º Volume*. São Paulo: Dialética, 2009, pp. 26-33

____. Natureza Jurídica da Obrigação Tributária. *Revista Dialética de Direito Tributário*, São Paulo, n. 152, mai. 2008.

____. Arbitragem em Direito Tributário. In: ROCHA, Valdir de Oliveira (Coord.). *Grandes Questões Atuais do Direito Tributário: 11º Volume*. São Paulo: Dialética, 2007, pp. 9-22.

____. Aplicação da Lei Tributária. *Revista Dialética de Direito Tributário*, São Paulo, n. 140, maio 2007, pp. 14-29.

____. A Certeza Jurídica da Dívida Tributária. In: PIRES, Adilson Rodrigues; TÔRRES, Heleno Taveira (Orgs.). *Princípios de Direito Financeiro e Tributário*: Estudos em Homenagem ao Professor Ricardo Lobo Torres. Rio de Janeiro: Renovar, 2006, pp. 993-1009.

____. Limitações ao Poder Impositivo e Segurança Jurídica. In: MARTINS, Ives Gandra da Silva (Coord.). *Limitações ao Poder Impositivo e Segurança Jurídica*. São Paulo: Revista dos Tribunais, 2005, pp. 327-331.

____. Controle administrativo da legalidade do lançamento tributário e a coisa julgada administrativa em matéria fiscal. *Revista Tributária e de Finanças Públicas*, São Paulo, nº 62, maio-jun. 2005, pp. 81-96.

____. Sanções Penais Tributárias. In: MACHADO, Hugo de Brito. *Sanções Penais Tributárias*. São Paulo: Dialética, 2005, pp. 115-133.

____. Princípios de Direito Administrativo Tributário. *Revista Tributária e de Finanças Públicas*, São Paulo, nº 51, jul.-ago. 2003, pp. 233-245.

____. O Lançamento Tributário e a Decadência. MACHADO, Hugo de Brito (Coord.). *Lançamento Tributário e Decadência*. São Paulo: Dialética, 2002, pp. 22-39.

____. Quebra do Sigilo Bancário pela Autoridade Administrativa. In: ROCHA, Valdir de Oliveira (Coord.). *Grandes Questões Atuais do Direito Tributário: 6º Volume*. São Paulo: Dialética, 2002, pp. 33-40.

____. *Princípios Fundamentais do Direito Administrativo Tributário*: A Função Fiscal. 2ª ed. Rio de Janeiro: Forense, 2001.

____. *Estudos de Procedimento Administrativo Fiscal*. Rio de Janeiro: Freitas Bastos, 2000.

____. O Processo Administrativo Fiscal e os Princípios da Legalidade, Impessoalidade, Moralidade, Publicidade e Eficiência da Administração Pública. In: ROCHA, Valdir de Oliveira (Coord.). *Processo Administrativo Fiscal*: 4º Volume. São Paulo: Dialética, 1999, pp. 7-18.

____. A motivação dos atos administrativos, em especial do lançamento tributário. In: CARVALHO, Maria Augusta Machado de (Coord.). *Estudos de Direito Tributário em Homenagem à Memória de Gilberto de Ulhôa Canto*. Rio de Janeiro: Forense, 1998, pp. 41-46.

____. Processos Judicial e Administrativo Concomitantes; Autuação subsequente à Ação Judicial de Iniciativa do Contribuinte e Devido Processo Administrativo. In: ROCHA, Valdir de Oliveira (Coord.) *Processo Administrativo Fiscal – 2º Volume*. São Paulo: Dialética, 1997, pp. 11-15.

____. Decisão de Autoridade Fiscal – Preclusão do seu Critério Jurídico. *Revista Dialética de Direito Tributário*, São Paulo, nº 18, mar. 1997, pp. 62-75.

____. A Função do Lançamento Tributário. In: MARTINS, Ives Gandra da Silva (Coord.). *Do Lançamento*. São Paulo: Resenha Tributária, 1987, pp. 365-390.

SHAPIRO, Sidney A.; VERKUIL, Paul R.; PIERCE JR., Richard J. *Administrative Law and Process*. New York: Foundation Press, 1999.

SICHES, Luis Recasens. *Filosofía del Derecho*. 14ª ed. México: Editorial Porrua, 1999.

SIEYÈS, Emmanuel Joseph. *A Constituinte Burguesa*. 4ª ed. Tradução Norma Azevedo. Rio de Janeiro: Lumen Juris, 2001.

SIFUENTES, Mônica. Problemas Acerca dos Conflitos entre a Jurisdição Administrativa e Judicial no Direito Português. *Revista de Direito Administrativo*, Rio de Janeiro, nº 227, jan.-mar. 2002, pp. 167-206.

SILVA, Clarissa Sampaio. *Limites à Invalidação dos Atos Administrativos*. São Paulo: Max Limonad, 2001.

____; SIQUEIRA, Natercia Sampaio. Sanções Penais Tributárias. In: MACHADO, Hugo de Brito. *Sanções Penais Tributárias*. São Paulo: Dialética, 2005, pp. 251-273.

SILVA, José Afonso da. *Processo Constitucional de Formação das leis*. 2ª ed. São Paulo: Malheiros, 2006.

____. *Curso de Direito Constitucional Positivo*. 19ª ed. São Paulo: Malheiros, 2001.

____. Comparação Jurídica. *Revista Trimestral de Direito Público*. São Paulo, nº 28, out.-dez. 1999, pp. 5-10.

SILVA, Juary C. *Elementos de Direito Penal Tributário*. São Paulo: Saraiva, 1998.

SILVA, Ovídio A. Baptista da. *Curso de Processo Civil*. 5ª ed. São Paulo: Revista dos Tribunais, 2000, v. I.

SILVA, Paulo Roberto Coimbra. *Direito Tributário Sancionador*. São Paulo: Quartier Latin, 2007.

SILVA, Solange Teles da; CALASANS, Jorge Thierry. A Jurisdição Administrativa na França. In: *1º Congresso Brasileiro de Advocacia Pública*. São Paulo: Max Limonad, 1998, pp. 217-234.

SILVA, Valcur Natalino da. O Princípio Constitucional da Razoável Duração do Processo (art. 5º, LXXVIII, da CF). In: WAMBIER, Teresa Arruda Alvim *et al*. (Coords.). *Reforma do Judiciário*: Primeiras Reflexões sobre a Emenda Constitucional Nº 45/2005. São Paulo: Revista dos Tribunais, 2005, pp. 785-786.

SILVA, Vasco Manuel Pascoal Dias Pereira da. *Para um Contencioso Administrativo dos Particulares*: Esboço de uma Teoria Subjectivista do Recurso Direto de Anulação. Coimbra: Almedina, 2005.

____. *Em Busca do Ato Administrativo Perdido.* Coimbra: Almedina, 2003.

SILVA, Virgílio Afonso da. *A Constitucionalização do Direito*: Os direitos fundamentais nas relações entre particulares. São Paulo: Malheiros, 2005.

SIMAS, Henrique de Carvalho. *Curso Elementar de Direito Administrativo.* Rio de Janeiro: Lumen Juris, 1992, v. I.

SIMÕES, Mônica Martins Toscano. *O Processo Administrativo e a Invalidação de Atos Viciados.* São Paulo: Malheiros, 2004.

SIQUEIRA, Natércia Sampaio. *Crédito Tributário*: Constituição e Exigências Administrativas. Belo Horizonte: Mandamentos, 2004.

SLERCA, Eduardo. *Os Princípios da Razoabilidade e da Proporcionalidade.* Rio de Janeiro: Lumen Juris, 2002.

SLIWKA, Ingrid Schroder; ÁVILA, René Bergmann; PAULSEN, Leandro. *Direito Processual Tributário.* 4. ed. Porto Alegre: Livraria do Advogado, 2007.

SOLER, Osvaldo H. *Derecho Tributario.* Buenos Aires: La Ley, 2002.

SOUTO, Marcos Juruena Villela. *Direito Administrativo em Debate.* Rio de Janeiro, Lumen Juris, 2007.

____. *Direito Administrativo Regulatório.* Rio de Janeiro: Lumen Juris, 2002.

____. Agências Reguladoras. *Revista de Direito Administrativo*, Rio de Janeiro, v. 216, abr.-jun. 1999, pp. 125-162.

SOUZA NETO, Cláudio Pereira de; SARMENTO, Daniel. *Direito Constitucional*: Teoria, história e métodos de trabalho. Belo Horizonte: Editora Fórum, 2013.

SOUZA, Fátima Fernandes Rodrigues de. Decadência e Prescrição. In: MARTINS, Ives Gandra da Silva (Coord.). *Decadência e Prescrição.* São Paulo: Revista dos Tribunais, 2007, pp. 115-146.

____. Limitações ao Poder Impositivo e Segurança Jurídica. In: MARTINS, Ives Gandra da Silva (Coord.). *Limitações ao Poder Impositivo e Segurança Jurídica.* São Paulo: Revista dos Tribunais, 2005, pp. 492-519.

SOUZA, Gustavo Emílio Contrucci A. de; SCHOUERI, Luís Eduardo. Verdade Material no "Processo" Tributário. In: ROCHA, Valdir de Oliveira (Coord.). *Processo Administrativo Fiscal 3º Volume.* São Paulo: Dialética, 1998, pp. 141-159.

SOUZA, Rubens Gomes de. *Compêndio de Legislação Tributária.* São Paulo: Resenha Tributária, 1975.

____. A Revisão do Lançamento de Impostos. *Revista de Direito Administrativo*, Rio de Janeiro, nº 40, abr.-jun. 1955, pp. 15-23.

____. Relatório apresentado pelo Prof. Rubens Gomes de Souza, relator geral, e aprovado pela Comissão Especial nomeada pelo Ministro da Fazenda para elaborar o Projeto de Código Tributário Nacional. In: MINISTÉRIO DA FAZENDA. *Trabalhos da Comissão Especial do Código Tributário Nacional.* Rio de Janeiro, 1954.

SPALDING, Alessandra Mendes. Direito Fundamental à Tutela Jurisdicional Tempestiva à Luz do Inciso LXXVIII do artigo 5º da CF Inserido pela EC N. 45/2004. In: WAMBIER, Teresa Arruda Alvim *et al.* (Coords.). *Reforma do Judiciário*: Primeiras Reflexões sobre a Emenda Constitucional n. 45/2004. São Paulo: Revista dos Tribunais, 2005.

STERN, Klaus. Procedimento Amministrativo in Germania. In: SANDULLI, Maria Alessandra (Coord.). *Il Procedimento Admministrativo in Europa.* Milano: Giuffrè, 2000, pp. 9-28.

STRECK, Lenio Luiz. *Jurisdição Constitucional e Hermenêutica*: Uma Nova Crítica ao Direito. 2ª ed. Rio de Janeiro: Forense, 2004.

____. *Hermenêutica Jurídica e(m) crise*: uma exploração hermenêutica da constituição do direito. 4ª ed. Porto Alegre: Livraria do Advogado, 2003.

____; MORAIS, José Luis Bolzan de. *Ciência Política e Teoria Geral do Estado*. 3ª ed. Porto Alegre: Livraria do Advogado, 2003.

STRUCHINER, Noel. *Direito e Linguagem*: Uma Análise da Textura Aberta da Linguagem e sua Aplicação ao Direito. Rio de Janeiro/São Paulo: Renovar, 2002.

SUNDFELD, Carlos Ari. *Fundamentos de Direito Público*. 4ª ed. São Paulo: Malheiros, 2002.

____. Motivação do Ato Administrativo como Garantia dos Administrados. *Revista de Direito Público*, São Paulo, nº 75, jul.-set. 1985, pp. 118-127.

____. Processo e Procedimento Administrativo no Brasil. In: SUNDFELD, Carlos Ari; MUÑOZ, Guillermo Andrés (Coord.). *As Leis de Processo Administrativo*. São Paulo: Malheiros, 2000, pp. 17-36.

____. Princípio da Publicidade Administrativa (Direito de Certidão, Vista e Intimação). *Revista de Direito Administrativo*, Rio de Janeiro, nº 199, jan.-mar. 1995, pp. 97-110.

____. A Importância do Procedimento Administrativo. *Revista de Direito Público*, São Paulo, nº 84, out.-dez. 1987, pp. 64-74.

SUNSTEIN, Cass R.; HOLMES, Stephen. *The Cost of Rights*: Why Liberty Depends on Taxes. New York: W. W. Norton & Company, 1999.

SZKLAROWSKY, Leon Frejda. Arbitragem na área tributária. In: SARAIVA FILHO, Oswaldo Othon de Pontes; GUIMARÃES, Vasco Branco (Orgs.). *Transação e Arbitragem no Âmbito Tributário*. Belo Horizonte: Editora Fórum, 2008, pp. 441-481.

____. Arbitragem – Uma Nova Visão. *Revista Tributária e de Finanças Públicas*, São Paulo, nº 58, set.-out. 2004.

TABORDA, Maren Guimarães. Função Administrativa e Função de Governo: o "giro do conceito"e a condução política do Estado. In: ÁVILA, Humberto (Org.). *Fundamentos do Estado de Direito*: Estudos em Homenagem ao Professor Almiro do Couto e Silva. São Paulo: Malheiros, 2005, pp. 262-292.

TÁCITO, Caio. Do Estado Liberal ao Estado de Bem-estar Social. In: *Temas de Direito Público*: Estudos e Pareceres. Rio de Janeiro: Renovar, 1997, v. I, pp. 377-382.

____. Poder de Polícia e Polícia do Poder. In: *Temas de Direito Público*: Estudos e Pareceres. Rio de Janeiro: Renovar, 1997, v. I, pp. 545-556.

____. A Teoria da Inexistência do Ato Administrativo, In: *Temas de Direito Público*: Estudos e Pareceres. Rio de Janeiro: Renovar, 1997, v. I, pp. 309-314.

____. Direito Administrativo Participativo. *Revista de Direito Administrativo*, Rio de Janeiro, v. 216, jul.-set. 1997, pp. 1-6.

TALAMINI, Eduardo. Prova Emprestada no Processo Civil e Penal. *Revista de Informação Legislativa*, Brasília, nº 140, out.-dez. 1998, pp. 145-162.

TAMER, Sergio Victor. *Fundamentos do Estado Democrático e a Hipertrofia do Executivo no Brasil*. Porto Alegre: Sergio Antonio Fabris Editor, 2002.

TARUFFO, Michele. *La Prueba de los Hechos*. Tradução Jordi Ferrer Beltrán Madrid: Editorial Trotta, 2002.

TAVARES, André Ramos. Análise do duplo grau de jurisdição como princípio constitucional. *Revista de Direito Constitucional e Internacional*. São Paulo, nº 30, jan.-mar. 2000, pp. 177-186.

TAVOLARO, Agostinho Toffoli. Princípios Fundamentais do Processo Administrativo. In: CAMPOS, Marcelo (Coord.). *Direito Processual Tributário*: Estudos em Homenagem ao Professor Dejalma de Campos. São Paulo: Revista dos Tribunais, 2008, pp. 9-26.

TEIXEIRA, Daniel Alves. *Praticidade no Direito Tributário*: Fundamento e Controle. Rio de Janeiro: Lumen Juris, 2016.

TIPKE, Klaus. *Moral Tributaria del Estado y de los Contribuyentes*. Tradução Pedro Herrera Molina. Madrid: Marcial Pons, 2002.

____; LANG, Joachim. *Direito Tributário*. Tradução Luiz Dória Furquim. Porto Alegre: Sergio Antonio Fabris, 2008. v. I.

____; YAMASHITA, Douglas. *Justiça Fiscal e Princípio da Capacidade Contributiva*. São Paulo: Malheiros, 2002.

TOJAL, Sebastião de Barros. Controle Judicial da Atividade Normativa das Agências Reguladoras. In: MORAES, Alexandre de (Org.). *Agências Reguladoras*. São Paulo: Atlas, 2002.

TOMÉ, Fabiana Del Padre. Prova e Aplicação do Direito Tributário. In: SCHOUERI, Luís Eduardo (Coord.). *Direito Tributário: Homenagem a Paulo de Barros Carvalho*. São Paulo: Quartier Latin, 2008, pp. 603-627.

____. Restituição do Indébito Tributário nos Tributos Sujeitos ao "Lançamento por Homologação" e o art. 3º da Lei Complementar nº 118/2005. In: CARVALHO, Aurora Tomazini de (Org.). *Decadência e Prescrição em Direito Tributário*. São Paulo: MP Editora, 2007, pp. 267-286.

____. *A Prova no Direito Tributário*. São Paulo: Noeses, 2005.

TONIOLO, Ernesto José. *A Prescrição Intercorrente na Execução Fiscal*. Rio de Janeiro: Lumen Juris, 2007.

TORNAGHI, Hélio. *A Relação Processual Penal*. 2ª ed. São Paulo: Saraiva, 1987.

TORREGROSA CARNÉ, Maria Dolors. Técnicas Procedimentales Alternativas en los Supuestos de Aplicación de Conceptos Jurídicos Indeterminados. In: MESTRES, Magin Pont; CLEMENTE, Joan Francesc Pont (Coords.). *Alternativas Convencionales en el Derecho Tributario*. Madrid/Barcelona: Marcial Pons, 2003, pp. 237-260.

TÔRRES, Heleno Taveira. *Direito Constitucional Tributário e Segurança Jurídica*. São Paulo: Revista dos Tribunais, 2011.

____. Princípios de segurança jurídica e transação em matéria tributária. Os limites da revisão administrativa dos acordos tributários. In: SARAIVA FILHO, Oswaldo Othon de Pontes; GUIMARÃES, Vasco Branco (Orgs.). *Transação e Arbitragem no Âmbito Tributário*. Belo Horizonte: Editora Fórum, 2008, pp. 299-330.

____. *Direito Tributário e Direito Privado*. São Paulo: Revista dos Tribunais, 2003.

____. Transação, Arbitragem e Conciliação Judicial como Medidas Alternativas para Resolução de Conflitos entre Administração e Contribuintes – Simplificação e Eficiência Administrativa. *Revista de Direito Tributário*, São Paulo, nº 86, 2003, pp. 40-64.

____. Crédito Tributário e Lançamento. In: AMARAL, Antonio Carlos Rodrigues do (Coord.). *Curso de Direito Tributário*. São Paulo: Celso Bastos Editor, 2002, pp. 189-198.

TORRES, Ricardo Lobo. Transação, conciliação e processo administrativo equitativo. In: SARAIVA FILHO, Oswaldo Othon de Pontes; GUIMARÃES, Vasco Branco (Orgs.). *Transação e Arbitragem no Âmbito Tributário*. Belo Horizonte: Editora Fórum, 2008, pp. 89-110.

REFERÊNCIAS

_____. O papel dos Conselhos de Contribuintes na redução da litigiosidade. Revista Internacional de Direito Tributário, Belo Horizonte, v. 8, jul.-dez. 2007, pp. 379-389.

_____. O Direito da Ampla Defesa e a Processualidade Tributária. In: ROCHA, Sergio André (Coord.). *Processo Administrativo Tributário*: Estudos em Homenagem ao Professor Aurélio Pitanga Seixas Filho. São Paulo: Quartier Latin, 2007, pp. 553-568.

_____. Decadência e Prescrição. In: MARTINS, Ives Gandra da Silva (Coord.). *Decadência e Prescrição*. São Paulo: Revista dos Tribunais, 2007, pp. 51-61.

_____. *Normas de Interpretação e Integração do Direito Tributário*. 4ª ed. Rio de Janeiro: Renovar, 2006.

_____. Mutações do Estado Fiscal. In: OSÓRIO, Fábio Medina; SOUTO, Marcos Juruena Villela (Coords.). *Direito Administrativo*: Estudos em Homenagem a Diogo de Figueiredo Moreira Neto. Rio de Janeiro: Lumen Juris, 2006, pp. 1053-1079.

_____. *Tratado de Direito Constitucional Financeiro e Tributário*: Valores e Princípios Constitucionais Tributários. Rio de Janeiro: Renovar, 2005.

_____. A Segurança Jurídica e as Limitações Constitucionais ao Poder de Tributar. In: FERRAZ, Roberto (Coord.). *Princípios e Limites da Tributação*. São Paulo: Quartier Latin, 2005, pp. 427-445.

_____. O Princípio da Proteção da Confiança do Contribuinte. *Revista Fórum de Direito Tributário*, Belo Horizonte, n. 6, nov.-dez. 2003, pp. 9-20.

_____. *Curso de Direito Financeiro e Tributário*. 10ª ed. Rio de Janeiro: Renovar, 2003.

_____. Norma Geral Antielisiva. In: TORRES, Ricardo Lobo (Org.). *Temas de Interpretação do Direito Tributário*. Rio de Janeiro: Renovar, 2003, pp. 261-330.

_____. Processo Administrativo Tributário. In: MARTINS, Ives Gandra da Silva (Coord.). *Processo Administrativo Tributário*. São Paulo: Saraiva, 2002.

_____. O Princípio da Transparência Fiscal. *Revista de Direito Tributário*. São Paulo, nº 79, 2001, pp. 7-18.

_____. *Normas de Interpretação e Integração do Direito Tributário*. 3ª ed. Rio de Janeiro: Renovar, 2000.

_____. Processo Administrativo Fiscal: Caminhos para o seu Desenvolvimento. *Revista Dialética de Direito Tributário*, São Paulo, nº 46, jul. 1999, pp. 78-83.

_____. *O Orçamento na Constituição*. Rio de Janeiro: Renovar, 1995.

_____. *A Idéia de Liberdade no Estado Patrimonial e no Estado Fiscal*. Rio de Janeiro: Renovar, 1991.

TOURINHO, Arx da Costa. A delegação legislativa e sua irrelevância no Direito brasileiro atual. *Revista de Informação Legislativa*, Brasília, nº 54, abr.-jun. 1977.

TRAIBEL, José Pedro Monteiro. La Prueba en el Procedimiento de Gestión Tributaria. In: TÔRRES, Heleno Taveira (Coord.). *Teoria Geral da Obrigação Tributária*: estudos em homenagem ao Professor José Souto Maior Borges. São Paulo: Malheiros, 2005, pp. 500-515.

TRIBE, Laurence. *American Constitutional Law*. 2nd. ed. New York: The Foundation Press Inc., 1988.

TROIANELLI, Gabriel Lacerda. Os Princípios do Processo Administrativo Fiscal. In: ROCHA, Valdir de Oliveira (Coord.). *Processo Administrativo Fiscal*: 4º Volume. São Paulo: Dialética, 1999, pp. 57-78.

_____; ROCHA, Sergio André. O CARF: A Nova Fisionomia do Velho Conselho de Contribuintes. In: ROCHA, Valdir de Oliveira (Coord.). *Grandes Questões Atuais do Direito Tributário – 13º Volume*. São Paulo: Dialética, 2009, p. 117-134.

TROTABAS, Louis; COTTERET, Jean--Marie. *Droit Fiscal*. 8ª ed. Paris: Dalloz, 1997.

TUCCI, Rogério Lauria; TUCCI, José Rogério Cruz e. *Constituição de 1988 e Processo*. São Paulo: Saraiva, 1989.

UCKMAR, Victor. *Princípios Comuns de Direito Constitucional Tributário*. 2ª ed. Tradução Marco Aurélio Greco. São Paulo: Malheiros, 1999.

USÉ, Guillermo F. Rodriguez; MARTÍN, José María. *Derecho Procesal Tributario*. Buenos Aires: Depalma, 1987.

VACCA, Pietro. *Istituzioni di Diritto Processuale Tributario*. Milano: Giuffrè, 1990.

VALADÃO, Marcos Aurélio Pereira. Uma breve introdução ao Direito Processual Tributário com enfoque no Direito Processual Tributário e algumas de suas vicissitudes atuais. *Revista Fórum de Direito Tributário*, Belo Horizonte, n. 32, mar.-abr. 2008, pp. 111-131.

_____. Conselho de Contribuintes, Processo Administrativo Fiscal e Controle da Legislação Tributária. *Revista Fórum de Direito Tributário*, Belo Horizonte, n. 4, jul.-ago. 2003, pp. 57-73.

VALENTE, Christiano Mendes Wolney. Verificação da Constitucionalidade do Acesso a Informações Submetidas ao Sigilo Bancário pela Administração Tributária Federal. *Revista Fórum de Direito Tributário*, Belo Horizonte, n. 15, maio--jun.-2005, pp. 87-114.

VALERO, Luiz Martins. Fiscalização Tributária: Poderes do Fisco e Direitos dos Contribuintes. In: TÔRRES, Heleno Taveira; QUEIROZ, Mary Elbe; FEITOSA, Raymundo Juliano (Coords.). *Direito Tributário e Processo Administrativo Aplicados*. São Paulo: Quartier Latin, 2005, pp. 211--254.

VANONI, Ezio. *Natureza e Interpretação das Leis Tributárias*. Tradução Rubens Gomes de Souza. Rio de Janeiro: Edições Financeiras, [s/d].

VARGAS, Jorge de Oliveira. Decadência e Prescrição. In: MARTINS, Ives Gandra da Silva (Coord.). *Decadência e Prescrição*. São Paulo: Revista dos Tribunais, 2007, pp. 435-444.

VAZ, Carlos. O Lançamento Tributário e a Decadência. In: MACHADO, Hugo de Brito (Coord.). *Lançamento Tributário e Decadência*. São Paulo: Dialética, 2002, pp. 94-146.

VECCHIO, Giorgio del. *Filosofía del Derecho*. 9ª ed. Barcelona: Bosh, 1991.

VENEZIA, Jean-Claude; GAUDAMET, Yves; LAUBADÈRE, André de. *Traité de Droit Administratif*. 14ª ed. Paris: L.G.D.J., 1996.

VERGOTTINI, Giuseppe. *Diritto Costituzionale*. 3ª ed. Padova: CEDAM, 2001.

_____. A "Delegificação" e a sua Incidência no Sistema de Fontes do Direito. Tradução Fernando Aurélio Zilveti. In: BARROS, Sérgio Resende; ZILVETI, Fernando Aurélio (Coord.). *Direito Constitucional*: Estudos em Homenagem a Manoel Gonçalves Ferreira Filho. São Paulo: Dialética, 1999, pp. 163-178.

VERKUIL, Paul R.; PIERCE JR., Richard J.; SHAPIRO, Sidney A. *Administrative Law and Process*. New York: Foundation Press, 1999.

VILANOVA, Lourival. *Causalidade e Relação no Direito*. 4ª ed. São Paulo: Revista dos Tribunais, 2000.

VILAR FILHO, José Eduardo de Melo. Sanções Penais Tributárias: Reflexões. In: MACHADO, Hugo de Brito. *Sanções Penais Tributárias*. São Paulo: Dialética, 2005, pp. 484-495.

REFERÊNCIAS

VILLAR EZCURRA, Marta. La Aplicación del Arbitraje a las Causas Tributarias. *Revista de Direito Tributário*, São Paulo, nº 86, 2003.

VILLAS-BÔAS, Marcos de Aguiar. In Dubio pro Contribuinte: Visão Constitucional em Busca da Proteção dos Direitos Fundamentais. São Paulo: MP Editora, 2012.

VILLEGAS, Héctor B. *Curso de Finanzas, Derecho Financiero y Tributario*. 7ª ed. Buenos Aires: Depalma, 1999.

____. *Derecho Penal Tributário*. Buenos Aires: Ediciones Lerner, 1965.

VOGEL, Klaus. Protección Legal en la Republica Federal Alemana. *Revista de Direito Tributário*, São Paulo, nº 34, out.-dez. 1985, pp. 13-25.

WAMBIER, Teresa Arruda Alvim *et al.* (Coords.). *Reforma do Judiciário*: Primeiras Reflexões sobre a Emenda Constitucional nº 45/2005. São Paulo: Revista dos Tribunais, 2005.

XAVIER, Alberto. O Conceito de Autolançamento e a Recente Jurisprudência do Superior Tribunal de Justiça. In: SCHOUERI, Luís Eduardo (Coord.). *Direito Tributário: Homenagem a Paulo de Barros Carvalho*. São Paulo: Quartier Latin, 2008, pp. 561-573.

____. *Princípios do Processo Administrativo e Judicial Tributário*. Rio de Janeiro: Forense, 2005.

____. *Do Lançamento Tributário no Direito Tributário Brasileiro*. 3ª ed. Rio de Janeiro: Forense, 2005.

____. A Questão da Apreciação da Inconstitucionalidade das Leis pelos Órgãos Judicantes da Administração Fazendária. *Revista Dialética de Direito Tributário*, São Paulo, nº 103, abr. 2004, pp. 17-44.

____. Da Inconstitucionalidade da Exigência como Condição de Admissibilidade de Recurso no Processo Administrativo ou Geral e no Processo Administrativo Fiscal em Particular. *Revista Dialética de Direito Tributário*, nº 101, fev. 2004, pp. 7-35.

____. *Do Lançamento*: Teoria Geral do Ato, do Procedimento e do Processo Tributário. 2ª ed. Rio de Janeiro: Forense, 2002.

____. *Tipicidade da Tributação, Simulação e Norma Antielisiva*. São Paulo: Dialética, 2001.

____. Lançamento no Direito Brasileiro. In: ATALIBA, Geraldo; CARVALHO, Paulo de Barros Carvalho. *VI Curso de Especialização em Direito Tributário*. São Paulo: Resenha Tributária, 1978, v. I, pp. 429-451.

____. *Os Princípios da Legalidade e da Tipicidade da Tributação*. São Paulo: Revista dos Tribunais, 1978.

____. *Do Procedimento Administrativo*. São Paulo: José Bushatsky Editor, 1976.

YAMASHITA, Douglas; TIPKE, Klaus. *Justiça Fiscal e Princípio da Capacidade Contributiva*. São Paulo: Malheiros, 2002.

YSERN, José Luis Rivero. Via Administrativa de Recurso y Jurisdiccion Contencioso-Administrativa. In: *El Procedimiento Administrativo en el Derecho Comparado*. Madrid: Civitas, 1993, pp. 201-226.

ZACANER, Weida. Razoabilidade e moralidade: princípios concretizadores do perfil constitucional do Estado Social e Democrático de Direito. MELLO, Celso Antônio Bandeira de (Org.). *Estudos em Homenagem a Geraldo Ataliba*: Direito Administrativo e Constitucional. São Paulo: Malheiros, 1997, pp. 619-632.

ZAFFARONI, Eugenio Raul; PIERANGELI, José Henrique. *Manual de Direito Penal Brasileiro*. 4ª ed. São Paulo: Revista dos Tribunais, 2002.

ZAVASCKI, Teori Albino. A participação do contribuinte na formação do crédito tributário. *Revista Internacional de Direito Tributário*, Belo Horizonte, v. 8, jul-dez 2007, pp. 409-416.

ZILE, Alberto Sodré. A Fiscalização no Âmbito da Secretaria da Receita Federal: Poderes e Limites. In: ROCHA, Sergio André (Coord.). *Processo Administrativo Tributário*: Estudos em Homenagem ao Professor Aurélio Pitanga Seixas Filho. São Paulo: Quartier Latin, 2007, pp. 44-82.

ZILVETI, Fernando Aurélio. Simplicius Simplicissimus – os Limites da Praticabilidade diante do Princípio da Capacidade Contributiva. *Revista Direito Tributário Atual*, São Paulo, v. 22, 2008, pp. 179-192.

ZOCKUN, Carolina Zacaner; ZOCKUN, Maurício. Natureza e Limites da Atuação dos Trinunais Administrativos. *Revista Interesse* Público, Belo Horizonte, n. 44, jul.-ago. 2007.

ZOCKUN, Maurício. *Regime Jurídico da Obrigação Tributária Acessória*. São Paulo: Malheiros, 2005.

____; ZOCKUN, Carolina Zacaner. Natureza e Limites da Atuação dos Trinunais Administrativos. *Revista Interesse* Público, Belo Horizonte, n. 44, jul.-ago. 2007.

ZORNOZA PÉREZ, Juan. ¿Qué Podemos Aprender de las Experiencias Comparadas? Admisibilidad de los Convenios y otras Técnicas Transaccionales en el Derecho Tributario Español. In: PISARIK, Gabriel Elorriaga (Coord). *Convención y Arbitraje en el Derecho Tributario*. Madrid: Marcial Pons, 1996.